La Guerre Secrète

Le rempart des mensonges

Origines des moyens spéciaux et premières victoires alliées

CHEZ LE MÊME ÉDITEUR

La Guerre Secrète

Le Rempart des mensonges
(Le Jour J et la fin du IIIe Reich)
de
Anthony Cave Brown

Histoire et documents

ADOLF HITLER
par John Toland
Prix Pulitzer pour « The Rising Sun »
(2 volumes)

MISSION AZORIAN
par Roy Varner et Wayne Collier
La plus fantastique et dangereuse affaire
d'espionnage du XXe siècle montée par la CIA

LA VICTOIRE DE L'AIGLE
par B. Abruzzo, M. Anderson et L. Newman
La première traversée historique de l'Atlantique
en ballon. Une passionnante aventure vécue aussi
mouvementée et périlleuse que la conquête de l'Everest

HISTOIRE INCONNUE
DES JUIFS ET DES JAPONAIS
pendant la Seconde Guerre mondiale
par Marvin Tokayer et Mary Swartz
L'histoire secrète du « Plan Fugu »
S'il avait abouti, des centaines de milliers de Juifs
auraient pu être sauvés de l'holocauste

CES ALLEMANDS QUI ONT DÉFIÉ HITLER
par Gérard Sandoz
Pour la première fois en France,
l'histoire complète de la résistance allemande au nazisme
1933-1945

TROIS ANS
DANS UNE CHAMBRE A GAZ D'AUSCHWITZ
par Filip Müller
(Prix antiraciste 1980)
Le témoignage unique de l'un des seuls
rescapés des commandos spéciaux

LA VIE SECRÈTE D'ADOLF HITLER
par David Lewis
D'après les dossiers confidentiels de Himmler

LA RUSSIE EN RÉVOLUTION
1900-1930
par Harrison E. Salisbury
(album illustré)

ANTHONY CAVE BROWN

La Guerre Secrète

Le rempart des mensonges

Origines des moyens spéciaux
et premières victoires alliées

Pygmalion
Gérard Watelet
Paris

Titre original : Bodyguard of Lies

Traduit de l'anglais par Yolande Mauvais et Yvonne Dubois.
Edition réalisée avec la collaboration de Claude Bernanose.

Sur simple demande aux *Editions Pygmalion/Gérard Watelet, 70, avenue de Breteuil, 75007 Paris,* vous recevrez gratuitement notre catalogue qui vous tiendra au courant de nos dernières publications.

ISBN 2-85704-097-0

Note de l'auteur

Les recherches préliminaires et l'écriture de ce livre ont nécessité plus de temps que je ne l'avais prévu. J'ai déposé ma première demande de recherche au Bureau du chef de l'Histoire militaire à Washington, D.C. (OCMH), au moment de la crise de Cuba en 1963, quand j'étais au Pentagone, pour le Daily Mail *de Londres, attendant de faire le reportage sur ce qui nous semblait être « la lutte suprême ». Je fus surpris de découvrir dans ce temple du savoir militaire, qu'à part quelques références d'ordre mineur dans son fichier, il n'existait pas de documents sur les opérations de couverture et de mystification, relatives à Overlord et Neptune *. Une des fiches précisait bien qu'il y avait 38 plans de cette nature sur le débarquement, mais qu'ils se trouvaient sous la garde des Bureaux du Cabinet britannique à Londres, chose qui me parut des plus étranges, car il était certain que les forces armées des Etats-Unis avaient joué un rôle important dans la campagne. Par ailleurs, on m'informa officieusement à l'OCMH que j'aurais beaucoup de mal à obtenir les documents que je désirais. Dans sa propre histoire officielle de la campagne, l'OCMH n'avait même pas obtenu l'autorisation d'utiliser les mots « couverture » et « mystification » et j'appris que le général John R. Deane avait été menacé de cour martiale pour avoir mentionné, dans une relation qu'il avait faite de son passage à Moscou comme chef de la Mission militaire US à Moscou, le nom des hommes qui avaient participé à ces opérations, les poursuites engagées contre lui n'ayant été abandonnées qu'après l'intervention personnelle du général Eisenhower, alors chef d'état-major de l'armée des Etats-Unis. J'appris également que deux historiens officiels, écrivant sous l'autorité de Eisenhower, avaient essayé en vain d'inclure dans leurs œuvres, des chapitres ayant trait à ces sujets. Il y avait bien des dossiers sur Bodyguard et Fortitude * dans les*

* Pour tous les termes suivis d'un astérisque voir le glossaire en fin de volume.

*annales du SHAEF * ainsi que dans les archives de l'état-major interallié, mais restant interdits au public vingt ans après la guerre, je ne pus les consulter.*

*La situation n'était pas plus encourageante en Angleterre. M'étant adressé au Ministère de la défense en 1964, pour obtenir de la documentation, je reçus une lettre me rappelant l'acte sur les secrets officiels. Le Foreign Office accepta seulement de me donner des renseignements oraux si je voulais bien lui soumettre à l'avance une liste de questions. Comme je refusais cette proposition, je fus avisé que le Foreign Office « me ferait ravaler mes mots si j'allais trop loin ». Je compris donc qu'il valait mieux m'adresser ailleurs pour obtenir l'information souhaitée, et pris une voie directe en essayant de joindre ceux qui avaient participé à Bodyguard et à Fortitude. Je me heurtai là encore à un mur de silence ; il y eut même un homme pour m'avertir que si je persistais il me ferait « sacquer ». Le général Sir Stewart Menzies fut plus cordial. Il m'accorda deux longues interviews, me parla d'un certain nombre de questions, et notamment de Canaris et Cicéron. Mais étant donné qu'il n'avait pas commandé l'organisation des « manœuvres » britanniques, Menzies ne put, ni ne voulut, me parler de Bodyguard et de Fortitude. Il ne fit pas davantage allusion à Ultra *.*

*La piste semblait donc s'arrêter là en 1964-65. Je savais toujours peu de chose sur notre sujet, et ignorais bien entendu l'existence d'Ultra. Il me fallut attendre 1968 pour en savoir plus, sur Bodyguard et Fortitude. Je rencontrai en effet au cours d'un long séjour à l'Institut Hoover pour la Guerre, la Révolution et la Paix, à Stanford, en Californie, le général William H. Baumer, qui me parla du plan Jael *. Puis un document intitulé « A Short History of COSSAC » * (Histoire Brève du COSSAC), 1943-1944, fut mis à la disposition du public de façon inexplicable et m'apprit beaucoup sur Overlord et Neptune, un certain nombre d'histoires et de mémoires commençant à apparaître et à jeter une nouvelle lumière sur toute l'affaire. Mais ce n'est finalement qu'en 1969, alors que je me promenais le long d'une plage avec une personnalité militaire, que j'entendis parler d'Ultra pour la première fois: « Vous savez, me dit-elle, les vôtres et les nôtres ont déchiffré les codes allemand et japonais pendant presque toute la guerre. » C'était une révélation incroyable. D'autres allaient suivre, tout aussi étonnantes et, graduellement l'histoire se mit en place.*

*J'avais appris une vérité sur la recherche historique. Plus vous en savez, plus les gens sont enclins à vous en apprendre. Je renouvelai par conséquent mes efforts pour interviewer des personnes ayant participé à Overlord et Neptune, du côté allié et du côté allemand. Je rencontrai le général Reinhard Gehlen à Washington, puis à Starnberg-am-See en Bavière dans une atmosphère de parfait mystère teutonique. Je rendis visite en France, au colonel Claude Arnould, l'un des chefs du réseau MI-6 à Paris, le Jade Amicol *. En Angleterre, Ronald E.L. Wingate, H.R. Trevor-Roper, R. Fleetwood Hesketh, et John H. Bevan me mirent tous au courant de la mystification et de ce qui s'y rattachait. Mais mes connaissances sur Ultra devaient considérablement s'étendre lors d'entretiens dans le Hampshire et à Londres, avec Wilfrid F. Dunderdale, et dans le Devon, avec Frederick W. Winterbotham. Aux Etats-Unis, le général Omar N. Bradley, Allen W. Dulles, le général Edwin L. Sibert et le général Baumer parmi tant d'autres, contribuèrent aussi à m'éclairer sur Overlord et Neptune. Je suis donc extrêmement reconnaissant à tous ces hommes et aux nombreuses autres personnes qui m'ont accordé le privilège d'interviews personnelles au cours de mes recherches. Ceux dont j'ai pu citer les noms sont réunis dans une liste ci-dessous, avec le grade et la fonction qu'ils détinrent pendant la période couverte par le livre.*

Bien que de nombreuses personnalités impliquées dans le débarquement eussent accepté de parler avec moi, j'étais toujours incapable de trouver la documentation nécessaire, cet état de fait s'étant pratiquement prolongé jusqu'en 1971-1972, années où les autorités américaines commencèrent à libéraliser leur attitude sur les dossiers secrets de la Seconde Guerre mondiale. Même alors, les premiers matériaux me furent accordés au compte-gouttes, et les règles imposées restèrent aussi exaspérantes pour les nombreux archivistes, historiens, bibliothécaires qui ont essayé de m'aider que pour moi-même. Leurs noms figurent dans une liste mentionnée ci-après. Qu'ils soient tous remerciés. Parmi eux, Charles B. MacDonald, Charles V.P. von Luttichau et Detmar Finke à l'OCMH, ainsi que Robert Wolfe, George Wagner, Thomas E. Hohman, William Cunliffe, John E. Taylor et Tim Nenninger des Archives nationales doivent être cités nominativement avec des remerciements particuliers.

Finalement, les barrières tombèrent presque toutes à Washington au début de 1975 quand, de manière assez ironique, mon manuscrit se trouva pratiquement terminé. Mais dans le contexte spécial de Bodyguard, Fortitude et Ultra, il est significatif de constater qu'aucun des documents cités dans mon livre n'a été obtenu de source britannique. Pourquoi cette consigne de secret, tant à Londres qu'à Washington ? J'ai découvert la réponse dans la masse de documents enfin accessibles au public, au printemps de 1975. Là, dans les annales de l'état-major interallié aux USA, se trouvait la preuve d'un accord conclu pour empêcher de façon absolue, tout accès aux documents secrets concernant la couverture et l'induction en erreur, ainsi que la crypto-analyse pendant la Seconde Guerre mondiale.

*C'était une intervention assez compliquée, émanant apparemment du colonel John Bevan du LCS *, qui s'opposait à la publication et à la diffusion d'un rapport américain, relatif aux opérations alliées sur le théâtre d'opérations européen, et soumis au Département de Guerre, à la fin de 1944. Le général Clayton Bissel, G2 du Département de Guerre, accéda à une grande partie des requêtes de Bevan, à savoir que toutes références à Ultra seraient éliminées de ce rapport. Mais les Britanniques cherchèrent à étendre ces restrictions. Dans un mémorandum adressé à l'état-major aux USA, en date du 5 août 1945, ils demandaient que toutes les personnes appelées à compiler l'histoire officielle de la guerre, « se vissent interdire l'accès aux documents originaux touchant à l'espionnage spécial », proposant que l'état-major britannique fît rédiger par des personnes préalablement endoctrinées l'histoire des batailles importantes, informations qui pourraient ensuite être données aux historiens officiels pour l'inclure dans leur œuvre. Les chefs d'état-major américains ayant étudié cette suggestion tout en doutant de l'efficacité de ces restrictions draconiennes, convinrent alors dans une note adressée à leurs collègues britanniques le 7 septembre 1945 qu'il était souhaitable et nécessaire de prendre les mesures appropriées pour éliminer « les secrets de l'espionnage spécial, dans la rédaction de l'histoire officielle ».*

Presque au même moment, le président Truman vint ajouter le poids de son autorité aux restrictions sur Ultra, en prescrivant dans un mémorandum daté du 28 août 1945 aux secrétariats d'Etat, à la Guerre, à la Marine, à l'Attorney général, à l'Etat-Major Interallié, aux directeurs du Budget, à l'Office de l'information de Guerre, les consignes suivantes :

« Nous donnons ordre, par le présent document, à tous les départements concernés du gouvernement et à l'état-major interallié, de prendre les mesures nécessaires pour interdire au public, sauf avec l'approbation expresse du Président dans chaque cas particulier :

Toute information traitant du statut passé ou actuel, de la technique, des méthodes, du succès et des résultats obtenus, de toute unité spécialisée dans la crypto-analyse, agissant sous l'autorité du gouvernement des Etats-Unis ou de l'un quelconque de ses départements. »

Cette directive devait museler toute velléité de discussion publique sur Ultra, aux Etats-Unis, pendant les trente années qui suivirent.

Dans le même temps, des dispositions nouvelles entraient en vigueur pour garder les secrets de la couverture de la mystification. Un mémorandum aux chefs d'états-major interallié en date du 25 mai 1945, émanant de la Commission de contrôle mixte de la Sûreté, qui travaillait en liaison étroite avec le LCS, recommandait notamment : « L'existence d'une organisation de couverture et de mystification, ou de sections s'y rattachant, doit être tenue secrète de la manière la plus absolue, maintenant et plus tard, en temps de paix. » De même les « dépêches et la correspondance relatives à ces plans doivent être classées top secret. Pour sortir de cette classification, le matériel ayant servi à ces opérations sera soumis aux mêmes règles que les armes secrètes. » Ces dispositions adoptées par l'état-major interallié, l'Histoire se voyait ainsi privée d'une révélation unique concernant des opérations majeures ayant contribué à la victoire.

Si rigides étaient ces restrictions que la vérité sur le véritable rôle de Patton dans ces manœuvres resta elle aussi un secret jalousement gardé. Peu de temps après sa mort, l'état-major interallié essaya cependant de faire amende honorable en ce qui concernait l'utilisation qui avait été faite de son nom et de sa réputation dans l'opération Fortitude. En vertu de l'accord existant à ce sujet, entre Britanniques et Américains, il adressa sa demande au colonel Bevan. Parlant au nom de Bevan, le général de brigade A.T. Cornwall-Jones répondit que « malgré les efforts de Bevan pour fournir des renseignements valables, il avait constaté l'impossibilité de mettre sur pied une histoire qui ne révélerait pas les faits que l'état-major britannique cherchait précisément à cacher, en accord avec l'état-major combiné ». Eisenhower fut à l'évidence consulté sur l'affaire, car Cornwall-Jones écrivit qu' « il comprit immédiatement et donna satisfaction, je crois, au secrétariat de la Guerre, en soulignant que toute publication au sujet des activités de Patton durant cette période, était hautement indésirable ». Mais, pour que l'on ne puisse soupçonner que les autorités militaires britanniques « essayaient de cacher quelque chose », Cornwall-Jones ajouta ce qu'il appelait « un compte rendu très secret des activités du général Patton ». Ce texte comprenant huit paragraphes environ — à peine plus que quelques notes de journal — dévoilait le rôle de Patton dans l'opération de simulation couvrant le débarquement d'Anzio. En revanche aucune mention n'était faite de sa mission particulière dans Fortitude.

*A l'époque, il semblait y avoir un ensemble de très bonnes raisons pour agir ainsi, notamment la crainte que les puissances occidentales ne pussent se retrouver rapidement opposées, lors d'une guerre, à l'Union Soviétique, et qu'Ultra et le LCS n'eussent à reprendre du service. Les Occidentaux caressaient peut-être aussi l'espoir que les Russes adopteraient un système de code voisin de celui d'Enigma *, espoir qui devait être réduit à néant, car Philby venait de leur communiquer des renseignements sur l'existence d'Ultra, Enigma était encore utilisée par des puissances secondaires dans les années 50 et les années 60, et la machine de Turing fonctionnait toujours. Depuis ses débuts incertains à Bletchley. Ultra continuait donc à rester un secret de la plus grande importance dans la conduite des affaires internationales.*

La méthodologie de l'induction en erreur allait trouver des applications similaires dans le monde d'après-guerre, mais en la conservant secrète, les puissances occidentales gardaient les yeux fixés sur le passé et sur l'avenir. La décou-

verte de l'utilisation, pour les besoins de la ruse, des mouvements de résistance dans les pays occupés et en Allemagne — pour ne mentionner qu'une de ces activités soigneusement gardées sur la méthodologie alliée — allait certainement susciter des controverses sur la manière dont la guerre avait été conduite. C'est ce qui se produisit. On sait aussi que les gouvernements, en particulier le gouvernement britannique, ont toujours répugné à livrer leurs secrets quels qu'ils soient, et la longue tradition du secret pour le secret restera difficile à briser. Cependant, en dépit des raisons invoquées par ceux qui cherchent à les dissimuler, les faits historiques finissent par éclater tôt ou tard. Certes ma recherche eût été infiniment plus facile si les documents nécessaires avaient été accessibles dès le départ, mais je n'aurais pas eu dans ce cas le plaisir de les chercher, et finalement de les trouver.

Cependant, ce fut un travail de longue haleine, et il aurait pu ne jamais aboutir si je n'avais rencontré la compréhension, la patience et le soutien de mes éditeurs, Harper & Row, et en particulier celui de deux de leurs éminents collaborateurs, Cass Canfield Senior, et M.S. Wyeth Junior. Mais d'autres personnes ont également droit à ma reconnaissance, Kitty Benedict dont les premiers articles sur mon sujet, furent un aiguillon efficace ; Florence Goldstein, Victoria Schochet, Lynne McNabb, Harriet Stanton, Sallie Gouverneur, Anne Adelman, Stephen Hardiman et Edmée Busch Reit. Je dois aussi beaucoup à la connaissance et à l'expérience professionnelle de mon éditeur de collection, Burton Beals, qui m'a permis d'éviter bien des embûches. A tous ceux qui furent concernés par cette publication, j'aimerais exprimer mes remerciements les plus sincères. Je dois enfin ajouter que malgré les efforts prodigués pour veiller à la stricte exactitude des faits relatés, la responsabilité de toute erreur ne peut-être imputée qu'à moi-même.

ANTHONY CAVE BROWN

Interviews

Colonel Claude Arnould, chef adjoint, Jade Amicol, réseau MI-6, Paris
Robert Aron, historien de la Résistance française
Dr Walter Bargatzky, juriste, état-major du gouverneur général allemand pour Paris et le Nord de la France
Lieutenant-colonel William H. Baumer, représentant du US War Department, état-major général, à la Section de contrôle de Londres
Major D. Baxter, Northamptonshire Regiment (unité impliquée dans les stratagèmes Fortitude North et Quicksilver)
Sa Grâce le Duc de Beaufort
Brigadier R.F.K. Belchem, chef des opérations, 21e Army Group
Colonel Alexander Berding, chef, OSS X2, 12e US Army Group
Brigadier général Thomas J. Betts, chef adjoint, G2, SHAEF
Colonel John H. Bevan, contrôleur de Déception, Section de contrôle de Londres, Joint Planning Staff, War Cabinet, Londres
Lieutenant general Omar N. Bradley, Commanding General, 1e US Army ; 12e US Army Group
Detective inspector George Brown, Special Branch, Scotland Yard
Colonel the Honourable David K. E. Bruce, chef, OSS, Londres
Lieutenant-colonel Robert E. Button, Signals Intelligence, 12e US Army Group
Dr Robert Cockburn, Telecommunications Research Establishment, Grande-Bretagne
Major William E. Colby, chef d'équipe, Equipe Jedburgh Bruce, Yonne, France
Lieutenant-colonel Ian Collins, operations officer, Special Air Service
W. Greville Collins, habitant Luckington Manor et voisin de Stewart Menzies
Ian Colvin, intermédiaire de Canaris avec le gouvernement britannique

R.H.S. Crossman, chef de section, PWE Action de la guerre politique, Londres
Lieutenant-colonel Thomas J. Crystal, G2, US 19e Corps
Lieutenant-colonel James O. Curtis, Jr., member, G2, SHAEF
Major general John R. Deane, chef de la Mission militaire des Etats-Unis d'Amérique à Moscou
Major general Francis W. de Guingand, chef d'état-major du général Sir Bernard Montgomery, Afrique du Nord, Sicile, Italie, Europe du Nord-Ouest
D. Sefton Delmer, chef, unité de recherches, PWE Action de la guerre politique, Londres
Lieutenant commander Norman Denning, Amirauté, Londres
Lieutenant-colonel Harold C. Deutsch, OSS, chef, Division de la recherche et de l'analyse, section du renseignement politique, Théâtre européen
Colonel Benjamin A. Dickson, G2, 1e US Army
Allen W. Dulles, chef, OSS, Suisse
Commander Wilfred F. Dunderdale, officer MI-6
Lieutenant commander Ian Fleming, assistant près la Direction du renseignement naval ; chef, sous-section de Déception, Amirauté, Londres
Captain M.R.D. Foot, Special Air Service
Sœur Henriette Frede (messagère pour Jade Amicol), mère supérieure du couvent de Sainte-Agonie, à Paris
General Reinhard Gehlen, état-major général allemand, « Fremde Heere Organization » (Organisation pour les Armées étrangères)
Père Robert A. Graham, prêtre jésuite au Vatican, directeur de la *Cattolica Civiltica*
General Sir Colin McVean Gubbins, chef Special Operations Executive
Captain S.A. Hector, chef de la Police, Coventry, 1940
Lieutenant-colonel Roger Fleetwood Hesketh, Commission des moyens spéciaux, SHAEF
C. Holland-Martin, membre de la Commission d'élaboration pour la machine de Turing
Air Commodore R. Ivelaw-Chapman, O/C RAF Station, Elsham Wolds, Lincolnshire, et membre du Planning Staff, ministère de l'Air (Air Ministry), Londres
C.D. Jackson, chef de Section, Office of War Information, Londres
Lieutenant-colonel J.V.B. Jervis-Reid, Executive Officer, Commission des moyens spéciaux (Committee of Special Means), SHAEF
Captain J.F. Johnston, membre de l'état-major, 4e Army
H.M. Keen, concepteur-projecteur de la machine de Turing
Georges B.E. Keun, père du major Philippe Keun
D.F. Kingston, membre de l'entourage du captain Robert Treeck
Major B.M.W. Knox, chef d'équipe, équipe Jedburg Giles, Bretagne
Oliver Knox, fils d'Alfred Dilwyn Knox
General Ulrich Liss, état-major général allemand, chef pour les Armées étrangères à l'Ouest (Fremde Heere West)
Colonel Samuel Lohan, ministère de la Défense (Ministry of Defence), Londres
J.G. Lomax, agent du ministère de la guerre économique (Ministry of Economic Warfare), Istanbul, Ankara, Lisbonne, Berne
Lieutenant commander Donald McLachlan, officier de liaison entre l'Amirauté et la Section de contrôle de Londres
Colonel R.M. MacLeod, chef d'équipe (Team Leader) dans Quicksilver
Mrs Lesley J. McNair, épouse du général Lesley J. McNair, Commanding General, US Army Ground Forces, Washington, D.C.
General Sir James Marshall-Cornwall, Vice-Chief, Imperial General Staff

Major J.C. MASTERMAN, XX-Committee
General Sir STEWART GRAHAM MENZIES, chef, MI-6
Colonel LOTHAR METZ, Fremde Heere West
Colonel WILHELM MEYER-DETRING, état-major général allemand, G2, OB-West, Paris
Lieutenant-colonel C.J. MOORE, Royal Corps of Signals
General Sir FREDERICK W. MORGAN, COSSAC et chef d'état-major délégué, SHAEF
Dr JOSEPH MUELLER, émissaire de Canaris au Vatican
Major AIREY NEAVE, officier du MI-9 et du GSO (i), 21e Army Group
Major ALBERT W. NORMAN, historien, 12e US Army Group
Dr FORREST C. POGUE, historien, ETOUSA
Lieutenant NOEL POOLE, chef d'équipe, Titanic, 6 juin 1944
Fligh Lieutenant ALFRED PRICE, electronics officer, RAF Bomber Command
Colonel J.H. RANDEWIG, chef du Service renseignement radio à l'Ouest (Wireless Intelligence Service/West)
Colonel J.D. RICKETTS, « The Worcestershire Regiment » (unitée impliquée dans le stratagème Quicksilver)
Major DWIGHT SALMON, historien, AFHQ
Lieutenant-colonel WALTER SCOTT, Royal Corps of Signals, Middle East and SHAEF
Major ALEXANDER SCRATCHLEY, Special Air Service
Major General EDWIN L. SIBERT, G2, ETOUSA ; G2, 12e US ARMY Group
Brigadeführer SS OTTO SKORZENY, chef de groupe, Forces spéciales SS
Air Marshal Sir JOHN C. SLESSOR, C-in-C (commandant en chef) Coastal Command ; C-in-C RAF Méditerranée et Moyen-Orient ; délégué près le commandant en chef des Forces aériennes alliées en Méditerranée
Colonel ANTON STAUBWASSER, état-major allemand, Fremde Heere West, G2 près le Feldmarschall Erwin Rommel
Major General KENNETH W.D. STRONG, chef, G2, SHAEF
Dr F.E. TERMAN, Directeur, Radio Research Laboratory, Université de Harvard
General Sir ANDREW THORNE, C-in-C, Scottish Command
Lieutenant (jg.) ANGUS MCLEAN THUERMER, Forward Intelligence Unit, 12e Flotte, US Navy
Major H.R. TREVOR-ROPER, officier du MI-6
Major RONALD E.L. WINGATE, Executive Officer, Section de contrôle, Londres
Squadron Leader FREDERICK W. WINTERBOTHAM, chef délégué du MI6, chargé de la sécurité et de la dissémination d'Ultra
Captain INZER WYATT, membre d'une unité spéciale de liaison pour Ultra

Archivistes, historiens et bibliothécaires

D.C. Allard, Chief, Operational Archives Branch, US Navy, Washington, DC
W. Arenz, Head of Documents Center, Militärgeschichtliches Forschungsamt, Freiburg
T.B. Bates, Archives Branch, Imperial War Museum, London
A.D. Bauer, Berlin Documents Center, US Forces, Berlin
Magda E. Bauer, Historian, US Army, Washington, DC
Don Chetwynd, Coventry News Service, Coventry
C.J. Child, Acting Librarian and Keeper of the Papers, Foreign Office Library, London
David L. Christensen, Reseach Associate, University of Alabama, Tuscaloosa, Alabama
E.S. Costrell, Chief, Historical Studies Division, Historical Office, State Department, Washington, DC
William Cunliffe, Acting Chief, Modern Military Records, National Archives, Washington, DC
B.J. Day, Naval Library, Home Division, Ministry of Defence, London
P.B. Devlin, Office of the Keeper of College Library and Collections, Eton College, Eton
Major A.J. Dickson, Curator, Household Cavalry Museum, Cavalry Barracks, Windsor
William R. Emerson, Director, Franklin D. Roosevelt Library, Hyde Park, New York
Detmar Finke, Chief Archivist, US Army, Washington, DC
L. Fisher, Institute of Contemporary History and Wiener Library, London
E.R. Flatequal, Chief, Archives Branch, National Archives, Washington DC
Obersleutnant T.E. Forwick, Militarchiv, Freiburg
Corporal Major C.W. Frearson, Keeper, Household Cavalry Museum, Cavalry Barracks, Windsor
Lieutenant Commander J.W. Frere-Cooke, Curator, Royal Navy Submarine Service Museum, Portsmouth
Michael Garrod, Press Office, Home Office, London
Kenneth Glazier, Chief, Western Section, Hoover Institution on War, Revolution and Peace, Stanford, California
C. Haase, Niedersächsisches Staatsarchiv, Hanover
F. Hallworth, Librarian, Devizes, Wiltshire

R. Helliwell, City Librarian, Winchester
F.J. Heppner, Assistant Chief, Modern Military Records, National Archives, Washington, DC
Anton Hoch, Institut für Zeitgeschichte, Munich
T.E. Hohmann, Chief, Modern Military Records ; Deputy Chief, Declassification and Review Board, National Archives, Washington, DC
F. von Hueck, Deutsches Adelsarchiv, Marburg
L.A. Jacketts, Chief, Archives Section, RAF, Ministry of Defence, London
H. John, Washington National Records Center, Suitland, Maryland
Captain Terry Johnson, Declassification Officer, AFHQ records, Washington National Records Center, Suitland, Maryland
Leo Kahn, Foreign Documents Center, Imperial War Museum, London
Lieutenant Commander P.J. Kemp, Chief, Naval Historical Branch, Ministry of Defence, London
A.G. Kogan, Research Guidance and Review Division, Historical Office, State Department, Washington, DC
W. Krolinski, Zentralbibliothek der Bundeswehr, Düsseldorf
Carrie Lee, Modern Military Records, National Archives, Washington, DC
William Lewis, General Archives Division, Washington National Records Center, Suitland, Maryland
Lieutenant Commander R.W. Mackay, Chief, Declassification Section, US Navy Archives, Washington, DC
Brvan Melland, Historian and Archivist, Cabinet Office, London
Françoise Mosser, Archives Departementales du Morbihan, Vannes
K.M. Murphy, Library, University College of Swansea, Wales
Abraham Nemrow, Clerk of Court, US Army Judiciary, Washington, DC
Tim Nenninger, Modern Military Records, National Archives, Washington, DC
Peter Pagan, Director, Bath Municipal Libraries and Victorian Art Gallery, Bath
Edward Reese, Modern Military Records, National Archives, Washington, DC
W.S. Revell, Historical Section, Air Ministry, London
G.D. Ryan, Declassification Branch, Modern Military Records, National Archives, Washington, DC
John Saltmarsh, Historian, King's College, Cambridge
P.J. Sanhofer, Militärchiv, Freiburg
Patrick Strong, Keeper of College Library and Collections, Eton College, Eton
J.E. Taylor, Archivist in charge of OSS Records, National Archives, Washington, DC
H.L. Theobald, Cabinet Office, London
D.J. Urquhart, Director, The National Lending Library for Science and Technology, Boston Spa
R. Wagner, Enemy Documents Section, National Archives, Washington, DC
Phillip Warner, Historian and Tutor, Royal Military Academy, Sandhurst
P.F. Whitby, Imperial War Museum, London
J.W. Willis, Imperial War Museum, London
R. Wilson, US Army Records, Washington National Records Center, Suitland, Maryland
Robert Wolfe, Chief, Enemy Documents Section ; Chief, Modern Military Records, National Archives, Washington, DC
Carol Zangara, Modern Military Records, National Archives, Washington, DC
Hannah Zedlick, Archivist, Office of the Chief of Military History, Washington, DC

La Section de Contrôle de Londres : l'organisation secrète fondée par Churchill pour élaborer les stratagèmes qui devaient laisser Hitler « perplexe aussi bien que battu ». (De gauche à droite) major Derrick Morley, major Noël Gordon Clark, major Harold Petavel, lieutenant Lady Jane Pleydell-Bouverie, colonel John H. Bevan (le chef de « Deception »), wing commander Dennis Wheatley (RAF), colonel Sir Ronald E.L. Wingate (adjoint de Bevan), commander James Arbuthnott (RN) et commander Alan Finter (RN), assis autour du Faune dansant, la figurine gréco-romaine emblème de leur mission.

Le général Sir Stewart Graham Menzies, chef du MI-6, après la guerre. Ayant eu accès aux secrets allemands grâce à Ultra et aux conspirateurs de la Schwarze Kapelle, il marqua la guerre clandestine d'un sceau hors du commun et particulièrement heureux.

Squadron leader Frederick W. Winterbotham, chef délégué du MI-6, chargé de la protection et de la propagation d'Ultra. Les règles draconiennes de sécurité instituées par le MI-6 et le Haut Commandement anglo-américain préservèrent l'existence d'Ultra pendant plus de trente ans.

Churchill inspecte les ruines de la cathédrale de Coventry. Un sacrifice parmi tant d'autres consentis pour protéger la sécurité d'Ultra.

L'amiral Wilhelm Canaris, chef de l'Abwehr (à gauche) et son rival Reinhard Heydrich, chef du SD (à droite). Les Britanniques organisèrent l'assassinat de Heydrich, tandis que Canaris, membre de la Schwarze Kapelle, était considéré « beaucoup plus utile » vivant.

Le général Ludwig Beck, qui fut un temps chef de l'Etat-major général allemand, puis anima le groupe qui complotait pour tuer Hitler.

Churchill et Roosevelt à Casablanca en janvier 1943. En dépit de cette démonstration d'unité, les principaux stratèges d'Amérique et d'Angleterre, le général George C. Marshall (à droite) et le général Sir Alan Brooke (assis, le troisième à partir de la droite), soutinrent pour vaincre l'Allemagne des tactiques aussi différentes que celles utilisées par des joueurs de football ou de cricket.

Le général Sir Colin McVean Gubbins, chef de l'Exécutif des Opérations Spéciales, l'organisation clandestine créée par Churchill pour « mettre l'Europe à feu ».

Le colonel Maurice J. Buckmaster, chef de la section française du SOE, l'homme dont le travail consistait à armer et à organiser le mouvement de résistance dans la France occupée par les Allemands.

Le Major Francis Suttill dont le nom de code SOE était « Prosper ». Les raisons de sa capture et de la chute de son réseau, l'un des plus importants parmi les organisations clandestines en France en 1943, demeurent l'une des plus tragiques énigmes de la guerre.

Noor Inayat Khan, la princesse indienne envoyée à Paris comme agent SOE en 1943. Son insouciance fut sublimée par son courage après sa capture par les Allemands.

Henri Dericourt, l'agent double qui joua l'un des rôles les plus dangereux de la guerre secrète, lors de son procès pour trahison, après la guerre à Paris.

Philippe Keun, chef adjoint de Jade Amicol, réseau MI-6 de Paris, photographié sous les différents traits qu'il utilisa pour son activité d'espionnage, avant d'être capturé et tué par les Allemands.

Prologue

Le général Sir Stewart Menzies, chef du Service secret des Renseignements britanniques (MI-6), un homme pâle — « contexture pâle, yeux pâles, cheveux blonds argentés » — connu du Haut Commandement allié sous le sigle mystérieux de « C », dépassa les statues méditatives de Beaconsfield et de Lincoln vers Parliament Square et s'engagea sur le seuil étroit du 2 Great George Street, près de Storey's Gate. Avec lui ce matin — c'était le début décembre 1943 — se trouvait le colonel David Bruce, chef de l'Office des Services Stratégiques (OSS) en Europe, — l'homologue américain du MI-6. Les deux hommes passèrent par le poste de garde, garni de sacs de sable, à l'entrée des bureaux du War Office, traversèrent un petit couloir, et descendirent au poste de commandement du Premier ministre Winston Churchill, sous les pavés de Westminster. Là, rien des modernes cabinets de guerre éclairés au néon et aseptisés au lysol. Le quartier général ressemblait aux entrailles de quelque vieux cuirassé. Menzies et Bruce entrèrent par des portes aux cloisons d'acier, enfilèrent des corridors étayés par de lourdes charpentes d'un des bateaux de Nelson, franchirent la salle des cartes sous quatre pieds de béton consolidé par de vieux rails des tramways londoniens et atteignirent finalement leur destination : une petite salle de conférences qui faisait penser à un mess d'officiers de marine — ventilateur bourdonnant, portrait du Roi-Empereur, lithographie du pont de Londres, tapis d'Orient, mobilier confortable ; au mur une pendule portait l'inscription : Victoria R.I., ministère des Travaux

1889. Les cartes même trahissaient une époque révolue ; l'une d'elles avait été publiée en 1910 par la Ligue de la marine de l'Empire britannique.

Les hommes et l'unique femme qui saluèrent Menzies et Bruce étaient presque tous jeunes, et certains portaient les insignes et les lions dorés de l'état-major impérial. Avant de commencer la réunion, ils parlèrent des dernières nouvelles de la guerre et des potins du Haut Commandement, debout autour de la vieille table de conférence bien cirée. Au centre de cette table était posée une petite figurine : un faune dansant, le numen *gréco-romain évoquant les esprits sombres et maléfiques des forêts épaisses. Il s'agissait de l'emblème de la Section de contrôle de Londres (LCS), bureau secret, créé par Churchill au sein même de son quartier général. Là s'élaboraient stratagèmes et ruses de guerre imaginés par les Alliés pour égarer Hitler et l'état-major allemand, en les trompant sur le véritable déroulement des opérations menées contre le Troisième Reich.*

La figurine, déliée, élégante, énigmatique, suggérait la nature particulière du travail du LCS. Le mot « stratagème » est défini ainsi dans le dictionnaire anglais d'Oxford : « Opération ou acte stratégique, habituellement artifice ou supercherie destiné à duper ou surprendre l'ennemi ; moyen ou combinaison pour s'assurer l'avantage, ruse utilisée sans limite pour une action violente ou de mort. »

Les hommes rassemblés autour du faune étaient soit des membres du LCS, soit des chefs d'autres services secrets britanniques et américains. Dans le vocabulaire militaire anglais on appelait ces stratagèmes « moyens spéciaux », terme vague et sinistre qui englobait une grande variété d'opérations clandestines de la guerre secrète, toujours compliquées, parfois meurtrières, destinées à couvrir les actions militaires et à mystifier Hitler sur les intentions réelles des Alliés. Opérations, comme le faisait observer M.R.D. Foot, « fidèles à la tradition anglaise d'excentricité ; exactement le genre d'aventure dans laquelle des personnages de fiction comme le capitaine Hornblower ou Mycroft Holmes, ou des personnages réels comme l'amiral Cochrane ou Chinese Gordon, se seraient lancés s'ils s'étaient trouvés devant un tel défi ; aventure qui semble étrange sur le moment et parfaitement raisonnable par la suite ».

L'expérience de la Grande-Bretagne dans l'utilisation des moyens spéciaux était très ancienne, plus ancienne que celle d'aucune autre puissance. Pendant plus de cinq cents ans ses hommes d'Etat et ses généraux les avaient utilisés pour édifier d'abord un royaume, puis un empire et enfin pour défendre les deux contre leurs ennemis. Ils avaient dupé de nombreux peuples dans les siècles précédents ; une fois déjà au cours de ce siècle, ils avaient été forcés de combattre l'expansion de l'Allemagne. Or, vingt ans à peine après la défaite de l'empereur Guillaume II et de l'Empire allemand, une nouvelle Allemagne, sous la conduite d'Adolf Hitler, avait surgi du naufrage de cette première lutte à mort : le monde était à nouveau en guerre. Les « moyens spéciaux » ayant largement contribué à influencer la stratégie de Hitler dans les premières années du conflit, il fallait maintenant, fort de cette expérience favoriser et protéger l'opération militaire la plus complexe et la plus dangereuse de la Seconde Guerre mon-

diale : l'invasion de la côte normande en France au printemps de 1944, opération baptisée du nom de code Neptune.

Les préparatifs pour Neptune avaient déjà pris trois ans et demi et mettaient en jeu le potentiel industriel, militaire et intellectuel de l'Empire britannique et des Etats-Unis. Cependant ces forces combinées étaient insuffisantes pour assurer la victoire aux puissances occidentales, car les armées de Hitler, en dépit du sang versé dans les campagnes de Russie, d'Italie et d'Afrique du Nord, étaient encore extrêmement puissantes. Un million d'hommes, à l'ouest, se retranchaient derrière le « Mur de l'Atlantique », ligne de fortifications la plus formidable de l'Histoire depuis la grande muraille de Chine. Si les Allemands étaient prêts et sur le qui-vive, ils pouvaient déverser sur les troupes attaquantes, à peine débarquées, un déluge de feu, qui anéantirait l'opération Neptune au bord de l'eau. Même si Neptune parvenait à mettre pied en Normandie, Hitler, comme il fallait s'y attendre, pouvait — et allait sûrement — concentrer très vite tous les hommes et armes disponibles sur la tête de pont, la nettoyer rapidement et condamner les Alliés à une campagne aussi vaine et sanglante que celles qu'avaient connues les Britanniques dans les Flandres et la Somme pendant la Première Guerre mondiale. En outre, il s'en fallait que le temps favorisât l'attaque : la Manche étant l'une des voies d'eau les plus capricieuses du monde. Si une houle, même modérée, survenait inopinément, elle risquait d'anéantir le tableau des opérations soigneusement minutées dont pouvait dépendre le succès de l'invasion.

En cas d'échec, la Grande-Bretagne serait contrainte de chercher un compromis, car elle allait tout mettre en jeu dans cette attaque. Quant aux Américains, épouvantés par l'ampleur du désastre, ils écarteraient certainement le président Franklin D. Roosevelt quand il se présenterait aux nouvelles élections à la fin de 1944, et essayeraient d'obtenir une victoire contre le Japon avant de décider une seconde tentative d'invasion. Dès lors, Hitler aurait la possibilité de concentrer ses forces entières contre la Russie, avec toute chance de vaincre l'Armée Rouge et d'apparaître comme maître de l'Europe.

Si Hitler lui-même avait une confiance absolue dans ses possibilités de briser l'invasion dès le début, il n'y avait par contre chez les Alliés aucune certitude quant au succès de l'opération Neptune. Le général Dwight D. Eisenhower, sur le point de devenir Commandant suprême de l'expédition, écrivait alors dans une lettre à un ami à Washington « A mesure qu'approche le grand jour, la tension monte et chacun est de plus en plus nerveux. Cette fois, à cause de tout ce qui est en jeu, l'atmosphère est probablement plus électrique qu'elle ne l'a jamais été. Dans ce cas précis nous n'en sommes pas à risquer une défaite tactique, nous sommes en train de tout miser sur un seul numéro. »

On a dit que Churchill lui, était véritablement hanté par tout sur ce qui pouvait advenir en Normandie le jour J. Evoquant les chances de succès de l'opération Neptune, il écrivait : « Il me semblait encore... que des fortifications de béton et d'acier nanties d'une puissance de feu moderne et pourvues d'hommes entraînés et résolus, ne pouvaient être prises d'assaut que par surprise. » Même en admettant que Hitler soit surpris par le moment et le lieu de l'attaque, l'opération Neptune parviendrait-elle à décrocher le faible avantage qui ferait pencher la balance en faveur de la victoire ? Mais comment surprendre un ennemi aussi habile ? Ses bateaux, ses avions, ses radars, ses sentinelles, tout serait en état d'alerte. Comment pouvait-on dissimuler le plus grand rassemblement d'hommes et de machines de l'histoire militaire, soldats impatients d'envahir le Continent ? L'emplacement de leurs camps pouvait, à lui seul, permettre à Hitler d'en déduire que la Normandie était leur destination. Même si on parvenait à cacher cette armée en Angleterre, comment pourrait-on la dissimuler, lorsqu'elle quitterait les ports d'embarquement pour traverser la Manche, voyage qui, pour certaines unités, prendrait près de deux jours ? Hitler savait que les Alliés devaient revenir en Europe, et c'était une gageure de penser qu'il ne réussirait pas à découvrir quand et où ils attaqueraient. Selon toute probabilité, il ne serait pas pris au dépourvu. Cependant on attendait du LCS et de ses bureaux associés qu'ils dotassent Neptune de cette insaisissable qualité nommée « surprise ».

Le colonel John Bevan, chef du LCS et ses associés avaient mis au point un plan pour couvrir toute l'opération. Ce document ne comprenait que sept pages. Au sommet de la première, cinq barres vertes indiquaient la nature ultra-secrète du document, si secrète que son contenu ne deviendrait public qu'en décembre 1972, vingt-neuf ans plus tard. Audessus des barres, cette inscription : « Ce document est la propriété du gouvernement de Sa Majesté britannique », avertissement réservé aux documents d'Etat les plus importants. En dessous des barres, ces mots : Ultra secret, communication restreinte, et ce vocable de code bizarre « Bigot » qui signifiaient que le document contenait des données sur les clefs secrètes de Neptune. C'était le plan Jael, la « politique générale d'intoxication » des hauts commandements américain, britannique et russe destinée à tromper Hitler sur la stratégie et la tactique des Alliés employées dans les mois à venir pour les opérations militaires, comprenant l'assaut gigantesque du mur de l'Atlantique en Normandie. Ainsi le plan Jael était aussi important que le plan Neptune lui-même, car dans ses sept pages de texte précis, il esquissait les ruses qui seraient utilisées pour couvrir l'avance de Neptune à travers la Manche — leurres et stratagèmes créés par toute une variété de moyens spéciaux qui, s'ils réussissaient, assureraient à l'armada d'invasion l'élément essentiel de surprise.

Churchill était en grande partie responsable du rôle central donné aux moyens spéciaux dans le plan Neptune, de leur emploi en tant qu'arme majeure dans la Seconde Guerre mondiale, de la création d'un bureau central, le LCS, chargé de les concevoir et d'en coordonner la mise en œuvre. C'est probablement sa plus grande contribution à la théorie et à la pratique militaires. Cette théorie était née de la propre expérience de Churchill dans la guerre précédente, suite d'une opération militaire qui avait tourné au désastre : Gallipoli. En effet, en 1915, consterné par la situation inextricable qui régnait sur le front de l'Ouest, Churchill essaya de sortir de la guerre des tranchées par ce qu'il devait appeler « un couteau planté » dans « le bas-ventre flasque de l'Europe ». Il débarqua dans les

Dardanelles un corps expéditionnaire allié important, pour créer un nouveau front qui attirerait des forces allemandes hors de France. Mais le « couteau » se brisa : l'expédition fut un fiasco, avec la perte de 252 000 hommes de troupe, due en grande partie à l'inertie et à la circonspection des généraux et amiraux alliés. En tant que principal responsable du plan, Churchill fut obligé de démissionner de son poste de Premier Lord de l'Amirauté, démission qui, à l'époque, semblait signifier la fin de sa carrière comme politicien et homme d'état. Dans sa retraite forcée, il eut le temps de réfléchir sur l'« absurde carnage » en France qui avait coûté la vie à une génération entière d'Anglais, et écrivit un essai qui devint le credo du LCS. L'idée maîtresse était que :

> Les batailles sont gagnées grâce au massacre et à la manœuvre. Plus le général est grand, plus il utilise la manœuvre et moins il exige de massacre... Presque toutes les batailles qui sont considérées comme des chefs-d'œuvre de l'art militaire... ont été des batailles de manœuvre dans lesquelles très souvent l'ennemi s'est trouvé vaincu par quelque expédient ou moyen inédit, quelque botte ou stratagème rapide et inattendu. Dans ce genre de combat les pertes des vainqueurs ont été minimes. Il faut pour faire un grand chef non seulement posséder un bon sens énorme, avoir une capacité de raisonnement et de l'imagination, mais encore un talent de prestidigitation, une touche originale et machiavélique qui laisse l'ennemi pantois aussi bien que battu...
>
> Une guerre comprend plusieurs sortes de manœuvres : quelques-unes seulement se déroulent sur le champ de bataille, d'autres loin sur les flancs ou à l'arrière. Celles-ci font intervenir le temps, la diplomatie, la mécanique ou la psychologie en dehors du champ de bataille, mais leur portée est souvent décisive. Leur objet à toutes est de trouver les voies les moins meurtrières possibles pour atteindre l'objectif.

Cette philosophie née de la tragédie et du sacrifice que comporte toute opération amphibie, allait maintenant être employée pour empêcher que ne se renouvelle une tragédie encore plus grande le jour J. C'était le plan Jael qui devait fournir les moyens inédits pour la réussite de l'opération Neptune. Ce projet correspondait à cinq secteurs principaux d'activité secrète. Le premier était un plan de renseignement offensif destiné à percer les secrets de l'ennemi. Si on voulait que Neptune réussisse, il était indispensable, pour les chefs alliés, d'avoir en main un plan détaillé et précis des fortifications du mur de l'Atlantique, d'être fixés sur l'importance et la disposition des troupes allemandes et, par-dessus tout, de connaître les intentions de Hitler. Le MI-6 et l'OSS étaient responsables du plan de renseignement offensif, ce qui expliquait la présence de leurs chefs, Menzies et Bruce, aux réunions du LCS.

A ce stade de la guerre, le MI-6 et l'OSS avaient obtenu un succès considérable dans la découverte des secrets de Hitler par les voies traditionnelles de l'espionnage : rapports d'espions et d'informateurs à travers toute l'Europe occupée par les nazis et dans les nations satellites ou neutres, censure du courrier étranger, interrogatoire des prisonniers de guerre. Cepen-

dant, le MI-6 et le Haut Commandement allié avaient des sources de renseignements qui n'étaient pas traditionnelles : l'une s'appelait Ultra et provenait de l'interception et du décodage des communications radio allemandes secrètes, l'autre était connue sous le nom de Schwarze Kapelle, *ou « Orchestre Noir », un petit groupe d'officiers allemands et d'hommes, — parmi lesquels l'amiral Wilhelm Canaris, chef de l'Abwehr (le service de renseignement allemand) — qui conspiraient pour renverser Hitler et le Troisième Reich.*

Durant toute la guerre, Ultra et, parfois la Schwarze Kapelle *avaient systématiquement procuré au commandement allié des renseignements secrets d'une importance vitale pour les opérations militaires qui avaient préparé Neptune. Mais, comme le savaient tous ceux qui accédaient à ces sources secrètes d'information, les codes pouvaient être changés et les conspirateurs arrêtés, d'un jour à l'autre. Personne ne pouvait être sûr qu'Ultra et la* Schwarze Kapelle *continueraient à fournir le genre de renseignements dont pouvait dépendre le succès de Neptune.*

Le second des secteurs principaux d'activité secrète proposé par le plan Jael était le contre-espionnage et la sécurité, opérations qui devaient empêcher Hitler de connaître les secrets de Neptune. Capitale était la destruction du service d'espionnage allemand et là encore, le MI-6 et l'OSS étaient chargés de cette tâche. MI-5, le bureau anglais de contre-espionnage, ayant pour mission de liquider les services secrets ennemis en Grande-Bretagne, avait jusque-là enregistré des résultats remarquables. Il contrôlait l'ensemble du réseau d'espionnage allemand en Grande-Bretagne et le FBI avait atteint des résultats du même ordre en Amérique. Cependant, une fois capturés, les agents ennemis n'avaient pas tous été emprisonnés ou exécutés. Certains d'entre eux étaient utilisés pour le plan général d'intoxication par le comité de MI-5 curieusement appelé XX et X2 du OSS. C'était un jeu éprouvant pour les nerfs, comme devait l'écrire plus tard Norman Holmes Pearson, le professeur de Yale, associé au comité XX. Ce l'était plus encore pour les auteurs de Neptune, car tous savaient qu'une seule maladresse, une seule indiscrétion pouvait tout révéler. Cependant ce jeu devait être joué et gagné si le but de Neptune était de prendre Hitler par surprise.

Les armes essentielles dans ces deux premiers secteurs d'opérations secrètes proposées par Jael étaient l'intelligence et le travail dans l'ombre, la menace et l'intoxication et, occasionnellement, un acte de banditisme commis dans quelque coin reculé d'Europe.

C'était dans le troisième secteur que la violence intervenait, le secteur aimablement surnommé opérations spéciales. Là, les bureaux concernés étaient le Bureau d'exécution des opérations spéciales (SOE) commandé par le général Colin Gubbins, originaire des Hébrides, expert de la guerre clandestine, et la section opérations spéciales américaines de l'OSS (SO) commandée par le colonel Joseph Haskell. Ces deux bureaux étaient représentés aux réunions du LCS, car leur rôle consistait à situer, encourager et approvisionner les organisations de guerilla qui quadrillaient toute l'Europe depuis la Manche jusqu'à la frontière russo-polonaise, les îles Lofoten dans l'Arctique jusqu'au Caire, de Helsinki jusqu'à Tanger. Ces organisations étaient appelées « réseaux » et leur besogne consistait à attaquer le régime nazi et ses soldats à l'arrière des lignes.

Dans le contexte spécial de Neptune, la mission principale du SOE et du SO était d'organiser, d'équiper et de contrôler la Résistance française en proie aux passions et divisions politiques. Il fallait guider les actes de sabotage et de guerre clandestine contre les lignes allemandes de communication et de transport, ce qui retarderait ou désorganiserait la riposte ennemie à Neptune. Mais là encore, se posait une question : le monde des opérations spéciales était d'une complexité proustienne *puisque la vie des agents et des résistants pouvait être utilisée comme gage. Cependant Neptune, dans une certaine mesure, dépendrait du loyalisme et de l'obéissance des résistants français et de leur consentement à risquer leur vie.*

Le quatrième secteur d'activité secrète proposé par Jael était la guerre politique. Le Bureau anglais pour la guerre politique et, à un degré moindre, l'Office américain pour l'information de guerre (OWI) avaient été créés expressément pour monter de toutes pièces, en accord avec le LCS une guerre psychologique contre le Troisième Reich. Leur objectif était de troubler les esprits par un « bourrage de crâne » soigneusement entretenu, propre à démoraliser les Allemands et à solliciter leurs instincts égoïstes et déloyaux. L'arme capitale était la propagation de rumeurs. Le but était d'ouvrir une faille entre les leaders nazis et le peuple, d'engendrer la lassitude de la guerre et le défaitisme par tous les moyens, ouverts et clandestins...

Mais les paroles ne sont pas des balles, les rumeurs ne sont pas des bombes, et rien, ou presque rien, ne laissait supposer que l'obéissance du peuple allemand à son Führer commençait à vaciller, ou que le soldat allemand faiblissait dans sa détermination à repousser une invasion. Les auteurs de Neptune savaient par contre qu'il existait des désaccords sérieux entre Hitler et ses généraux, que beaucoup d'officiers supérieurs de l'Etat-major allemand étaient, en fait, membres de la « Schwarze Kapelle ». Mais, jusque-là, leurs conspirations avaient abouti à peu de chose, et Hitler gardait une main de fer sur ses généraux, sur le peuple allemand et sur le continent européen. Toute manœuvre, tout moyen, méritait donc considération : nous étions dans une guerre totale. Les Alliés avaient exigé dans la proclamation claironnante de soumission inconditionnelle — jugée inconsidérée par certains hauts responsables militaires — la capitulation complète de l'Allemagne. Or l'Allemagne ne se rendrait pas sans livrer un combat gigantesque.

Neptune devait jouer un rôle décisif dans une guerre implacable et la guerre secrète qui lui incombait serait également sans merci.

Comme devait l'écrire Foot plus tard : « On n'avait jamais rien vu de la sorte et on ne reverra jamais rien de tout à fait semblable, car les circonstances de la guerre hitlérienne étaient uniques et appelaient une riposte unique. »

Cette riposte était le cinquième secteur d'activité secrète proposé dans le plan Jael — la mystification (déception[1]*). La mystification était le fief du LCS et sa mission spéciale était d'égarer l'ennemi. Avec l'aide du Haut Commandement allié, des centaines, peut-être des milliers de bribes d'information seraient lancées, qui une fois assemblées par les services secrets formeraient une image plausible, acceptable — mais fausse — des intentions alliées. Le LCS était passé maître dans l'art de tromper. Maintenant Jael se proposait d'amener Hitler à croire que les Alliés voulaient attaquer non pas en Normandie mais ailleurs, quelque part en France. C'était cette campagne psychologique qui déciderait du sort de Neptune. Le LCS emploierait tous les moyens à sa disposition pour accréditer cette idée, jusque dans l'entourage le plus proche de Hitler. Ces moyens spéciaux englobaient l'émission de bruits et de rumeurs, l'utilisation de services d'agents doubles ou triples, la mise en jeu de la carrière et de la réputation de généraux célèbres, l'action militaire clandestine (« opérations sacrifices »), le maniement subtil de la radio, la création d'armées fictives, la manipulation d'éléments de la résistance et la* Schwarze Kapelle. *En bref, rien ne serait négligé pour convaincre les Allemands que l'invasion se ferait en un temps et en un lieu différents de ceux qui avaient été réellement prévus.*

Les hommes chargés de cette mission apparemment impossible, bien que de personnalité fort diverse, appartenaient tous à l'élite de la nation et l'« induction en erreur », comme le « renseignement » étaient une tâche de gentlemen.

Le colonel Bevan, chef du LCS, était gendre du comte de Lucan et petit-fils du fondateur de la Banque Barclays. Le second de Bevan et l'auteur du plan Jael, le colonel Sir Ronald Evelyn Leslie Wingate était le fils de Wingate Pacha et le cousin à la fois de Lawrence d'Arabie et de Wingate de Burma. Les autres membres du LCS et des bureaux secrets associés étaient financiers, politiciens, diplomates, savants, écrivains, artistes — des hommes qui à Londres, à Washington, dans les pays de la Méditerranée, en Inde, en Asie du Sud-Est, avaient beaucoup de relations et se montraient particulièrement doués pour l'action secrète.

Mais au-dessus d'eux tous, il y avait Churchill. Comme Wingate l'écrira plus tard : « C'était Churchill qui avait toutes les idées. C'était son dynamisme, sa brillante imagination et ses connaissances techniques qui étaient à l'origine de tous ces projets. »

Churchill aimait suivre et conseiller le LCS et il était un maître incontesté de ce que l'on allait bientôt appeler le « plan de jeu ». L'Américain attaché au LCS, le colonel William H. Baumer révélera un jour la difficulté de ce jeu et ses implications éthiques.

En y repensant, écrit-il, Bevan et ses hommes étaient extrêmement astucieux. Ils savaient exactement où et quand jouer sur la colère de Hitler et

1. Le mot anglais « deception » signifie : « tromperie ». Utilisé par les services secrets du monde entier, il désigne toute action tendant à « mystifier » l'adversaire (par ex. en lui faisant croire l'envers de la réalité).

pourtant ils savaient très bien qu'en agissant ainsi ils s'exposeraient plus tard à l'opprobre général si leur action venait à être connue du public. Inébranlables, ils prenaient le risque d'encourir ce jugement connaissant le prix de l'enjeu. En aucun cas, ils ne pouvaient se permettre de perdre, la vie de la Grande-Bretagne en dépendait. Leur but était de faire tourner Hitler comme une mouche bleue. C'était un métier dangereux car à tout instant ils pouvaient être découverts, et dévoiler de la sorte les choses mêmes qu'ils cherchaient à cacher.

Une plaque était apposée sur le mur, derrière les hommes qui se réunissaient sous Westminster pour discuter des arcanes du plan Jael. Elle était placée là comme une réponse aux critiques qui ne manqueraient pas de s'élever quand l'existence de ce bureau ultra-secret serait connue quelque quinze ans après la fin de la guerre. Sur la plaque, ces mots de Sir Garnet Wolseley, ex-Commandant en chef de l'armée anglaise qui écrivait dans le manuel du soldat *de 1869 :*

> On nous apprend à considérer comme un déshonneur de réussir par le mensonge... et nous continuerons à répéter inlassablement que l'honnêteté est la meilleure des politiques, que la vérité finit toujours par gagner. Ces jolis petits sentiments sont parfaits pour des enfants, mais un homme qui en fait sa ligne de conduite ferait mieux de remettre son épée au fourreau pour toujours.

Bref il était clair que Churchill et le LCS ne s'arrêteraient devant rien pour assurer à Neptune le secret et la surprise. Le choix même par Churchill d'un nom de code pour les opérations de couverture et de mystification qui accompagneraient l'invasion donnait assez la mesure de leur précaution, de leur implacabilité et de leur intention.

La réunion du LCS, ce matin de décembre 1943, ne fut pas longue. Son objet était simple : lire et approuver la rédaction finale du plan Jael avant qu'il ne fût envoyé pour approbation aux chefs d'état-major combiné à Washington, Conseil Suprême des Alliés. Mais c'était un peu plus qu'une formalité. Jael ayant déjà été reconnu comme politique globale de « mystification » au sein de la Grande Alliance, à la conférence réunissant Churchill, Roosevelt et le maréchal Staline à Téhéran en novembre 1943, il fallait maintenant, avant l'achèvement de la réunion, que la question du nom de code fût réglée. Compte tenu de sa nature, on décida donc, avec regret, de changer le nom du plan, mettant en application la remarque faite quelques jours auparavant par Churchill à Téhéran à propos des moyens spéciaux concernant le plan Jael, remarque qui devait devenir célèbre :

> En temps de guerre, la vérité est si précieuse qu'elle devrait toujours être préservée par un rempart de mensonges.

Ainsi le plan Jael était rebaptisé « plan Bodyguard », ruse comparable à celle du cheval de Troie, stratagème dont le totem était le gracieux et perfide petit lutin trônant au centre de la table de conférence du LCS.

La réunion terminée, les chefs des agences exécutives du LCS se levèrent. Il ne leur restait plus désormais qu'à s'en aller mettre en pratique les moyens spéciaux qui allaient permettre aux meilleurs et plus jeunes combattants des armées alliées de mettre pied à terre — et d'y rester —, dans les premières heures de tornade du jour J. Mais, jusqu'à ce que Neptune n'émergeât réellement de la mer, qui pouvait prévoir le succès de Bodyguard, qui aujourd'hui pouvait être certain que les forces symbolisées par le Faune dansant contribuerait à rendre possible le prodige du 6 juin 1944 ? Tout comme le remarquerait plus tard, le général Sir Frederick Morgan, l'un des auteurs de Neptune, altérant légèrement les paroles de Wellington après Waterloo :

> Tout n'allait tenir qu'à un fil, un fil diablement mince, le plus mince qu'on n'ait jamais vu.

L'ORIGINE DES "MOYENS SPÉCIAUX" 1938-1942

Au niveau le plus élevé de l'action des Services secrets les faits réels ont égalé dans de nombreux cas, et sous tous leurs aspects, les inventions les plus fantastiques des romans d'aventures et du mélodrame. Intrigue à l'intérieur de l'intrigue, complot et contre-complot, ruse et perfidie, agent sûr, faux-agent double, or et acier, bombe, poignard et fusillade ont tissé un réseau si compliqué qu'il en paraissait incroyable, alors qu'il était vrai. Le chef et les officiers supérieurs du service secret se délectaient à ces labyrinthes souterrains, et poursuivaient leur tâche avec une froide et silencieuse passion.

Winston S. Churchill.

Chapitre Premier

ULTRA

Le ciel de Londres était d'un bleu lumineux en ce premier lundi d'août 1938. Cependant une touffeur d'orage planait dans l'air et les prévisions — politiques et météorologiques — annonçaient du tonnerre et des éclairs à l'est, au-delà de la Manche. Une atmosphère d'appréhension pesait sur toute l'Europe, mais il n'y avait pas foule devant le 10 Downing Street signe habituel de crise. C'était un des jours fériés les plus importants en Angleterre ; toute l'activité professionnelle était interrompue. Des foules considérables s'ébattaient sur les plages, à la campagne, dans les parcs. L'unique note d'agitation en cette chaude après-midi somnolente semblait être la rumeur qui montait du match de cricket à Lords où Cheltenham jouait contre Haileybury.

Néanmoins, certains sentaient l'orage approcher et parmi eux, Winston Churchill qui disait à ses électeurs dans l'Essex : « Il est difficile pour nous, dans cette forêt ancienne de Theydon, dont le nom même nous ramène au temps de la conquête normande, ici, au cœur de cette Angleterre paisible et respectueuse des lois... de saisir que le destin tout entier de l'Europe et du monde s'oriente régulièrement vers une dangereuse explosion », favorisée encore par « des passions féroces sévissant en Europe et par l'existence d'un million cinq cent mille soldats sur pied de guerre en Allemagne ». Cependant le tempérament anglais était tel que l'échec du Révérend J.S. Crole dans le fameux tournoi de « Open Bowls » à Bournemouth tenait autant de place dans le *Times* que le discours de Churchill et à peine moins que l'annonce du voyage de Lord Runciman, qui dirigerait dès mardi une mission diplomatique à Prague et Berlin pour essayer de prévenir la guerre entre l'Allemagne et la Tchécoslovaquie. Il semblait inconcevable que la guerre fût proche et pourtant des signes inquiétants montraient que Herr Hitler, comme on l'appelait au Parlement et dans la presse, avait vraiment l'intention de la faire s'il ne parvenait pas à obtenir un empire en Europe par les seuls moyens politiques et diplomatiques. Et ce lundi-là, tandis qu'au Touquet les Dragons du Roi jouaient au polo, à Nuremberg les grandes phalanges brunes des troupes d'assaut allemandes allaient renouveler leur allégeance à l'adage : *Ein Reich, ein Volk, ein Führer* [1]. L'Allemagne se dressait irritée, menaçante, implacable. Que voulait-elle ? Quelles étaient ses intentions ? Les proclamations retentissantes de ses chefs étaient-elles du bluff ? Ou Hitler était-il vraiment déterminé à « effacer l'humiliation » du traité de Versailles, à assurer, par la force des armes si nécessaire, « une place au soleil » au Troisième Reich ? Et s'il devait y avoir la guerre, quelle était la réalité de la puissance allemande ? Combien de divisions l'Allemagne possédait-elle, combien de canons, de chars, d'escadrilles aériennes, de sous-marins ? Quelle était sa capacité en carburant et en acier ? Quels seraient ses alliés ? Que feraient la Russie et l'Amérique ?

Jamais, depuis la fin de la Première Guerre mondiale, les hommes d'Etat anglais n'avaient ressenti un besoin aussi urgent de renseignements issus des profondeurs de l'Allemagne. C'est pourquoi, en ce week-end, le colonel Stewart Menzies était à son bureau, au quartier général des services secrets britanniques, à Broadway, sur le côté tranquille d'une rue, près de l'abbaye de Westminster. Agé alors de quarante-huit ans, Menzies était délégué chef du MI-6 et chef de la section allemande au renseignement militaire du War Office. Pour autant, il incombait à sa propre responsabilité de superviser la moisson de renseignements concernant les intentions de Hitler, le potentiel et le profil de la Wehrmacht, cette machine de guerre allemande. Aussi, le fait que Menzies travaillât pendant tout le week-end reflétait-il les angoisses du moment. Beaucoup de choses — tout peut-être — reposait sur l'aptitude du MI-6 à déterminer une prospective des plans de Hitler. Un courant régulier d'informations relatives à la situation politique et militaire du Troisième Reich atteignait Menzies à partir de sources variées, notamment celle de l'amiral Wilhelm Canaris, chef de l'Abwehr. Mais les bavardages de magasins à poudre — car c'était à cela que se réduisaient la plupart des informations reçues — ne pouvaient suffire, si le gouvernement britannique devait être tenu rapidement et exactement au fait des décisions secrètes de Hitler. Seul un moyen était sûr pour obtenir les renseignements dont les Anglais avaient besoin : la « crypto-analyse » [2], cet art ancien d'intercepter et de trouver la clef du chiffre des communications secrètes d'un adversaire. La Grande-Bretagne interceptait et décryptait avec succès depuis des années les télégrammes diplomatiques et commerciaux de l'Allemagne. Mais Hitler connaissait l'importance du secret et en 1934 le gouver-

1. Un Reich, un Peuple, un Führer.
2. Déchiffrage.

nement allemand avait commencé à mettre au point un nouveau système de chiffres que le MI-6 cherchait à percer depuis longtemps par une enquête à l'échelle mondiale. Il avait donc fallu quatre ans à Menzies pour obtenir enfin l'information tant recherchée.

Cette recherche avait commencé au moment où le major Francis Foley, correspondant berlinois du MI-6 (connu de ses services sous le chiffre « 1200 ») avait appris que l'armée allemande expérimentait une machine à coder appelée Enigma. Ayant transmis cette information à l'amiral Sir Hugh Sinclair, chef du MI-6, ce dernier confia alors à Menzies la tâche de se renseigner sur elle. Les hommes de Menzies découvrirent qu'Enigma était l'invention d'un Hollandais, Hugo Koch de Delft, qui avait pris un brevet pour une machine à écrire secrète, à La Haye en octobre 1919. Koch avait créé une société pour développer et exploiter son invention, mais incapable de mener à bien la réalisation de la machine, il avait cédé les brevets à un Allemand, Arthur Scherbius, ingénieur-inventeur habitant Berlin, qui avait construit effectivement une machine à partir des plans de Koch et l'avait appelée Enigma d'après les « Variations sur une énigme » de Sir Edward Elgar. Ce prototype de Scherbius, forme assez primitive de la machine chiffres à rotors, avait été exposé au public pour la première fois en 1923 au congrès du Syndicat international des Postes et en 1924 les Postes allemandes avaient utilisé une Enigma pour échanger des vœux avec le congrès. Selon une brochure diffusée en anglais, la machine était conçue à l'origine pour protéger les secrets commerciaux et non les secrets militaires, et ses mérites étaient vantés comme suit :

> La curiosité naturelle de vos concurrents sera déjouée par une machine qui vous permettra de garder entièrement secrets tous vos documents, tout au moins les plus importants d'entre eux, sans occasionner de dépenses notables. Un secret bien protégé peut vous faire récupérer totalement le prix de la machine...

Malheureusement pour lui l'entreprise hasardeuse de Scherbius n'eut aucun succès et il vendit les brevets d'Enigma à une autre compagnie.

Entre-temps, Hitler était arrivé au pouvoir. Aussi le réarmement et la réorganisation de la Wehrmacht allaient-elles bon train. Les généraux battaient la campagne pour trouver des laboratoires et des ateliers susceptibles de fournir une nouvelle machine à coder capable de protéger leurs secrets. C'est le colonel Erich Fellgiebel — appelé à devenir l'officier en chef des transmissions de l'armée allemande et du Haut Commandement allemand — qui, le premier, prit fait et cause pour Enigma. Fait significatif, Fellgiebel allait également devenir l'un des conspirateurs les plus actifs de la *Schwarze Kapelle.*

Enigma disparut alors des circuits commerciaux et dès que Fellgiebel se mit à l'expérimenter, elle se révéla peu onéreuse, solide, portative, simple à manœuvrer, et apte à fournir des codes en abondance. Mais par-dessus tout, on la proclama à l'abri des tentatives de décryptage les plus poussées. Ainsi était-il relativement peu important qu'elle fût ou non saisie par un ennemi puisqu'elle se révélait inutilisable sans les clefs de code. Elle répondait donc exactement en tous points aux besoins de la Wehrmacht.

Le MI-6 était au courant des qualités d'Enigma, mais ne savait rien de plus. Un jour, le major Harold Lehrs Gibson, correspondant du MI-6 à Prague, fit savoir que les services secrets polonais qui travaillaient avec le MI-6 contre les Russes et les Allemands, s'intéressaient également à Enigma, et que le département BS4, section cryptographique de l'état-major polonais, avait acquis en toute légalité sa version commerciale, les décrypteurs polonais dirigés par deux grands mathématiciens, MM. Rejewski et H. Zygalski ayant réussi à résoudre certains des problèmes résultant du déchiffrage de ses transmissions. Le rapport de Gibson provoqua un immense intérêt au service de décryptage britannique, car les Polonais étaient réputés comme très experts en la matière, leur talent à déchiffrer les codes russes ayant assuré la victoire à la Pologne dans la guerre russo-polonaise en 1920, guerre qui avait freiné la première poussée du communisme vers l'ouest après la Première Guerre mondiale. Cependant l'approche d'Enigma par les Polonais était mathématique et non mécanique, car ils ne possédaient que le modèle commercial, les Allemands — comme on pouvait le présumer — l'ayant modifié et mis au point pour l'usage de la Wehrmacht.

Ce furent les Français qui réussirent les premiers à percer les secrets de la version militaire, non par la méthode analytique, mais à la faveur d'une trahison. Le général Gustave Bertrand, officier supérieur au 2 bis, le bureau français de décryptage, en rappelle les circonstances : Durant l'été 1937, un Allemand se présenta à l'ambassade de France à Berne et offrit de travailler au service de la France contre le Troisième Reich, pour des motifs idéologiques. Il se disait officier au Forschungsamt, le premier bureau de décryptage allemand. On fit donc part de son offre au colonel Louis Rivet au 2 bis, qui, tout naturellement, comme son entourage, fut d'abord tenté de croire que l'Allemand, baptisé Source D, était peut-être un agent provocateur, envoyé pour compromettre les privilèges et les statuts diplomatiques français en Suisse. Mais très vite Rivet sentit que c'était peut-être une chance « qui ne se retrouverait plus » et il dépêcha un certain capitaine Navarre du 2 bis à Berne. Après un interrogatoire prolongé de Source D, Navarre conclut que c'était « un traître agissant par avarice », mais que par contre ses informations permettaient d'établir que les « techniciens allemands avaient développé un dispositif de codage et décodage d'un type absolument nouveau », qui n'était rien d'autre qu'Enigma !

On ordonna alors à Navarre d'offrir à l'Allemand « un modeste acompte avec promesse de généreuse rétribution » s'il obtenait un échantillon des performances de la machine pour l'entrevue suivante. Mais Source D fit mieux encore : quand il rencontra Navarre plus tard dans un petit café de Bruxelles, il présenta un « manuel secret d'instructions pour l'utilisation de la machine », en même temps qu'un texte chiffré et son équivalent en langage clair. L'original du manuel fut retourné à l'Allemand le jour suivant, avec une partie de la « généreuse rétribution » promise. Le reste lui serait envoyé sur Bruxelles et Berne « si les techniciens français chargés d'examiner le document le trouvaient satisfaisant ».

Navarre retourna à Paris. Avec les données fournies par Source D, Bertrand était désormais en mesure de présenter une réplique d'Enigma, réplique qui fut construite par une usine franco-américaine, établie hors de Paris et spécialisée dans la fabrication de caisses enregistreuses. Si l'on s'en tient aux affirmations françaises, Source D ayant par ailleurs commencé à envoyer au 2 bis une communication régulière des changements mensuels de clefs de codes opérés par la Wehrmacht pour décourager toute tentative de violation dans ce domaine, les Français avaient maintenant la possibilité de déchiffrer les codes allemands les plus hermétiques. Mais bien entendu, cela ne pouvait durer que dans la mesure où Source D continuerait à fournir les indispensables modifications intervenues.

A quelque temps de là, l'espionnage d'Enigma par les Anglais prit un tour un peu différent. En juin 1938, Menzies reçut en effet un message qui devait se révéler le plus important de l'histoire de l'espionnage de la Seconde Guerre mondiale. Il émanait encore de Gibson à Prague. Gibson signalait son retour de Varsovie où, par l'entremise du service secret polonais, il avait rencontré un juif de ce pays : ce dernier avait offert de vendre au MI-6 ce qu'il savait sur Enigma. Le Polonais, de son nom d'emprunt Richard Lewinski, avait travaillé comme mathématicien et ingénieur à l'usine de Berlin où Enigma était fabriquée. Chassé d'Allemagne à cause de sa religion, il avait été remarqué par l'ambassade britannique à Varsovie. Au cours de l'entrevue avec Gibson, Lewinski annonça son prix : 10 000 livres, un passeport britannique et un permis de séjour en France pour sa femme et pour lui-même. Il ne désirait en effet pas vivre en Angleterre car il n'y avait ni amis ni attaches. Lewinski prétendait avoir une connaissance suffisante d'Enigma pour en construire une réplique et pour dresser les diagrammes du cœur de la machine. Quand la lettre parvint à Menzies, il réagit à la fois avec le plus grand enthousiasme et la plus grande réserve. En effet, comment croire qu'un homme possédant une information si précieuse ait eu la permission de quitter l'Allemagne ? Aussi Menzies, suspectant Lewinski d'avoir été envoyé pour aiguiller le bureau anglais de décryptage sur une voie de garage, tandis que les Allemands de leur côté continueraient à mener leur affaire à l'abri de toute surveillance, ne se sentit d'abord guère disposé à prendre l'initiative d'une action sans l'avis d'experts. Mais après examen par les experts de quelques-unes des données techniques envoyées par Gibson, l'information de Lewinski était apparue en définitive très sérieuse. Voilà pourquoi, ayant décidé d'envoyer deux de ses techniciens à Varsovie pour rencontrer Lewinski en personne, Menzies les avait convoqués aujourd'hui à son bureau, et se trouvait à les attendre par cet étouffant week-end d'août.

Les deux hommes rencontrèrent Menzies sous le portrait de feu le roi Edouard VII, vêtu de tweed et d'un chapeau de chasse, un fusil dans une main, une couple de coqs de bruyère dans l'autre, avec à ses pieds un chien jouant dans la lande. L'un des visiteurs était Alfred Dilwyn Knox, homme grand et maigre, tenu pour le plus grand décrypteur d'Angleterre. Son compagnon était Alan Mathison Turing, homme jeune et bien découplé, hermétique, réputé brillant mathématicien. Menzies leur communiqua ses dernières instructions : aller à Varsovie, rencontrer Lewinski et établir un rapport sur ses connaissances. S'ils les estimaient sérieuses, il fallait s'arranger avec Gibson pour emmener le Polonais et sa femme à Paris et le confier au commandant Wilfred Dunderhale, correspondant local du MI-6, connu du service sous le numéro 2400. Lewinski pourrait alors, sous leur contrôle, reconstituer la machine Enigma.

Peu de temps après Knox et Turing montaient dans la Flèche d'or à Victoria station et en quarante-huit heures, ils étaient à Varsovie. Tous deux formaient un tandem brillant. Alfred Knox était le plus âgé « grand, une vraie perche, chevelure noire indisciplinée, le regard derrière ses lunettes, perdu loin dans ses pensées ». Il était fils de l'archevêque de Manchester, et ses deux frères étaient également des hommes distingués. Il était entré à Eton comme boursier du Roi et était devenu « capitaine de l'Ecole ». Ayant remporté le premier prix de mathématiques, le Tomline, il avait pris le chemin habituel des Etoniens vers King's College à Cambridge, où il avait reçu la médaille du chancelier et avait été nommé maître-assistant. Pendant la Première Guerre mondiale il était entré au nouveau bureau de décryptage de l'Amirauté, Room OB-40. On racontait que son premier grand succès avait été de décoder un message sémaphore allemand de trois lettres, dans son bain. Il avait également participé à l'épisode du Télégramme Zimmermann qui avait fait entrer les Etats-Unis dans la guerre, et continué dans le décryptage après l'arrêt des hostilités, passant à l'Ecole gouvernementale de chiffre et de code du Ministère des affaires étrangères (GC et CS), qui, pendant la Seconde Guerre mondiale devait siéger à Bletchley Park, grande maison victorienne lugubre près de la voie ferrée qui relie Londres à l'Ecosse, juste à la sortie de la ville de Bletchley à une soixantaine de kilomètres au nord de Londres. Pendant qu'il était employé au GC et CS, Knox avait donné une preuve de son pur génie intellectuel, en complétant la grande œuvre de son ami et mentor, le regretté Pr Walter Headlam, et en traduisant les sept cents vers de Herondas, le poète grec du IIIe siècle. Travaillant sur le manuscrit d'Headlam et les papyrus originaux, découverts à Fayoum à la fin du siècle précédent, Knox avait achevé la traduction en huit ans, chef-d'œuvre de décryptage et de littérature.

Alan Turing, son assistant, était lui un génie mathématique aussi authentique qu'excentrique. Il avait étudié à Sherborne School dans le Dorset, puis à King's college où il avait obtenu les plus hautes distinctions en mathématiques. Il avait ensuite suivi les cours de l'Institut d'études supérieures de Princeton où il avait été l'élève d'Einstein et où on lui avait offert le poste d'assistant personnel du professeur John von Neumann, le cerveau qui avait donné naissance au premier ordinateur américain. Mais il avait préféré retourner en Angleterre pour devenir l'assistant de Knox au Foreign Office. Là, dans le plus grand secret, il avait commencé à travailler dans un métier aussi ancien que les hiéroglyphes, le décryptage sans abandonner pour autant la recherche, caressant depuis longtemps l'idée d'une « Machine Universelle », qui, pourvue d'instructions adéquates, serait capable d'adopter le « comportement » d'une autre machine.

Mais ses amis n'y croyaient pas : un tel engin devrait être aussi grand que la cathédrale Saint-Paul ou que le Capitole et exigerait de nouvelles universités, totalement vouées à la formation d'une élite capable de la faire fonctionner. Elle aurait en outre besoin de plus d'énergie que n'en pouvait produire le barrage de Boulder. Ce n'était cependant pas suffisant pour décourager Turing qui avait persisté dans ses théories, et écrit quantité d'articles d'une importance capitale, dont l'un devait lui donner, selon la notice nécrologique parue après sa mort dans le *Times,* « une place permanente dans la logique mathématique ».

Cependant malgré toute son intelligence, ses scrupules et ses rêves, Turing devait garder toujours un côté étrange et enfantin. Il écoutait chaque soir « Joujou ville », pièce enfantine sur « Larry l'agneau » à la BBC et téléphonait, même de très loin, à sa mère pour discuter de chaque nouvelle péripétie. Un jour qu'il travaillait à Bletchley il fut arrêté par un gendarme du comté de Buckingham qui le rencontra sur un chemin de campagne, affublé de son masque à gaz : « Il filtre le pollen, expliqua Turing, et j'ai le rhume des foins !... »

A la déclaration de guerre, il avait converti la fortune de la famille en lingots d'argent, les avait enterrés et oublié ensuite où ils étaient. Il correspondait avec ses amis à l'aide d'un code poinçonné sur une bande que personne ne pouvait lire. Coureur de fond, il lui arrivait à l'occasion de venir à des conférences au Foreign Office à Londres ayant couru les soixante kilomètres depuis Bletchley en vieux pantalon de flanelle et gilet, un réveil attaché avec une ficelle autour de la taille. Bref il « échappait à toute règle en matière de cheveux, de vêtements et de conventions », observait de « longs silences gênants ponctués d'un ricanement qui mettaient à dure épreuve les nerfs de ses amis les plus proches ». Néanmoins son génie ne faisait aucune doute et Sir Geoffrey Jefferson qui proposa sa candidature à la Royal Society, le plus noble des corps scientifiques, estimait qu'il était « totalement étranger aux choses de ce monde, semblable à un enfant, non-conformiste, rêveur... une espèce de Shelley scientifique ».

Telles étaient les qualités d'esprit extraordinaires des deux hommes qui voyageaient vers Varsovie pour découvrir ce que Richard Lewinski pouvait savoir d'Enigma. Ils le rencontrèrent d'abord au musée Curie et poursuivirent leur conversation tandis qu'ils marchaient sur les bords de la Vistule jusqu'à son logement dans le ghetto : Lewinski, dans la quarantaine, était brun, mince et voûté. Le commandant Dunderdale devait dire plus tard qu'il lui rappelait « un corbeau plumant un abaque ». Knox et Turing, qui en savaient déjà beaucoup sur Enigma, désiraient surtout apprendre comment les Allemands l'avaient modifiée, comment ils procédaient pour établir les codes et quels services l'utilisaient. Or il s'avéra vite que Lewinski avait une connaissance considérable de toutes ces questions. Aussi Knox et Turing conseillèrent-ils à Menzies d'accepter son offre. On prit des dispositions pour emmener Lewinski et sa femme à Paris avec un « laissez-passer » britannique en passant par Gdynia et Stockholm afin d'éviter l'Allemagne. A Paris ils furent confiés à Dunderdale qui, grâce à ses relations avec les services secrets français, leur obtint des permis de séjour les mettant à l'abri de toutes indiscrétions.

Enigma prit alors forme grâce aux soins de Dunderdale : Lewinski travaillait dans un appartement de la rive gauche et la machine qu'il fabriqua se révéla être une merveille d'imitation technique. Elle avait environ soixante et un centimètres de base et quarante-six centimètres de haut. Encastrée dans un emboîtage de bois, elle était reliée à deux machines à écrire électriques. Pour transformer un langage clair en langage chiffré, il suffisait à l'opérateur de consulter le livre des clefs, choisir la clef pour l'heure du jour, le jour du mois et le mois du trimestre, faire les branchements nécessaires et taper le message sur la machine à écrire de gauche. Des impulsions électriques parvenant au système de câbles complexe de chacun des rotors de la machine, le message était chiffré, puis transmis à la machine à écrire de droite. Quand le texte chiffré atteignait sa destination, un opérateur agençait les clefs d'un dispositif identique suivant les indications du message, en tapait le contenu sur la machine de gauche, et la machine de droite livrait en clair le message attendu.

Jusqu'à la mise au point d'un système chiffré sur machine, le codage était fait lentement et soigneusement de main d'homme. Maintenant, comme le découvrirent Knox et Turing, Enigma pouvait fournir un nombre quasi infini d'alphabets chiffrés, simplement en modifiant le système des clefs. Présentant toutes les caractéristiques idéales de la machine à écrire secrète, Hitler avait, c'était évident, une confiance totale en Enigma. Une enquête, longue et tenace, avait d'ailleurs établi que sur le conseil de Fellgiebel Enigma avait été adoptée par les trois services armés de la Wehrmacht. On l'introduisait progressivement à tous les échelons. On l'employait pour chiffrer les communications de Hitler, du maréchal Wilhelm Keitel, chef d'état-major de l'Oberkommando der Wehrmacht (OKW), Commandant suprême des services armés allemands et de son adjoint, chef des opérations, le général Alfred Jodl. Le maréchal Hermann Goering l'utilisait en tant que Commandant en chef de la Luftwaffe, et l'amiral Erich Raeder en tant que Commandant en chef de la Kriegsmarine. Leurs états-majors s'en servaient également. Les sous-marins et les petits bateaux en étaient aussi équipés car malgré les risques de capture, elles restaient inutilisables sans la connaissance du système de clefs. Hitler avait donc autorisé la vente d'Enigma au Japon où la marine et les services diplomatiques en faisaient un usage constant, à l'Italie, à la Roumanie et à la Bulgarie. Mais ce qui importait le plus à Menzies, c'est que l'amiral Wilhelm Canaris de l'Abwehr y avait également recours pour ses communications importantes : particulièrement entre Berlin et Madrid ; or Canaris devenait l'adversaire numéro un en cas de guerre entre l'Angleterre et l'Allemagne.

On pouvait cependant prévoir que les Allemands protégeraient leurs plans avec le plus grand soin, et que la seule façon de percer les secrets d'Enigma était de concevoir une autre machine capable d'imiter ou d'interpréter les performances de chacun des milliers d'exemplaires qui viendraient à exister dans la Wehrmacht. Cette machine aurait aussi à calculer les changements constants de systèmes de clefs, et devrait pouvoir réaliser un nombre presque infini d'opérations mathématiques à des vitesses dépassant de loin les capacités humaines. Une telle machine n'existait qu'en théorie — théorie figurée par la « Machine Universelle » de Turing. Mais Turing et les autres experts en décryptage pouvaient-ils vraiment en construire une ? N'était-ce pas au-delà des possibilités de la technologie de l'époque ?

Ainsi la tâche de pénétrer les secrets mécaniques d'Enigma s'annonçait comme un défi de taille à Knox, Turing et autres experts du GC et du CS. Alors que la Grande-Bretagne avait laissé nombre de ses défenses conventionnelles à l'abandon pendant l'entre-deux guerres, les années 30 avaient été une période de grande innovation technique pour le radar, la goniométrie à haute fréquence, la microphotographie, les télécommunications très poussées, la radio, les premiers travaux sur la bombe atomique et les débuts de la cybernétique, développements qui allaient expliquer l'attitude officielle favorable aux exigences de GC et CS. Le Foreign Office obtint un crédit pour la machine, les états descriptifs furent vite dressés et remis entre les mains des ingénieurs dès le dernier trimestre de 1938. Le contrat fut accordé à la compagnie anglaise de machines à calculer de Letchworth, située non loin de Bletchley, qui confia la construction de — « la Bombe » comme on finit par l'appeler — à son ingénieur en chef Harold Keen, et à son équipe de douze hommes. Dans le plus grand secret (il en restait encore des traces en 1974), la machine prit forme avec des proportions modestes, nullement comparables à Saint-Paul ou au Capitole. C'était un meuble de quelque 2,60 mètres de haut et autant de large à sa base, avec la forme d'un ancien trou de serrure. A l'intérieur du meuble : une réalisation technique qui défiait toute description. Comme le disait Keen, ce n'était pas un ordinateur, et « aucune autre machine ne lui ressemblait ». Elle était unique, construite spécialement dans ce but. Ce n'était pas non plus une machine à calculer complexe, souvent utilisée dans le décryptage, mais une réponse à Enigma. Son secret résidait dans les circuits électriques des rotors d'Enigma que la Bombe voulait imiter.

La machine fut installée à la Baraque 3, sous les arbres du parc de Bletchley, où les transmissions d'Enigma étaient interceptées par un système de relais radio autour de la terre et données en pâture à la Bombe. Si la Bombe réussissait à trouver les clefs qui avaient servi à chiffrer ces transmissions, les décrypteurs de Bletchley pourraient alors « décoder les messages ».

L'expérimentation était conduite à Bletchley dans le plus grand secret. Cependant même si elle se révélait concluante, elle présentait un danger. Si les décrypteurs de trois nations cherchaient à intercepter le flot d'informations donné par Enigma, les Allemands ne manqueraient pas de découvrir que leur machine à coder la plus secrète était compromise. Dans ce cas ils la remplaceraient très certainement par un nouveau système, ou modifieraient Enigma d'une façon qui interdirait toute nouvelle tentative. Pour resserrer le dispositif de sécurité autour d'Enigma, les experts des services d'espionnage britannique, français et polonais tinrent une conférence au château Vignolle à une quarantaine de kilomètres environ de Paris, là où le service de déchiffrement français travaillait sous le nom de code « PC Bruno ». La décision principale prise à la première de ces conférences le 9 janvier 1939 se résumait ainsi : puisque la Pologne et la France risquaient toutes deux d'être envahies en cas de guerre avec l'Allemagne, tout ce qui était vital, papiers, machines, personnel en relation avec Enigma, devait être concentré en Angleterre. Au cours d'une conférence ultérieure dans une base d'espionnage en forêt de Pyry près de Varsovie, les Polonais remirent aux Anglais tout ce qui était en leur possession concernant Enigma, ne gardant que le matériel nécessaire à des buts opérationnels. Le tout fut emmené sous bonne escorte à Londres le 24 juillet 1939. Précaution combien raisonnable, puisqu'un mois plus tard, les Allemands attaquaient la Pologne et la Seconde Guerre mondiale commençait. La prise de Varsovie et la chute du gouvernement polonais entraînèrent l'évacuation de Pologne des cryptographes d'Enigma en même temps que celle de l'état-major polonais et de la mission militaire britannique du colonel Colin Gubbins. Ces spécialistes traversèrent la frontière de la Pologne et de la Roumanie, les cryptographes furent détachés par le MI-6 et envoyés — comme convenu — au château Vignolle pour travailler avec les Français. Sans ces précautions, les Allemands auraient presque certainement découvert que les Polonais possédaient le secret d'Enigma. Quoi qu'il en soit de façon mystérieuse et en dépit de leur aptitude crypto-analytique particulière, ces derniers s'étaient totalement laissés surprendre par l'invasion de la Wehrmacht...

Pendant ce temps, l'expérimentation de la Bombe continuait à Bletchley. Au début les résultats se révélèrent imparfaits, la machine émettant des bruits étranges faisant penser à une batterie d'aiguilles à tricoter. Mais grâce à des mises au point successives, ses performances s'améliorèrent rapidement et elle devint opérationnelle au moment même où les Allemands s'apprêtaient à attaquer la Pologne. Ainsi les premières productions de la Bombe qui semblaient bien avoir été une affaire de hasard plutôt que de calculs, prouvaient que la machine n'était pas le rêve de quelque inventeur fou. Elle marchait ! Et quand le 3 septembre 1939, les Allemands ayant envahi la Pologne, la Grande-Bretagne et la France, certes mal préparées au conflit, déclarèrent la guerre à Hitler et au Troisième Reich, la Bombe promettait de fournir le matériau d'espionnage le plus précieux de toute la guerre.

La Bombe devait en fait décoder ses premiers messages importants en interceptant les transmissions d'une Enigma de la Luftwaffe un jour d'avril 1940, tandis que Hitler, victorieux en Pologne rassemblait ses armées et son aviation pour envahir les Pays-Bas et la France. Le chef d'escadrille Frédéric W. Winterbotham, chef de l'espionnage de l'armée de l'air au MI-6, se rappelle cet instant encore vivace :

> ... C'est au moment où les jours de froid intense de l'hiver glacé cédaient la place aux premiers jours du soleil d'avril que l'oracle de Bletchley parla

> et que Menzies me tendit quatre petits morceaux de papier, chacun avec un court message de la Luftwaffe... Du point de vue strict de l'espionnage ils étaient de peu d'intérêt sauf comme bribes d'inventaire administratif, mais pour les hommes qui travaillaient dans l'ombre à Bletchley Park et pour Menzies... ils apparaissaient comme la magie dorée d'une fin d'arc-en-ciel.

Le miracle avait eu lieu. Il fut baptisé Ultra — comme s'appelait jadis le code de l'amiral Nelson à Trafalgar — et allait être utilisé désormais par les Anglais (et plus tard par les Américains) pour désigner le renseignement au niveau le plus élevé. Le contenu de ces premiers Ultra était relativement peu important, mais leur signification était immédiatement apparente. Si la Bombe pouvait traduire les communications de Goering, combien de temps lui faudrait-il avant de pouvoir décoder les communications radio secrètes des autres commandants des services armés allemands, de Canaris et de son service d'espionnage et de Hitler lui-même ? On possédait là une source d'information au cœur même du Haut Commandement ennemi. Si Ultra tenait ses promesses, elle deviendrait sûrement une arme d'importance considérable dans la guerre contre le Troisième Reich.

Menzies était maintenant le chef réel de MI-6, nommé provisoirement « C » en novembre 1939 à la mort (des suites d'un cancer), de l'amiral Sir Hugh Sinclair, le sous-marinier qui avait commandé le MI-6 pendant plus d'une décennie. Toutefois sa position n'était pas assurée. Il rencontrait une opposition considérable à sa nomination permanente de la part de l'amirauté. En effet traditionnellement le poste de « C » allait à un marin et Menzies était un soldat. De plus on le critiquait sévèrement pour la manière dont il avait mené l'incident de Venlo, où deux chefs du MI-6 en Europe avaient été kidnappés par des agents allemands peu de temps après la déclaration de guerre. On lui reprocherait d'ailleurs aussi par la suite d'avoir manqué des qualités intellectuelles nécessaires pour apprécier l'importance de ce qu'il avait déclenché en ce jour d'août. Mais il n'était pas le parasite mondain que ses ennemis, nombreux, se plaisaient à voir en lui. Quand la Bombe commença à fournir les premiers Ultra intéressants, il ne se contenta pas de mesurer leur importance, il comprit également que la seule manière pour lui d'être confirmé dans le poste très envié de « C » était d'arriver à contrôler la source vitale de renseignement qu'Ultra promettait d'être.

Aussi adroitement que s'il jouait au bésigue, Menzies chercha à annexer Ultra au MI-6 et son premier réflexe fut d'établir un système pour en assurer la sécurité. Il était évident qu'Ultra ne servirait aux Anglais que dans la mesure où les Allemands ne se douteraient de rien. S'ils découvraient que leurs codes secrets étaient aux mains des ennemis, il ne leur resterait plus qu'à adopter un autre système qui s'avérerait encore plus difficile à élucider qu'Enigma. La seule manière de garantir Ultra était d'en limiter sévèrement la distribution et l'usage parmi les membres du Haut Commandement britannique. Winterbotham proposa en conséquence la création sous l'égide du MI-6, d'un nouveau bureau secret pour l'utilisation d'Ultra. Il s'agissait des « Unités de Liaison Spéciales » (SLU) chargées de recruter des officiers de l'armée de l'air d'une discrétion éprouvée, des opérateurs radio du MI-6 et des employés du chiffre pour utiliser et acheminer les interceptions d'Ultra. Menzies donna son accord et obtint l'approbation nécessaire pour la mise en place des SLU. Ces Unités de Liaison sous le commandement de Winterbotham devaient se révéler si efficaces dans la protection d'Ultra qu'il serait difficile, même trente ans après, de découvrir leur existence.

Les SLU devaient par la suite contrôler au niveau le plus élevé tous les commandements militaires britanniques et américains afin que les renseignements d'Ultra ne soient employés ni à la légère, ni par ambition, ni d'une manière qui donnât à penser à l'ennemi que ses messages étaient captés. Ces unités allaient employer plusieurs centaines des cerveaux les plus brillants d'Angleterre et d'Amérique. Si sûr serait leur système de communication que le Premier ministre lui-même utiliserait les SLU pour ses propres communications secrètes et personnelles.

Menzies assura enfin au MI-6 le contrôle à la fois de l'acquisition et de la distribution d'Ultra, en dépit de l'opposition de l'Amirauté et du Foreign Office. Mais la controverse autour du contrôle d'Ultra ne s'arrêta pas là. Elle devait engendrer une des guerres internes les plus prolongées dans l'histoire moderne de Whitehall, certains allant jusqu'à prétendre que Menzies avait accaparé ce contrôle par quelque tour de passe-passe bureaucratique dans le seul but d'asseoir sa propre carrière.

Stewart Graham Menzies était né le 30 janvier 1890 (la même année qu'Eisenhower et de Gaulle) dans une riche famille de la classe dirigeante, pépinière de courtisans depuis des générations. Ses parents étaient tous deux membres du « petit clan » du prince de Galles, la fortune de son père provenant à l'origine, de la distillation de whisky et de gin, la famille de sa mère possédant la compagnie de bateaux à vapeur Wilson de Hull. La maison de famille des Menzies était Hallyburton, une grande propriété dans les collines de Sidlaw d'Angus au nord du Firth of Tay dans « le pays de Macbeth », dont le blason familial, un faucon fondant sur une cigogne avec les mots « n'oublie pas » semblait lourd de sens pour un futur maître-espion.

Stewart Menzies était le second des trois fils de John Graham Menzies, appelés tous trois à devenir colonels de la garde. Sur leurs certificats de naissance à la rubrique « profession du père » figurait la mention rentier. En fait, on savait peu de chose de lui, sauf peut-être que comme tous les Menzies, il passait beaucoup de temps à cheval et à la chasse au renard. Après sa mort en 1910, la mère de Menzies avait épousé le lieutenant-colonel Sir George Holford, commandant des *1ers Life Guards et Silver Stick*, l'officier dont la charge consistait à « garder la personne même du Roi de toute blessure corporelle, de toute attaque et de le faire de ses propres mains, avec son propre corps ». Holford allait servir la famille royale comme écuyer pendant presque trente ans au cours des règnes de Victoria, Edouard VII, George V et Edouard VIII, et la mère de Menzies devenir par suite dame d'honneur de la Reine Mary. Ayant ainsi grandi parmi les membres de l'élite très restreinte, privilégiée et immensément puissante qui dirigeait la moitié du globe, Menzies était entré en 1903 au « Bienheureux Collège de

St Mary's » à Eton, non à l'aide d'une bourse, mais en tant qu'« Oppidan » c'est-à-dire en tant que fils de « nobles et puissantes personnes et amis particuliers du dit collège ». A Eton ayant remporté les prix du Prince Consort en français et en allemand, il s'affirma comme l'un des plus brillants sportifs de sa génération, devint ensuite maître d'équipage d'Eton collège et mieux encore, président de « Pop », la société d'Eton collège, la plus ancienne et la plus puissante de toutes les sociétés d'anciens élèves anglais.

Menzies n'alla pas jusqu'à Oxford. Il entra d'abord chez les grenadiers puis chez les *Life Guards*, ce petit groupe d'officiers issus des « familles des nobles et gentilshommes les plus capables du Royaume ».

Le 2 décembre 1914, pour son comportement héroïque à la colline 60 située à l'est d'Ypres, il reçut des mains du roi le DSO *Distinguished Service Order* au cours d'une cérémonie qui se déroula sur le champ de bataille. Il retourna ensuite en première ligne comme capitaine adjudant-major et conquit plus tard la Military Cross. Puis le 18 décembre 1915 à l'âge de vingt-six ans il entra dans les Services secrets.

On devait connaître peu de chose de la carrière de Menzies dans le MI-6 pendant le reste de la guerre, si ce n'est une rencontre en Espagne en 1916 avec un jeune officier allemand de la marine, entré lui aussi depuis peu dans le Service d'espionnage de son propre pays : Wilhelm Canaris. Quand on lui offrit un poste permanent au MI-6 après la guerre, il accepta aussitôt et à l'exception de la publicité entourant son divorce, lorsqu'il assigna sa femme, pour motif d'adultère, publicité qui compromit sérieusement sa carrière d'officier dans les gardes et sa présence à la Cour (scandale étouffé par ses amis haut placés), Menzies glissa dans l'anonymat presque complet. Le manuel Kelly pour les classes nobles (le Who's Who de l'époque) est à son sujet d'un laconisme presque suspect, le seul but de sa vie semblant avoir été alors de monter avec l'équipage de Beaufort et de fréquenter ses clubs. Menzies en fait faisait lentement son chemin dans la hiérarchie du MI-6.

Le MI-6 avait été fondé par Sir Francis Walsingham au temps de l'Armada pour « recueillir toutes les intrigues dissimulées dans les ceintures des princes d'Europe ». Mais sa forme moderne résultait d'un incident survenu le 1er juillet 1911 quand le Kaiser avait envoyé ostensiblement la canonnière *Panthère* à Agadir, vieux port mauresque sur l'Atlantique, pour protéger la vie et les propriétés des négociants de Hambourg contre les insurgés. L'Amirauté profondément alarmée par la puissance grandissante de la flotte allemande et par la déclaration du Kaiser se proclamant « Amiral de l'Atlantique », n'avait vu là que la menace d'implantation d'une base navale allemande destinée à barrer les routes commerciales de la Grande-Bretagne et avait réagi en conséquence. Il fallait sortir de presque un siècle de torpeur et reformer d'urgence l'organisation des services secrets.

Un officier de marine amputé d'une jambe qui s'était distingué en Chine, le capitaine Mansfield Smith Cumming reçut alors le commandement du MI-6. Sa personnalité devait marquer très fortement le service jusqu'à la trahison au profit des Russes de Kim Philby durant la Seconde Guerre mondiale. S'étant nommé lui-même « C » pour la première fois et s'appuyant sur le principe que pour être efficace, un Service secret doit être avant tout secret, il ne recrutait que dans les classes dirigeantes, entourant toute son action de mystère et d'omniscience. Ses quartiers généraux restaient un secret d'Etat (ils étaient en fait dans Northumberland Avenue entre la Société biblique d'Angleterre et de l'Etranger et le Club national des Libéraux, George Bernard Shaw ayant reçu l'autorisation de garder son appartement dans l'immeuble). Smith Cumming déconcertait parfois les visiteurs qui n'étaient pas au courant de son infirmité, car, lorsqu'il voulait les convaincre, il avait l'habitude de planter un coupe-papier très pointu dans le liège de sa jambe artificielle. Cependant, en dépit de ses excentricités, il demeura toujours un administrateur efficace et de poids, et créa le système universel des « Officiers de Contrôle de Passeports » derrière lequel devait s'abriter et travailler si longtemps le MI-6. Son influence, bien que très obscure, fut capitale pour amener le gouvernement à remettre en vigueur en 1911 l'Acte draconien de 1889 sur les services officiels, Acte qui interdisait toute ingérence extérieure, et taxait cette ingérence comme le plus grand des crimes. Bref tout était permis, dans son service, même l'assassinat. Le seul crime était d'être pris. Malheur en ce cas à l'agent arrêté, car il était aussitôt désavoué.

Le MI-6 fit donc la Première Guerre mondiale sous sa direction. Mais la victoire n'avait pas été décisive, les Allemands s'étant contentés de rentrer dans l'ombre et de se préparer pour la deuxième manche de ce grand combat. Aussi quand les services secrets allemands apparurent à nouveau comme une force d'envergure mondiale, le MI-6 était mal préparé pour l'affronter. Ses crédits, diminués de façon radicale pendant l'entre-deux guerres, n'allaient être augmentés de façon substantielle qu'à partir de 1936-1937 pour financer l'offensive contre Enigma et de nouveau en 1938-1939 pour la construction de la Bombe.

Ce n'est en fait qu'en 1938, sous la menace d'une nouvelle guerre, que Sinclair commença à infuser une vie nouvelle au MI-6. Des cerveaux éminents arrivèrent des universités, du barreau, de la presse, d'anciens employés du service furent mis à l'écart, et Menzies nommé chef délégué. C'est alors qu'apprenant qu'il allait mourir d'un cancer, Sinclair, en 1939, écrivit une lettre qu'il mit dans son coffre-fort personnel, avec ordre à son secrétaire de la remettre à sa mort au seul Premier ministre. Elle concernait la succession au poste de « C », Sinclair étant parfaitement conscient du combat qui se livrerait pour cette charge après sa disparition. Il recommandait Menzies, le seul à tout connaître au sujet d'Enigma et d'Ultra. Ses instructions allaient être suivies. Quand Sinclair mourut, le 4 novembre 1939, la lettre fut remise à Chamberlain et le jour suivant la nomination de Menzies était approuvée — mais seulement à titre temporaire, le cabinet ne pouvant tout à fait surmonter sa crainte de voir le MI-6 devenir avec Menzies un club agréable pour aristocrates d'âge mûr passés par Eton ou dans les Guards.

Toute une polémique s'engagea à son sujet. L'Amirauté, essayant de défendre ce qu'elle croyait être ses prérogatives, s'opposa fortement à une nomination permanente, d'autres critiques estimant Menzies inapte à ce travail. Comment pouvait-on diriger le Service secret du bar du White's ou d'un terrain de chasse ? Menzies n'était-il pas trop « conservateur » pour commander une organisation qui devait employer des hommes de tous milieux et de toutes nuances politiques ? Même les jeunes intellectuels nouveaux venus qui se pressaient pleins d'ardeur aux derniers échelons du Service, frais émoulus de l'université, doutaient de ses qualités intellectuelles pour assumer une telle fonction. Toutefois Menzies avait des amis influents : Chamberlain, Churchill qui était alors Premier Lord de l'Amirauté, et le souverain George VI en personne qui devait, selon le protocole, approuver la nomination d'un nouveau « C ».

En définitive, c'est Lord Halifax, le ministre des Affaires étrangères qui — comme l'écrivit dans son journal Alexander Cadogan, le sous-secrétaire permanent du Foreign Office — « joua la bonne carte et fit pencher le plateau de la balance en faveur de Menzies ». Le MI-6 dépendait en effet du Foreign Office, et Halifax et Cadogan, tous deux anciens élèves d'Eton admiraient beaucoup Menzies. C'est à leur instigation que lors d'une réunion de cabinet le 26 novembre 1939, Chamberlain, Churchill et Hore Belisha se mirent d'accord pour soumettre sa candidature au Roi. A la stupéfaction et à la colère de l'amirauté et des « habitués des clubs » Menzies fut convoqué au Palais pour être confirmé et recevoir des mains du Roi « L'Ivoire », plaque offerte par le souverain aux serviteurs les plus dignes de confiance et les plus indispensables. Les privilèges n'avaient pas été altérés par le temps ou l'usage. L'« Ivoire » permettait à son porteur en cas de siège ou de désordres civils d'entrer dans Saint James's Park en passant par les Horse Guards à Whitehall, seule grille ouverte en pareil cas. En fait « L'Ivoire » n'était donné qu'à des officiels qui se trouvaient dans l'absolue nécessité d'être près du souverain : le « Gardien de la Cassette du souverain », le commandant de la garnison défendant Londres, le chef de la police métropolitaine, les sous-secrétaires permanents du Trésor, du Foreign Office, de l'Armée et de la Marine. C'était aussi le privilège des « Gold et Silver Sticks », officiers des Life Guards responsables de la sécurité du souverain, dont la possession était devenue aussi prisée que toute autre « dignité » conférée par le roi.

Menzies emménagea donc dans le beau cabinet de « C » avec sa vue panoramique sur Whitehall et sur Saint James, son escalier privé et sa porte spécialement conçue pour lui permettre d'aller et venir au MI-6 sans être observé ou identifié. Et puisque c'était une infraction à la loi de parler de sa nomination dans la presse et même de faire un rapprochement entre son nom et le MI-6, un voile déconcertant d'anonymat descendit sur le nouveau « C ». Il entrait ainsi dans un monde très étrange, habitant tout comme les Francs-maçons et les Mafiosi, un « crépuscule intellectuel... dans lequel il était souvent bien difficile de discerner la différence entre une véritable menace et une simple plaisanterie ».

Mais peu à peu sous la pression et l'ampleur des événements de la guerre, les critiques s'estompèrent. Emergeant de toute cette polémique il apparut bientôt comme le modèle accompli du bureaucrate anglais : intelligent, habile, bien informé, prudent et loyal, représentant parfait d'une classe digne de confiance. Mais au-dessus de toutes ces considérations, il avait Ultra et c'est lui qui avait mis en place un dispositif garantissant sa sécurité. Or au dire de Winterbotham, Ultra allait vite être en mesure de fournir de façon exceptionnellement précise non seulement la composition, la puissance et la situation des forces de l'ennemi, mais encore, à peu d'exceptions près, de percer à l'avance toutes ses intentions dans la conduite de la guerre.

Chapitre II

COVENTRY

En avertissant l'Angleterre de l'opération Jaune, la grande offensive de Hitler contre l'Europe de l'Ouest, Ultra intervenait pour la première fois de manière importante dans la Seconde Guerre mondiale. Comme devait l'affirmer plus tard le général Bertrand, seuls les Français avaient réussi à décoder quelque 141 messages chiffrés d'Enigma entre la fin octobre 1939 et la mi-juin 1940, résultats qui devaient leur permettre, ainsi qu'aux Anglais, de déchiffrer par la suite environ 15 000 messages allemands. A l'appui de ces informations, des mises en garde répétées sur l'imminence de l'attaque parvenaient des membres de la Schwarze Kapelle au sein de l'état-major général allemand et de l'Abwehr, ainsi que du Vatican. On eut même plus tard confirmation, en février 1940, que le mauvais temps avait forcé un courrier allemand à atterrir en Belgique et que le plan complet de l'opération Jaune était tombé aux mains des Belges. En outre, des reconnaissances aériennes françaises avaient signalé d'énormes concentrations de blindés et de troupes allemandes dans la région d'Eifel. Enfin, comme on devait le déclarer par la suite, directives et objectifs de l'offensive avaient été dévoilés par les questionnaires du service secret allemand, tombés au mains du contre-espionnage français par les soins d'agents doubles.

Et pourtant, quand les armées de Hitler, fortes de 2 500 000 hommes, attaquèrent la Belgique, les Pays-Bas et la France, le 10 mai 1940, la surprise fut totale ! Malgré les renseignements fournis par l'espionnage, jamais peut-être n'avait été enregistrée une telle défaillance dans l'appréciation de la situation et les choix d'une action, échec qui devait demeurer l'un des plus mystérieux et des plus catastrophiques de l'Histoire. Lors de leur attaque sur le Danemark et la Norvège en avril 1940, les Allemands avaient aussi agi par surprise. Pis, ils avaient infligé de sérieuses pertes à la Royal Navy pendant les opérations en Norvège, ayant été en mesure de décoder et déchiffrer les secrets de l'Amirauté. C'est pourquoi la campagne de Norvège ayant déjà ébranlé le gouvernement Chamberlain, ce dernier ne put résister à l'attaque de l'opération Jaune. Le jour de l'offensive à 11 heures du matin, quelques heures seulement après l'ouverture du barrage d'artillerie allemand alors que les parachutistes nazis pleuvaient sur tous les points stratégiques de la Hollande et de la Belgique, Winston Churchill, Premier Lord de l'Amirauté, était convoqué d'urgence au 10 Downing Street. Chamberlain pour sa part ayant déjà entendu résonner en lui les paroles redoutables de Cromwell : « Vous avez siégé ici trop longtemps pour le peu de bien que vous avez fait. Partez, vous dis-je, et laissez-nous en paix. Au nom de Dieu, allez-vous-en ! », venait de décider de démissionner et demandait donc à Churchill s'il acceptait la succession. Ayant répondu par l'affirmative Churchill se présenta à six heures du soir devant le Roi à Buckingham Palace. Après s'être entretenu quelques instants de la situation avec le souverain, Churchill prit congé, pour former son gouvernement. Il était âgé de soixante-six ans, et il sembla à ceux qui le connaissaient bien que sa vie tout entière l'avait préparé à cet instant. Edouardien, convaincu par son héritage aristocratique de la grandeur de l'Angleterre et de la primauté de sa classe, lunatique, souvent aussi impitoyable que Hitler avec ses généraux, poète et orateur, Churchill s'entoura sur-le-champ d'un état-major de jeunes aristocrates et mit rapidement sur pied l'appareil capable de mener la guerre totale. Tandis que les Allemands anéantissaient les armées belges et hollandaises puis entreprenaient la grande opération des blindés à Sedan, qui allait conduire à la reddition de la France, il donna des pouvoirs élargis au cabinet de guerre, aux chefs du Comité d'état-major combiné du « Joint Planning Staff » dont le LCS ferait partie. Il ordonna également la réforme du Comité des services secrets combinés de façon à disposer, contrairement à Hitler, d'une source unique de renseignements autorisés ne provenant pas de plusieurs organisations rivales, facteur clé dans la future guerre des moyens spéciaux. A l'heure même où les divisions britanniques commençaient à refluer vers les ports de la Manche, il exigea de connaître du ministre de l'Equipement quels plans existaient pour construire une flotte de débarquement et des ports artificiels, prévoyant quatre ans à l'avance l'équipement nécessaire à ce qu'il allait ne cesser d'appeler le « retour en Europe ». Parallèlement il ordonna la formation de « troupes de chasse » pour pratiquer des raids de commandos contre l'ennemi, ordre qui entraîna la création de corps d'élite, comme les commandos, le service spécial de l'aviation et les Jedburghs. Contribuant en outre à la création de l'exécutif des opérations spéciales pour harceler l'ennemi derrière les lignes il autorisa une large extension des services de Menzies par un mémorandum au général Hastings Ismay le 6 juin 1940, date significative, exigeant « un système adéquat d'espionnage et de service secret tout le long des côtes ». Faisant enfin pression sur le MI-6 pour hâter la création du comité XX son zèle allait être à l'origine de la formation de nombre de nouvelles organisations : le Ministère de la guerre économique, l'Exécutif pour la guerre politique, la Force A, le Comité Ankara, les Services secrets de la sécurité au Moyen-Orient. Bref c'était une mobilisation sans précédent du potentiel intellectuel de l'Angleterre, près de 100 000 hommes et femmes se trouvant engagés dans la chasse aux renseignements, le contre-espionnage, la sécurité et les opérations spéciales. Mais pour le moment, aucune de ces organisations ne pouvait agir sur la bataille qui se déroulait en France. La Belgique et la Hollande venaient de capituler, et les armées allemandes fonçaient sur Paris en traversant les Flandres, prenant au piège et acculant l'armée britannique à Dunkerque.

Dans la confusion et le tumulte de mai et juin 1940, le MI-6 et Menzies durent faire face à nombre de tâches urgentes, la plus urgente de toutes restant la sécurité d'Ultra. Il devenait impératif d'évacuer de Paris, Lewinski et sa femme, sinon ils seraient faits prisonniers par les Allemands. Il convenait aussi de déménager les équipements, la documentation et la totalité du personnel qui travaillait en France sur Ultra. Ces deux missions furent confiées à Winterbotham en tant que chef de la sécurité d'Ultra. Il fit venir le pilote du service secret, Sidney Cotton, chef d'escadrille, pionnier de la photographie aérienne, qui, escorté de Spitfires, s'envola vers Orly à bord du Lockheed 12 A, bleu pâle, du MI-6 pour « volatiliser » le Polonais en Angleterre. Accompagnés du commandant Dunderdale, Lewinski et sa femme avec tous leurs bagages attendaient à Orly. Or, l'aérodrome était bondé de riches Français qui essayaient de quitter leur pays... L'un d'eux repéra Dunderdale, bien connu de la « société parisienne », et croyant que cet avion venait le chercher, vit là une occasion unique de s'enfuir. Il accosta Dunderdale et lui offrit une petite fortune pour l'emmener avec sa famille. Dunderdale ayant refusé, le Français voyant arriver Cotton, lui fit une offre semblable que ce dernier accepta. Mais sur ces entrefaites Dunderdale ordonna à Cotton d'emmener Lewinski sans délai. Cotton tergiversant, Dunderdale fut obligé de téléphoner en urgence à Londres, qui donna l'ordre de décoller immédiatement.

Quand Lewinski arriva à Londres, le MI-6 lui attribua un logement et une protection policière. Mais il disparut bientôt n'ayant, autant qu'on sache, pris aucun contact ni avec l'ambassade de Pologne ni avec des exilés polonais à Londres. Certains supposèrent que les services secrets l'avaient encouragé à partir au Canada, d'autres qu'on l'avait envoyé en Australie, où il avait reçu une ferme en récompense de ses services, ou qu'il avait choisi d'aller s'établir dans une communauté religieuse sur la rivière Roper dans les immenses territoires sauvages du nord de l'Australie. Quoi qu'il en soit, il ne laissa aucune trace et on ne le revit jamais.

Cependant au moment où il avait été évacué de France, les services d'espionnage français avaient eux aussi commencé à quitter Paris. Tout le matériel touchant à Enigma fut acheminé par transport routier, sous escorte armée, sur Vichy, où il resta caché dans des grottes, près de la célèbre source des Célestins, jusqu'à ce qu'une felouque puisse le prendre à Marseille pour le transporter à bord d'un sous-marin français à destination de l'Angleterre.

En définitive, rien ne laissait suspecter le séjour d'Enigma en France quand le 21 juin 1940 les Français reçurent de Hitler les conditions de l'Armistice dans le wagon du maréchal Foch en forêt de Compiègne. La France vaincue, Hitler proposa de faire la paix, ne souhaitant nullement une longue guerre avec l'Angleterre, et d'ailleurs persuadé qu'elle était finie.

Churchill n'ayant même pas daigné répondre, jamais dans l'histoire de l'Angleterre, du moins pas depuis l'Armada en 1588, de bons services secrets n'avaient été si nécessaires pour la survie de ce pays. Les Anglais étaient en très mauvaise posture dans leur île, leur armée ayant été mise en déroute à Dunkerque. La Royal Air Force, bien que de haute qualité, était insuffisante, et la Royal Navy, toujours une des plus grandes flottes du monde, voyait se disperser ses unités pour contrôler la Manche et pour couvrir les routes de ravitaillement venant de l'Amérique et de l'Empire. C'est pourquoi afin d'utiliser au mieux les forces dont elle disposait pour repousser une invasion, l'Angleterre allait être contrainte d'entreprendre une campagne de bluff et de stratagème, sans précédent pour tromper Hitler et percer ses intentions.

Hitler donna ses premiers ordres pour l'opération Sealion — l'invasion de l'Angleterre — le 2 juillet 1940. Des ordres plus détaillés arrivèrent le 16 juillet. Puis, le 1er août, il lança une directive intitulée : « Conduite de la guerre aérienne et navale contre l'Angleterre », accompagnée d'instructions pour l'entrée en action immédiate de la Luftwaffe afin d'« établir les conditions nécessaires à la conquête finale de l'Angleterre ». Le dessein d'ensemble de Sealion était, comme Hitler l'écrivit, « d'empêcher que l'Angleterre ne fût utilisée comme base de départ pour continuer la guerre contre l'Allemagne ». Ainsi s'annonçait la Bataille d'Angleterre, bataille que Churchill, dans une session secrète de la Chambre des Communes, le 20 juin 1940, avant même la chute de la France, avait amené ses compatriotes à considérer comme inévitable. « Tout repose, avait-il dit, sur l'issue victorieuse de cette bataille, ici en Grande-Bretagne, cet été. »

La Bataille d'Angleterre commença avec des attaques aériennes massives de la Luftwaffe pour forcer la chasse de la RAF « Fighter Command » à la bataille, afin de la détruire. Se conformant aux ordres de Hitler, Goering considérait le contrôle du ciel britannique comme le préalable indispensable à une invasion par l'armée de terre. Or, dès le début de cette campagne, Churchill et l'état-major de l'Air étaient tenus au courant, par l'intermédiaire d'Ultra, de presque tous les plans, cibles et tactiques de la Luftwaffe. Cette connaissance anticipée permit aux tacticiens de la RAF de ressembler leurs escadrilles de chasse à l'endroit, à l'heure et à l'altitude voulus, concentrant leurs principales défenses contre les principales attaques, plutôt que de disperser les réserves limitées de la RAF en force et en vitalité et donner la chasse dans le ciel à des myriades d'attaques de harcèlement... Même ainsi cependant, de bons services secrets ne gagnant pas les batailles et la RAF, après plus de deux mois de combats aériens acharnés avec la Luftwaffe, était proche de l'épuisement. C'est alors qu'Ultra intervint avec des renseignements décisifs : Goering allait donner le 15 septembre, appelé Jour de l'Aigle, l'ordre d'assaut final à la Luftwaffe pour anéantir la RAF. Si le jour de l'Aigle réussissait, Hitler donnerait l'ordre d'invasion, sinon il renoncerait. C'était en tout cas une information capitale pour les Anglais et qui permit à Churchill de déclarer au micro de la BBC : « Nous devons considérer la semaine à venir comme une période décisive de notre histoire, comparable à celle vécue par la Grande-Bretagne quand l'Armada espagnole approchait de la Manche et que Drake terminait son jeu de boules, ou encore quand Nelson s'interposa entre l'Angleterre et la Grande Armée de Napoléon à Boulogne. »

Le matin du 15 septembre Churchill quitta les « Chequers », la résidence secondaire officielle du Premier ministre, pour se rendre à la salle de contrôle de la chasse aérienne à Uxbridge, dans les faubourgs éloignés de Londres. C'était le PC du groupe II, responsable de la défense de Londres et du sud-est de l'Angleterre. On savait que la marée, la lune et le temps étaient propices à une traversée en force de la Manche par les armées allemandes, et que si elles ne venaient pas maintenant il leur serait impossible de venir cette année, car les grands vents d'équinoxe allaient se lever. La seule force capable de barrer la route aux Allemands était donc la RAF, gravement affaiblie. Heureusement prévenu à l'avance par Ultra du jour de l'Aigle, le maréchal de l'Air, Sir Hugh Dowding, commandant en chef de la chasse, avait pu mettre en position les débris de toutes ses escadrilles et placer en état d'alerte tous les radars et les défenses antiaériennes disponibles.

Suivant sur la grande carte de la salle de contrôle l'ensemble des préparatifs, Churchill ne perdait rien des manœuvres de la Luftwaffe audessus des ports de la Manche, observant du même œil la RAF se préparer au combat. La cible était Londres et elle allait être attaquée par 1 000 bombardiers et 700 avions de chasse. Ultra avait tout révélé du projet. Les aléas étaient énormes, les marges étroites, les enjeux incalculables. Tel un croupier, le chef d'escadrille, Lord Willoughby de Broke, disposait ses escadrilles dans le ciel de l'Angleterre méridionale, de carré en carré, comme s'il garnissait une table de roulette. Et de l'autre côté de la Manche dans son impeccable uniforme blanc aux épaulettes d'or, Goering, maréchal du Reich, observait lui aussi la bataille, d'un repaire d'aigle au cap Gris-Nez. Le ciel bleu et lumineux était sillonné de traces d'avions, et le silence particulièrement pesant de cette chaude journée immobile n'était rompu, par intermittence, que par le hurlement fugitif des moteurs et le léger crépitement des mitrailleuses à très haute altitude.

Aux environs d'une heure, le ciel du sud-est de l'Angleterre s'embrasa quand 25 escadrilles de Spitfires et de Hurricanes engagèrent la première grande bataille contre la Luftwaffe, mais quelques heures plus tard, la RAF avait brisé la lance allemande et contrôlait toujours le ciel d'Angleterre.

Deux jours après, le 17 septembre, la Bombe décrypta une information de l'état-major allemand, donnant l'autorisation de Hitler de démanteler, sur les terrains aériens hollandais, les installations au sol nécessaire à l'embarquement des troupes aéroportées. C'était là un message d'une importance capitale et, quand il parvint à Churchill, ce dernier s'empressa de convoquer les chefs d'état-major pour le soir-même. Winterbotham évoque cette réunion mémorable : « Je fus frappé du changement extraordinaire qui s'était opéré chez ces hommes pendant les dernières heures. Comme si quelqu'un avait coupé tout à coup toutes les cordes des violons au beau milieu d'un sinistre concerto, chacun se retenait pour ne pas laisser éclater sa joie. »

Selon le chef d'état-major de l'Air, le message ne laissait subsister aucun doute : Hitler renonçait à ses plans d'invasion, au moins pour cette année, nouvelle qui amena « un large sourire sur les lèvres de Churchill lequel proposa en allumant son énorme cigare que nous allions tous prendre une bouffée d'air frais ».

Ultra était donc devenue, même à ce stade peu avancé de la guerre, un avantage stratégique majeur. La Bataille d'Angleterre compterait sans aucun doute parmi les plus belles heures de l'histoire anglaise, mais il apparaîtrait un jour que, grâce aux renseignements donnés par Ultra sur les intentions de Hitler, la position de l'Angleterre au cours de l'été 1940 n'avait pas été si périlleuse que Churchill avait voulu le laisser croire. En réalité, au plus fort de la menace d'invasion, Churchill avait envoyé d'importants renforts de blindés, d'infanterie, et de forces navales pour défendre le canal de Suez et aider le général de Gaulle à planter son étendard à Dakar, forces qui eussent été essentielles à la défense de la mère-patrie. De telles actions avaient paru téméraires à l'époque mais Churchill savait pertinemment que Hitler n'envahirait pas sans avoir la suprématie aérienne. Aussi avait-il choisi délibérément de faire croire au monde que l'Angleterre courait un danger extrême afin de regrouper son peuple face à la menace et gagner l'appui et la sympathie des Etats-Unis. Par ailleurs comme Winterbotham devait l'ajouter plus tard « l'usage inconsidéré d'Enigma par Goering et la Luftwaffe avait fait perdre à Hitler la Bataille d'Angleterre et la guerre elle-même ».

Churchill garda donc le silence à ce sujet, même longtemps après la guerre : dévoiler l'existence d'Ultra aurait fait mesurer aux Russes l'étendue des capacités cryptographiques de la Grande-Bretagne et aurait par suite nécessité la révision déchirante d'une page de gloire.

Après cette vaine tentative pour s'attribuer la supériorité aérienne, la Luftwaffe adopta bientôt une nouvelle tactique de bombardements de nuit, stratégie qui, causant de graves dommages à l'Angleterre et détruisant des quartiers entiers de nombre de ses grandes villes, ne pouvait être décisive. Ultra ayant aidé à contrecarrer une invasion allemande, le temps approchait où l'Angleterre allait devoir payer très cher pour elle. Le prix serait une ville nommée Coventry.

Au matin du 12 novembre 1940, de nouvelles directives émanèrent du grand quartier général de la Luftwaffe aux QG des différentes flottes aériennes allemandes en Europe de l'Ouest. Elles furent vite dépouillées par la Bombe, et révélèrent des plans appelés par les Allemands « Sonate au clair de lune » annonçant un raid en force dans la nuit du 14 au 15 novembre 1940, sur la ville industrielle de Coventry. Bletchley ayant transmis les Ultra par l'intermédiaire du MI-6 au bunker du Premier ministre, il apparut bientôt évident que les Allemands réservaient à Coventry le sort de Rotterdam sur laquelle ils s'étaient abattus le 14 mai 1940, rasant le vieux centre historique et faisant 900 morts. 57 Heinkel III avaient suffi lors du raid sur Rotterdam. Or les Ultra annonçaient cette fois que 509 Heinkel seraient envoyés sur Coventry. Les conséquences d'un tel raid étaient donc d'ores et déjà prévisibles.

La cible de la Luftwaffe était une ville d'environ 250 000 habitants, centre urbain s'étendant sur 48 kilomètres carrés, à 145 kilomètres au nord-ouest de Londres, au cœur des Midlands. Coventry avait un grand passé architectural, historique et industriel. Elle avait été fondée en 1043 quand Leofric, comte de Mercia, et sa femme Godgifu, la légendaire Lady Godiva, y avaient élevé un monastère bénédictin. On considérait la cathédrale Saint-Michel, dont les premières pierres avaient été posées au XIVe siècle, comme un exemple du plus pur style de l'architecture flamboyante en Angleterre. Il y avait aussi l'église de Grey Friars et celle de la Sainte-Trinité, l'hôpital Ford, célèbre pour ses charpentes du XIVe siècle, Saint Mary's Hall, foyer de vie communautaire depuis sa construction par la Guilde des Marchands de Saint Mary au XIVe siècle, qu'entourait un dédale de ruelles anciennes bordées de maisons et de boutiques. Coventry, centre industriel important, était l'un des principaux arsenaux d'Angleterre. Armstrong Whitworth fabriquait des bombardiers, Alvis des moteurs d'avions, Daimler, Hillman et les usines de la Standard Motor des engins blindés, des camions et des voitures. Il y avait là également les plus grands ateliers de machines-outils du monde à l'époque, la Compagnie de radiateurs et de presses de Coventry, la Compagnie anglaise de segments de pistons, des firmes fabriquant des instruments de précision, des équipements électriques et de télécommunications, des machines agricoles. Telle était la ville menacée de destruction.

« Sonate au clair de lune » était le fruit d'une vengeance. Au soir du 8 novembre 1940, à l'heure précise où Hitler allait s'adresser à la vieille garde du parti nazi dans la Löwenbräukeller de Munich en commémoration du 17e anniversaires du putsch de la brasserie en 1923, la première tentative révolutionnaire de Hitler qui échoua sur des échanges de coups de feu avec la police, la RAF avait procédé à un petit raid de provocation sur Munich. Mais Hitler avait échappé aux bombes, ayant quitté la Löwenbräukeller 90 minutes avant l'arrivée des premiers bombardiers de la RAF. Au cours de l'attaque la salle avait été touchée. Il y avait eu quelques victimes, et des dommages légers causés aux habitations et aux boutiques autour des dépôts de chemins de fer. Le communiqué allemand sur le raid prétendit alors que l'attaque avait été dirigée « exclusivement contre les habitations civiles, les monuments et la population » et annonça d'un ton menaçant que « les représailles seraient particulièrement lourdes contre l'Angleterre ». Elles se concrétisaient aujourd'hui avec « Sonate au clair de lune ».

Les messages captés par Ultra révélaient aussi qu'en dehors de Coventry, deux autres villes britanniques, Birmingham (opération Parapluie) et Wolverhampton (opération Un-seul-morceau), allaient être attaquées à la période de pleine lune de novembre 1940. Ils indiquaient par ailleurs en détail quelle serait la tactique allemande contre Coventry. Le raid allait être mené par le fameux Kampfgruppe 100, effectifs de « Pathfinders » cantonnés à Meucon, près de Vannes, en Bretagne. Ces avions devaient s'envoler vers Coventry sur un réseau radio connu sous le nom de X-Gerät, et lâcher des bombes incendiaires qui joueraient le rôle de balises pour le gros des bombardiers. Ces derniers décolleraient des champs d'aviation d'Orly, Chartres, Evreux et Cambrai en France ; de Bruxelles et d'Anvers en Belgique ; d'Eindhoven, Soesterburg et Amsterdam en Hollande. L'itinéraire était clairement désigné pour tous les avions et il est probable que les messages d'Ultra indiquaient par ailleurs le genre d'armement que les Allemands avaient l'intention d'utiliser. En l'occurrence ils devaient lâcher quelque 150 000 bombes incendiaires, 1 400 bombes explosives et 130 mines-parachutes, pour attiser les incendies créés par le Kampfgruppe 100 et réduire en miettes les conduites d'eau dont allaient dépendre les pompiers. Puis pour augmenter le volume du feu et mettre ainsi les secours dans l'incapacité de concentrer leurs efforts sur les principaux foyers d'incendie, les bombardiers attaqueraient par vagues utilisant alternativement des bombes incendiaires et des bombes à haute puissance explosive.

Les messages d'Ultra parvinrent à Churchill et à ses conseillers au moins quarante-huit, peut-être soixante heures avant le raid dévastateur prévu. Quand les messages interceptés arrivèrent à son quartier général, Churchill donna des instructions pour que leur contenu ne sorte pas des limites d'un cercle très restreint, pendant que lui et ses conseillers délibéreraient sur les choix de défense possibles. Il en existait de nombreux, mais seul un facteur demeurait absolument primordial : la sécurité d'Ultra. Or tous savaient que si des mesures de défenses exceptionnelles étaient prises pour la protection de Coventry, les Allemands soupçonneraient que les Anglais avaient eu vent du raid, peut-être par la crypto-analyse. Ils en concluraient qu'ils connaissaient le secret d'Enigma et adopteraient alors une nouvelle codification. De quel poids pesait donc la sécurité d'Ultra ? Etait-elle plus importante que celle d'une grande ville industrielle ? C'était à Churchill seul d'en décider.

Comme le système de défense contre des attaques de nuit de bombardiers était alors rudimentaire, on pouvait prendre plusieurs dispositions pour protéger la ville. La première : déjouer le raid au départ en utilisant tous les avions disponibles dans une opération baptisée Douche froide. Par Ultra et le service Y de la RAF, service de contre-espionnage radio, les Anglais avaient en effet obtenu une connaissance précise et détaillée de la situation et de la puissance des escadrilles allemandes en Europe occidentale. Douche froide proposait donc une attaque des bombardiers par la RAF au moment où ils seraient le plus vulnérable, lorsque, lourdement chargés, ils s'assembleraient pour décoller. Pour atteindre cet objectif la RAF projetait de harceler le flot des appareils allemands pour les obliger à se disperser ou à lâcher leurs bombes dans la mer ou en rase campagne, puis à disparaître. On estimait que le temps serait favorable. Mais en l'occurrence, comme le commandant de bord Asher Lee, du service secret de l'Air, conseiller du Premier ministre, l'admit plus tard, Douche froide avait été « bien mal conçue ». Des opérations d'intervention furent par suite bien entreprises, mais si inefficaces et à si petite échelle qu'elles ne réussirent jamais à arrêter ou à disperser les formations de bombardiers ennemis.

On envisagea aussi diverses intrigues pour assassiner les pilotes du Kampfgruppe 100, mais on les rejeta toutes parce que le temps faisait défaut, et parce que l'organisation susceptible de les réaliser, l'Exécutif des opérations spéciales, ne fonctionnait pas encore. Mais il restait le temps d'accroître, même de renforcer, l'efficacité des défenses antiaériennes, des projecteurs et des écrans fumée, ainsi que les services des pompiers et des ambulances partout dans la ville. En associant canons et projecteurs on arriverait au moins à obliger les Allemands à voler à haute altitude ou à les détourner de leur objectif. Il y avait 410 canons antiaériens mobiles disponibles alors en Angleterre et une partie d'entre eux ou même la totalité aurait pu être dépêchée à la défense de Coventry. Mais cela aussi pouvait compromettre la sécurité d'Ultra. La défense antiaérienne de Coventry ne devait donc pas être renforcée ni celle de Birmingham dont l'attaque était prévue cinq jours plus tard. Seules les défenses antiaériennes de Wolverhampton allaient être augmentées, comme l'histoire officielle de la RAF devait le mentionner plus tard de façon quelque peu évasive :

> ... Ainsi, en dépit de toutes nos informations et bien que les attaques contre leurs champs d'aviation eussent été convenablement menées, Coventry et Birmingham furent lourdement frappées en l'espace des quelques nuits qui suivirent. Wolverhampton, plus favorisée, y échappa, l'ennemi ayant peut-être observé l'extension soudaine de ses défenses antiaériennes.

Mais à défaut de prendre des mesures défensives spéciales pour protéger Coventry, ne pouvait-on avertir confidentiellement les autorités civiles, les pompiers, ambulanciers et directeurs des services hospitaliers que leur ville allait subir une attaque à grande échelle ? Ne pouvait-on pas évacuer la population du centre de la ville en même temps que les vieillards, les jeunes et les malades hospitalisés transportables ? Churchill s'opposa à toutes ces propositions : y recourir provoquerait dans la population un état de panique qui pourrait faire plus de victimes que le bombardement lui-même. Et là encore, les Allemands sauraient que les Britanniques avaient eu connaissance du raid. Comme en témoignera plus tard le capitaine S.A. Hector, qui au moment du raid était chef de la police et de la défense civile de Coventry, il n'avait reçu aucune mise en garde et par conséquent aucune précaution défensive spéciale n'avait été prise. Cependant « toutes les unités de défense civile, spécialement entraînées, étaient en place dans divers quartiers, en constant état d'alerte avec dispositions précises pour appeler ces réserves disponibles en cas de besoin ». Mais cette nuit-là, déclara Hector, les réserves ne furent pas mobilisées d'avance parce que « en période de guerre, on reçoit toutes sortes de renseignements, dont la plupart sont faux, à seule fin de tromper. Il aurait par conséquent été parfaitement imprudent de mobiliser des réserves (...) à chaque fois que les rapports prévoyaient une attaque particulière ».

Ce fut une décision tragique à prendre pour Churchill, mais c'était le seul moyen de protéger Ultra. Ultra s'était déjà révélée une arme décisive dans la Bataille d'Angleterre, et Churchill ne pouvait se risquer à perdre ce qu'il espérait voir devenir — et qui devint en fait — l'une des armes essentielles de la victoire. L'Angleterre avait les moyens de protéger Coventry, mais on ne changerait donc rien aux défenses de la ville et toute réaction à ce raid devrait suivre un cours normal.

La nuit du 14 au 15 novembre 1940, il y avait un beau clair de lune. Pas ou très peu de fumées industrielles. La ville de Coventry reposait baignée d'une belle lumière argentée. A 19 h 5 les sirènes mugirent. Cinq minutes après les Heinkel vrombissaient au-dessus des têtes. C'est alors seulement que la police, l'hôpital, les équipes contre l'incendie et celles de la défense civile prirent conscience que la ville allait être attaquée. Partout la surprise était la même, notamment à l'hôpital de Coventry et Warwickshire, principal centre de blessés pour la ville. Comme on n'avait pris aucune mesure spéciale de sécurité avant l'appel des sirènes, aux premières bombes des patients furent installés sous leurs lits, recouverts de leurs matelas, d'autres descendus en hâte des étages supérieurs. Pourtant il en resta un bon nombre — 15 en obstétrique et une douzaine en chirurgie — qu'on ne put déplacer rapidement et qu'on dut laisser à leur place. Un témoin oculaire, Harry Winter, jeune médecin canadien, décrivit la scène : « Après avoir allumé les lampes jaunes dans tout l'hôpital, je commençai à parcourir salles et couloirs pour vérifier que tout était en bon ordre. Je grimpai sur le toit plat du bâtiment principal. Je n'en croyais pas mes yeux. Tout autour de l'hôpital rougeoyaient, sans exagérer, des centaines d'incendies, telles des lumières scintillant à un arbre de Noël géant. »

Pendant le raid, les patients immobilisés suivaient du regard les avions allemands à travers un énorme trou creusé par une bombe dans un des murs de l'hôpital. L'éclairage dans toute les salles d'opérations et d'un bout à l'autre des bâtiments manquait, et, quand les groupes électrogènes fonctionnèrent il y eut juste assez d'énergie pour permettre d'opérer à la lumière des phares d'autos qu'on avait vivement montés et connectés aux batteries. Mais lorsque arrivèrent la plupart des victimes, l'hôpital était privé de toutes ses sources d'énergie. Malades et blessés étaient allongés tête-bêche, couvrant le moindre centimètre disponible sur le plancher du rez-de-chaussée. On les soignait à la lumière de lampes-tempête et de torches. A l'aube, tout était une ruine et il n'y avait plus de fenêtres. L'hôpital avait été frappé au moins cinq fois par des bombes à haute puissance explosive et des centaines de fois par des bombes incendiaires.

A travers la ville, c'était le même spectacle : la surprise et le désastre. Les Defiant et les Blenheim de la chasse nocturne étaient impuissants à disloquer les flots de bombardiers allemands, et le feu de la DCA insuffisant pour les maintenir à haute altitude. En quelques minutes, après l'appel des sirènes, il pleuvait sur la ville des bombes incendiaires, suivies du bruit sourd des explosifs. « Sonate au clair de lune » se déroulait selon le schéma annoncé par Ultra et Hitler pouvait se vanter d'avoir sa revanche ! Pour un dommage mineur causé à une brasserie munichoise, la cathédrale Saint-Michael était détruite.

La cathédrale ravagée devint un symbole de l'héroïsme anglais, mais elle n'aurait pu être qu'un symbole de sacrifice. En effet Saint-Michael pouvait échapper à la destruction, car l'incendie qui la ravagea avait été tout d'abord minime. Avec des réserves d'eau suffisantes organisées à l'avance, on l'aurait sauvée. Un agent de police anonyme en témoigne :

> Un message nous parvint, selon lequel la cathédrale avait pris feu ; il commençait à y avoir un foyer sérieux. Je pénétrai [dans la cathédrale] et vis que l'un des coins du toit était en flammes. Les pompiers étaient arrivés entre-temps et les tuyaux furent branchés. Nous nous rendions compte que ce ne serait pas difficile d'éteindre l'incendie, mais rien ne se produisit quand on ouvrit l'eau. Les conduites étaient crevées et elle n'arrivait plus. Quand on en trouva finalement dans Prior Street, il était trop tard pour sauver le bâtiment le plus célèbre de Coventry. Le toit s'effondra en deux heures et au matin il ne restait plus que la flèche et les quatre murs extérieurs.

Des centaines d'épisodes semblables se déroulaient dans toute la ville. Des quartiers entiers étaient rasés comme à Rotterdam. Au total 50 749 maisons étaient détruites ou endommagées. Tout ce qui restait de l'église du Christ était la flèche ancienne de Grey Friars. L'hôpital Ford du XVIe siècle, dont une partie était en bois se consumait lentement. Les ateliers de la Standard Motor et la Compagnie des radiateurs et presses étaient très endommagés, ainsi qu'une douzaine d'installations travaillant pour l'aviation et neuf autres usines. La désorganisation des services publics rendait impossible le travail dans d'autres usines. Près de deux cents conduites principales de gaz étaient anéanties ainsi que d'innombrables sources électriques, des conduites d'eau, le système d'égouts, les télécommunications. Toutes les lignes de chemin de fer étaient bloquées et toutes les routes plus ou moins impraticables à cause des décombres. Quelques incendies couvaient encore une semaine après et la destruction de quelque 500 commerces devaient perturber plusieurs jours l'acheminement des denrées alimentaires.

Le raid avait duré dix heures. « Sonate au clair de lune » avait rempli parfaitement sa mission. Un journaliste allemand, à bord d'un bombardier, l'appela « la plus grande attaque dans l'histoire de la guerre aérienne » et décrivit le spectacle en ces termes alors qu'il s'envolait loin de la ville : « On aurait dit que la terre s'était ouverte et avait vomi des masses de laves ardentes... Pendant le vol de retour on pouvait voir au loin, se levant derrière nous comme un phare de mauvais présage un nuage embrasé d'un kilomètre de hauteur brillant et rouge dans le ciel. » Un seul bombardier allemand avait été abattu par les tirs antiaériens près de Longhborough, alors qu'il faisait route sur Coventry. Quant à la RAF bien qu'elle eût effectué 165 sorties cette nuit-là, elle signala n'avoir vu que 7 avions ennemis, dont 2 furent attaqués sans succès.

Aurait-on pu faire plus pour sauver la ville ? La réponse est positive. On fit plus pour protéger Birmingham et Wolverhampton. Dans le premier cas la RAF envoya 24 bombardiers Hampden sur la ville pour poser un champ de mines aériennes. Dans le deuxième cas, le raid fut déjoué à la fois parce que les Allemands se rendirent compte que les défenses antiaériennes avaient soudain été renforcées, information obtenue, sans doute, par le service secret radio. On aurait donc certainement pu faire quelque chose pour augmenter la défense civile et pour lutter contre les incendies à l'extérieur de Coventry ou près de la ville. Mais comme en fait état l'histoire officielle, ce ne fut qu'à l'aube, le raid terminé, que les renforts arrivèrent.

Le correspondant du *New York Times* à Londres qui visita Coventry après le raid décrivit le spectacle en ces termes : « Coventry ressemble maintenant à une ville ravagée par un tremblement de terre. » Le *Times* (de Londres) appela Coventry « ville martyre ». Elle l'était en effet martyrisée en partie pour Ultra : 554 de ses habitants avaient trouvé la mort, 865 autres étaient grièvement blessés. Quelque quatre mille autres citoyens souffraient de blessures et de brûlures. Quant à la ville elle était en partie détruite.

Tel était le prix payé pour Ultra.

Chapitre III

LES MOYENS SPECIAUX DEVIENNENT OPERATIONNELS

Tandis que tempêtes et brouillards contribuaient à protéger les villes d'Angleterre contre la Luftwaffe durant ces mois d'hiver de 1940-41, les Britanniques refirent leurs forces, lentement mais sûrement. Pendant ce temps, à des milliers de kilomètres dans le désert de Libye, des Anglais compétents et inventifs démontraient pour la première fois dans la Seconde Guerre mondiale que, grâce aux moyens spéciaux, ils pouvaient l'emporter sur une armée beaucoup plus puissante que la leur. Cette victoire allait être la bienvenue après une longue succession de défaites. Elle devait aboutir à la formation du LCS, la première organisation bureaucratique de l'histoire créée dans le dessein d'induire en erreur.

La paternité du LCS revenait à Churchill, et son parrainage à deux officiers. L'un était le major J.C.F. Holland, pilote et ingénieur qui avait sillonné le ciel du Proche-Orient pendant la Première Guerre mondiale, et celui de l'Irlande. Quand sa santé s'altéra, on le nomma chef du GS (R), une section du Ministère de la guerre comprenant un officier et une dactylo, dont la mission était de concevoir des opérations irrégulières de toute nature. Sous la direction de Holland, le GS (R) lança les commandos, créa les chaînes de « passeurs » qui devaient permettre à des milliers de soldats et d'aviateurs alliés de traverser les territoires ennemis dans les années à venir, fonda le SOE et entreprit ce qui viendrait à être appelé les « grandes entreprises de mystification et de fuite » de la Seconde Guerre mondiale.

L'autre parrain était le général Sir Archibald Wavell, le commandant en chef au Moyen-Orient. Elève de Winchester (School), Wavell était un grand gaillard borgne sorti du moule de l'armée des Indes. Grâce à son cerveau bien organisé, et à la satisfaction du Trésor, il avait, pendant l'hiver 1939-40, pratiquement gouverné le vaste Empire de la Grande-Bretagne en Arabie, avec une poignée de fonctionnaires astucieux et quelques bataillons de bonne infanterie parfaitement soudés, malgré la chaleur et la poussière, par une discipline inégalée, une grande tradition, tout un cérémonial, un sens du devoir et la conviction qu'ils étaient tous là non seulement pour protéger l'Empire, mais aussi pour le bien des autochtones.

Or Wavell avait mûri ses idées sur la grande stratégie et son alliée, la mystification, au moment précis où Churchill menait la Bataille de la Grande-Bretagne :

> Toute sa vie, Wavell avait étudié l'art de la guerre, non seulement la guerre moderne, mais la guerre à travers les âges. Il prévoyait que ce deuxième conflit serait une guerre mondiale dans toutes ses implications, contrôlée au centre par deux grands antagonistes, l'Axe et les Alliés. Toutes opérations en quelque endroit du globe, à quelque distance que ce soit et quelles qu'en soient les conditions, se répercuteraient sur les autres opérations. Il en déduisait donc que s'il était possible de tromper l'ennemi sur un théâtre, cette mystification, particulièrement sur le plan stratégique, ne pourrait pas être efficace et serait même dangereuse si ses effets sur les opérations en d'autres théâtres n'étaient pas contrôlés. (Sir Ronald Wingate)

Wavell n'était pas le seul à soutenir cette théorie. Hitler la partageait entièrement. Mais Hitler était un artiste par nature, pas un bureaucrate. Wavell, lui, était un soldat, un artiste et un bureaucrate, aussi percevait-il la nécessité de créer un bureau central pour contrôler et coordonner des opérations « mystification » sur tous les théâtres de la guerre. Et c'est à partir d'un mémorandum qu'il avait écrit dans « les sombres jours de 1940 », que prit naissance le LCS appelé à devenir, en temps utile, une institution importante et finalement immense, totalement vouée à l'invention de stratagèmes, dont l'existence serait aussi soigneusement protégée que les expériences sur la bombe atomique.

En ce printemps 1940, le contrôle de la Méditerranée était vital pour la Grande-Bretagne puisqu'à travers elle passait la « ligne de vie » de l'Empire : c'était la voie maritime la plus courte vers les dominions à l'est de Suez et vers les champs de pétrole du golfe Persique. Aussi lorsque l'Italie déclara la guerre à la Grande-Bretagne le 10 juin, Benito Mussolini commença immédiatement à établir des plans pour couper cette ligne par deux opérations massives, vers l'est en partant de la Libye et vers le nord-ouest en partant de l'Afrique de l'Est italienne. Le Duce avait 200 000 hommes de troupe sur pied de guerre en Libye et 110 000 dans les Etats de la mer Rouge. Contre ces forces, Wavell ne disposait que d'une armée de 36 000 hommes seulement, d'une division de tanks incomplète, et de quelques troupes en garnisons disséminées au Moyen-Orient, dans le golfe Persique et l'Afrique de l'Est. Ces troupes, pour la plupart, étaient soit inexpérimentées, soit formées d'autochtones, soit de personnel administratif ; aucune des unités de combat n'était prête et il était inutile d'espérer un renfort rapide. En effet, la Grande-Bretagne était engagée dans la bataille, l'armée des Indes était faible et manquait d'entraînement, les Australiens et les Néo-Zélandais commençaient juste à mobiliser. Cependant on attendait de Wavell qu'il assurât et défendît les possessions et les intérêts anglais en Egypte, au Soudan, en Palestine, en Jordanie, à Chypre, en Somalie française et anglaise, en Irak, à Aden, dans les Etats du golfe Persique, au Kenya, en Ouganda, au Tanganyika, en Syrie et au Liban. Mais les Italiens n'étaient pas la seule menace pour les Anglais dans le Proche-Orient et Wavell avait aussi à prévoir la possibilité d'une avance de l'Allemagne, peut-être avec l'aide des Russes, dans les Balkans pour s'assurer le contrôle des rivages nord de la Méditerranée ; il devait de même envisager un éventuel mouvement des Russes contre les champs de pétrole irakiens et iraniens. Or, il ne possédait qu'un seul atout : ni les Allemands ni les Italiens ne connaissaient la force ou la faiblesse de la Grande-Bretagne puisqu'elle avait pris assez de peine pour donner l'image d'une force latente dans ce secteur, et que les Allemands comme les Italiens avaient fini par y croire. Cela devait avoir d'immenses conséquences pour le présent comme pour le futur. Cependant cette menace seule était insuffisante pour affronter le poids des forces italiennes. Wavell devait utiliser la ruse et l'artifice.

Un officier remarquable avait rejoint de Londres l'état-major de Wavell. C'était le brigadier Dudley Wrangel Clarke âgé alors de 41 ans, avoué en temps de paix, qui avait étudié la tactique des Boers et des rebelles irlandais. Clarke avait rédigé le mémorandum qui fut à l'origine de la création des commandos, troupes d'élite bien entraînées, bien armées, spécialisées dans les coups de main pour tenir les troupes allemandes en éveil la nuit sur les côtes de la Manche. Il allait maintenant employer son esprit agile et toutes les ficelles de son métier d'homme de loi pour aider Wavell à prendre les Italiens par ruse. Les opérations qu'il mit sur pied furent l'embryon de la Force A, cette immense entreprise anglaise (et plus tard anglo-américaine) de mystification dans le Proche-Orient et en Méditerranée, qui collaborerait avec le LCS.

Les Italiens ouvrirent leur campagne en Afrique par une attaque venant de Libye et quand l'armée du maréchal Rodolfo Graziani entra en Egypte sur un front étroit le long de la côte le 13 septembre 1940, les Anglais d'abord reculèrent. Tout portait à croire que Wavell ne pourrait arrêter Graziani à l'ouest, au-delà des abords de la grande base navale anglaise d'Alexandrie. Cependant, des renforts pour la minuscule armée de Wavell étaient partis d'Angleterre — renforts indispensables à la défense de la Grande-Bretagne pour repousser une éventuelle invasion allemande, comme il apparaissait à ceux qui n'étaient pas dans le secret d'Ultra — il restait pour l'instant impératif de tromper les Italiens sur la force militaire britannique. Sous les ordres de Clarke, des équipes furent alors attelés à la tâche suivante : utilisant des centaines de tanks en caoutchouc qu'on pouvait plier dans un sac de cricket, puis sortir et gonfler comme un ballon, des canons qui entraient dans des boîtes à biscuits, des camions de deux tonnes, qui une fois dégonflés n'étaient pas plus grands qu'une caisse de munitions, ils fabriquèrent de toutes pièces une puissante armée. Puis selon une tactique élémentaire, les ingénieurs de Clarke créèrent des pistes de tanks et des routes factices au sud de Sidi-Barrâni où les hommes de Graziani étaient au repos. Ils amenèrent en effet des foules d'Arabes avec des chameaux et des chevaux, traînant derrière eux des engins semblables à des herses soulevant de grands nuages de fumée qui, observés du haut des airs, ressemblaient à de grandes colonnes de tanks en mouvement. Les avions italiens s'envolèrent pour photographier le secteur, mais la défense antiaérienne les maintint en haute altitude les empêchant ainsi de voir ce qui se passait au sol. Sur les photographies développées, n'apparaissaient par suite que formations entières de tanks lourds et de canons. Au vu de ces documents et s'en tenant aux rapports d'espionnage faisant état de l'arrivée de renforts, Graziani, craignant d'être attaqué sur son flanc et coupé par les tanks, donna ordre à ses troupes de creuser des tranchées et de créer des positions fortifiées le long de la route d'Alexandrie.

Ayant continué d'adopter cette tactique le temps nécessaire pour concentrer ses forces et recevoir ses renforts d'Angleterre, Wavell se déplaça donc dans le plus grand secret et le 9 décembre 1940 attaquait. Les forces de Graziani restaient infiniment supérieures, mais cette attaque fut une des campagnes les plus audacieuses de la guerre. Ayant contraint les Italiens à la retraite, les hommes de Wavell avancèrent de 1 050 kilomètres en Libye. Le 7 février 1941, ils avaient fait 130 000 prisonniers, pris 400 tanks et 1 290 canons, et pourtant à aucun moment les officiers n'avaient disposé de plus de deux divisions de « rats du désert » (nom donné aux troupes anglaises dans la région). Les pertes de Wavell s'élevaient à 500 morts et à 1 400 blessés, avec 55 disparus ou prisonniers de guerre. Au même moment, au prix de 135 morts, 310 blessés et 52 disparus, une minuscule unité de Wavell en Afrique italienne cette fois capturait 50 000 prisonniers de l'armée du duc d'Aoste après une offensive de la même audace. Le rêve italien d'un empire en Afrique tombait en pièces, tout comme son armée.

L'impact de ces victoires anglaises fut considérable. Les Italiens ne s'en remirent pas et les Allemands furent forcés de venir à leur secours. La guerre prenait un tour nouveau. La ruse stratégique et tactique démontrait son efficacité, et les chefs du Comité d'état-major installaient le LCS au quartier général de Churchill en avril 1941 sous la présidence du colonel, l'honorable Oliver Stanley, ministre conservateur en vue. A partir de cet instant, par le monde entier, tout « planning staff » anglais (et plus tard américain) posséderait sa section spécialisée dans la mystification : un comité de moyens spéciaux directement relié au LCS. Chacune de ces sections était petite, mais leur pouvoir et leur influence deviendraient vite très grands. Appelées à globaliser tous les renseignements recueillis par les services secrets elles agiraient sur les chefs alliés pour la planification, la direction et l'ampleur de leurs opérations et annuleraient même certaines opérations susceptibles d'en compromettre d'autres plus importantes. Bref le LCS et ses bureaux associés allaient désormais contribuer largement et même de façon décisive à la victoire.

A quelques semaines du désastre de Coventry, les événements donnèrent raison à Churchill d'avoir accepté tant de risques pour protéger Ultra. Ultra en effet révéla un fait surprenant : Hitler, abandonnant ses plans pour envahir la Grande-Bretagne, déplaçait le meilleur de ses troupes, chars et escadrilles aériennes hors de France vers les Balkans et vers la Pologne, laissant présager une campagne à l'Est. Churchill et la Grande-Bretagne pouvaient reprendre souffle. Certes, les Anglais n'avaient pas les moyens de profiter de la situation pour retraverser la Manche, mais le renseignement leur permettait de modifier leur programme industriel et de mettre l'accent sur les armes offensives : c'était la nouvelle contribution importante d'Ultra avec ses implications stratégiques à long terme.

A la mi-mars 1941, Ultra fournit de nouveaux renseignements qui allaient permettre la première victoire navale de la Seconde Guerre mondiale : la bataille du cap Matapan. Interceptant les communications sur Enigma de la Luftwaffe et de la flotte italienne, la machine de Turing venait de révéler que les Allemands et les Italiens projetaient une attaque à grande échelle sur des convois anglais dans la Méditerranée. Elle donnait même la date de l'attaque, le 27 mars 1941. Alerté par Ultra, l'amiral Sir Andrew Cunningham, commandant en chef de la flotte méditerranéenne mouillée à Alexandrie, ordonna en conséquence à son escadre (3 bateaux de guerre, un porte-avions et 9 destroyers) de prendre la mer. Pour cacher les intentions de l'escadre aux agents de l'Axe qui pouvaient se trouver sur le quai, Cunningham descendit à terre en vêtements civils, portant ostensiblement ses cannes de golf. Puis discrètement il revint à la nuit tombée, et sans cérémonie, et pour faire croire aux Italiens que la reconnaissance aérienne seule et non le décryptage avait permis de détecter leur sortie de Naples, il envoya un hydravion Sunderland observer le bateau-amiral de la flotte italienne, le *Vittorio Veneto.*

Cunningham mit à la voile, et le 28 l'escadre anglaise rejointe par deux croiseurs et quatre destroyers, engagea le combat avec les Italiens au large du cap Matapan. La Luftwaffe ne vint pas au secours de ses alliés italiens et une grande partie de la flotte du Duce fut coulée ou sévèrement endommagée. Ultra venait de nouveau d'apporter aux Alliés un important avantage stratégique Comme l'écrirait Churchill plus tard : « Cette victoire opportune et bienvenue au large du cap Matapan confirmait à cet instant critique, la maîtrise navale de l'Angleterre dans l'est de la Méditerranée. »

Cependant Churchill et les chefs d'état-major ne pouvaient pas toujours profiter des renseignements donnés à l'avance par Ultra. Non à cause d'une défaillance de la Bombe, mais bien plutôt en raison de leur pauvreté en ressources militaires. Ce fut le cas pour l'opération Mercure, l'invasion allemande par air et par mer de la Crète.

Des Ultra presque entièrement tirés, une fois de plus, des communications de la Luftwaffe révélèrent le détail des plans de Hitler. Aussi Churchill et les chefs d'état-major sachant quand, comment et où les Allemands attaqueraient l'île, décidèrent de renforcer leurs défenses, mais en vain.

Les Anglais arrachèrent aux Allemands un lourd tribut, mais ils furent finalement submergés sous le poids de l'attaque. L'ampleur des pertes allemandes fut néanmoins telle que Hitler n'allait plus être désormais prêt à entreprendre à nouveau une opération aéroportée d'une pareille envergure et, à partir de ce jour, ses parachutistes ne seraient plus jamais utilisés que comme troupes d'infanterie. Si ces unités étaient restées intactes en tant qu'unité organique, et avaient été utilisées ailleurs — dans une invasion de l'Angleterre, un lâcher sur Alexandrie par exemple ou en Normandie pendant la période du jour J — les résultats auraient pu être décisifs. Une fois de plus, Ultra avait donc joué un rôle majeur, non pas en gagnant la bataille, mais en forçant Hitler à changer de tactique à l'avantage des Alliés, comme les événements devaient le démontrer.

A plusieurs reprises, cet hiver et ce printemps-là, Ultra renseigna à nouveau Churchill sur les intentions de l'ennemi. Elle signala le mouvement des forces allemandes depuis la Manche jusqu'en Pologne et dans les Balkans, et la formation de l'Afrika Korps sous le commandement du général Erwin Rommel pour aider les alliés italiens en Afrique du Nord. Par elle on apprit également les visées de Hitler sur Malte, pivot de la position anglaise en Méditerranée, renseignements qui permirent à la RAF et à la Royal Navy de contrecarrer ces plans à long terme. Par Ultra toujours, le MI-6 fut en mesure de faire avorter les opérations de l'Abwehr en Espagne, au Maroc, en Perse et en Irak. On lui devait aussi des renseignements très détaillés sur l'ordre de bataille de la Luftwaffe, ainsi qu'un tableau très précis sur celui de l'armée allemande. Avantages considérables, on le voit, qui permettaient par-dessus tout d'apporter une certaine aisance de manœuvres à Churchill en lui offrant la possibilité d'employer la force militaire et industrielle de la Grande-Bretagne avec économie et d'en diriger le cours de façon beaucoup plus sûre qu'il n'aurait pu le faire autrement.

On savait donc maintenant que Hitler se préparait à envahir la Russie mais... l'Angleterre restait encore seule dans le conflit. Pourtant l'Amérique était graduellement entraînée vers la guerre. Stupéfié par la rapidité des événements pendant l'été et l'automne 1940, le président Roosevelt avait autorisé l'armée des Etats-Unis à renforcer ses troupes d'infanterie. Réélu à la présidence la semaine précédant le bombardement de Coventry, il ne pouvait rester longtemps insensible aux paroles de Churchill : « Nous entrons dans une phase sombre d'une guerre qui, de toute évidence, sera longue et s'étendra progressivement » sans déclarer que l'Amérique était « l'arsenal de la Démocratie », et trouver le moyen avec la loi Prêt-Bail, de procurer des armes et des munitions à la Grande-Bretagne en échange d'un paiement qui n'était que nominal. Ainsi dès mars 1941, avions, bateaux, canons, chars, camions, munitions commencèrent à traverser l'Atlantique en nombre toujours plus grand, tandis que des spécialistes américains, vêtus en civil, apparaissaient à Londres, chargés d'étudier une guerre que leur pays ferait bientôt sienne.

Les fournitures de l'Amérique et de l'Empire étaient essentielles pour la survie de la Grande-Bretagne qui, si elle n'était plus sous la menace directe d'une invasion terrestre au printemps 1941, voyait poindre une menace du côté de la pleine mer. Pour couper l'Angleterre de ses sources de ravitaillement, les sous-marins allemands rayonnaient en effet sur les routes commerciales de la Méditerranée et de l'Atlantique-Nord, faisant payer un lourd tribut à la flotte marchande anglaise. Hitler espérait ainsi étrangler l'Angleterre pour l'amener à la soumission et Churchill reconnut immédiatement la gravité de la menace. Aussi, lors d'une rencontre en 1941 avec l'amiral Sir Dudley Pound, Premier Lord de l'Amirauté, il déclara sans ambages : « Cette affaire passe maintenant en priorité. Je vais proclamer la Bataille de l'Atlantique. »

L'océan tumultueux devint alors un immense champ de bataille où, au début, Ultra ne joua aucun rôle. Pour des raisons mal éclaircies, la machine de Turing ne fonctionnait pas bien pour capter les messages chiffrés des Enigma de la Kriegsmarine ou, tout au moins, l'Amirauté ne déclenchait aucune action à partir des Ultra. Winterbotham prétendit même qu'un « tohu-bohu de l'Amirauté » avait été responsable de l'échec d'Ultra à cette époque, allégation dont le fondement n'a jamais été démontré. Confusion ou non, tous les services armés s'employèrent néanmoins avec une grande hardiesse à améliorer à Bletchley la connaissance d'Enigma et de son système d'utilisation par la Kriegsmarine.

Toujours est-il que depuis le moment où ils avaient transmis le télégramme de déclaration de guerre à tous les bateaux de la marine de guerre et de la marine marchande battant pavillon britannique, le 3 septembre 1939, les Lords de l'Amirauté avaient cherché à capturer un *U-boot*, sous-marin allemand, pour s'emparer des procédés de communication tactiques et techniques des hordes allemandes. Or, la possibilité d'une telle capture dont les conséquences devaient être considérables, se présenta dans les conditions suivantes :

Les premiers jours de mai 1941, un convoi anglais de 38 bateaux marchands, transportant des troupes, des canons, des chars vers l'Egypte, et de grandes quantités de whisky et de marchandises de toutes sortes vers les Etats-Unis, entra dans l'Atlantique au nord des Hébrides. Les bateaux marchands en trois lignes de tête, protégés par une escorte de destroyers et de corvettes de première classe, avaient effectué un départ sans histoire. Mais, le 7 mai, un sous-marin allemand repéra la trace du convoi. C'était le *U 110*, un des sous-marins les plus récents, les meilleurs de la Kriegsmarine, commandé par un capitaine hardi et audacieux, le Kapitänleutnant Fritz Julius Lemp, l'homme qui coula le paquebot *Athenia* le premier jour de la guerre, causant la perte de 112 passagers et hommes d'équipage, y compris 28 Américains.

Lemp toucha deux unités à sa première attaque et, deux jours plus tard, frappa à nouveau tandis que le convoi passait en vue du Groenland. Deux nouveaux navires marchands ayant été touchés Lemp resta à une profondeur de périscope pour en observer les conséquences. Sa curiosité lui fut fatale. Son périscope fut décelé par une corvette qui pilonna littéralement le secteur. Quelques instants plus tard, l'*U 110* faisait surface et sa coque, son canon et sa tour étaient criblés de coups par les destroyers et les corvettes. Le commander John Baker Cresswell, à bord de son destroyer le *Bulldog*, allait achever l'*U-boot* quand il vit l'équipage sauter à l'eau. Ce fut un moment déterminant de l'histoire de la Bataille de l'Atlantique, car Baker Cresswell fut saisi par l'idée de capturer l'*U-boot* intact. Le *Bulldog* envoya alors une équipe pour l'arraisonner et on découvrit que l'*U 110* avait été complètement abandonné, sans que rien n'eût été fait pour détruire son équipement radio, ses livres de code et de chiffres, les liasses de messages qui avaient été envoyés et reçus, les cartes et les manuels techniques. Et, par-dessus tout, il y avait une Enigma complète avec les instructions d'utilisation, les manuels, les tableaux de changements de clés et des roues de secours...

L'*U-boot* pris en remorque, Baker Cresswell informa l'Amirauté confidentiellement qu'il avait capturé le sous-marin et faisait route vers l'Islande. Malheureusement, vers le 10 mai, il devint clair que l'*U-boot* faisait eau de toutes parts et n'atteindrait pas le port. Le soir-même, sa quille se renversa, le câble de remorque se détacha et l'*U 110* coula. Apparemment c'était un désastre, mais tout l'équipement et ses précieux documents avaient été mis en sûreté à bord de *Bulldog*.

Le *Bulldog* retourna donc au grand mouillage de la flotte à Scapa Flow, dans les Shetlands, deux jours plus tard, arborant son pavillon de bataille pour indiquer qu'il avait coulé — et non capturé — un *U-boot*.

Les experts du code chiffré et de la guerre sous-marine l'accueillirent et les protagonistes de l'opération furent comblés d'honneurs. Mais on ne laissa alors rien filtrer de l'affaire. Ce n'est seulement qu'à partir de 1966 que l'Amirauté autorisa la publication d'un compte rendu où il fut reconnu officiellement, avec justifications à l'appui, que la capture du *U 110* avait été le succès le plus important et le plus lourd de conséquences obtenu par les forces antisous-marines anglaises pendant toute la durée de la guerre.

Des conséquences de poids sur le plan opérationnel découlèrent immédiatement de la prise d'Enigma et des livres de bord du *U 110*, parmi lesquelles la destruction de l'Etappendienst, organisation secrète d'espionnage et de ravitaillement de la flotte allemande. L'Etapp avait été remaniée après la Première Guerre mondiale par Wilhelm Canaris, maintenant chef de l'Abwehr, pour être utilisée comme un moyen de communiquer des renseignements et de fournir du ravitaillement et du carburant aux maraudeurs d'océan et aux sous-marins allemands en temps de guerre. Ses représentants à travers le monde étaient des hommes ou des femmes qui, ou bien usaient de la couverture consulaire ou bien étaient des employés des lignes maritimes allemandes. En 1941, l'Etappe avait réuni une quantité importante de bateaux ravitailleurs modernes et rapides pour soutenir la puissante flotte de guerre allemande dans les principales opérations de maraudage, le long des lignes de ravitaillement de l'Atlantique-Nord. Ces opérations étaient prévues pour la fin du printemps 1941 avec, comme fer de lance, le grand cuirassé *Bismarck* et deux croiseurs lourds, le *Scharnhorst* et le *Gneisenau*. Si les Allemands arrivaient à ravitailler ces navires de guerre en pleine mer — le *Bismarck* était plus puissant que n'importe quel cuirassé de la flotte anglaise — il serait à leur portée d'arrêter tous les mouvements de la flotte marchande entre l'Angleterre et l'Amérique, blocus qui pourrait forcer l'Angleterre à demander la paix.

Ainsi se présentait la situation au plan stratégique quand le *U 110* fut capturé. Or la totalité des matériaux secrets saisis à bord, une fois reliés aux renseignements précédemment tirés d'Ultra, fournissaient à l'Amirauté la clé du système de mouvement de la grande majorité des bateaux ravitailleurs de l'Etappe. En prenant certes toutes précautions pour protéger la source de leur information, les croiseurs et destroyers anglais furent par conséquent dépêchés vers les zones de croisière des bateaux ravitailleurs avec mission de les détruire. Les résultats furent impressionnants. Entre le 4 et le 23 juin 1941, dix bateaux ravitailleurs allemands étaient capturés, coulés ou obligés de se saborder.

La Bataille de l'Atlantique était engagée, mais loin d'être terminée. La destruction de la flotte de l'Etappe marquait cependant l'un des tournants de la guerre sur mer. Ses effets ne se limitèrent pas à réduire les capacités opérationnelles de la flotte allemande sous-marine ou de surface, ils allèrent jusqu'à priver les Allemands d'un élément indispensable : l'information météorologique. Peu d'opérations militaires peuvent être menées à bien sans renseignements météoroloriques dignes de confiance. La destruction de la flotte d'Etappe allait enlever aux nazis un atout majeur.

Le triomphe d'Ultra contre le *Bismarck* marqua le point culminant d'un des combats légendaires de l'espionnage de la guerre navale, démontrant à tous que des sacrifices tels que celui de Coventry pour la sécurité d'Ultra étaient pleinement justifiés, et cela était devenu évident avant même la destruction des vaisseaux ravitailleurs. En effet, les nouvelles étaient terribles pour l'Angleterre. Rommel avait mis Wavell à genoux dans le désert de l'ouest. Les Allemands occupaient la Grèce, et les Anglais avaient dû se retirer en perdant une trentaine de bateaux. De plus, on venait de détecter la présence du *Bismarck* dans l'Atlantique. Accompagné par le nouveau et puissant croiseur *Prince Eugène,* il passait de la Baltique dans les eaux norvégiennes, à l'aube du 20 mai 1941.

Le mouvement fut d'abord signalé par un « contact » de la marine suédoise à Stockholm à l'attaché naval britannique, le capitaine Henry Denham, qui à son tour avertit l'Amirauté. Cependant l'Amirauté avait été déjà plus ou moins prévenue de la sortie par Ultra. En effet, la Luftwaffe ayant procédé à des observations météorologiques très poussées dans le détroit de Danemark, entre l'Islande et le Groenland, Ultra avait intercepté ses messages et l'Amirauté avait alerté la Home Fleet à Scapa Flow.

Le *Bismarck* et le *Prince Eugène* furent repérés et pris en chasse par une patrouille aérienne des Brigades côtières comme ils entraient à Korsfjord en Norvège le 21 mai. Puis des agents anglais à Korsfjord signalèrent que les deux grands navires avaient mis le cap sur l'Atlantique-Nord. La Home Fleet était alors à ses postes de combat dans le détroit de Danemark. Le 24 mai au petit matin, les Allemands étaient interceptés par le croiseur de bataille *Hood,* le cuirassé *Prince of Wales* et les croiseurs *Suffolk* et *Norfolk.* La bataille s'engagea et le *Bismarck* fut touché ; mais à six heures ce matin-là, le *Hood* — fierté de la flotte anglaise — était atteint par une des salves du *Bismarck*. Le *Hood* explosa entraînant la mort de ses 1 500 hommes d'équipage, à l'exception de trois rescapés.

Ce nouveau coup, accablant pour la fierté britannique, rendait impérative la destruction du *Bismarck*. Cependant, il devait y avoir pire encore : le pont du *Prince of Wales*, l'un des cuirassés anglais les plus modernes, avait été endommagé et une avarie sous la ligne de flottaison avait obligé le capitaine à interrompre le combat. Cependant, le *Bismarck* aussi avait été sérieusement atteint et le *Suffolk* et le *Norfolk* le suivaient à la trace, grâce à la traînée de mazout qu'il laissait derrière lui. C'est alors que l'Amirauté donna l'ordre à tous ses navires de l'intercepter et de le couler.

Le soir même, vers dix heures, le *Bismarck* était à nouveau touché par une torpille lancée par un des appareils du porte-avions *Victorious*. La vitesse du colosse se trouvait encore réduite et les espoirs augmentaient au cabinet de Churchill et à l'Amirauté. Mais ce fut de courte durée. Le matin du 25 mai, vers trois heures, le *Suffolk* le perdait de vue. Pendant une trentaine d'heures, le *Bismarck* échappa à toute poursuite dans l'Atlantique. Son capitaine était si sûr d'avoir lâché ses poursuivants qu'il envoya un long message à Berlin sur la situation. C'était le 26 mai à 8 h 52. Le message capté par les stations radio des services secrets, la position du *Bismarck* put être relevée ; mais une erreur fut commise dans la réception sur le navire amiral. Le *Bismarck* était en fait 200 milles plus au sud, se hâtant vers la sécurité.

A ce moment, les Allemands firent une faute. Quelqu'un au quartier général allemand à Berlin, pour des raisons mal connues, envoya une série de messages radio. L'un donnait l'ordre au capitaine du *Bismarck* de rallier Brest immédiatement. Le message intercepté par les Anglais, on le passa à Knox qui le déchiffra avec rapidité et précision. On le transmit alors au Centre opérationnel de renseignements à l'Amirauté (OIC). Cette information, rapprochée de messages d'Ultra, permit de déduire que des opérations étaient en cours pour assurer une protection aérienne au *Bismarck*. Il devenait possible à l'OIC de faire une estimation approximative de la route que suivrait le *Bismarck* pour joindre Brest. Des patrouilles aériennes, des brigades côtières furent aussitôt lancées de Lough Erne en Irlande du Nord, et l'une d'elles localisa bientôt le cuirassé en route vers Brest.

C'est alors que deux avions Swordfish, porteurs de torpilles, du porte-avions *Ark Royal* le repérèrent. A partir de cet instant, le *Bismarck* était perdu. Les Swordfish et les cuirassés anglais ayant conjugué leur attaque, le *Bismarck* était inexorablement touché. Le 27 mai, vers 10 h 40, il n'en restait plus qu'une épave, noyée dans les flammes et la fumée, qui ne tarda pas à se renverser, puis à sombrer entraînant dans la mort près de 2 000 hommes. Cent dix d'entre eux seulement furent sauvés.

Le sentiment de soulagement et de victoire culmina lorsque Churchill annonça la destruction du géant à la session du matin aux Communes, ce même jour. Mais l'amiral Raeder, commandant en chef de la Kriegsmarine, ne put accepter ce désastre. La destruction du *Bismarck*, et plus tard celle de bateaux ravitailleurs, était trop frappante pour qu'on écartât une double hypothèse : le viol des codes ou la traîtrise au sein même du commandement de la Kriegsmarine. Mais, en aucun cas, la commission d'enquête ne retint la possibilité d'une relation avec Enigma, conclusion soulignée dans le rapport suivant : « Il n'est pas nécessaire d'incriminer un manquement aux règles de sécurité en ce qui concerne le code et les tables de chiffre. » La commission préférait incriminer les dons d'ubiquité du MI-6 et l'existence d'un traître au quartier général de la Kriegsmarine. Le rapport notait également que les lignes téléphoniques de la marine entre Berlin et Paris passaient par des survolteurs qui n'étaient pas toujours aux mains des Allemands. Aussi, une interception par des agents britanniques sur ces lignes était-elle probable. Tout au long de la guerre, les Allemands allaient rester fidèles à ce point de vue, les nazis craignant leurs propres traîtres plus que les décrypteurs ennemis. « Ils avaient, remarquait un officier de marine du service de renseignement, plus de confiance dans leur propre efficacité que dans le loyalisme inspiré par leur système politique. » Le Troisième Reich devait payer un jour le prix d'une telle présomption.

Le 22 juin 1941, à trois heures du matin, survint un événement qui allait avoir des répercussions majeures sur la stratégie britannique. Des armées allemandes fortes de trois millions d'hommes attaquaient la frontière russe sur un front de 3 000 km, prenant ainsi les Russes par surprise. La nouvelle ne fut pas une surprise pour Churchill : Ultra l'annonçait depuis des mois. Bien que Churchill ait jadis rejeté le communisme comme une « vilaine singerie », il avait en vain essayé d'alerter Staline par une série de télégrammes dramatiques envoyés à Moscou par la voie diplomatique traditionnelle, se gardant bien de mentionner la source de son information, Staline devant en fait ignorer Ultra durant toute la guerre.

Staline n'avait pas réagi devant les avertissements reçus et Churchill remarqua plus tard que « dans la mesure où la stratégie, la politique, la prévision et la compétence sont les éléments décisifs d'une situation, Staline et ses commissaires s'étaient montrés, dans le cas présent, les plus grands maladroits de la Seconde Guerre mondiale ». Churchill, anticommuniste convaincu, chercherait-il une alliance avec l'Union soviétique ? Sans doute, car il voyait enfin l'occasion de vérifier ses théories sur la guerre périphérique. Se rappelant que l'effondrement des Russes au cours de la Première Guerre mondiale avait libéré les armées allemandes au profit des fronts français, des Balkans et de l'Arabie, Churchill était décidé à empêcher le Kremlin de céder et de rechercher la paix. Aussi d'importants convois commencèrent à quitter les ports anglais, chargés d'armements pour soutenir l'Armée Rouge dans la bataille, malgré les grands besoins des forces anglaises dans la métropole, l'Afrique du Nord et l'Extrême-Orient. Il fallait que la Russie continuât à se battre à n'importe quel prix. Churchill craignait les communistes et s'en méfiait, mais, comme il le faisait remarquer à son secrétaire privé : « Si Hitler envahissait l'enfer, je ferais au moins une référence favorable au diable à la Chambre des Communes. »

Churchill fit mieux encore : il conclut un véritable pacte avec le diable. Il s'agissait, en effet, de la coopération entre les services secrets russes et britanniques — ces ex-ennemis — accord qui fut négocié par Anthony Eden, ministre des Affaires étrangères, et Cadogan. Les deux hommes partirent de Scapa Flow à bord du croiseur *Kent* le 7 décembre 1941, le jour où les Japonais attaquaient Pearl Harbor, et atteignirent Mourmansk, le 12 décembre, date à laquelle l'Angleterre perdait son escadre d'Extrême-Orient, les cuirassés *Prince of Wales* et *Repulse*, assurant au Japon la maîtrise du Pacifique et de la mer de Chine. Ils arrivèrent à Moscou au moment même où les envahisseurs allemands pénétraient dans la banlieue ouest de la ville. Comme devait l'écrire le biographe de Cadogan : « Les perspectives de ces conversations de Moscou ne semblaient point manquer de promesses. »

Staline ouvrit la première entrevue au Kremlin en déclarant qu'il ne voulait pas de simples paroles de sympathie mutuelle — « de l'algèbre » comme il disait — il voulait un accord, « des mathématiques pratiques » pour la durée de la guerre et la période de reconstruction. Staline souleva également la question, qui n'était pas la dernière et de loin, du « retour en Europe ». Il acceptait le fait que l'Angleterre ne pouvait tenter une invasion à ce stade de la guerre, mais il laissa entendre clairement qu'il attendait un événement en 1942. Les conversations se poursuivirent et, le 16 décembre, Cadogan rencontra le maître inquiétant des services secrets russes : Lavrenti Beria. Ce dernier demanda ce que l'Angleterre entendait faire pour fournir des armes aux forces de résistance dans l'Europe occupée par Hitler. Cadogan, l'un des fondateurs de l'organisation, lui parla de l'Exécutif pour les opérations spéciales (SOE) et de ses objectifs et Beria lui révéla de son côté qu'il était en train de créer une organisation similaire pour l'Europe de l'Est. Cadogan et Beria émirent alors le vœu de ne jamais voir les deux organisations se trouver en conflit.

Les négociations des délégations anglaise et russe aboutirent au pacte MI-6 — SOE — NKVD du 20 octobre 1941. Chez les Russes, seuls Staline, Beria et Viatcheslaw Molotov, ministre des Affaires étrangères, étaient au courant et les hommes qui négocièrent effectivement l'accord avec Cadogan le tapèrent eux-mêmes à la machine. Le pacte stipulait des mesures d'échange entre les services secrets des deux pays concernant l'Allemagne, accord qui, malgré le désir de l'Angleterre de protéger Ultra, et la conviction de la Russie que le MI-6 était en réalité un instrument destiné à détruire le bolchevisme, fut honoré par la suite.

La deuxième partie du pacte eut moins d'effet. Elle prévoyait des fournitures d'armes, de munitions, d'argent et d'équipements à quiconque était prêt, en Europe occupée, à combattre Hitler. En théorie, l'intention était bonne, mais ne devait pas se réaliser en pratique. Tandis que les Anglais ravitaillaient tout le monde, des communistes aux catholiques, les Russes s'arrangeaient toujours pour que seuls les communistes reçoivent leurs fusils. Même confronté à la défaite totale, Staline gardait les yeux fixés sur l'avenir.

Au moment où le pacte secret avec la Russie était enfin négocié, l'Angleterre se découvrit un autre allié sur le terrain : les Etats-Unis. Des mois avant la déclaration de guerre aux puissances de l'Axe, l'Amérique avait déjà des indications précises sur les intentions de ses ennemis. Cette fois, le renseignement ne provenait pas totalement d'Ultra, mais aussi du comité XX. Car, en juin 1941, six mois avant l'attaque japonaise, un agent double XX avait fourni une information selon laquelle les Allemands, travaillant pour les Japonais, manifestaient un intérêt un peu excessif pour Pearl Harbor.

Le comité XX avait été créé uniquement pour exercer un contrôle serré sur les agents allemands en Grande-Bretagne (et, plus tard, outre-mer). Jusqu'à présent, il n'avait été qu'une organisation sans coordination, dans laquelle la libre entreprise jouait un rôle majeur, mais il allait se transformer en une arme particulièrement efficace. Dépendant du MI-5, le comité tint sa première séance le 2 janvier 1941 au quartier général du MI-5, dans St James's Street. Elle était dirigée par un Highlander de Seaforth, le lieutenant-colonel Thomas Robertson, et John C. Masterman, de l'université d'Oxford, professeur de 50 ans, à la voix ténue, aux yeux bleu clair et rusés, ex-boursier de première classe en Histoire moderne à Oxford, étudiant, conférencier et censeur de Christ Church, l'un des tout premiers membres de *l'organisation.*

Masterman devait devenir par la suite le chroniqueur officiel des activités du temps de guerre du comité XX et en souligner les buts et les objectifs particuliers. Le premier était d'appréhender les agents ennemis pour les retirer du circuit ou les inciter à changer de maître, car grâce à un agent double, le comité obtenait parfois une information importante sur les intentions de l'adversaire.

Un tel espion pouvait également être utilisé pour donner aux Allemands une *fausse* information en réponse à leurs questions, information qui pouvait « influencer et peut-être changer les intentions opérationnelles de l'ennemi ». Dans ce secteur de leurs activités, les membres du comité XX en viendraient à travailler de très près avec le LCS pour étendre son système d'intoxication jusqu'au bureau de Hitler lui-même.

Au printemps 1941, un courant régulier d'espions allemands, nazis européens idéalistes, traîtres anglais, aventuriers, était déjà passé au centre interrogatoire du comité XX à Latchmere House, ancienne maison de convalescence pour officiers anglais, à Ham Common, près de la cité royale de Richmond dans le Surrey. Ces hommes avaient été trahis, dans l'ensemble, soit par la capacité d'Ultra à déchiffrer les transmissions de l'Abwehr sur l'axe Berlin-Madrid, soit par des agents qui les avaient précédés en Angleterre, ou bien tout simplement, avaient été capturés.

Quelques-uns étaient localisés par des procédés de dépistage radiogoniométrique sans fil. Quelques autres, habituellement les mieux adaptés aux buts du comité XX, s'étaient rendus pour des raisons idéologiques et offraient volontiers leurs services aux Anglais. La plupart d'entre eux étaient rejetés par le comité XX comme insuffisamment intelligents, ne méritant ni le temps ni l'argent qui en eussent fait des agents doubles ; très peu — une infime minorité — étaient des irréductibles qu'on remettait à la justice, puis au peloton d'exécution. Après un interrogatoire minutieux, le comité XX gardait les meilleurs pour jouer ce qu'on appelait le « grand jeu », c'est-à-dire tromper leurs anciens maîtres.

Un des plus célèbres agents doubles du comité XX était un homme d'affaires yougoslave de trente ans nommé Dusko Popov. Appartenant à une famillle royaliste aisée, Popov avait été pressenti, au début de la guerre, par l'Abwehr, sous le prétexte que les ambitions politiques de sa famille pourraient être favorisées s'il consentait à travailler comme espion pour l'Allemagne contre les Anglais. Popov accepta et informa promptement le représentant du MI-6 à Belgrade de ses relations avec l'Abwehr. Il arriva en Angleterre le 20 décembre 1940 et fit une impression « des plus favorables » après l'interrogatoire serré des services secrets anglais. On le dirigea sur le comité XX. Rebaptisé Tricycle, il entra en communication secrète avec l'Abwehr à Lisbonne où il se présenta comme un agent très coté en Angleterre. Dans les mois qui suivirent, il fournit à l'Abwehr une grande quantité d'informations sur l'importance numérique des troupes anglaises après Dunkerque, informations naturellement fabriquées par le comité XX et destinées à embrouiller toutes les estimations allemandes sur la puissance militaire anglaise pour le reste de la guerre.

Puis, en juin 1941, l'Abwehr, satisfaite de la tâche accomplie par Tricycle en Grande-Bretagne, lui ordonna d'aller en Amérique en mission d'espionnage pour des investigations très poussées sur les installations militaires terrestres, aériennes et navales de Pearl Harbor, les Japonais ayant demandé aux Allemands d'effectuer ce travail en raison des difficultés que les agents nippons rencontraient à Hawaï. Popov informa le comité de son affectation et, par la voie de l'ambassade américaine, le comité XX informa le FBI, tandis que le questionnaire de l'Abwehr, destiné à guider Popov dans sa reconnaissance, était également transmis au FBI.

Mais, peu de temps après son arrivée aux Etats-Unis (par le Pan American Clipper de Lisbonne), le 24 août 1941, Popov dut faire face à la colère du directeur du FBI, J. Edgard Hoover. Hoover ne désirait nullement voir des agents d'une puissance étrangère travailler en Amérique. A leur unique entrevue, il traita Popov avec mépris et déclara, toujours selon Popov : « Je peux attraper des espions sans votre aide ni celle de personne. » Il accusa également Popov d'être « comme tous les agents doubles » : « Vous venez mendier de l'information pour la vendre à vos amis allemands, pour gagner des masses d'argent et jouer au play-boy. » Finalement, Popov, qui avait emmené une amie en Floride pour un jour de congé, devait se trouver menacé de poursuites au titre de la loi Mann [1], des agents du fisc ayant été également mis à ses trousses. Les premières tentatives de la Grande-Bretagne de mêler les Etats-Unis aux opérations du comité XX échouaient donc totalement. La situation ne devait s'améliorer que beaucoup plus tard, avec des conséquences considérables pour l'issue de la guerre.

Le questionnaire de Popov concernant Pearl Harbor n'avait été appa-

---

1. Cette loi poursuit tout homme accusé d'avoir fait passer les frontières d'un Etat à une femme qui n'est pas la sienne (aux USA, bien entendu).

remment pas interprété correctement et les Anglais le rapatrièrent pour éviter que sa présence aux Etats-Unis ne devînt la cause d'une rupture dans les relations de solidarité entretenues par les services secrets anglais et américains. Quand les Japonais attaquèrent Pearl Harbor le 7 décembre 1941, malgré les renseignements que le gouvernement américain tenait d'une autre source sur l'attaque imminente, notamment de son bureau de décryptage de la marine (pièce 1649 du Département de la Marine, Constitution Avenue à Washington), la surprise fut totale. C'était un coup très dur pour la flotte américaine du Pacifique. Il lui faudrait des mois pour s'en remettre.

Les Etats-Unis déclarèrent alors la guerre aux puissances de l'Axe. Pour Churchill, c'était enfin la réponse à une prière constante. L'Amérique, selon les paroles d'Edward Grey plus de trente ans auparavant, était comme une « chaudière gigantesque. Une fois le feu allumé, il n'y avait pas de limite à la puissance qu'elle pouvait engendrer ».

La joie de Churchill était sans bornes, sa confiance dans la victoire maintenant inébranlable et il devait écrire plus tard :

> ... Nous avions gagné la guerre. La Grande-Bretagne vivrait, le Commonwealth et l'Empire vivraient... Une fois de plus, dans la longue histoire de notre île, nous finirions par émerger, malmenés, mutilés peut-être, mais saufs et victorieux.
>
> ... L'Empire britannique, l'Union soviétique et maintenant les Etats-Unis, liés ensemble par toutes les molécules de leur vie et de leur force, étaient selon moi deux ou trois fois plus forts que leurs antagonistes. Il nous faudrait du temps, sans aucun doute [mais]... unis, nous pouvions soumettre n'importe quel adversaire au monde. De nombreux désastres, des dépenses incalculables, des tribulations sans fin nous attendaient, mais l'issue ne faisait plus aucun doute...

Chapitre IV

RECHERCHE D'UNE STRATEGIE

Presque immédiatement après l'attaque de Pearl Harbor, Churchill et une importante délégation anglaise arrivèrent à Washington afin de mettre en commun leurs intérêts et leurs opérations avec ceux du gouvernement et des forces armées américaines. Ce fut la première des grandes conférences sur la stratégie d'ensemble de la Seconde Guerre mondiale. Nombre d'accords remarquables furent passés entre la Grande-Bretagne et l'Amérique, deux des quatre grandes puissances que Churchill appellerait la « Grande Alliance ». On décida que l'Allemagne serait l'ennemi n° 1 que l'Alliance prendrait à l'abordage et vaincrait, avant de se retourner de tout son poids contre le Japon. On fonda le CCS (Chefs d'états-majors combinés) pour fournir au Haut Commandement l'appareil nécessaire au gigantesque déploiement militaire et industriel qu'exigerait ce conflit global, déploiement qui allait épuiser les richesses de l'Angleterre, mais transformer l'Amérique d'un continent somnolent en une superpuissance mondiale. On convint également que l'Empire britannique et les Etats-Unis entreprendraient des programmes industriels complémentaires, concerteraient leurs politiques et leurs plans militaires et partageraient tous leurs secrets. On avait rarement vu auparavant dans l'histoire deux grandes puissances, motivées à long terme par des intérêts nationalistes, sceller une alliance aussi étroite pour vaincre leurs ennemis.

Au début de cette alliance, les Etats-Unis allaient dépendre presque totalement des Anglais pour l'espionnage. Si, en 1941, la Grande-Bretagne se voyait dans l'impossibilité de pouvoir tirer avantage, au plan militaire, des renseignements donnés par Ultra, l'Amérique se trouvait dans une situation également très difficile. Au moment même où elle était lentement entraînée dans la guerre, elle ne disposait en tout et pour tout que du plus rudimentaire des services secrets militaires. L'Amérique était en fait la seule grande nation au monde à ne pas en posséder.

Cependant, il y eut à Washington des hommes qui reconnurent là une grave déficience au plan national, et pour y remédier le général William J. Donovan fut nommé par ordre exécutif pour former l'organisation qu'on appela l'Office of Strategic Services (OSS). Donovan, Américain d'origine irlandaise, né à Buffalo en 1883, était revenu de la Première Guerre mondiale comme l'Américain le plus décoré de l'histoire militaire de l'Amérique. Entre les deux guerres, ce juriste s'était engagé très avant dans la politique internationale et était devenu l'ami et confident de Churchill comme de Roosevelt. Ayant reçu l'ordre en 1941 de constituer un bureau central pour rassembler et évaluer l'information secrète, il recruta ses hommes dans un monde qu'il décrivit « comme un mélange d'orthodoxie à la Wall Street, et de nationalisme américain sophistiqué ». Le colonel David Bruce en était la vivante illustration. Marié à la fille d'Andrew Mellon, il avait été juriste, politicien et diplomate avant de devenir le chef de l'OSS en Europe. Puis, après la guerre, on le nomma ambassadeur des Etats-Unis en Angleterre, en France, en Allemagne et en Chine. Une seconde et importante recrue de Donovan était Allen Welsh Dulles, juriste éminent qui allait servir en tant que chef de l'OSS à Berne avant de devenir plus tard chef de la Central Intelligence Agency (CIA) qui succéderait après guerre à l'OSS. Aux plus hauts niveaux de commandement, on trouvait coopération et admiration entre l'OSS et le MI-6. Ainsi en allait-il pour Menzies et Bruce. Malheureusement, ce n'était pas toujours le cas aux derniers échelons : on rencontrait souvent mépris et rivalité. Les Américains, nouveaux venus dans ce jeu de l'espionnage, étaient considérés comme des amateurs par les professionnels chevronnés du MI-6, aussi, dans certains cas, y avait-il parfois conflit sur le terrain entre les agents du MI-6 et de l'OSS pour des motifs nationalistes ou idéologiques. Néanmoins les deux bureaux en venaient à travailler en collaboration, mais sur un mode très réservé, même si l'OSS n'allait jouer un rôle important dans la guerre secrète contre le Troisième Reich qu'après le jour J.

Dans une autre sphère de la guerre secrète — le décryptage — la relation entre l'Angleterre et l'Amérique démarrait aussi sur une note très modérée. Comme les Polonais, les Français et les Anglais, les Américains avaient montré un intérêt très vif pour la machine Enigma. En octobre 1923, l'attaché militaire à l'ambassade américaine de Berlin avait écrit au général Marlborough Churchill, chef du renseignement de l'armée américaine, pour signaler qu'il avait « assisté à la démonstration d'un modèle en état de marche » d'Enigma. La démonstration avait été faite par Artur Scherbius, l'ingénieur berlinois qui avait repris la patente à son inventeur, Hugo Koch. Il semblait que Scherbius montrât Enigma à toutes les ambassades de l'Entente à Berlin. Au rapport remis à l'époque à Churchill se trouvait joint un prospectus sur la machine, qui déclarait notamment :

> La protection des secrets ou des rapports requiert deux conditions de base : la fiabilité, l'efficacité des personnes en charge et un système de code absolument sûr pour les communications de toutes sortes.

Enigma, précisait encore le prospectus avec une grande assurance, répondait à tous ces critères. Elle était capable de produire 22 milliards de combinaisons différentes : « Si un homme travaillait continuellement jour et nuit et essayait une clé de code différente à chaque minute, il lui faudrait par conséquent 42 000 années pour épuiser toutes les combinaisons possibles. »

Ces déclarations paraissaient bien audacieuses et ne manquaient pas de sel quand on pense à ce qu'était l'art du décryptage dans les années 20 ; mais la section du renseignement de l'armée américaine, un des secteurs les plus appauvris de l'époque, ne fit rien pendant trois ans pour en savoir plus sur la machine. Pendant ce temps, Scherbius en avait naturellement recédé les brevets à Alexander von Kryha, ingénieur ukrainien dans les affaires à Berlin. Un article sur Enigma dans un journal allemand de 1926 éveilla alors l'intérêt du corps des Transmissions de l'armée américaine. Le général Marlborough Churchill reçut à nouveau mission d'enquêter sur les performances de la machine. On fit une demande par l'intermédiaire de l'attaché militaire à Berlin et la compagnie Kryha des machines à coder envoya un représentant à New York pour faire une démonstration aux experts en décryptage.

A cette époque, William Frederick Friedman était l'un des meilleurs décrypteurs américains, l'équivalent d'Alfred Dilwin Knox en Angleterre. Né en Russie en 1891, il était venu en Amérique avec sa famille un an plus tard et avait fait ses études à l'Ecole supérieure centrale de Pittsburgh, au Collège agricole du Michigan et à l'Université Cornell.

En 1921, Friedman travaillait au service du Ministère de la guerre, inventait différents systèmes de décryptage et écrivait un ouvrage sur cet art : *Eléments de crypto-analyse*. En 1922, on le nomma chef du décryptage du corps des Transmissions. Mais ce n'est qu'en 1924 que Friedman retint l'attention du public quand il vint témoigner — en tant qu'autorité incontestée en la matière — devant un comité du Congrès, au sujet de messages codés échangés dans le scandale du Teapot Dome.

C'est donc Friedman qui rencontra le représentant de Kryha à New York et fut fort impressionné par le fonctionnement d'Enigma, à telle enseigne que le 15 janvier 1927, l'officier en chef des Transmissions des Etats-Unis décidait de commander un exemplaire de chacun des deux modèles de la machine. Nommé chef du Service secret des transmissions en 1930, Friedman, en 1934, connaissait parfaitement l'Enigma de Kryha, et quand il apprit que les Japonais avaient acheté un modèle perfectionné de la machine, il tourna aussitôt son attention vers les systèmes de codes japonais plutôt que vers les systèmes allemands. Ses efforts furent si fructueux qu'en 1942, les

Etats-Unis étaient en mesure de décoder les transmissions de la marine japonaise et du Foreign Office. Ces messages interceptés, qui étaient essentiellement le pendant des messages Ultra, reçurent le nom de code Magic.

L'entrée de l'Amérique dans la guerre mit l'accent sur les avantages retirés par les Alliés du partage des messages interceptés. Les Anglais, croyant les Américains peu capables de garder un tel secret, se montrèrent très réticents pour dévoiler la totalité de leurs activités de décryptage à Bletchley, leurs appréhensions étant nées de deux événements qui avaient menacé la sécurité d'Ultra dans les tout débuts, bien que, dans les deux cas, on avait fini par découvrir l'origine des fuites qui mettait complètement hors de cause les Américains. Cette préoccupation majeure des Anglais demeurant néanmoins, ils introduisirent pour la première fois le processus appelé contrôle absolu : contrôles de sécurité serrés, minutieux, sur tout le personnel manipulant des matériaux secrets. Fait remarquable, ce processus allait permettre de garder le secret sur Ultra pendant trente ans.

En dépit de ces précautions exceptionnelles, dans les premiers mois de 1940, on découvrit une autre fuite sérieuse, cette fois à l'ambassade américaine de Londres. Sa piste, très sinueuse, mena finalement à Tyler Gateswood Kent qui était arrivé à l'ambassade en octobre 1939, de Moscou où il était en service depuis 1936 comme employé au chiffre du Département d'Etat. Grand, jeune, agréable et studieux, Kent était le fils d'un consul américain en Chine, rejeton d'une illustre famille du Sud. Bien élevé, parlant couramment l'allemand, le russe et les principales langues latines, ayant la confiance totale de ses supérieurs, il avait la responsabilité de la salle du code où circulaient les communications les plus confidentielles entre l'ambassade et le Département d'Etat. Il avait ainsi accès à la correspondance entre Roosevelt et Cordell Hull, le secrétaire d'Etat, aux dépêches de l'ambassadeur William Bullit à Paris et à celles des envoyés américains dans d'autres parties de l'Europe, qui utilisaient l'ambassade de Londres comme centre de transmission des messages. De plus, Kent employait le code Gray — système de code que le Département d'Etat pensait être à l'abri de toute atteinte, étant celui que Churchill utilisait avant même de devenir Premier ministre, pour correspondre avec Roosevelt.

Kent, qui voyait passer certains de ces messages dans la solitude de la salle du chiffre de l'ambassade, méditait sur leur signification et leur portée. Or les responsables de la sécurité en Angleterre réalisèrent qu'il y avait une fuite quelque part quand Hans Mackensen, l'ambassadeur allemand à Rome, fit sur la politique navale anglo-américaine un certain nombre de déclarations publiques, révélant qu'il était en possession d'une partie des informations contenues dans les communications Churchill-Roosevelt. Les soupçons se portèrent alors sur un assistant militaire attaché à l'ambassade italienne à Londres, Don Francesco Maringliano, le duc del Monte. Des officiers de la Branche spéciale de Scotland Yard le filèrent et découvrirent que Maringliano se rendait parfois dans un salon de thé russe de Londres appartenant à un amiral tsariste Wolkoff. Ils apprirent également que Maringliano était très lié avec la fille de l'amiral, Anna Wolkoff, naturalisée anglaise. Elle gagnait sa vie comme couturière et avait une réputation d'antisémite farouche et de « sympathisante fasciste ». Sa fiche à Scotland Yard montra qu'elle était, en effet, un membre éminent et actif du Club de la droite, véritable nid d'antisémites de droite avec, à leur tête, le capitaine Archibald Ramsay, parent éloigné de la famille royale et membre du Parlement. La Branche spéciale la mit donc sous surveillance, et la piste mena jusqu'au studio d'un photographe appelé Nicolas Smirnov, où miss Wolkoff et Maringliano se rencontraient. On apprit alors que miss Wolkoff était en contact clandestin avec Kent. Les autorités de la Sûreté ayant informé le Foreign Office, Kennedy, mis au courant, autorisa l'arrestation de Kent.

A dix heures du matin, le 20 mai 1940, quatre hommes, deux détectives de la Branche spéciale, un officier du contre-espionnage du MI-6 et un second secrétaire de l'ambassade américaine, firent une descente dans l'appartement de Kent. Ils trouvèrent quelque quinze cents documents fourrés dans différentes valises et placards, quelques tracts antisémites de miss Wolkoff, quelques négatifs photos et un ensemble de clés qui permettaient à Kent d'entrer dans la salle du chiffre de l'ambassade et d'ouvrir le coffre-fort où Kennedy gardait ses papiers les plus secrets. On emmena Kent à l'ambassade où il fit ses aveux à Kennedy : durant son séjour à Moscou, son désaccord avec la politique étrangère américaine s'était accru. Son intention était donc de présenter les documents volés au Congrès des Etats-Unis, suffisamment à temps pour éviter que l'Amérique ne soit entraînée dans une guerre suscitée par son propre président et l'homme qui allait devenir le Premier ministre de Grande-Bretagne. Il n'avait pas trouvé le moyen de soumettre les documents au Congrès mais il avait rencontré miss Wolkoff qui l'avait persuadé de montrer une partie des documents au capitaine Ramsay. De là, à l'insu de Kent, ils devaient cheminer jusqu'à Rome et Berlin.

Kent nia être un espion. Néanmoins, renvoyé du service des Affaires étrangères et privé de son immunité, il passa en justice, fut reconnu coupable et condamné à sept ans de réclusion qu'il passa dans la plus sinistre des prisons anglaises : Dartmoor. Malgré ses motivations patriotiques, les conséquences de ses actions étaient très importantes. Le code Gray était, en effet, compromis et toutes les communications diplomatiques en provenance des ambassades américaines et des missions répandues dans le monde durent être « camouflées » jusqu'à ce qu'un nouveau système fût établi. Mais il y avait plus grave encore, car les documents qu'il avait subtilisés révélaient que Roosevelt avait abandonné une position neutre, révélation qui mit en fureur à la fois les Allemands et ceux des Américains qui s'opposaient à toute entrée en guerre des Etats-Unis. Bref, cette trahison de Kent intervenait au moment même où les Britanniques étaient expulsés d'Europe, où la France capitulait et où Hitler commençait à envisager l'invasion de la Grande-Bretagne.

Cependant, Ultra n'avait apparemment couru aucun danger car un contrôle de la correspondance Churchill-Roosevelt dans le code Gray révéla qu'aucun des deux hommes n'avait jamais mentionné Ultra ou Magic. Mais l'alerte avait été sévère et les responsables anglais de la Sûreté remirent en question une nouvelle fois la divulgation des secrets d'Ultra à quiconque, y compris aux Américains. C'est pourquoi le premier accord sur le partage des informations Ultra et Magic allait être d'abord limité : peu de temps après Pearl Harbor, l'amiral John Godfrey, directeur du service secret de l'Amirauté, et son assistant personnel, le lieutenant commandant Ian Fleming, le futur auteur des romans de James Bond, prirent l'avion pour Washington afin de conclure un pacte portant exclusivement sur le partage des renseignements secrets entre les marines britannique et américaine. Puis, en février 1942, l'Angleterre et l'Amérique décidèrent d'un commun accord de n'utiliser les messages Ultra et Magic que dans les cas où l'ennemi ne pourrait soupçonner que ses communications secrètes étaient déchiffrées. Le pacte s'étendit ensuite à l'armée, à l'aviation et au renseignement diplomatique. Les Anglais, eux, concentreraient leurs efforts pour forcer les codes allemands, tandis que les Américains chercheraient à percer les codes japonais. Afin de cacher l'existence d'Ultra, il fut également entendu que tous les messages Ultra disséminés pour un but opérationnel seraient appelés Magic. De cette façon, si des fuites américaines permettaient aux Allemands de soupçonner que leur système avait été violé, ils seraient amenés à penser que c'était la faute des Japonais et non la leur et continueraient ainsi à utiliser Enigma. Pratiquement, Ultra devint donc Magic et fut rarement mentionné sous son nom réel, du moins aux Etats-Unis. De plus, chaque fois qu'en Europe des indications données par Ultra circulaient à l'échelon subalterne, on n'y faisait référence que sous les noms de code de Zeal, Pearl ou Thumb, généralement réservés à des interceptions radio ou cryptographiques de peu d'importance. Cette feinte fut si efficace que, jusqu'à la minute où le secret d'Ultra fut enfin connu, les Allemands et les Japonais crurent que la source de leur échec historique était Magic.

Quand l'accord Ultra-Magic devint effectif, Turing alla aux Etats-Unis pour expliquer à ses homologues américains comment fonctionnait sa machine. A leur tour, les Américains apportèrent en Angleterre un exemplaire de celle qui avait permis de forcer le système japonais. Les décrypteurs et les employés du chiffre américains vinrent grossir la population de Bletchley. Mais même alors, les Britanniques conservèrent une certaine appréhension au sujet de cet accord, car ils savaient que l'Amérique, avec sa population et sa superficie, avec la presse agressive et débridée qui était la sienne ne parviendrait jamais au degré de sécurité atteint en Angleterre. De plus, l'Amérique n'avait pas un bureau central comme le LCS, pour orchestrer les opérations de couverture et de mystification. Ces deux lacunes ne furent comblées qu'en mai 1942 par la création d'un nouveau service secret, le Joint Security Control (le Contrôle de sécurité combiné) dépendant des Joint Chiefs of Staff (Chefs d'état-major réunis). Ses statuts le destinaient à « prévenir la fuite des informations relatives aux opérations militaires, à l'élaboration de mesures prises pour tromper l'ennemi au cours desdites opérations, à la coordination des mesures de sécurité au sein des forces armées, à un rôle de conseiller à la sécurité pour tous les autres organismes gouvernementaux concernés par les opérations militaires ». Quelque temps plus tard, le Joint Security Control couvrait enfin la sécurité des services du décryptage. Les Américains, fidèles au modèle britannique, mobiliaient leurs ressources pour une guerre de moyens spéciaux. C'était pourtant une manière de concevoir la guerre totalement opposée aux idées de nombre d'entre eux. Le secret et la feinte étaient des caractéristiques européennes qui n'avaient pas cours dans la vie publique américaine. Il allait donc être difficile d'atteindre à une coopération réelle entre la presse et le gouvernement, et même entre les différents corps des services armés, difficulté qui se retrouvait au niveau des gouvernements et services armés d'Angleterre et d'Amérique. Les accords auxquels étaient parvenues les deux grandes puissances dans les mois qui avaient suivi l'attaque de Pearl Harbor tenaient à un fil. Ce fil, menacé bien des fois dans les années à venir, tiendrait bon cependant.

C'était donc une atmosphère de confiance traversée de soupçons qui planait sur les hauts responsables anglais et américains lorsqu'ils commencèrent à organiser leur stratégie. Malgré tous les accords de détail déjà conclus, il devint évident qu'il y avait un désaccord sérieux sur la manière d'attaquer et de vaincre le Troisième Reich. Les deux partenaires admettaient qu'une invasion du continent européen par la Manche était inévitable. Mais les Britanniques croyaient que le Troisième Reich était immensément puissant. En conséquence, ils se refusaient à lancer une invasion sans avoir auparavant dispersé les troupes allemandes et miné leurs forces par une lutte qui serait dure, sanglante et prolongée. Ils préconisaient donc une stratégie clandestine, indirecte et patiente, basée sur la supériorité intellectuelle et l'utilisation des moyens spéciaux.

A l'inverse, les Américains croyaient que seule une attaque de front, partie d'Angleterre contre le nord-ouest de la France, pouvait aboutir. tandis que les Britanniques cherchaient à obtenir la victoire par des stratagèmes subtils et moins coûteux, les Américains voyaient la guerre comme une bataille entre les « juggernauts » bien armés et bien nourris et dont les lauriers iraient à celui qui pourrait survivre à l'affrontement. La différence entre les deux concepts était aussi fondamentale que la différence entre le cricket britannique et le rugby américain. Winston Churchill et le général Sir Alan Brooke, chef de l'état-major général, ne pouvaient oublier l'échec d'Ypres ; il leur était donc impossible de se rallier à la conception américaine qui mènerait inévitablement à la catastrophe. Ils devaient manœuvrer tous deux pour garder le contrôle stratégique de la guerre et persuader les Américains d'accepter le point de vue anglais.

L'alliance n'avait pas six mois qu'un très grave différend menaçait déjà son intégrité. Au centre de ce différend : un plan conçu par le général George C. Marshall, chef d'état-major de l'armée des Etats-Unis, et par un inconnu qui n'avait pas encore fait ses preuves, le chef de la Division des plans de guerre à Washington D.C., le major général Dwight D. Eisenhower. Le plan Marteau, son nom de code, prévoyait une invasion du nord-ouest de la France, vers la fin de l'été 1942, opération déjà écartée par les Anglais parce que la force écrasante de la Wehrmacht en France laissait présager un désastre. Or, les manœuvres britanniques pour éliminer Marteau devaient conduire à l'un des épisodes les plus sombres et les plus mystérieux de la guerre : le mémorable raid d'août 1942 sur le port de Dieppe.

Quand Brooke devint chef de l'état-major général impérial pendant l'hiver 1941, il apporta une nouvelle dimension à ce principe militaire britannique traditionnel : ne jamais attaquer l'ennemi de front là où il est le plus fort et n'engager le combat avec des forces massives qu'après l'avoir affaibli par des attaques contre sa suprématie, son moral et son économie. La stratégie de Brooke pour cette Deuxième Guerre mondiale était de s'assurer la maîtrise des mers et de chasser les Allemands et les Italiens de l'Afrique du Nord. La première phase était conçue pour redonner à l'Angleterre sa supériorité navale et obliger Hitler à garnir de troupes la côte méditerranéenne de l'Europe, de la frontière espagnole jusqu'à la frontière turque aux dépens de ses frontières occidentales et orientales. En même temps, poursuivait le projet Brooke, il fallait miner l'Allemagne par des bombardements de jour et de nuit, par un blocus économique, par une incertitude totale sur les intentions alliées grâce à une induction en erreur implacable, l'attaquer sans pitié de l'intérieur au moyen de révoltes fomentées par les Alliés, bref, mener une importante guerre d'intoxication. Et lorsque la Wehrmacht serait bien essoufflée par ce harcèlement, alors seulement les Alliés traverseraient la Manche pour envahir la France et le cœur de l'Allemagne. Et même, pouvait-on extrapoler, si certaines conditions se trouvant réunies la pression devenait trop forte, la Wehrmacht pourrait être amenée à quitter la France sans combat. Dans ce cas, l'énorme entreprise d'invasion deviendrait inutile.

Le général Marshall et le général Eisenhower contestaient cette stratégie. Le 1er avril 1942, convaincus de la force de l'Amérique et de la faiblesse de l'Allemagne, ils présentèrent au président Roosevelt le plan Sledgehammer pour une éventuelle traversée de la Manche, afin de s'assurer, cette année-là, dans le nord-ouest de la France, une tête de pont d'où seraient lancées des opérations à grande échelle sous le nom de Roundup, en 1943. L'objectif était de soulager l'Armée Rouge qui, aux yeux de Washington, semblait sur le point de s'effondrer, et de maintenir l'Union soviétique dans la guerre. Le président donna son approbation au plan Sledgehammer et décida d'envoyer Harry Hopkins, son conseiller, et le général Marshall à Londres pour le faire accepter par Churchill et Brooke. « J'y ai mis mon cœur et ma tête », télégraphia Roosevelt à Churchill.

Le duel sur les stratégies opposées s'engagea le 8 avril 1942 à 10 h 30 du matin, au Ministère de la guerre et le général Marshall trouva dans le général Brooke un adversaire de taille et d'expérience. Coriace, rusé et irascible, Brooke s'était distingué dans l'action pendant les deux guerres mondiales. Bientôt, il serait le maréchal et le soldat anglais le plus décoré depuis Marlborough, Wellington et Frederich Sleigh Roberts. Il était non seulement un combattant de valeur et un officier d'état-major, mais encore un spécialiste de la science militaire et un stratège très compétent. Sa réserve, sa gaucherie l'avaient tenu éloigné du grand public, étant plus connu comme ornithologue et zoologiste que comme soldat.

Cinquante-huit ans, légèrement voûté, le profil aquilin, Brooke accueillit

Marshall sous le tableau héroïque de l'expédition de Kitchener contre le Mahdi. Marshall, soixante et un ans, était un homme tranquille, d'allure aristocratique, plus versé dans la politique militaire que dans la conduite de la guerre. Dès le début de l'entretien, ces deux officiers dont l'opinion serait décisive dans la conception et l'exécution des stratégies de l'alliance restèrent sur la défensive. Brooke était persuadé de l'incompétence et de la courte vue des généraux américains. Marshall de son côté ne pouvait rencontrer Brooke à un plus mauvais moment, l'Angleterre et l'Amérique se trouvant face à la défaite sur tous les fronts et l'armée américaine n'étant absolument pas prête à mener à bien une opération comme Sledgehammer. Ainsi que l'écrivait à Brooke le maréchal de l'Air Sir John Dill, doyen des représentants anglais à Washington : « Ce pays est un des plus organisés pour la paix (qu'on puisse imaginer)... Pour l'instant, il n'a pas la moindre idée de ce que signifie la guerre et ses forces armées ne sont pas du tout préparées à la faire. Ils finiront par réaliser de grandes choses, mais (...) pour le moment, l'organisation tout entière remonte au temps de Washington. »

Les Américains, eux, jugeaient les armées britanniques encore plus mal. Après un voyage en Angleterre en 1942, Donovan signalait que les Britanniques s'étaient vus « totalement pris de court » par les méthodes d'attaque allemandes et qu'après la sévère correction reçue des mains de l'armée ennemie, ils semblaient désormais plus faits pour la défensive que pour l'offensive. Selon Donovan, l'armée anglaise n'était ni assez forte, ni assez confiante, ni assez bien équipée pour une offensive capitale en Europe, à ce stade de la guerre. Cependant Marshall supposait qu'aux alentours du 15 septembre 1942, se servant de l'Angleterre comme tremplin, six divisions, bientôt suivies par six autres, traverseraient la Manche et prendraient d'assaut la côte française. L'opération serait soutenue par 5 800 avions dont 2 550 seraient anglais, et par une flotte qui serait, forcément, anglaise. Selon Marshall la contribution militaire américaine s'élèverait, dans un premier temps, à 3 divisions d'infanterie et à 2 divisions blindées ; mais l'Amérique enverrait 100 000 hommes par semaine jusqu'à la constitution d'une armée d'un million d'Américains, soit 30 divisions. Ce qui revenait à dire que toutes les troupes d'assaut seraient anglaises. Mais qu'en était-il de l'armée allemande ? Comme le soulignait Brooke, il y avait 25 divisions allemandes dans le groupe des nations de l'Europe de l'Ouest, et elles surclassaient à tous points de vue les meilleures troupes anglaises et américaines de l'époque. Le plan de Marshall et d'Eisenhower ne sentait donc pas seulement la stratégie en chambre, il risquait d'être extrêmement dangereux. Et Brooke le déclara sans ambages. Dans un moment d'exaspération après sa rencontre avec Marshall, il écrivit notamment dans son journal : « ... On ne stipule pas... si nous sommes censés jouer au " baccara "[1] ou au " chemin de fer "[1] au Touquet » ; et : « A la lumière de la situation existante, les plans (de Marshall) pour septembre 1942 se révèlent tout simplement ahurissants. Marshall est un bon général pour lever des armées...

1. En français dans le texte.

mais sa capacité stratégique ne m'impressionne pas du tout. En fait, sous de nombreux aspects, c'est un homme très dangereux, bien que très charmant... »

La conférence prit fin dans une atmosphère d'ambiguïté et de malentendus. Les Américains retournèrent à Washington persuadés que Churchill et Brooke étaient d'accord pour entreprendre Sledgehammer, et Roosevelt télégraphia à Staline que les Anglo-Américains envahiraient la France en 1942. Mais Churchill et Brooke n'étaient d'accord sur un débarquement d'urgence qu'au cas où les Russes sembleraient sur le point de s'effondrer. Ils admettaient seulement la nécessité d'établir une force américaine en Grande-Bretagne dans la perspective d'une offensive à travers la Manche en 1943. Pour Churchill et Brooke, il était essentiel d'entraîner la Luftwaffe dans une bataille d'envergure et d'amener ainsi Hitler à croire qu'il y aurait une invasion cette année, le forçant à maintenir des troupes en France au détriment du front russe. Mais les points de vue divergeaient sur la méthode puisque la Grande-Bretagne préconisait une campagne de fausses rumeurs sur une invasion imminente pour attirer l'attention de Hitler sur la côte française de la Manche. Pour donner corps à ces rumeurs, aussi bien que pour mettre à l'épreuve les tactiques et l'équipement nécessaires à l'invasion définitive, on était en train de mettre sur pied l'opération Ritter, vieux nom allemand pour le « soldat à cheval ». Ce serait une attaque sur Dieppe : la plus grande opération amphibie depuis Gallipoli. Mais elle était conçue comme un raid, non comme une tentative d'invasion.

Au milieu de ce désaccord, parut un homme neuf, sympathique et énergique : l'auteur de Sledgehammer. Dix-huit mois auparavant, le général Eisenhower n'était que lieutenant-colonel et n'avait jamais commandé — même pas un bataillon — sur le terrain. Sa carrière académique et militaire était passée totalement inaperçue. Il n'était allé en Europe qu'une fois pour écrire un guide sur les monuments de guerre américains. A l'époque de Pearl Harbor, il se savait si peu de chances de promotion qu'il avait accepté le commandement d'un régiment de chars dans une division blindée commandée par le général George S. Patton. Aujourd'hui, Eisenhower arrivait à Londres comme général commandant l'armée américaine du théâtre d'opérations européen (ETOUSA) et pour superviser l'organisation des opérations Sledgehammer-Roundup. Il était de plus persuadé qu' « à la fin des fins, et après des mois de lutte (avec les Britanniques)... nous serions tous engagés de façon absolue sur une conception unique quant aux méthodes de combat ». Or il allait bientôt déchanter et signaler à Washington que les Britanniques ne s'étaient pas du tout engagés sur Sledgehammer.

Eisenhower se familiarisa rapidement avec la machinerie compliquée qui était à la base de la stratégie britannique, y compris le LCS. Le colonel et honorable Oliver Stanley en était le chef, et ses origines aristocratiques — fils du dix-septième comte de Derby, petit-fils du septième duc de Manchester, gendre du septième marquis de Londonderry — illustraient le principe que la mystification, comme l'espionnage, était affaire de gentilshommes.

Intellectuel en vue au parti conservateur, Stanley avait occupé quantité de postes ministériels, y compris celui de ministre de la Guerre en 1940. Quand les Chefs d'état-major créèrent le LCS, Stanley, connu sous le nom de Renard fut pressenti pour en prendre la tête et il accepta, en dépit de son antipathie pour Churchill. Dès sa création, le LCS, sous la conduite de Stanley, s'occupa à lancer de façon plus ou moins simultanée, et dans des parties très différentes du globe, rumeurs et contre-informations de toutes sortes. Tous ces fragments réunis par les Services secrets allemands formaient un tableau unique mais faux de la statégie britannique, très proche cependant de ce que les Allemands eux-mêmes pensaient comme logique et probable, et de ce fait étaient enclins à y croire.

Eisenhower fut d'abord déconcerté par les habiles manœuvriers d'Angleterre, les gens du LCS. Né dans un milieu simple, élevé dans les horizons clairs et définis du Kansas, il n'appréciait ni n'aimait le monde des chats, même bien nés. C'était trop compliqué pour lui, comme le Londres du temps de guerre l'était pour de nombreux Américains et quand le temps vint pour lui de juger des réalisations du LCS, il devait écrire :

> Aux premiers jours de la guerre, et particulièrement quand la Grande-Bretagne se trouvait seule en 1940 et 1941, les Anglais avaient peu de chose à opposer aux Allemands, à part la mystification. Ils recouraient à tous les types de subterfuge (...) afin de tromper l'ennemi sur leur potentiel militaire et, plus que tout, sur la disposition des troupes. Il en résulta une habitude qu'il leur fut très difficile d'abandonner par la suite.

Quand Eisenhower fut présenté au LCS, le colonel Stanley jouait son premier grand jeu : ses agents faisaient courir le bruit, dans les milieux où l'on bavarde de l'Europe — et du monde — qu'une invasion par les Alliés du nord-ouest de la France était imminente. Eisenhower ne fut pas impressionné, car il ne voyait pas très bien comment, à la longue, une guerre psychologique pouvait se substituer au fer et à la poudre et il se peut qu'il ait eu raison. Néanmoins, cette guerre psychologique combinée avec une série d'attaques-éclairs par commandos sur la côte norvégienne et sur la côte française de la Manche devait s'avérer d'une importance capitale. L'une d'elles, un raid contre Bruneval, où les Anglais s'emparèrent d'un nouvel appareil radar allemand et découvrirent les secrets des défenses électroniques de l'Europe de Hitler, l'autre contre Saint-Nazaire où ils détruisirent la seule installation de cale sèche en Europe, en dehors de l'Allemagne, capable de recevoir les plus grands cuirassés de la Kriegsmarine devaient contraindre Hitler à promulguer, en mars 1942, la directive 40 ordonnant la construction du mur de l'Atlantique, défense côtière allemande pour l'Europe de l'Ouest.

Conçu comme l'une des grandes réalisations techniques de l'Histoire et exécuté comme tel, le mur de l'Atlantique allait exiger une part énorme des ressources allemandes. Pour répondre aux opérations de feinte et à la multitude de piqûres d'aiguillon des attaques de commando, Hitler, convaincu de la vulnérabilité de son Empire en de nombreux points, décida d'étendre ses fortifications du cap Nord à la frontière espagnole. Il tombait ainsi dans le piège des stratèges anglais car, alors que le mur de l'Atlantique constituerait une barrière formidable — à la fois physique et psychologique — pour une armée d'invasion alliée, Hitler, en voulant être fort partout, risquait d'être faible à l'endroit et au moment précis d'une véritable invasion. Comme la Grande Muraille de Chine, le mur de l'Atlantique se montrerait pratiquement inutile.

Cependant, tandis que se poursuivait le débat sur Sledgehammer et qu'Eisenhower s'intégrait dans le Londres du temps de guerre avec un scepticisme croissant et une déception à propos de ce qu'il appelait la trop grande prudence de la stratégie britannique, les plans Ritter étaient achevés et l'entraînement des troupes pouvait commencer. Ce serait une attaque de front — le plus dangereux de tous les assauts — venant de la mer et dirigé sur Dieppe, menée par deux brigades de la seconde division canadienne, soutenues par des commandos et par un bataillon de 28 nouveaux tanks Churchill. Les forces navales comprendraient environ 200 bateaux y compris des destroyers chargés du bombardement. Les troupes devaient gagner la rive, y rester le temps de deux marées, s'emparer du port et d'installations allemandes déterminées, opérer certaines prises (dont celle d'un Enigma, si possible), infiltrer des agents, puis se retirer. Quelque 56 escadrilles de chasseurs de la RAF — plus qu'il n'en existait au temps de la Bataille d'Angleterre — engageraient le combat contre la Luftwaffe et fourniraient la couverture aérienne. Les responsables du plan Ritter commandés par le général Sir Bernard Montgomery, exigèrent deux préalables à ce raid : le secret et la surprise. Les Chefs d'état-major approuvèrent la stratégie d'ensemble le 13 mai 1942, des chefs furent nommés et on entra dans le détail des plans. Mais presque au même moment le LCS engagea des opérations de feinte destinées à fixer l'attention des Allemands sur le point précis de la côte où devait avoir lieu l'opération Ritter. Ritter était en danger, car il semblait bien que la main droite n'informait pas la main gauche de ses actes. Cela pouvait s'expliquer de plusieurs façons : soit que les responsables du projet aient été séparés des quartiers généraux de Churchill sur le plan géographique, ce qui est peu vraisemblable, soit que le LCS travaillant dans des conditions ultra-secrètes, très peu des responsables de Ritter pouvaient connaître son existence. Thèse difficilement soutenable, puisque les Chefs d'état-major étaient responsables de la coordination de toutes les opérations de guerre. La vérité se situe probablement ailleurs : l'opération était conçue, dès les tout premiers instants, comme une opération sacrifice visant à donner toutes les apparences de la vérité au bluff du LCS. Mais c'est alors que de hautes raisons politiques intervinrent pour compliquer le débat.

A Washington, où Marshall mettait en route l'opération Boléro — nom de code de l'organisation des forces américaines en Grande-Bretagne — il apparut très vite que Churchill et ses Chefs d'état-major négligeaient Sledgehammer au profit de Torch, l'invasion de l'Afrique du Nord. Marshall, alarmé par la situation en Russie où l'offensive allemande avait repris en direction des champs de pétrole caucasiens, était de plus en plus décidé à favoriser Sledgehammer. L'Armée Rouge venait de perdre 250 000 hommes dans les grandes batailles de mai et de juin en Crimée et semblait, une fois de plus, sur le point de succomber. Pour que la Russie continuât la guerre, il fallait donc comme le voulait Marshall, lancer Sledgehammer sans délai. Un second front était réclamé à grands cris en Angleterre et en Amérique, et le Premier ministre soviétique Molotov arriva à Londres pour exiger un engagement ferme sur une invasion de la France en 1942.

Brooke cependant ne partageait pas les vues de Marshall sur l'effondrement des Russes ; il considérait au contraire que les Allemands étaient dans une très mauvaise passe, en dépit des succès de leur offensive d'été. Il s'opposait à la pression américaine en faveur d'une invasion trop précoce en France pour aider la Russie, en spécifiant que l'ouverture d'un « front prématuré à l'ouest ne pouvait qu'aboutir au plus affreux des carnages (...) qui réduirait presque à néant les chances d'une ultime victoire ». Mais il écrivait aussi, sinistre présage pour Ritter : « Nous avons débattu (à une réunion des Chefs d'état-major) sur la manière d'aider la Russie en déclenchant des opérations en France ; soit par un raid étendu, soit par une implantation. Nous avons décidé enfin que le seul moyen était d'essayer d'attirer la Luftwaffe hors de Russie. Dans ce but, le raid devait être mené sur le front de Calais. »

Sur l'insistance de Brooke, Churchill parlant à Molotov des plans britanniques se contenta de lui donner des assurances : « Nous faisons des préparatifs pour un débarquement sur le continent en août ou septembre 1942 et si les conditions sont favorables, nous n'hésiterons pas à mettre nos plans à exécution. » Mais à Washington, où Molotov se rendit pour essayer d'obtenir de Roosevelt ce qu'il n'avait pu obtenir de Churchill, il découvrit que le point de vue américain sur l'invasion était totalement différent. Le drame de la Russie, exposé par Molotov à la Maison Blanche, fit une profonde impression sur Roosevelt. Après avoir pris conseil de Marshall, le président autorisa Molotov à informer Staline « qu'il attendait la formation d'un second front dans l'année ». Le jour J, dit-on à Molotov, prendrait place au mois d'août 1942, dans les dix semaines à venir.

La promesse de Roosevelt se concrétisa sous la forme d'un télégramme à Staline et Churchill, mais quand Molotov retourna à Londres, Churchill lui répéta que le gouvernement anglais ne pouvait donner d'assurance ferme quant à la possibilité d'entreprendre Sledgehammer-Roundup pour cette année. Ce que Churchill avait en tête — à part Ritter — était une grande opération de mystification d'un type encore jamais utilisé. Néanmoins, une déclaration officielle approuvée à la fois par Roosevelt et Molotov, et diffusée dans le monde entier, indiquait que les pourparlers sur l'ouverture d'un second front à créer d'urgence en Europe avaient abouti à une entente totale. Churchill écrivit plus tard à ce sujet : « Une déclaration officielle ne pouvait pas faire de mal, car elle inquiéterait les Allemands et leur ferait maintenir le plus de troupes possible à l'ouest. » Pendant ce temps, Churchill avait envoyé le Lord-amiral Louis Mountbatten à Washington pour expliquer la position britannique ; mais

Marshall, soutenu par le Secrétaire d'Etat à la Guerre, Henry L. Stimson, persistait à vouloir lancer Sledgehammer pour sauver la Russie, La crise paraissant imminente chez les Alliés, Churchill décida d'aller lui-même à Washington et d'emmener Brooke avec lui. « Roosevelt, disait le Premier ministre (est en train) de sortir un peu des rails. »

Le 17 juin 1942, Churchill et Brooke partirent pour les Etats-Unis par un clipper de la Pan American et amérirent sur la rivière Potomac. Ils retrouvèrent un Marshall entêté, dangereusement optimiste sur l'aptitude de troupes américaines inexpérimentées à débarquer et à vaincre un ennemi supérieur en nombre et en expérience. Il était totalement soutenu par le Secrétaire d'Etat à la Guerre, Stimson, qui le matin de l'arrivée des Anglais avertissait Roosevelt que Churchill et Brooke étaient venus « embobiner » le président pour l'embarquer dans la plus folle des entreprises de diversion, l'opération Torch. Il ne trahissait d'ailleurs en rien l'opinion de Churchill qui, dans un mémorandum à Roosevelt, déclarait :

> Nous tenons fermement à ce qu'il n'y ait pas de débarquement important en France cette année, à moins de pouvoir y rester (...). Mais (...) qu'allons-nous faire d'autre ? Pouvons-nous rester inactifs sur le théâtre de l'Atlantique pendant toute l'année 1942 ? Ne devrions-nous pas préparer à l'intérieur de la structure globale de Boléro quelque autre opération qui nous assurerait des positions et certains avantages, et nous permettrait aussi de soulager la Russie ? C'est dans ce contexte et sur cet arrière-plan que l'opération d'Afrique (Torch) devrait être étudiée.

Le 21 juin, Churchill, le président, Brooke, le maréchal Sir John Dill et Harry Hopkins se réunirent à la Maison Blanche jusqu'à 16 h pour étudier ces projets. Mais brusquement la situation tourna à la catastrophe avec l'entrée d'un officier d'ordonnance qui tendit une note à Roosevelt. Le président la lut, puis la passa au Premier ministre. Elle annonçait la chute de Tobrouk. En Afrique du Nord, le général Rommel fonçait à la tête de ses blindés et la 8e armée britannique refluait en Egypte dans le plus grand désordre. Le point crucial était Tobrouk où, sur l'ordre de Churchill, le petit port avait été transformé en forteresse et avait tenu trente-trois semaines lors d'une bataille précédente contre Rommel. Cette fois, la forteresse s'était effondrée en un jour. Plus rien ne pouvait maintenant empêcher Rommel d'entrer en Egypte, de prendre Le Caire et la grande base navale d'Alexandrie. Cette nouvelle atterra d'autant plus Churchill qu'il l'apprenait du président et non de ses propres informateurs et il raconta par la suite que c'était une des expériences les plus mortifiantes subies par un Anglais en Amérique. Selon lui, la défaite était une chose, le déshonneur en était une autre.

Ce désastre amoindrit l'autorité de Churchill et affaiblit les arguments de Brooke en face de ceux de Marshall et de ses partisans. Peu de temps restait à Churchill pour évoquer le précédent de Passchendaele et d'Ypres pendant la Première Guerre mondiale et mettre en garde le président sur la témérité du plan Sledgehammer. Avec détermination il s'opposa à un débarquement-suicide sur la côte de France, même pour sauver la Russie, déclarant qu'une telle expérience ferait de la Manche une « mer de sang ». Il rappela au président la conviction anglaise que la Deuxième Guerre mondiale ne devait pas être un immense affrontement d'armées échangeant des tonnes d'obus. Seule la puissance navale et aérienne, « guidée par un esprit plus rapide » pourrait vaincre Hitler. Beaucoup de temps s'écoulerait avant que l'armée américaine ne devienne opérationnelle, et il insista sur le fait que la meilleure manière de perdre la guerre pour l'Amérique et l'Angleterre était d'essuyer un désastre sur la côte française. Il convenait de voir en face la réelle puissance de l'armée allemande.

Malgré ces arguments les conclusions militaires sur la réunion du 21 juin 1942 furent les suivantes :

> Des opérations en France ou aux Pays-Bas en 1942 donneront des avantages politiques et stratégiques plus grands que toute opération sur n'importe quel autre théâtre. La préparation des batailles dans ce secteur doit être menée avec le maximum de rapidité, d'énergie et de sincérité. Les efforts les plus énergiques doivent être accomplis pour surmonter les difficultés et les dangers de l'entreprise. Si un plan viable peut être trouvé, il ne faut pas hésiter à lui donner suite. Si, d'autre part, un examen détaillé montre qu'en dépit de tous les efforts le succès est improbable, nous devons nous tenir prêts à une solution de rechange.

Sur cet accord de principe, Churchill regagna son pays en hâte pour faire face à ce que la presse américaine décrivit comme la « crise politique suprême de sa carrière », car faisant suite à l'effondrement de la 8e armée en Afrique du Nord, un vote de méfiance était intervenu contre lui à la Chambre des Communes. Il trouva cependant la confiance du Parlement avec une marge confortable le 2 juillet, jour où la 8e armée parvenait finalement à stopper Rommel à El Alamein. Son avenir politique était sauvé.

Moins certain était le devenir de l'alliance avec l'Amérique, car en dépit de la phase difficile qu'il venait de traverser, le Premier ministre perdit peu de temps à discuter sur le bien-fondé de Sledgehammer avec ses chefs d'état-major. Le 8 juillet, il prit une décision définitive : la Grande-Bretagne ne *soutiendra pas* Sledgehammer et télégraphia au président dans ce sens : « Aucun général, amiral ou maréchal de l'air anglais n'est prêt à considérer Sledgehammer comme une opération réalisable en 1942... Les Chefs d'état-major ont conclu que les conditions saines et raisonnables pour réussir Sledgehammer n'étaient pas réunies. » Prévu pour le 4 juillet 1942, le raid Ritter fut également abandonné. Une petite armada avait été rassemblée et chargée de troupes, de canons et de chars. Toute l'aviation se tenait prête, quand soudain, le temps changea sur la Manche, avec peu d'espoir de le voir s'améliorer. De plus, des nouvelles inquiétantes arrivaient de France : la 10e division blindée avait gagné la région de Dieppe, ce qui laissait supposer que les Allemands avaient sans doute connaissance du projet, l'aviation allemande, ayant probablement remarqué le rassemblement des navires, avait commencé à attaquer certains des bateaux de Ritter. En conséquence, ordre fut donné aux troupes de retourner à quai et de regagner leurs bases. Les responsables du plan le jugèrent alors totalement compromis, et essayèrent de persuader les Chefs d'état-major que ce serait folie de vouloir monter l'opération à nouveau. On ne devait hélas ! pas tenir compte de leur recommandation.

Pendant ce temps, à Washington, de fortes tensions se manifestaient après le télégramme du Premier ministre, en date du 8 juillet. Elles ne firent qu'augmenter à la suite d'un autre télégramme, le 14 juillet, dans lequel Churchill déclarait :

> Je suis très désireux de vous faire connaître ma position actuelle. Personne autour de moi ne considère Sledgehammer comme possible. J'aimerais vous voir entreprendre Torch très vite et nous, de concert avec les Russes, devrions essayer de monter Jupiter. Pendant ce temps, les préparatifs pour réaliser Roundup en 1943 devraient être menés à toute allure, retenant ainsi le maximum de forces ennemies en face de l'Angleterre. Voilà qui semble aussi clair que le jour.

Quand Marshall se rendit compte que non seulement les Anglais étaient résolus à abandonner Sledgehammer, mais encore qu'ils entendaient se lancer dans l'opération Jupiter, nom de code d'un plan pour l'invasion du nord de la Norvège, il en conclut qu'on ne pouvait plus se fier à la parole de Churchill et de Brooke. Par deux fois, ils avaient donné leur accord à Sledgehammer, par deux fois ils étaient revenus sur cet accord. Dill, qui avait la confiance de Marshall, avertit Churchill de l'orage menaçant. Il télégraphia, le 15 juillet, au Premier ministre pour lui annoncer la venue à Londres de Marshall, de l'amiral Ernest J. King et de Harry Hopkins pour « mettre cartes sur table ». « A moins que vous ne parveniez à convaincre Marshall de votre attachement inébranlable à Sledgehammer tout semble présager un renversement complet de notre stratégie commune et le retrait de l'Amérique au profit du Pacifique, laissant la Grande-Bretagne, avec une assistance américaine très réduite, s'en tirer au mieux face à l'Allemagne. »

Jamais la Grande Alliance ne devait se trouver à ce point compromise et jamais Hitler ne fut plus proche de la victoire. Telle était la conséquence directe d'une fissure entre Anglais et Américains. Le péril était grand. Il était clair que Marshall n'était pas habitué au langage propre aux négociations anglaises et ne pouvait le tolérer.

Il était chef de l'armée d'une nation qui croyait qu'aucun ennemi, aucun problème n'était insurmontable en faisant appel à la détermination, à l'énergie et si besoin était, à la force. Mais les Britanniques, quant à eux, avec leur expérience plus approfondie de la stratégie, de la diplomatie et de la guerre, savaient que la Wehrmacht ne pouvait être vaincue aussi facilement que Marshall le supposait. Mais Churchill ne pouvait plus maintenant convaincre les Américains par la puissance de sa personnalité ou le prestige de l'armée britannique. Les deux étaient suspects. Il devait écrire à ce sujet : « La chute de Tobrouk, la tension politique chez nous et la perte de prestige évidente due à ce désastre, pour notre pays, pour moi son représentant, tout cela faisait qu'il m'était impossible d'obtenir satisfaction. » Dans ces conditions comment Churchill pouvait-il persuader les Américains que Sledgehammer serait un désastre ? Aussi le 15 juillet 1942, trois jours avant la date prévue pour l'arrivée de Marshall à Londres, donna-t-il des ordres pour exhumer le plan Ritter en dépit des avis répétés des responsables du projet et des chefs militaires, selon lesquels on courait à la destruction de la force d'intervention. Churchill demanda tout d'abord qu'un raid important fût entrepris contre la côte française ailleurs qu'à Dieppe. Quand les Chefs d'état-major lui opposèrent qu'ils n'avaient ni le temps ni la possibilité de monter une telle opération, Churchill resta inflexible. Il s'en expliqua plus tard :

> Cependant, je trouvais très important qu'une attaque à grande échelle se déroulât cet été, mais de l'avis unanime des militaires, aucun général responsable n'assumerait la mise en place d'une invasion définitive avant d'avoir pu juger des résultats d'une entreprise partielle. Une discussion avec l'amiral Mountbatten montra clairement que le temps ne permettait pas de mettre sur pied une opéraion nouvelle pendant l'été, mais qu'il était possible de relancer le projet de Dieppe en un mois si des précautions extraordinaires étaient prises pour s'assurer du secret.

Il se peut qu'à l'époque, cette explication ait paru suffisante aux Chefs d'état-major ; comme tout bon Anglais, ils connaissaient les périls de ce goulet difficile. Qui oserait entreprendre l'invasion d'une côte hostile et affronter une armée apparemment invincible sans avoir fait, auparavant, une reconnaissance en force ? Cependant, le temps et l'Histoire devaient réfuter l'argumentation de Churchill en faveur de ce raid contre le vieux port de pirates. On alla jusqu'à prétendre qu'il avait fait taire sa conscience et ordonné la reprise de Ritter uniquement pour montrer aux Américains que Sledgehammer serait un désastre. Persuadé à l'avance de la tragédie, il était prêt à sacrifier 5 000 hommes pour arracher ses alliés à un choix encore plus dangereux : une invasion qui pourrait coûter aux puissances occidentales 500 000 hommes, tout leur matériel, une grande partie de leur marine et de leurs forces, peut-être la guerre tout entière.

Dès le début de Jubilee (nom désormais donné à Ritter) tout se déroula dans une atmosphère de complot. Churchill prit des mesures sans précédent : rien ne devait transparaître sur les registres des réunions des Chefs d'état-major, rien ne transpirerait hors d'un petit groupe d'hommes à la discrétion éprouvée. Les chefs d'unité ne sauraient rien de leur mission avant d'avoir embarqué sur leur bateau. Pour cacher les mouvements des Canadiens, on les convaincrait qu'ils partaient pour des exercices. Le premier Lord de l'Amirauté lui-même ignorerait pourquoi on lui demandait 250 bateaux. Il ne devait y avoir aucune répétition, aucune concentration de bateaux ; l'expédition traverserait la mer par petites unités et se regrouperait au milieu de la Manche. Finalement, il n'y aurait ni couverture ni feinte. Cet ordre était particulièrement déroutant car il laissait supposer que Churchill et les Chefs d'état-major ne souhaitaient pas détourner

En même temps, le LCS, engagé dans une campagne de fausses rumeurs l'attention des Allemands.

sur une invasion prochaine de l'Europe par les côtes de la Manche, ne reçut aucune instruction pour cesser son action ou pour attirer ailleurs l'attention des Allemands. Plus mystérieusement encore, le comité XX reçut l'ordre de ne pas utiliser d'agents doubles pour fournir à leurs correspondants allemands des informations fausses sur l'objectif et la destination des navires rassemblés dans le port anglais. Pourtant le comité XX avait proposé une opération de ce genre à laquelle le quartier général des opérations combinées opposa un veto formel. Comme écrivit plus tard Masterman : « Il est triste mais intéressant de se demander si le raid de Dieppe n'aurait pas pu avoir plus de succès ou être moins coûteux en vies humaines, s'il avait reçu une couverture efficace. »

Un homme au moins avait prévu des difficultés si la Grande-Bretagne se trouvait entraînée malgré elle dans une attaque à travers la Manche : le colonel Stanley, chef du LCS. Responsable des campagnes d'intoxication du début 1942, destinées à persuader Hitler que les Alliés débarqueraient réellement à l'ouest cette année-là, et renseigné par Ultra de toutes les réactions de Hitler, il savait mieux que personne combien les Allemands étaient prêts à répondre à toute tentative de ce genre. Avec son expérience des tranchées pendant la Première Guerre mondiale, il prévoyait le prix d'une telle expédition. Homme de principes et grand patriote, il ne pouvait se faire complice plus longtemps d'un entourage disposé à sacrifier les loyaux soldats de l'Empire pour que la Russie reste en guerre. Comme l'expliquerait un jour un de ses amis : « Un homme dont les ancêtres avaient mis les Tudor sur le trône ne voyait aucune raison de s'incliner devant des potentats étrangers. » Il donna donc brutalement sa démission. Le colonel John Bevan lui succéda sans tarder.

Tandis que l'organisation de Jubilee se poursuivait dans le plus grand secret, au quartier général des opérations combinées à Richmond Terrace, fief incontesté de Mountbatten, la délégation américaine — Marshall, King et Hopkins — arrivait à l'aéroport de Prestwick en Ecosse. Les Britanniques avaient pris des dipositions pour emmener les visiteurs par train spécial jusqu'à une station proche des Chequers. Mais les membres de la délégation exigèrent d'être conduits directement à Londres. C'était sans aucun doute un affront personnel et diplomatique pour Churchill. Les Américains n'étaient pas d'humeur à respecter le protocole.

La conférence commença le jour suivant, le 20 juillet, et la délégation américaine, qui comprenait maintenant Eisenhower et les commandants des forces terrestres, navales et aériennes, insista pour une exécution immédiate de Sledgehammer. Seul le commandant de la Marine, l'amiral Harold R. Stark, s'éleva contre l'entreprise ; en tant que marin, il savait que dans très peu de semaines la côte française de la Manche serait soumise à des vents défavorables. Les Britanniques votèrent également contre comme un seul homme. Le 22 juillet, les deux parties en présence étaient donc bloquées, et Hopkins, dans une note à Marshall à l'autre bout de la table dans la salle du Cabinet, 10 Downing Street, écrivait : « Je me sens diablement déprimé. » Hopkins déclara alors que, de concert avec les Chefs d'état-major US, il serait bon de consulter le président. Ce qu'ils firent.

Le président télégraphia sa réponse immédiatement : les chefs US devaient trouver une opération de rechange contre les Allemands, qui impliquerait les troupes américaines dans une action offensive en 1942. Churchill et Brooke obtenaient finalement gain de cause et le 24 juillet, les Américains acceptaient de lancer Torch. Cette opération sur la côte nord-ouest de l'Afrique française aurait un chef suprême américain, Eisenhower, et un état-major combiné anglo-américain. La longue et dangereuse bataille verbale sur Sledgehammer avait pris fin. Ce n'était pas cependant un triomphe total pour la stratégie britannique. La nomination d'Eisenhower était d'une haute importance politique, quoique personne à l'époque ne semblât y porter attention ; elle marquait le déclin de la suprématie britannique dans la conduite de la guerre — et affaiblissait sa position en tant que puissance mondiale de premier rang. Mais, pour l'instant, Churchill était satisfait. Il devait écrire plus tard : « Tout fut conclu et réglé en accord avec mes idées mûries de longue date et celles de mes collègues militaires et politiques. C'était pour moi une joie d'autant plus grande que cette décision survenait en une période très sombre. » Dans une conversation avec son ami Sir Robert Boothby, il devait cependant reconsidérer ces paroles par la suite, et remarquer avec découragement que le verdict final de l'Histoire tiendrait compte, non seulement des victoires obtenues sous son gouvernement, mais aussi des résultats politiques qui en découlaient. Et il ajouta : « Si on me juge sur ces critères, on pensera peut-être que je n'ai pas réussi. »

En tout état de cause la Grande Alliance avait survécu à un test critique. Roosevelt écrivit à Churchill : « Je ne puis m'empêcher de penser que la semaine écoulée représente un tournant de toute la guerre et que nous poursuivons maintenant notre chemin au coude à coude. »

La décision de lancer Torch écartait la nécessité politique d'un raid sur Dieppe. Il n'était plus nécessaire de démontrer aux Américains le danger d'une invasion prématurée. Par contre, Churchill et les chefs anglais d'état-major auraient pu, logiquement, enterrer Jubilee. Ce ne fut pas le cas. Ses objectifs : entraîner la Luftwaffe dans la bataille, mettre à l'épreuve du feu les nouvelles théories de la guerre sur terre, sur mer et dans les airs, et essayer de soulager les Russes, subsistaient. De plus, un nouveau facteur entrait en jeu. Dans un message à Roosevelt le 27 juillet 1942, Churchill proposait que Jupiter (le plan d'invasion du nord de la Norvège) et Sledgehammer fussent utilisés pour tromper Hitler sur la destination des convois de Torch.

> Tout dépend du secret et de la rapidité, écrivit Churchill à ce propos. Le secret ne peut être maintenu que par la feinte. C'est dans ce but que je poursuis l'opération Jupiter et que nous devons également mener Sledgehammer avec la dernière énergie. Elles couvriront tous les mouvements de troupes dans le Royaume-Uni. Au départ de vos troupes pour l'opération Torch, il faut que chacun (sauf les initiés) puisse croire qu'elles se dirigent vers Suez (ou le golfe Persique), expliquant ainsi la tenue tropicale (des troupes de Torch). L'armée canadienne ici sera équipée

pour l'Arctique ; nous pourrons ainsi laisser l'ennemi dans le doute jusqu'au dernier moment.

Les chefs US acceptèrent cette proposition. Le raid sur Dieppe serait lancé pour donner du mordant à Overthrow, campagne de mystification menée pendant tout l'été par le LCS pour convaincre les Allemands qu'une partie des troupes stationnées en Grande-Bretagne allait envahir la France. Alors qu'auparavant les troupes de Jubilee devaient être offertes en holocauste aux dieux de la grande stratégie et de la haute politique, elles seraient maintenant offertes aux dieux de la grande stratégie et de la mystification.

La campagne d'induction en erreur et de guerre politique, en pleine activité depuis le printemps précédent, atteignait son point culminant avec les opérations Overthrow et Dieppe. Elle avait commencé par une proclamation alarmante de la BBC destinée à la nation française, et tout particulièrement aux Français de la côte de la Manche : un des premiers exemples de ce que devait être la manipulation des Français et de la BBC pour les besoins de l'intoxication et de la guerre politique. « Les régions côtières de la France occupée sont susceptibles de devenir de plus en plus un théâtre d'opérations de guerre (...) ce qui entraînera les plus graves dangers pour la population civile. » Cette émission, jointe à l'annonce que la Grande-Bretagne et la Russie s'étaient trouvées en accord complet sur la nécessité urgente d'établir un second front en Europe en 1942 créa exactement le climat d'expectative souhaité par le LCS, qui devait précipiter la démission de Stanley.

Tandis que les conjectures sur l'invasion allaient croissant, dans la presse et la radio en Angleterre et en Amérique, l'Exécutif pour la guerre politique (PWE) et les agents diplomatiques britanniques et américains à travers le monde, commencèrent à répandre des rumeurs sous la forme d'une campagne de chuchotements : une campagne de *sibs* (du latin *sibilare* : siffler) pour soutenir cette fiction. C'est ainsi que le Vatican « apprit » que des opérations d'envergure se dérouleraient dans la région du Pas-de-Calais, les Flandres, la Normandie et la péninsule de Cherbourg ; il se vit incité à retirer les trésors religieux des zones menacées. Le MI-6, le SOE et le comité XX firent courir auprès de leurs agents des bruits semblables, tandis que de petites embarcations rapides et des commandos opéraient des « missions de reconnaissance » et de véritables raids le long de la côte française. A plusieurs reprises, la BBC mit en garde les Français contre toute tentative de soulèvement pour soutenir l'invasion avant d'avoir reçu des instructions de Londres. Enfin, tout l'été, la RAF « sillonna le ciel de France et de Belgique, provoquant la Luftwaffe au combat et essayant de donner l'impression qu'elle était engagée dans des missions préparatoires à une invasion ». Au total, la RAF effectua 43 000 missions sur la France et la Belgique, 73 000 sur l'Angleterre et la Manche. Elle perdit 915 avions.

Toute cette activité qui menaçait si tragiquement Jubilee, avait mis les Allemands dans un état d'alerte inouï, quand les troupes furent embarquées dans l'après-midi du 18 août 1942. Jubilee avait été lancée en dépit de tous les avertissements prévoyant un désastre inévitable. Le vice-maréchal de l'air, Trafford Leigh Mallory, du 2ᵉ groupe de chasse, commandant l'opération aérienne, prévint une dernière fois les responsables du plan : « Les troupes seront clouées sur la plage dès le début. Elles ne pourront jamais repartir ! Souvenez-vous de mes paroles. » Au crépuscule, les troupes de Jubilee larguèrent les amarres dans les petits ports de la côte anglaise et se dirigèrent vers le lieu de rendez-vous où, la nuit tombée, elles devaient se rassembler et se diriger sur Dieppe. La lune se levait sur les ombres violettes de la Manche obscurcie et plus de 6 000 hommes dans 250 bateaux se posaient une seule et même question : « Les Allemands *ont-ils connaissance de notre arrivée et du lieu de notre débarquement ?* » Que savaient-ils exactement de ce raid ?

Le 9 juillet 1942, Hitler qui dirigeait l'offensive d'été sur le front russe à son poste de commandement dans les forêts de l'est de la Prusse, lança une nouvelle directive concernant la France : « A la suite de nos victoires si rapidement remportées, l'Angleterre peut se trouver acculée à choisir entre la création d'un second front ou la perte de la Russie soviétique comme atout politique et militaire. Il est donc fort probable que des débarquements ennemis auront lieu sous peu dans le secteur relevant du commandant en chef de l'Ouest. » Puis Hitler précisait les lieux où ces débarquements pouvaient se produire : « (...) Tout d'abord la côte de la Manche, la zone entre Dieppe, Le Havre et la Normandie, puisque ces secteurs peuvent être atteints par les chasseurs ennemis et aussi parce qu'ils sont situés à portée d'une grande partie de la flotte d'invasion. »

Comment Hitler était-il parvenu à des déductions aussi exactes ? Il donnait trois sources principales : rapports d'agents secrets et autres informations d'espionnage, concentration massive de flotte de débarquement sur la côte sud de l'Angleterre, activité réduite de la RAF. Hitler en tirait les conclusions inévitables et, poussé par la campagne de bluff du LCS, il affectait à la défense de l'Ouest de grandes et nouvelles formations à un moment où il était à court d'hommes et de matériel sur le front russe et où il avait besoin de toutes ses troupes, précisément pour cette campagne. Ainsi Overthrow remplissait au moins un de ses objectifs premiers en diminuant un peu la pression sur l'Armée Rouge. Mais le jeu du bluff peut se jouer à deux, et pour tromper les Britanniques sur l'importance des troupes qui défendaient Dieppe, le maréchal Gerd von Rundstedt, commandant en chef à l'Ouest, lança Porto II, opération destinée à égarer les agents secrets et leur faire croire que le secteur de Dieppe était tenu par une troupe de second ordre : 1 400 hommes appartenant à la 110ᵉ division d'infanterie, unité très affaiblie en Russie, qui se reposait et se reconstituait dans cette région de la Manche, alors qu'en fait il s'agissait de la très puissante 302ᵉ division d'infanterie, identique à celle qui décimerait les Américains le jour J à Omaha Beach. En fait, la garnison de Dieppe ne se composait pas seulement, comme le prétendait Porto II, d'un simple bataillon de troupes inexpérimentées, mais d'un régiment d'infanterie au complet, soit 5 000 hommes de troupe, 250 artilleurs, des troupes auxiliaires et de réserve, immédiatement disponibles : trois bataillons d'infanterie, une compagnie de chars et une division blindée entière cantonnée à six heures de marche.

Porto II fut pourtant apparemment acceptée comme une certitude par le MI-6. Churchill en témoigne : « D'après les renseignements dont nous disposions, Dieppe n'était tenue que par des troupes de second ordre, soit un bataillon avec des unités de soutien, pas plus de 1 400 hommes en tout. » Ainsi le MI-6 chargé du travail de reconnaissance ne fut pas seulement dupé, mais très mal renseigné par ses agents sur place qui étaient surtout des Français. C'est seulement après la guerre que Menzies comprit comment les Allemands avaient su que Dieppe était une des cibles visées : à la suite d'une information obtenue par le capitaine Heinz Eckert, officier d'espionnage de l'Abwehr dont la tâche particulière consistait à s'introduire dans les services secrets ennemis. Eckert était en contact avec deux traîtres français. L'un était Raoul Kiffer (Kiki), ancien agent anglais et membre de l'Interallié, important réseau MI-6, qui avait été « récupéré » par l'Abwehr ; l'autre était André Lemoin, peintre français de marine, dont le nom de code était Moineau. Un témoignage prouva que Kiffer avait trahi les projets britanniques dans l'opération combinée précédente contre la cale sèche à Saint-Nazaire.

Par l'entremise de Kiffer et Lemoin, Eckert fut présenté sous le nom de M. Evans à Mme Jeannette Dumoulins, membre d'un réseau gaulliste dans le village normand de Veules-les-Roses à environ 26 km de Dieppe. Mme Dumoulins, croyant avoir affaire à un agent canadien, lui dit qu'elle avait entendu à la BBC un « message personnel » de son mari qui s'était évadé en Angleterre. Le message disait : « Georges embrassera bientôt Jeannette. » Sans méfiance, Mme Dumoulins demanda à Eckert s'il connaissait le moment exact et le lieu de l'arrivée de son mari. Eckert promit de se renseigner à Londres.

Puis Mme Dumoulins révéla que le chef du réseau était en liaison avec un officier de l'organisation Todt, organisme paramilitaire groupant des ingénieurs et des ouvriers des Travaux publics. Cet officier, qui avait un poste important à Dieppe, était un fervent antinazi. Il fournissait à Londres, par l'intermédiaire du réseau, des informations sur les docks de Dieppe, les installations, les fortifications, la position des batteries côtières et la situation des unités allemandes. Eckert possédait là deux indices importants : « Georges embrassera bientôt Jeannette », message qui devait alerter le réseau de l'imminence d'une opération de débarquement, et la demande toute spéciale de renseignements sur Dieppe désignant ainsi la ville comme une cible possible.

Le soir du 14 août, la situation de Jubilee au plan de la sécurité se trouvait donc totalement compromise. Survint alors une série d'incidents qui mit les Allemands dans un état d'attente fébrile. Le soir du 22 juin, deux travailleurs de l'organisation Todt attachés à la garnison du phare de Barfleur, à la pointe de la péninsule de Cherbourg, furent attaqués et égorgés tandis qu'ils rentraient en titubant dans leurs quartiers, ayant fait honneur au calvados. Puis à 0 h 34, le 15 août, quatre jours avant le raid sur Dieppe, un mitrailleur de garde à un poste de défense près du même phare de Barfleur, dans le secteur où les hommes de l'organisation Todt avaient été tués, entendit bouger dans les broussailles. Il demanda le mot de passe et fut salué par cinq grenades à main et dix-sept rafales de mitraillette. Des patrouilles aperçurent alors une vedette lance-torpilles émettant des signaux et découvrirent dans le sable les traces de pas de six soldats des commandos britanniques, en même temps que les éraflures laissées par un bateau pneumatique. En définitive, ce n'était rien d'autre qu'un petit raid de harcèlement typique et personne ne fut blessé. Mais la vedette ayant mis son moteur en marche et réussi à disparaître, elle laissait les Allemands encore plus méfiants et vigilants de Cherbourg à Anvers.

Les motivations de ce raid devaient rester un mystère. Les Britanniques savaient parfaitement qu'il éveillerait l'attention des Allemands à la veille même de Jubilee et l'hypothèse d'une erreur semble peu vraisemblable. Il est sans doute probable que les Anglais *souhaitaient* tenir les Allemands en état d'alerte le long de la côte de la Manche. N'était-ce pas l'un des objectifs essentiels d'Overthrow ? Et si telle en était la raison (qui, curieusement, ne fut jamais rendue publique), elle parvint au résultat souhaité.

Ce même 15 août, le service d'espionnage radio allemand remarqua également une modification dans le mode des transmissions radio du sud de l'Angleterre, bientôt suivi d'un silence significatif, ce qui, d'après une analyse prolongée des habitudes de la radio anglaise, laissait quelquefois présager une attaque. En même temps, le B-Dienst, bureau de décryptage de la marine allemande, réussit à percer un des codes en usage dans la Royal Navy à Portsmouth et put indiquer l'imminence d'un important mouvement de navires. Et, côté britannique, comme pour sceller le destin de Jubilee, un convoi côtier allemand accompagné de chasseurs sous-marins fut repéré par un radar de la côte anglaise tandis que les troupes d'assaut progressaient à travers la Manche. Des avertissements furent lancés aussitôt aux chefs de Jubilee qui les reçurent, mais trop tard pour empêcher un des convois de Jubilee de tomber sur les Allemands. Un combat d'artillerie éclata et le commandant allemand réussit à envoyer un message à son quartier général qui donna le signal d'alerte « bataille imminente » au chef de garnison de Dieppe, quarante-cinq minutes avant l'arrivée des premières vagues de Canadiens.

Les troupes de Dieppe se trouvaient déjà en état d'alerte permanente depuis le 1er août ; et sur l'une des plages clés que devaient traverser les Canadiens, elles dormaient en position de combat, tout habillées. Le Génie avait posé 14 000 mines nouvelles le long de la côte et de l'esplanade, et on avait rasé des bâtiments pour assurer aux canons un meilleur champ de tir. D'autres bâtiments, y compris le célèbre casino, avaient été minés dans l'éventualité d'un débarquement, tous les standards téléphoniques et tous les points de communications étaient contrôlés par des officiers (comme d'habitude en cas de grande alerte) pour permettre une transmission rapide des informations et des ordres. Les « gobes », anciennes maisons troglodytiques dans les falaises aux deux bouts de la ville, recelaient des douzaines de nids de mitrailleuses et de canons antichars prêts à entrer en action, qui n'avaient pas été repérés par la reconnaissance aérienne. Tout se mettait en place pour le désastre.

En mer, les forces de Jubilee — mot hébreu marquant une période de réjouissance annoncée au son de la corne de bélier — se frayaient un chemin avec précaution à travers un champ de mines. C'était une belle nuit d'été étoilée, la mer était calme et l'air immobile ; pourtant, un sentiment de mort certaine planait sur les Canadiens, comme le montrent tous les rapports. « Même avant d'embarquer, écrivait un correspondant canadien, Ross Munro, certains ne pouvaient se défendre d'un pressentiment sinistre sur ce qui les attendait de l'autre côté de la Manche. Personne ne parlait, mais beaucoup s'étonnaient de la manière dont la sécurité avait été traitée... depuis l'abandon de Ritter. Les Allemands savaient-ils que les Canadiens se dirigeaient sur la France, et les attendraient-ils ? Ils étaient également intrigués par la rapidité avec laquelle le raid avait été décidé. Un autre correspondant écrivait : « Une question nous travaillait tous pendant ces vingt dernières minutes au terme de ce long et inconfortable voyage sous les étoiles. Les Allemands se tenaient-ils prêts à nous recevoir ? Rien que d'y penser me donnait des crampes d'estomac. Je me souvins de ce qu'on disait toujours dans la RAF : « J'avais les foies », et saisis brusquement ce que cela voulait dire. Mais dans ma panique croissante, je me raccrochais à la pensée que « les autres gaziers » avaient deux fois plus peur que moi. »

Dans le demi-jour glacé, arrivés en vue de la côte française, les transports de troupe mirent à la mer leurs embarcations remplies de la fine fleur des plus beaux régiments canadiens. Munro se rappelle qu'un marin se pencha et leur lança à mi-voix : « Salut les gars, bonne chance ; donnez-leur une raclée. » La mer scintillait sous les étoiles, écrivit encore Munro, et quand les embarcations de débarquement s'élancèrent vers le rivage, elles tracèrent un sillage brillant comme des diamants sur du velours noir. » A l'instant précis et à l'endroit exact où les péniches de débarquement abordaient, les mitrailleuses et les canons des « gobes » ouvrirent soudain le feu. Munro rappelle : « Nous rebondîmes sur la plage, la rampe fut abaissée et déversa les premiers soldats. Ils plongèrent dans soixante-dix centimètres d'eau et furent immédiatement déchiquetés par les balles des mitrailleuses. Les corps s'entassaient sur la rampe. Quelques-uns titubèrent jusqu'à la plage et s'effondrèrent... fauchés avant d'avoir eu le temps de tirer un seul coup de feu. »

A ce moment éclata l'effroyable réalité de Sledgehammer. Les généraux pouvaient bien concevoir des plans dans des bureaux climatisés, des groupes de travail pouvaient bien les fignoler, la vérité apparaissait en plein jour. Dans un grondement assourdissant, le casino sauta ; des tanks Churchill s'ébranlèrent lourdement hors des péniches LST [1], s'enfoncèrent tous dans les galets à l'exception d'un seul, et furent alors détruits par les canons antichars de la promenade. La plupart des 6 000 hommes ne purent jamais atteindre le front de mer ; beaucoup d'entre eux furent tués avant même

1. LST : péniches de débarquement.

d'être débarqués. La plus grande bataille depuis 1940 faisait rage dans l'air clair et limpide. « Le ciel entier et la mer semblaient pris dans un univers en folie... », écrivit Munro. Un JU-88 (Junker 88) lâcha une bombe lourde sur le destroyer *Berkley.* Elle prit le navire par le travers et lui brisa l'armature, blessant le premier Américain de la guerre, le lieutenant-colonel L.B. Hillsinger, qui fut projeté de la passerelle sur le pont avant. Il perdit un pied et, détail macabre, celui-ci, toujours chaussé, se mit à flotter autour du destroyer qui coulait.

Les rescapés de Jubilee se retirèrent rapidement, et à 5 h 40, von Rundstedt put télégraphier à Hitler : « Aucun Anglais en armes ne reste sur le continent. »

Le raid était un échec, les pertes effrayantes : 3 623 hommes sur les 6 086 appelés à débarquer. Parmi les tués, les blessés et les prisonniers il y avait 3 367 Canadiens sur un effectif total de 4 963. Quelques-uns des régiments canadiens étaient pratiquement anéantis. La RAF quant à elle, enregistrait 13 pour cent de blessés et de tués et perdait 106 appareils contre 46 allemands. La tentative de Jubilee pour forcer la Luftwaffe avait échoué. Un destroyer et 33 péniches de débarquement manquaient à l'appel sur une flotte de 252 bateaux de divers tonnages et 550 officiers et hommes de tous grades étaient tués, blessés, faits prisonniers ou disparus.

En revanche, les pertes de la Wehrmacht étaient très légères : au total, 591 hommes dont 297 tués. De son quartier général, von Rundstedt envoya un rapport à Hitler qui se terminait par ces mots : « Ils ne recommenceront pas une seconde fois ! » C'était certain.

Les Allemands exultaient. Le Dr. Joseph Goebbels, chef de la propagande, utilisant les photos des monceaux de cadavres, des carcasses de chars carbonisés, de l'artillerie abandonnée, et des coques de navires brisées — tristes réminiscences de Dunkerque — brossait un tableau triomphant de l'imprenable forteresse Europe : *Festung Europa.* Quant à la radio allemande, dans une émisison destinée aux Etats-Unis, elle annonçait de son côté : « Il semble qu'à Londres, on ait tenu pour mensonge les déclarations allemandes relatives au front de défense sans faille de toutes les côtes du continent européen, du cap Nord jusqu'à la Biscaye. Le misérable résultat de cette attaque montre bien l'étendue de l'erreur commise par les Anglais. »

Pour les Britanniques, Dieppe s'inscrivait dans une longue liste de défaites. Mais le Premier ministre qui portait la responsabilité du désastre au plan exécutif eut une vue plus optimiste des choses. Au moment de l'échec du raid, il était avec Brooke au Caire, en train de remanier le commandement au Proche-Orient. D'Egypte, dans un rapport au Premier ministre adjoint, Clement Attlee, Churchill écrivait, le 21 août 1942 : « Mon impression générale sur Jubilee est que le résultat en justifie le prix élevé. La bataille aérienne seule justifiait le raid. »

> Si on regarde en arrière, le coût de cette tragédie peut sembler hors de proportion avec les résultats. On se tromperait en jugeant l'événement uniquement sur un tel critère. Dieppe occupe une place à part dans l'histoire de la guerre et la sombre liste des pertes ne doit pas le faire considérer comme un échec. C'était une reconnaissance en force, coûteuse

mais utile. Sur le plan tactique, elle fournissait une mine d'expériences, et comblait bien des lacunes dans notre manière de voir. Elle allait nous permettre de construire à temps de nouveaux types de bateaux et d'appareils qui serviraient plus tard. Nous avions réappris l'importance d'un soutien puissant en canons de marine lourds lors d'un débarquement, pour vaincre la résistance ennemie, et notre technique de bombardement naval et aérien s'en trouvait améliorée. Par-dessus tout, on pouvait constater que l'habileté individuelle, le courage, ne sauraient prévaloir sans une organisation parfaite et un entraînement approprié, et que le travail d'équipe était le secret du succès. Celui-ci ne pouvant s'obtenir que par des formations amphibies parfaitement exercées et organisées. Toutes ces leçons allaient être retenues.

Sur le plan stratégique, le raid rendait les Allemands plus conscients du danger sur les côtes de la France occupée. Il contribuait à maintenir des troupes et du matériel à l'ouest, ce qui contribuait un peu à soulager la Russie. Honneur aux braves qui sont tombés. Leur sacrifice n'était pas vain.

Mais quand Brooke eut vent de l'étendue des pertes à Dieppe, il s'écria, selon Lord Moran, médecin personnel et confident de Churchill, qui se trouvait au Caire avec le Premier ministre et Brooke : « Voilà une leçon pour ceux qui réclament à cor et à cris l'invasion de la France. » Par la suite, il se fit encore plus critique : « Cette sanglante affaire, écrivit-il, quoique riche en leçons, mit fin cet été-là aux raids de la chasse anglaise sur le nord de la France pour attirer les avions allemands hors de Russie, geste qui avait coûté à la Grande-Bretagne près d'un millier de pilotes et d'avions. » Le Haut Commandement britannique avait engagé pour la première fois une partie importante de la RAF dans des opérations de diversion et de feinte. Ce ne devait pas être la dernière. Le raid toutefois avait au moins servi à tempérer l'insistance américaine pour une attaque frontale de la « forteresse Europe » de Hitler. Parlant de la réaction du Haut Commandement américain, Brooke nota encore : « Certains responsables militaires parmi les plus souples avaient été profondément ébranlés par les pertes de Dieppe et (...) considéraient qu'il serait impossible de monter une opération à grande échelle à travers la Manche avant l'été 1944. » Quant à Eisenhower, attristé et rendu plus conscient des risques que représentait un « saut » irréfléchi à travers la Manche, il fit ce seul commentaire : « Le raid de Dieppe ne promet pas une conquête facile des plages normandes. » Il devait rappeler ces mêmes paroles le soir du 5 juin 1944, veille du jour J.

Quand vint le temps de faire le bilan du désastre, les débats se déroulèrent dans une atmosphère de malaise, de récrimination et de colère. Plusieurs prétendaient que le raid n'avait rien apporté de plus que les réflexions commandées par le bon sens. Cependant, malgré toutes les intrigues autour de Jubilee et Ritter, quelques leçons significatives en découlaient ; l'une d'elles, non la moindre, était d'avoir donné à penser aux Allemands. Les craintes de Hitler à propos d'un débarquement en France se réveillèrent. Convaincu qu'en dépit de la saignée de Dieppe, les Alliés recommenceraient, le Führer ordonna d'accélérer les travaux de construction du mur de l'Atlantique, tout particulièrement dans la région comprise entre la Seine et le pas de Calais, qui, d'après lui, serait la zone d'attaque la plus logique. On y multiplia les postes de défense et l'OKW reçut l'ordre de concentrer son armée la plus puissante, la 15e, dans la même région. Hitler et l'OKW étaient persuadés que les Alliés choisiraient un grand port pour la phase initiale de l'invasion. Cette conviction fausse s'infiltra dans tous leurs plans. Ils concentrèrent troupes et fortifications à l'intérieur et autour des ports de la Manche, ne laissant que des forces de maintenance — quoique redoutables — le long des côtes intermédiaires. Inversement, après Dieppe, les stratèges militaires alliés ayant appris à leurs dépens qu'une attaque de front sur un port bien défendu était une action militaire impossible, décidèrent alors de ne jamais recommencer une telle opération, même le jour J.

Ils comprirent également qu'une invasion de la France ne pourrait être tentée sans renseignements complets et précis sur les défenses de l'ennemi, et sans entourer d'un secret total les intentions des Alliés. Hitler devait être pris par surprise, en fonction d'une induction en erreur bien menée et de moyens spéciaux. Enfin, Dieppe démontrait plus encore la puissance énorme des forces allemandes de l'Ouest. Une invasion ne réussirait que dans la mesure où Hitler serait obligé de disperser ses armées à travers toute la forteresse Europe. Or, cet objectif, on ne pouvait l'atteindre que par la stratégie et le stratagème.

Le désastre de Dieppe prouvait qu'il n'y avait pas de raccourci sur la route de la victoire. Le plaidoyer de Churchill et de Brooke était sans bavure ; la guerre serait longue et dure, et la marche sur Berlin commencerait aux glacis extrêmes de l'empire nazi. Pour la Grande-Bretagne, cette marche allait débuter dans le désert pierreux et malaisé de la Libye, le long de la Méditerranée, à environ 115 km à l'ouest d'Alexandrie, non loin d'une petite halte de chemin de fer utilisée par les marchands senoussites, appelée El Alamein. La stratégie et le stratagème, le décryptage, la mystification et les moyens spéciaux allaient se combiner pour confondre l'homme venu symboliser l'apparente omnipotence de Hitler : Erwin Rommel.

Chapitre V

ALAM HALFA

Le général Erwin Rommel arriva en Afrique du Nord pour la première fois à la mi-février 1941. Il venait mettre en place la pince droite d'un gigantesque mouvement de tenaille à l'intérieur duquel Hitler espérait établir un empire allemand au Proche-Orient et sauver l'armée italienne aux prises avec le général Sir Archibald Wavell. Ultra informa de l'arrivée de Rommel, comme elle devait révéler son ordre de bataille et ses intentions au cours de presque toute la campagne d'Afrique du Nord. Mais cela n'apportait rien à Wavell de connaître les plans de son ennemi puisque ses armées étaient trop faibles. Le 24 mars 1941, la première attaque de l'Afrika Korps de Rommel fut une victoire et fit de lui le légendaire « Renard du désert ». Ses Panzer détruisirent entièrement la 2e division blindée britannique, enlevèrent le port de Benghazi, prirent de vitesse et détruisirent une brigade motorisée indienne, encerclèrent la 9e division australienne dans le port de Tobrouk, firent voler en éclats le reste de l'armée britannique et, le 30 mai, Rommel se trouvait devant les barbelés de la frontière égyptienne. Cette défaite, ajoutée au désastre des armées britanniques en Grèce et en Crète, aboutit au renvoi de Wavell. Il fut remplacé par le général Sir Claude Auchinleck, autre soldat britannique très estimé. Apprenant la victoire de Rommel, Churchill se leva à la Chambre des Communes et déclara : « Nous avons un ennemi très audacieux et très habile, et je dois le dire, au-delà des avatars de la guerre, un grand général. »

On savait peu de choses sur Rommel quand Ultra signala son arrivée comme commandant en chef de l'Afrika Korps. Qui était ce général dont la ruse, la ténacité, l'audace et l'habileté anéantiraient presque les Britanniques en Afrique du Nord, vaincraient un corps d'armée américain à Kasserine et défendraient la Normandie contre les armées alliées d'invasion le jour J ? C'était un des chefs militaires de Hitler les plus populaires, les plus estimés et qui finirait par devenir un de ses ennemis les plus acharnés.

Erwin Johannes Eugen Rommel était un Wurtembergeois, né le 15 novembre 1891 à Heidenheim, petite ville sur la route de la montagne souabe près du château de Hellenstein. Son père était maître d'école et mathématicien, sa mère la fille du président du gouvernement de Wurtemberg. Rommel hérita du don paternel pour les mathématiques et s'intéressa très tôt à l'aviation. Mais son père s'opposa à cette idée et malgré l'absence de tradition militaire dans la famille, Rommel choisit de faire carrière dans l'armée. Le 19 juillet 1910, il entra dans l'infanterie comme aspirant et fut nommé officier en janvier 1912. C'était un petit homme, silencieux et calme, avec du flair, du sens pratique, de la prudence et une trace de dureté en lui. Il se passionna immédiatement pour les rouages compliqués de l'organisation militaire. Adoptant « le cri de jubilation de la jeunesse guerrière allemande », il partit à la guerre avec l'infanterie le 1er août 1914. « A partir de l'instant où il essuya le baptême du feu, écrivit son biographe Desmond Young, il apparut comme l'image même du parfait animal de combat, froid, rusé, impitoyable, infatigable, rapide dans ses décisions et incroyablement brave. » Après une victoire foudroyante sur les Italiens en 1917, les chargés de propagande commencèrent à chanter ses louanges et on put dire dès lors que « là où est Rommel, là est le front ». Il était réputé posséder le Fingerspitzengefühl (l'intuition au bout des doigts ou sixième sens) et passait son temps à vouloir réduire les pertes par la tactique. C'était un homme « voué corps et âme à la guerre », un véritable amoureux des armes : exultant dans la bataille, ne prêtant aucun intérêt à la littérature sauf pour les ouvrages militaires, spartiate, célibataire, apolitique, indifférent à la nourriture, au vin, au théâtre, aux plaisirs, il était finalement très limité parce qu'uniquement voué à la guerre.

A la fin des hostilités, Rommel rejoignit son régiment à Weingarten, devint membre de la Reichswehr de 100 000 hommes permise à l'Allemagne par le Traité de Versailles, se maria, et en 1933 commanda un bataillon de montagne. Il se tint à l'écart des événements politiques qui amenèrent Hitler au pouvoir et n'eut pas affaire aux nazis avant d'être nommé à l'Académie de guerre à Potsdam en octobre 1935. On lui offrit alors la tâche d'entraîner une unité de la Hitlerjugend, les jeunesses hitlériennes ; mais il donna bientôt sa démission pour protester contre la création de « Petits Napoléons ». Il retourna à des activités traditionnelles, fut promu colonel commandant l'Académie de guerre à Wiener Neustadt et, pendant l'occupation des Sudètes en octobre 1938, reçut de Hitler le commandement du bataillon responsable de la sécurité personnelle du Führer. La raison de l'intérêt de Hitler pour cet officier inconnu qui refusait d'être membre du parti nazi tenait à une petite plaquette rédigée par Rommel sur la tactique dans l'infanterie intitulée *Infanterie greift* an. Hitler la lut, l'admira, et Rommel entra dans le cercle officiel du Führer.

Au début, Rommel admira beaucoup Hitler. Le Führer était sans peur, sa capacité pour les affaires militaires touchait au génie, et il avait un pouvoir magnétique, hypnotique même. Sa mémoire était remarquable — des pages et des chapitres entiers de livres, une fois lus, étaient gravés dans son esprit — et il montrait pour les statistiques une intelligence toute particulière. De son côté, Hitler estimait Rommel pour sa fidélité et son exécution implacable des ordres reçus. Hitler trouvait sa franchise rafraîchissante en regard de celle des généraux de l'état-major allemand. En quelques mois, il le nomma général et le fit chevalier de la croix de fer en récompense de ses victoires pendant la bataille de France. Dans cette campagne, Rommel commandait la 7e Panzer Division (division fantôme) ; il avait fait prisonnier un amiral de la marine française (pour la région Nord), quatre autres amiraux, un chef de corps, quatre chefs de division et leur état-major, et pris 277 canons, 64 canons antichars, 458 chars et engins blindés, quelque 5 000 camions, 2 000 charrettes à cheval et à mulet, et 400 autobus. Ses hommes avaient fait 97 468 prisonniers, abattu 52 avions, capturé 15 autres au sol, et détruit encore 12 autres. De façon presque incroyable, les pertes de Rommel s'élevaient à 48 officiers tués, 77 blessés, 526 morts des autres grades et 1 252 blessés ; trois officiers, 34 sergents et 229 hommes d'un autre rang étaient portés disparus ; et il n'avait perdu que 42 chars. Désormais il portait l'insigne de cuivre brun de l'Afrika Korps — un palmier sur un svastika — et sa mission était de prendre Le Caire et le canal de Suez.

Sa poussée initiale dans la vallée du Nil mit les Britanniques en déroute et, pendant tout l'été 1941, Rommel se tint à la frontière égyptienne, attendant l'ordre du Führer pour marcher sur Le Caire. Mais l'ordre ne vint jamais et l'été passa tranquillement. Pendant ce temps, les Britanniques montaient l'opération Crusader, contre-offensive qui serait lancée le 18 novembre 1941 contre Rommel et qui, selon l'espoir de Churchill, devait être une victoire comparable à la fois à celles de Blenheim et de Waterloo. Crusader devait débuter par un assassinat : celui de Rommel. L'intention britannique était de détruire les Panzer du général, de dégager Tobrouk — cette poignée de maisons blanches et de hangars devenue une forteresse sur les arrières de Rommel — et d'arracher la Libye et la Tripolitaine à l'Empire italien. Puis, l'armée du Nil ayant éjecté l'Axe d'Afrique, devait marcher vers l'est et le nord pour protéger le Levant d'une poussée allemande contre l'Arabie par les cols de la Caucasie russe et persane. Les forces en présence étaient plus ou moins équilibrées avec une supériorité pour les blindés du côté de Rommel et une supériorité aérienne du côté d'Auchinleck. Le seul espoir qu'avait celui-ci d'un nouveau Waterloo résidait dans la surprise. S'il assassinait Rommel, le chaos qui en résulterait au sein du commandement des armées de l'Axe procurerait aux Britanniques cet élément de surprise. Cette première tentative des Britanniques pour assassiner le Renard du désert ne serait pas la dernière !

Un soir d'octobre, un bombardier Wellington traversa la Méditerranée, puis se dirigea vers Cyrène, la vieille ville d'Hannibal. Arrivé au-dessus du continent, le capitaine sortit son train d'atterrissage pour ralentir sa vitesse et, dans la nuit sombre, sauta un agent secret britannique, J.E. Haselden, arabisant du style Lawrence. Haselden, qui parlait les dialectes du Senoussi aussi bien que l'anglais, enterra son parachute dans le désert, empire des chameliers, et enfila la djellaba des senoussites. Il se teinta la peau au brou de noix et, après le lever du jour, au moment où les colonnes de chameaux se remettent en route, entra dans Beda Littoria. C'est là que les renseignements situaient — croyait-on — le quartier général de Rommel. Se faisant passer pour un marchand de plumes d'autruche, Haselden séjourna plusieurs semaines à proximité d'une grande villa aux murs blancs qui abritait un poste de commandement allemand, et épia Rommel entrer et sortir dans sa voiture blindée. Il y avait un gros détachement des Transmissions sous les cyprès environnants et une garde importante autour de la villa. L'intense activité, les allées et venues des officiers et des estafettes, tout laissait à penser qu'il s'agissait bien du quartier général de Rommel. Aussi Haselden fit-il dans ce sens un rapport par radio au Caire.

Là, sur la foi des informations de Haselden, le chef du service secret de l'armée, le général Francis W. de Guingand, décida un raid sur la villa, avec le colonel R.E. Laycock, chef des commandos au Moyen-Orient : 6 officiers et 53 hommes des commandos débarqueraient de deux sous-marins, le *Torbay* et le *Talisman*, près de Beda Littoria. Ils étaient chargés de quatre missions : tuer ou capturer Rommel, attaquer et détruire le quartier général de l'armée italienne à Apollonia, assassiner l'état-major, couper toutes les communications téléphoniques et télégraphiques avec ces cibles et se saisir de tout ce qui avait un rapport quelconque avec Enigma.

Le 17 novembre, à la nuit tombée, sous une pluie battante, les sous-marins faisaient surface au large de Beda Littoria. Sur la plage, Haselden agitait des signaux lumineux pour guider les embarcations de caoutchouc vers le rivage. S'étant regroupés sur la plage, trempés de pluie et d'écume, les hommes se dirigèrent sur une pointe dominant la villa. Arrivés là à 22 h 30, ils se reposèrent un instant tandis qu'un sapeur détruisait les lignes téléphoniques conduisant à la villa. Puis une équipe de choc de trois hommes conduite par le lieutenant-colonel Geoffrey Keyes traversa la haie du jardin derrière la villa. Se déplaçant silencieusement et rapidement — la pluie étouffait le bruit de leurs pas — ils contournèrent la villa, s'élancèrent en haut des marches et poussèrent la porte. Aussitôt, ils se trouvèrent en présence d'un officier allemand en capote et casque d'acier. Keyes le menaça de sa mitraillette mais l'Allemand, relevant le canon, essaya de la lui arracher. Keyes tira alors son couteau pour le tuer sans bruit, mais un de ses hommes abattit l'Allemand d'un coup de revolver tandis qu'ils luttaient entre les deux portes de l'entrée. Les trois agents se ruèrent alors dans le vestibule faiblement éclairé et virent un autre Allemand descendre l'escalier en courant. Un des hommes du commando fit feu sur lui, le manqua, et l'Allemand remonta en courant. A ce moment, Keyes remarqua une lumière sous une porte, la poussa doucement, vit une dizaine d'Allemands mettant leur casque et tira deux ou trois coups de feu tandis qu'un des commandos lançait une grenade. Mais à cet instant, un des Allemands tira et une balle frappa Keyes juste au-dessus du cœur. Il tomba et mourut pendant qu'on le transportait dans l'herbe mouillée. Un de ses compagnons fut touché à une jambe par un des commandos qui couvrait la sortie.

Ce raid et les trois autres qui suivirent se soldèrent par un échec. Les seules pertes infligées à l'ennemi furent trois colonels suppléants et un soldat tués à la villa. Quant aux objectifs de Cyrène et d'Apollonia ils ne furent pas attaqués ; seul un poste de ravitaillement d'essence fut touché et explosa. Tous les Britanniques disparurent, sauf le colonel Laycock et un sergent qui se cachèrent dans un oued jusqu'à l'arrivée des sauveteurs de Crusader. Quant à Rommel, la triste villa dans les cyprès n'avait été son quartier général que très peu de temps : il avait déménagé quelques semaines auparavant vers Gambut, 160 km plus bas sur la côté. De toute façon, les commandos n'auraient pas attrapé le Renard du désert : il était absent, en train de fêter son anniversaire à Rome avec sa femme et des amis quand commença l'opération Crusader. C'était la première des trois absences à son poste de commandement qui, curieusement, se renouvelèrent à chacune des trois grandes attaques britanniques dans le courant de la guerre. Quand il revint pour organiser une riposte, et malgré sa colère en découvrant qu'aucun de ses assassins manqués ne portait d'insigne permettant de les identifier comme ennemis, il donna ordre de faire à Keyes des obsèques religieuses avec tous les honneurs militaires. Son chapelain dut faire un voyage de trente-six heures pour célébrer le service. Sur son ordre, un de ses charpentiers exécuta des croix de cyprès qu'il plaça sur les tombes des Britanniques et des Allemands et il fit planter de jeunes cyprès en guise de mémorial. En un dernier geste, il demanda que des photos fussent faites de la cérémonie et de la tombe de Keyes, puis envoyées aux parents du jeune commando. Cet acte chevaleresque illustrait bien la ligne de conduite de Rommel dans la guerre du désert. Elle ne passa pas inaperçue de ses adversaires.

Crusader dura jusqu'au 20 décembre 1941. La forteresse de Tobrouk, devenue symbole de la résistance britannique, fut dégagée et Rommel repoussé à El Agheila sur le golfe de Sidra, point de départ de son offensive commencée en mars. Mais, en janvier 1942, il réattaqua et en juin, malgré le succès significatif de Crusader, les troupes britanniques étaient littéralement magnétisées par Rommel au point qu'Auchinleck se sentit obligé de lancer cette directive à ses officiers :

> Il y a un réel danger à ce que notre ami Rommel devienne une espèce de magicien ou loup-garou pour nos troupes qui parlent beaucoup trop de lui. Ce n'est en aucun cas un surhomme, quoiqu'il soit sans doute très énergique et très capable. Même s'il était un surhomme, il serait parfaitement indésirable que nos hommes lui accordent des pouvoirs particuliers.
>
> Je souhaite que vous repoussiez par tous les moyens possibles l'idée que Rommel représente plus qu'un général allemand ordinaire. La chose

importante maintenant est de veiller à ne pas toujours prononcer son nom quand nous voulons parler de l'ennemi en Libye. Nous devons faire référence aux « Allemands », aux « puissances de l'Axe », à « l'ennemi », sans revenir sans cesse à lui. Je vous prie de mettre cet ordre à exécution de façon immédiate et de persuader vos officiers que c'est au point de vue psychologique une affaire de la plus haute importance.

Auchinleck n'avait pas plutôt lancé cet ordre que Rommel attaqua à nouveau, ruinant la carrière d'Auchinleck et embarrassant dangereusement Churchill. Les mesures prises pour assurer la sécurité d'Ultra étaient probablement la cause de ce désastre.

En raison de la fluidité des combats dans le désert et de l'omniprésence des radios ennemies à l'écoute, il fut décidé qu'aucun des généraux au front ne pourrait voir, posséder ou même connaître l'existence d'Ultra, tellement le risque de voir ces officiers capturés était grand. Au sein du quartier général du Moyen-Orient près du Caire, seuls trois hommes avaient accès aux messages Ultra : Auchinleck, chef du théâtre d'opérations, le chef des opérations militaires, et de Guingand, le chef du service secret de l'armée. Le général Sir Neil Ritchie, chef de la 8e armée, en était exclu ; si le contenu d'un message Ultra était important pour son plan de bataille, Auchinleck le mettait au courant, sans lui révéler ses sources, par lettre personnelle à brûler aussitôt après lecture, ou bien de Guingand partait en avion jusqu'au quartier général de l'armée pour informer Ritchie, toujours sans mentionner Ultra. Cette manière de procéder était à l'époque la seule valable, mais elle représentait un danger : que Ritchie n'en vienne à préférer aux indications reçues ses propres informations recueillies au plan local, pensant qu'elles étaient plus sûres et plus récentes. Et c'est précisément ainsi que la Grande-Bretagne perdit son armée de blindés dans le désert entre le 28 mai et le 13 juin 1942, pendant que Churchill était à la Maison Blanche en train de débattre avec Roosevelt du plan Sledgehammer et de la conduite de la guerre à venir.

Ultra avait donné toutes les informations nécessaires sur l'intention de Rommel d'attaquer et sur les objectifs du général. La veille de son offensive, Rommel lança un ordre du jour à toutes ses troupes, dans lequel il révélait son dessein de détruire l'armée blindée britannique qui comprenait six cents chars, de capturer Tobrouk, puis de lancer une offensive décisive sur la 8e armée. Comme le télégraphia Auchinleck à Churchill : « Nous avions prévu cette attaque et nous étions préparés à la recevoir. » Quand les Panzer de Rommel attaquèrent dans le désert aride sous un magnifique clair de lune, les blindés et l'artillerie de Ritchie leur infligèrent de telles pertes qu'Auchinleck, après une semaine de combats acharnés entre troupes britanniques et allemandes, donna ordre par radio à Ritchie d'anéantir Rommel et son armée. Mais Rommel se retira, regroupa ses forces à l'abri, avant de réengager le combat. Cette fois, sa tactique consistait à tendre une embuscade à l'armée blindée britannique qui avait encore 325 chars. Il plaça donc ses canons de 88 mm sur les crêtes avoisinant la petite commune et l'aérodrome d'El-Adem et adopta alors l'ancienne stratégie de Jem Mace, le grand boxeur : « Laiss'les venir, y s'mettront dedans. »

Rommel transmit son plan la nuit même à OKW dans un message d'information, lequel fut décodé à Bletchley et retransmis immédiatement par le SLV de Winterbotham au quartier général du Caire. Auchinleck le lut, ordonna à de Guingand de partir en avion jusqu'au quartier général de Ritchie pour l'avertir. Il arriva vers le 11 juin et, selon de Guingand, communiqua le message d'Ultra à Ritchie sans en révéler la source comme d'habitude. Ritchie, qui avait été le second d'Auchinleck au grand quartier général, aurait dû en deviner l'origine, bien qu'il n'ait jamais eu accès aux messages d'Ultra. En tout état de cause, il ne tint pas compte des informations de de Guingand, peut-être parce qu'il pensait que les ruses et les opérations de couverture de Rommel avaient influencé Auchinleck. Et le 13 juin 1942, le « samedi noir », Ritchie lança trois cents de ses tanks à l'assaut. Ils allaient droit au piège tendu par Rommel. En une demi-journée, les canons de 88 mm en liquidèrent deux cent trente. En quelques heures, la bataille était perdue.

Les Panzer de Rommel s'élancèrent alors, taillant dans les positions britanniques et enlevant la forteresse de Tobrouk avec sa garnison de 33 000 hommes. Puis ils se tournèrent à l'est vers la frontière égyptienne. Dans ce qui ressemblait à une fuite, la 8ᵉ armée se retira en désordre jusqu'à El-Alamein. Rommel infligea en tout une perte de 75 000 hommes à l'armée de Ritchie. Ce dernier fut relevé de son commandement et les quelques chars qui restaient se replièrent en Egypte. Au Caire, les bureaux du gouvernement britannique brûlèrent leurs documents secrets en telle quantité qu'on appela ce jour le « mercredi des cendres », et la flotte anglaise chercha asile dans la mer Rouge. Pendant ce temps Mussolini arrivait en Afrique du Nord avec un cheval blanc, des fanfares et l'Epée de l'Islam, prêt à conduire une marche triomphante jusqu'au Caire. Hitler faisait de Rommel, « bien-aimé de la nation », le plus jeune maréchal de l'histoire allemande, tandis que l'OKW frappait des médailles pour l'occupation de l'Egypte et de Suez. Les propagandistes allemands annoncèrent alors au peuple égyptien sa libération et la Reichsbank imprima d'énormes quantités de billets pour la monnaie d'occupation : l'armée britannique chancelait sous le poids de la défaite, l'une des pires de son histoire contemporaine.

La déroute britannique en Afrique du Nord marqua le point crucial dans le flot des catastrophes alliées sur le plan militaire. Rommel finalement arrêté à El Alamein, la menace subsistait sur l'Egypte et le canal de Suez. Tout le long du front russe, dans une offensive d'été puissante et irrésistible, la Wehrmacht était une fois de plus engagée. C'est à Churchill que revenait la responsabilité de restaurer la confiance de la Grande Alliance et, en même temps, d'obtenir une véritable coopération dans la poursuite d'une stratégie de victoire. Il avait réussi à persuader les Américains d'abandonner Sledgehammer en faveur de Torch ; mais s'assurer le concours de Staline était une autre affaire. Comme les Russes croyaient qu'on leur avait promis un second front en 1942, en quoi une invasion de l'Afrique du Nord pouvait-elle leur être utile ? Les Allemands qui assiégeaient la ville de Leningrad étaient à peine à 80 km de Moscou, et après avoir traversé le Don se trouvaient aux portes de Stalingrad.

Le 12 août 1942, accompagné de Cadogan, Brooke et les autres chefs d'état-major, Churchill s'envolait vers Moscou dans l'intention d'expliquer pourquoi les puissances alliées occidentales ne pouvaient envahir l'Europe en 1942 et pour exposer à Staline le plan Torch et ses conséquences stratégiques. C'était la première fois que les deux hommes se voyaient : cette rencontre promettait d'être agitée et même difficile. Staline ne pouvait oublier que la Grande-Bretagne avait envoyé des troupes en Russie après la Première Guerre mondiale pour abattre la Révolution russe et qu'un agent britannique, Robert Bruce Lockhart, avait été impliqué dans une tentative d'assassinat de Lénine. De plus, Staline savait très bien que la Grande-Bretagne et l'Amérique étaient d'accord pour laisser la Russie et l'Allemagne se battre jusqu'à épuisement avant de tenter l'invasion du continent. Churchill, de son côté, était aussi préoccupé par l'idée d'informer Staline que par celle de tromper les Allemands, car il savait que des liens existaient entre les états-majors russe et allemand et pensait que, si Staline y trouvait son avantage, les plans des puissances alliées occidentales parviendraient presque certainement à Hitler.

Les deux hommes se rencontrèrent dans une pièce nue au Kremlin, sous le portrait en pied de Lénine. Staline, qui portait une tunique couleur lilas avec le pantalon rentré dans ses bottes, se montra froid, fruste et calculateur. Le colonel Ian Jacob, un des attachés militaires de Churchill, devait noter dans son journal : « Je dirais que sympathiser avec Staline équivaut à sympathiser avec un python. » Le maréchal fit demander par son interprète pourquoi la Grande-Bretagne « avait si peur des Allemands », et Churchill s'irrita à cette accusation détournée de lâcheté. Il défendit alors sa stratégie : on *n'avait pas* promis un second front en 1942 ; cette année, la Grande-Bretagne faisait des plans de diversion — le raid de Dieppe — non des plans d'invasion. Si les puissances alliées occidentales débarquaient en France, ce serait avec l'intention de rester, ce qui s'avérait impossible en 1942. Pourtant, poursuivit Churchill, l'Amérique et la Grande-Bretagne préparaient « une opération très importante pour 1943 ». Il ne précisa pas laquelle, mais il laissa penser à Staline que ce serait une attaque dans la Manche. Churchill évidemment déguisait sa pensée, les puissances occidentales n'ayant rien convenu de semblable. Mais son penchant pour les stratagèmes et les moyens spéciaux en l'absence d'une puissance militaire efficace, l'entraînait peut-être à jeter les bases d'une tromperie stratégique d'importance que le LCS exécuterait dans le nord de la France en 1943 pour obliger les Allemands à retirer une partie de leurs forces de Russie et d'Italie. Il s'agissait du plan baptisé Cockade.

Churchill parla alors de l'opération projetée par les Alliés en 1942 : Torch. Les puissances occidentales débarqueraient en Afrique du Nord tout en retenant les Allemands en France par la ruse. Il fallait, dit-il, considérer Torch à la lumière de l'opération prévue en 1943. Staline parut intéressé, et quand la réunion prit fin, Chuchill eut l'impression que la glace était rompue, qu'un contact humain était établi. « Il croyait, écrit Cadogan, s'être enfin débarrassé du poids de cette demi-promesse de Roosevelt pour un second front en 1942. » Il se trompait. A la rencontre suivante, le lendemain soir, Staline renouvela son attaque et cette fois accusa directement les Britanniques de lâcheté. C'en était trop pour Churchill. Il « éclata en un flot de paroles », parlant si rapidement que les interprètes ne pouvaient le suivre. La réunion se termina de façon inopinée quand Staline tendit la main et déclara : « Je ne comprends pas les paroles, mais par Dieu, votre ardeur me plaît ! »

Les deux chefs d'Etat consacrèrent le jour suivant à un échange de mémorandums et le débat se poursuivit par écrit plutôt que par voie orale. Churchill, qui restait ferme sur sa position, prit encore une fois la peine de l'expliquer : « ... Tout ce bruit fait autour d'une invasion de la France par les Anglo-Américains cette année a égaré l'ennemi et retenu des forces adverses importantes sur la côte française de la Manche. » Une telle invasion était actuellement impossible mais sa menace devait planer. « La meilleure solution est d'utiliser Sledgehammer comme paravent pour Torch et, quand Torch commencera, de l'annoncer comme le second front dès le départ. C'est ce que nous avons l'intention de faire. »

Churchill avait hâte de repartir car faible était son espoir de rallier Staline à son point de vue. Mais quand il lui rendit visite, le soir du 15, dans l'intention de prendre congé — il devait s'envoler pour Le Caire à l'aube du jour suivant — Staline le retint. Ils se rendirent dans son appartement du Kremlin et, tandis que sa fille aux cheveux roux, Svetlana, leur servait à dîner, Staline se mit à parler favorablement de Torch et accepta de coopérer à Jupiter, le projet cher au Premier ministre, d'une invasion de la Norvège polaire. Churchill, en retour, ayant affirmé qu'il se sentait en mesure de promettre une invasion du nord de la France en 1943, Staline répondit qu'il s'en tiendrait à cette promesse. Churchill outrepassait-il toujours sa pensée pour s'assurer la coopération de Staline, ou celui-ci, profitant de l'ambiance créée par la bonne chère et la flatterie, était-il parvenu à arracher au Premier ministre une concession imprudente et non autorisée ? Dans les deux cas, les conséquences seraient considérables car Staline serait forcé d'employer des moyens encore plus détournés dans l'avenir — y compris une tentative apparente de torpillage du projet Torch, et des manœuvres destinées à creuser un fossé entre les Anglais et les Américains — pour circonvenir l'habile et obstiné Churchill.

Churchill quitta le chef d'Etat russe peu avant l'aube et, après un repos très court, monta dans son avion pour Le Caire. Il avait persuadé ses alliés que la route pour Berlin partait d'Afrique et il s'envolait avec l'intention de réorganiser de fond en comble l'armée britannique affaiblie. Un autre coup porté à la fierté de la Grande-Bretagne l'attendait au Caire : la nouvelle du désastre de Dieppe ; mais pour l'instant, sa préoccupation primordiale était Rommel. Lors d'une conférence au grand quartier général, il arpenta la pièce de long en large en s'écriant : « Rommel, Rommel, Rommel ! Rien n'est plus important que de le battre ! » Puis il renvoya Auchinleck et la plus grande partie de son état-major, excepté de Guingand, et nomma deux des généraux favoris de Brooke pour remplacer Auchinleck et Ritchie. Le général Sir Harold Alexander devenait commandant en chef pour le Moyen-Orient et le général Sir Bernard Montgomery commandant en chef de la 8e armée. Ils formaient un tandem remarquable, particulièrement bien assorti : Alexander, le stratège, l'aristocrate ; Montgomery, le tacticien. A une réunion du grand quartier général, sous la Grande Pyramide à Gaza, le Premier ministre définit clairement leur objectif : il ne s'agissait pas de piéger le Renard du désert, mais de le tuer. Cela — ils le savaient par Ultra — serait moins difficile que ne pouvait le supposer l'opinion britannique car, lorsque Rommel arriva aux barbelés de la frontière, son armée était épuisée et il n'avait plus que douze chars, tandis que, près de mille chars des plus modernes, étaient déjà en pleine mer, en route vers la 8e armée.

Pendant la conférence de Gaza, Churchill et ses chefs militaires s'interrogèrent sur les raisons de la réussite de Rommel, audace et courage personnels mis à part. Il n'avait jamais eu de supériorité en force, quoique ses chars surpassassent ceux des Britanniques et il avait toujours commandé moins de 100 000 hommes, la moitié étant des Italiens dont le courage et la pugnacité étaient discutables. Les forces britanniques, elles, regroupaient quelque 750 000 hommes en uniforme ! Quel était donc le secret de leur adversaire ?

Le colonel Frank Bonner Fellers était l'attaché militaire américain au Caire. Sa mission était d'informer Washington des plans et opérations diplomatiques et militaires des Anglais au Moyen-Orient. Il avait par suite accès à toutes les informations qui lui étaient nécessaires, et rendait de fréquentes visites au grand quartier général anglais et aux unités britanniques sur le terrain où on le recevait toujours avec confiance et cordialité. Mais quand — après Tobrouk — les Britanniques commencèrent à contrôler leurs communications radio pour savoir si l'un de leurs chiffres avait été saisi, l'attention commença à se fixer sur Fellers. Le colonel était pourtant pointilleux en matière de sécurité ; il transcrivait toujours ses messages à Washington par le Black Code (code noir) utilisé par les attachés militaires américains dans le monde entier et estimé très sûr. Or une petite attaque sur un poste radio allemand à Tel-el-Eisa en juillet 1942 révéla que le code noir était dans les mains des services de décryptage allemands et italiens. Les documents trouvés montrèrent que le code avait été volé et non décrypté. Un Italien travaillant à l'ambassade américaine à Rome, agent du SIM (service secret italien), et expert à démonter les serrures, avait en effet réussi à ouvrir le coffre-fort de l'attaché militaire américain, le colonel Norman E. Fiske, en août 1941. S'étant emparé du code noir, il le photographia et le replaça. Le chef du SIM, Cesare Ame, en ayant fourni une photocopie à l'Abwehr, dès lors, les Allemands avaient été en mesure de déchiffrer une grande partie des communications militaires à travers le monde entier, y compris celles du colonel Fellers.

La moisson s'avéra très bonne pour l'adversaire puisque, de la fin septembre 1941 à août 1942, Fellers transmit à Washington un rapport presque quotidien sur les effectifs, les renforts, l'équipement, le moral, les plans de l'armée britannique non seulement en Egypte et en Libye, mais à travers toute la Méditerranée orientale et le Moyen-Orient. Ses rapports contenaient des études sur les capacités, la réputation et la tactique des chefs militaires ; les mouvements de convois et de cuirassés, la situation, l'équipement et la disponibilité des escadrilles aériennes et des formations de chars. Il portait ces rapports chaque jour au bureau du télégraphe égyptien au centre du Caire, et chaque jour, tandis qu'ils étaient diffusés sur les ondes jusqu'à Washington, tout ce qui était intelligible était noté, transcrit, communiqué à Rommel et à l'OKW. David Kahn, l'historien américain du décryptage, rappelle à ce propos : « Quels messages étaient-ce là ! Ils fournissaient à Rommel le tableau le plus complet et le plus clair des forces et des intentions des Alliés, accessible à tous les chefs militaires de l'Axe pendant toute la guerre. »

Aussi quand Fellers sut, en août 1942, que les Allemands avaient connaissance de ses communications, il en fut profondément bouleversé. Le bureau américain de décryptage lui fournit alors un nouveau code — comme il le fit d'ailleurs pour tous les attachés militaires utilisant le code noir — mais à la demande des Anglais, il ne s'en servit que pour ses communications les plus secrètes. Il continuait, en effet, à transmettre les autres dans le code noir, car les Britanniques voyaient là le moyen idéal de fournir de fausses informations à l'ennemi.

Au cours de ce même coup de main à Tel-el-Eisa, une autre cause des victoires de Rommel fut découverte : le renseignement par radio. Tout au long de la campagne du désert, les chefs britanniques et allemands se servant beaucoup des ondes, la radio devenait une arme essentielle de la guerre du désert. Mais des deux côtés, on se montrait parfois très imprudent dans l'utilisation de ce système de communication à la fois vital et très vulnérable. Les antagonistes étaient donc souvent en mesure de dire avec une grande exactitude ce que l'ennemi préparait, grâce au bavardage du téléphone radio. Or le capitaine Alfred Seebohm, l'officier responsable de la compagnie Horch de Rommel — le service d'espionnage radio — était passé maître dans l'écoute radio du camp anglais, et avait acquis un sens très aigu de ce qui était normal et anormal grâce à une écoute prolongée et régulière du mode de transmission britannique. Des bribes de téléphone, un peu de Morse ultra-rapide glanés par-ci par-là, le bavardage par radio des chefs de tank, la conversation d'un chef de groupe d'artillerie avec ses chefs de pièce, quelques ordres interceptés de la police militaire dirigeant la circulation, des demandes d'officiers à terre de la RAF réclamant un soutien aérien, tout fournissait matière, une fois trié et apprécié, à dresser un tableau extrêmement précis des plans et de l'ordre de bataille britanniques sur la ligne de front et à l'arrière. Cependant, la faiblesse de l'espionnage radio résidait dans la qualité même des spécialistes de l'écoute. Si l'un d'entre eux était malade, en permission, ou blessé sur le champ de bataille, il fallait plusieurs mois de formation pour le remplacer. Par conséquent, si on arrivait à détruire la compagnie tout entière de Seebohm,

Rommel serait privé, pour les questions d'ordre les plus pratiques, de l'aide indispensable fournie par un bon espionnage radio.

Le système d'espionnage radio britannique, connu sous le nom de service Y, avait donc repéré le poste de Seebohm sur le front d'El-Alamein parmi quelques collines brûlées de soleil, face à la mer, à Tel-el-Eisa, « la colline de Jésus ». Comme il n'avait pas été possible de localiser la compagnie de façon précise, préalable indispensable à une attaque aérienne, une attaque au sol était nécessaire. Elle fut confiée au 2/48e bataillon de la 9e division d'infanterie australienne commandée par le lieutenant-colonel H.H. Hammer, éleveur de moutons à Victoria au sud de l'Australie, connu sous le nom de « marteau aussi dur que des clous ».

L'offensive, décidée pour le 10 juillet 1942, entrait dans le plan d'une attaque plus vaste au cours de laquelle deux divisions, soutenues par les tanks et l'artillerie, nettoieraient les hauteurs de la région de Tel-el-Eisa Furtivement et dans le plus grand silence, les troupes d'assaut gagnèrent leurs positions. La compagnie de Seebohm était signalée dans le voisinage d'une colline appelée « Trig 33 » sur les cartes d'état-major. Mais pour surprendre la centaine d'hommes affectés à Seebohm, Hammer refusa le barrage d'artillerie préliminaire.

L'avance silencieuse commença donc le 10 juillet à 0 h 34. La nuit était très sombre, quand, soudain, un avion lâcha une fusée-parachute au-dessus de la troupe d'assaut, éclairant comme en plein jour ! Pétrifiés, les hommes s'attendaient au déchaînement de la fusillade, mais rien ne vint : le 7e régiment de bersaglieri de l'armée italienne qui tenait la position autour de la compagnie de Seebohm, dormait... Les Australiens, qui avaient enveloppé leurs chaussures de toile à sac pour étouffer tous les moindres bruits, se frayèrent alors un chemin le long d'une crête de chaque côté du sommet de « Trig 33 » et quand, à l'aube, l'artillerie ouvrit un feu d'enfer pour soutenir les Australiens, les bersaglieri étaient encerclés. L'officier qui les commandait capturé, on fit également prisonniers des hommes qui n'avaient pas encore eu le temps de se lever.

Les Australiens s'élancèrent ensuite sur la compagnie de Seebohm dans la colline de Tel-el-Eisa. Mais alertés par le bombardement, les Allemands avaient organisé une zone de défense autour de leurs véhicules, des camions blindés bourrés d'équipement radio et montés avec antennes. Les Australiens chargèrent à la baïonnette derrière un écran de fumée lancé par l'artillerie et le poste ne tomba qu'après un violent corps-à-corps. Seebohm et ses hommes tentèrent bien de détruire leur équipement, mais sans y parvenir, tant la charge des Australiens avait été soudaine. La bataille terminée, une centaine de spécialistes de la compagnie de Seebohm gisaient, morts, dans les rochers. Les autres furent pris, y compris Seebohm qui était tombé, les armes à la main, grièvement blessé. On l'emmena au Caire, où il mourut, se refusant jusqu'au bout à toute révélation, malgré les efforts tentés pour le faire parler.

Des experts vinrent jusqu'à Tel-el-Eisa pour examiner le matériel saisi. C'était la plus belle réussite de l'espionnage de la campagne d'Afrique du Nord. Tous les documents de Seebohm, intacts, se trouvaient aux mains des Britanniques, certains révélant de nombreux détails sur le déchiffrage réussi du code noir et sur la fuite dans le système de sécurité du Caire qui fut rapidement colmatée. Mieux encore, les documents trouvés dévoilaient qu'une grande partie de l'habileté du Renard du désert tenait entièrement à un bon espionnage radio allemand et, inversement, à un système britannique de sécurité radio très insuffisant, les Anglais ayant eux-mêmes laissé échapper dans les mains de Rommel une grande partie de leur plan opérationnel dans les zones du front. C'était une découverte d'importance. Comme le rappelle le général de brigade Walter Scott, l'expert radio chargé de l'examen des dossiers saisis : « Cette prise eut des conséquences incalculables, pour tout le reste de la campagne d'Afrique du Nord, celle de la Sicile et de l'Italie, puis pour l'invasion. Elle nous permit, à partir de cet instant, de constituer des forces puissantes, sans nous trahir, comme cela s'était produit dans le passé. »

Scott demandait des réformes très étendues sur le plan de la sécurité radio, et il les obtint. On imposa une discipline renforcée pour l'usage des radiotéléphones, signaux d'appel, procédés cryptographiques, codes parlés, radios silencieuses pour les unités en mouvement, et pour toutes sources de renseignement qui avaient jusqu'alors fourni à Rommel la matière de la victoire. Elles allaient fonctionner désormais derrière un mur de silence et de discrétion. Les Britanniques formèrent de nouvelles compagnies pour contrôler l'application des mesures de sécurité au sein de leurs propres troupes, et les contrevenants furent sévèrement punis. Mais, plus que tout, les découvertes de la « colline de Jésus » rendirent Rommel très vulnérable aux pièges radiophoniques, car lorsque la nouvelle « compagnie Horch » arriva, elle n'avait ni la capacité ni l'expérience de la précédente pour séparer le vrai du faux. Désormais, la chasse au Renard du désert devait commencer à tourner à l'avantage des Britanniques à partir du moment où ceux-ci n'allaient laisser parvenir à Rommel que les bruits qu'ils voulaient bien lui laisser entendre.

Mais cette prise apporta encore une autre révélation : celle d'une troisième source de renseignements sur le terrain : la mission Kondor. Deux espions allemands et une chaîne de curieux agents auxiliaires opéraient à partir d'une péniche sur le Nil et quand la Sûreté britannique se déplaça pour mettre fin à ces activités, elle tomba sur un mélodrame à la Durrell.

La mission Kondor était conduite par John Eppler, agent de l'Abwehr, âgé de 28 ans, né de parents allemands à Alexandrie. C'était un musulman. Il avait fait le pèlerinage à la Mecque, était devenu « Haj ». Sa mère épousa un juriste égyptien à la mort de son père. Eppler avait grandi comme un riche Cairote, tout en gardant sa nationalité allemande. Une prostituée vietnamienne de Beyrouth, la célèbre Su Yan, l'ayant fait entrer dans l'Abwehr juste avant la Deuxième Guerre mondiale, il commença par travailler au siège de l'Abwehr à la Tirpitzufer à de nombreux projets destinés à susciter une « Jihad » (guerre sainte) contre les Britanniques en Arabie. Puis il fut choisi pour la mission Kondor quand Rommel demanda une équipe d'agents allemands dignes de confiance, connaissant bien Le Caire, pour faire de l'espionnage dans la capitale égyptienne.

Eppler arriva à Tripoli en avril 1942, première étape de son voyage vers Le Caire. Il avait avec lui deux émetteurs-récepteurs américains Hallicrafter et cinquante mille livres en billets de cinq livres et une livre. Il avait aussi un exemplaire de Rebecca, car le code de la mission Kondor était basé sur le roman de Daphné Du Maurier. Ce procédé n'était pas nouveau mais il était simple et impénétrable, à moins d'en connaître la règle. Dans le cas de Kondor, Eppler se servait de certaines pages du roman, certains jours, d'une façon convenue à l'avance. Les postes qui l'écoutaient, y compris ceux de la compagnie Horch de Seebohm, utilisaient des exemplaires similaires pour déchiffrer ses messages.

Le second membre de la mission était Peter Monkaster, mécanicien allemand, grand, blond et mince. Il avait passé une grande partie de sa vie dans l'est de l'Afrique. Les deux hommes quittèrent l'oasis de Gialo, le 11 mai 1942, en direction du Caire, et voyageant à travers le désert dans des véhicules pris aux Anglais. Ils avaient une escorte prêtée par l'Afrika Korps et leur guide était un Hongrois arabisant, le comte Ladislas de Almaszy, explorateur qui avait passé de longues années dans le désert de Libye, à chercher l'oasis de Zerazura perdue depuis longtemps, oasis vers laquelle avait marché l'armée de Cambyse avec ses 10 000 hommes partis du delta du Nil dans la direction de l'ouest et disparus sans jamais laisser de traces. Almaszy connaissait la route longue de 3 000 kilomètres, que devait prendre la mission Kondor pour s'infiltrer en Egypte et au Caire par le sud. Hommes et véhicules avaient été camouflés sous les apparences d'une unité de reconnaissance britannique, pour parer à toute éventuelle rencontre avec une patrouille ou un avion anglais.

Trois semaines après avoir quitté Gialo — fin mai, début juin — la mission Kondor arriva donc en territoire britannique. Le comte et son escorte s'en retournèrent, laissant Eppler et Monkaster endosser des vêtements civils pour entrer dans Assiout, ville située à environ 500 kilomètres du Caire, à peine gardée par les autorités britanniques et égyptiennes. Arrivés à destination ils furent interpellés, mais tous deux parlaient anglais : Eppler à la manière égyptienne, Monkaster à l'américaine. Après avoir examiné leurs papiers, où Eppler apparaissait comme un marchand anglo-égyptien et Monkaster comme mécanicien d'installation pétrolière, une patrouille britannique les autorisa à se rendre jusqu'à la gare. Ils prirent alors le train du soir pour Le Caire et, là, chargèrent un Arabe de porter au poste de contrôle anglo-égyptien les valises contenant l'argent et les appareils de radio.

Une fois au Caire, Eppler et Monkaster s'installèrent dans une petite pension à Garden City, un faubourg, et Eppler chercha immédiatement des amis sûrs. Il rencontra Hekmeth Fahmy, une célébrité égyptienne de la danse du ventre. Fahmy, farouche anglophobe, était une nationaliste arabe. Elle vivait dans une péniche sur le Nil à Zamalek où elle retrouvait Eppler quand elle avait fini son travail au cabaret Kit Kat.

Fahmy révéla bientôt qu'elle était une espionne travaillant contre les Anglais pour le compte de la Fraternité musulmane et le Mouvement des officiers libres de l'armée égyptienne. Sa principale source d'information était son amant, un certain major Smith du grand quartier général du Caire. A son tour, Eppler lui dit qu'il était un agent allemand travaillant pour Rommel. Fahmy s'arrangea alors pour lui laisser inspecter le contenu de la serviette du major Smith, pendant qu'elle était au lit avec celui-ci. Elle le mit également en rapport avec un de ses amis, le général Aziz-el-Masri, homme puissant, qui détestait les Anglais et avait, sur les instances britanniques, été relevé de son poste de chef d'état-major de l'armée égyptienne.

Eppler et Monkaster louèrent une autre péniche près de celle de Fahmy où ils installèrent un des Hallicrafter ; ils cachèrent le second dans une église dont le prêtre était autrichien, à Zamalek, puis se mirent au travail. Fahmy tint parole. Quand le major Smith lui rendait visite, généralement l'après-midi, Eppler et Monkaster prenaient connaissance du contenu de sa serviette et découvraient beaucoup d'éléments sur l'importance, la disposition et les intentions des forces britanniques. Puis, à l'aide du code Rebecca, ils faisaient un rapport chaque soir, soit à la compagnie d'espionnage radio de Seebohm, soit au poste d'écoute de la Wehrmacht à Athènes.

Après s'être donné rendez-vous, Eppler et le général Aziz-el-Masri se rencontrèrent dans le cabinet d'un dentiste. Or le général, impressionné par les références, les connaissances, l'appoint financier de la mission et le fait qu'Eppler et Monkaster travaillaient pour Rommel, reçut favorablement leurs propositions d'espionnage antibritanniques et leurs plans pour susciter un Jihad au moment où Rommel lancerait sa grande offensive pour prendre Le Caire et Alexandrie. Il arrangea une entrevue entre la mission Kondor et le cheikh Hassan-el-Banna, l'horloger devenu prophète, fondateur de la Fraternité musulmane et connu maintenant comme le « guide suprême ». Ce personnage étrange, obsédé, portait un long manteau rouge qui ne laissait voir que ses yeux On disait de lui qu'il avait pris la parole mille cinq cents fois en un an pour proclamer partout la mission des « frères musulmans », exhortant tous les fidèles à abandonner leurs biens matériels, à observer strictement les règles du Coran, à se livrer à des exercices pour atteindre la perfection physique et morale et la régénération de la société musulmane. Il écrivait aussi de la poésie patriotique, faisait campagne pour le port du voile chez les femmes, allait de porte en porte avant l'aube réveiller les gens pour la prière, installait enfin des branches de la communauté des frères à travers toute l'Egypte, pour bâtir des mosquées, donner des cours d'éducation physique et étudier l'eschatologie, science des fins dernières : la Mort, le Jugement, le Ciel et l'Enfer.

A la guerre, la Fraternité était une organisation de patriotes animés d'une ardeur religieuse fanatique qui voulaient chasser tous les étrangers — particulièrement les Britanniques — et établir un Etat théocratique. Les Frères musulmans prononçaient leur vœu d'initiés, le Coran dans une main et le revolver dans l'autre, jurant fidélité, obéissance et secret. Ainsi petit à petit, le cheik Hassan-el-Banna groupait sous sa bannière des musulmans de toute condition sociale. Des liens se nouaient entre les frères et le Mouvement des officiers libres d'inspiration nationaliste et antibritannique, dirigé par deux jeunes officiers, Gamal Abdel Nasser et Anouar el-Sadate, tous deux appelés à devenir présidents de la République égyptienne, après le renversement par leur groupe de la monarchie du roi Farouk, en juin 1953.

C'est Sadate qui rencontra Eppler et Monkaster. « Nous examinâmes leurs documents, raconte le futur président, qui prouvaient leur bonne foi sans aucun doute. » Puis les trois hommes passèrent plusieurs heures à discuter des chances d'une révolte dans l'armée égyptienne. Sadate dit alors à Eppler : « C'est maintenant qu'il faut frapper. Nous pouvons transformer le delta en un bain de sang si nous nous soulevons maintenant. Dites-le à vos supérieurs, je vous prie, et insistez pour qu'ils se tiennent prêts à nous soutenir. » Les conspirateurs étaient tellement persuadés de l'arrivée prochaine de Rommel au Caire que Sadate lui réservait déjà sa résidence de conquérant : une importante maison de la rue des Pyramides, près de l'hôtel Mena House.

On était alors à la mi-juin 1942. La 8e armée s'était réfugiée en Egypte, et les conspirateurs préparaient leur Jihad tandis que la fumée du « mercredi des cendres » planait encore sur Le Caire. Mais la Sûreté britannique eut vent de ces préparatifs et engagea une vaste opération pour en empêcher la réalisation. Ce fut un moment de tension extraordinaire où partout régnait la suspicion.

Eppler commit une faute. Elle n'était pas très grave et aurait pu passer inaperçue en d'autres temps. Sous l'uniforme d'un capitaine de l'armée britannique, il alla au Turf Club prendre un verre et entendre les derniers potins. Mais n'ayant plus une seule livre égyptienne, il paya avec une livre anglaise, croyant que cette monnaie avait légalement cours, comme au temps de sa jeunesse. Le barman d'ailleurs accepta sans difficulté le billet qui pouvait toujours être changé au bureau du trésorier-payeur britannique contre de la monnaie égyptienne.

En quittant le Turf Club, Eppler se rendit au bar sur le toit du Metropolitan Hotel, fréquenté par des correspondants de presse. Là, il régla encore avec des coupures britanniques, trouva au bar une fille qui se faisait appeler Yvette, lui offrit du champagne très cher, qu'il paya une nouvelle fois avec de la monnaie anglaise. Puis il l'emmena sur sa péniche pour la nuit, et au matin, lui donna vingt livres en billets de cinq livres en lui demandant de venir le revoir.

Eppler venait de commettre là une seconde faute. Yvette était en fait un agent de l'Agence juive, qui travaillait alors avec le MI-6 ! Elle fit aussitôt un rapport à son chef de réseau indiquant qu'elle pensait qu'Eppler était un Allemand car il avait « l'accent de la Sarre » et un espion car « il était très nerveux et avait trop d'argent ». Son chef lui recommanda alors de rester en contact avec Eppler et s'arrangea avec le MI-6 pour faire surveiller la péniche par un Egyptien habillé en mendiant qui vint s'accroupir dans la poussière au bout du chemin de halage. Ce dernier ne tarda pas à repérer les visites de Fahmy à la péniche d'Eppler, ainsi que celles d'un commandant de l'armée britannique en uniforme à la péniche de Fahmy.

Sur ces entrefaites, deux ou trois jours après leur première rencontre, Yvette vint voir Eppler. Les coups frappés à la cabine restant sans réponse,

Yvette entra par la porte restée ouverte. Elle trouva une pièce jonchée de bouteilles, de cendriers pleins, de reliefs de nourriture et d'assiettes sales, restes de la soirée précédente. Eppler et Monkaster dormaient à poings fermés dans leur cabine. Yvette inspecta le bateau et, dans une pièce, trouva un bureau avec un livre et un bloc-notes, rien de plus. Mais elle nota le titre du livre : Rebecca, et remarqua que le bloc était couvert de carrés quadrillés par groupes de six lettres. Sachant assez sur l'espionnage pour comprendre qu'il s'agissait d'un genre de code, elle feuilleta alors le livre, nota le nombre des pages « utilisées », et copia les premiers groupes de signes sur son bloc de papier. Puis elle partit... pour être arrêtée et interrogée au poste de police. En effet, le mendiant qui surveillait la péniche avait signalé son départ à des policiers, et ceux-ci, ignorant son véritable rôle, la retinrent en prévention.

Pendant ce temps, deux prisonniers de la compagnie de Seebohm étaient arrivés au Caire sous les noms d'Aberle et de Weber. Or un autre exemplaire de Rebecca ayant été trouvé dans leur équipement, les officiers chargés de l'interrogatoire eurent immédiatement des soupçons : quel intérêt pouvait avoir pour deux Allemands la lecture de ce livre en anglais ? Comme ils répondaient avec gêne on leur demanda où ils avaient acheté ce livre. Un examen plus attentif démontra qu'il l'avait probablement été au Portugal ; on avait même gommé le prix sur la page de garde. Désormais persuadés que le livre était à la base d'un système de code, les enquêteurs du MI-6 télégraphièrent à Lisbonne pour s'enquérir auprès des libraires si plusieurs exemplaires de Rebecca avaient été achetés récemment. Comme il y avait très peu de librairies anglaises au Portugal, il fut relativement facile de s'en assurer et on apprit dans la semaine que la femme de l'adjoint à l'attaché militaire allemand à Lisbonne avait acheté six exemplaires de cette œuvre à une librairie de l'Estoril, le 3 avril 1942.

Rebecca était donc bien une base de code, mais qui l'utilisait ? Aberle et Weber refusèrent de parler mais d'un autre côté, le trésorier-payeur britannique fournit un autre indice. Les billets neufs qu'on lui avait demandé de changer ayant éveillé sa méfiance, il avisa le major A.W. Sansom, chef de la Sûreté militaire au Caire, et on s'aperçut que les livres du « capitaine britannique » étaient une contrefaçon d'origine allemande, extrêmement habile. Cette découverte ne laissait plus aucun doute au major Sansom : il avait affaire à une mission allemande résolue et bien organisée.

Pourtant, si la mission était résolue, elle était fort imprudente car d'autres billets apparurent, un marchand de comestibles grec de l'île Zamalek ayant apporté un jour trois cents livres à changer au bureau du trésorier-payeur. L'importance de la somme attira une nouvelle fois l'attention du comptable qui informa Sansom. Ce dernier alla voir le marchand qui raconta avoir livré des produits de luxe en quantité à deux jeunes hommes vivant à Zamalek dans une péniche sur le Nil. Un examen rapide ayant confirmé que ces billets étaient également faux, aucun doute ne subsista dans l'esprit de Sansom : Eppler et Monkaster étaient bien les hommes qu'il recherchait.

Le 10 août, à 17 heures, Sansom passa à l'attaque. Il plaça discrètement des bateaux à distance de la péniche, bloqua les routes, encercla le secteur de troupes armées et boucla le chemin de halage aux deux extrémités. Ses instructions étaient formelles : les suspects devaient être pris vivants, même s'ils ouvraient le feu. Accompagné d'hommes armés, il monta à pas de loup sur la passerelle et ouvrit brusquement la porte de la cabine. Les deux suspects étaient là. Mais ils avaient prévu cette éventualité. A l'arrivée des Britanniques, Monkaster plongea dans la cale, ouvrit une trappe et bascula un Hallicrafter dans le Nil, suivi d'un exemplaire de Rebecca et du cahier où étaient consignées toutes les communications radio. Puis il essaya de s'enfuir par la même voie mais fut rattrapé par un des bateaux quand il fit surface. On le monta à bord et on le chargea de menottes.

Cependant, sur la péniche, Eppler empêchait les assaillants d'approcher en leur lançant dans les jambes des chaussettes roulées en boules serrées. Pensant que c'était des grenades à main, les Britanniques plongèrent pour se mettre à l'abri, donnant juste assez de temps à Monkaster pour se débarrasser du reste de l'équipement radio. Puis Eppler se jeta sur ses poursuivants en criant : « Allez, tuez-moi ! Mais je sais que vous ne le ferez pas ! Vous voulez m'avoir vivant ! » Comme c'était la vérité il fut plaqué au sol d'un coup de crosse dans les reins et rapidement maîtrisé.

On fouilla alors en vain le bateau pour trouver la radio et le code. Puis la danseuse Hekmeth Fahmy fut également appréhendée, sa péniche fouillée. Mais à l'exception de quelques uniformes et vêtements appartenant à son amant, le major Smith, là encore on ne trouva rien. Eppler, Monkaster et Mlle Fahmy furent emmenés ensuite à Maadi et questionnés au centre d'interrogatoire détaché des services combinés britanniques (CSDIC). Les Allemands refusèrent de parler mais Fahmy avoua tout ce qu'elle savait. Elle raconta sa liaison avec le major Smith et la manière dont elle s'y était prise pour permettre à Eppler de prendre connaissance du contenu de sa serviette. Elle dit aussi à Sansom où trouver les « contacts » égyptiens d'Eppler. Sadate et plusieurs autres (sauf Nasser) furent immédiatement arrêtés, ainsi que le prêtre autrichien qui avait caché le second Hallicrafter derrière l'autel de son église. Puis, par un coup de chance, on retrouva le premier Hallicrafter. Voici comment : Monkaster ayant laissé les cales ouvertes dans la péniche, elle s'était lentement immergée. Mais en la renflouant, on découvrit le Hallicrafter dans la boue du Nil. Le mécanisme était inutilisable, toutefois il était encore placé sur la longueur d'onde de la dernière transmission à Athènes !

Malgré tout on n'arrivait pas à trouver d'autres indications sur le code de la mission ; le cahier radio et l'exemplaire de Rebecca avaient disparu. Or le code représentait une importance majeure pour les Britanniques car le raid surprise sur la péniche et la volonté de capturer Eppler et Monkaster vivants n'avaient qu'un seul et même but : se substituer à la mission Kondor et envoyer de fausses informations pour égarer Rommel. Eppler et Monkaster étaient capturés, on connaissait la longueur d'onde du poste d'écoute d'Athènes, mais on n'avait toujours pas le code ! Eppler et Monkaster savaient l'importance de ce code et refusaient de parler.

C'est alors que Monkaster essaya de se suicider, en se tranchant la gorge avec un couteau de table mais il fut transporté d'urgence à l'hôpital et sauvé.

L'interrogatoire se porta alors exclusivement sur Eppler. Comme il persistait dans son refus, on l'emmena — ainsi qu'il le prétendit par la suite — dans une clinique où on lui fit une narco-analyse. N'ayant rien révélé d'important sous l'influence de la drogue, les Britanniques, après une semaine d'interrogatoire intensif, employèrent leur moyen psychologique infaillible pour briser la résistance des prisonniers. Eppler comparut devant un simulacre de cour martiale. On lut l'acte d'accusation, et des témoins, dont Fahmy, vinrent témoigner. Reconnu coupable, Eppler fut condamné à mort. Comme il attendait dans sa cellule l'heure du peloton d'exécution, il reçut à plusieurs reprises la visite des policiers, mais refusa toujours de parler.

Il semble que les Britanniques, en désespoir de cause, aient tenté alors une dernière ruse pour obtenir le code. Selon Sadate dans ses Mémoires, *Révolte sur le Nil,* Churchill vint à passer par Le Caire et manifesta l'intention d'interroger lui-même les prisonniers. Amenés devant Churchill, les espions persistèrent tout d'abord dans leur silence, mais quand le Premier ministre leur promit la vie sauve, ils changèrent d'attitude et parlèrent. Il est possible que Churchill ait vraiment interrogé la mission Kondor, mais ce fut toujours en vain et les Britanniques obtinrent finalement le code Rebecca grâce à Yvette, la taxi-girl agent de l'Agence juive.

Yvette était en effet restée en prison pendant tout l'interrogatoire d'Eppler et Monkaster, mais son chef de réseau contacta un ami au MI-6 et elle fut relâchée. Pendant les formalités de levée d'écrou, elle signala à l'officier du MI-6 qu'elle était allée sur la péniche d'Eppler l'après-midi de son arrestation. L'officier lui ayant demandé par hasard si elle avait vu traîner un livre, Yvette comprit brusquement l'importance de cet exemplaire de Rebecca qu'elle avait découvert sur la péniche, et parla des notes qu'elle avait prises. Quoique incomplètes, celles-ci permirent aux cryptographes britanniques d'établir la suite de pages et de paragraphes sur laquelle était basé le code. La clef du code Rebecca était enfin révélée !

Les Britanniques avaient maintenant tout ce qu'il leur fallait pour se substituer à Eppler et à Monkaster et reprendre les transmissions en direction d'Athènes. Ils s'attelèrent à cette tâche. La troisième des sources de renseignements de Rommel était effectivement supprimée. Mieux encore la mission Kondor allait continuer à lui transmettre de faux renseignements sans éveiller ses soupçons. Tout le cours de la guerre en Afrique du Nord s'en trouvait complètement modifié.

Pendant la première semaine d'août 1942, Rommel commença à forger son plan d'offensive contre les Britanniques. Les forces allemandes et britanniques restaient bloquées le long du front d'El-Alamein. Or la 8e armée se reconstituait rapidement et Rommel savait maintenant qu'il lui faudrait agir rapidement s'il voulait conquérir l'Egypte. Son quartier général mobile se retira dans un défilé sans air près de la côte. Là, Rommel conçut un plan pour percer la ligne d'El-Alamein, détruire l'armée de Montgomery, puis marcher sur Le Caire. Ses cartes de bataille et ses fiches de renseignement lui apprirent que les défenses britanniques étaient minces à l'extrémité sud de la ligne d'El-Alamein. C'était donc là qu'il fallait engager le combat. Il déplacerait l'Afrika Korps dans le plus grand secret du nord au sud de la ligne ; et quand toutes les unités seraient en place, il se jetterait sur les défenses britanniques, attaquerait au nord vers la mer, attirerait et détruirait les troupes britanniques dans le « piège » d'El-Alamein, puis se tournerait à l'est vers le delta du Nil.

C'était un plan pratique, net et simple, avec une chance de succès — à condition que le secret en fût gardé jusqu'au bout. De nuit et de façon furtive, Rommel déplaça ses unités vers le sud, laissant des véhicules et des camions factices derrière lui ; ainsi ce mouvement ne fut repéré ni au sol ni par la reconnaissance aérienne. Toutes les unités débranchèrent leurs émetteurs pour empêcher les services d'espionnage radio britanniques de détecter la marche vers le sud. Mais Rommel commit deux fautes. Pour obtenir le maximum de soutien aérien, il informa la Luftwaffe de son plan et, pour obtenir le maximum d'essence, de munitions et autres fournitures d'Italie, il avertit par radio Rome et Berlin. Grâce à Ultra, son plan s'étala sur les bureaux de Montgomery et d'Alexander presque en même temps qu'il parvenait aux Allemands.

Montgomery disposa alors ses troupes avec rapidité et discrétion pour passer à l'attaque. Churchill, qui visita le front, écrivit plus tard : « On m'emmena jusqu'au point-clé au sud-est de la chaîne de Ruweisat. Là, parmi les courbes rudes et ondulantes et les replis du désert, se tenait la masse de nos blindés, camouflés, cachés et dispersés... Montgomery m'expliqua la disposition de nos différentes unités d'artillerie. La moindre excavation du désert était pleine à craquer de batteries camouflées et dissimulées. Trois ou quatre cents canons bombarderaient les blindés allemands avant que nous ne lancions les nôtres. »

Mais la connaissance exacte de la situation n'empêchait pas Churchill de communiquer du Caire au Cabinet de guerre, le 21 août : « La bataille qui s'ensuivra sera difficile et dangereuse. » Car les forces allemandes étaient impressionnantes. Et de commenter plus tard : « Rommel pouvait attaquer à n'importe quel moment dans un flot dévastateur de blindés. Il pouvait se glisser le long des Pyramides et atteindre le Nil sans être arrêté sauf le long d'une bande étroite. » Alors, comment pourrait-on l'arrêter ?

C'est aux Pyramides, où Alexander avait installé son quartier général avancé, qu'eut lieu une discussion mémorable. Alexander, Montgomery, Churchill et différents officiers d'état-major, dont le général de Guingand, maintenant chef d'état-major de Montgomery, examinèrent les cartes du secteur comportant la dépression de Ragil où on attendait l'attaque de Rommel. De Guingand remarqua, d'après un ensemble de cartes prises à l'ennemi, que Rommel savait très peu de chose des véritables conditions de terrain autour de Ragil. A certains endroits, les sables étaient profonds, mouvants et traîtres et par suite convenait mal aux manœuvres des Panzer allemands. Même la reconnaissance aérienne ne parviendrait pas à combler cette lacune dans les renseignements de Rommel. Donc la seule manière de l'arrêter était, non pas d'empêcher l'offensive, mais d'encourager une attaque par le Ragil.

Pour atteindre cet objectif, on décida de retourner contre Rommel les sources de renseignements sur le terrain qui l'avaient si bien servi. A cet effet de Guingand envoya chercher le colonel Dudley Clarke, devenu chef de la force A, section du LCS au Moyen-Orient. Les deux hommes envisagèrent alors d'attirer Rommel dans un piège. La mission Kondor serait utilisée et Clarke en dirigerait les « transmissions ». Puis on décida d'envoyer un message indiquant que les Britanniques résisteraient à toute attaque à la pointe sud de la ligne d'El-Alamein, à Alam Halfa, mais que leurs défenses étaient faibles pour l'instant et qu'une attaque de Rommel avait toute chance de réussite ! En fait, le message disait ceci :

> Ici Kondor. Message confirmé par les meilleures sources. Plan de la 8e armée pour combat final dans bataille pour l'Egypte à Alma Halfa. Ils attendent encore des renforts et ne sont prêts que pour une défense simulée.

Puis suivaient quelques informations concernant des renforts et des équipements arrivant à Port-Saïd. On sait que Rommel reçut et lut le message car, lorsqu'on le retrouva, il portait sa marque. Quelques nuits plus tard, Kondor envoya un nouveau message, cette fois un rapport sur l'ordre de bataille britannique le long de la chaîne d'Alam Halfa. Ce message procura tant de joie à Rommel qu'on raconte qu'il s'en frappa les cuisses en en prenant connaissance et qu'il s'exclama : « Notre espion du Caire est le plus grand héros de nous tous. » Il demanda même par la suite à l'OKW de lui donner la croix de fer. Sans doute aurait-il été moins joyeux s'il avait imaginé un instant que les Britanniques l'attiraient délibérément dans les sables mouvants du Ragil !

Pour être sûrs que Rommel mordrait à l'hameçon, les Britanniques élaborèrent un autre plan. De Guingand ordonna à ses cartographes de fabriquer une carte du Ragil montrant que le secteur était « roulable » pour les Panzer. Mais la difficulté était de mettre la carte entre les mains de Rommel sans éveiller ses soupçons. Smith, ce major qui était en état d'arrestation depuis la découverte de sa liaison avec Hekmeth Fahmy, fut choisi pour cette tâche. On l'obligea à conduire une voiture de reconnaissance dans le désert près des lignes allemandes, en transportant la fausse carte avec lui. A peine les Allemands le virent-ils arriver qu'il y eut une forte explosion et que la voiture sauta en l'air. Une patrouille partie sur les lieux trouva le cadavre du major et la fausse carte. Churchill écrivit plus tard avec satisfaction : « Cette information erronée eut l'effet souhaité. La bataille entra alors dans la phase décisive souhaitée par Montgomery », Rommel ayant décidé d'utiliser les pistes marquées « roulables » pour son attaque.

Le soir du 24 août 1942, Rommel annonça à Berlin qu'il lancerait son offensive la nuit du 30 au 31 août. Quelques heures plus tard, Alexander lisait le message au Caire et en informa Churchill à Londres : « Zip (nom de code retenu pour l'offensive de Rommel) maintenant possible à n'importe quel moment. » Juste après l'aube du 1er septembre, il envoya un câble en priorité au Premier ministre. Il portait un seul mot : Zip. L'attaque de Rommel commençait. Montgomery l'attendait. Des sapeurs avaient miné l'endroit précis où la poussée principale devait avoir lieu. Quand les ingénieurs allemands reçurent l'ordre d'ouvrir un passage à travers le champ de mines, le ciel s'emplit du bourdonnement des avions britanniques. La première vague lança des fusées-parachutes pour illuminer les longues colonnes de blindés et fut suivie de bombardiers qui inondèrent le secteur de bombes explosives.

A l'aube, Rommel n'avait atteint aucun de ses objectifs. Il avait projeté d'avancer au clair de lune de 50 km à l'est, puis de tourner et d'attaquer au nord vers la Méditerranée. Mais comme il le rapporta : « L'avance des tanks, trop longtemps freinée par des champs de mines imprévus, compromit l'élément surprise qui était à la base du plan tout entier. » Devait-il abandonner l'attaque ? Une piste enfin dégagée dans le champ de mines le décida à continuer vers l'est. Mais une nouvelle difficulté surgit. Selon les informations en possession de Rommel, le secteur était défendu par une seule division blindée. Or ces indications étaient fausses. En effet, Montgomery avait secrètement renforcé le secteur de trois divisions supplémentaires. Pour faire face à cette situation inattendue, Rommel ordonna alors de se diriger vers le nord beaucoup plus tôt que prévu. Le piège de Montgomery se refermait sur lui, car devant l'attendaient les sables perfides du Ragil et la chaîne d'Alam Halfa dont les défenses étaient maintenant impressionnantes.

Très vite après la reprise de son avance, l'Afrika Korps commença à patiner dans le sable mouvant. Des tanks, des voitures blindées, des half-tracks, des camions par vingtaines s'embourbaient dans ce qui était signalé roulable sur la fausse carte anglaise. Tandis que les équipages sortaient des véhicules pour essayer de les dégager, des escadrilles de chasseurs de la RAF entraient en action pour les bombarder et les mitrailler.

Les désastres s'accumulaient en ce jour. L'essence promise à Rommel n'était pas arrivée. Qu'était-elle devenue ? Rommel ignorait qu'Ultra avait donné les dates et les heures de départ de ses bateaux ravitailleurs, et que la RAF et la marine britannique avaient coulé trois tankers italiens pendant leur traversée de la Méditerranée. A la nuit tombée, le désert était jonché de centaines de véhicules allemands en flammes. De longues colonnes de fumée noire se dissipaient lentement dans le couchant rougeoyant. Aucune fuite, aucune protection n'était possible.

Le matin du 3 septembre, le jour même où trois ans auparavant, la Grande-Bretagne déclarait la guerre à l'Allemagne, Rommel parcourait le champ de bataille pour voir comment sauver le reste de son armée. Six fois en deux heures, son véhicule fut attaqué par des chasseurs volant à basse altitude et il faillit être blessé par un projectile de métal brûlant de vingt centimètres de long. Des essaims de chasseurs attaquaient sans cesse, et à chaque obus allemand, répondaient dix obus anglais. Finalement, Rommel ordonna une retraite générale le matin du 4 septembre. Il se retira derrière un écran de canons antichars de 88 mm, comme il le faisait toujours, espérant attirer là les blindés britanniques. Mais Montgomery ne bougea pas. Déjà, par le passé, cette ruse avait coûté trop de tanks à de nombreux généraux et Rommel cette fois battit en retraite derrière son propre champ de mines. La bataille d'Alam Halfa était terminée avec une participation réduite des blindés et une absence totale de l'infanterie. Il n'empêche que les Britanniques avaient perdu 1 640 hommes tués, blessés ou disparus, 68 chars et 18 canons antichars. Quant à Rommel, il constata en lisant ses relevés qu'il avait perdu 4 800 hommes, 50 chars et 70 canons. Dans une bataille d'usure où il ne pouvait espérer de renforts aussi rapides que ceux des Anglais, ces pertes étaient très sérieuses. Il voyait s'évanouir sa dernière chance de prendre Le Caire. Le Renard du désert avait trouvé son maître. Déjà souffrant et las, il commença à désespérer. Sachant qu'il avait été joué, il devait écrire : « Le commandement britannique était au courant de nos intentions. » Mais comment les Anglais l'avaient-ils appris, comment avait-il été lui-même dupé, Rommel ne le sut jamais. Pas plus qu'il ne réalisa qu'on avait percé à jour son Enigma et que son réseau d'espionnage au Caire était sous contrôle britannique.

Quant à Montgomery, il laissa un répit à Rommel pendant les semaines suivantes. Il ne fit rien pour normaliser le front, ou pour reprendre le terrain précédemment perdu. Considérant qu'il avait amené l'adversaire précisément là où il voulait, il retourna à son quartier général pour, dit-il, « avancer méthodiquement dans mes propres préparatifs en vue d'une grande offensive ultérieure ». Cette offensive serait connue un jour sous le nom de bataille d'El-Alamein.

Chapitre VI

EL-ALAMEIN

Après sa victoire à Alam Halfa, Montgomery s'attaqua au plan Lightfoot, l'offensive qui avec Torch (l'invasion anglo-américaine de l'Afrique du Nord française) était destinée à chasser l'Axe de l'Afrique pour créer un nouveau front en Europe de l'Ouest tout le long de la Méditerranée, front que Hitler serait astreint à défendre. Une fois de plus la mystification allait jouer un rôle crucial dans le plan de Montgomery.

Durant le mois de septembre et les premières semaines d'octobre 1942, en prélude à Pied Léger tous les moyens furent orchestrés pour persuader Rommel et l'OKW que, raisons politiques et militaires obligeant, la 8ᵉ armée ne serait pas prête à une grande offensive avant la mi-novembre au plus tôt : on utilisa pour ce but la mission Kondor, le code noir et les « premiers violons » (groupe d'agents allemands opérant au Moyen-Orient et en Angleterre sous contrôle britannique). En fait, Montgomery projetait d'attaquer dans la nuit de la pleine lune du 23 octobre. Cette « cantate » était à nouveau menée par le colonel Dudley Clarke jusqu'à ce qu'on l'envoyât en mission à Washington en septembre 1942 pour exposer aux chefs d'état-major américains les méthodes de mystification anglaises. Son bâton de commandement fut alors repris par le colonel Wild, un hussard habile.

Clarke et Wild envoyèrent les résultats de leur mission à leurs quartiers généraux, une ancienne « maison » près de Groppis, célèbre restaurant cairote sur le Kasr-el-Nil. Clarke se révéla le génie du moment, comme plus tard dans le plan Jael. Cet homme astucieux, déconcertant, excellait dans les pratiques de guerre peu orthodoxes et l'art de la clandestinité. Remarqué pour ses voyages mystérieux, « il était, rappelle le maréchal de l'Air, Sir John Slessor, ex-commandant en chef de la RAF du secteur méditerranéen, toujours à colporter des rumeurs dans Istanbul, habillé en civil ». La faculté de son organisation, « A-Force », à créer des divisions et des armées factices était étonnante, et il réussit même à persuader Eisenhower que l'Angleterre avait deux armées en réserve — la 9ᵉ et la 10ᵉ — au Levant. En un temps où la campagne d'Italie avait des difficultés à cause du manque d'infanterie, on imagine qu'Eisenhower ne fut guère ravi d'apprendre que c'étaient des armées de papier. Cependant le travail de Clarke sur Bertram — nom donné aux opérations de couverture et de mystification pour l'offensive Pied Léger de Montgomery — servirait de prototype à ces mêmes opérations pour le jour J.

Clarke s'entourait d'une équipe éclectique qui comptait un banquier, un pharmacien, un prestidigitateur de music-hall, un auteur de scénarios de films, un artiste, des hommes des services secrets, un ou deux professeurs de faculté et Noël Wild, qui avait quitté son régiment, le 11ᵉ hussards d'élite, pour rejoindre Clarke et A-Force. Il semblait que partout, de Bagdad à Gibraltar, il existait des hommes prêts à faire à sa place le travail de Clarke et, pour les besoins de Bertram, Clarke collabora étroitement avec de Guinguand, le chef d'état-major de Montgomery. Lors de leur première réunion pour l'élaboration du plan, dans la roulotte de de Guingand sur une plage méditerranéenne à Burg-el-Arab, de Guingand ébaucha le plan de Montgomery. Le front d'El-Alamein s'étendait sur 65 km, du rivage de la Méditerranée jusqu'à la dépression de Quattarra, l'immense, l'infranchissable mer intérieure de sable. La seule méthode d'attaque possible était un assaut de front dans le secteur nord, et Rommel le savait. Par conséquent, Montgomery, qui attaquerait au nord, souhaitait tenir secrets ces préparatifs et faire croire que l'attaque aurait lieu au sud. Puisqu'il n'était pas possible de cacher indéfiniment ces dispositions, il désirait en minimiser les apparences, ce qui ne l'empêchait pas de se fortifier. Ainsi Rommel croirait que les Anglais n'étaient pas prêts et qu'il disposait encore d'une semaine ou deux avant que le choc ne survienne.

Exprimé ainsi de façon simple, le problème n'apparaissait pas aussi énorme qu'il ne l'était en réalité. Le désert autour d'El-Alamein est une plaine de sable dur, d'amoncellements de pierres et de végétation rabougrie, avec peu de points de repère, facilement visibles à partir des positions de Rommel. Pourtant d'une façon ou d'une autre A-Force devait camoufler les effectifs énormes de Montgomery : 1 000 chars, 1 000 canons, 80 bataillons d'infanterie, plusieurs milliers d'engins, des réserves de matériel de guerre par dizaines de milliers de tonnes. En tout, peut-être 150 000 hommes et 10 000 engins de guerre devaient traverser une immensité déserte à l'insu de Rommel, toutes choses qui devaient être occultées ou révélées selon un plan fondé sur les artifices d'un maître en illusions ou d'un Chaldéen. C'était, du moins en apparence, une besogne impossible. Parce que si l'ennemi — et il était malin — flairait des préparatifs d'offensive au nord, il lui suffirait de coller son oreille au rocher, le grondement au sol le renseignerait parfaitement et réduirait Bertram à néant. Cependant il fallait y parvenir si Montgomery voulait réaliser une attaque surprise. De Guingand le dit à Clarke : « Voilà. Vous devez cacher 150 000 hommes avec un milliers de canons et un millier de tanks sur une étendue aussi plate et aussi dure qu'une table de billard, sans que les Allemands en sachent rien, car ils seront à l'affût du moindre déplacement, du moindre bruit, de la moindre trace. Tous ces sacrés autochtones vont vous observer et rapporter aux Allemands ce que vous faites pour le prix d'un paquet de thé. C'est impossible, bien sûr, mais vous allez bel et bien y arriver ! »

Clarke s'entretint alors avec le lieutenant-colonel Geoffrey Barkas, réalisateur de films, et le major Jasper Maskelyne, illusionniste, experts en camouflage, et en deux heures, travaillant sur une vieille machine à écrire délabrée dans la salle d'attente de 3e classe de la gare d'Alamein, ils mirent sur pied un plan essentiellement tiré de la littérature. Le seul moyen de cacher l'armée, selon eux, était d'agir comme Malcolm l'avait fait au Bois de Birnam : progresser sous un camouflage, si lentement que les yeux ennemis les plus perçants et les meilleures longues vues ne pourraient déceler leur mouvement.

Tandis que Clarke conduisait son bizarre concert d'agents secrets — la partition était la langue du Moyen-Orient, et les choristes étaient des membres de tribus de l'Euphrate en kaffiyehs, des juifs bouclés en cafetans, des Egyptiens en fez, des Kurdes en hauts chapeaux de feutre, et des citadins sunnites en toques d'astrakan — Barkas préparait ce qui deviendrait l'un des tours de prestidigitation les plus remarquables de l'Histoire. Ses hommes commencèrent à s'occuper des 6 000 tonnes de matériel dans le nord, qu'il fallait cacher à 8 km du front, la plupart dans la région de la gare d'Alamein. Mais comment parvenir à les cacher sans se livrer à des manœuvres bruyantes et révélatrices ? Barkas et son autre assistant principal, le major Michael Ayrton, un artiste, découvrirent alors un vaste ensemble de tranchées renforcées de béton qui étaient là depuis un an. Ayrton, dont les yeux saisissaient les plus fines nuances de lumière et d'ombre, fit aligner dans l'une des tranchées des bidons remplis d'essence, puis survola l'ensemble pour voir si les ombres intérieures des tranchées en seraient changées sur des photos aériennes. Il prit à cet effet quelques clichés et quand il les examina, il remarqua que les formes des ombres n'avaient subi aucune variation. En trois nuits donc, quelque 2 000 tonnes d'essence furent introduites dans les tranchées et le service d'espionnage radio anglais, à l'écoute de la radio du front allemand, ne put déceler le moindre signe indiquant que la manœuvre avait été remarquée par l'ennemi.

A présent, il fallait pour Barkas et Ayrton envisager de cacher le matériel de guerre : leur invention fut un chef-d'œuvre. En trois autres nuits, 4 000 tonnes de matériel furent apportées et entassées de telle façon que, recouvertes de filets, on aurait dit des camions de 10 tonnes. Par ailleurs des conduits d'aération furent construits pour faire croire à des bivouacs de soldats. Mais il fallait également cacher l'artillerie car Montgomery envisageait de commencer l'opération Pied Léger par un barrage au nord de 1 000 canons. Il fallait donc que cette concentration fût totalement camouflée, d'abord sur l'aire de rassemblement puis une fois mise en place. Cette tâche présentait pourtant une difficulté exceptionnelle en raison des formes spécifiques des canons et des motrices. Là encore, la solution fut relativement simple, car en mettant dos à dos le canon et la motrice, on arrivait à les masquer par un camion factice de 3 tonnes. Ainsi en une nuit, 3 000 pièces de matériel — canons, avant-trains, motrices — étaient en position mais ressemblaient à 1 200 camions, ce qui ne représentait pas une concentration extraordinaire dans le désert. Il ne resterait plus, la veille de l'opération Pied Léger qu'à les amener en position de barrage. 1 200 nouveaux camions factices seraient rapidement montés pour masquer le déplacement des vrais camions. Mais comment dissimuler la progression d'un corps d'armée entier ? De nouveau les hommes du camouflage échafaudèrent un plan. Les engins à carrosserie légère — camions et autres — furent transportés ouvertement jusqu'à la zone d'attaque, trois semaines avant le grand jour. Si bien que, selon Barkas, « l'ennemi s'habituerait à voir les concentrations et comme rien ne semblerait survenir ensuite, on pourrait s'attendre à voir sa vigilance se relâcher ». Et c'est ce qui arriva exactement. Les Allemands relevèrent ces nouvelles concentrations, mais devant l'évidence d'un rassemblement massif de troupes dans le sud, ils en conclurent que tous les nouveaux engins n'étaient que des renforts pour l'infanterie de la ligne de front.

Cependant, les engins de combat blindés — 720 chars, canons à propulsion automatique, voitures blindées, porte-mitrailleuses — devant aussi être déplacés jusqu'au champ de bataille, Barkas se trouvait là confronté à son problème le plus ardu. Il en vint à bout en maintenant les blindés bien en retrait de la ligne de front en trois points relais — Murrayfield (nord), Murrayfield (sud) et Melting Pot (Pot-Pourri) — choisis parce qu'à cheval sur un système de pistes bien en vue. Ces pistes allaient vers le secteur sud ; mais, légèrement à l'ouest, une deuxième série de pistes menaient au nord. Aussi quand l'aviation de reconnaissance de Rommel détecta les blindés conclut-elle que leur destination était le sud. Mais, de nuit, juste avant l'attaque, les blindés se déplaceraient bien en direction du sud d'abord, puis reviendraient à toute allure en arrière vers le nord. Là, en un lieu nommé Martello, chaque blindé se glisserait sous un « pare-soleil », structure ressemblant à un camion de 10 tonnes, installé depuis une semaine pour endormir la vigilance de l'ennemi. Enfin pour cacher le déplacement des blindés à partir des zones Murrayfield-Melting Pot, les ingénieurs de Barkas construiraient des simulacres de blindés — à l'aide de panneaux tressés de palmes fendues dont les indigènes se servaient comme lits — et ils effaceraient les traces du déplacement des chenilles vers le nord en balayant littéralement le désert. Ainsi à l'aube, tout serait redevenu comme la nuit précédente et une énorme force blindée attendrait les ordres pour se diriger vers le sud.

Pendant que l'on réalisait cette mise en scène au nord, les hommes de Barkas et Ayrton se montraient tout aussi habiles au sud : pour égarer très tôt les Allemands sur la position des unités qui constituaient le fer de lance de Pied Léger, et donner à Rommel le temps de déplacer quelques-unes de ses divisions au sud afin de faire face à la menace, les hommes du camouflage commencèrent à construire, le 27 septembre, sur 32 km de long, ce qui voulait être une nouvelle conduite d'eau, mais en fait n'était qu'une installation factice. Le projet fut baptisé Diamant. Des pionniers creusèrent un fossé selon les normes habituelles, par bandes de 8 km à la fois et posèrent un pipe-line factice de 8 km de long, fabriqué à partir de vieux bidons d'essence de 18 litres, le long du parapet. Puis à la nuit tombée, le « pipeline » serait déplacé pendant qu'on comblerait le fossé et qu'on en creuserait un nouveau. Les travaux seraient menés en conformité absolue avec la vitesse de construction d'un vrai pipe-line, et tout indiquerait qu'ils ne pourraient être terminés que 48 heures après l'heure H, pour tromper encore plus les Allemands sur l'heure de l'attaque. On construisit donc trois pompes factices, des réservoirs suspendus, des stations de remplissage, en même temps qu'un réservoir peu profond. Des engins furent enfin éparpillés près des points d'eau, et du ciel on pouvait voir des hommes qui remplissaient leurs bidons. Il ne restait plus qu'à simuler suffisamment de trafic pour donner vie à la fiction.

De toute évidence on ne pouvait lancer une attaque du sud sans une énorme réserve de matériel. Ainsi, à l'extrémité sud du pipe-line, on choisit un bout de désert de 14,5 km^2 baptisé Brian comme « dépôt » de matériel pour y élever 700 tas susceptibles de donner l'illusion que 9 000 tonnes de munitions, d'essence, de pétrole, de magasins de vivres et d'artillerie y avaient été déposés. Puis le génie installa trois « régiments » et demi d'artillerie de campagne, des poteaux télégraphiques disposés çà et là dans des trous de canon sous un camouflage de filets. Mais ici, Bertram exigea un double scénario : laisser pourrir le camouflage afin que l'ennemi découvre que c'étaient des positions factices et n'en tienne pas compte, de sorte que, juste avant l'assaut principal, on puisse effacer d'un coup les installations factices pour les remplacer par des canons et des servants de pièces, vrais cette fois. Pendant un jour entier, ils garderaient l'immobilité et le silence, mais quand Montgomery prendrait l'initiative d'une petite attaque dans le sud pour donner corps à Bertram, les armes, que les Allemands avaient ignorées, se mettraient soudain à parler.

Le plan Bertram fut exécuté sans accroc sérieux. Dans le secteur sud, le pipe-line n'était pas encore terminé ; et puisque selon toute apparence les forces d'assaut stationnaient toujours dans les zones d'attente de Murrayfield-Melting Pot, en place pour attaquer au sud, les Allemands ne soupçonneraient pas une attaque imminente. Tout ce qu'on pouvait voir au nord était une importante concentration de camions de trois et dix tonnes. Alors qu'un détachement de blindés était tapi là, silencieux, prêt à bondir, et que l'infanterie faisait le mort sous un soleil de feu. Au sud, seuls des grésillements de communications radio, et les colonnes de poussière soulevées par des tanks lancés à toute vitesse pouvaient être remarqués.

Ces artifices tangibles s'accompagnaient d'un brouillard tout aussi impénétrable de tromperies verbales. Wild avait établi le prestige et la fiabilité des agents secrets allemands sous contrôle, en les laissant transmettre à leurs supérieurs allemands une soigneuse sélection de faits intéressants.

Le circuit code noir informait Washington avec exactitude de l'arrivée de convois avec la nature de leur cargaison et donnait des rapports politiques vrais sur les préoccupations anglaises dues aux troubles civils en Inde. Mais à ces rapports authentiques, se trouvaient aussi mêlées les inventions de Bertram pour attirer l'attention de Rommel vers le secteur sud du front d'Alamein.

Vers le 21 octobre, le plan Bertram était exécuté. Avait-il marché ? Il semble que oui car tous les renseignements, Ultra et les services Y britanniques montraient que Rommel était inquiet, quoique ne se doutant de rien. Son chef d'état-major, le général Fritz Bayerlein, ferait d'ailleurs plus tard des commentaires sur le succès de ce stratagème. Reconnaissant à Montgomery une coordination parfaite dans l'utilisation de quantité de tours ingénieux, conçus pour amener les Allemands à croire à une attaque venue du sud, alors qu'il se préparait à attaquer au nord, Bayerlein ferait remarquer que le renseignement allemand, complètement induit en erreur, ne put donner au Haut Commandement aucun avertissement préalable sur l'heure ou le lieu de l'attaque.

Si les Allemands étaient dans le brouillard quant aux plans de Montgomery, Ultra perçait ceux de Rommel et tenait Montgomery et A-Force bien informés de ses réactions face à Bertram. Plus encore, Ultra atteignait maintenant un haut degré de rendement parce que toutes les communications de Rommel avec l'OKW et le Comando Supremo à Rome étaient obligatoirement transcrites par radio dans les messages codés par Enigma. Si les Allemands et les commandements suprêmes italiens avaient posé un câble en direction de l'Afrique du Nord, l'histoire d'El-Alamein eût décidément été différente, mais ils ne le firent pas. Quant aux lignes téléphoniques posées par les Italiens au fond de la mer en temps de paix, elles avaient été remontées et coupées. C'est pourquoi Ultra fournit à Montgomery l'état descriptif de l'ennemi le plus détaillé qu'un général ait jamais eu dans cette guerre : le profil de l'Afrika Korps, la position de ses réserves, les heures, les dates de départ et les routes empruntées par les bateaux ravitailleurs de Rommel, ainsi que leurs mouvements, la force et l'état de ses Panzer, la puissance de ses armées aériennes et jusqu'aux détails relatifs à la santé de Rommel et à son état d'esprit.

Donc, à long terme, c'est Ultra — et non Bertram ou Pied Léger — qui serait le facteur décisif à l'ouest du désert. Même si l'Afrika Korps n'était plus l'unité d'élite d'autrefois, elle était encore assez puissante pour infliger de graves pertes, et peut-être même une défaite, à l'armée de Montgomery. La plus grande faiblesse de ce corps expéditionnaire était son lien avec l'Italie pour le ravitaillement. Or Ultra révélait aux Anglais tout ce qu'il fallait savoir pour couper presque entièrement ce lien. Avec l'approbation de Churchill, qui avait le dernier mot chaque fois en ce qui concernait Ultra, Montgomery demanda et reçut l'appui d'un programme naval et aérien sans précédent contre la flotte de Rommel. Ce fut une offensive drastique et les destructions allèrent croissant. En août, 30 % du ravitaillement de Rommel étaient coulés ; en septembre trente autres pour cent subissaient le même sort, en octobre le chiffre atteignait 40 %. Troupes, chars, canons, matériel, camions, vivres, médicaments d'appoint, et surtout l'essence, étaient envoyés au fond de la Méditerranée. Mussolini lui-même, chargé d'approvisionner Rommel, reconnut un peu plus tard dans un mémorandum, que si les destructions continuaient à ce rythme — de 55 000 à 80 000 tonnes par mois — en moins de six mois il ne resterait plus à l'Italie en fait de marine marchande que ses bateaux de pêche.

Les conséquences pour l'Afrika Korps furent catastrophiques : un message d'Ultra daté du 19 octobre 1942, 4 jours avant le jour J pour l'opération Pied Léger, révéla que les blindés de Rommel ne disposaient plus que d'une semaine de réserve d'essence. Il apprenait aussi que les réserves de pain ne dureraient que trois semaines à raison d'une livre par homme et par jour, que les pneus et les pièces de rechange manquaient au point qu'un tiers des engins de l'adversaire était aux ateliers de réparation pour au moins deux semaines. Alors qu'on estimait la force de combat de la 8e armée à 195 000 hommes, Rommel ne pouvait aligner que 50 000 Allemands et 54 000 Italiens, c'était bien inégal. Pour comble, la proportion de malades était très élevée et les munitions de toutes sortes étaient à peine suffisantes pour 9 jours de combats acharnés.

Les Anglais avaient reçu une confirmation éloquente de la situation désespérée de l'Afrika Korps, et du succès des opérations de ruse qui entouraient Pied Léger, un mois avant que Rommel ne décidât de quitter le front d'Alamein pour retourner en Allemagne discuter avec le Führer en personne du ravitaillement, et entreprendre pour lui-même un traitement médical qui s'imposait.

Dans l'élaboration de cette décision, il s'était fié aux pronostics de la Fremde Heere West (FHW). Il faut savoir que le chef de ce bureau des services secrets allemands, qui rassemblait et évaluait les renseignements, avait délégué un fonctionnaire auprès du quartier général de Rommel. Le fonctionnaire apportait l'assurance fondée sur une multitude de renseignements secrets, que la 8e armée serait dans l'incapacité de lancer une attaque décisive pendant plusieurs semaines. Ce n'est donc que sur cette assurance formelle que Rommel quitta son poste de commandement, tout juste avant une attaque d'envergure : cela pour la deuxième fois. Ainsi la FHW avait mal informé Rommel, et ce ne devait pas être la dernière fois. Plus tard, les agissements de cette organisation, si indispensable à Hitler et à ses généraux, pour la conduite victorieuse de la guerre, allaient être passés au crible par la Gestapo et certains de ses dirigeants seraient pendus pour haute trahison. Mais à cette époque les fausses informations de la FHW n'étaient pas dues à la haute trahison, seules en étaient responsables les campagnes d'induction en erreur de A-Force et du LCS.

La FHW était l'un des services vitaux de la Wehrmacht, il était aussi le plus vulnérable à l'intoxication. Or on l'avait créé pour mettre le Haut Commandement allemand à l'abri des mystifications. Vers ce groupe de bureaux des quartiers généraux de l'armée allemande dans les plantations de mélèzes à Zossen, à quarante minutes en voiture du centre de Berlin, convergeait la quintessence de cette énorme et coûteuse entreprise : le contre-espionnage allemand. La plupart des plans de l'OKW dépendaient de la justesse des estimations de la FHW, et si la FHW était induite en erreur, il arrivait que le Haut Commandement allemand tout entier le fût aussi. Il incombait à la FHW de transcrire au compte-gouttes des renseignements abondants, compliqués et fragmentaires, en quelques paragraphes d'information succinctement rédigés. L'opération de triage était très importante, et ceux qui s'en chargeaient filtraient le vraisemblable du fatras d'histoires erronées où baignait leur labeur quotidien.

A la fin de l'été 1942, la FHW se confronta donc à un problème d'espionnage d'une grande complexité : quel était le but des Anglais et des Américains en Afrique ? Plusieurs sources d'origine différente amenaient à penser que les Anglais attaqueraient d'Alamein vers l'ouest, tandis que les Américains se préparaient à une invasion des ports de la côte nord-africaine. N'était-ce pas le plan des Alliés ? Au début de l'opération, les entorses faites à la sécurité étaient si flagrantes qu'il semblait incroyable que la FHW eût des difficultés à s'en rendre compte. Ainsi à la consternation des Hauts Commandements de chaque côté de l'Atlantique, la rumeur courait fréquemment à Washington de l'imminence d'une opération amphibie d'envergure de la part des Alliés ; de même pour ce qui était la première mission d'importance de l'OSS, quantité d'agents secrets américains à peine travestis en consuls, attachés d'ambassade et service de protection du corps diplomatique, arrivaient en reconnaissance par bateaux et par avions, au vu et au su des agents secrets à la solde des Allemands, pour inspecter tous les ports et toutes les capitales nord-africains de Dakar à Tunis. Mieux encore, aux environs du 2 octobre 1942, une station allemande d'écoute radio interceptant les appels téléphoniques, recueillit une conversation en clair entre un délégué des services de contre-espionnage gaullistes à Londres, et un diplomate de la France Libre à Washington. Il ressortait de cette conversation qu'après une opération appelée Torch, les Alliés projetaient d'établir un quartier général à Alger. Un autre délégué des services de contre-espionnage gaullistes, un certain Clamorgan, fut abattu lors d'un vol de Lisbonne à Tanger : l'avion s'écrasa dans la mer au large de Cadix. Le corps de Clamorgan ayant été rejeté sur le rivage, les autorités des services de renseignements espagnols s'emparèrent des documents qu'il portait et les transmirent aux Allemands : ces renseignements trahissaient sans ambiguïté l'objectif allié sur Alger.

A première vue, Torch avait toutes les caractéristiques d'une autre menace, l'expédition anglaise malheureuse contre le port de Dakar. Mais bizarrement, cette opération, combinée à une foule de plans de mystification et de couverture pour protéger les secrets de Pied Léger et de Torch, brouilla totalement les cartes de la FHW. On faisait, en effet, circuler des rapports selon lesquels ni les Anglais ni les Américains n'avaient la puissance ni le matériel requis pour de telles opérations. Montgomery ne pouvait attaquer sans d'importants renforts, qui n'étaient pas encore arrivés. De son côté, Churchill semblait davantage se soucier d'une rébellion en Inde et des menaces allemandes sur les puits de pétrole britanniques en Perse et en Irak, que d'opérations offensives en Afrique du Nord ; de plus des preuves attestaient un déploiement important de forces britanniques progressant vers l'est à travers la Jordanie au cours des dernières semaines. Cependant, les Alliés auraient été peut-être assez forts, comme le prétendaient les rumeurs, pour franchir l'Atlantique et la baie de Biscaye et prendre Dakar, que seules quelques troupes coloniales françaises occupaient. D'autre part, les Américains, selon des rapports véridiques, engageaient quarante millions de francs en activités de subversion et de propagande au Sénégal, beaucoup plus qu'ils ne dépensaient pour le reste de l'Afrique. Plus d'agents secrets allaient au Sénégal que partout ailleurs, et les échanges radio entre l'Amérique et le Sénégal se multipliaient avec une rapidité suspecte. Les Anglais n'avaient-ils pas déjà essayé une fois de prendre Dakar ? Même la Kriegsmarine avait également projeté de s'emparer du port à un moment. Ce sont donc les activités clandestines dans les ports d'Afrique du Nord qui apparaissaient aux experts de la FHW comme les opérations de diversion véritables, et non l'agitation qui régnait au Sénégal. Quant aux documents trouvés sur le corps de Clamorgan, ils pouvaient fort bien y avoir été placés intentionnellement. En outre, rien ne transpirait de préparatifs quelconques pour une action offensive sur le front d'El-Alamein. Dans ce doute, la FHW était convaincue que les Anglais ne pourraient rien opposer de plus qu'une défense agressive à l'ouest du désert, avant le mois de novembre ou décembre. Or, à ce moment, les pluies d'hiver retarderaient peut-être les opérations jusqu'au printemps. Telle était l'interprétation transmise à Rommel par la FHW. Certes, le maréchal en pesait les conséquences. Il était inquiet, et si un sixième sens l'avertissait bien que quelque chose se tramait, il lui était pourtant impossible de deviner d'où venait le danger. Il commit, par suite, une énorme et fatale erreur en divisant ses forces blindées constituées de 4 divisions groupant 500 chars. Il conserva la 15e division de Panzer et la division blindée Littorio dans le nord, en face de la gare d'El-Alamein, et envoya la 21e division de Panzer et les divisions blindées Ariete dans des positions diamétralement opposées à l'axe de la fausse menace du sud. Il disposa la 90e division légère allemande, la division Trieste italienne un peu à l'arrière du secteur nord, puis délégua son commandement au général des Panzer, Georg Stumme, homme cardiaque et âgé. Mais l'état de santé de Rommel était lui-même si mauvais qu'on devait l'aider à monter dans sa voiture et à en descendre, et la douleur était si forte qu'elle l'empêchait de dormir. Néanmoins, il est bien évident que le maréchal serait sûrement resté à El-Alamein s'il avait soupçonné un instant une attaque britannique imminente. Ce ne fut pas le cas. Il quitta l'Afrique le « cœur lourd » le 23 septembre, exactement un mois avant l'heure H pour l'opération Pied Léger.

Rommel fit d'abord escale à Rome, où il vit Mussolini et lui déclara sans ambages : « Si nous ne recevons pas les quantités de ravitaillement à l'échelle demandée, nous serons forcés de quitter l'Afrique du Nord. » Puis il prit l'avion pour le quartier suprême du Führer à Vinnitsa, en Russie. Rommel arriva au moment où Hitler révoquait sans ménagement ses généraux pour leur désobéissance à ses ordres dans le Caucase. Alors que les Anglais retenaient les Allemands à El-Alamein, au même moment, les Russes les retenaient à Stalingrad. Hitler était malade, il avait de la tension et de la diarrhée, et son euphorie à l'idée que l'Armée Rouge était écrasée, se dissipait au fur et à mesure que l'hiver russe s'étendait sur la mer d'Aral. Néanmoins, il accueillit Rommel assez cordialement.

Affecté d'une forme de presbytie, Hitler mit des lunettes pour examiner les cartes, tandis que Rommel expliquait sa situation à El-Alamein. Puis le maréchal posa la question du ravitaillement. Et cela, dit-il, confinait au désastre. Dans la seule première semaine de septembre, les Anglais avaient coulé sept bateaux ravitailleurs, dont 3 tankers. Rommel suspectait des traîtres italiens, des « fuites de la sécurité italienne », ce qui revenait au même, d'en être responsables. S'appuyant sur l'état de ses réserves d'essence, de munitions et de troupes fraîches, il déclara franchement qu'il était dans une position désespérée et que seuls des renforts adéquats et ininterrompus pourraient le sauver.

Hitler ne se mit pas en colère en écoutant ce sombre rapport, comme il aurait très bien pu le faire. Au lieu de cela, il déclara : « Ne vous inquiétez pas, j'ai l'intention de donner à l'Afrique tout le soutien nécessaire. N'ayez crainte, nous allons sûrement prendre Alexandrie. » Il parla même à profusion de nouveaux bacs de transport pour le matériel, de nouveaux chasseurs, de nouveaux chars, de nouveaux mortiers à canons multiples, toutes armes supérieures à celles dont disposaient les Alliés. Il mentionna aussi une nouvelle arme secrète dont le pouvoir explosif pouvait « désarçonner un homme à cheval et l'éjecter à plus de trois kilomètres », faisant allusion à la bombe atomique.

La rencontre prit fin et Hitler ayant conseillé à Rommel de prendre un bon repos, le maréchal s'envola pour Wiener Neustadt en Autriche, avant de gagner les montagnes de Semmering pour y effectuer une cure. Il arriva à Semmering le 6 octobre 1942, ignorant toujours, semble-t-il, l'imminence de Pied Léger. Pourtant, comme son cabriolet grimpait la route des Alpes, Rommel se laissa aller à une remarque qui parut indiquer qu'il n'avait plus une entière confiance dans les paroles du Führer : « Je me demande, dit-il à sa femme, si Hitler ne m'a pas dit tout cela pour me calmer. » De son côté, Hitler déclara qu'il n'était pas satisfait du défaitisme apparent de Rommel. « On ne devrait pas, dit-il, laisser un homme si longtemps en poste avec de si lourdes responsabilités. Peu à peu, il perd la maîtrise de soi... C'est aussi l'impression de Goering. Comme moi, il craint qu'il n'ait perdu son sang-froid. » Les relations Hitler-Rommel commençaient à se dégrader...

Le soir du 23 octobre 1942, un éclat d'or colora le ciel à l'ouest, puis une ombre violette profonde enveloppa le désert. Le silence était dense le long du front d'El-Alamein, comme presque toujours au crépuscule. Seuls venaient parfois le troubler l'aboiement d'un chien ou le grésillement d'une fusée éclairante. Au quartier général allemand dans un défilé à l'ouest de Tel-el-Eisa, tout était calme et rien ne pouvait laisser prévoir une attaque britannique imminente.

A 21 h 40 précises, la plus grosse tornade de feu jamais observée au cours de la guerre embrasa le ciel à l'est et en moins de quelques secondes un roulement de tonnerre d'abord, puis le déplacement d'air causé par les détonations des canons et les explosions d'obus, se répercutèrent jusqu'à la table de Stumme. L'opération Pied Léger commençait. L'intensité des tirs indiquait clairement qu'il ne s'agissait pas d'un bombardement d'artillerie ordinaire, plusieurs milliers d'obus pleuvant à la minute. Stumme, pris de court, fut bouleversé, tout comme ses commandants divisionnaires et ses officiers des services secrets. Rien n'avait pu permettre de deviner que les Britanniques aient réussi à rassembler et à cacher une telle concentration d'artillerie dans le nord, rien n'avait transparu d'une attaque imminente où que ce soit, même au sud.

Dans les quelques instants qui suivirent le début des bombardements au nord, le général commandant la 21ᵉ Panzer téléphona pour annoncer que les Anglais avaient également lancé une attaque d'envergure, ou ce qui apparaissait comme tel, au sud, mais d'autres rapports contradictoires rendaient encore plus difficile la localisation du fer de lance de l'attaque. Un seul fait était certain : le barrage se déployait tout le long du front et gagnait en intensité en se déplaçant vers le nord.

Une autre menace se dessina quand les garde-côtes du rivage méditerranéen, derrière la ligne de front allemand, avertirent que des navires de guerre, avec l'appui des bombardiers, pilonnaient le secteur de la 90ᵉ division d'infanterie légère entre El-Daba et Sidi-Abd-el-Rahman. L'artillerie lourde anglaise avait ouvert le feu sur les positions allemandes et des vedettes lance-torpilles s'affairaient le long du rivage, en disposant un écran de fumée. Selon les garde-côtes, on entendait un grondement et des bruits de moteurs pouvant laisser présager une grande attaque amphibie : vibrations de machines, odeurs d'huile, raclement de chaînes d'ancrage, voix d'hommes criant par haut-parleurs, accompagnées de gerbes de fusées pour illuminer les plages. Stumme réagit immédiatement. Aussitôt il donna l'ordre aux chasseurs et aux bombardiers de décoller et au régiment de réserve du 90ᵉ d'infanterie légère de rejoindre immédiatement le secteur pour repousser l'apparente tentative de débarquement derrière les lignes allemandes. L'artillerie et les chars commencèrent alors à sillonner la mer de leurs feux. Mais quand l'écran de fumée se dissipa, il ne restait plus que quelques radeaux dansant sur l'eau ! Les Anglais venaient d'utiliser avec succès une nouvelle arme de la panoplie des moyens spéciaux : tromper l'oreille et l'odorat, en reconstituant notamment à l'aide d'enregistrements amplifiés par haut-parleurs amenés tout près des plages par MTB l'ambiance exacte d'un branle-bas de combat. Stumme était tombé dans le piège en détachant d'importants effectifs de ses meilleures divisions loin de la bataille principale.

A l'aube, le quartier général allemand ignorait toujours les objectifs des Anglais, le feu de l'artillerie britannique ayant détruit son réseau de communications. Pour se rendre compte par lui-même de la situation, Stumme se mit en route sur un blindé de piste pour le quartier général de la 90ᵉ division légère. Il n'arriva jamais. A proximité de la colline 21 au nord, pris dans une embuscade d'antichars et de mitrailleuses anglaise, il tomba de son blindé et mourut d'une crise cardiaque. L'Afrika Korps était maintenant sans chef. Vers midi, presque en même temps que l'OKW en était informée, Montgomery dans sa caravane, près de la transparente mer bleue de Burg-el-Arab, juste derrière El-Alamein, recevait un message d'Ultra lui apprenant la mort de son adversaire. Bertram et Ultra triomphaient.

A Semmering, dans les Hautes Alpes autrichiennes, à des milliers de kilomètres du champ de bataille, le téléphone sonna également au chalet de Rommel perdu dans les bois de pins. Le maréchal Keitel était au bout du fil, au Führerhauptquartier, à Rastenburg en Prusse-Orientale. Keitel annonça que les Anglais avaient lancé une attaque d'envergure à El-Alamein et que Stumme était porté disparu et probablement mort. Rommel se sentait-il assez bien pour rejoindre son poste de commandement sur-le-champ ? Un Heinkel III l'attendrait à Wiener Neustadt à partir de 2 heures. Rommel répondit qu'il était d'accord pour partir sur l'heure. Keitel lui demanda alors d'attendre un autre coup de téléphone : à minuit, le téléphone sonna de nouveau. Hitler était au bout du fil et demanda à Rommel s'il s'estimait vraiment capable de rejoindre son poste. Sur la réponse positive du maréchal, ordre lui fut donné de s'envoler aussitôt pour l'Afrique et d'y reprendre son commandement.

Vers midi, le 24, Rommel atterrissait à Ciampino, aux environs de Rome. Il savait parfaitement qu'aucune des nouvelles armes promises par Hitler n'était partie pour l'Afrique et que les renforts étaient loin du minimum qu'il avait exigé de l'OKW et du Comando Supremo. Mais il lui restait à prendre connaissance de l'état désespéré de la situation. A Ciampino, le général Bruno von Rintelen, attaché militaire allemand au Quirinal, l'accueillit. Il lui apprit que l'attaque britannique progressait toujours, et que sur le théâtre des opérations chaque engin n'avait plus droit qu'à trois pleins d'essence. Rommel sentit alors monter en lui une colère froide : sans les approvisionnements nécessaires, son armée était perdue. Ayant mis Rintelen en demeure de tout faire pour que des navires puissent commencer la nuit même à embarquer de l'essence et des munitions à destination de l'Afrique du Nord, il monta à bord du Heinkel et s'envola pour Derna en Libye.

De retour à Rome, Rintelen alla trouver sur-le-champ le maréchal Albert Kesselring, commandant en chef allemand en Méditerranée et en Europe du Sud. Kesselring s'attela rapidement à sa tâche ; il appela Mussolini par téléphone, qui appela lui-même le commandant en chef de la flotte italienne : tous les bateaux ravitailleurs disponibles devaient être chargés d'essence et de munitions sans délai et prêts à prendre la mer dès que possible. Kesselring envoya alors un long rapport-radio à Rommel, l'assurant qu'il pouvait compter sur l'arrivée d'un petit convoi de 5 bateaux transportant munitions et carburant dans les 72 heures. Les navires, avec un peu de chance, arriveraient à passer grâce à une brume épaisse qui recouvrait la Méditerranée, ajoutait-il. Mais rapidement décrypté par la machine de Turing, le message de Kesselring tombait sur le bureau de F.W. Winterbotham à Londres à peu près en même temps que sur celui de Rommel...

Pendant toute la durée de l'opération Pied Léger, Winterbotham était resté à son poste pour s'assurer que, en dépit de la gravité de l'heure, les dispositifs de sécurité d'Ultra seraient maintenus. Car dans le feu de la bataille, les commandants risquaient de négliger les précautions d'usage dans son maniement. A l'heure présente Ultra révélait la tentative la plus hardie de toute la campagne : l'acheminement du matériel à Rommel. Il était clair qu'il fallait s'y opposer. Mais Winterbotham décela très vite un danger dans l'interception de ce message, un ordre sans appel spécifiant que nul bateau ennemi ne pouvait être attaqué sur la seule base des informations d'Ultra. Avant de décider d'un combat, il fallait faire une reconnaissance aérienne. Ainsi, l'ennemi continuerait à conclure que, seule, la reconnaissance, et non la crypto-analyse, était la méthode employée par les Anglais pour intercepter les bateaux de l'Axe avec une telle précision et une telle fréquence. En clair, si cinq bateaux étaient tous attaqués par temps de brume, en cinq lieux différents, Ultra serait mise en danger. N'était-il pas préférable de les laisser passer ? Mais s'ils parvenaient jusqu'à Rommel, n'allaient-ils pas, à défaut de mettre en danger Pied Léger, lui opposer un barrage efficace ? Un seul homme pouvait décider de l'attitude à adopter. Cet homme était Churchill.

Dans la nuit du 26 au 27 octobre, juste après minuit, Churchill était aux Chequers et, par expérience, Winterbotham savait que le Premier ministre serait encore debout. S'étant branché sur le téléphone « brouilleur », il exposa le dilemme à Churchill ; où se trouvait la priorité : battre Rommel ou protéger Ultra ? Churchill hésita un instant, le temps de peser le pour et le contre, puis ordonna d'attaquer et de couler les navires, acceptant cette fois de prendre un risque avec Ultra.

En une heure de temps les instructions arrivaient sur Malte, et juste après l'aube, le 27, vingt Beaufort et Bisley décollaient des terrains de Luqua et Halfar et repéraient bientôt dans le brouillard au large de Tobrouk le premier bateau italien, *Proserpina.* Comme il était protégé par une importante escorte, la RAF perdit dans la bataille six de ses vingt appareils, mais coula le bâtiment. Des Wellington prirent alors en chasse le pétrolier *Tripolino,* en pleine brume, grâce à leurs fusées éclairantes, au nord-ouest de Tobrouk. Lui aussi fut coulé. Quant à son compagnon *Ostia* il était torpillé à l'aube du 28. Ce même matin, les Beaufort aperçurent le *Zara,* à 60 km au nord de Tobrouk, qui subit le même sort. Restait le *Brioni* qui réussit à rallier Tobrouk, mais fut finalement également coulé par les Liberator américains cette fois avant d'avoir pu décharger sa cargaison d'essence. En apprenant ce désastre, Rommel entra dans une grande colère. Ses forces étaient engagées dans la plus importante bataille de la campagne, et les Anglais liquidaient ses renforts du jour au lendemain ! Comment — il exigeait de le savoir — avaient-ils pu réussir à découvrir les bateaux dans cette purée de pois ? Plein de soupçons, il envoya le 1er novembre un long télégramme demandant expressément à Kesselring d'enquêter sur toutes les sources possibles de fuites — imprudences de la radio, trahison italienne, *y compris* la sécurité du système Enigma, qu'il avait jusqu'alors accepté sans question. Aussitôt intercepté, ce message fut remis à Winterbotham à Londres ; ce qu'il avait toujours redouté finissait par se produire.

Menzies et Winterbotham examinèrent avec inquiétude la menace grandissante qui pesait sur Ultra. Ne pouvait-on rien faire pour détourner les soupçons des Allemands ? Winterbotham proposa une parade. Il fallait que le MI-6 au Caire envoyât un message codé que les Allemands pussent déchiffrer, message destiné à un groupe fantôme d'agents secrets en Italie, les félicitant de leur information sur les mouvements de la flotte en partance de Naples et leur promettant de l'avancement. Menzies ayant accepté, le message fut envoyé vers le 2 novembre, et peu de temps après un contrôleur des liaisons entre Kesselring et Rommel confirmait que les Allemands avaient bien intercepté le message comme prévu et que les enquêtes devaient commencer. Ultra était sauvée.

On le voit dès le début de la bataille d'El-Alamein, l'armée de Rommel était condamnée. Confronté aux forces de l'Empire plus importantes et mieux équipées, ses canaux de renfort totalement coupés, privé de renseignements exacts, bombardé et harcelé jour et nuit, ses moindres mouvements dénoncés par Ultra, Rommel n'avait aucune chance de réussir. Dans plusieurs messages à Hitler — tous déchiffrés par Montgomery grâce à Ultra — il signala qu'un manque total d'essence bloquait au sol deux divisions allemandes et quatre divisions italiennes non motorisées et que la plupart de ces hommes seraient faits prisonniers. Il ne restait en fait de munitions que des réserves purement nominales, et les chars eux-mêmes ne pourraient pas se retirer bien loin.

Montgomery reçut plus vite que Rommel, la réponse de Hitler. L'Enigma de Rommel était, en effet, défectueuse, du sable s'étant glissé dans le mécanisme. L'officier des transmissions de Rommel demanda donc à l'OKW une réédition du message qui arriva au bout de deux heures :

> Dans la situation qui est la vôtre, la seule pensée qui reste est de tenir coûte que coûte et de lancer dans la bataille jusqu'au dernier canon et au dernier homme. Les plus grands efforts sont actuellement déployés pour vous aider. En dépit de sa supériorité, votre ennemi doit être au bout de ses forces. Ce ne sera pas la première fois dans l'Histoire que la volonté triomphera du nombre. Quant à vos troupes, vous ne pouvez leur indiquer d'autre voie que la victoire ou la mort.
>
> Adolf HITLER.

Rommel lut le message et, désespéré, l'écarta. Comme il devait l'écrire plus tard, même les soldats les plus dévoués peuvent trouver la mort sous les bombes. Les armes, l'essence, les avions, tout aurait été utile, sauf les mots. « Une amertume accablante nous submergea à la pensée que le moral extraordinaire de l'armée allait être anéanti... » « La nuit, je reste allongé les yeux ouverts, me torturant l'esprit pour tirer de cette triste situation mes pauvres troupes. Nous devons faire face à des jours très pénibles, peut-être à la limite du supportable. Les morts ont de la chance, tout est fini pour eux », écrivit-il encore à sa femme.

Le 4 novembre 1942, dans l'après-midi, la catastrophe qu'il prévoyait arriva. Montgomery parvenait à rompre le front de l'Axe. Dès le 5 novembre, toutes les troupes placées sous le commandement de Rommel battaient en retraite dans une confusion totale. Ses engins et ses hommes embouteillaient la route sur les 96 km entre El-Alamein et la nouvelle position à Fuka. La nuit était très noire, mais la RAF l'éclaira de milliers de fusées suspendues comme des lustres dans le ciel du désert. A l'aube du 7, les hommes du quartier général de Rommel se retrouvèrent devant les barbelés qui entouraient le champ d'atterissage de Fuka et, se retournant, ils aperçurent un grand mur de poussière : le tourbillon de sable traversait un champ de désolation : chars, camions, tentes, blindés, ambulances, continuaient à brûler après le raid de la nuit. Des colonnes de dizaines de milliers d'hommes se traînaient à pied ; les réserves d'essence étaient entièrement à sec et l'ensemble des troupes n'avait d'autre issue que de marcher pour quitter cette fournaise de feu et de poussière. D'après les derniers rapports reçus par Rommel ce matin-là, sur plus de 500 blindés qu'il avait commandés, il n'en restait que 12. Les autres gisaient noircis, se consumant lentement là où ils avaient été frappés, parfois perdus dans des champs de mines, ou simplement abandonnés, faute de carburant.

Vers le 15 novembre, le Renard du désert se rendit compte que la situation était désespérée. Alors qu'il avait réussi à sauver *in extremis* les restes de ses Panzer d'une destruction totale, ses bateaux ravitailleurs continuaient à être coulés. De plus, les Alliés avaient lancé l'opération Torch et envahissaient l'Afrique du Nord. Se conformant au vaste plan stratégique de Brooke, une grande partie de l'armée américaine voyageant à bord de navires en majorité britanniques, occupait désormais Casablanca, Alger et Oran. Sous le commandement d'Eisenhower, en poste sur le terrain pour la première fois de sa carrière — sujet d'inquiétude pour Brooke — l'invasion avait pris Hitler complètement au dépourvu. Mais le Führer avait réagi avec sa promptitude caractéristique et rétablissait contre toute attente la position stratégique de l'Axe en Afrique du Nord en implantant une vaste tête de pont italo-allemande en Tunisie, sur laquelle Rommel pouvait se replier.

Il n'en restait pas moins que Rommel était venu pour infliger un nouveau Cannes aux Anglais, mais que c'était Montgomery qui lui avait infligé un nouveau Cannes. La prise d'Alexandrie et du Caire n'était plus qu'une illusion lointaine ; et les pertes allemandes étaient énormes. Quelque 59 000 hommes avaient été tués, blessés ou faits prisonniers, dont 34 000 Allemands. Le corps expéditionnaire avait perdu 500 chars et 400 canons. Quant à la 21e de Panzer, son unité favorite, ayant manqué d'essence à Marsa Matruh, elle s'était formée en hérisson pour une dernière résistance, avant que les équipages n'abandonnent leurs chars pour échapper au piège. Exaspéré et sans plus aucune illusion sur le Führer, il décida alors en désespoir de cause de quitter son commandement sans autorisation et de prendre l'avion jusqu'au Führerhauptquartier pour obliger Hitler soit à renforcer ses troupes et à les ravitailler convenablement, soit à donner l'ordre d'évacuation avant de les voir prises au piège et anéanties : « Il dépend de Dieu seul que je survive à cette bataille. Le destin est dur pour les vaincus », écrivit-il à sa femme avant de s'envoler. Arrivé à Rastenburg, en Prusse-Orientale, l'après-midi du 28 novembre, il fut convoqué par le

Führer à 5 heures. Les deux hommes se rencontrèrent dans une salle de conférence, profondément enterrée dans un endroit humide et sans air d'où Hitler gouvernait presque toute l'Europe. L'atmosphère était cette fois bien différente de celle de leur précédent entretien. « Il y avait entre nous, rapporta Rommel, un froid glacial. »

Rommel commença par décrire sa position du moment en Afrique du Nord, puis orienta la conversation sur le futur. Il ne mâcha pas ses mots. Si l'armée allemande restait en Afrique du Nord, elle serait anéantie. A ces mots Hitler explosa. « La seule mention du problème stratégique produisait sur lui le même effet qu'une étincelle dans un baril de poudre », nota Rommel. Hitler accusa le maréchal de défaitisme et ses troupes de lâcheté, et comme sa colère montait, il avertit Rommel que « les généraux qui avaient avancé des propositions semblables en Russie... avaient été mis contre un mur et fusillés ».

Mais Rommel ne se laissa pas intimider. Il réfuta les allégations et déclara qu'il était impossible de juger de la bataille d'Afrique du Nord depuis la Prusse-Orientale. Puis il mit le Führer hors de lui en l'invitant, ou à défaut Keitel et Jodl, à aller se rendre compte des choses par eux-mêmes. De toute évidence, c'en était trop pour Hitler. Selon le rapport secret d'un agent OSS, il se retourna alors avec mépris vers Rommel et dit : « Monsieur le Feldmarschall, capitulez si vous voulez, si c'est à quoi vous sert d'être maréchal. Si vous, en tant que maréchal, estimez que vous n'êtes plus capable de continuer à tenir plus longtemps, votre grade n'aura été d'aucune utilité. Et maintenant sortez ! »

Sur quoi, Rommel salua, tourna les talons et quitta la pièce. Mais comme il fermait la porte, elle s'ouvrit à nouveau violemment. Rattrapant son visiteur, Hitler mit la main sur l'épaule de Rommel : « Il faut m'excuser, dit-il, je suis très nerveux, mais tout va s'arranger. Venez me voir demain et nous en parlerons calmement. Il est impossible d'imaginer que l'Afrika Korps puisse être détruit. »

Le lendemain Rommel se présenta à nouveau au Führerhauptquartier et Hitler annonça qu'il enverrait Goering à Rome pour régler le problème des renforts. Les deux chefs quittèrent alors le Führer pour Rome dans le train privé de Goering, décidés à exiger de Mussolini un soutien réel de l'armée italienne. Mais quand ils arrivèrent, Goering passa son temps à rechercher des tableaux et des sculptures dont il espérait remplir son train. Il s'exhiba au cours d'une « party » en toge et sandales couvertes de bijoux, les joues fardées et les ongles des pieds recouverts de vernis rouge. Au bout de trois jours, se rendant compte qu'il perdait son temps à Rome, Rommel, écœuré, décida de regagner l'Afrique du Nord. Goering, était complètement fou, et Hitler ne valait guère mieux. « Dans l'avion qui me ramenait en Afrique, écrivit-il, je me rendis compte que nous étions maintenant entièrement livrés à nous-mêmes et que, pour éviter que l'armée ne fût détruite, à cause d'un ordre insensé, nous n'aurions pas trop de toute notre habileté. »

Effectivement, Rommel fit de son mieux pour éviter la défaite. Comme l'armée d'Alexander avançait vers l'est et celle d'Eisenhower à l'ouest, il battit habilement en retraite en Tunisie, et regagna par suite son prestige auprès du Führer. Le Renard du désert montrait de quoi il était encore capable. Quand il surgit des broussailles à Kasserine pour donner aux troupes américaines un vilain coup de griffe qui aurait pu s'envenimer, les Américains furent pris au dépourvu, en partie à cause de généraux médiocres. Eisenhower releva de leurs fonctions un commandant de corps d'armée, le général Lloyd R. Fredendall, et un commandant de division en partie parce qu'ils étaient « novices » et loin d'être à la hauteur des vétérans de l'Afrika Korps. La sécurité radio américaine, elle aussi, était défectueuse, contrairement à celle de Rommel. Le maréchal avait en effet ordonné le silence radio complet avant l'attaque ; et le chef du service secret d'Eisenhower, le général de brigade E.T. Mockler-Ferryman, comme son état-major, en avait conclu que puisqu'il n'y avait pas d'Ultra, il n'y aurait pas d'attaque. Pour cette erreur d'appréciation, Mockler-Ferryman fut limogé, renvoyé à Londres et remplacé par le général de brigade Kenneth W.D. Strong des Royal Scots Fusiliers, ex-attaché militaire à Berlin, et en rapports étroits avec les conspirateurs de la Schwarze Kapelle. Il allait rester aux côtés d'Eisenhower jusqu'à la fin de la guerre.

Kasserine fit beaucoup de tort à Eisenhower et illustra de façon dramatique les dangers d'une trop grande dépendance à l'égard d'Ultra, erreur que les Alliés répéteraient dans le nord-ouest de l'Europe. Rommel, lui, se retira de Kasserine en bon ordre. Il allait une fois de plus essayer d'échapper au piège des Alliés. A Médenine en Tunisie, le 5 mars 1943, il rassembla ses chères 15ᵉ et 21ᵉ divisions de Panzer (reconstituées après le désastre de novembre) et assena un rude coup à Montgomery. Montgomery cependant, prévenu par les avertissements d'Ultra, le vit venir, rassembla un puissant écran antichars, et brisa l'assaut avant que Rommel ait pu faire une seule percée dans ses lignes, l'obligeant à se retirer en abandonnant 52 des 140 chars dont il disposait au début sur le champ de bataille.

C'était la dernière bataille de Rommel en Afrique. Le 7 mars 1943, il quittait son commandement sur l'ordre de Hitler, qui le reçut dans l'après-midi du 10 mars à Rastenburg. « J'aurais dû vous écouter plus tôt, dit-il, l'Afrique est perdue maintenant. » — « Pensez-vous vraiment que nous puissions atteindre à la victoire totale que nous poursuivons ? » demanda alors Rommel. Hitler répondit : « Non ! » — « Vous rendez-vous compte des conséquences de la défaite ? » dit encore Rommel. — « Oui, répondit Hitler, je sais qu'il faut faire la paix avec l'un ou l'autre des deux côtés, mais personne ne fera la paix avec nous. » Sur ces sombres perspectives et convaincu désormais que Hitler entraînerait l'Allemagne avec lui dans la défaite, Rommel prit congé du Führer.

Le 7 mai, le 11ᵉ hussards, les « rats du désert » de la 8ᵉ armée, entra à Tunis, et les restes du groupe d'armées Afrika — quelque 220 000 Allemands et Italiens — capitulèrent avec tous leurs chefs. La guerre en Afrique prenait fin. Elle avait coûté à l'Axe plus de 600 000 hommes, 8 000 avions, 6 000 canons, 2 500 chars, 70 000 camions et 2,4 millions de tonnes de matériel, contre des pertes alliées s'élevant à 70 000 hommes environ. C'était, pour les Alliés, une victoire prodigieuse qui servirait de modèle aux futures opérations combinées. La plupart des conditions préalables, indispensables à une invasion et posées par Brooke : ouverture de la Méditerranée pour naviguer en sécurité, établissement d'un front le long des rivages de l'Europe du Sud, création de nouvelles bases aériennes d'où on pourrait attaquer la machine de guerre industrielle des Allemands, du sud comme de l'ouest, se trouvaient maintenant remplies. Brooke avait eu raison, Marshall avait eu tort et Eisenhower avait été pris en défaut. Mais dans l'euphorie du moment tout cela passa sous silence. Neuf mois plus tôt, les Alliés étaient au bord de la défaite ; maintenant ils pouvaient envisager la victoire avec assurance, à moins d'une erreur fatale le jour J.

De sa villa montagnarde à Semmering, Rommel assistait à la fin de la guerre en Afrique du Nord. Rempli de chagrin et d'amertume devant la destruction de l'armée et des hommes qu'il avait sincèrement et profondément aimés, il savait que l'Allemagne courait maintenant à sa perte.

C'est à cette époque qu'il reçut son ami, le Dr Karl Strielin, Oberbürgermeister de Stuttgart, et qu'il entendit probablement parler pour la première fois de la Schwarze Kapelle.

LES RACINES DE LA CONSPIRATION 1934-1943

Gehlen — Ne pensez-vous pas que la trahison a décidé de l'issue de la Seconde Guerre mondiale ?

Sibert — Je pense qu'il y avait un autre facteur beaucoup plus important. Nous lisions toutes les communications chiffrées de votre Haut Commandement, et les Britanniques les lisaient depuis le début. On a attribué aux conspirateurs beaucoup de choses qu'ils n'ont jamais faites. En fait, ils nous servaient de couverture pour Ultra.

Gehlen — S'il en est ainsi, nous n'avions pas la moindre chance.

(Extrait d'une conversation entre le général Reinhard Gehlen et le général Edwin L. Sibert.)

Chapitre Premier

CANARIS

Le contre-amiral Wilhelm Franz Canaris, chef de l'Abwehr, passa le premier week-end de septembre 1939 dans son bureau du 76/78 Tirpitzufer, donnant sur les magnifiques châtaigniers et tilleuls du Tiergarten de Berlin. Le dimanche matin 3 septembre, il se leva à l'aube pour lire les rapports des téléscripteurs qui arrivaient de tous les relais d'espionnage du monde entier. Il se prépara ensuite pour la journée et alla se promener dans le Tiergarten avec son adjoint, le colonel Hans Oster. En marchant le long des allées cavalières, ils rencontrèrent plusieurs membres de l'état-major allemand à cheval comme chaque matin, comparables aux « seigneurs de la création ». Les deux hommes évoquèrent la crise mondiale proche : dans trois heures expirait l'ultimatum britannique à l'Allemagne exigeant le retrait des troupes allemandes de Pologne. Qu'allait faire le Führer maintenant que son bluff était enfin démasqué ? N'avait-il pas tonné devant un visiteur à la Chancellerie, le vendredi soir : « Si l'Angleterre veut se battre un an, je me battrai un an ; si l'Angleterre veut se battre deux ans, je me battrai deux ans. Si l'Angleterre veut se battre trois ans, je me battrai trois ans... »

Mais comme l'avait remarqué son visiteur, l'humeur belliqueuse de Hitler était seulement superficielle ; il était visiblement nerveux et plein d'appréhension. Canaris aussi... Il continua sa promenade dans le Rosengarten où s'élevait la grande statue de marbre de l'impératrice Augusta Viktoria. Là, ils rencontrèrent l'attaché militaire espagnol. « Naturellement, leur lança-t-il de son cheval, l'Allemagne a préparé cette guerre jusqu'au dernier détail pour la victoire finale. » Canaris répliqua : « Calculé... c'est beaucoup dire... »

Les quartiers généraux de l'Abwehr occupaient deux anciennes maisons particulières desservies par un vieil ascenseur bruyant qui grinçait et tanguait. Le bureau de Canaris était au quatrième étage et ressemblait, disaient certains visiteurs, au cabinet de travail d'un professeur d'université un peu désordonné et très absorbé. Il y avait un vieux tapis de Perse que Canaris avait refusé de faire remplacer, et le bureau était chargé de bronze dans un style très XIXe mais taché d'encre et terne. Une pile de couvertures de l'armée recouvrait le lit de camp dans un coin de la pièce, refuge favori de Seppi, le basset de Canaris, son compagnon de chaque instant. Sur le bureau : la maquette du croiseur léger *Dresden* et un presse-papier à l'insigne de l'Abwehr : trois singes de cuivre, l'un tendant l'oreille, le second lançant par-dessus son épaule un regard aigu, le troisième la main sur la bouche. Les livres les plus récents et les derniers magazines encombraient les rayons ; sur l'un des murs, un portrait du diable — cadeau d'un ambassadeur japonais — et sur l'autre, les portraits de ses prédécesseurs. Derrière son bureau, une photo de Hitler à bord du *Schlesien,* le premier commandement de Canaris. C'est de cette pièce que l'amiral contrôlait l'immense organisation d'espionnage qui fournissait à Hitler, au commandement suprême (OKW) et à l'état-major général, les renseignements militaires. politiques, économiques et diplomatiques en provenance de l'étranger ; il contrôlait aussi une organisation de contre-espionnage pour égarer les ennemis de l'Allemagne.

Peu après son retour de promenade, vers dix heures, Canaris trouva un message apporté par son aide de camp. Le service secret britannique (MI-6) venait de lancer un mot de code à tous ses relais. Ce mot était Hallebarde. Canaris en conclut que les Anglais considéraient la guerre comme inévitable. Les minutes passèrent ; à midi, Canaris prit la BBC de Londres à son poste Telefunken. A douze heures quinze précises, la voix grêle et monocorde du Premier ministre Neville Chamberlain parvint à travers l'éther.

> Je vous parle de la salle du Conseil, au 10, Downing Street. Ce matin, l'ambassadeur de Grande-Bretagne à Berlin a remis au gouvernement allemand une note irrévocable, spécifiant que si, à onze heures, le gouvernement britannique n'était pas informé que les Allemands étaient prêts à retirer leurs troupes de Pologne, l'état de guerre serait effectif entre nous. J'ai maintenant à vous annoncer qu'aucun engagement de ce genre n'a été reçu et qu'en conséquence, notre pays est en guerre avec l'Allemagne.

Canaris éteignit la radio et donna l'ordre à Oster d'envoyer sur-le-champ un télégramme informant les trois mille hommes et femmes de son personnel des hostilités déclarées entre l'Allemagne, la Grande-Bretagne et la France. Puis il convoqua une « Kolonne », réunion d'état-major. Ayant passé en revue les dispositions à prendre pour l'Abwehr en temps de guerre, il prononça alors quelques paroles singulières à propos du service secret britannique, son adversaire principal dorénavant :

> Je dois vous mettre en garde pour plusieurs raisons. Au cas où vous travailleriez pour lui, j'en serais probablement averti, comme cela s'est déjà produit plusieurs fois. Des messages vous concernant seraient envoyés en code et, de temps en temps, il nous arrive de briser un code. Vos noms apparaîtraient par suite un jour ou l'autre, sur des fiches et des registres. Cela aussi est ennuyeux, car sur de telles activités il est difficile à la longue de fermer les yeux. Je sais également que le service secret britannique rétribue très mal ses agents. Si vous en faites donc une question d'argent, laissez-moi encore vous dire que les Anglais récompensent mal les services rendus, et que s'ils ont le moindre soupçon, ils n'hésitent pas à vous trahir.

C'était là un avertissement inutile car l'exécutif de l'Abwehr était absolument fidèle au petit amiral. Mais à qui Canaris, lui, était-il fidèle ? Question étrange mais légitime, car après cette mise en garde sur le service secret britannique, l'amiral ajouta quelques paroles prophétiques pour une poignée d'intimes : une défaite pour l'Allemagne dans cette guerre serait désastreuse, mais une victoire de Hitler serait une catastrophe. En conséquence, l'Abwehr ne devrait rien faire qui prolongeât la guerre d'un jour. »

Remarque assez stupéfiante dans la bouche du chef suprême des services secrets. Mais en fait, Canaris appartenait depuis longtemps à un groupe de militaires opposés à Hitler et à ses ambitions messianiques pour le Troisième Reich. Tandis que Hitler resserrait son emprise sur le peuple allemand et le rapprochait chaque jour d'une nouvelle guerre mondiale, ce groupe était passé d'une dissidence passive à une conspiration active contre le Führer et le parti nazi. Cette conspiration, on finirait par la connaître sous le nom de Schwarze Kapelle ; Canaris en était l'un des chefs. En vérité, dans la mesure où il avait accès aux secrets les plus profonds du Troisième Reich, et dans la mesure où il dirigeait l'espionnage et le contre-espionnage, de par sa position, Canaris pouvait causer un préjudice fatal à Hitler et à sa politique. C'est ainsi que six heures à peine après le début de la guerre, il autorisa un véritable acte de trahison. Il permit en effet à Oster, autre membre de la Schwarze Kapelle, d'envoyer un jeune assistant, le major Fabian von Schlabrendorff à l'hôtel Aldon, où savait-il, la mission diplomatique britannique se rassemblait avant de regagner l'Angleterre. Là, Schlabrendorff chercha l'attaché militaire britannique, le colonel Dennis Daley, et le trouva avec le chef local du MI-6, le major Foley. Schlabrendorff informa les Anglais méfiants que l'opposition militaire allemande s'efforcerait sous peu d'établir une voie de communication avec le gouvernement britannique par le Vatican. Il les avertit également que Hitler avait l'intention d'effectuer un bombardement massif sur Londres pour marquer le début de la guerre. Daley remercia l'Allemand, lui souhaita bonne chance et se hâta d'aller avertir la capitale anglaise.

Ce même dimanche matin, un radar de l'estuaire de la Tamise repéra un avion inconnu. Juste au moment où le Premier ministre finissait sa déclaration de guerre à l'Allemagne nazie, les sirènes retentirent, tandis que les grands barrages de ballons s'élevaient dans les airs et que les servants des canons antiaériens se mettaient en position. Tout Londres se réfugia dans les abris, mais il ne s'agissait que d'une fausse alerte. L'avion fut vite identifié : c'était un courrier français qui venait à Londres pour une raison inconnue. Aussi quand l'avertissement de Schlabrendorff parvint à Londres, le MI-6 l'interpréta comme une ruse, une de ces nombreuses menaces et contre-menaces échangées entre services secrets allemands et britanniques au cours de la guerre psychologique qui avait précédé la déclaration des hostilités. Ce fut seulement à la fin de la guerre que l'interrogatoire du général Jodl, permit de connaître la vérité. Hitler avait bien eu l'intention de lancer un raid sur Londres le premier jour de la guerre. Mais Jodl l'en avait finalement dissuadé ; le raid, avait-il dit, n'aboutirait à rien et attirerait des représailles. Canaris avait donc bien averti les Anglais en connaissance de cause.

Canaris, ayant reçu le commandement de l'Abwehr à la fin de 1933, entra en fonctions le jour de son quarante-septième anniversaire, le 1er janvier 1934. C'était un homme de petite taille, les cheveux presque blancs, secret, nerveux et passionné. Il zézayait légèrement, avait une expression mélancolique et marchait un peu voûté, les mains nouées derrière le dos. Courtois, sincère, bienveillant, vigilant et dur, avec les yeux semblables à ceux du basilic, perçants et bleus, il avait les manières de l'époque impériale. D'une éducation parfaite, ayant beaucoup voyagé, il parlait la langue de ses ennemis — l'Angleterre, la France et la Russie — presque aussi bien que celle de ses amis, l'Espagne et l'Italie. Dès lors, commençait pour lui une véritable odyssée de l'intrigue, assez unique dans l'histoire moderne.

Une décennie plus tard, il était mort et son monde s'était consumé avec le phénix allemand. Les témoins survivants ne pouvaient ou ne voulaient pas parler, seuls subsistaient des bruits, des rumeurs, des demi-vérités, quelques documents d'Etat, sa fille et sa veuve silencieuse, Erika, vivant ses dernières années en grand deuil, exilée en Espagne dans une villa prêtée par le général Franco avec une pension qu'on supposait versée par les soins d'Allen Dulles, chef de l'Organisation centrale de renseignement (CIA). Canaris avait résolument confondu l'histoire avec le mystère. A son sujet, circulaient autant d'opinions diverses qu'il y avait d'hommes employés par Menzies à élucider sa conduite singulière, insaisissable et complexe, conduite attribuée à toutes sortes de causes, depuis une anglophilie homosexuelle jusqu'à une russophobie un peu jésuite. Le colonel Samuel Lohan, parlant au nom des organisations secrètes anglaises le reléguait au rang d' « inefficace, intrigant, traître et zézayant ». Le professeur Sir John Wheeler-Bennet le décrivait, lui, comme « le renard gris dans sa tanière de la Tirpitzufer ». Le général Louis Rivet, principal adversaire français de Canaris, l'appelait « trapéziste », en ajoutant que « les meilleurs trapézistes finissent par se tuer ». Le général Efisio Marras, attaché militaire italien à Berlin pendant la plus grande partie de la Deuxième Guerre mondiale, le voyait comme « un homme extraordinairement intelligent ; à la limite, sans scrupules ». Ernst Kaltenbrunner, chef du Sicherheitsdienst (SD) — service de sécurité de la Schutzstaffel (SS), unité d'élite chargée de la protection personnelle de Hitler — mortel adversaire de l'Abwehr, cria du banc des accusés, lors de son procès : « J'ai pu constater la haute trahison de Canaris. » Otto Skorzeny enfin, l'un des chefs des SS, le dénonça ainsi : « Canaris a livré les secrets militaires de son pays à la Grande-Bretagne directement et volontairement depuis le début jusqu'à la fin de sa carrière. » Quant à Jodl, il devait témoigner au Tribunal international de Nuremberg que Canaris « avait servi l'ennemi pendant des années ». Allen Dulles cependant devait le décrire comme « l'un des hommes les plus courageux de l'histoire moderne, un gentleman, un patriote et un visionnaire des Etats-Unis d'Europe conduits par l'Angleterre, la France et l'Allemagne ». Même le critique le plus acerbe de la Schwarze Kapelle, le général Reinhard Gehlen, chef, pour la durée de la guerre, de « Fremde Heere », section secrète d'évaluation des renseignements et successeur virtuel de Canaris pour l'après-guerre, devait admettre que « malgré l'atmosphère de mauvaise réputation qui l'entourait, il était doté de qualités intellectuelles rares chez les officiers de cette première moitié du XXe siècle... ».

Mais qui était exactement cet homme mystérieux ? Le seul parmi les Allemands à avoir approché davantage cette étrange personnalité est le baron Ernst von Weizsäcker, secrétaire d'Etat au ministère des Affaires étrangères et membre occasionnel de la conspiration, quand il écrivait :

> C'est l'un des phénomènes les plus intéressants de notre temps, que la dictature a révélé et perfectionné : un mélange d'idéalisme désintéressé et de sagacité rare en Allemagne. Sage comme le serpent, pur comme la colombe... Qu'il ait eu ou non du sang grec, je l'ignore mais, en tout cas, il passait pour un Ulysse rusé. Même Hitler l'admettait, sinon il n'aurait pas confié les services secrets de l'armée à un marin. Mais il n'avait pas vu le fond de son cœur. Même la Gestapo ignorait l'homme qu'il était réellement. Canaris possédait le don de faire parler les gens sans rien révéler de lui-même. Ses yeux bleu pâle ne livraient rien des profondeurs de son être. Ce n'est que très rarement, et presque imperceptiblement, qu'on pouvait apercevoir la clarté de sa nature, l'aspect profondément moral et tragique de sa personnalité.

Parmi les Britanniques, seul Menzies, avec le Premier ministre Churchill et son ministre des Affaires étrangères, Anthony Eden, finiraient par découvrir ce personnage énigmatique. Pourtant, Menzies garderait toujours la plus grande réserve au sujet de son vieil adversaire, sauf pour dire que Canaris était « bougrement courageux et malchanceux ».

Plusieurs similitudes frappantes existaient entre les vies et les carrières de Menzies et de Canaris. Tous deux étaient nés au sein de l'élite, au siècle des nationalismes dynamiques et ambitieux. Par deux fois au cours de leur vie, leurs pays respectifs allaient régler leurs différends par la guerre. Tous deux allaient servir dans le premier grand conflit, puis diriger, pendant le second, le service secret de leur gouvernement. Canaris était de trois ans l'aîné de Menzies, il était né le jour de l'an 1887 dans une grande villa entourée de hauts murs, en bordure d'une route pavée, dans la banlieue minière de Dortmund : Aplerbeck. Son père, comme celui de Menzies, était un homme riche, baron des houillères, qui possédait des puits et des forges dans la région. Sa mère était fille du maître forestier des propriétés du Frankenwald des ducs de Saxe-Cobourg-Gotha. Italienne originaire de Sala sur le lac de Côme, la famille avait émigré en Allemagne au XVIe siècle et s'était mise à travailler la vigne à Bernkastel, grand centre vinicole sur la Moselle. Ce n'était pas une famille ordinaire. On disait qu'un des Canaris avait donné un ancêtre à Napoléon, un autre à Constantin Canaris, l'amiral grec dont les canonnières avaient détruit l'escadre turque à Chios et libéré ainsi la Grèce de la domination turque.

En 1789, Franz Canaris était chambellan à la cour de l'Electeur de Trèves, une des capitales du Saint Empire romain germanique, cour vouée à l'intrigue, où « espions et assassins, traîtres et fourbes parcouraient, quatre de front, les longues rampes des machinations dynastiques religieuses et politiques ». Au début du XIXe siècle, la famille abandonna le catholicisme pour le protestantisme quand l'un de ses membres épousa une protestante évangéliste. Elle abandonna également le commerce du vin, puis partit vers le nord. Le grand-père de Canaris devint alors Königlischer Bergrat — conseiller royal des Mines — pour le duché de Hesse. L'essor des usines Krupp leur ayant rapporté la prospérité, ils fondèrent leur propre affaire et, au moment de la naissance de Canaris, étaient devenus des bourgeois riches et influents.

Il n'y avait pas de tradition militaire dans la famille. Mais, après avoir fréquenté le Realgymnasium de Dortmund, le jeune Canaris choisit de servir dans la marine. Le 1er avril 1905, il entrait à l'Académie navale à Kiel et à la fin de 1906, il naviguait sur un navire-école dans les eaux méditerranéennes. A la fin de ce stage, il était affecté au croiseur léger *Dresden*, bateau moderne en service dans l'Atlantique-Sud.

Le *Dresden* relâchait à Saint-Thomas, dans les Antilles danoises, pour faire du charbon quand la Première Guerre mondiale éclata. Le bâtiment quitta le port subrepticement et s'embarqua dans une aventure assez exceptionnelle exigeant des qualités de marin, de courage et d'endurance, dont on compte peu d'exemples. Pendant deux cent quatorze jours, il fut comme un loup gris lâché sur les océans du sud, coulant des navires marchands sur les routes de la viande et du nitrate entre l'Amérique du Sud et l'Angleterre. Le *Dresden* participa à la bataille de Coronel en octobre 1914 quand l'amiral von Spee détruisit l'escadre de cuirassés britanniques du contre-amiral Sir Christopher Cradock, première grande défaite enregistrée par la Royal Navy depuis plus d'un siècle. Il fut également le seul survivant allemand de la bataille des îles Falkland. Le *Dresden* fila, réussit à échapper à ses poursuivants pendant plus de cent jours, mais fut finalement encerclé par trois croiseurs britanniques près d'un écueil de lave noire au large de la côte est du Chili.

Quand les croiseurs britanniques eurent endommagé le *Dresden*, Canaris, qui était l'officier de transmissions et de renseignements, monta à bord du HMS *Glasgow* pour protester contre cette attaque sous le prétexte que le

Dresden était en eaux neutres. En réalité, il y était venu pour gagner du temps et permettre à son capitaine de faire évacuer l'équipage et de saborder le navire avant que les Britanniques ne l'arraisonnent. Le capitaine britannique rejeta la protestation de Canaris, ayant ordre de n'accepter qu'une « reddition inconditionnelle », paroles fatidiques que Canaris entendrait encore trente ans plus tard. Soudain, une explosion troua le *Dresden* qui commença à couler. Canaris salua alors son adversaire et quitta le *Glasgow* pour rejoindre l'équipage du *Dresden*, maintenant rassemblé sur le rivage, chantant l'hymne allemand, tandis que le croiseur, pavillon au vent, sombrait lentement au fond de la baie.

Le gouvernement chilien interna l'équipage du *Dresden* sur une île, à 800 km de là, dans le Pacifique. Mais Canaris n'y resta pas longtemps. Il acheta la complicité du capitaine d'un bateau de pêche pour l'emmener sur le continent, alla à l'ambassade allemande de Santiago, où on lui donna des papiers qui faisaient de lui un Anglo-Chilien sous le nom de Reed-Rosas. Il partit en voiture en direction d'Osorno, traversa, déguisé en métis, la cordillère des Andes en plein hiver. Arrivé à Neuquen, petite ville de la montagne, il prit un train pour Buenos Aires. De là, il trouva une place sur le vapeur hollandais *Frisia* à destination de Rotterdam.

Le 17 septembre 1915, Canaris se présentait à l'état-major de la Marine à Berlin. Il n'était plus que l'ombre de lui-même. Malade, complètement épuisé, il avait contracté la malaria et la dysenterie. Sa « saga » personnelle eut pourtant sa récompense. Le Kaiser Wilhelm octroya la croix de fer au jeune lieutenant. Après une période de permission et de repos, Canaris, promu capitaine, devait rejoindre ensuite le capitaine Kurt von Krohn, chef de l'Etappe en Espagne, organisation d'espionnage et de ravitaillement de la flotte allemande. Au début de 1916, Canaris se retrouvait donc à Madrid ; sa longue carrière d'agent secret, aux prises avec le service secret britannique, commençait.

C'était au temps où la guerre secrète entre la Grande-Bretagne et l'Allemagne se livrait, sans tenir compte des vies individuelles, pour des enjeux énormes : la maîtrise de la Méditerranée, de Suez, le contrôle des bassins pétroliers d'Arabie et de Perse et, pour la Grande-Bretagne, la communication avec son Empire à l'est de Suez. Les sous-marins allemands opérant depuis le port austro-hongrois de Pola dans l'Adriatique, faisaient une effroyable moisson de bateaux de l'Entente grâce aux renseignements glanés par Canaris parmi les gardiens de quai de Carthagène. C'est ainsi qu'au cours de l'été 1916 le capitaine Menzies du MI-6 fut envoyé en Espagne pour « tuer ou capturer » le jeune Allemand. Ce devait être leur première et unique rencontre sur le terrain.

Canaris était souffrant cet été-là. Sa malaria le reprenait et il subissait le contrecoup de ces longs mois d'épreuve. C'est pourquoi le capitaine Krohn décida de renvoyer Canaris en Allemagne afin de se reposer et de se soigner. Habillé en moine, il partit, tel un pèlerin, pour le tombeau de saint François d'Assise, parcourant la France, puis l'Italie. Cependant, au lieu d'aller vers Assise, il se dirigea vers Domodossola, ville-frontière avec la Suisse. Mais rattrapé par le contre-espionnage de l'Entente, il fut emprisonné en attendant de passer en jugement comme espion allemand. Il réussit cependant à esquiver le procès en simulant la tuberculose, en se mordant la langue pour donner l'illusion d'un mucus sanglant. On le relâcha. De puissants amis espagnols, dont un jeune officier nommé Franco, avaient appris son arrestation, et fait une démarche auprès de l'ambassadeur d'Italie à Madrid, épargnant à Canaris le peloton d'exécution.

De retour à Madrid en août 1916, Menzies, de son côté, reprit la piste. Krohn télégraphia à l'Admiralstab, demanda un *U-boot* pour venir chercher son assistant malade, mais l'échange de messages fut (déjà) intercepté par le service cryptographique de l'Amirauté. On tendit un piège à Carthagène, à la fois pour l'*U-boot* (placé sous les ordres d'un des meilleurs sous-mariniers allemands de la Méditerranée, le capitaine Arnauld de La Perière) et pour Canaris.

Le rendez-vous était fixé dans la baie de Salitrona, au large de Carthagène. Poursuivi par Menzies et une équipe du contre-espionnage de l'Entente, Canaris arriva là-bas et trouva refuge à bord du vapeur allemand interné *Roma*.

Menzies découvrit très vite où se cachait sa proie. Son informateur était Juan March, jeune juif qui contrôlait tout le front de mer à Carthagène et qui maîtriserait bientôt toute l'économie espagnole. Avec l'aide de March, Menzies encercla le *Roma*. Les sous-marins côtiers français *Topaze* et *Opale* patrouillaient au large, prêts à torpiller le *U-35* venant dans la baie de Salitrona au secours de Canaris. En cas d'échec, trois bateaux de surface et une escadrille d'hydravions lance-torpilles prêteraient leur concours.

La nuit était noire sur le front de mer quand Canaris et deux autres agents allemands se glissèrent à bord d'un petit bateau de pêche et quittèrent le port au milieu de la flottille de pêcheurs de maquereaux. Menzies, apprenant sa fuite, fit envoyer des messages aux sous-marins français et bateaux de surface stationnés sur le lieu de rendez-vous avec le *U-35*. Mais des douzaines de bateaux de pêche y étaient alors rassemblés, et Canaris pouvait être dans n'importe lequel d'entre eux.

Le *U-35* se glissa alors dans la baie de Salitrona et jeta l'ancre au large du signal de Tinoso à 2 h 30 du matin, le 1er octobre. Le capitaine Arnauld de La Perière sortit son périscope et vit qu'il était entouré de bateaux de pêche dansant sur la mer. Il devait guetter celui dont la lampe de mât donnerait la lettre M en signaux morse, mais tous les bateaux de pêche avaient des lanternes à leur mât et elles clignaient toutes au rythme de la houle légère. Le soleil se levait et l'aube n'était à l'est qu'un mince ruban rouge entre la mer d'un noir opaque et le ciel. C'est à 6 h 32, selon le rapport de Canaris à l'Admiralstab, que La Perière vit un bateau-pêcheur monter un pavillon rouge et signaler la lettre M. C'était Canaris. La Perière amena le *U-boot* presque le long de la barque et fit surface très doucement. Canaris et ses compagnons sautèrent à bord et disparurent par une écoutille. Puis le *U-35* s'enfonça et fit route au plus vite et au plus profond vers Pola dans l'Adriatique. Les commandants de *Topaze* et *Opale* n'avaient rien vu malgré leurs périscopes dressés : le soleil levant les avait aveuglés. Canaris venait de gagner la première manche de son combat contre Menzies.

En 1917, après un traitement médical prolongé, Canaris reprenait du service dans les sous-marins et coula quelque dix-huit bateaux dans la Méditerranée. Puis à la fin de la guerre, il retourna dans une Allemagne vaincue. Le Kaiser était parti en exil à bord de son train blanc et or, la monarchie s'effondrait en Bavière, les communistes s'emparaient du palais royal à Potsdam et la fumée de la guerre civile planait au-dessus de Berlin. Les Alliés victorieux imposaient aux vaincus des conditions impitoyables. Sous la direction de Paul von Hindenburg, moins un héros qu'un monument, la République de Weimar gouvernait péniblement, depuis le siège des grands-ducs de Saxe. Une nuit sombre couvrait l'Allemagne, l'aube semblait lointaine.

Dans les années 20, Canaris s'essaya à la politique et fut accusé aussi bien d'avoir trempé dans le meurtre des révolutionnaires socialistes Karl Liebknecht et Rosa Luxemburg que de conspirer contre la République de Weimar afin de remettre le Kaiser sur le trône. Détaché de son poste d'officier de liaison à l'Admiralstab et envoyé à l'étranger, il attira par ses activités l'attention du service secret de la marine US en 1928. L'attaché naval américain à Berlin eut la curiosité d'enquêter, et découvrit une ténébreuse affaire. Le rôle de Canaris n'y fut jamais vraiment éclairci. Il faut savoir qu'à la fin de la Première Guerre mondiale, le gouvernement allemand avait obtenu l'autorisation de garder intacte une section de l'Admiralstab, la Marine Transport Abteilung. Or cette section devint, en secret, le paravent derrière lequel se cacha l'Etappe, bientôt rétablie. Qui finançait l'organisation ? Les attachés de l'Entente, qui surveillaient de très près le budget allemand, ne découvrirent rien, jusqu'à ce qu'éclatât le « scandale Phoebus ».

Il apparut alors que Canaris et d'autres officiers de l'Abteilung avaient investi des fonds secrets de l'Admiralstab dans des compagnies privées, à la fois pour se couvrir et pour financer leurs activités clandestines. L'une de ces compagnies, un organisme de production de films appelé Phoebus, fit banqueroute pour un total de vingt-six millions de marks-or. Ses créanciers poursuivirent alors les directeurs de la compagnie qui essayèrent de faire retomber la responsabilité sur l'Abteilung. La presse allemande ayant cité Canaris et un certain capitaine Lohman, on décida d'envoyer rapidement à l'étranger les deux hommes avant qu'ils ne comparussent devant une cour où ils eussent risqué, par leurs témoignages, d'impliquer le gouvernement allemand dans des opérations illégales d'espionnage.

A la fin des années 20, Canaris participe à la création d'un réseau embryonnaire d'espionnage en Europe centrale et dans les Balkans. Il coopère avec au moins un service d'espionnage de l'Entente — très probablement le britannique — contre des agents communistes qui commencent à affluer en Europe de l'Ouest pour susciter des révolutions de soutien en faveur du Kremlin. Cependant, tous les papiers officiels de Canaris attestent à l'époque de ses services comme premier officier du croiseur *Berlin*, premier officier du vieux cuirassé *Schlesien*, puis comme chef d'état-major de la Station de la mer du Nord. Commandant en 1933 le dépôt naval de Schweinemünde sur la Baltique, là aurait pu se terminer sa carrière si le destin, et Hitler, n'étaient intervenus.

Canaris en effet n'appartenait pas au cercle familier du commandant en chef de la Kriegsmarine, l'amiral Erich Raeder, pas plus qu'il n'était membre du parti nazi. Traditionnellement, le poste de chef de l'Abwehr était un fief de la Marine, mais quand ce poste devint vacant, Raeder recommanda Canaris. Ce dernier fut convoqué au bureau de Hitler à la Chancellerie. « Ce que je veux, lui dit Hitler, est un service secret semblable à celui des Britanniques, un genre d'Ordre, faisant son travail avec passion. » C'est ainsi que le jour de l'an 1934, Canaris, maintenant amiral, devenait le nouveau chef de l'Abwehr.

Le choix de Canaris pour un poste aussi important et délicat paraissait invraisemblable. Il était, dit-on, « sans transparence » et de plus, appartenait à cette franc-maçonnerie d'aristocrates et de ploutocrates que Hitler appelait lui-même « le sang bleu international », groupe qu'il craignait et détestait. Mais le chancelier pensait peut-être qu'il manipulerait mieux un officier de marine que les raides militaristes prussiens de l'état-major général allemand. C'est pourquoi, dès le début, Hitler courtisa son nouveau grand maître de l'espionnage. Selon toute apparence, les relations devinrent cordiales entre les deux hommes, mais Canaris n'appartint jamais à ce groupe privilégié de leaders nazis auxquels le Führer confiait ses plus intimes pensées. Il eut accès, cependant, aux secrets les plus cachés du Troisième Reich, secrets dont allait dépendre le sort de la nouvelle Allemagne et de Hitler lui-même. Aux dires mêmes de Hitler, le choix de Canaris n'était pas seulement invraisemblable, il était imprudent. Nul doute qu'il aurait bientôt tout lieu de le regretter.

A la lumière de son orientation future, il reste d'ailleurs difficile de déterminer les raisons de l'acceptation de Canaris à ce poste. L'ambition a probablement joué un rôle. D'autre part, il est possible qu'il ait pensé pouvoir exercer une influence modératrice sur le caractère fantasque du Führer. On l'entendit à ce sujet dire un jour : « Hitler est raisonnable et comprend votre point de vue si vous le lui expliquez convenablement. » (*Man kann mit ihm reden* : On peut lui parler.) Mais il se peut également que Canaris ait accepté ce poste avec l'idée que Hitler était un allié turbulent mais utile, qu'on pouvait aborder avec un réalisme cynique, et manipuler au profit de la cause de la réaction conservatrice allemande. Quoi qu'il en soit, il semble néanmoins que l'explication la plus valable reste que Canaris voulait renverser le régime nazi de l'intérieur.

Un témoignage sur ce point critique devait être donné, après la guerre, par le capitaine Franz Maria Liedig, un des dirigeants de la section navale de l'Abwehr, et l'un des confidents de Canaris les moins connus et les plus estimés. Liedig devait en effet confier aux hommes du service secret américain qui l'interrogeaient que Canaris commença à travailler contre le régime dès l'instant où il y était entré. « Le groupe Canaris, un cercle au sein de l'Abwehr, révéla Liedig, a été la première association d'officiers travaillant contre Hitler avec un semblant de programme organisé. Or ce sentiment de rébellion existait bien des années avant la guerre et commença effectivement en 1934, quand l'amiral reçut la responsabilité de l'Abwehr. »

Ce n'est que plusieurs années après la guerre qu'apparut de façon évidente à des hommes tels que Menzies, le pourquoi de l'action de Canaris. Mais l'Allemagne était alors un ennemi en puissance. Comment pouvait-on, dans ces conditions, savoir, comme le disait le bon sorcier dans « le Seigneur des anneaux », « ... quand ces méchantes gens étaient alliés et quand ils se trahissaient eux-mêmes ? »

Chapitre II

LA SCHWARZE KAPELLE

Tandis que Canaris fondait la Schwarze Kapelle sans la nommer, le SD et la Gestapo s'en chargeraient, l'organisation se reconnaissait impuissante à monter une révolte contre Hitler sans le concours de l'état-major général allemand. Il n'y eut pour la soutenir, ou même pour la connaître, pendant toute son existence, qu'une poignée d'officiers allemands parmi les plus progressistes, les plus éclairés, les plus intelligents. Entre 1934 et 1938, en effet, la plupart des généraux et colonels présumés y appartenir étaient surtout de vieux bougons se plaignant au Herren-Klub, citadelle de la puissance militaire conservatrice de l'Allemagne, de l'intrusion de ce « forban » dans les affaires de l'Etat. S'ils considéraient avec répugnance le caporal autrichien « hypnotiseur » qui les gouvernait (et finirait par les détruire), ils étaient, en revanche, prêts à le tolérer aussi longtemps qu'il continuerait à maintenir l'ordre et le sens d'un destin national pour le Reich. De plus, Hitler proclamait que l'armée était « seule à porter des armes dans le Reich », et continuait à traiter ses généraux, au moins en apparence, comme les chiens de garde de la nation ; enfin ne s'occupait-il pas activement de leur rendre leurs drapeaux, leurs fanfares, leurs brigades et leur rituel ? Pourquoi donc dans ces conditions auraient-ils conspiré contre lui ?

Outre la difficulté de conspirer sous l'œil vigilant de la Gestapo dans un système criblé d'informateurs, un autre facteur très important maintenait leur fidélité : la tradition et la formation qui les rendaient totalement obéissants à l'autorité civile. Pour l'état-major général, l'obéissance absolue et inconditionnelle était un rite porté à un degré incompréhensible partout ailleurs dans le monde. C'était en fait la clé de la puissance militaire allemande. Le major Milton Shulman, officier du service secret de l'armée canadienne, devait ainsi résumer la situation :

> Les ordres d'un supérieur étaient exécutés sans discussion et toute brèche à la tradition était jugée sévèrement. La vie militaire des officiers n'était pas seule à être contrôlée, leur vie personnelle obéissait également à un code social impitoyable... Ces créatures du corps des officiers, automatisées et dépersonnalisées, étaient aussi obsédées par l'omnipotence de l'autorité qu'hypnotisées par sa présence même. Vivre, c'était obéir. Il n'y avait pas d'autre but dans la vie.

Par là même « défier le commandant suprême des forces armées, Adolf Hitler, était impensable ».

Il existait cependant quelques hommes préparés à affronter l'autorité sans limites de celui appelé à devenir *Der Führer*. Parmi ces officiers, le chef de l'état-major général allemand, Ludwig Beck. Beck, qui avait cinquante-quatre ans en 1934, était considéré, aussi bien en Allemagne qu'à l'étranger, comme le soldat le plus capable et le plus humain de sa génération. Malgré son poste, au sommet de la hiérarchie militaire allemande, il n'était pas un rejeton de la tradition des Junkers modelés par Frédéric le Grand en une aristocratie militaire hautaine et compétente. Son père était un savant et un maître de forges en Hesse, sa mère fille de juristes. Né en 1880, Ludwig Beck avait fait ses humanités au gymnasium de Wiesbaden, puis rejoint le 15e régiment d'artillerie comme officier aspirant en 1898. Il combattit pendant la Première Guerre mondiale comme membre de l'état-major du groupe d'armées du prince royal Rupprecht de Bavière. Resté dans l'armée après l'armistice il se consacra totalement à sa carrière quand sa femme mourut en couches, donnant le jour à leur unique enfant, une fille. Ce dévouement, ces dons extraordinaires d'homme et de soldat, reçurent leur récompense en sa nomination comme chef de l'état-major général, le jour même où Canaris devenait chef de l'Abwehr.

Beck, nationaliste conservateur allemand, se méfiait de ses nouveaux maîtres, Hitler et les nazis. Il s'était déjà opposé à Hitler sur des points fondamentaux, quand deux événements survinrent à la fin juin 1934, qui transformèrent son opposition, et celle de Canaris, en une conspiration implacable. L'après-midi du 29 juin, lors d'une réunion, Beck informa le nouveau chancelier qu'il avait accepté ce poste élevé pour construire une armée capable de défendre le Reich, mais non pour conquérir des terres étrangères. Hitler rejeta ces paroles par une déclaration de sinistre présage : « Général Beck, il est impossible de construire une armée et de lui inculquer le sens de sa valeur si ce n'est pour la préparer à la bataille. Une armée pour préparer la paix n'existe pas, elle n'existe que pour la conduite triomphante de la guerre. » Beck rappela alors à Hitler la promesse faite à Hindenburg de ne pas entraîner l'Allemagne dans une nouvelle guerre, et avant de quitter le chancelier, prophétisa qu'une nouvelle guerre serait un conflit à plusieurs fronts, auquel l'Allemagne ne pourrait survivre.

Retourné dans la grande salle de marbre de la Bendlerstrasse qui abritait les quartiers généraux de l'état-major général, Beck reçut un coup de téléphone de Canaris l'avertissant que Hitler allait se lancer dans une purge pour anéantir toute opposition au régime. Parmi les hommes visés se trouvaient le général Kurt von Schleicher, homme rusé et influent, prédécesseur de Hitler à la Chancellerie, adepte du « bouillon noir de Sparte » (ainsi nommait-on la morale militariste prussienne), et, ami et assistant de Schleicher, le général Kurt von Bredow, jadis haut personnage de l'Abwehr. Selon Canaris, Hitler croyait en effet que Schleicher et Bredow conspiraient avec l'ambassadeur de France, André François-Poncet, pour ramener les Hohenzollern sur le trône. Beck sachant très bien que ces allégations n'étaient pas éloignées de la vérité décida d'agir rapidement. Il envoya un ami avertir Schleicher du danger, mais le général, qui rentrait de voyage de noces avec sa nouvelle femme, ne se sentit pas du tout concerné : « Dieu, affirma-t-il, avait découragé chez lui toute intention d'un nouvel engagement politique. »

Mais le 30 juin, juste après midi, on sonna à la porte du jardin chez les Schleicher. Sans méfiance, la cuisinière pressa sur le bouton qui commandait l'entrée et alla voir ce que désirait le visiteur. Cinq hommes montaient rapidement le chemin. Ayant écarté la domestique, ils entrèrent dans la villa et allèrent droit au bureau de Schleicher qui travaillait sur quelques papiers. Ils lui demandèrent alors s'il était bien le général Kurt von Schleicher, ex-chancelier d'Allemagne, et sur sa réponse affirmative l'abattirent sans autre forme de procès. Frau von Schleicher, qui était dans une autre pièce, en train d'arranger des fleurs, se précipita dans le bureau en entendant les coups de feu. Elle portait des gants de jardin et tenait une corbeille de roses sur le bras, quand elle s'écroula elle aussi assassinée froidement par les tueurs.

Ce même après-midi, le général Kurt von Bredow prenait le thé à l'hôtel Adlon avec quelques amis, quand un messager de la Bendlerstrasse lui apporta un pli lui apprenant la nouvelle de la mort de Schleicher. Bredow se tourna alors vers un diplomate français qui était avec lui et murmura : « Je me demande pourquoi ces cochons ne m'ont pas encore tué. » Le diplomate, espérant l'éloigner momentanément du danger, l'invita à dîner chez lui, mais Bredow refusa et quitta l'hôtel. Il portait un uniforme d'été : une tunique de toile blanche. Comme il montait dans un taxi, il vit arriver un jeune colonel de l'état-major général : « Ils ont assassiné Schleicher, murmura Bredow. C'était le seul homme qui aurait pu sauver l'Allemagne. C'était aussi *mon* chef. Plus rien n'existe maintenant pour moi. » Bredow s'engouffra dans le taxi, ferma la portière et se fit conduire chez lui. Vers cinq heures de l'après-midi, on sonna à sa porte. Toujours en tunique blanche et pantalon gris à bande grenat, Bredow alla ouvrir. Les balles des tueurs l'atteignirent en pleine poitrine.

Beaucoup d'autres assassinats eurent lieu cette nuit-là et les jours suivants. Les agents de la SS parcouraient toute l'Allemagne, abattant tous ceux que Hitler considérait comme un obstacle sur sa marche implacable vers le pouvoir total. Ce sursaut sanglant d'ambition et de vengeance allait passer à la postérité sous le nom de « Nuit des longs couteaux ». Ces assassinats affectèrent profondément Canaris. Le capitaine Liedig attesterait plus tard que « ces événements de juin 1934 prouvèrent à Canaris que Hitler était et resterait un révolutionnaire confirmé pour qui la confiance, l'honnêteté et la vérité n'étaient qu'instruments politiques ». Dès cet instant, Canaris s'engagea dans ce que Liedig appelait « l'intrigue habile » pour « influencer et finalement convaincre d'autres organisations militaires, les hauts commandements, etc., des dangers du régime hitlérien et de la nécessité de s'en défaire ». Dès cet instant l'Abwehr allait devenir « le centre de gravité de toutes les activités antihitlériennes à l'intérieur des forces armées ».

Ce n'était ni la première ni la dernière fois que Hitler jouait dangereusement, car on pouvait concevoir qu'après la « Nuit des longs couteaux » l'état-major général se révolterait. En fait, tout ce que firent les anciens de la caste fut de protester. Le maréchal August von Mackensen, général révéré de la Première Guerre mondiale et commandant de la troupe d'élite, les hussards « Tête de mort », se rendit chez le dictateur pour exiger le rétablissement de la droiture dans la vie publique et dans la conduite des affaires de l'Etat. D'une pâleur de cendre, Hitler resta un instant silencieux et tendu, puis déclara lentement : « Il devrait peut-être en être ainsi, mais je ne peux m'empêcher d'agir autrement. »

Des forces puissantes à l'intérieur de l'état-major général commencèrent alors à se dresser contre les nazis et leur chef. Le ministre de la Guerre, le général Werner von Blomberg, ayant ordonné que les généraux morts fussent considérés comme traîtres et qu'aucun officier de l'état-major général n'assistât à leurs funérailles, Mackensen, Beck et Oster, récemment nommé adjoint de Canaris à l'Abwehr, défiant cet ordre, se rassemblèrent néanmoins derrière le fourgon mortuaire. En grand uniforme, portant les médailles de Schleicher sur des coussins rouges, ils suivirent les chevaux noirs à plumet noir et le corbillard jusqu'au cimetière. Mais, à la grille, des hommes de la SS en uniforme noir et argent arrêtèrent le cortège.

Indigné, Mackensen provoqua une réunion de la société Schlieffen, organisation interne au sein de l'état-major. Quatre cents officiers se rassemblèrent au Zeughaus, l'ancienne armurerie au centre de Berlin, et sous les grandes sculptures des « masques des guerriers mourants », proclamèrent à l'unanimité que Schleicher et Bredow n'étaient pas des traîtres mais des soldats « tombés au champ d'honneur ». Connaissant le code de discipline qui régissait le corps des officiers, cette résolution équivalait à une rébellion. Mackensen et trente officiers de la société décidèrent d'écrire également une lettre au président von Hindenburg, précisant les détails de l' « exécution » de Schleicher et Bredow et priant le président de rétablir leurs noms à l'appel d'honneur de leur unité, le 3e régiment de gardes à pied, le propre régiment d'Hindenburg, dont ils avaient été cassés par Blomberg, sur l'ordre de Hitler.

La lettre, datée du 18 juillet 1934, fut envoyée le 20 juillet à la propriété du président dans les vastes plaines brumeuses de la Prusse-Orientale à Neudeck. Mais même si la lettre atteignit Hindenburg, il ne put jamais la lire : le maréchal se mourait sur le vieux lit de camp qu'il utilisait jadis dans sa tente à Tannenberg, les mains repliées sur une bible, ses yeux vitreux fixés sur le Walhalla. Il s'éteignit à 9 heures, le 2 août 1934. Accablé de chagrin, Mackensen fut donc dans l'obligation de classer pour l'instant l'affaire Schleicher et Bredow. Beck et ses généraux, de leur côté, se consacrèrent alors à l'organisation et au déroulement des obsèques. Quant à Hitler, il ne pensait qu'à tramer un « coup d'Etat »[1].

L'après-midi de la mort de Hindenburg, à 3 heures, le ministre de la Guerre, von Blomberg, ordonna à l'état-major général de défiler au pied de la Siegessaüle, colonne de la Victoire, grande tour de grès entourée de rangées de canons pris aux Français. A travers toute l'Allemagne, la Wehrmacht se rassembla pour des cérémonies analogues. Le même après-midi, Hitler se proclamait Führer et ordonnait aux forces armées de prêter un serment d'allégeance non à la nation ou à la Constitution, mais à lui seul.

Cependant des salves de canon étaient tirées en l'honneur du président défunt. La musique militaire jouait le triste chant du souvenir « Ich hatte einen Kamerad ! ». Deux minutes de silence furent observées, puis von Blomberg s'avança pour prononcer le « Fahneneid », le serment sur le sang des chevaliers teutoniques. Le général Werner von Fritsch, commandant en chef de l'armée, et Beck, s'avancèrent alors chacun tenant le drapeau du IIIe Reich d'une main et la bible de l'autre et récitèrent :

> Je jure par Dieu une obéissance inconditionnelle à Adolf Hitler, Führer de la nation et du peuple germaniques, chef suprême des forces armées, et suis prêt comme un brave soldat à risquer ma vie à tout instant pour ce serment.

Du premier au dernier, tous les membres de l'état-major général prêtèrent serment. Jusqu'à cet instant, ils pouvaient encore se débarrasser du tyran. Désormais, ils scellaient un pacte de sang avec lui en jurant de lui obéir sans hésitation pour le reste de leur vie.

En revenant avec Fritsch vers le Truppenamt, le long de la rangée de statues des souverains d'Allemagne au bord de la « Siegesallee », Beck s'arrêta près de celle d'Otto l'Indolent et déclara : « Cet instant est fatal. Ce serment signifie un suicide physique et moral. » Un peu plus loin, il s'arrêta encore et murmura : « Il nous a pris au dépourvu. Je ne me suis pas rendu compte que nous avions prêté un tout nouveau serment. » De ce jour, et jusqu'à ce qu'il payât cet engagement de sa propre vie, Beck ne cesserait plus d'être hanté par la pensée d'avoir lui-même porté le Fahneneid à Adolf Hitler.

---

1. En français dans le texte.

Chapitre III

AMI OU ENNEMI

Hitler ayant accordé à Canaris une autorité et des fonds quasi illimités pour reconstituer les services secrets allemands, Canaris choisit des collaborateurs qui lui ressemblaient, calmes, méthodiques, bourgeois orthodoxes de l'ère wilhelmienne, bien nés et disposant d'une fortune personnelle. Avec leur concours, il organisa avec rapidité un service d'espionnage et de contre-espionnage qui s'étendit au monde entier et réussit particulièrement en Espagne où il établit un vaste réseau, future pierre d'angle de son empire secret. Mais le MI-6 s'activait également dans ce pays turbulent et c'est par ses contacts avec l'Espagne que Menzies eut vent pour la première fois de la désaffection croissante de Canaris pour le Führer et sa nouvelle Allemagne.

L'information provenait de don Juan March, le fils du pêcheur illettré de Majorque, qui avait assisté Menzies dans ses efforts pour capturer Canaris à Carthagène en 1916 et dont la fortune lui avait permis d'accéder à la noblesse d'Espagne. March jouissait alors d'une telle puissance qu'il était au-delà du concept de nationalité. Alors que l'Espagne glissait vers la guerre civile, il maintenait des liens très étroits avec Menzies et le MI-6 ; mais en même temps, gardait le contact avec Canaris et les forces incroyablement puissantes qui poussaient l'Allemagne, qui redoutait un gouvernement communiste en Espagne, à intervenir sur la scène politique troublée de ce pays. Aussi quand la guerre civile éclata, Canaris sillonna les Pyrénées à bord de son avion personnel, un JU-52, organisant l'envoi d'armes, le financement et le renseignement en faveur des forces fascistes révolutionnaires du général Franco. C'est à cette époque que Canaris fit un aveu assez troublant que March s'empressa alors de communiquer à Menzies concernant le début de la conspiration qui allait devenir la Schwarze Kapelle. Canaris, rapportait March, observait une très grande réserve sur les intentions militaires de Hitler. « Il n'aime pas ses nouveaux maîtres et n'a pas confiance en eux », précisait-il en ajoutant : « Canaris est notre meilleur allié en Europe en ce moment. C'est un homme à observer, à cultiver et si possible à conquérir... comme " partenaire muet " utile à l'espionnage britannique. »

Bien entendu, que le nouveau chef d'un service secret rival fût prêt à travailler avec le MI-6 était une éventualité qui intriguait beaucoup Menzies et ses proches collaborateurs. Mais était-ce vrai ? Pouvait-on faire confiance à Canaris ? Ces questions divisaient profondément le petit groupe d'officiers britanniques et l'un d'eux devait écrire :

> Dans le meilleur des cas, cette hypothèse apparaissait comme un jeu follement optimiste avec des chances de réussite ; au pire, c'était une invite à entrer dans un piège bien préparé, aux conséquences désastreuses. Ceux qui voyaient le bolchevisme comme l'ennemi principal, inclinaient en faveur de ces rapports optimistes faisant remarquer que si le service secret britannique arrivait à un accord avec Canaris, il serait alors possible de réunir des informations sur les menées du communisme international. Mais ceux qui considéraient l'Allemagne comme l'ennemi en puissance de l'Angleterre se méfiaient terriblement. Toute la carrière de Canaris ne prouvait-elle pas qu'il n'était rien de plus qu'un bon patriote allemand, et à certains égards un parfait gredin ?

Cependant, durant les années précédant immédiatement la guerre, tous durent admettre que Canaris avait effectivement essayé d'établir des communications secrètes entre les gouvernements allemand et britannique. Mais agissait-il sur les ordres du Führer ou poursuivait-il quelque but personnel et secret ? Pour le MI-6, l'une ou l'autre hypothèse, ou même les deux, étaient parfaitement possibles.

Dès l'origine, Hitler recommanda à Canaris la plus grande prudence dans toute opération de mise en place d'espionnage offensif contre l'Angleterre. Dans l'espoir de pouvoir un jour conclure une alliance avec la Grande-Bretagne. le Führer lui donna même les instructions les plus strictes en lui prescrivant que l'Abwehr ne devait rien faire qui pût éveiller les craintes ou les soupçons britanniques. Certes, il fallait implanter des agents en Grande-Bretagne mais non à des fins d'espionnage, seulement pour servir d'intermédiaires aux communications confidentielles entre les deux gouvernements. (Il y avait déjà eu un précédent de cette nature en 1889 : le major Waenker von Dankenschweil, un des prédécesseurs de Canaris, avait reçu exactement les mêmes recommandations du chancelier Leo von Caprivi.) Ainsi une des premières décisions de Canaris fut d'envoyer en Angleterre en 1935 le capitaine Robert Treeck, officier de cavalerie du Hanovre, pour prendre contact avec Menzies. Treeck devint le voisin de Menzies à Luckington, petit village dans les Wiltshire Hundreds, où ce dernier avait sa maison de campagne, Bridges Court. Au printemps 1935, une caravane de camions de déménagement et de fourgons destinés au transport des chevaux, arriva à Luckington Manor, propriété de Mrs Dody Hartmann, femme de la haute société londonienne, qui avait loué la maison à Treeck. Puis, quelques jours après, celui-ci s'installa avec sa maîtresse, une Chilienne, Violetta, baronne de Schroeders. Suivaient un chef cuisinier, un garçon d'écurie, un maître d'hôtel et un valet. Treeck engagea sur place un valet de pied, une gouvernante, deux aides-cuisinières, trois femmes de chambre, deux grooms et trois jardiniers.

Avec ce train de maison, Treeck était socialement reconnu dès son arrivée, ce qui lui laissait espérer de prochaines relations avec Menzies, d'autant plus qu'il se fit admettre dans l'équipage de Beaufort dont le chef du MI-6 était un membre éminent. Le Beaufort était si fermé qu'il avait sa propre livrée, mais ses activités ne se limitaient pas à la chasse au renard. C'était également un des groupes politiques les plus influents en Angleterre. Treeck laissa entendre qu'il était né à Latvia et avait servi dans les ulhans pendant la Première Guerre mondiale, que les communistes avaient saisi les propriétés familiales et l'avaient blessé à la gorge pendant la fuite de sa famille vers l'Allemagne, ce qui expliquait une profonde cicatrice. Il ne révéla évidemment jamais qu'il était membre de l'Abwehr, mais déjà le village s'interrogeait : était-il un espion allemand ? Il apparut en effet qu'il avait loué d'autres résidences coûteuses en Angleterre : le 12, Cheyne Place à Londres, quartier très recherché par les politiciens britanniques, les éditeurs et les gros propriétaires terriens, mais aussi Guilsborough House, petite propriété avec une maison de maître de vingt et une pièces au cœur de la région de chasse du Northamptonshire où il fut reçu dans le Pytcheley, équipage à peine moins sélect que le Beaufort.

Le 27 avril 1938 Treeck épousa en toute intimité la baronne Schroeders au bureau d'état civil de Chelsea. Sur son acte de mariage, il déclarait avoir quarante et un ans et vivre de ses revenus. Son épouse avouait trente-huit ans, une fortune personnelle, et signait Violetta Cousino ou de Schroeders. Leurs témoins étaient deux amis, Connor Carrigan, un Anglo-Irlandais féru de chasse, et Mrs Pearl Balfour, de la haute société londonienne, résidant à Smith Street, Chelsea.

De toute évidence, Treeck séjournait là pour cultiver la branche anglaise du sang bleu international. Ce groupe restreint et très uni d'aristocrates de la politique et du haut négoce tenait les rênes du véritable pouvoir en Europe. Compte tenu de la passion de cette classe pour les chevaux et pour la chasse, on ne pouvait mieux s'y introduire qu'à la faveur de ces parties de chasse et aux réceptions qui s'ensuivaient.

Le choix par Treeck de Luckington Manor comme résidence secondaire n'était pas dû au hasard. Tous ceux qui étudiaient de près le manuel Kelly des classes titrées et possédantes (Bottin Mondain) savaient parfaitement où trouver Menzies le dimanche matin. Jusqu'où Treeck parvint-il donc à pénétrer dans le petit clan de Menzies ? Nul ne le saura jamais. Seule une haie d'ifs séparait leurs propriétés, mais si Treeck s'y aventura, Menzies ne le révéla jamais. Durant la chasse, il arrivait à Menzies de crier à Treeck de façon quelque peu irrévérencieuse : « Deutschland über alles » quand leurs chevaux sautaient avec un bruit de tonnerre les murs de pierre, à la poursuite du renard. Mais leurs transactions privées, s'il y en eut, restèrent inconnues. Tout ce qu'on sait est que Treeck contacta ouvertement Menzies à une seule occasion autour d'un verre de sherry, après une partie de chasse. C'était sur la terrasse de Badminton, le palais du duc de Beaufort. Treeck demanda à Menzies s'ils pouvaient échanger quelques mots et Menzies acquiesça. Ils marchèrent alors ensemble un certain temps sur une pelouse abritée par de grands cèdres, et Treeck — selon Menzies — lui confia que Canaris lui avait demandé d'établir un contact et d'être le lien « dans les affaires susceptibles de nous concerner tous les deux ». Menzies déclara par la suite qu'il n'avait pas rejeté cette ouverture et qu'il avait simplement répondu qu'il ne s'opposerait pas à la tâche de Treeck en Angleterre, si celui-ci restait dans la légalité.

Treeck resta à Luckington et Guilsborough jusqu'à la déclaration de guerre. Puis il retourna en Allemagne. Il abandonna une grande partie de ses biens derrière lui, y compris quelques-uns de ses chevaux, ses fusils de chasse Krupp, une collection de porcelaine de Saxe, quelques bons vins et une garde-robe de chasseur et de sportif. L'ensemble fut confié au Comité de garde des biens ennemis, et par la suite vendu aux enchères. Une voie de communication confidentielle avec Canaris se refermait. L'amiral en ouvrirait d'autres avec Menzies, avant et pendant la guerre, mais la question restait posée : pouvait-on lui faire confiance ? Il était bien difficile de répondre.

S'il subsista toujours un doute sur l'attitude de Canaris, il n'y en eut jamais au sujet des mobiles et de la fidélité d'un autre responsable de l'espionnage allemand, Reinhard Heydrich. En surface au moins, les deux hommes paraissaient amis, mais la soudaine montée au pouvoir de Heydrich et sa manière impitoyable de l'exercer furent en partie l'une des raisons de la désillusion de Canaris sur le nazisme. Canaris servait l'état-major général ; Heydrich en tant que chef du Sicherheitsdienst (SD) servait le parti nazi et la SS. Or son chef bouffi et lunetté Heinrich Himmler avait façonné un ordre militaire secret et fanatique combinant les rites et les coutumes du romantisme teutonique avec une politique de pouvoir froide et cynique. Canaris et Heydrich étaient donc rivaux de la même manière que l'armée allemande et la SS étaient rivales, bien que toutes deux fussent ouvertement engagées dans des activités similaires. Mais leurs curieuses relations devaient aller bien au-delà.

Reinhard Tristan Eugen Heydrich (son père, chanteur d'opéra, sa mère actrice, lui donnèrent des noms de personnages wagnériens) était né en 1904 à Halle, petite ville aux toits pointus, aux maisons de bois et de pierre dans la forêt de Teutoburg. Il entra dans la Marine en 1922, embarqua en 1923 sur le croiseur-école *Berlin* où il rencontra Canaris, alors officier en premier du bateau. Grand et blond, Heydrich excellait dans tout ce qu'il entreprenait : officier compétent, timonier de première classe, sportif remarquable — le summum déjà de la doctrine nazie de supériorité raciale des

Nordiques. Il passa de façon brillante son examen d'entrée au service secret de la Marine, avec des résultats exceptionnels en anglais, en français et en russe, puis devint un excellent pilote de chasse. A cela s'ajoutait une manière exquise de jouer du violon, qui lui ouvrit la maison de Canaris. Sa musicalité était moelleuse et délicate, son doigté admirable. Aussi quand Frau Canaris l'entendit jouer un soir à un concert donné au carré des officiers du *Berlin* l'invita-t-elle à se joindre aux petits concerts de musique de chambre qu'elle donnait chez elle le dimanche soir après le croquet. Cette invitation sous son toit, Canaris allait, un jour, la regretter amèrement !

En 1929 Heydrich aurait pu prétendre aux postes les plus élevés dans la Marine, s'il n'avait été tourmenté par une sexualité effrenée. Venant d'être nommé officier de transmissions à bord du vaisseau-amiral de la flotte de la Baltique, le *Schleswig-Holstein,* il rencontra une beauté de dix-neuf ans, Lina Mathilde von Osten, fille d'un maître d'école, sur l'île de Fehmarn dans la mer Baltique. Etant venu à son secours, son bateau s'étant retourné un soir, ils se fiancèrent en décembre 1930. Mais en même temps Heydrich devenait l'amant de la fille d'un des directeurs de l'IG Farben, la grande firme de produits chimiques qui faisait beaucoup d'affaires avec la Marine, et la jeune fille devint enceinte. Son père ayant exigé de Heydrich qu'il l'épousât, ce dernier refusa sous le prétexte qu'il ne pouvait épouser une fille de si peu de vertu. Furieux, le père porta l'affaire devant le chef suprême de la Kriegsmarine, l'amiral Erich Raeder. Raeder rencontra Heydrich et lui conseilla d'épouser la fille, mais Heydrich refusa de nouveau, et Raeder n'eut d'autre recours que de le faire comparaître devant une cour d'honneur qui lui donna une nouvelle chance d'épouser la jeune fille et de sauver sa carrière. Heydrich accusa alors sa victime de mentir, insinua même qu'un autre était responsable de son état et déclara qu'il ne l'épouserait pas, dût-il lui en coûter sa carrière. La cour réagit alors avec vigueur et le cassa en avril 1931. Désormais ces mots terribles figuraient sur son dossier : « Renvoyé pour conduite immorale. »

Heydrich était alors un hors-la-loi dans une nation de hors-la-loi. Apparemment tout portait à juger sa carrière ruinée. Mais Mlle von Osten, aussi pleine de ressources et d'influence au parti nazi qu'elle était belle, vint à son secours. Elle ménagea à Heydrich un entretien avec Heinrich Himmler qui formait la SS en une garde impériale de la nouvelle Allemagne. Le 14 juin 1931, les deux hommes se rencontrèrent à la ferme où Himmler faisait de l'élevage de poulets à Waldtrudering, près de Munich. L'intelligence de Heydrich ayant impressionné immédiatement Himmler, ce dernier lui accorda vingt minutes pour établir un plan sur l'organisation de ce qui deviendrait le Service de sécurité et de renseignement du parti nazi. Le plan de Heydrich approuvé il lui confia aussitôt la tâche de monter cette nouvelle organisation d'espionnage et le 5 octobre 1931 les quartiers généraux du parti à Hambourg recevaient le télégramme suivant :

> Membre du parti, Reinhard Heydrich, Hambourg, carte d'immatriculation n° 544916, sera porté avec effet depuis octobre de cette année, sur l'effectif des quartiers généraux du parti en tant que membre de l'état-major du Reichsführer SS Himmler avec le grade de Sturmführer SS.

Ce message donnait naissance au plus récent service secret d'Europe.

Quant à Heydrich, il s'éleva rapidement dans la hiérarchie du pouvoir nazi, sa force résidant, selon le Brigadeführer SS Walter Schellenberg, l'un de ses seconds, « dans une perception extrêmement aiguë des faiblesses morales, humaines, professionnelles et politiques des autres ». Canaris et lui étaient présumés amis, et quand Canaris vint à Berlin en tant que chef de l'Abwehr, on le vit fréquemment en compagnie de Heydrich. Les deux hommes reprirent leur commerce délicat : croquet et musique de chambre, le dimanche chez les Canaris, repas chez Horchers, équitation dans le Tiergarten. Mais ce n'était pas tout. Lorsque Canaris prit une maison dans la Dollestrasse de Südende, banlieue verte de Berlin, Heydrich, devenu l'époux de Lina Mathilde von Osten, s'installa dans la même rue, et quand le chef de l'Abwehr déménagea vers la Betastrasse de Schlachtensee, autre banlieue select, le protégé de Himmler l'y suivit six miis plus tard... Mais dans le même temps les deux maîtres en espionnage conspiraient l'un contre l'autre. Heydrich faisait surveiller des agents de l'Abwehr par des agents du SD et placer des micros dans le bureau de Canaris. De son côté, Canaris se procurait l' « Ahnenliste » de Heydrich — la liste des ancêtres constituée sur chaque membre du parti nazi, Canaris soupçonnant en effet Heydrich — l'homme dont les ordres aboutiraient au massacre de six millions de juifs — d'avoir lui-même des ascendances juives. Si cela ne suffisait pas pour perdre un homme dans le Troisième Reich, on pourrait le cas échéant y ajouter des soupçons concernant les penchants homosexuels de Heydrich. Ayant ainsi constitué un dossier sur son concurrent, Canaris l'envoya en lieu sûr chez un ami en Suisse, avec instruction de le livrer au *New York Times* si jamais lui ou un membre de sa famille était soumis à une « expérience fâcheuse ». Puis Canaris informa alors Heydrich de ces dispositions. Conscient que la publication de ce dossier serait sa ruine, Heydrich se trouvait à la totale merci de son rival. Canaris n'en ouvrait pas moins un jeu dangereux avec Heydrich et les autres hiérarques nazis, poussé peut-être par ce principe machiavélique :

> Quand le salut même du pays dépend de la résolution à prendre, aucune considération de justice ou d'injustice, d'humanité ou de cruauté, de gloire ou de honte, ne doit prévaloir. Mettant toute autre considération à l'écart, une seule question importe : quelle ligne de conduite peut sauver la vie et la liberté du pays ?

Chapitre IV

LE COMPLOT COMMENCE

Alors que la « Nuit des longs couteaux » avait alerté des hommes de conscience comme Canaris et Beck, sur l'aspect criminel de Hitler et de son régime, c'est une conférence tenue à la fin de 1937 qui lança la Schwarze Kapelle sur le chemin de la pure trahison. Le 5 novembre 1937, à 16 h 30, Hitler rassembla le groupe des hommes les plus puissants du Reich au coin du feu dans la petite salle du cabinet de la Chancellerie à la Wilhelmstrasse. Etaient présents : le ministre des Affaires étrangères, le baron Konstantin von Neurath, le ministre de la Guerre, le maréchal Werner von Blomberg, le commandant en chef de la Luftwaffe, le général Hermann Goering, le commandant en chef de l'Armée, le général baron Werner von Fritsch et le commandant en chef de la Kriegsmarine, le grand amiral Erich Raeder. Quand ces hommes furent installés dans les larges fauteuils club, sous le portrait à l'huile du chancelier de fer, Bismarck, Hitler leur fit d'abord jurer le secret, puis tandis que le soir d'hiver descendait sur Berlin derrière les fenêtres à la française, il prononça les paroles qui scellaient le destin d'un continent et de l'état-major général allemand lui-même.

Hitler, maintenant âgé de quarante-huit ans, légèrement voûté par un début de cyphose de la colonne vertébrale, exposa placidement les données d'une politique inattendue. Il était, dit-il, déterminé à commencer sans délai l'acquisition du « Lebensraum » (l'espace vital) pour le peuple allemand. Puis, pendant les quatre heures qui suivirent, il commenta sa décision — qu'elle débouchât sur la guerre ou non — d'annexer, soit par la diplomatie soit par la force, l'Autriche, son pays natal, la Tchécoslovaquie et la Pologne ; et enfin, quand la Wehrmacht serait prête, la Russie. Il déclara pour conclure que ses intentions étaient irrévocables, prédit que les Anglais et les Français ne bougeraient pas, exigea une obéissance inconditionnelle, ordonna le début des opérations pour 1938 et la fin pour 1943.

L'énormité de la décision, si fermement et si tranquillement exprimée, bouleversa l'auditoire. Fritsch et Blomberg objectèrent avec feu que ces propositions signifiaient la guerre avec l'Angleterre et la France, guerre, dirent-ils, que la Wehrmacht ne gagnerait pas. Neurath protesta de son côté, et rappela à Hitler sa promesse à Hindenburg d'épargner un nouveau conflit à l'Allemagne. Quant à Raeder, il déclara que la marine n'était pas prête et ne pourrait pas l'être avant dix ans. Seul, Goering soutint Hitler. A tous les arguments, Hitler répondit que l'Angleterre et la France étaient trop décadentes et trop faibles pour s'opposer à lui, et même dans ce cas, il restait déterminé à poursuivre. La « fureur teutonne » se déclenchait.

Profondément troublés par cette réunion, Neurath et Fritsch rompirent leur promesse de silence et conférèrent avec Beck sur la manière de freiner Hitler. Il fallait aller trouver le chancelier et lui prouver que ses propositions étaient à la fois irréalisables et dangereuses. Mais si les trois hommes pensaient faire changer Hitler d'avis, ils se trompaient complètement. Non seulement Hitler refusa de les écouter, mais encore de les voir. Devant une telle situation, Beck décida alors qu'il fallait informer les puissances occidentales des intentions du Führer et consulta Canaris sur les dispositions à prendre. Pensant probablement au major Francis Foley, Canaris lui assura qu'il n'y avait là aucune difficulté.

Homme du MI-6 à Berlin, de 1920 jusqu'à la déclaration de guerre entre la Grande-Bretagne et l'Allemagne en septembre 1939, Foley était un ex-officier d'infanterie qui, disait-on, avait l'air d'un employé, l'esprit d'un avocat spécialisé dans les causes de divorce, et les manières d'un maquignon du Somerset. Travaillant dans les bureaux du consulat général britannique et opérant sous le titre d'officier de contrôle des passeports de Sa Majesté britannique — couverture pour les officiers du MI-6 attachés aux ambassades anglaises — Foley rédigeait des rapports réguliers sur les personnalités étranges et les événements bizarres qui dominaient l'Allemagne depuis la fin de la Première Guerre mondiale. Sa mission n'était pas un secret pour Canaris et il avait probablement reçu l'autorisation de rester car le chef de l'Abwehr trouvait en lui un contact utile avec les Britanniques. Maintenant donc, en grande partie grâce à Foley, les Anglais allaient tout apprendre de la lutte engagée entre Hitler et l'état-major général, lutte dont dépendait la paix de l'Europe et du monde.

Hitler se rendait bien compte que la guerre était la dernière chose souhaitée par ses généraux. A chaque tournant de sa carrière politique, il trouvait un général pour s'opposer à lui, un de ces cardinaux en « feldgrau » pour l'observer, et attendre le moment de restaurer la souveraineté des Hohenzollern ou de faire alliance avec les Russes. A présent, il rencontrait par conséquent une opposition à l'une des conceptions les plus hardies de l'histoire moderne de l'Allemagne. S'il voulait mener ses plans à terme, il lui fallait donc se débarrasser, une fois pour toutes, de ses opposants au sein même de l'état-major général et les remplacer par des hommes qui suivraient ses ordres sans discuter.

Blomberg fut le premier à être atteint. En décembre 1937, veuf et âgé de cinquante-neuf ans, il demanda au Führer la permission d'épouser une dactylo de vingt-six ans. Hitler présenta ses vœux de bonheur au maréchal et assista même à la cérémonie comme témoin. Mais les nouveaux mariés n'étaient pas plutôt partis en voyage de noces à Capri, que des rumeurs commencèrent à circuler sur la maréchale qu'on prétendait être « une fille de joie », accusée par la police de prostitution et fraude mineure. Goering, qui était à l'origine de ces rumeurs, exigea le départ de von Blomberg, obtint d'Himmler la fiche de la maréchale et la présenta au Führer. La preuve était faite que les rumeurs étaient fondées. Hitler se montra très affligé : il ordonna sur-le-champ à von Blomberg de rentrer et, quand le maréchal refusa de divorcer, il lui enleva tout simplement son commandement.

Qui allait succéder à Blomberg ? Logiquement, le choix se portait sur von Fritsch. Mais Goering, qui aspirait au poste de ministre de la Guerre, se trouvait dans une position qui lui permettait de décider de cette candidature. Il plaça donc la fiche SD de von Fritsch sur le bureau de Hitler, fiche qui mentionnait une histoire regrettable : von Fritsch avait été accusé par un homme appelé Otto Schmidt, alors entre les mains de la police, d'avoir eu des relations sexuelles avec un prostitué mâle, « Joe le Bavarois », dans la « Privatstrasse » de la gare de Wannsee. Fritsch ayant appris la manœuvre de Goering demanda à être entendu du Führer personnellement. Hitler acquiesça mais s'arrangea — sans le faire savoir à Fritsch — pour qu'Otto Schmidt assistât à l'entretien. Celui-ci renouvela ses accusations et, en dépit des dénégations de von Fritsch, Hitler déclara qu'il était obligé de le relever de ses fonctions.

En dehors de la parole contestable de Schmidt, il n'y avait bien entendu aucune preuve des accusations contre von Fritsch. C'était bien une intrigue montée de toutes pièces par Goering, Himmler et Heydrich, pour noircir le nom d'un officier irréprochable et, malgré les démarches faites en hâte par la Gestapo dans toute l'Allemagne et en Prusse-Orientale pour interviewer la « famille militaire » de Fritsch, personne ne put témoigner que Fritsch était homosexuel, ce qui n'empêcha nullement que des documents fussent rassemblés en vue d'un procès.

Pendant ce temps, Hitler organisait la reconstitution de la Wehrmacht d'une manière telle que l'état-major général fut obligé de réaliser sa politique de guerre, sans discussion. Avec le concours du général Wilhelm Keitel, homme raide portant monocle, connu pour être « führertreu »[1], Hitler fonda l'Oberkommando der Wehrmacht (OKW), le commandement suprême des armées allemandes. Tous les états-majors, y compris l'état-major général, étaient subordonnés à l'OKW. Hitler lui-même devenait chef suprême avec Keitel comme chef d'état-major et le général Alfred Jodl

1. Fidèle au Führer.

comme chef des opérations. Hitler songea un moment à remplacer Beck par le général Franz Halder, mais il y renonça quand il réalisa que Halder était Bavarois et catholique, deux qualités qui n'avaient pas cours chez un chef d'état-major général. Le 30 janvier 1938, il avait terminé ses plans et complété ses listes de victimes ; et le 4 février, prêt à l'action, il ne faisait rien de moins qu'un véritable coup d'Etat, les « surveillants de la radio » ayant reçu l'ordre d'aller de porte en porte à travers toute l'Allemagne veiller à ce que Herrenvolk[1] soit près de son « petit récepteur allemand »[2] poste de radio à bon marché fabriqué par l'Etat.

La plupart des vingt-trois millions de foyers et des quarante millions d'adultes se trouvaient à l'écoute quand l'Eroïca commença à hurler comme toujours en pareil cas. Puis la nation écouta avec stupéfaction, et l'Europe entière avec appréhension, la liste des noms fameux qui disparaissaient de la scène publique. Le ministre de la Guerre et le commandant en chef démissionnaient, pour raisons de santé, généraux sur généraux prenaient leur retraite ou étaient rétrogradés. En tout, trente-cinq des plus illustres généraux étaient révoqués. Joachim von Ribbentrop remplaçait Neurath comme ministre des Affaires étrangères. Le général Walther von Brauchitsch remplaçait von Fritsch comme commandant en chef de l'armée ; Goering devenait maréchal ; les ambassadeurs à Rome et Tokyo étaient remplacés. Hitler lui-même prenait le titre de ministre de la Guerre à la place de Blomberg. En un éclair, la nouvelle fit le tour du monde. Le soir même, Hitler convoquait ses trois cents généraux (il n'y en avait que vingt-trois en 1923) à la Chancellerie pour entendre sa version des « faiblesses » de Fritsch et Blomberg. Ils écoutèrent en silence puis se retirèrent sans prononcer un mot. Hitler confia par la suite qu'il avait eu peur de les voir démissionner « en masse » ou même qu'ils allassent jusqu'à l'arrêter ! Mais ils ne firent ni l'un ni l'autre. « Je sais maintenant que tout général est un poltron ou un imbécile », ajouta-t-il.

A travers eux, Hitler venait de briser le dernier bastion conservateur. Il était maintenant ce qu'il voulait être depuis longtemps : le seul maître du Reich.

Vint le temps du procès de Fritsch. Un homme courageux, Ruediger comte von der Goltz, se présenta devant la cour martiale (qui jugeait Fritsch) et son président, le nouveau maréchal Goering, et réduisit en miettes le témoignage de la Gestapo. Il prouva qu'il y avait eu complot contre le commandement en chef et que Schmidt avait été soudoyé par les conjurés pour donner un faux témoignage.

Goering, dans l'incapacité de faire admettre la culpabilité de sa victime, l'acquitta ; il fut donc établi que le colonel général baron von Fritsch était reconnu innocent de tous les chefs d'accusation. Fritsch pouvait ainsi partir la tête haute. Il était un homme libre, ayant retrouvé son honneur mais non sa carrière. Quant à Schmidt, il fut fusillé. Himmler et Heydrich de leur côté disparurent en mission dans les fins fonds de l'Allemagne. Ils

1. Peuple de seigneurs.
2. Deutscher Kleinempfänger.

s'étaient attendus à voir marcher l'armée, et si elle n'avait pas marché maintenant, elle ne marcherait jamais. L'Histoire leur donnerait raison.

Mais si Hitler avait réussi à éviter une rébellion militaire ouverte, une opposition voilée commença à se cristalliser contre son autorité.

> Les procédés criminels de Hitler contre (...) Fritsch (...), écrivit Liedig, eurent un profond retentissement sur la Wehrmacht et l'Abwehr. Cet événement eut pour résultat de diviser l'opinion dans l'armée et l'organisation systématique de mouvements opposés à Hitler débuta à ce moment précis. Après son ébauche originelle dans le groupe Canaris-Oster, la décision de travailler au renversement du régime devint alors conséquente. C'était notre conviction que les yeux des spécialistes militaires eux-mêmes s'ouvriraient enfin devant le traitement odieux et mensonger infligé à von Fritsch. De là partit une campagne méthodique et constante afin de recruter des militaires jouissant d'une certaine autorité pour lutter contre l'hitlérisme.

Au cours de cette période, le général Beck resta muet comme un sphinx. Plus tard seulement, il confia que l'affaire Fritsch-Blomberg avait été le prélude à la guerre mondiale. Hitler, qui avait déclaré que la guerre n'était pas le dernier expédient de l'art de gouverner, mais son essence même, disposait maintenant d'un instrument, l'OKW, pour exécuter ses desseins. Cependant, son seul véritable soutien parmi les chefs de département de l'OKW restait Hermann Goering. Tous les autres, y compris Canaris, s'étaient rangés contre lui. Mais en tout état de cause, les officiers au sommet de l'OKW se trouvaient complètement isolés dans leur opposition, car Hitler ralliait de façon indiscutable l'amour et la confiance du peuple et disposait du soutien de la base, dans l'armée, l'industrie et la Luftwaffe. Tout complot contre lui déboucherait sur une guerre civile. Les conspirateurs de la Schwarze Kapelle n'étaient pas disposés à prendre ce risque.

Les hommes décidés à braver Hitler se rassemblèrent alors autour de Beck. Leur opposition prit une forme qui, par la suite, marqua toute l'organisation militaire allemande. Chaque fois qu'ils allaient recevoir de Hitler et de l'OKW un ordre pour organiser quelque nouvelle aventure militaire, Beck et ses fidèles l'exécuteraient fidèlement, mais dresseraient en même temps un contre-plan pour montrer que les intentions de Hitler étaient dangereuses et irréalisables. Les dissidents appliquèrent tout d'abord cette tactique dans la « bataille des fleurs » : l'invasion de l'Autriche. Mais la position de Hitler lui permettait maintenant d'ignorer ses généraux : avec l'aide d'un jeune colonel nommé Erwin Rommel à la tête de sa garde personnelle, il faisait une entrée triomphale à Vienne, le 13 mars 1938, accomplissant ainsi le premier pas fatal dans sa quête pour le Lebensraum.

Hitler y avait un très grand motif de triomphe personnel. En effet, c'est à Vienne qu'il avait débuté tout jeune son ambition politique, gagnant sa vie avec des cartes postales grossièrement dessinées, des réclames pour la poudre Teddy contre la transpiration, ou déguisé en père Noël vendant des bougies de couleur. C'est dans cette ville aristocratique et baroque que, sans argent et sans travail, il avait séjourné de 1909 à 1913, comme il l'écrivit lui-même, n'étant alors qu'un étudiant en art et gagnant « mon pain quotidien, d'abord comme travailleur temporaire, puis comme peintre de petits riens ». C'est là qu'il avait vécu, rêvé et conspiré alors qu'il occupait un lit dans un asile de nuit derrière la gare de chemin de fer de Meidling, ou au 27 de la Meldemannstrasse dans le vingtième quartier, un foyer de travailleurs créé par une fondation charitable. C'est là que, vêtu d'un vieux pardessus plein de poux, que lui avait donné un juif hongrois, il avait fait son entrée dans l'Histoire avant de manifester très vite les qualités de violence, de discussion, d'exubérance, d'esprit de dénonciation et de découragement qui devaient marquer sa vie en tant que Führer. Mais aujourd'hui, après avoir annexé l'Autriche au Reich, il était maître de la ville qui l'avait jadis rejeté.

Mais quand il considéra les résultats de l'occupation de l'armée, il fut horrifié. L'état-major général n'avait pas exécuté les plans de mobilisation, la route de Vienne était encombrée de chars, de camions abîmés et la manière confuse dont les généraux manœuvraient les colonnes blindées faisait penser au sabotage. Cela se sentait ; d'où la remarque de Canaris au général Erwin Lahousen, chef du service secret de l'état-major général autrichien : « Pourquoi n'avez-vous pas tiré, vous autres ? Le caporal aurait compris alors que les choses ne pouvaient pas continuer. Comment pourrait-il acquérir autrement un peu de bon sens ? »

Le Führer était prêt maintenant pour l'opération suivante. Affirmant sans vergogne aux Tchèques qu'il n'avait aucune visée sur leur pays, il procéda à l'exécution du plan Vert, plan d'occupation par la force ou par la ruse de la Tchécoslovaquie. Mais quand les ordres de sa mise en place parvinrent de l'OKW à l'état-major général, Beck résolut de les contrecarrer de son mieux, comme il le faisait systématiquement depuis un certain temps, soulignant dans une appréciation parallèle à celle de Hitler, qu'une attaque contre la Tchécoslovaquie provoquerait la guerre sur plusieurs fronts avec l'intervention, non seulement de la France et de l'Angleterre, mais encore des Etats-Unis. En vain. Hitler refusa de se laisser dissuader, exigeant la poursuite des préparatifs d'invasion tout en essayant de calmer les craintes de ses généraux.

Le 1er avril 1938, le Führer convoqua une assemblée pour annoncer la « réhabilitation » du général von Fritsch, mais il affirma sa « résolution inébranlable » d'éliminer la « menace » tchèque. Voyant que Hitler ignorait les avertissements de l'état-major général, Beck vint le voir à la Chancellerie pour réclamer des « garanties spécifiques », prouvant qu'il n'avait pas l'intention de se lancer dans une nouvelle guerre. Hitler, tel un renard dans un poulailler, assura Beck qu'il n'avait pas du tout cette intention, mais lui rappela d'une façon quelque peu menaçante que l'armée était l'instrument du pouvoir civil et que son devoir était de trouver les moyens de mener à bien les tâches dont ce pouvoir l'avait chargé. Il n'appartenait pas à l'armée de discuter les ordres reçus. Beck répondit courageusement et directement qu'il n'exécuterait pas des ordres qu'il n'approuverait pas, sachant pourtant que toute opposition aux plans du Führer risquait de lui attirer un traitement plus rigoureux encore que ceux qu'avaient connus Blomberg et Fritsch.

Ayant pris congé sur cette remarque, sachant parfaitement qu'il venait de briser sa carrière, il ne lui restait plus qu'une issue : démissionner. Mais auparavant, il voulait essayer d'entraîner les généraux à une démission générale pour protester contre le plan Vert. Il demanda alors au général Karl Heinrich von Stülpnagel, son ami, héritier d'un des plus grands noms de Prusse, d' « examiner les possibilités de soutenir une action collective (...) par des moyens militaires », circonlocution judicieuse qui signifiait révolution. Stuelpnagel parla donc aux généraux en chef, au Herrenklub, mais sans succès. Toute leur formation était contraire à une telle action. Si quelqu'un devait renverser Hitler, dirent-ils, c'était le peuple allemand, qui l'avait élu.

Prenant acte de ce refus collectif, Beck, dont l'intrigue politique avait ruiné la santé, démissionna. Tous ses plans avaient échoué. Avant de quitter son bureau au quartier général de l'état-major, il réunit une dernière fois ses collègues et leur dit que Hitler agissait comme Charles XII de Suède, ce monarque qui avait conduit son armée d'une aventure militaire à l'autre avant de périr dans les steppes russes. Il prononça ces quelques mots, le visage impassible, extraordinairement ressemblant à celui d'Elder Moltke, le fondateur de l'état-major général dont le portrait au-dessus de lui contemplait cette triste scène. Puis il conclut par une remarque en manière d'avertissement : « Une guerre commencée par l'Allemagne entraînera immédiatement dans le combat d'autres Etats que celui qu'elle aura attaqué. Elle succombera dans une guerre contre une coalition mondiale et sera à la merci de cette coalition pour le meilleur et pour le pire. »

Sur cette déclaration, Beck salua l'auditoire en s'inclinant légèrement à la manière allemande et sortit de son bureau. Son état-major resta coi, chacun sentant bien au fond de lui-même qu'un acte d'une grande importance venait de se jouer. C'était vrai, la dernière force capable de freiner le Führer n'existait plus et allait rejoindre le désert du pouvoir, propre aux généraux déchus. Comme devait le rapporter au Congrès le général George C. Marshall : « L'élimination de Beck constituait l'élimination de la dernière influence conservatrice efficace de la politique étrangère allemande. »

Hitler accepta la démission de Beck avec un certain soulagement. N'avait-il pas déclaré au cours de l'affaire Fritsch : « Le seul de mes généraux que je craigne est Beck. Cet homme serait capable d'entreprendre quelque chose. » Pourtant, il se trompait car d'autres pensaient comme Beck, et eux iraient jusqu'à la trahison dans leur opposition envers lui. L'un de ces hommes était Canaris qui oserait révéler les secrets des plans politiques et militaires de Hitler aux ennemis de l'Allemagne, estimant que c'était le meilleur moyen de les faire échouer. Un autre était Oster, le second de Canaris à l'Abwehr, un officier qui, au su de Canaris, et souvent sur ses ordres, trahirait lui aussi les secrets de Hitler afin de le détruire. Un troisième était Stuelpnagel, intendant général d'armée de Beck, un quatrième enfin le général Erich Fellgiebel, chef du département des transmissions à l'OKW.

Mais il y avait aussi le général Erwin von Witzleben, commandant le district militaire de Berlin, un Prussien à visage d'aigle et aux paupières lourdes, dont la famille avait donné des membres à l'état-major général depuis le règne de Frédéric le Grand. Ces hommes n'oublieraient jamais les dernières paroles de Beck et allaient former le noyau d'une conspiration active et déterminée.

Quant à Beck, il restait le chef spirituel de la conspiration. L'après-midi où il quitta son bureau au quartier général de l'état-major, il partit vers le Mittwochgesellschaft, le club du mercredi, pour donner à un petit groupe d'intellectuels et amis, une conférence sur le maréchal Foch. Puis il rentra chez lui pour un dîner de veuf, au 8 de la Goethestrasse, non loin de l'endroit où Schleicher et Bredow avaient été assassinés. C'était un homme malade, déchiré par un conflit moral, tourmenté par l'avenir. Il n'en allait pas moins se consacrer entièrement aux activités de la Schwarze Kapelle.

Le successeur de Beck comme chef de l'état-major général était le général Franz Halder, petit homme, le visage aux traits tirés d'un évangéliste et les manières d'un professeur de science. Hitler lui ordonna de poursuivre l'exécution du plan Vert et il se mit à la tâche aidé de son état-major. Au même moment et avec sa coopération inquiète — car il savait tout de la conspiration — les membres de la Schwarze Kapelle entreprirent pour la première fois de préparer un plan réel pour un coup d'Etat. On devait se saisir de Hitler à Berlin, sans le tuer — ce n'était en effet pas l'intention de la Schwarze Kapelle — et le traduire en justice devant le peuple allemand. Hans von Dohnanyi, juriste qui devait devenir l'adjoint d'Oster à l'Abwehr, avait en conséquence préparé la procédure du procès, ayant pu se procurer le dossier médical de Hitler à l'armée pendant la Première Guerre mondiale, révélant qu'il était devenu fou après avoir été gazé. Une équipe de psychanalystes faisant par ailleurs des investigations discrètes sur son état mental, Hitler serait, à son procès, reconnu criminel irresponsable, inapte aux fonctions de Führer et de chancelier. Un civil éminent et respectable formerait alors le gouvernement. La date retenue pour passer à l'action serait celle du jour où Hitler donnerait l'ordre final du plan Vert pour marcher contre la Tchécoslovaquie.

La démarche pour la prise de pouvoir par la Schwarze Kapelle se réaliserait par étapes. Au moment voulu, Fellgiebel couperait toutes les communications à travers l'Allemagne et Berlin serait occupé par les troupes sous le commandement de von Witzleben. Hitler, Himmler, Heydrich, Goering, seraient tous arrêtés et emmenés sous escorte dans un château en Bavière. La garde personnelle de Hitler — la SS Leibstandarte à Munich — la brigade la mieux entraînée et la mieux équipée d'Allemagne, serait encerclée et contrainte à se rendre par la division blindée de Wuppertal du général Erich Hoepner, le théoricien des Panzer qui stationnait avec ses troupes dans la forêt de Thuringe. Il y avait également des forces disponibles pour abattre la SS. Le plan avait été préparé dans les moindres détails, mais une question importante subsistait : les Britanniques et les Français s'opposeraient-ils à une invasion de la Tchécoslovaquie ? Si les puissances occidentales prenaient position contre Hitler, ou parviendrait sans doute à empêcher l'invasion, et la révolte contre un Führer humilié avait toute chance de succès.

On était maintenant à la mi-août et tandis que montaient en Europe les tensions intolérables qui marquèrent ce bel été de 1938, un Junker trimoteur atterrit à l'aéroport de Croydon près de Londres. Ewald von Kleist Schmenzin, gentleman-farmer poméranien, envoyé secret de la Schwarze Kapelle, en descendit, porteur d'une offre et d'un avertissement.

Ce voyage était une entreprise audacieuse. En effet, Kleist risquait d'un côté l'arrestation, l'emprisonnement et la mort certaine aux mains de la Gestapo et, de l'autre, l'indiscrétion ou la simple trahison de la part des Britanniques. Néanmoins, comme l'écrivit Ian Colvin, alors jeune reporter à Berlin qui servait d'intermédiaire occasionnel entre Canaris et les Britanniques, Kleist avait reçu des instructions de Beck et de Canaris pour dire aux Britanniques qu' « en cédant à Hitler, le gouvernement britannique perdrait ses deux principaux alliés en Allemagne, l'état-major général et le peuple allemand. Par contre, si on pouvait lui apporter une preuve formelle que les Anglais entreraient en guerre en cas d'invasion de la Tchécoslovaquie, il serait en mesure de mettre fin à ce régime ». Et cette preuve était « une promesse sans réserves de venir en aide à la Tchécoslovaquie en cas de guerre ».

Sinclair, chef du MI-6, et Menzies étaient visiblement au courant — probablement par Colvin et l'ambassade britannique en Allemagne — de la venue de Kleist. Aussi prit-on à Croydon des précautions exceptionnelles pour faire passer l'émissaire sans difficulté par la douane et les services d'immigration et de sûreté ; une escorte d'hommes du MI-6 l'emmena au Hyde Park Hotel où il reçut la visite de Lord Lloyd of Dolobran, un intime de Menzies, qui avait ses entrées au gouvernement et au Palais. Lord Lloyd, président de la Ligue de la marine, ex-haut-commissaire au Soudan anglo-égyptien, dîna seul avec Kleist dans un salon privé du Claridge. C'est là que Kleist commit un des premiers actes manifestes de trahison de la Schwarze Kapelle. Il parla du plan Vert : « Les opérations sont fixées en détail, Lord Lloyd. Les plans de mobilisation sont au point. Le jour Zéro est décidé, les chefs des groupes d'armées ont leurs ordres. Tout va se dérouler, selon les prévisions, à la fin de septembre, et personne ne pourra rien arrêter, à moins que la Grande-Bretagne ne lance un avertissement clair à Herr Hitler. »

Puis, tandis que Lord Lloyd servait l'Allemand en prenant les plats sur la desserte, Kleist fit part de tout ce qu'il savait des affaires de l'Etat en Allemagne. Il parla des projets relatifs à un coup d'Etat, de l'incapacité de son pays à mener une guerre contre une coalition de puissances ; et il précisa que si la Grande-Bretagne, avec la France et la Russie, prenait une position ferme et catégorique contre Hitler, « on pouvait espérer à bon droit que les généraux arrêteraient le Führer s'il persistait dans sa politique agressive, et mettraient ainsi fin au régime nazi ». Il y avait, conclut Kleist, en prenant congé, de puissants amis de l'Angleterre en Allemagne, dont Canaris et Oster.

Le matin suivant, Kleist, dont l'intelligence, la sincérité et le courage avaient beaucoup impressionné Lord Lloyd, rencontra Sir Robert Vansittart, le conseiller du gouvernement britannique pour les Affaires étrangères, et parlant avec « la plus grande franchise et la même gravité », l'informa de ce qu'il avait dit à Lord Lloyd. Vansittart écouta attentivement, mais avec gêne. Kleist, en effet, voulait obtenir des concessions pour les frontières de l'Allemagne, si la révolte contre Hitler était couronnée de succès. Or la Grande-Bretagne n'entendait pas faire de concessions aux dépens des autres, en échange de la paix, et il est certain que ce jour-là, comme plus tard, ce furent en fait ces tentatives de la Schwarze Kapelle pour faire un « marché » qui privèrent la conspiration d'une grande partie du soutien britannique.

La visite suivante de Kleist fut pour Churchill à sa maison de campagne, dans les profondeurs du Kentish Weald. Là, le 17 août 1938, il lui demanda la promesse désirée. Churchill alla à son bureau et résuma cette « opinion personnelle » :

> Je suis aussi sûr que je l'étais à la fin de juillet 1914, que l'Angleterre marchera avec la France et les Etats-Unis qui sont fortement antinazis. Il est difficile pour les démocraties de faire des déclarations précises, mais le spectacle d'une attaque armée de l'Allemagne sur un petit Etat voisin avec les combats sanglants qui s'ensuivront, soulèveront l'indignation de l'Empire tout entier, et conduiront aux plus graves décisions. Ne vous trompez pas, je vous prie, sur ce point. Une telle guerre, une fois commencée, sera menée impitoyablement jusqu'au bout et il nous faut considérer, non pas ce qui pourra arriver pendant les quelques premiers mois, mais le point où nous en serons tous à la troisième ou quatrième année.

On prétend que lorsqu'il eut fini, Churchill dit encore à Kleist :

« Vous pourrez tout obtenir si vous nous amenez d'abord la tête de Hitler. » C'était la première fois que Churchill incitait ouvertement la Schwarze Kapelle à la révolte. Cet encouragement ne se renouvellerait plus qu'après le jour J en 1944.

Kleist retourna à Berlin aussi secrètement qu'il était venu. Il déjeuna d'abord avec Colvin, puis se rendit chez Canaris à la Tirpitzufer, à qui il confia : « Je n'ai trouvé personne à Londres désireux de saisir l'occasion d'entamer une guerre préventive. J'ai l'impression qu'ils désirent tous éviter la guerre à tout prix cette année (...) et affirment qu'il leur est impossible, d'après la Constitution britannique, de s'engager sur une situation encore à l'état de gestation. »

Le message de Churchill n'avait rien de la ferme déclaration qu'attendaient Beck et Canaris. Néanmoins, la Schwarze Kapelle continua ses préparatifs pour un « coup de force ». Le 8 septembre 1938, Stülpnagel s'arrangea pour communiquer cinq jours à l'avance les ordres définitifs du plan Vert aux conspirateurs, afin qu'ils puissent prendre toutes dispositions pour la prise du pouvoir. De son côté l'état-major général ne faisait rien pour « graisser » les rouages du plan Vert : il y avait pénurie de véhicules et d'essence et la mobilisation secrète des soldats se déroulait d'une manière négligente. Bien que l'OKW ait remarqué que le corps des officiers ne montrait aucun enthousiasme pour sa tâche, tout se passait comme si poste et télégraphe n'existaient plus.

Cependant la crise tchécoslovaque s'aggravait et le gouvernement britannique n'entreprenait rien qui ne décourageât Hitler ou ne fortifiât la Schwarze Kapelle. Bien au contraire, les forces d'apaisement se mettaient à l'œuvre et après de longues délibérations, Chamberlain décidait de s'envoler vers Berchtesgaden pour chercher une solution pacifique au problème.

Canaris dînait avec son état-major quand il apprit la mission de Chamberlain. Il posa son couteau et sa fourchette, se plaignit que la nouvelle lui avait coupé l'appétit, et bredouilla : « Lui, aller voir un tel homme ! » Ainsi que le rappelle Colvin :

> Il marmotta vaguement ces paroles, devait le rappeler Colvin, tout d'abord comme s'il comprenait à peine. Puis il les répéta pour lui-même et se levant de table, se mit à arpenter la pièce. Hors de lui, incapable de poursuivre son repas, l'amiral s'excusa auprès de ses adjoints et partit tôt se coucher. S'était-il trompé en tendant la main aux Anglais ?... Avaient-ils donc cru que son conseil n'était rien d'autre que piège et tromperie ?

Cette politique d'apaisement rendait toute action impossible pour les conspirateurs de la Schwarze Kapelle. L'Etat tchèque démembré, le projet de révolte s'effondra. Comment pouvait-on désormais arrêter Hitler et faire son procès comme un criminel de guerre après une victoire remportée sans une goutte de sang ? Jamais plus, du moins jusqu'en 1943, les conspirateurs ne disposeraient de plans si bien préparés. Jamais plus ils ne seraient aussi apparemment unis dans leur résolution de se débarrasser du Führer. Dès lors, devait déclarer Liedig, tous les complots allaient être entachés de « rivalités, de préjugés, de désirs pris pour des réalités, bref de toute la faiblesse humaine », rendant impossible toute action positive et déterminée.

Vraisemblablement pour ces raisons, Canaris décida, dès cet instant, d'agir seul ou de concert avec le groupe restreint de généraux, en qui il avait une confiance totale. Hitler n'ayant été défié, au moment le plus vulnérable de sa carrière, ni par ses généraux ni par les hommes d'Etat du reste du monde, devenait maintenant, selon les paroles prêtées à Beck, « le destin de l'Allemagne pour le meilleur et pour le pire ».

Chapitre V

LE DEBUT DES HOSTILITES

Quand elle essayait de déterminer le but réel des activités de Canaris pendant les derniers mois de 1938 et la première moitié de 1939, la Grande-Bretagne se retrouvait face à l'ambiguïté la plus totale. Canaris donnait l'impression de jouer sur trois tableaux à la fois. D'une part, il s'efforçait d'infiltrer en Grande-Bretagne ou d'acheter des individus susceptibles de lui être utiles ; d'autre part, ses services cherchaient à enflammer le monde par des rumeurs et des contre-rumeurs ; enfin d'autres agents continuaient d'arriver à Londres dans le seul but avoué d'établir des contacts secrets entre l'Abwehr, l'état-major général allemand et le gouvernement britannique. Ses véritables motivations n'émergeraient de l'ombre que beaucoup plus tard quand la lumière serait faite totalement sur ces mois de violence.

Ce fut en fait une période de tension sans précédent dans les relations entre la Grande-Bretagne et l'Allemagne. Les Allemands et les Italiens proclamaient le pacte d'Acier, et Mussolini semblait prêt à envahir les Balkans. Puis en mars 1939, les troupes allemandes ayant achevé d'occuper la Tchécoslovaquie, Hitler établit le Protectorat de Bohême et Moravie. Chamberlain l'accusa alors d'avoir renié sa parole en envahissant le reste de l'Etat tchèque. Comme le Führer rejetait les notes de protestation anglo-françaises, Chamberlain rendit publiques les garanties britannique et française en faveur de la Pologne et ordonna la conscription militaire. Le monde chancelait sous le coup et le contre-coup de ces volontés opposées. Partout, on préparait la guerre et, à Londres, le gémissement aigu et modulé des sirènes se fit entendre pour la première fois le jour de Pâques lors des premiers essais de défense antiaérienne.

Bien qu'Ultra ne fût pas encore opérationnelle, le gouvernement britannique était bien informé des intentions allemandes à la fois par ses propres sources de renseignement et par le flot continu d'émissaires de la Schwarze Kapelle. C'était une véritable procession de personnalités illustres demandant instamment à la requête de Canaris, Oster et Beck, au gouvernement britannique et à Chamberlain l'engagement d'empêcher la prochaine initiative de Hitler : l'invasion de la Pologne. On le voit, aucun secret d'Etat dans l'histoire, aucun projet militaire ne furent aussi mal gardés que ceux de Hitler pendant cette dernière année de paix. Or si la Grande-Bretagne ne s'opposait pas ouvertement à Hitler militairement, le Comité de défense impérial, lui, pratiquement la plus haute instance de la défense tenant compte des avertissements, accélérait ses préparatifs notamment en ce qui concernait la défense du royaume contre les attaques aériennes. A cet effet, la production d'avions militaires passa de 250 à 600 unités par mois et cette mesure, à laquelle s'ajoutaient les informations données par Ultra, allait finalement coûter à Hitler la bataille d'Angleterre. Ainsi, Canaris et les autres conspirateurs de la Schwarze Kapelle y auraient, au moins indirectement, contribué. N'ayant pas réussi à empêcher les hostilités, ils allaient du moins contribuer à faire que Hitler ne gagnât point la guerre.

Le gouvernement britannique était par ailleurs aussi bien informé des états d'âme de Hitler que de ses intentions. En janvier 1939, Cadogan avait averti le gouvernement : « ... la condition mentale de Hitler, sa rage insensée contre la Grande-Bretagne et sa mégalomanie qui alarment les modérés qui l'entourent, sont entièrement compatibles avec l'exécution d'un coup désespéré contre les puissances occidentales. » De plus, ajoutait-il, « ... les autorités que nous avons consultées en Allemagne, y compris des Allemands anti-nazis au jugement sain, s'accordent à penser que les ordres de Hitler continueront à être exécutés et qu'on ne peut s'attendre à aucune révolte en aucun cas durant les phases initiales du conflit. » C'est peut-être en réponse à cette appréciation et à d'autres mises en garde sur la situation en Allemagne que certaines personnalités anglaises envisagèrent alors l'hypothèse d'un assassinat de Hitler. Menzies dira plus tard qu'il se montra favorable au plan présenté par le général Sir Mason-MacFarlane, attaché militaire à l'ambassade britannique à Berlin. MacFarlane (qui devait se rendre plus tard secrètement à Rome pour négocier la reddition italienne en 1943), proposait de tuer Hitler avec un fusil de tireur d'élite, équipé d'une lunette téléscopique, à partir d'un appartement dominant la Chancellerie. Selon un article paru dans le magazine *Der Spiegel*[1] (1971), la conclusion de MacFarlane était que : « La mort de Hitler à cette époque aurait sans doute pu conduire au renversement du national-socialisme et épargner des millions de vies. Mais, ajoutait le magazine, le gouvernement britannique mit son veto à ce projet sous prétexte que le procédé de l'assassinat politique

1. A propos d'une note trouvée à ce sujet au Musée impérial de la guerre.

était contraire aux principes des démocraties. Par la suite, le gouvernement britannique allait se montrer beaucoup moins embarrassé par ses scrupules.

Toujours est-il qu'après l'invasion de la Tchécoslovaquie, Canaris essaya une autre stratégie. Le 3 avril 1939, il fit courir simultanément deux rumeurs : l'une, que la Luftwaffe pourrait déclencher une attaque-surprise sur la flotte britannique ; l'autre, que des sous-marins allemands patrouillaient dans la Manche et jusque dans l'estuaire de la Tamise. Le Cabinet crut à ces bruits et se réunit, tandis que Lord Stanhope, premier Lord de l'Amirauté, montait sur le porte-avions *Ark Royal* pour annoncer : « Selon mes ordres, les servants de pièce des canons antiaériens de la Flotte sont prêts à toute éventualité. » Cette déclaration devait avoir un énorme retentissement dans le monde. La puissante flotte britannique était prête à une action immédiate. La guerre, semblait-il, était désormais imminente et inévitable.

Mais de même qu'une mise en garde précédente, provenant également de Canaris, selon laquelle Hitler se proposait de bombarder Londres en mars 1939, ces informations se révélèrent fausses. En les lançant, c'est ce qu'on pensait à l'époque, Canaris avait dépassé les limites. On crut qu'elles faisaient partie de cette guerre des nerfs incessante et habile propre aux nazis, et on blâma Canaris d'avoir concocté des rumeurs et des machinations fausses afin de troubler la sécurité des puissances occidentales. Sa crédibilité fut-elle aussi réduite à néant. Mais, considérée à la lumière de ses futures actions, sa campagne alarmiste peut avoir eu des motifs bien différents. Déçu par le manque de réaction britannique à ses différentes mises en garde, ne voulait-il pas les effrayer et les obliger à l'action directe dans le but de dissuader Hitler ? Ce fut, en tout cas, en vain car il ne devait réussir en fait qu'à éveiller les doutes des Britanniques sur sa sincérité.

Cependant il faut bien reconnaître que le déluge de rumeurs qui submergeait le gouvernement, ce printemps et cet été, profitait à Canaris et à la Schwarze Kapelle, au détriment de Hitler. La plupart d'entre elles en effet se révélèrent après coup tout à fait exactes ; les surprises dont parlait Cadogan n'étaient des surprises que parce que les Britanniques étaient mal équipés pour vérifier la véracité des renseignements glanés à de nombreuses sources. Une partie du problème résidait dans la nature même de ces sources. Les émissaires de la Schwarze Kapelle pouvaient être considérés, au mieux, comme des monarchistes mécontents, au pire, comme des traîtres. Ni l'une ni l'autre de ces sources n'étaient donc très sûres. De même, Canaris apparaissait comme une espèce d'agent provocateur. Mais leurs avertissements avaient néanmoins invité les Britanniques à renforcer leurs défenses militaires, et leur système d'espionnage. On créa donc un centre chargé de totaliser les rumeurs ambiantes et un homme du Foreign Office, Victor Cavendish-Bentinck, parent du duc de Portland, un produit de Wellington et des Grenadier Guards, en reçut la charge. A dater de ce jour, toutes les autres organisations de renseignements allaient devoir se reporter à Victor Cavendish-Bentinck et à la commission composée des chefs des services secrets de l'Armée, de la Marine et de l'Aviation qui collationnaient, évaluaient et répartissaient tous les renseignements, quelle qu'en fût la source. Doué d'une perception exceptionnelle, ayant une connaissance très vaste de l'Allemagne, Cavendish-Bentinck étendait petit à petit son champ d'activité jusqu'à contrôler tout le travail de renseignement, offensif, défensif, secret, technique, subversif et politique ; ce centre devait être le précurseur du Comité combiné du renseignement, également présidé par Cavendish-Bentinck, organisme grâce auquel la Grande-Bretagne allait connaître les plus grands succès.

Pendant les derniers jours de paix, Canaris et son groupe tentaient encore une fois d'éviter la catastrophe. Un officier de l'état-major général allemand fut envoyé à Londres, officiellement, comme observateur militaire, et secrètement, pour prendre contact avec « les officiers de l'espionnage civil et militaire britannique. » C'était le lieutenant-colonel comte Gerhardt von Schwerin, chef de la section anglaise du département qui deviendrait le FHW, secteur important du renseignement dans l'OKW et noyau principal de la conspiration contre Hitler. La visite de Schwerin semblait être la conséquence d'une intrigue entre le général Ulrich-Liss, chef du FHW, et son ami l'attaché militaire britannique adjoint à l'ambassade à Berlin, le major Kenneth W.D. Strong, l'homme qui devait devenir, le jour J, chef du renseignement auprès du général Dwight D. Eisenhower, le commandant suprême allié.

Le séjour du comte à Londres n'était un secret ni pour les Allemands ni pour les Britanniques. Il était courant, même à ce moment de l'histoire de l'Europe, d'échanger des observateurs entre état-majors. Liss lui-même était venu en Angleterre quelques mois auparavant. Schwerin, spécialiste des blindés, ne dissimula ni sa personne, ni sa mission officielle. Il prit un appartement à Piccadilly et se comporta comme un aristocrate allemand. Il fit imprimer des cartes de visite et les distribua partout où il allait. On le vit faire du cheval à Rotten Row, se livrant aux exercices de « haute école » d'un gentilhomme allemand. Il fit des apparitions à Ascot, à Sandhurst et au bal de la Garde. Mais personne, sauf Strong et le chef du renseignement de la Marine, l'amiral John Godfrey, ne connaissait le but réel de son séjour. Or, le 28 mars 1939, il avait prévenu l'ambassade anglaise à Berlin que « Hitler avait décidé de continuer sa politique d'expansion à l'Est » cette année et maintenant, d'Angleterre il annonçait qu'il était déterminé à « attaquer la Pologne à la première occasion », selon sa déclaration du 23 mai 1939.

Le 14 juillet 1939, Schwerin dînait chez Godfrey, place Cadogan. Etaient présents le général Sir James Marshall-Cornwall, ancien collaborateur du MI-6, ex-attaché militaire à Berlin de 1928 à 1932 et maintenant chef adjoint de l'état-major général impérial, Cadogan, Menzies et les chefs des services secrets militaires. « On but, raconte Marshall-Cornwall dans son journal, quantité de bon champagne » et Schwerin rappela son message.

> Le comte Schwerin, poursuivit-il, voulait que la Grande-Bretagne se manifestât par une série d'actions sur le continent. Il nous confirma l'intention de Hitler d'attaquer la Pologne, mais nous indiqua également la

> possibilité de l'arrêter si la Grande-Bretagne se livrait à une puissante démonstration navale — quelque chose comme une escadre de cuirassés, proposait-il — dans la Baltique. Il suggérait aussi d'installer une base de bombardiers lourds en France, et d'y adjoindre les deux divisions parfaitement équipées que nous avions à l'époque. Le jour suivant, nous fîmes parvenir les propositions de Schwerin à toutes les autorités intéressées, y compris le Premier ministre, et Schwerin retourna en Allemagne avec une formule de cordialité de Menzies à l'intention de Canaris. Mais hélas ! les propositions de Schwerin devaient tomber une fois de plus sur un terrain stérile !

Le Premier ministre Chamberlain et Lord Halifax firent en effet savoir que l'Angleterre n'entreprendrait rien maintenant, car de telles démonstrations ne serviraient qu'à provoquer Hitler.

Or Hitler n'avait nullement besoin de provocations ; le 22 août 1939, les officiers supérieurs de la Wehrmacht étaient convoqués à une conférence à l'Adlerhorst (nid d'aigle) du Führer, au sommet d'une montagne dans l'Obersalzberg en Bavière. Le flot des voitures d'état-major ronronnait sur le béton de l'autoroute blanche, dans les vallées, jusqu'à Berchtesgaden, village aux maisons du XVIe siècle. Elles gagnèrent Hohergoll, puis grimpèrent le long de la sinueuse Kehlsteinstrasse, jusqu'à ce que la route s'arrêtât de façon abrupte au flanc du mont Kehlstein. Deux grandes portes de bronze gardées par des SS s'ouvrirent, et la procession, surplombant la vallée inondée de soleil, pénétra dans un long tunnel de marbre éclairé lui aussi par des lanternes de bronze. Les chauffeurs ayant garé les voitures dans l'immense garage souterrain, les chefs militaires traversèrent un tunnel plus court et moins vaste, jusqu'au grand ascenseur garni de cuivre et équipé de profonds sièges de cuir. Emportés comme par une flèche gravissant le cœur de la montagne à cent trente mètres de haut, les portes s'ouvrirent. Ils étaient à 1 885 mètres d'altitude, dans le « nid d'aigle ».

Hitler fit attendre ses généraux et ses amiraux pendant quelques minutes dans l'antichambre où étaient exposées ses collections de porcelaine de Nymphenburg et Frankenthal. Puis, sur un geste d'un géant blond, chef de la garde du corps SS, ils pénétrèrent dans le salon du Führer pour la conférence. De l'ample fenêtre panoramique, éclatait une vision wagnérienne : l'Untersberg, la plus haute montagne près de Salzbourg où, selon la légende, l'empereur Frédéric Barberousse attendait l'appel pour se lever et restaurer l'Empire allemand dans sa gloire ; on apercevait aussi les clochers et les collines de Salzbourg où Mozart était né. Les chefs militaires prirent place au fond de grands fauteuils rustiques, dans une pièce où trônaient une horloge massive couronnée d'un aigle et un buste de Richard Wagner. Aux murs de grandes peintures à l'huile dont un nu, attribué au Titien, deux tapisseries soyeuses, de toute beauté, un paysage de Spitzweg, quelques ruines romaines de Pannini et une structure d'Edouard von Steinle qui ressemblait à un autel.

Hitler commença à parler : « Il n'y aura probablement jamais plus, à l'avenir, un homme possédant autant d'autorité que moi. Mon existence est un facteur de grande importance. Mais je peux être éliminé à n'importe quel moment par un criminel ou par un fou... Il n'y a donc pas de temps à perdre. La guerre doit commencer pendant que je suis encore en vie. » Faisant montre d'une assurance sans borne, Hitler annonça alors que Ribbentrop avait signé un traité d'amitié avec la Russie soviétique et qu'après avoir pensé qu'une attaque sur la Pologne entraînerait une guerre avec l'Angleterre et la France, il était sûr maintenant qu'il n'y en aurait pas. « J'ai arraché, déclara Hitler, cette arme (l'aide de la Russie) des mains des puissances occidentales. Nous pouvons maintenant frapper au cœur de la Pologne. Je peux le dire sans me tromper : la route militaire est libre. »

Ses déclarations provoquèrent une surprise considérable parmi l'auditoire. Le Führer continua en disant qu'aucun homme d'Etat britannique ne se risquerait à une longue guerre avec l'Allemagne tant que la Russie resterait en dehors du conflit. Quant à la France, elle avait été entraînée dans le conflit par l'Angleterre contre sa volonté et ne pouvait soutenir une guerre durable et sanglante, sans l'aide de la Russie. Le nombre de victimes françaises pendant la Première Guerre mondiale l'expliquait. De surcroît, affirmait-il, « nos ennemis sont de minuscules vers de terre. Je les ai vus à Munich ». Et il ajouta : « La seule chose que je craigne est qu'à la dernière minute, un scélérat n'exhibe un plan de médiation. »

Hitler parlait avec une telle violence que toute l'assistance resta silencieuse. « Pourquoi doit-il y avoir la guerre ? » ajouta le Führer : tout simplement parce que « nous n'avons rien à perdre, et tout à gagner. » Puis il passa en revue la situation mondiale tendue et conclut :

> Autant de circonstances favorables ne se représenteront plus dans deux ou trois ans. Personne ne sait combien de temps je vivrai. Donc, la guerre est préférable maintenant. Hannibal à Cannes, Frédéric le Grand à Leuthen, Hindenburg et Ludendorff à Tannenberg ont joué leur chance. Nous devons nous aussi prendre des risques. Nous les maîtriserons par une volonté de fer.

Sur ce, la réunion fut levée pour un déjeuner tardif. Selon un compte rendu extrait des documents de Nuremberg, Goering, ne se tenant plus d'exaltation, fit un bond jusqu'à la longue table du salon, lança des « grâces assoiffées de sang et des imprécations sanguinaires », puis dansa en rond comme un sauvage. « Quand la conférence reprit, Hitler poursuivit sa harangue, exhortant ses généraux à être sans pitié ! à avoir une attitude brutale ! Quatre-vingts millions d'Allemands doivent rentrer dans leurs droits », hurla-t-il. Puis le Führer annonça que le plan Blanc devait prendre effet immédiatement. Le jour X était le 26 août 1939. L'heure zéro : 4 h 30. L'objet de l'opération : « anéantissement de la Pologne. »

Dans l'ensemble, les généraux de Hitler se montrèrent favorables à sa décision ; la Wehrmacht n'avait-elle pas balayé irrésistiblement l'Autriche et la Tchécoslovaquie, sans pratiquement rencontrer d'opposition ? Cependant, plusieurs hommes, Halder, Witzleben, Stuelpnagel,

Fellgiebel, Canaris restaient silencieux. A leurs yeux, la guerre était inévitable si on laissait continuer Hitler. Mais comment pouvait-on l'arrêter ? Une fois de plus, Canaris entrevit alors une possibilité de faire échouer les plans de Hitler et il la saisit. Il se rendit de Berchtesgaden jusqu'à l'hôtel des Quatre Saisons à Munich et là, griffonnant rapidement quelques notes, les tendit à son adjoint Oster. Oster prit le train de nuit pour Berlin. Peu de temps après son départ de Munich, il rencontrait dans le couloir, près de son wagon-lit, un homme en civil, le major Gijsbertus Jacob Sas, assistant de l'attaché militaire à l'ambassade hollandaise à Berlin, son ami de longue date. Oster lui donna les notes de Canaris et, le soir du 23 août, un rapport sur le discours de Hitler se trouvait sur le bureau du major Foley à Berlin, comme sur les bureaux de tous les services secrets amis des Hollandais.

La fuite porta ses fruits, car la nouvelle parvint en même temps à Londres et à Paris. La réaction française fut immédiate et radicale : le Premier ministre Edouard Daladier donna l'« alerte », signal qui mettait la ligne Maginot sur pied de guerre. Quant au gouvernement britannique il prit également des mesures préventives. Des ordres furent donnés pour les régions clés de la côte afin de rassembler les défenses antiaériennes, et de protéger des points vulnérables. On envoya également des télégrammes aux dominions et aux colonies, insistant sur la nécessité de se mettre en position de défense. Le Lord du Sceau privé reçut l'autorisation de mettre toute la défense civile et tous les moyens d'évacuation sur pied de guerre. L'Amirauté reçut l'autorisation de réquisitionner vingt-cinq navires marchands pour les transformer en croiseurs auxiliaires. L'Amirauté avisa enfin tous les navires marchands, on suspendit toutes les permissions dans les services armés, on déploya les défenses antiaériennes et on rappela les réservistes en grand nombre.

Tel était le résultat de l'avertissement de Canaris. Mais le 25 août, l'OKW et le quartier général de l'armée à Zossen recevaient un message : le plan Blanc était annulé jusqu'à nouvel ordre, Hitler avait été informé que, malgré le pacte germano-russe, si l'Allemagne attaquait la Pologne, la Grande-Bretagne et la France déclareraient la guerre. De plus, pour bien montrer au Führer que la situation était prise au sérieux, le gouvernement britannique fit annoncer par le Foreign Office qu'il venait de conclure une alliance avec la Pologne. A Rome, Mussolini quant à lui, qui avait reçu un double du discours de Hitler, signifiait que l'Italie ne pouvait soutenir l'Allemagne dans un conflit important sans une aide substantielle en matériel de guerre et en fournitures militaires.

Au quartier général de l'Abwehr, Canaris et Oster jubilaient. L'homme qui se proclamait « le plus grand stratège de tous les temps, un seigneur de guerre d'un nouveau genre », celui-là qui avait lancé l'ordre d'attaquer et l'avait retiré l'instant d'après, ne pouvait être pris au sérieux par ses généraux. Oster ajouta même qu'« un coup d'Etat » n'avait plus sa raison d'être : Hitler allait tomber de lui-même et à la *Kolonne* du jour suivant, le petit amiral déclarait : « Nous avons sauvé la paix pour vingt ans. »

Hélas non ! Hitler était résolu à poursuivre. Il déclara à Brauchitsch, à la Chancellerie, qu'il devait considérer le 1er septembre 1939 comme le jour X et qu'il mènerait la guerre sur deux fronts s'il y était contraint — le seul type de guerre que l'Allemagne ne pouvait gagner, d'après tous les stratèges allemands de l'histoire moderne. Quand Canaris apprit la nouvelle, il envisagea cette fois l'avenir avec un cœur brisé. Il ne lui offrait plus que la perspective de la défaite et la dissolution de tout ce que lui et ses amis avaient de plus cher : le Reich, l'existence des forces armées, le corps des officiers, le pouvoir, les privilèges, la position : tout disparaîtrait.

Dans la lueur précédant l'aube, le 1er septembre 1939, 1 600 appareils de la Luftwaffe commencèrent à pilonner la Pologne. A 5 heures du même matin, cinq armées allemandes traversaient la frontière. Le 3 septembre, les Anglais et les Français déclaraient la guerre au Troisième Reich.

Chapitre VI

CONSPIRATION AU VATICAN

La Blitzkrieg [1] allemande en Pologne (la Wehrmacht réduisit en miettes une armée de 800 000 hommes et vainquit une nation de 33 millions d'habitants en 27 jours à peine) porta Hitler au pinacle de l'admiration populaire. Son triomphe réduisait à néant toutes les espérances de la Schwarze Kapelle d'une rébellion de la Wehrmacht contre son chef. Même ses généraux ne pouvaient discuter son succès. Cependant, de sombres événements ne tardèrent pas à intervenir créant un nouveau fossé entre Hitler et l'état-major. Les SS commencaient en effet à exterminer les Polonais : l'aristocratie, l'intelligentsia, les prêtres et les juifs. C'était le début de la campagne de Himmler pour faire des pays slaves un nouveau fief des chevaliers teutoniques, et Heydrich était l'homme choisi pour cette tâche.

Il ne fallut pas longtemps à Canaris, toujours en alerte sur les activités criminelles des SS et du SD, pour être au courant des exécutions en masse. Le 8 septembre 1939, sept jours seulement après l'invasion de la Pologne, il s'envolait jusqu'au train spécial du Führer près d'Illnau pour protester auprès de Keitel. « Un jour, le monde tiendra la Wehrmacht pour responsable de ces méthodes puisque ces choses se passent sous son nez », prévint-il. Mais sa protestation n'eut aucun effet sur Keitel ; ce dernier répondit

1. Guerre-éclair.

simplement que si l'armée ne voulait pas faire « ces besognes », il ne fallait pas se plaindre quand la SS et le SD s'en chargeaient.

De retour à Berlin, accablé, Canaris ouvrit une enquête sur les atrocités en Pologne. Puis, quand la tâche devint trop lourde, il créa un Abwehrkommando pour poursuivre les investigations. Comme le dossier augmentait régulièrement, il s'arrangea avec Oster pour informer tous les généraux en chef des activités SS en Pologne et pour faire passer en fraude des rapports destinés au Vatican et à Berne afin de les communiquer au MI-6 et au 2e Bureau. On ne pouvait faire plus car, en dépit des protestations de ses généraux, Hitler ne tarda pas à retirer la Pologne à la juridiction de l'armée et la plaça sous l'autorité exclusive de la SS. On aurait pu s'attendre à ce que l'armée s'opposât à cette dissolution de ses pouvoirs, mais elle n'en fit rien. Le seul homme qui osa tenir tête à Hitler, le général Johannes Blaskowitz, fut relevé de son commandement et porté dans le cadre de réserve des officiers généraux. A titre d'exemple pour les autres, s'ils tenaient à leur carrière, ils n'avaient qu'à suivre ses ordres quels qu'ils fussent.

Une fois de plus, l'espoir d'arriver à fomenter une scission entre le Führer et l'état-major général, s'évanouissait pour les conspirateurs de la Schwarze Kapelle. Quand le 9 octobre 1939, ayant transpercé la Pologne de son épée, Hitler offrit à ses généraux une nouvelle perspective de conquête, il fournit par là-même à la Schwarze Kapelle un nouveau prétexte de rébellion. Il ordonna en effet l'exécution du plan Jaune, opérations militaires d'invasion des Pays-Bas, de la Belgique et de la France, qui devait être une campagne-éclair mobilisant tout le potentiel de la Wehrmacht. Elle commencerait en un lieu et en un temps où les puissances occidentales s'y attendaient le moins : dans les Ardennes, pendant le solstice d'hiver.

L'état-major général et les chefs d'armée, déjà consternés par les massacres de Pologne, réagirent avec véhémence. Le plan Jaune leur rappelait trop le spectre des Flandres : vivace était chez eux le souvenir d'Ypres en 1914, Loos en 1915, la Somme en 1916 et Passchendaele en 1917, terribles campagnes d'hiver qui s'étaient enlisées dans la boue et dans le sang. Presque tous dénoncèrent donc l'opération comme pure folie. Mais Hitler s'entêta et, refusant de tenir compte de leurs protestations, maintint son ordre pour la semaine précédant le 5 novembre.

Les généraux étaient atterrés et la Schwarze Kapelle de plus en plus déterminée à débarrasser l'Allemagne du Führer avant qu'il ne parvienne à détruire le pays. Canaris, Oster et les autres membres de la Schwarze Kapelle, qui disposaient maintenant d'une certaine aide de Halder, chef de l'état-major général, décidèrent d'en venir alors à la seule arme qui leur restait pour éviter la tragédie : la trahison.

Le complot de la Schwarze Kapelle intéressait deux secteurs : intérieur et extérieur. A l'intérieur, les conspirateurs prévoyaient une marche sur Berlin pour capturer Hitler et renverser le parti nazi. Deux divisions blindées parties de la Pologne pour le front de l'Ouest, se tiendraient prêtes à revenir sur Berlin et à défendre la ville contre les SS. Le Führer serait accusé de crimes contre l'humanité, déclaré fou, non justiciable et enfermé dans un asile. Alors, on proclamerait Beck régent, l'armée installerait un gouvernement provisoire soutenu par tous les partis politiques et on inviterait un Hohenzollern à revenir sur le trône. C'était un plan net, astucieux, réalisable, conçu selon les meilleurs principes de l'état-major général par le lieutenant-colonel Helmuth Groscurth, officier de l'Abwehr. Il ne devait y avoir ni fusillades, ni barricades, ni déchaînement sauvage, mais un retour rapide aux méthodes de gouvernement de l'Empire allemand basées sur la légalité et l'ordre, le christianisme et le calme. Mais qu'adviendrait-il si Hitler, Goering, Goebbels, Himmler, Heydrich et les autres résistaient ? Dans ce cas ils seraient fusillés et la responsabilité de leur mort serait attribuée aux SS.

Le succès de l'opération dépendait cependant de l'accueil qui lui serait réservé par les ennemis de l'Allemagne, car l'intention de la Schwarze Kapelle était d'abord de demander un cessez-le-feu, puis un armistice. L'essentiel était donc de déterminer les conditions qui seraient acceptables à la fois pour l'Angleterre, la France, et l'Allemagne. Dans cette perspective, Canaris assuma la responsabilité de la partie extérieure de la conspiration, et contacta Oster pour ouvrir une voie de communication secrète avec le gouvernement britannique.

Parmi les conjurés, Oster était le bras droit de l'amiral. Comme chef du département Z, état-major du quartier général et bureau d'enregistrement de l'Abwehr, il avait en main la structure bureaucratique et les systèmes de communications qui lui permettaient de mener les affaires de la Schwarze Kapelle sous l'apparence d'opérations d'espionnage parfaitement normales. Originaire de Saxe, ayant appartenu à l'artillerie portée, à la fois élégant et arrogant — on lisait sur son bureau ce proverbe saxon : « un aigle ne chasse pas de mouches » — Oster méprisait ouvertement Hitler et les nazis. Il s'était occupé personnellement de constituer un fichier sur Hitler, et la seule chose qui le sauvait de la Gestapo et du SD était le mur de fer dont Canaris avait ceinturé l'Abwehr. En accord avec Hitler, Canaris s'était en effet arrangé auprès de Heydrich pour que les forces nazies de surveillance et de police n'aient pas juridiction sur son propre territoire.

L'Abwehr fournissait donc à Oster la couverture idéale pour ses intrigues. Son bureau était une véritable ruche, ouverte à des activités étranges et à des gens plus étranges encore. Un historien devait écrire à ce propos :

> On s'habituait à voir les silhouettes les plus extravagantes dans une variété inouïe de costumes et d'apparences. Quiconque travaillait au sein de cet étrange bourdonnement se devait d'avoir plusieurs visages, ou un seul, impénétrable. Sa main droite devait ignorer ce que faisait sa main gauche. Son élément naturel était un jeu, dont les mises étaient la vie et la mort, sa tâche quotidienne : attraper sans être pris.
>
> Oster, risquant souvent son équilibre au bord de l'abîme, travailla pendant des années dans cette atmosphère « surréaliste ». Tous ceux qui le voyaient admiraient une telle maîtrise, surtout lorsqu'on savait qu'il travaillait pour les deux côtés à la fois : le régime et son opposition. Il avait quatre lignes secrètes de téléphone et c'était chose extraordinaire de le voir parler à quatre agents invisibles, donnant des instructions diffé-

rentes, sans le moindre battement de paupière, le tout se déroulant dans une atmosphère telle qu'on ne pouvait plus du tout faire la distinction entre la haute trahison et l'espionnage.

Oster avait déjà commis un acte de trahison contre le Troisième Reich en dévoilant les secrets du plan Blanc. Aujourd'hui il se mettait sur la voie d'une nouvelle perfidie : la subversion du plan Jaune, persuadé que si on arrivait à détruire celui-ci dès le départ ou à le rendre irréalisable, la réputation d'invincibilité de Hitler serait ruinée : d'où sa destitution et une paix rapide. Du point de vue militaire, il était convaincu que les sacrifices éventuels que cette trahison coûterait au peuple allemand, étaient sans comparaison avec les souffrances de centaines de milliers de victimes, et les destructions incalculables qu'apporterait la guerre aux autres peuples de l'Europe, guerre que l'Allemagne ne gagnerait pas, en raison de l'importance des forces rivales.

Pour contacter les Anglais, Oster choisit le Dr Josef Mueller, juriste à Munich, et le convoqua à son bureau. Mueller, un catholique connu et estimé du pape Pie XII, était aussi un ami de Monsignor Ludwig Kaas, « gardien de la Fabrique » à Saint-Pierre, et du père Robert Leiber, jésuite, archiviste au Vatican et confident du pape.

Ces relations étaient sans prix pour la Schwarze Kapelle, et Oster qui connaissait l'opposition de Mueller au régime nazi, lui demanda s'il se chargerait d'établir un contact entre la Schwarze Kapelle et le gouvernement britannique par l'entremise de ses amis au Vatican. Sans hésitation, Mueller accepta la tâche assignée. Oster expliqua ensuite qu'après avoir pris contact par l'intermédiaire du Vatican, Mueller devait informer les Anglais du plan Jaune et examiner à quelles conditions ils accepteraient un armistice après destitution ou l'assassinat de Hitler.

Mueller saisit les dangers de sa mission et avant de quitter Oster, conclut ce pacte avec lui : « C'est Hitler ou nous ! », sachant bien que s'il était pris, il irait au billot, seul et en silence. Les deux hommes se serrèrent la main et se séparèrent sur cette courageuse promesse.

Deux semaines plus tard, il rencontrait Monsignor Kaas en secret dans un jardin de vignes près de la chapelle Quo Vadis le long de la voie appienne et vers la mi-octobre 1939, Mueller était en mesure d'informer Canaris que le pape consentait à servir d'intermédiaire entre la Schwarze Kapelle et le gouvernement britannique en la personne de Sir D'Arcy Osborne, ambassadeur britannique près le Saint-Siège. Sa Sainteté, rapporta Mueller, avait accepté en ces termes :

« L'opposition allemande doit se faire entendre en Grande-Bretagne. » Elle voulait bien lui servir de voix. L'objectif de l'intercession du pape était une paix fondée sur l'acceptation par la Grande-Bretagne et la France, de ne pas essayer de prendre avantage de la situation pour envahir et occuper l'Allemagne. Mueller informa Canaris et Oster que le pape ne l'avait pas reçu personnellement car ses visites auraient été fatalement observées et rapportées. Les propositions de la Schwarze Kapelle seraient donc transmises au pape par le père Leiber et le père Kaas, dont la discrétion était absolue. D'autre part, le pape recevrait Sir D'Arcy, ce qui était parfaitement naturel. Mueller ajoutait que le pape était dès maintenant en contact avec Sir D'Arcy pour obtenir la coopération de la Grande-Bretagne dans ces échanges.

Le rapport de Mueller donna un nouvel espoir à la Schwarze Kapelle : toute relation n'était donc pas rompue avec les Britanniques malgré l'ouverture des hostilités. Comme le notait Helmuth Groscurth dans son journal le 20 octobre 1939 : « Le pape est très intéressé et tient une paix honorable pour possible. Il garantit personnellement que l'Allemagne ne sera pas escroquée comme dans la forêt de Compiègne. Mais à l'unanimité, ceux qui demandent la paix, exigent la destitution de Hitler. »

Aux alentours du 27 octobre, Mueller reçut un message pour rencontrer le père Leiber à la nuit tombée au quartier des prêtres à l'université pontificale des grégoriens de la Piazza Pileta. Le père Leiber lui révéla que le pape avait reçu une lettre selon laquelle Lord Halifax, au Foreign Office consentait à ce que Sir D'Arcy prît part à ces négociations. Le temps était venu, poursuivit le père Leiber, de faire des propositions d'armistice. Or, précisément à ce moment, la Schwarze Kapelle était frappée d'un nouveau malheur.

La grande abbaye bénédictine de Beuron se dresse fièrement isolée comme un palais dans une campagne vallonnée de la montagne souabe près du Danube. Là, depuis plus de 800 ans, les moines habillés de noir suivaient la règle de saint Benoît et accomplissaient leurs nombreuses dévotions, priant sept fois le jour et une fois la nuit. Heydrich ayant senti le prix d'entrer en cette splendide citadelle baroque de l'enseignement jésuitique, avait choisi comme informateur Hermann Keller, moine exceptionnellement intelligent, agité, fantasque et ambitieux. Pendant des années, Keller avait essayé de faire déplacer le père abbé, Rafael Walser, allant même disait-on jusqu'à aller monter de toutes pièces une accusation de trafic de devises étrangères contre son supérieur. Keller avait alors reçu la charge du monastère jusqu'au moment où le supérieur général des bénédictins, Fidelis von Stotzingen, avait demandé au Dr Josef Mueller de faire une enquête. Mueller ayant réussi à prouver que Keller avait inventé ses accusations, celui-ci avait été démis de son titre de prieur et exilé à l'abbaye bénédictine de la montagne de Sion en Palestine. Mais là, Keller s'était concilié les bonnes grâces du grand mufti de Jérusalem, relation qui devait aboutir à son entrée à l'Abwehr, puis au SD.

Keller retrouva donc sa charge de prieur à Beuron par les bons offices du SD et le nouveau père abbé Benedict Bauer l'employa à une tâche jésuitique « confidentielle » qui le rendit particulièrement appréciable aux yeux de ses protecteurs. Il allait maintenant avoir l'occasion de régler ses comptes avec Mueller. Heydrich cependant se méfiait de Mueller et il chargea Keller de lui faire un rapport sur ses activités au Vatican, étant parfaitement conscient des conspirations et des intrigues qui gravitaient autour du Saint-Siège.

En octobre 1939 et probablement à dessein, Keller alla jusqu'à Bâle où il rencontra dans un bar sur les bords du Rhin un juriste berlinois, le Dr Hans Etscheit, agent de l'Abwehr qui avait présenté Mueller à

Canaris. Etscheit connaissait Keller et passa la soirée avec lui : les deux hommes burent beaucoup de vin. Keller qui était en habit de moine gagna la confiance d'Etscheit. Ce dernier supposant que Keller, en tant que jésuite, était anti-nazi, l'informa du complot de la Schwarze Kapelle : à ce moment précis, Mueller était au Vatican en train de contacter les Britanniques. Puis la soirée s'étant terminée de façon sympathique, Etscheit, avant de partir, donna à Keller, qu'il croyait être un pauvre moine faisant un pèlerinage en sandales et capuchon à Saint-Pierre, cent francs suisses pour agrémenter son voyage à travers les Alpes.

Keller n'avait pas besoin de cet argent... Il se dépêcha de gagner Rome dans un wagon-lit somptueux pour espionner Mueller. Au Vatican, il rencontra le père Augustin Maier pour s'informer. Il dit à Maier ce qu'il avait appris sur les activités de Mueller et exprima ses craintes : la neutralité du Vatican lui semblait en danger ; lui-même était-il à l'abri d'une nouvelle tentative de Mueller pour le compromettre ? Maier savait-il quelque chose ? Maier répondit que non, mais dès que Keller eut quitté sa cellule, courut chez son ami Mueller à son hôtel, l'Albergo Flora, sur la via Veneto, toujours exclusivement réservé au personnel de l'Abwehr.

Mueller écouta sans broncher. Mais très inquiet quand il devint clair que Keller était embarqué dans une vendetta personnelle susceptible de mettre dans une situation critique la conspiration tout entière, il quitta précipitamment Rome pour Berlin afin d'avertir Canaris et Oster. Au même moment, Keller rejoignit Stuttgart en hâte pour informer son chef du SD et faire un rapport préliminaire à Heydrich, dont il envoyait une copie à Canaris comme c'était son devoir en tant qu'agent de l'Abwehr.

Quand Mueller arriva au quartier général de l'Abwehr à Berlin, Oster et son principal adjoint et associé dans la conspiration, Hans von Dohnanyi, l'attendaient. Ils lui tendirent la copie du rapport Keller à Canaris, avec la remarque assez savoureuse qu'ils ne s'étaient pas attendus à devoir protéger Mueller des siens (de ses propres coreligionnaires). Mueller lit le rapport, fondé exclusivement sur l'histoire d'Etscheit ; avec cette restriction qu'aucune confirmation du Vatican n'avait pu être obtenue. Néanmoins les allégations restaient assez graves pour faire pendre les conspirateurs si Heydrich pouvait obtenir un complément d'informations.

La situation s'aggrava encore lorsque les conspirateurs apprirent que Keller, convoqué à Berlin par Heydrich, avait encore embelli son rapport et soutenait maintenant que Mueller était engagé dans un complot jésuitique contre Hitler. Keller alla trouver alors Oster et Dohnanyi, les prévenant que Heydrich considérait Mueller comme un traître dont l'arrestation était imminente. La conspiration tout entière était en danger. Qui pouvait douter que la Gestapo avait les moyens et la volonté de faire parler les hommes, même des hommes aussi solides et courageux que Mueller ?

Oster informa aussitôt Canaris de cette nouvelle menace et Canaris passa aux actes. Il demanda à Mueller de dicter un rapport à son secrétaire particulier dans lequel il devait affirmer qu'avant la guerre il avait eu connaissance d'un coup d'Etat projeté par quelques généraux, pour prévenir un conflit. Il ne devait pas mentionner les noms de Beck ou Halder mais plutôt celui du général von Fritsch, le précédent commandant en chef de l'armée que Hitler avait renvoyé en 1938 pour une prétendue conduite homosexuelle et qui avait cherché et trouvé une mort de soldat en Pologne. Canaris lui demanda également d'ajouter le nom du général Walther von Reichenau : Hitler l'admirait, avait confiance en lui et voulait en faire un maréchal.

Aussitôt rédigé, Canaris porta le rapport à la Chancellerie. Il dit à Hitler qu'il considérait ces affirmations comme très graves, tout en soulignant que l'enquête la plus active, celle de l'Abwehr comme celle du SD, n'avait pu leur donner corps. Hitler lut le rapport avec intérêt et quelque inquiétude, jusqu'au moment où apparut le nom de von Reichenau. Il le rejeta alors d'un seul mot : « Schmarren » : sottises ! Canaris n'attendait que cet instant. S'excusant auprès du Führer de lui avoir fait perdre son temps, il se retira en l'assurant de sa conviction que le rapport était inexact.

Le soir même, Canaris se rendit chez Heydrich pour discuter de cette affaire. « Imaginez un peu, lui dit-il, je pensais apporter là au Führer quelque chose de très important sous la forme d'un rapport du Dr Josef Mueller, mon meilleur homme au Vatican, concernant les plans d'une opération militaire. Mais après avoir fini sa lecture, le Führer l'a jeté par terre et a crié : « Schmarren ».

Cette habile manœuvre arrêta momentanément les investigations d'Heydrich. Elles reprirent cependant quand un journal suisse annonça que des officiers supérieurs étaient impliqués dans un complot contre Hitler. Toujours en alerte, Heydrich renvoya Keller au Vatican et une fois de plus, les rapports de Keller parvinrent à Canaris en même temps qu'à Heydrich. En tout état de cause, les activités de Keller freinèrent les négociations du Vatican pour lesquelles le temps précieux était si mesuré si on voulait aboutir à un accord *avant* le démarrage du plan Jaune.

Finalement, Keller alla trop loin. Il se vanta auprès d'un contact au Vatican (qui à son insu était agent de l'Abwehr) d'être envoyé par l'Abwehr pour enquêter sur un complot contre le Führer. Aussitôt informé Canaris alla voir Heydrich et se plaignit de la maladresse de Keller qui contrariait son opération de couverture et de feinte en faveur du plan Jaune. En un temps où la discrétion la plus absolue était indispensable, il y avait là un moine ivrogne qui n'avait trouvé rien moins que le Vatican — territoire neutre — pour clamer très haut son état et sa mission. Et si Keller était embarrasant pour les opérations de l'Abwehr, ajoutait Canaris, ne pouvait-il également l'être pour celles du SD ? Heydrich — avec quelque méfiance, sans aucun doute — convint cependant qu'il était préférable d'assigner à Keller, des missions où sa langue se révélerait moins dangereuse. Alors Canaris, prenant congé, déclara qu'il n'avait plus besoin des services de Keller et recommanda à Heydrich d'agir de même. Mais Keller, avec sa connaissance particulière du monde des jésuites, était bien trop précieux pour lui. Aussi le garda-t-il dans les rangs du SD où on l'enverrait plus tard à Paris pour surveiller avec les forces d'occupation les jésuites de la capitale française.

La Schwarze Kapelle l'avait échappée belle ! Cependant, la conspiration ne put aboutir. En dépit de soutiens puissants, les conspirateurs se trouvèrent presque dans l'impossibilité de communiquer les uns avec les autres, car les mesures de sécurité étaient renforcées comme toujours en cas d'attaque imminente. Aucune ligne de téléphone, aucune ligne de téléscripteur, aucune lettre n'étaient sûres. Hitler lui-même devenait insaisissable : il modifiait ses emplois du temps, chaque jour ses itinéraires, dans le but de prévenir toute action contre sa personne, car il n'ignorait pas le mécontentement de ses généraux. Le complot vacillait, prêt à s'écrouler, et Hitler passait son temps à donner ordre et contre-ordre pour le jour Zéro. Halder lui-même acceptait maintenant l'idée du meurtre : « Personne ne peut-il en finir avec ce chien ? » grognait-il auprès de Canaris et Oster. Dès cet instant il prit l'habitude de dissimuler sur lui un revolver quand il allait voir Hitler. Mais, chaque fois, quand l'impulsion était la plus forte et l'occasion favorable, le courage lui manquait. Comment se décider, répétait-il souvent, en tant qu'être humain et en tant que chrétien, à abattre un homme désarmé ?

Il ne semblait malheureusement pas y avoir d'autre moyen d'empêcher la réalisation du plan Jaune. Ainsi quand le matin du 5 novembre 1939, von Brauchitsch, commandant en chef de l'armée, alla voir le Führer pour tenter une dernière fois de le faire renoncer à déclencher l'offensive, Hitler entra dans une rage folle et chassa Brauchitsch de son bureau. Hanté par la « Nuit des longs couteaux », Halder déclara alors qu'il ne fallait plus rien entreprendre contre le plan Jaune et ordonna la destruction de tous les plans et documents s'y rapportant. La Schwarze Kapelle avait remonté l'horloge de la Révolution, mais la cloche ne voulait pas sonner. « Nous n'avons personne pour lancer la bombe, affirma Oster, afin de libérer les généraux de leurs scrupules. » Puis, comme pour enterrer définitivement la Schwarze Kapelle, se produisit l'incident de Venlo.

Chapitre VII

L'INCIDENT DE VENLO

La guerre avait deux mois quand, en novembre 1939, Sinclair mourut soudainement d'un cancer et Menzies fut nommé chef effectif du MI-6. Ultra n'était pas encore opérationnelle et il était impératif d'exploiter toutes les mines possibles de renseignements sur le Troisième Reich, y compris la Schwarze Kapelle. On était perplexe à l'idée que l'état-major général allemand pourrait lui-même renverser Hitler et restaurer la paix ; encore plus perplexe à l'idée que Canaris était membre de la conspiration. Cependant, l'attitude de Menzies à l'égard de la Schwarze Kapelle était celle-là même du gouvernement britannique : se méfier de quelque mauvais tour, mais être prêt à écouter. C'est ainsi qu'au moment où les négociations du Vatican suivaient leur cours troublé, une seconde ligne de communication sembla s'ouvrir entre Berlin et La Haye.

Le 30 octobre 1939, les deux plus anciens officiers du MI-6 sur le continent : le major S. Payne Best et le capitaine R. Henry Stevens attendaient « des émissaires de l'état-major général allemand » dans la petite ville hollandaise d'Arnhem. Menzies avait toutefois averti les agents britanniques que cette nouvelle ouverture pouvait être un piège monté par Himmler et Heydrich pour mettre en danger le système de renseignement britannique, ou faire partie d'un vaste plan de mystification pour cacher les intentions des militaires allemands. Prévenu d'avoir à procéder avec la plus grande prudence, Best, très lié avec le chef du service secret hollandais, le colonel Van de Plassche, s'arrangea pour que les émissaires fussent retenus au passage de la frontière et interrogés par la police frontière hollandaise. Le lieutenant Dirk Klop, l'officier du service secret hollandais chargé de l'interrogatoire, vérifia leur identité ; il s'agissait du capitaine Schaemmel, des Tansports, et du capitaine Haussman, du service de santé de l'armée.

L'interrogatoire et la fouille des bagages, n'ayant rien révélé de suspect, Best et Stevens firent relâcher les émissaires. Ils quittèrent le poste de police pour la rue verglacée, montèrent dans la Buick bleue de Best et se dirigèrent vers Amsterdam pour la rencontre prévue. Rien ne permettait à Best et à Stevens de soupçonner que les émissaires étaient en fait le Brigadeführer SS Walter Schellenberg, chef du département étranger au SD, et le Pr Max de Crinis, psychologue à l'Université de Berlin et à l'hôpital de la Charité, dont l'apparence et les manières étaient celles d'un officier autrichien aristocrate.

La mission qui leur avait été confiée par Himmler et Heydrich avec l'accord de Hitler, consistait à ouvrir des négociations avec les Anglais, et en même temps à essayer de percer la nature et la portée d'autres conspirations possibles contre le Führer.

La rencontre avec Best et Stevens eut lieu au quartier général du MI-6 au 15 Niewe Vitleg, bureaux de la Banque du commerce continental, dans une rue pavée près d'un canal d'Amsterdam. L'entretien se prolongea fort tard et donna lieu selon Schellenberg, à l' « aide-mémoire » suivant :

> Le renversement politique de Hitler et de ses plus proches collaborateurs devait être suivi immédiatement par la conclusion de la paix avec les puissances occidentales. Les conditions en seraient la restauration de leur statut primitif à l'Autriche à la Tchécoslovaquie et à la Pologne ; la renonciation de l'Allemagne à sa politique économique, et son retour à l'étalon-or. La possibilité de rendre à l'Allemagne ses colonies d'avant la Première Guerre mondiale était l'un des points les plus importants de la discussion.

Quand l' « aide-mémoire » fut achevé, Stevens quitta la pièce et téléphona à Menzies à Londres. Ce dernier rappela plus tard pour dire qu'il se sentait encouragé par les résultats de l'échange, mais pour avertir Stevens qu'il n'avait pas autorité pour poursuivre avant de connaître l'opinion de Lord Halifax. Il lui recommanda de « prendre garde » et dit qu'il donnerait de nouvelles instructions par téléphone le soir même. Best et Stevens offrirent à dîner aux émissaires. Au cours du repas où Best leur fit manger les huîtres les « plus merveilleuses » que Schellenberg ait jamais dégustées, et où la conversation porta sur les peintres hollandais et la musique allemande, Best parla de l'éventuelle remise aux émissaires d'un petit émetteur-récepteur radio et d'un code, pour communiquer avec les Britanniques. Mais il devait attendre pour cela les instructions de Londres.

Le dîner se terminait quand Schellenberg se plaignit d'un mal de tête, Best le conduisit à sa chambre et, après lui avoir procuré de l'aspirine, partit téléphoner à Menzies. Menzies précisa à Best que, bien que les termes de l'aide-mémoire fussent intéressants, ils ne correspondaient pas à ceux que les Allemands avaient proposés dans les autres négociations, probablement au Vatican. Cela ne signifiait pas automatiquement qu'il s'agissait d'un piège mais la discordance avait causé une certaine nervosité à Londres. Best ayant demandé alors l'autorisation de fournir à Schaemmel un poste radio et un code, Menzies acquiesça en précisant qu'il recevrait les instructions de procédure à suivre pour ces futures communications, dès le lendemain matin. Best ayant ajouté — était-ce une arrière-pensée ? — que le supérieur de Schaemmel et Hausmann, « un général », était prêt à partir à Londres en vue de discussions « au niveau le plus élevé », Menzies convint d'en parler avec Lord Halifax pour examiner l'opportunité d'une telle rencontre. Puis la communication prit fin.

Le 31 octobre, après le petit déjeuner, Best montra comme promis à Schaemmel un poste radio — une des premières versions de la valise-radio — et lui donna un code avec des instructions et un plan de transmissions-réceptions avec la station radio du MI-6 dans les Chiltern Hills, à soixante-cinq kilomètres de Londres. Puis Best ayant assigné également à Schaemmel le signal d'appel ON 4, lui montra le maniement du poste et ramena les émissaires à la frontière allemande. Là, les Allemands disparurent dans la brume glacée.

Quelques jours plus tard, vers le 4 novembre, ON 4 transmit un message selon lequel le « général » était bien prêt à partir pour Londres le 9 novembre et demanda des instructions sur le mode de transport, le point de départ, les garanties de sécurité et de secret absolu de la mission. Très peu de temps après, Menzies communiqua à Best l'approbation du Cabinet sur la « mission du général » qui n'avait jamais été nommé, mais que Menzies croyait être Beck. Les émissaires seraient attendus à Londres, venant de Copenhague. Un avion courrier Anson de la RAF de l'Escadrille du roi ferait le voyage. C'est alors que Best, Stevens et Schaemmel eurent une très courte entrevue à la frontière le 7 novembre, en dépit des *ordres stricts* de Menzies, interdisant tout nouveau contact avec les Allemands sauf à la Haye ou à Amsterdam. Néanmoins cette rencontre eut lieu, Schaemmel reçut toutes informations sur les arrangements pris pour le voyage et rendez-vous fut fixé au 9 novembre au café Bacchus de Venlo, ville de la frontière germano-hollandaise.

Schellenberg, jeune intellectuel SS, très sûr de lui, recruté personnellement par Heydrich pour le SD, retourna alors à son quartier général de Düsseldorf où il examina soigneusement le plan avec le « général ». L'identité du « général » ne fut jamais révélée, ni la personne qu'il était supposé représenter, ni la manière dont il s'y prendrait pour convaincre les Anglais de sa « bona fide ». Mais il semble cependant que jusqu'à la veille de leur départ pour Venlo et Londres, Schellenberg et son équipe entendaient bien faire le voyage.

Le soir du 8 novembre Schellenberg se retira tôt et prit un somnifère. Il dormait profondément, quand peu après minuit, son téléphone sonna. Essayant de recouvrer ses esprits, il souleva le combiné et entendit la voix facilement reconnaissable de Himmler. Comme Schellenberg l'écrivait plus tard, Himmler annonçait l'attentat qui venait d'avoir lieu contre Hitler. Une bombe avait éclaté dans la Bürgerbräukeller à Munich juste à la fin du speech annuel de Hitler à la vieille garde nazie. « Plusieurs vieux camarades du parti ont été tués », déclara Himmler et « il y a des dommages assez considérables. » C'est alors que Himmler donna de nouveaux ordres sur la mission de Schellenberg : « Il n'y a aucun doute, le service secret britannique est là-dessous. Le Führer souhaite maintenant — et ceci est un ordre — que vous arrêtiez les agents britanniques quand vous les rencontrerez demain pour la conférence et que vous les ameniez en Allemagne. »

Une bombe avait effectivement éclaté à Munich et les effets sismiques se seraient répercutés jusqu'au quartier général du MI-6 à Londres. Hitler était arrivé dans les caves de bière à 20 h 7, pour s'adresser aux nazis qui l'avaient soutenu pendant le putsch de 1923, sa première tentative pour se saisir du pouvoir, qui s'était soldée par une grêle de balles de la police et un trimestre en prison. A 20 h 12, il avait prononcé une allocution très violente, principalement dirigée contre Churchill et l'Angleterre, qui avait duré jusqu'à 21 h 18. A 21 h 22, Hitler avec tous ses lieutenants avait quitté la cave plus tôt que prévu et à 21 h 30 la bombe explosait, tuant six hommes de la vieille garde et en blessant quelque soixante autres. L'indignation fut immédiate et violente, particulièrement contre le MI-6. A l'unanimité, la presse allemande accusa le service secret britannique et annonça une récompense de 200 000 dollars pour toute information aidant à la capture des « assassins ». En fait, cet attentat n'avait rien à voir avec le MI-6, quand bien même cette organisation eût souhaité la mort du Führer.

On arrêta finalement, alors qu'il tentait de passer la frontière, un charpentier allemand un peu bizarre, Georg Elser, quand on retrouva dans ses bagages, une photo de la cave avec un X marquant l'endroit où la bombe avait été placée. Mais Hitler, furieux d'avoir frôlé la mort de si près, exigeait des représailles. Il avait fait des réserves sur la mission Schellenberg et, à maintes reprises, répété qu'elle était trop dangereuse et devrait être abandonnée. Il demandait maintenant qu'on enlevât les agents britanniques et qu'on les amenât à Berlin.

Le 9 novembre, Schellenberg se leva à l'aube et réunit, pour lui donner quelques instructions, sa petite escorte placée sous le commandement d'un officier SS spécialiste, Alfred Naujocks. Les deux hommes se mirent d'accord sur un plan. Puis le groupe partit de Düsseldorf. A 2 heures de l'après-midi, Schellenberg et le « général » ayant traversé la frontière de Hollande à Venlo, se rendirent au café Bacchus, un café quelconque de la frontière, avec un auvent de bannes rayées et une petite cour pour les jeux des enfants.

A 14 h 8, la Buick bleue de Best, dans laquelle se trouvaient quatre hommes sur le qui-vive — Best, Stevens, le chauffeur et le lieutenant Klop — s'engagea dans la rue étroite, s'arrêta lorsqu'une tête apparut au coin d'une maison puis prit le tournant au ralenti en approchant du café Bacchus. A ce moment précis trois Mercedes écrasèrent la barrière de séparation entre la Hollande et l'Allemagne et un SS tira en l'air avec sa mitraillette pour faire fuir les gardes-frontière hollandais. Une des Mercedes descendit la rue à toute allure et bloqua la Buick. Naujocks et quatre hommes en sautèrent, saisirent les Anglais et leur passèrent les menottes. Comme ils les entassaient avec leur chauffeur dans la Mercedes, Naujocks vit Klop sortir un revolver. Il tira et tua l'agent hollandais. La Mercedes ne perdit pas de temps ; elle remonta la rue dans un rugissement et retraversa la frontière en direction de l'Allemagne. L'opération était terminée en un clin d'œil. Best et Stevens, deux des agents les plus importants du MI-6 en Europe de l'Ouest, étaient expédiés à Berlin, enfermés dans une cellule, dans les sous-sol du quartier général du SD au 8 Prinzalberstrasse, ex-école d'art. Hitler jubilait : il reçut Schellenberg, Naujocks et les SS à la Chancellerie du Reich et leur remit à chacun la croix de fer.

Pour Menzies, l'incident de Venlo représentait un début de carrière de mauvais augure en tant que C, et ses adversaires s'employèrent à utiliser les erreurs de Stevens et Best pour essayer de le faire renvoyer. Le Foreign Office, rendu plus méfiant encore, rompit les pourparlers du Vatican. Mais Menzies, malgré cet incident, conserva un contact avec Canaris. Même s'il n'avait qu'une confiance relative à l'endroit du petit amiral et de ses adjoints de la Schwarze Kapelle, il voulait maintenir ce lien qui pourrait se révéler précieux un jour. De plus, comme il devait le déclarer plus tard, des indices prouvaient que l'Abwehr n'avait pas pris part à l'incident de Venlo et que Canaris ignorait tout de l'opération. C'était vrai et Canaris fut consterné quand il apprit cet enlèvement.

Il en résultait un retard considérable pour les conspirateurs de la Schwarze Kapelle. Cet incident allait rendre les Britanniques encore plus méfiants dans leurs rapports avec eux, et des généraux susceptibles de se joindre à la conspiration se mirent à l'ombre quand la Gestapo entreprit la chasse aux indices. La menace la plus sérieuse était que la Gestapo fît parler Best et Stevens. Mais que savaient-ils au juste des échanges du Vatican ? Ils ne savaient rien, et malgré un interrogatoire dans les meilleures traditions du service, ils se refusèrent à parler. Les conspirateurs cependant ne pouvaient tabler sur ce répit.

Finalement l'incident de Venlo marquait un tournant dans la guerre secrète entre la Grande-Bretagne et le Troisième Reich. Les premiers épisodes de cette guerre avaient révélé chez les deux partenaires un souci de relative courtoisie, né de la peur de voir la violence donner lieu à de terribles représailles. L'enlèvement de Best et Stevens faisait sauter ce frein. Finie, maintenant, la guerre en gants blancs. A dater de ce jour, la guerre secrète allait gagner en violence jusqu'à devenir, selon le mot du général Gubbins (SOE) — « plus sanglante que la Somme ».

Chapitre VIII

UNE « INTRIGUE HABILE »

Les conversations du Vatican cessèrent pendant plus d'un mois et ne reprirent que lorsque le pape se porta garant de la bonne foi et de l'honnêteté de Mueller. Pie XII donna personnellement cette assurance dans une communication à Lord Halifax et les entretiens recommencèrent par une entrevue du pape avec Sir D'Arcy Osborne qui eut lieu — d'après les minutes du cabinet anglais — au Vatican le 12 janvier 1940. Selon toute apparence, ces conversations constituaient un pas important vers un armistice avant le déclenchement du plan Jaune. Le pape informa Sir d'Arcy que Hitler préparait une offensive « violente, implacable » contre la Hollande pour la mi-février et que les généraux étaient prêts à agir pour la devancer s'ils « pouvaient être assurés de la paix ». Il semble que Sir d'Arcy ait eu connaissance, à l'époque, de l'estime du MI-6 pour le sérieux et la capacité d'agir de la Schwarze Kapelle. Le MI-6 pensait en effet assez justement qu'une révolte militaire allemande avait ses chances. Mais le Foreign Office doutait que l'un des généraux ait le courage de « prendre l'initiative ». C'est pourquoi Sir d'Arcy dit au pape qu'il considérait les démarches allemandes « si vagues qu'elle en devenaient inutiles ». A ces mots, si les minutes du Cabinet sont exactes, le pape avait fait part de son intention de se retirer des entretiens.

Cependant, au cours d'une rencontre ultérieure avec l'ambassadeur britannique le 7 février, le souverain pontife revint sur le sujet, quoique avec une certaine réticence, d'après Sir d'Arcy, et donna une nouvelle information : « Une partie de l'armée était prête à agir, même au risque de la guerre civile, si elle était sûre que l'intégrité territoriale de l'Allemagne et celle de l'Autriche seraient respectées. » Dans un télégramme à Lord Halifax, Sir d'Arcy se déclara très impressionné par cette nouvelle démarche. Il en fut de même pour Lord Halifax. Mais le 17 février, Halifax apprenait à Sir d'Arcy que la Grande-Bretagne ne pouvait agir sans la France. En revanche, dans cette même communication, Halifax disait la Grande-Bretagne prête à faire des propositions aux « généraux », s'ils présentaient un « programme défini, accompagné d'une caution reconnue ». Ce programme comprendrait des réparations pour les voisins de l'Allemagne et des garanties fermes sur la sécurité et la liberté de choix de l'Autriche. Telles étaient, toujours d'après les minutes, les seules conditions posées par les Britanniques.

Mais, si on en croit Mueller, les Britanniques demandaient en fait beaucoup plus en échange d'un armistice. Un peu avant le 1er février 1940, Mueller apporta à Berlin ce que l'on convint d'appeler la réponse britannique si longtemps attendue, dernier espoir de l'opposition allemande pendant la drôle de guerre. C'est le père Leiber, d'après Mueller, qui écrivit cette réponse sur une simple feuille de papier. Dictée par le pape, elle contenait des détails sur la paix que la Grande-Bretagne pourrait négocier avec un gouvernement post-hitlérien. Selon Sir John Wheeler-Bennett, officier supérieur à la Direction de l'action politique en temps de guerre, c'était le papier personnel du pape. Le père Leiber y avait épinglé sa propre carte de visite.

De retour à Berlin, Mueller, aidé de Dohnanyi, rédigea un rapport sur les entretiens du Vatican, dans la terminologie militaire allemande. Ce document de douze pages représentait la transcription par Leiber des déclarations du pape, selon Mueller, (connu de l'Abwehr sous le nom d'agent X). La note de Leiber commençait, semble-t-il, par la phrase catégorique : « Conditio sine qua non : constitution d'un gouvernement capable de négocier. » La formule placée en tête du Rapport X semble avoir été modifiée légèrement mais de façon significative : « Conditio sine qua non : renversement du régime national-socialiste et constitution d'un gouvernement capable de négocier. »

Après la guerre, les neuf survivants de la Schwarze Kapelle qui prirent connaissance du Rapport X furent unanimes : il contenait « une allusion évidente de Londres à l'orientation que devrait prendre le nouvel Etat allemand ». Il parlait d'une Allemagne « décentralisée » — probablement une fédération d'Etats. L'avenir de l'Autriche se déciderait par plébiscite, et il « envisageait » ce que les Anglais appelaient « une certaine restauration de l'Etat tchèque », ce qui était censé signifier la réunion des territoires tchèque et slovaque. Le pays des Sudètes devait rester à l'Allemagne. C'est là que prend fin l'unanimité dans le souvenir : Halder parlant des frontières est-allemandes les voyait revenir à l'état de 1914, Leiber, lui, imaginait l'Etat polonais complètement reconstitué ; quant à Mueller, les régions optant pour l'Allemagne devaient « rester au sein du Reich ».

Il semble maintenant que le Rapport X ait été un protocole pour un traité, et non le traité lui-même. Mais il apparaît bien que la Schwarze

Kapelle l'ait considéré en son temps comme beaucoup plus qu'un simple protocole.

Quoi qu'il en soit, le 3 avril 1940, Canaris et Halder discutèrent du rapport à Zossen puis Halder le porta au commandant en chef von Brauchitsch, probablement avec l'intention d'encourager une nouvelle action des généraux contre le plan Jaune. Ayant confié le rapport à von Brauchitsch pour qu'il le lise dans la nuit, il trouva le lendemain matin, le commandant en chef très absorbé.

> Vous n'auriez pas dû me montrer ce rapport, déclara von Brauchitsch. C'est là une pure trahison. Nous ne pouvons l'envisager en aucun cas. Nous sommes en guerre. On peut en temps de paix établir des contacts avec une puissance étrangère. C'est impossible pour un soldat dans le cas présent. Ce n'est pas une affaire entre des gouvernements, mais un choix entre deux philosophies. Le renversement de Hitler serait donc inutile.

Von Brauchitsch se tourna alors vers le chef d'état-major général. Sa conviction était bien établie. Il ne pouvait ni ne voulait toucher à la règle séculaire de l'état-major général : la nation était engagée dans une guerre, il s'agissait de la gagner, non d'en discuter l'aspect moral. Tout comme Beck, il était convaincu que l'Allemagne ne pouvait faire face à une guerre importante de longue durée, mais cette conviction n'impliquait pas forcément un grand courage moral chez les hommes aux postes de commande. Von Brauchitsch en faisait partie. Pour l'instant il voulait savoir quel agent avait apporté ce document à Zossen pour le faire arrêter et envoyer le document à l'OKW ou au SD à fin d'enquête. A ces mots, Halder, qui n'était jamais loin de la dépression nerveuse puisqu'il préparait le plan Jaune d'un côté et intriguait, contre le Führer de l'autre, répondit : « S'il faut arrêter quelqu'un, eh bien, je vous en prie, arrêtez-moi. » Brutalement placé au pied du mur von Brauchitsch s'esquiva, acceptant tacitement le statu quo suivant : il ne serait plus question à l'avenir de part et d'autre ni de trahison ni de rébellion.

Halder, dont la famille fournissait des soldats à l'Allemagne depuis trois cents ans, était un Bavarois vif, perspicace et spirituel. Un Bavarois, disait Bismarck, est un croisement d'homme et d'Autrichien. Pris entre deux feux d'égale violence, sa formation de caste et sa morale chrétienne, il décida alors de prendre ses distances avec la Schwarze Kapelle. Les flammes de la trahison se révélaient trop brûlantes pour lui. Quant au Rapport X, il fut placé dans le grand coffre-fort fabriqué par Pohlschroeder à Dortmund, où l'Abwehr gardait dans un « bunker » à Zossen ses documents les plus secrets, et demeura là comme une bombe à retardement. En fait, Brauchitsch venait de saper la rébellion au sein du haut commandement.

Le 3 avril 1940, Sir D'Arcy Osborne retournait près du pape qui lui signifia qu'une nouvelle démarche était inutile. Conscient des dangers qu'il courait, le Vatican avait perdu toute confiance dans les négociations. On avait essayé dans l'entourage du pape d'établir l'identité des chefs de Mueller et ne pouvant y parvenir, on commença à se poser des questions sur son mandat. Il était certain en tout cas que rien n'avait été fait pour renverser le régime nazi. Et le Führer, plus téméraire que jamais, allait dans les jours à venir, ordonner l'invasion surprise du Danemark et de la Norvège. Beck cependant n'était pas disposé à tout abandonner, se rendant compte que si rien n'était tenté, les Alliés en concluraient que les entretiens du Vatican étaient un autre Venlo. Il décida alors une nouvelle tentative pour rouvrir les négociations.

Une fois de plus, Mueller se mit en route vers Rome pour mettre en garde les Alliés contre le plan Jaune (le « Landesverrat » : l'acte de trahison le plus grave jusqu'alors). Car, s'il réussissait et si le plan Jaune échouait, que de soldats allemands y trouveraient la mort ! Au quartier général de l'Abwehr, sur les conseils de Beck, on avait « soigneusement choisi les termes » du message apporté par Mueller. Il contenait une « réprobation indignée devant la prochaine attaque sur les Pays-Bas » et l'affirmation que « Hitler allait attaquer de façon imminente ». Mueller remit cet avertissement au père Leiber, puis se rendit chez le supérieur général des Prémontrés, Hubert Noots, un Belge. Noots connaissait Mueller et avait confiance en lui depuis très longtemps. Mueller lui fit un tableau détaillé de la situation et des perspectives telles qu'il les entrevoyait. Ils se rencontrèrent à deux reprises, puis Mueller, conscient du grand danger personnel qu'il courait, rentra vite en Allemagne le 4 mai. Avec quelques cigares et un briquet, il acheta un fonctionnaire italien du service d'immigration, qui lui délivra un tampon de sortie apposé de telle sorte qu'il maquillait sur son passeport ses dates réelles d'entrée et de sortie d'Italie. Quant à l'avertissement de Mueller il circula bien à travers le Vatican et il semble certain que Sir d'Arcy en eut connaissance. Mais quand il parvint à Londres, on le considéra comme un acte d'intoxication suscité par le SD pour couvrir les plans d'attaque de Hitler. Le spectre de Venlo planait toujours et les négociations du Vatican elles-mêmes n'étaient mentionnées dans les minutes du Cabinet britannique qu'à titre de tentatives pour « obtenir à bon compte une paix bâclée ».

L'affaire n'était cependant pas terminée et les conspirateurs furent bien près de payer leur trahison de leur tête. Le père Leiber, ayant transmis le message de Mueller au pape, était allé ensuite en informer un père jésuite, le révérend Theodore Monnens, un de ses collègues à l'Université grégorienne. Monnens courut chez l'ambassadeur de Belgique, Adrien Nieuwenhuys qui, plein de colère, le congédia avec ces mots : « Aucun Allemand n'agirait ainsi. » Mais, sur les talons de Monnens arrivait un autre informateur, d'importance celui-là : le supérieur général Noots, assurant qu'avant la fin de la semaine les Allemands auraient envahi les Pays-Bas avec chars, infanterie, parachutistes et aviation. Cette fois, les choses semblaient sérieuses, Nieuwenhuys écouta et ébranlé envoyait le 2 mai 1940, un télégramme au ministère des Affaires étrangères à Bruxelles.

Bruxelles, alarmé, demanda des explications. Le 3 mai, l'ambassadeur les donnait dans un nouveau télégramme, tout en faisant part de son scepticisme partagé bientôt par son gouvernement qui, à l'instar du gouvernement britannique, était prêt à mettre ces pronostics au compte de la guerre des nerfs qui sévissait à l'époque, tant il paraissait incompréhensible que des motifs d'ordre supérieur à la trahison fussent derrière l'action de la Schwarze Kapelle.

Mais, tandis que les deux messages de l'ambassadeur étaient transmis à Bruxelles, le Forschungsamt veillait. Il avait ses tables d'écoute, ouvrait les lettres, déchiffrait les télégrammes interceptés et se tenait en contact constant avec le SD, lui fournissant, au moins dans les premiers temps du nazisme, l'essentiel du renseignement extérieur. Ses indications étaient transcrites sur papiers bruns à en-tête surmontés de l'aigle allemand que l'on appelait, pour cette raison, « les oiseaux bruns ». Les deux télégrammes de Nieuwenhuys furent déchiffrés et transmis en un tournemain à Heydrich, à Himmler et probablement à Hitler. Stupéfait de découvrir un traître dans son entourage, celui-ci ordonna une enquête immédiate.

Le bruit étant parvenu aux oreilles de Canaris et d'Oster, Mueller reçut l'ordre de rejoindre discrètement Berlin. Très inquiet de cet appel urgent, Mueller partit en voiture et se rendit directement chez Oster. Oster lui dit alors qu'ils étaient tous les deux « dans le pétrin » et rappela à Mueller leur mutuelle promesse de partir seul à l'échafaud. Puis il l'envoya immédiatement voir Canaris à l'Abwehr qui lui recommanda de se rendre aussitôt au bureau de Dohnanyi, afin de lire et de relire le contenu des « oiseaux bruns ».

Mueller vit tout de suite qu'il s'agissait du texte des télégrammes de Nieuwenhuys, des 2 et 3 mai. Il était mis en cause et traité, comme il l'avait craint, de traître et d'agent provocateur. Sur ces entrefaites, Canaris entra dans la pièce et demanda : « Est-ce bien vous ? » Mueller répondit : « Amiral, je ne peux en être sûr ; peut-être oui, peut-être non ». Impressionné par son sang-froid, Canaris lui mit alors la main sur l'épaule en murmurant : *Unser ruhende Pol in der Erscheinung Flucht* (Notre oasis de calme dans la tempêtes des événements), puis ajouta : « Etes-vous prêt à recevoir un ordre de moi ? », les termes de son engagement prévoyant qu'il pouvait accepter ou refuser n'importe quelle injonction. Prudemment Mueller répondit que cela dépendait de sa nature.

Elle se révéla stupéfiante et illustrait ce que Liedig appelait « une intrigue habile ». Canaris proposait à Mueller de partir pour Rome enquêter sur la fuite du plan Jaune dont il était seul responsable ! C'était pour le moins inattendu. Mueller envoyé à Rome pour être, comme il le dirait lui-même plus tard, son propre gendarme... Cependant, il accepta de partir. Canaris lui demanda de le faire sur-le-champ et de téléphoner à Munich pour que ses bagages fussent prêts à l'aéroport quand son avion personnel atterrirait. Dès qu'il serait parti, Canaris ferait lever tous les contrôles de frontière pour ce vol vers l'Italie, pour couper l'herbe sous le pied de Heydrich et empêcher Mueller d'être pris dans les filets du SD. De même, il informerait son représentant à Rome auprès du SIM (service secret italien), en même temps chef de l'antenne locale de l'Abwehr, le colonel Hans Helferich, de son arrivée en mission spéciale d'enquête sur des fuites relatives à des secrets d'Etat, et lui recommanderait de lui prêter assistance, sans considérations hiérarchiques, en lui laissant l'entière initiative des opérations.

Mueller parti, Canaris alla voir Hitler pour l'informer personnellement qu'il avait ordonné une enquête très stricte sur l'affaire des fuites, et l'avisa qu'il avait envoyé sur place son agent spécial, Josef Mueller. Hitler approuva. C'était un véritable trait de génie.

Mueller arriva à Rome sans encombres et se rendit immédiatement auprès du père Leiber pour l'avertir que l'ambassadeur Nieuwenhuys devait quitter Rome sans délai afin de se mettre « hors d'atteinte ». Leiber promit de faire l'impossible pour protéger Nieuwenhuys, mais insista également sur la nécessité de cacher l'identité du supérieur général Noots et le rôle joué par Mueller lui-même.

Ensuite, Mueller alla voir Helferich et lui demanda son compte rendu personnel sur les fuites afin de se mettre au courant de ce qui avait été fait précédemment. Et pour impressionner Helferich, il appela Canaris sur le réseau A, la plus secrète des lignes téléphoniques de l'Abwehr. En présence de l'intéressé, Mueller annonça intentionnellement qu'il avait eu une « conversation très intéressante » avec Helferich, qui avait mené son enquête, précisa-t-il, « avec la plus grande habileté ». Helferich, homme affable et paresseux, très flatté, était ravi qu'on lui enlevât le poids et la responsabilité de ce travail supplémentaire.

Le lendemain matin, très tôt, Mueller et Leiber se rencontrèrent à nouveau. Ainsi qu'il le rappela plus tard, Leiber avait eu une inspiration : « Un de nos pères, un Belge, est parti pour le Congo où il est à l'abri. Pourquoi ne pas tout lui mettre sur le dos comme s'il était le " compatriote " cité par Nieuwenhuys ? L'attention serait ainsi détournée de Noots. » Mueller s'empressa d'approuver ce plan et retourna au quartier général de l'Abwehr pour annoncer le départ précipité de Rome d'un père jésuite qui était le compatriote auquel Nieuwenhuys faisait allusion dans ses deux télégrammes.

Restait à expliquer le mystère du cheminement de l'information jusqu'à Rome. Avec l'aide du supérieur général Noots, dont le sens de l'intrigue était aussi aigu que celui de Leiber, Mueller mit alors sur pied une histoire propre à séduire Himmler : c'est le comte Galeazzo-Ciano, gendre de Mussolini et ministre des Affaires étrangères d'Italie, que Himmler détestait, qui avait réussi à soutirer le renseignement à des membres de l'entourage de von Ribbentrop. Or, Himmler détestait également Ribbentrop. Ainsi, la réalité et la fiction se trouvaient si entremêlées qu'il était désormais impossible de distinguer le vrai du faux. Les préjugés du SD ne pouvaient que s'en accommoder.

Canaris et Mueller avaient tous deux joué de main de maître. L'enquête fut donc momentanément abandonnée, malgré les soupçons grandissants de Heydrich à l'encontre du « nid de traîtres de l'Abwehr ». Mais, par voie de conséquence, les entretiens du Vatican prenaient également fin. Sans l'affaire de Venlo, nul doute qu'un accord aurait pu être conclu avec les Anglais. A tout le moins, la Grande-Bretagne et ses alliés du continent auraient accordé plus de crédit à la Schwarze Kapelle et aux avertissements du danger qui les menaçait avec l'attaque du plan Jaune. Mais il en alla autrement. La vérité et la trahison ne font pas bon ménage.

Le Vatican n'était pas la seule voie de communication utilisée par la Schwarze Kapelle pour essayer de confondre Hitler pendant ces mois d'inquiétude entre la chute de la Pologne et le déclenchement du plan Jaune. Très tôt le matin du 4 novembre 1939, le gardien de l'ambassade britannique à Oslo faisait sa ronde dans une tempête de neige, quand il trouva un paquet sur le rebord de pierre, près de la loge du concierge. Il était déjà à demi enfoui et aurait pu passer inaperçu pendant des semaines s'il n'avait été décelé ce jour-là. Il avait environ huit centimètres d'épaisseur, la taille et la forme d'un bloc de feuillets format standard, et était adressé à l'attaché naval britannique. En l'ouvrant, ce dernier trouva une note signée par « un scientifique allemand bien intentionné », mais il n'y avait aucune explication sur le contenu du paquet, qui renfermait des documents en allemand avec des diagrammes indiquant clairement qu'il s'agissait d'armes.

Le paquet fut envoyé à Londres par la valise diplomatique et aboutit sur le bureau du Dr R.V. Jones, membre du département scientifique et technique du MI-6. Jones, 28 ans, grand et sérieux, était passé par Wadham et Balliol et le laboratoire Clarendon. Physicien de métier, philosophe et astronome par nature, il était entré au MI-6 en septembre 1939 et sa première tâche avait été d'examiner des fiches du MI-6 concernant des armes ennemies et d'en faire un rapport. Spécialiste des armes et des programmes d'armement allemands, il était donc en mesure d'étudier et d'évaluer le « rapport d'Oslo », comme on appela le contenu du paquet, avec moins de scepticisme que ses supérieurs.

C'était en fait un document étonnant. Au milieu d'une masse d'informations techniques, il y avait des données sur une nouvelle torpille à guidage acoustique, un nouvel appareil (X-Gerät) permettant à la Luftwaffe de bombarder sans repérage au sol, et les derniers progrès allemands sur deux systèmes de radar : Würzbourg et Freya. Parmi bien d'autres renseignements, Jones fut particulièrement intéressé par ce que le rapport nommait l'Aggregatprogramm : le programme de fusées. Selon ce rapport, les Allemands faisaient des essais sur des fusées à longue portée, à Peenemünde, sur l'île de Usedom, dans la Baltique. Si c'était vrai, c'était la dimension future de la guerre qui se profilait. L'ingéniosité des savants allemands était bien connue et, comme le rappellerait plus tard le Conseil supérieur US : « On avait fait des pas de géant dans le développement des fusées, et il est facile d'imaginer ce qui aurait pu se passer pour les Alliés si les Allemands avaient eu le temps de parfaire leur mise au point. » Mais en ce début d'hostilités, personne n'était capable d'apprécier à sa juste valeur le rapport d'Oslo et il fallut attendre la confirmation de l'X-Gerät qui allait permettre à la Luftwaffe de viser avec tant d'exactitude les villes anglaises — dont Coventry — et la prise d'un radar Würzbourg au cours d'un raid de commando sur le village français de Bruneval, pour que les autorités scientifiques admissent la véracité du rapport, à la suite d'événements qui ne se produisirent pas avant 1941-1942.

La raison principale de cet accueil sceptique était peut-être que l'on ignorait la provenance du rapport d'Oslo. Qui était donc ce « scientifique allemand bien intentionné » ? Le rapport était-il valable ou n'était-il qu'une nouvelle tactique d'intimidation de la part de Hitler ? En fait, pendant des années, on ne put identifier l'homme qui se cachait derrière ce rapport, jusqu'au jour où on apprit à reconnaître la méthode de Canaris. En évaluant le document, le Dr Jones et le Dr Robert Cockburn, chef de la section antiradar de l'Etablissement de recherches pour les télécommunications, eurent tout loisir de s'interroger sur l'identité de celui qui était assez haut placé dans la hiérarchie allemande pour posséder ce qui semblait être la totalité des programmes d'armement allemands. De nombreux scientifiques avaient accès à une partie du programme mais aucun, pensait-on, ne connaissait le tout. Seuls des hommes comme Canaris en avaient la possibilité, et surtout, seuls des hommes comme lui avaient les moyens d'échapper à la surveillance de la Gestapo, et d'expédier un tel colis à l'étranger. Ces supputations en restèrent pourtant toujours à l'état d'hypothèse, aucune preuve n'étant jamais venue dissiper le mystère. Comme le dirait Cockburn par la suite : « Il semblait tout à fait possible que le rapport fût l'œuvre de Canaris. Mais nous ne pûmes jamais le savoir. Comme nous ne pûmes jamais découvrir qui d'autre que lui aurait pu en être l'auteur. »

La conviction que le rapport d'Oslo était l'œuvre de Canaris est peut-être du domaine de la spéculation. Il n'en est pas de même pour d'autres actes du même ordre, qui étaient, sans aucun doute possible, l'œuvre de la Schwarze Kapelle. Parmi eux se placent des épisodes tels que le rapport de Lisbonne en 1943, qui, outre des renseignements de prix sur le programme de fusées allemandes, donnait des informations politiques de la plus haute importance ; le rapport d'Istanbul qui fournit au MI-6 les clés d'Enigma pour les canaux empruntés par les messages de l'Abwehr, et le rapport de Berne qui révéla à l'OSS ce qui pouvait être intéressant dans les archives du ministère des Affaires étrangères allemand, pour une période de deux ans. Un seul mystère comparable à celui du rapport d'Oslo subsistera à propos de la plus grande réussite d'espionnage de la guerre en Europe : l'évolution d'Ultra.

Conçue pour reproduire — du moins jusqu'à un certain point — et pour dévoiler les codes secrets de l'Enigma allemande, la machine de Turing à Bletchley avait donné Ultra. Sachant que la machine était capable de produire un nombre presque infini de codes, dépendant des programmes de clés utilisés, on voit que la connaissance de ces programmes facilitait l'utilisation de la machine et présentait la plus haute importance pour les crypto-analystes britanniques. De sorte que les machines Enigma saisies sur le champ de bataille, avec parfois leur programme de clés et leur plan de transmission, étaient d'un grand secours. Ainsi le butin pris sur le U 110 en mai 1941 (une Enigma complète avec le matériel complémentaire) aida considérablement les Britanniques à comprendre les systèmes de clés des codes allemands. Mais il y a aussi tout lieu de croire que les programmes de clés d'Enigma étaient systématiquement et régulièrement transmis à MI-6 dès le début de la guerre par les conspirations de la Schwarze Kapelle. L'intention qui avait présidé à cette trahison était probablement de démasquer les plans de Hitler grâce à ses propres signaux (car il utilisait Enigma pour ses messages personnels) afin de permettre aux Alliés de riposter par l'action qui s'imposait. Pourquoi la Schwarze Kapelle n'aurait-elle pas livré les clés d'Enigma, puisqu'elle avait plus ou moins trahi chaque secret de Hitler depuis qu'il avait annoncé son intention de faire la guerre le 5 novembre 1937 ? Donner à la Grande-Bretagne les clés d'Enigma n'était-il pas, pour les conspirateurs, le moyen le plus rapide et le plus sûr de dévoiler les intentions du Führer ?

Cette supposition n'est pas improbable. Mais là encore, la question se pose : qui, parmi les conspirateurs, avait des raisons pour livrer Enigma et des facilités pour le faire ? La suspicion tombe sur le général Erich Fellgiebel, responsable des transmissions à l'OKW, finalement exécuté par la Gestapo pour haute trahison, et sur son adjoint, le général Fritz Thiele, également exécuté. Hitler lui-même était presque certain que Fellgiebel et Thiele étaient en contact avec les Britanniques. Il alla même jusqu'à dire à Albert Speer, son ministre des Munitions et Productions d'armements, que Fellgiebel avait une ligne de télécommunications directe avec les Britanniques en Suisse. Fellgiebel s'arrangea d'ailleurs très certainement pour poser des lignes secrètes de téléphone et de téléscripteur entre ses quartiers généraux et les avant-postes de la conspiration, à des centaines de kilomètres, à l'insu de l'OKW ou de la Gestapo.

Mais il y a d'autres raisons encore plus évidentes de suspecter Fellgiebel, car c'est lui qui avait la charge d'expérimenter la machine et c'est sur sa recommandation qu'Enigma avait été adoptée par la Wehrmacht. De plus, Fellgiebel et Thiele, qui étaient amis intimes, servaient de conseil et de contrôle pour tout ce qui était communication à l'intérieur de l'OKW et de l'armée. Ils intervenaient dans ce domaine pour toutes les dispositions à prendre non seulement dans les deux autres services armés, mais également pour l'Abwehr et la SS. A eux deux, ils contrôlaient donc l'ensemble de la production et la distribution du chiffre, mais aussi la sécurité et le renseignement radio ; et ce qui n'était pas contrôlé par eux dans le monde des communications secrètes l'était — à quelques exceptions près — par l'Abwehr. Enfin, les deux hommes appartenaient à la Schwarze Kapelle, Fellgiebel notamment depuis l'assassinat de Schleicher et Bredow.

Quel motif avait bien pu pousser Fellgiebel à entrer dans la conspiration ? Particulièrement lié avec Beck, il était comme beaucoup parmi les premiers conspirateurs de l'ère wilhelminienne un soldat du vieil empire allemand. Né en 1886 en Silésie, fils d'un propriétaire terrien, il ne manquait ni de dons, ni d'intelligence : humaniste, érudit, technicien et cavalier accompli. Son antipathie pour Hitler ne résultait pas seulement de choix différents sur le plan humain et moral, mais il estimait, en tant que membre de l'état-major général, que la politique militaire de Hitler relevait de la folie au plan stratégique, et aboutirait à la destruction de l'Allemagne. On prétend qu'il avait annoncé, tout comme Canaris à la déclaration de guerre, qu'il ferait tout ce qui serait en son pouvoir pour déjouer les plans de Hitler. Or, n'était-il pas le mieux placé des conspirateurs pour saboter ces plans, étant le seul à avoir accès à tous les codes, programmes de clés et plans de transmission d'Enigma en usage en Allemagne ? Pourquoi, dans ces conditions, n'aurait-il pas utilisé la radio — service qu'il connaissait le mieux — pour éliminer Hitler ? Dans ce monde complexe et mystérieux tout était possible à l'homme qui en était le chef.

Malgré ce contexte favorable, Enigma n'était pas encore vraiment opérationnelle, alors que se précisait la menace du plan Jaune. On l'a vu, ce n'était pas faute d'avertissements.

Oster restait profondément troublé par le rôle qu'il jouait dans la conspiration. Il était aussi fidèle à la mère patrie qu'aucun autre et il cherchait à calmer ses remords de conscience en se répétant la phrase célèbre de Talleyrand : « La trahison est une question de date. » Ne pouvant cependant se cacher qu'il commettait le pire des crimes pour un soldat allemand, dès octobre 1939, il avait parlé de son inquiétude à son ami Liedig.

> Je ne peux plus retourner en arrière, lui confia-t-il alors qu'ils marchaient ensemble dans les bois autour du lac de Potsdam. C'est beaucoup plus facile de prendre un revolver et d'abattre quelqu'un, ou d'aller au-devant d'une charge de mitraillette quand on le fait pour une cause, que de faire ce que j'ai décidé. Je vous demande de rester, après ma mort, cet ami pénétré des problèmes auxquels j'ai été affronté, et des mobiles qui m'ont poussé à faire ce que d'autres ne comprendront jamais ou n'auraient jamais fait eux-mêmes... Il se peut qu'on dise que j'ai été traître à ma patrie, mais réellement, je ne le suis pas. Je me considère comme un meilleur Allemand que tous ceux qui courent derrière Hitler. C'est mon projet et mon devoir de libérer l'Allemagne et, par là, le monde, de cette peste.

Oster aurait pu aussi bien s'épargner ces angoisses : on ne croyait ni ne prêtait attention à ses avertissements et on les attribuait sans cesse au compte de la « guerre psychologique ». En tout, Oster passa ou laissa passer quelque 15 ou 28 dates différentes pour le déclenchement du plan Jaune, mais chaque fois (sauf la dernière), Hitler retardait l'invasion à cause du temps qui était particulièrement capricieux ce printemps et cet hiver-là. La plupart de ces avertissements étaient communiqués à son ami le major Sas, son principal intermédiaire avec l'Ouest. Sas les transmettait aux services secrets hollandais et belge et ceux-ci les faisaient passer à Menzies. Mais comme un « jour zéro » succédait à un autre « jour zéro », tout le monde se lassait de ces appels répétés « au loup ». La crédibilité d'Oster diminua en conséquence, graduellement auprès des Hollandais et des Belges, jusqu'à ce qu'on en vienne à perdre toute confiance en lui, et à le considérer comme un dangereux agent provocateur. Aussi, ses derniers avertissements ne furent même pas retransmis au service secret britannique.

Quant à Sas, il perdit l'estime de son propre pays. Il passait consciencieusement les avertissements d'Oster à son gouvernement, y compris l'information selon laquelle la Hollande n'échapperait pas à une invasion comme pendant la Première Guerre mondiale, et que des plans se préparaient pour l'invasion de la Belgique. Mais ses supérieurs reçurent dès le début son information avec scepticisme et on le considéra finalement comme une victime de l'habile guerre des nerfs conduite depuis Berlin par l'Abwehr.

Pendant ce temps, les semaines et les mois passaient. Puis, soudainement, en avril 1940, Hitler, abandonnant momentanément le plan Jaune, envahit le Danemark et la Norvège. A l'instigation de Canaris, Oster avertit Sas à nouveau afin d'obtenir des Anglais une démonstration navale dans les eaux norvégiennes pour forcer Hitler à annuler ses plans. Une fois de plus, l'avertissement fut totalement ignoré par les Hollandais, les Danois, les Norvégiens et les Britanniques. Les Alliés reçurent un coup d'assommoir mais, paradoxalement, cela ne modifia en rien leur attitude. Cependant, Oster et Sas persistaient. Le lundi soir, 6 mai 1940, Oster informa Sas que le jour zéro pour le plan Jaune était maintenant fixé au 8 et qu'il pourrait être précédé d'un très court ultimatum. Sas transmit comme d'habitude, mais ce fut encore une fausse alarme : la journée du 8 passa sans déclenchement du plan Jaune. Le même jour, Oster appela Sas pour l'informer que le mercredi 9 avait été retenu par Hitler comme le jour où devaient être donnés les « ordres définitifs » pour l'attaque. Si le 8, à 21 h 30, aucun contre-ordre n'était donné, la Wehrmacht se mettrait en marche.

Oster et Sas dînèrent ensemble chez Horchers, où le placide et fidèle Herr Haeckh, le gérant, les entoura de sa sollicitude. Il leur fallait être prudents car l'Abwehr avait là des sourds-muets en permanence pour lire sur les lèvres la conversation des personnes importantes. (Oster le savait bien puisqu'il les employait.) Ce fut un « banquet funèbre » comme le rapporta Sas au Tribunal parlementaire néerlandais après la guerre. A 9 h 30, ayant dîné, ils partirent tous deux faire un tour vers le bureau de l'OKW dans la Bendlerstrasse. Sas attendit Oster vingt minutes dans un taxi. Quand celui-ci sortit, il prononça ces mots : « Mon cher ami, il n'y a pas eu de contre-ordre. Le " cochon " est parti sur le front de l'Ouest. Cette fois, tout est vraiment fini. J'espère que nous nous reverrons après la guerre. » Puis attrapant son ami par un bouton de son manteau il ajouta : « Sas, faites sauter les ponts de la Meuse pour moi. »

Ils se firent leurs derniers adieux et Sas courut à la légation de Hollande pour téléphoner au Ministère de la guerre à La Haye. Il passa l'information d'Oster en code à un lieutenant de la Marine, puis, avec ses collègues, il se mit à brûler des papiers confidentiels. Vers minuit, Sas reçut un coup de téléphone d'un homme qui avait refusé de le croire dans le passé, le colonel Van de Plassche, chef du service secret hollandais. « Vous m'avez donné de mauvaises nouvelles sur l'opération de votre femme », annonça le colonel. De quoi souffre-t-elle ? Avez-vous consulté tous les docteurs ? » Outré de l'insouciance de Van de Plassche, Sas répondit avec colère : « Oui, mais je ne comprends pas que vous puissiez me déranger dans de telles circonstances. Vous le savez maintenant. On ne peut rien changer à l'opération. J'ai parlé avec tous les médecins. Elle aura lieu demain à l'aube. »

A trois heures, le matin suivant, les premiers Stukas apparaissaient au-dessus des beaux champs de tulipes de Hollande. Les ponts sur la

Meuse n'avaient pas sauté. A l'aube, les Panzer franchissaient la frontière Ouest de l'Allemagne et déferlaient sur la Hollande. Quatre jours plus tard, le vieux port de Rotterdam était réduit en cendres. Les avertissements répétés de la Schwarze Kapelle, les informations données par Ultra sur les rassemblements de troupes derrière la ligne Siegried, informations confirmées par la reconnaissance aérienne, tout avait été vain : la Wehrmacht profitait d'une « surprise tactique totale (...) dans presque tous les cas, » comme devait le rappeler Churchill. Cinquante-deux jours seulement allaient suffire à Hitler pour occuper toute l'Europe de l'Ouest, excepté les Etats neutres.

Chapitre IX

CANARIS A L'ŒUVRE

Le 19 juillet 1940 à l'opéra Kroll de Berlin, Hitler était au lutrin, en simple uniforme gris tourterelle, portant la croix de fer gagnée en 1914 à Ypres, la bataille même où Menzies avait gagné le DSO [1].

« J'en appelle une fois de plus à la raison et au bon sens de l'Angleterre », déclara-t-il, puis il offrit aux populations de l'île une charité de conquérant : « Je me considère en mesure de faire cet appel puisque je ne suis pas le vaincu, mendiant une faveur, mais le vainqueur parlant au nom de la raison. Je ne vois pas pourquoi cette guerre devrait continuer. »

Mais la Grande-Bretagne ignora cet appel, tandis que la nation allemande et les forces armées célébraient cette nouvelle victoire militaire et que les conjurés de la Schwarze Kapelle désespéraient, une fois de plus, de réussir un jour. Pourtant, de façon presque incroyable, au moment même où Hitler semblait le plus invincible, une nouvelle phase de la conspiration dirigée contre lui, prenait forme dans une suite de l'hôtel Meurice à Paris. Rassemblés en principe pour organiser l'entrée triomphale de Hitler dans la capitale française, il y avait là le général Karl Heinrich von Stuelpnagel, le général Eduard Wagner, chef de la section économique de l'OKW, le général Erich Fellgiebel et deux colonels dont les noms sont à retenir : Henning von Tresckow et Klaus comte von Stauffenberg. Quand la

1. DSO : Distinguished Service Order.

réunion prit fin, les conspirateurs se rendirent dans la chambre de Stuelpnagel et là convinrent que les victoires de Hitler avaient momentanément étouffé tout espoir de rébellion.

La seule chose à faire maintenant était de monter un *coup d'Etat* selon les techniques de l'état-major général. C'est au cours de ces conversations hardies et dangereuses que Stauffenberg prononça des paroles singulières. Hitler, affirmait-il, n'avait rien d'un grand général. Tous les grands généraux de l'Histoire avaient donné des lois à leur pays ; mais lui n'était ni Charlemagne, ni Justinien, ni même Napoléon. Il possédait une telle soif de pouvoir destructeur, une telle passion pour la cruauté, qu'il fallait l'abattre. La mort du tyran, si longtemps rejetée par Beck, et envisagée de façon détournée seulement par Canaris et Oster, commençait à retenir l'attention.

Le comte von Stauffenberg, âgé alors de 33 ans, fils d'un noble souabe dont la famille remontait à 1262, était né au château de Greiffenstein, une forteresse qui avait été le siège de la noblesse du Wurtemberg pendant des siècles. Son père avait été doyen des maréchaux et garde du Sceau privé à la cour de Guillaume II et sa mère était petite-fille du maréchal comte Auguste Wilhelm Neithardt von Gneisenau, l'un des fondateurs de l'état-major général. La famille — Stauffenberg compris — était catholique. Après avoir fréquenté une école pour les enfants de la noblesse à Stuttgart, Stauffenberg avait d'abord songé à l'architecture, puis au violoncelle, enfin à l'armée. Nommé au 17ᵉ régiment de cavalerie à Bamberg, régiment d'élite, il avait épousé la baronne Nina von Lerchenfeld, fille d'un diplomate bavarois. C'était un cheminement très orthodoxe pour un membre de sa caste et de sa classe. Moins orthodoxe était son opinion du Führer, son opposition morale à l'égard de Hitler et des nazis ayant pris corps après la Nuit des longs couteaux en 1934 et s'était renforcée encore avec la « Nuit de Cristal » (Kritallnacht) en novembre 1938, au pogrom lancé par Hitler. A son entrée à l'Académie de guerre, ces dispositions à l'égard du dictateur s'étaient transformées en profonde aversion.

Dans cette école, il montra tout de suite des dons pour la science militaire, l'histoire et l'économie. Extraordinairement séduisant, même très beau, disaient certains, il était grand, de noble prestance, intelligent et plein de vie. Il fit la campagne de Pologne et de France dans la 6ᵉ division de Panzer et, à la veille de la reddition française, il se retrouvait à l'état-major général. Il commença alors à naviguer entre tous les quartiers généraux de la Wehrmacht et prit connaissance du « travail » de la SS en Pologne. L'extermination en masse de l'aristocratie polonaise et des juifs devait l'inciter définitivement à préparer la mort du tyran. Soldat combattant, il ne se sentait plus lié ni par l'allégeance du Fahneneid, ni par l'éthique chrétienne selon laquelle un nouvel Etat ne peut être fondé sur un assassinat.

Toutefois, les membres les plus âgés et les plus conservateurs de la conspiration continuaient, pour la plupart, à rejeter l'idée de la mort de Hitler, pour des raisons morales et religieuses, préférant rechercher l'assistance et l'encouragement de la Grande-Bretagne. C'est à cette fin qu'Ulrich von Hassel, membre de la Schwarze Kapelle, du Club du mercredi, et ex-ambassadeur d'Allemagne au Quirinal, avait, sur la demande du général Beck, composé un mémorandum pour le transmettre secrètement à Londres. Ce mémorandum rappelait l'intention de la Schwarze Kapelle de renverser Hitler et le parti nazi et d'établir une monarchie constitutionnelle fondée sur le principe britannique. Beck dirigerait le conseil de régence pendant la période de transition. Mais qui serait le nouveau Kaiser et les Britanniques accepteraient-ils une restauration de la monarchie prussienne ? Bien que les chances des conjurés fussent légères comme fétu de paille, ils s'y accrochèrent et se mirent à disséquer d'anciennes déclarations politiques, y cherchant quelques raisons d'espérer, témoins ces paroles prononcées dans les années trente par Churchill, évoquant une restauration des Hohenzollern comme un événement relativement souhaitable en face de la domination croissante du nazisme.

Ces déclarations étaient aujourd'hui complètement dépassées. Cependant, les conspirateurs animés par l'énergie du désespoir exhumèrent le nom des Hohenzollern et fondèrent leurs espérances sur le prince Louis Ferdinand de Prusse, petit-fils du Kaiser. Mais cet aimable play-boy était-il prêt à assumer le rôle dangereux de prétendant comme l'affirmait un intermédiaire ?

Forts de ces assurances les conjurés l'acceptèrent donc en dépit de sa réputation. Il avait fait plus que jeter sa gourme, notamment avec l'actrice de cinéma Lily Damita, qui l'avait délaissé d'abord pour le duc de Kent, puis pour Errol Flynn. Toutes sortes de rumeurs couraient sur lui, mais plus grave était l'antipathie profonde qu'il éprouvait à l'égard de ses royaux cousins d'Angleterre. Il avait cependant des relations très importantes et il avait épousé l'ex-grande duchesse Kira de Russie. Il avait aussi pour amis en Amérique, Henry Ford et le président Roosevelt.

Dans ce contexte particulier, la conspiration prit momentanément une apparence assez irréelle de conte de fées. Qui, sinon des hommes désespérés, pouvait croire qu'à ce moment catastrophique de leur histoire, les Britanniques, dont l'armée avait été vaincue par la Wehrmacht, pourraient envisager une alliance avec ces nouveaux « jacobites »[1] ? Si grand que fût leur courage, ils auraient dû comprendre que les Britanniques menaient maintenant une guerre totale et que la Schwarze Kapelle ne serait qu'une arme de plus dans cette guerre. Cependant, certains esprits éveillés en Angleterre furent prompts à percevoir quel avantage stratégique on pouvait escompter de ces Allemands dissidents. Sefton Dehmer, haut fonctionnaire au département du Foreign Office chargé de l'action politique — exécutif politique pour la guerre le (PWE) — le rappelle : « Si nous arrivions à duper les généraux pour les amener à agir contre le seigneur de guerre suprême, je n'aurais aucun regret. Un coup monté par les généraux — réussi ou pas — le simple soupçon d'une conspiration parmi eux, tout contribuerait à hâter la défaite de Hitler. (...) Tout ce qu'ils avaient à faire était de le renverser

1. Partisans écossais de Jacques Stuart, dont la conspiration était pratiquement sans espoir.

pour nous, afin d'entamer le processus des négociations de paix. » Mais au fond d'eux-mêmes les Britanniques n'avaient pas la moindre intention de faire la paix. Ils ne cherchaient qu'à semer suspicion et opposition dans les rangs de l'adversaire.

Le mémorandum Hassel finit donc par se frayer un chemin jusqu'à Londres en passant par les « contacts » établis entre le MI-6 et l'Abwehr en Belgique. C'était la première chaîne utilisée par les Britanniques pour provoquer des dissensions dans les rangs allemands ; ce ne serait pas la dernière, car la Schwarze Kapelle allait en trouver d'autres pour acheminer de nouvelles propositions au fur et à mesure de l'extension de la guerre. Ces propositions furent accueillies avec un intérêt feint ou même une totale indifférence par les Anglais qui n'en restèrent pas moins attentifs à garder ouvertes ces voies de communication. Ces conspirateurs pouvaient être très utiles : désireux de montrer leur bonne foi en trahissant les secrets du Troisième Reich, ils constituaient une précieuse source d'informations. On pouvait, en retour, les alimenter en faux renseignements sur les intentions alliées, on pouvait également laisser filtrer des nouvelles sur leurs activités et ainsi irriter considérablement Hitler et les nazis. En définitive, la Schwarze Kapelle n'allait jamais être considérée comme un moyen de mettre fin à la guerre, mais seulement comme une entreprise de subversion à l'intérieur du Reich.

Ainsi, tout était en place dès les premiers mois de la guerre, pour la manipulation délibérée et cynique de ces hommes sincères et désespérés. Cette politique allait aboutir à leur massacre le 20 juillet 1944.

Mais il engendra peu de regrets à l'époque, à preuve ce laconique commentaire de Delmer : « Je suis attristé que les généraux aient terminé leur vie sur les crochets de boucher de Hitler. Mais je n'éprouve aucun remords de leur avoir donné de fausses espérances. »

Si d'autres membres de la Schwarze Kapelle envisageaient un coup d'Etat et des négociations politiques pour mettre fin à la guerre, Canaris cherchait à contenir les ambitions de Hitler par des moyens plus subtils et plus réalistes. Après l'effondrement de la France et le départ de l'armée anglaise au cours de l'été 1940, Hitler donna l'ordre d'élaborer des plans pour l'opération Otarie, nom de code de l'invasion de l'Angleterre. Canaris déclencha alors une offensive d'espionnage contre les Iles britanniques pour fournir à la Wehrmacht les informations nécessaires à la bataille et à l'occupation. Le général Ulrich Liss, chef du FHW chargé de préparer les fiches de renseignements à partir du matériau brut fourni par Canaris, devait noter quelque trait inhabituel dans la manière de procéder de l'amiral :

> Vous savez, je voyais Canaris très fréquemment pendant la préparation du plan Jaune et du programme d'espionnage pour Otarie... Je pus constater que si les opérations de renseignement offensif contre la France, la Norvège, la Belgique et les Pays-Bas étaient toutes des modèles d'efficacité, il n'en était pas de même pour Otarie. Je soupçonnais donc qu'en dépit

d'une efficacité apparente, ce travail contre l'Angleterre était mené sans conviction. Ainsi, nous ne pûmes jamais obtenir complètement la somme de renseignements dont nous avions besoin pour faire des estimations correctes sur la force et la disposition des troupes au sol.

Les remarques de Liss étaient en deçà de la vérité, car dans l'ensemble les efforts de l'Abwehr contre l'Angleterre restèrent désordonnés, stériles et parfois teintés d'absurdité.

Les agents de Canaris en Angleterre étaient pourtant nombreux, mais loin d'être toujours valables. C'était pour la plupart un ramassis d'éléments de deuxième ordre : aventuriers, dissidents, inadaptés, ratés, mythomanes, souvent cupides, à moitié entraînés, ou même pas du tout dans l'art de l'espionnage. La majorité d'entre eux, sinon tous, étaient connus du MI-5 et de la Branche spéciale de Scotland Yard, et furent rapidement pris au filet à l'ouverture de la guerre. Peu d'entre eux d'ailleurs possédaient l'intelligence et l'ardeur des membres de la Schwarze Kapelle ou de la majorité des agents britanniques et américains envoyés sur le terrain à partir de 1942. Dorothy Pamela O'Grady en était l'image type : petite, brune, avide, elle gérait une pension de famille bon marché à Sandown, île de Wight, pour les touristes en été, et passait ses hivers à échafauder de sommaires plans de défense, à couper des fils de téléphone, à gribouiller ses informations à l'encre sympathique avant de les envoyer à une adresse au Portugal, crimes qui la firent condamner à mort en décembre 1940 (elle fut ensuite graciée). Le seul agent allemand de valeur du moment était connu sous le nom de Snow. Mastermann le décrivit plus tard comme le « fons et origo » de toutes les futures opérations du comité XX.

Snow était un jeune ingénieur électricien canadien, de son vrai nom : Alfred George Owens. Dès 1936, il avait offert ses services au Service secret de la Marine anglaise, puis au MI-6 et finalement, dans une parfaite volte-face, à l'Abwehr. Mais rapidement, le MI-6 découvrit ses relations avec l'Abwehr. Après l'avoir laissé courir plusieurs mois, la Branche spéciale l'arrêta le 4 septembre 1939, un jour après la déclaration de la guerre. Il relevait du bourreau, mais à la suggestion du MI-6, on lui apporta dans sa cellule, à la prison de Wandsworth, l'émetteur-transmetteur qu'il tenait de l'Abwehr et le 5 septembre, il reprenait ses communications avec l'Abwehr à Hambourg, envoyant — de façon significative — de faux renseignements météorologiques à partir de données exactes connues des Allemands. l'Abwehr ne devina pas que Snow avait été « récupéré » et le considéra pendant les mois suivants comme le pivot de l'espionnage allemand en Grande-Bretagne. Il continua à transmettre à Hambourg, et plus tard en Espagne et au Portugal ; et les instructions qu'il recevait en retour, permirent aux Britanniques d'appréhender, les uns après les autres, tous les agents de l'Abwehr qui vinrent se jeter dans le piège anglais à partir de juillet 1940. C'est grâce à ses messages et aux questionnaires secrets qu'il recevait que les Anglais furent au courant des intentions allemandes pendant les mois de forte tension où les îles de la Grande-Bretagne restèrent sous la menace d'une invasion.

Les activités de l'Abwehr dirigées contre Otarie étaient à peine moins absurdes. Le plan Jaune avait clairement spécifié que les Iles britanniques étaient la cible finale, mais Canaris n'avait effectué aucune préparation réelle pour une opération d'espionnage d'envergure contre l'Angleterre. Et quand il reçut les ordres de Keitel le 21 juin 1940 pour l'opération baptisée Langouste, il ne fit preuve d'aucun zèle. Il se contenta de donner à son chef de station à Hambourg, le capitaine Herbert Wichmann, des instructions pour la mise en route, chose qu'il aurait dû entreprendre lui-même s'il avait été absolument fidèle à Hitler et avait considéré ses ordres avec le sérieux qu'il convenait. Puis il porta son attention ailleurs.

Tout ce que Wichmann put offrir pour Langouste consistait en une quinzaine d'agents assez médiocres.

Les quatre premiers partirent du Touquet en bateau l'après-midi du 2 septembre 1940 ; Carl Meier, un Hollandais de 25 ans, d'origine allemande ; Charles van der Kieboom, un Eurasien de 26 ans ; Sjord Pons, un Hollandais de 28 ans ; et Rudolf Waldberg, le seul membre du groupe parlant anglais. Aucun n'était vraiment formé, qu'il s'agisse de radio, de cryptographie élémentaire ou de connaissance des affaires militaires anglaises. Ils débarquèrent à l'aube dans la région de Hythe et Dungeness avec une sérieuse « gueule de bois ». Meier et Pons furent immédiatement arrêtés par un 2e classe, du régiment d'infanterie légère du Somerset, alors qu'assis derrière une dune de sable, ils attaquaient une saucisse allemande. Waldberg parvint à envoyer un seul message très court en Allemagne puis, ayant soif, entra dans la petite ville de Lydd. Ignorant les lois anglaises interdisant de vendre de l'alcool avant 10 heures du matin, il demanda à un aubergiste de lui vendre un quart de cidre à 9 heures. L'aubergiste lui dit d'aller jeter un coup d'œil sur l'église du village et de revenir dans une heure. Il fut appréhendé à son retour par deux policiers en bicyclette. Kieboom lui aussi fut arrêté dans les vingt-quatre heures et tous, sauf Pons, furent exécutés. Pons persuada la cour qu'il était en réalité un patriote hollandais, engagé dans l'Abwehr pour arriver à rejoindre l'Angleterre et servir le prince Bernhard de Hollande. La première phase de Langouste se soldait par un échec ; la seconde n'eut pas plus de succès : elle groupait onze nouveaux agents qui débarquèrent subrepticement en des points extrêmes des Iles britanniques. Là encore tous furent pris et la plupart pendus ou condamnés aux travaux forcés à perpétuité. Seuls deux d'entre eux, baptisés Tate et Summer allaient devenir des agents spéciaux du comité XX et jouer plus tard un rôle important dans des opérations de diversion anglaises.

Il est certain que la tâche de Canaris contre l'Angleterre était rendue extrêmement difficile ; d'une part, à cause de la Manche, d'autre part, en raison de la maîtrise aérienne et navale de l'Angleterre qui rendait extrêmement compliquée l'infiltration des agents et toute sortie de renseignements. Cependant cette tâche n'était pas compliquée au point de dépasser les possibilités de l'Abwehr si elle avait été déterminée à le faire. Canaris avait obtenu des résultats notables ailleurs, mais alors que Hitler et l'OKW établissaient des plans pour Otarie, ils se trouvaient devant un vide presque total d'informations, vide que les sections anglaises responsables du bluff, encore débutantes, avaient les moyens de combler par de fausses indications faisant apparaître l'Angleterre beaucoup plus forte qu'elle ne l'était en réalité.

En conséquence le FHW n'était pas en mesure d'estimer avec certitude la puissance de combat et l'emplacement des forces de défense britanniques. C'est pourquoi Jodl, chef des opérations de Hitler, exprima le 31 juillet 1940, l'opinion que « les forces allemandes avaient en face d'elles une armée britannique très médiocre qui n'avait pas eu le temps d'assimiler les leçons de cette guerre ». Mais Hitler, tourmenté par cette absence de renseignements précis, n'était pas d'accord : « Un ennemi bien préparé et tout à fait résolu nous fait face », disait-il, opinion partagée par Canaris qui avait confié à Hitler que « même les combattants de Dunkerque n'inclinaient pas à la paix ». Et le 2 septembre, alors que les forces réelles de l'Angleterre s'élevaient à 29 divisions sur le papier, Canaris faisait passer un rapport selon lequel il y avait 37 divisions impatientes de se battre, équipées, entraînées et décidées à repousser une invasion. Décidées, elles l'étaient, mais beaucoup moins nombreuses et moins bien équipées que Hitler ne le croyait sur la foi d'un tel rapport. C'en était trop pour lui. Dès lors il commença donc à se servir des préparatifs faits pour Otarie, beaucoup moins comme base d'opérations réelles que comme alibi stratégique pour couvrir ses plans et ses intentions à l'Est. Il était en fait déjà prêt à renoncer à l'invasion de l'Angleterre.

Si les opérations de Canaris en Angleterre échouèrent, ses efforts pour implanter des centres d'espionnage dans Maquereau — nom de code donné par l'Abwehr à l'Irlande — furent absolument minimes, même après avoir réussi à s'assurer le concours de l'IRA. C'est le 28 janvier 1940 que Ernst Weber-Drohl, acrobate autrichien vieillissant, arriva par U-boot, pour prendre contact avec l'IRA et collaborer avec elle. De tous les agents de la Seconde Guerre mondiale, Drohl était le plus amusant. Il s'était produit dans les cirques à travers toute l'Europe, sous le nom d'Atlas, le géant de fer et Drohl, l'homme le plus fort du monde. Il était très connu en Irlande où il avait participé à des spectacles de music-hall, comme lutteur et haltérophile. Il espérait que sa « famille irlandaise », deux enfants illégitimes nés d'une maîtresse, quelques trentre-trois ans auparavant, l'aiderait à se faire passer pour chiropracteur, mais bientôt arrêté par la police irlandaise, il eut une amende de trois livres et fut relâché après avoir promis de ne pas se livrer à des activités hostiles à l'Irlande. Il finit par retrouver sa « famille » qui refusa de le revoir. C'est ainsi que sans argent et sans travail, Weber-Drohl choisit de travailler pour l'Angleterre contre l'Allemagne. Le comité XX gagnait un nouvel agent.

Hermann Goetz suivit Weber-Drohl dans ce genre d'activité. C'était un juriste de Hambourg devenu lui aussi espion. L'Abwehr était persuadée que cet homme pourrait retrouver son chemin en territoire ennemi « avec l'aisance d'un somnanbule ». Rien n'était moins certain. On devait le décrire comme « le plus stupide et pis encore, le moins chanceux de tous les espions de l'Histoire ». Goetz, un monsieur à l'instinct très sûr, sauta en parachute (au troisième essai) d'un Heinkel III pour une mission « vaguement liée à un plan impraticable baptisé Kathleen, destiné à l'invasion de l'Irlande ; et cela sur la proposition d'un émissaire de l'IRA auprès de l'Abwehr à Hambourg. De là commencèrent ses tribulations. Il atterrit non pas sur l'Eire mais sur l'Ulster. Il ne put enterrer son uniforme de la Luftwaffe ayant perdu, en sautant, sa pelle et sa radio. Toujours en uniforme, il se mit à faire les cent dix kilomètres de rase campagne qui le séparaient de l'endroit où il aurait dû se poser, mais les batteries de sa torche, estampillée d'une marque de fabrique de Dresde, furent bientôt à plat. De plus, malgré une forte provision d'argent — un rapport OSS parlait de 200 000 (deux cent mille) dollars en coupures anglaises et irlandaises — il mourait de faim, ne se doutant pas le moins du monde que les unes et les autres avaient cours dans l'Eire et l'Ulster. Il se trouva donc obligé de traverser la Boyne à la nage avec d'énormes difficultés car le poids de sa combinaison de fourrure l'épuisait, ainsi qu'il le relate et le plongeon dans l'eau détruisit l'encre sympathique. Goetz se débarrassa finalement de son uniforme et resta en bottes, pantalon et tricot, avec un béret noir sur la tête : « Je gardai mon calot militaire comme récipient pour boire, et mes médailles militaires pour des raisons sentimentales. » Peter Fleming relata cet épisode : « Cette silhouette solitaire et déconcertée, peinant courageusement à travers le paysage irlandais désertique, en bottes et petit béret noir sur la tête, la poche pleine de médailles de 1914-1918, nous rappelle combien l'espionnage allemand était loin de ces qualités de subtilité et de dissimulation auxquelles on aurait pu s'attendre. »

Finalement, Goetz se retrouva en lieu sûr à Dublin chez Stephen Held, un homme de l'IRA qu'on croyait, à l'époque, être au service de Menzies. Mais quelques jours après l'arrivée de Goetz, des hommes de l'IRA firent un raid sur la maison et lui volèrent tout son argent. Le 22 mai 1940, nouveau raid — de la police cette fois. Held est arrêté, mais Goetz se sauve en escaladant le mur du jardin et disparaît dans Dublin, laissant derrière lui ce qui restait de son équipement d'espion. La police — peut-être à l'instigation de l'IRA — met alors sa tête à prix trois mille livres sterling. Trahi par l'IRA, il est finalement pris et emprisonné. Sur le point d'être livré aux Anglais, il avale le reliquat de son équipement de l'Abwehr, une capsule de cyanure et meurt en accusant l'IRA « d'être pourrie jusqu'au cœur ».

L'IRA était-elle aussi mal disposée envers l'Allemagne qu'envers Goetz ? Un rapport confidentiel US signalait qu'elle avait jusqu'à cinq mille membres à travers toute l'Irlande et que « des agents allemands étaient allés en Irlande et des agents de l'IRA en Allemagne ». Le rapport ajoutait : « Malgré leur effarement devant l'organisation déplorable de l'IRA, les Allemands s'en servent comme d'une réserve d'agents de sabotage et d'espionnage. » En fait, la relation entre l'IRA et l'Abwehr était plus étroite et plus inquiétante qu'on ne pouvait l'imaginer à l'époque : Sean Russel, ancien chef d'état-major de l'IRA, lié au « Clann na Gael » aux Etats-Unis, était passé lui-même dans les rangs de l'Abwehr. Avec un autre homme en vue de l'IRA, Frank Ryan, il s'était rendu à Berlin juste avant la déclaration de guerre, pour offrir ses services à l'Allemagne en échange d'un soutien à la cause de l'Irlande réunifiée. On l'avait accepté ainsi que Ryan. Tous deux avaient reçu un entraînement exceptionnel, quand le 8 août 1940 ils partirent de Kiel à bord d'un U-boot, avec un petit groupe d'Irlandais recrutés dans des camps de prisonniers de guerre, pour synchroniser les activités de l'IRA et l'invasion prochaine de l'Angleterre.

Canaris ne fut pas plus heureux dans le choix de Russell qu'il ne l'avait été avec Goetz ou Weber-Drohl. Russell mourut en effet d'une crise cardiaque en mer sur le U-boot, obligeant le groupe à partir en Allemagne où il fut dispersé. Cependant les Britanniques, et plus tard les Américains, eurent de bonnes raisons de craindre la présence allemande dans l'Irlande neutre, et de douter du loyalisme et des activités des Irlandais. Cette crainte devait augmenter au cours des quatre années suivantes jusqu'à ce que des mesures draconiennes inédites fussent prises pour protéger les secrets du jour J et les empêcher de tomber aux mains des agents de l'IRA, du SD et de l'Abwehr qui avaient réussi à s'infiltrer dans le pays.

Pendant la valse-hésitation d'Otarie sur la côte de France en cet été brûlant, Canaris concentrait toute son attention sur l'Espagne et sur Gibraltar. C'est en Espagne que l'Abwehr était la plus forte, certains même allant jusqu'à dire qu'elle gouvernait le pays. L'influence de Canaris sur Franco était effectivement grande ; elle était encore plus importante auprès du ministère des Affaires étrangères, de l'Armée et du service de sureté, la Direccion General de Seguridad. Monsieur Guillermo — nom de code de Canaris — n'avait-il pas obtenu de l'Allemagne pour Franco, pendant la guerre civile, une aide militaire, financière et économique ? Franco avait de bonnes raisons d'être reconnaissant.

Le 30 juin 1940, Jodl présenta au Führer une étude stratégique d'ensemble de la guerre, soulignant que si l'objectif primaire de l'Allemagne était la défaite de la Grande-Bretagne, la meilleure manière de l'obtenir était de prendre Gibraltar. On couperait ainsi l'Angleterre de son Empire à l'Est et on briserait l'encerclement de l'Allemagne, que l'Angleterre tenterait de réaliser, dès qu'elle serait assez forte pour le faire. Une décision rapide s'imposait, disait Jodl, car chaque jour qui passait travaillait contre l'Allemagne et en faveur des forces renaissantes de la Grande-Bretagne. Hitler, apparemment incapable de toute initiative précipitée, se retira à Berchtesgaden pour réfléchir. Ce n'est que le 13 juillet, qu'il donna son opinion : la prise de Gibraltar et l'invasion de l'Afrique du Nord française obligerait en effet la Grande-Bretagne à demander la paix. Fort de cette déclaration, Jodl prit l'initiative de rassembler un groupe de reconnaissance pour l'Espagne, dont Canaris assurerait la direction.

Canaris et les autres membres du groupe quittèrent Berlin en civil, avec de faux passeports. Voyageant séparés et par des routes différentes, ils arrivèrent à Madrid et prirent contact avec le chef local de l'Abwehr, Wilhelm Leissner. Ceui-ci commandait toutes les opérations de l'Abwehr sur la péninsule et au Maroc, utilisant le nom de guerre de Gustave Lenz, et le couvert d'une certaine Compagnie d'export-import Excelsior pour le plomb, le zinc, le liège et le mercure. Leissner, ex-collègue de Canaris dans le secteur Méditerranée pendant la Première Guerre mondiale était décrit comme « une étrange vieille buse dans une volière exotique ». Vêtu de « costumes classiques mal coupés, de chemises blanches à col dur et arborant des moustaches soignées en forme de guidon, il ressemblait à l'homme des vieilles affiches publicitaires pour de la pommade à moustaches ». Mais on ne pouvait sous-estimer son organisation car il employait 717 officiers agents à plein temps et plus de 600 employés à temps partiel en Espagne. Sur les instructions de Franco, le 6 septembre 1940, tous les services des consuls d'Espagne en Angleterre avaient été mis à la disposition de Leissner pour ses enquêtes d'espionnage. Canaris dépêcha alors ses experts dans différentes régions d'Espagne. Le 27 juillet 1940, ils se retrouvèrent en réunion plénière à Madrid et Canaris rédigea un rapport qui était un chef-d'œuvre de découragement calculé. Non, il ne pouvait être question d'une attaque surprise à Gibraltar : l'écartement des rails des chemins de fer espagnols et français était différent et les forces allemandes devraient changer de train à la frontière espagnole où elles seraient inévitablement repérées. Les Allemands ne pourraient utiliser qu'une seule route directe jusqu'à Gibraltar. Quant aux Anglais, ils étaient conscients de la menace qui pesait sur la forteresse et pendant le séjour à Madrid de Canaris, sa garnison avait été considérablement renforcée. Sa situation géographique cependant défiait toutes les doctrines militaires. La pente des rues, les vents contraires, les points d'atterissage limités, tout devait décourager toute vélléité d'opérations aéroportées. Les Britanniques avaient de plus miné l'étroite péninsule reliant Gibraltar au continent et leurs canons la contrôlaient à plusieurs endroits. Une attaque par l'infanterie se ferait obligatoirement là, et les pertes seraient lourdes. Enfin routes et voies ferrées n'étaient pas en bon état et ne pourraient résister à d'importants mouvements de troupes, sans de fréquentes réparations auxquelles les Espagnols ne pourraient faire face sans l'aide des Allemands. Quant à l'espoir de réduire la garnison par attaque aérienne avant l'invasion il ne fallait guère y compter. Les défenses antiaériennes britanniques étaient très fortes. Pour la réduire par l'artillerie, il faudrait concentrer au moins 16 canons de 380 mm et 16 autres de 210 mm, dont la Wehrmacht avait besoin à l'époque. Une opération navale et aérienne limitée ne pouvait donc réussir que par surprise mais cette éventualité était hors de question pour Canaris. Même en admettant une telle attaque possible, les forces d'assaut devraient utiliser le port africain de Ceuta, dont l'équipement était insuffisant pour décharger les lourds canons de campagne en temps voulu. Enfin, concluait Canaris, aucune attaque de cette envergure n'aboutirait sans l'approbation et l'assistance du gouvernement espagnol. Pouvait-on y compter ? Canaris allait s'arranger pour que cette aide ne fut point offerte.

Quand Serrano Suñer, beau-frère de Franco et ministre des Affaires étrangères d'Espagne arriva à Rome pour affaires, il fut contacté par le Dr Josef Mueller qui avait finalement résisté à tous les assauts de Himmler et Heydrich, et restait toujours le représentant de Canaris au Saint-Siège. « L'amiral vous demande, murmura-t-il à l'Espagnol, de maintenir à tout prix l'Espagne hors de ce jeu. Il vous semble peut-être actuellement que notre position est la plus forte. En réalité, elle est désespérée et nous avons peu de chances de gagner la guerre. Franco peut-être sûr que Hitler n'utilisera pas la force des armes pour entrer en Espagne. » Abondant dans ce sens Canaris suggéra alors à Franco de demander à Hitler dix canons de 38 mm pour Félix — nom de l'opération sur Gibraltar — sachant bien que des canons aussi lourds n'existaient pas encore et que leur fabrication prendrait beaucoup de temps. Parachevant ses manœuvres Canaris poursuivit à Berlin sa subtile stratégie de découragement, et quand Serrano Suñer vint y discuter d'une éventuelle coopération germano-espagnole, il fit part au retour, de sa constatation à Franco : « Tout ce qui à Berlin avait trait aux affaires espagnoles était de la plus extrême confusion, la raison principale en étant apparemment le rôle singulier joué par l'amiral Canaris. »

Au point que le 23 octobre 1940, Hitler lui-même traversa l'Europe en train jusqu'à Hendaye au pied des Pyrénées pour parler directement de Félix avec Franco qui arriva avec près de deux heures de retard. Hitler « chercha à le prendre de haut » et, pendant neuf heures, déversa sur lui le flot suffocant de paroles avec lequel il endormait ses victimes, tel le boa constrictor couvrant sa proie de salive avant de la dévorer. Hitler décrivit la puissance de la Wehrmacht, l'effet des bombardements sur Londres, la guerre sous-marine, le calvaire des Anglais. Franco cependant, affable, digne, nullement impressionné, ne prit aucun engagement pour Félix, invoquant certains problèmes qui naîtraient de son adhésion à l'Axe. Les Américains fournissant les armes, l'essence, les céréales, et même les moyens de télécommunications, ils étaient entre leurs mains.

Les deux dictateurs se séparèrent. Hitler avait été nettement joué, mais il exigea de Franco une prise de position écrite. Il le lui rappelle le 6 février 1941 pour insister sur l'urgence de Félix. Dans sa réponse datée du 26 février, Franco commençait ainsi : « Votre lettre du 6 me fait vous répondre promptement »... Franco, informé par Canaris, savait que Hitler n'envahirait pas l'Espagne si elle restait neutre. Or Franco, dont le pays ne s'était pas encore relevé des ravages de la guerre civile, ne désirait nullement s'embarquer dans une aventure qui lui coûterait l'assistance et les marchés américains et anglais.

Cette étrange histoire de finasserie médiévale fit long feu quand Hitler tourna son attention vers la Russie. Parlant à Mussolini de ces négociations avec Franco, Hitler déclara « qu'il préférerait se voir arracher quatre dents plutôt que de recommencer ». Grâce à l'aide et à l'habileté de son vieil ami Don Juan March, Canaris venait d'administrer à Hitler sa plus sérieuse défaite diplomatique. Ian Colvin, un des intermédiaires de Canaris d'avant-guerre, écrivit plus tard à ce sujet : « En Espagne, Canaris était parvenu à un résultat durable. Il avait épargné à ce pays des souffrances prolongées. » Il avait également fait un grand cadeau à l'Angleterre. Si les intentions de Hitler en Espagne et à Gibraltar s'étaient concrétisées par un succès militaire, il aurait pu mettre l'Angleterre à genoux, en coupant le ravitaillement en vivres et en carburant de la Grande-Bretagne à partir de cet avant-poste de l'Empire.

A la fin de l'hiver 1941, la puissante Wehrmacht était donc bloquée à l'ouest et devant les Pyrénées. Mais Hitler avait déjà commencé, en secret, à préparer l'invasion de la Russie avec son plan Barbarossa, et celle de l'Afrique du Nord, premier jalon de son rêve d'empire au Moyen-Orient. Un des atouts essentiels de ces deux opérations était la péninsule des Balkans et particulièrement la minuscule Bulgarie dont l'effondrement en 1918 avait annoncé la défaite de l'Allemagne. Contrairement à Franco, le tsar Boris de Bulgarie, pour qui la principale occupation semblait être de conduire des locomotives à toute allure, ne sut résister aux flatteries du Führer. Il se joignit à l'Axe. La Roumanie et la Hongrie n'ayant pas tardé à le suivre, graduellement, implacablement, la marée grise s'étendit sur la terre ocre des Balkans, dans la direction du Bosphore. Tandis que les Panzer traversaient le Danube, en Afrique, les forces allemandes s'installaient également en Libye. Rien ne semblait plus capable d'arrêter l'Allemagne.

C'est alors que la Yougoslavie et la Grèce se trouvant à portée d'une attaque nazie, le prince Paul de Yougoslavie accepta soudain l'alliance hitlérienne : le pacte fut signé le 24 mars 1941. La réaction de Churchill se fit violente et immédiate. Sur l'ordre de Menzies, les agents anglais à Belgrade qui avaient soutenu le général Bora Mirkovic, chef de l'aviation yougoslave, déclenchèrent alors un soulèvement. A l'aube du 27 mars, des révolutionnaires pro-anglais s'emparèrent de tous les points clés de Belgrade, y compris le palais. Le roi Pierre II fut confié à la garde d'officiers résolus, et le général Dusan Simovic, dont le bureau au ministère de l'Air était le centre de l'opposition à la pénétration allemande dans les Balkans, reprit en son nom le gouvernement. Quant au prince Paul, régent et signataire du pacte avec Hitler, il fut arrêté avec les deux autres régents et exilé en Grèce. Le soir venu, le coup d'Etat était complètement réussi. Pas une seule goutte de sang n'avait été versée. De grandes manifestations d'enthousiasme éclatèrent. Des drapeaux anglais et français surgirent partout et l'ambassadeur allemand fut publiquement insulté par des émeutiers serbes qui crachèrent sur les voitures.

Hitler entra dans une colère folle. Il convoqua l'OKW et donna l'ordre de « détruire la Yougoslavie en tant qu'unité nationale et militaire ». Puis il demanda à la Luftwaffe de bombarder Belgrade avec un « acharnement implacable » par des attaques continuelles de jour et de nuit. On apprit par ailleurs par Ultra que Hitler bouleversait tous les plans soigneusement préparés pour l'invasion de la Russie et le matin du 6 avril 1941, au cours d'une opération baptisée châtiment, la Luftwaffe frappait Belgrade. Décollant de bases situées en Roumanie et en Bulgarie, les Allemands pilonnèrent méthodiquement la capitale en rase-mottes, pendant trois jours consécutifs. Quand le vacarme des bombes s'apaisa enfin, dix-sept mille habitants, morts ou blessés, gisaient sous les décombres.

Ce carnage produisit l'effet le plus tragique sur Canaris. Etant arrivé par avion dans la capitale, dès que les troupes d'invasion avaient pris la ville, en quête de renseignements susceptibles d'aider l'Abwehr dans sa campagne d'infiltration en Turquie et au Proche-Orient, les ruines de Belgrade et les conséquences de son impuissance à détourner la volonté vengeresse du Führer s'étalaient devant lui. Il avait eu, certes, connaissance de l'attaque, et ayant averti les Yougoslaves de Berlin, Belgrade avait été déclarée ville ouverte le 3 avril. Il comprenait maintenant que cette action — cette trahison — avait été inutile. Consterné il passa la journée à faire le tour de la ville et se retira dans un hôtel sur la colline, incapable de supporter plus longtemps la vue et l'odeur de la mort. Puis il partit pour l'Espagne où il arriva le 11 avril, en proie à une crise de conscience dont il ne se remit jamais complètement.

Chapitre X

L'ASSASSINAT DE HEYDRICH

Avec beaucoup de cohérence, d'habileté et de détermination, Canaris essayait de faire avorter à tous les niveaux les grands desseins de Hitler qui, en 1942, lui gardait encore toute sa confiance. La rapide conquête de l'Europe de l'Ouest était due en partie à l'excellence du travail de l'Abwehr. La Grande-Bretagne n'avait pas demandé la paix, mais on ne pouvait en attribuer la responsabilité au seul service de Canaris ; et si l'Espagne ne s'était pas jointe à L'Axe, l'Abwehr disposait d'appuis très solides à tous les échelons du gouvernement espagnol. Le service de renseignement suédois, très noyauté par les agents allemands, était pratiquement sous leur contrôle, et l'Abwehr avait accès à la plupart des rapports diplomatiques suédois en provenance de Londres et Washington. En Suisse, un important contingent d'hommes de l'Abwehr se faisait le fourrier de l'occupation. En France, les forces de résistance étaient effectivement neutralisées par le service de contre-espionnage de l'Abwehr. Le travail de Canaris dans les Balkans apparaissait comme un succès remarquable. L'Egypte, la Turquie, l'Irak, la Perse, la Syrie, le Liban, fourmillaient d'espions allemands. A l'intérieur du Reich enfin, l'Abwehr se montrait si efficace qu'il était virtuellement impossible à un agent étranger de réussir.

Mais, si Hitler estimait Canaris, certains membres de la hiérarchie nazie le considéraient avec méfiance et soupçon, Heydrich en premier. Les deux hommes affichaient la plus grande amitié, mais Heydrich cherchait continuellement le moyen d'abattre Canaris et d'absorber l'Abwehr, faisant ainsi du SD une organisation d'espionnage sous son contrôle unique. Au printemps de 1942, Heydrich trouva enfin l'arme qu'il cherchait ; il découvrit en effet un témoignage irréfutable de haute trahison chez un officier supérieur de l'état-major de Canaris. L'homme en question dont le nom de code était Franta, était l'un des responsables de l'Abwehr à Dresde, centre des opérations dirigées sur la Russie du sud, les Balkans et le Proche-Orient.

L'affaire Franta débuta le 5 avril 1936 au soir, lorsque le major Josef Bartik, chef de la section de contre-espionnage du service secret tchèque (le meilleur d'Europe centrale) sortit de sa voiture près d'un village frontière au nord de la Bohême. Boiteux et sans amis, il s'avançait sous les peupliers d'une ruelle lorsque, au moment où le clocher du village voisin de Neugeschrei sonnait 8 h 30, il parvint à un carrefour entre un moulin et un entrepôt. Là il attendit un moment. Soudain une silhouette en long manteau sombre, béret et sac à dos, sortit de l'ombre et arriva sous la lumière du réverbère. C'était Franta. Il donna le mot de passe : Altvater (patriarche en allemand) et la salutation allemande : Grüss Gott !. Les deux hommes retournèrent alors vers la voiture de Bartik et parvenus à elle, Franta déballa un paquet de documents sur le siège arrière. Il s'agissait de l'ordre de bataille de l'Abwehr, de l'organisation du SD en Saxe, de ses attributions et d'une description du réseau et des responsabilités dévolues à chaque section de la frontière allemande. Ces renseignements étaient d'une importance considérable pour les Tchèques et pour le MI-6, leur allié. Franta ayant reçu 300 Reichsmarks et 200 couronnes tchèques, donna à Bartik une adresse poste restante pour leurs communications ultérieures, et s'étant éloigné de la voiture, fit les 50 mètres qui le séparaient de la frontière allemande avant de disparaître. Bartik retourna alors à Prague et quelques jours plus tard recevait le chef de la section locale du MI-6, le major Harold Lehrs Gibson.

A partir de ce moment et jusqu'à la nomination de Heydrich comme Reichsprotektor de Bohême — Moravie en 1941 — Franta allait continuer à passer aux Tchèques, qui le transmettaient à Gibson, les ordres et le matériau opérationnel de l'OKW préparés à l'intention personnelle de l'amiral Canaris. Il livrait aussi non seulement le détail de l'organisation de l'Abwehr et du SD mais aussi les mouvements de la Wehrmacht en Finlande, Lettonie, Estonie, Roumanie, Bulgarie, Yougoslavie, Hongrie, Grèce, Turquie, Perse et Egypte, ainsi que de nombreuses indications sur le travail du SD en Suède, Hollande et Belgique. Ce sont ses avertissements, dit-on, qui auraient permis à Gibson, au gouvernement tchèque et aux responsables du renseignement de fuir à Londres, juste avant l'arrivée des troupes allemandes à Prague en mars 1939. C'est également lui qui informa des projets d'invasion de la Pologne et de la Norvège, et c'est grâce à son concours que la reine Wilhelmine de Hollande et le roi Haakon de Norvège purent quitter à temps leur pays et se réfugier en Angleterre.

Qui était donc Franta et quels étaient ses motivations ? On crut d'abord qu'il était l'homme d'un plan conçu pour pénétrer les services secrets britanniques et leur fournir de fausses informations mais grâce à Ultra la véracité de ses renseignements put être vérifiée. Jouait-il le jeu de Canaris et d'Oster pour permettre à la Grande-Bretagne de connaître les plans de Hitler et les faire échouer ? C'est fort possible, car personne, sauf un responsable au plus haut niveau, ne pouvait accéder à une information aussi détaillée. Franta en savait trop pour un seul homme.

C'est alors que, au début de 1941, Heydrich entreprit d'abattre les organisations clandestines tchèques. Le service secret radio avait découvert l'UVOD, Comité central de la résistance intérieure, organe d'espionnage actif et efficace relié à Londres, appelé réseau des Trois Rois. Le 22 avril 1941, la Gestapo captura le premier des Trois Rois, Balaban, lieutenant-colonel de l'armée tchèque. Une descente dans un appartement le 13 mai aboutit à l'arrestation du second, Masin, également lieutenant-colonel. A l'arrivée de la Gestapo, Sparta I, leur « radio » clandestin à Prague, émettait à l'intention de Londres. Le troisième des Trois Rois, le capitaine Vaclav Moravek supervisait la transmission et, tandis que Masin ouvrait le feu contre les assaillants, Moravek — le seul homme qui connaissait l'identité de Franta — put s'échapper en compagnie de Sparta I, l'opérateur radio. Masin tua trois agents de la Gestapo avant de s'enfuir, puis tomba et se cassa la jambe dans l'escalier. La Gestapo se jeta sur lui, mais se garda bien de le tuer, voulant le garder vivant pour l'interroger. En vain, car il mourut silencieusement devant un peloton d'exécution après de longues tortures. Moravek et Sparta I avaient bien tenté de s'échapper en attachant l'antenne de leur radio à un sofa de l'appartement et en se laissant glisser dans la rue quinze mètres plus bas. Mais Sparta I fut pris immédiatement et mourut aussi silencieusement que Masin. Seul Moravek, un doigt sectionné par le câble et ne tenant plus que par un tendon, s'en tira. Il acheva de couper le doigt avec une lame de rasoir, le fit disparaître dans des toilettes, et rejoignit Sparta II. Là, il fit un rapport à Londres, signalant que le filet de la Gestapo se refermait sur Franta et sur lui-même. Effectivement, les agents de Heydrich avaient identifié Franta sous le nom d'un certain Dr Paul Steinberg. Mais ils savaient que ce n'était pas son vrai nom et ignoraient où il se cachait.

Londres réagit vigoureusement à l'appel de Moravek, et à la requête du gouvernement tchèque en exil, le comité d'espionnage interallié donna le feu vert à la mission Anthropoïdes dont le but était d'assassiner Heydrich. Quand les tueurs chargés de l'exécuter furent parachutés au-dessus de la Tchécoslovaquie en décembre 1941, Heydrich avait enfin découvert la véritable identité du Dr Paul Steinberg. C'était Paul Thummel, un Saxon, membre de la vieille garde nazie, décoré de l'insigne d'or du parti, employé par l'Abwehr à Prague en tant que chef de la section spécialisée pour la Tchécoslovaquie, les Balkans et le Proche-Orient. Son arrestation provoqua une réaction immédiate de Londres : les Anthropoïdes étaient autorisés à retarder l'assassinat de Heydrich pour faciliter l'évasion de Thummel, si c'était réalisable. Moravek contrôlerait l'opération, qui devait lui permettre de regagner l'Angleterre. Il était clair que Franta n'était pas un espion ordinaire, car une fois découverts, les espions étaient généralement exécutés. Sauf si les services rendus à la Grande-Bretagne leur sauvegardaient la vie pour d'autres tâches.

Le 22 février 1942 donc, Thummel fut emmené aux quartiers généraux de la Gestapo avec certains égards. Son rang, son importance dans le parti nazi étaient trop élevés pour qu'on le brutalisât. Il expliqua devant une cour martiale qu'il avait essayé de s'infiltrer dans l'UVOD par Moravek, avec l'idée de démanteler le réseau tout entier, et se plaignit d'être arrêté au moment même où il allait y parvenir. Il nia, par contre, énergiquement, être Franta. Son cas fut alors soumis à Himmler qui rencontra Canaris. La version de Thummel ayant été admise on ordonna de le relâcher. C'était le 22 mars. Mais Heydrich n'étant nullement satisfait de cette décision, Thummel ne fut autorisé à retourner dans son appartement que dans la mesure où un agent de la Gestapo viendrait y vivre avec lui.

Pendant ce temps, Londres s'inquiétait du sort de Franta auprès de Moravek. Mais ce dernier n'eut ni le temps de répondre, ni même de lancer la mission Anthropoïdes. Après avoir arrêté Thummel à nouveau, la Gestapo venait d'apprendre que Moravek devait rencontrer un agent de l'UVOD dans un petit parc près du couvent de Loretta à Prague. Un cordon invisible encercla le parc où Moravek, assis sur un banc, attendait Stanislau Rehak, connu sous le nom de Dandy, et lorsque Dandy approcha vers 19 heures, la Gestapo fondit sur lui et l'entraîna. Moravek sauta dans les buissons, un revolver dans chaque main et ouvrit le feu. Blessé à la jambe, il réussit à sortir du parc près de l'Académie militaire, quartier qu'il connaissait depuis son enfance. Mais la balle avait sectionné une artère : Moravek s'effondra avant d'avoir pu s'enfuir. Quand la Gestapo arriva, un des hommes lui tira à bout portant une balle dans la tempe. Puis, peut-être, pour s'assurer qu'il était bien mort, l'un de ses acolytes lui vida son chargeur dans le cou.

L'UVOD était brisée, la mission Anthropoïdes mise en pièces. Thummel, soupçonné de haute trahison, était cette fois retenu sous bonne garde. Heydrich avait désormais toutes les cartes en main pour agir contre Canaris et l'Abwehr. Mais Canaris n'était pas homme à se laisser facilement désarçonner. Il vint donc en personne à Prague pour défendre son service et lui-même contre Heydrich.

Les deux hommes se rencontrèrent le 21 mai 1942 au quartier général de Heydrich, le château Hradcany, grand édifice gothique sur la colline dominant Prague et la Moldava. Là, dans un salon d'apparat, Canaris, l'Ulysse rusé, fit face à Heydrich, l'image même de la force médiévale brute. Les archives se rapportant à cette rencontre indiquent qu'Heydrich accusa l'Abwehr d' « instabilité politique » — accusation qui était presque aussi grave que le crime de trahison dans le Troisième Reich, en ajoutant, s'excusant presque, qu'à « certains niveaux » de l'Abwehr on constatait des carences regrettables. Il « recommandait » en conséquence à Canaris de laisser au SD le soin de s'occuper du contre-espionnage, et de lever l'interdit qui défendait à la Gestapo l'accès de tout ce qui était du ressort des militaires. Vif et ambigu comme toujours, Canaris reconnut la sagesse de la première suggestion, mais refusa de discuter ou de s'engager sur la seconde, ce qui aurait permis à la Gestapo et au SD d'interroger des hommes de l'Abwehr suspectés d'appartenir à la Schwarze Kapelle.

D'un commun accord, les deux grands maîtres de l'espionnage allemand entreprirent donc d'élaborer ce qu'on devait appeler le « décalogue de Heydrich », dispositions prévoyant le partage des tâches d'espionnage et de contre-espionnage. L'Abwehr abandonnait apparemment une partie de sa souveraineté au bénéfice du SD, ce qui n'empêchait nullement Canaris, dès la fin de la réunion, de donner verbalement à ses lieutenants, l'ordre d'ignorer purement et simplement cet accord. Si la partie semblait avoir réussi avec Heydrich — du moins momentanément — pour la première fois, il avait maintenant tout à craindre du Führer.

Ces appréhensions n'allaient pas tarder à se préciser. Aux termes de la directive de leur employeur, OKW, Canaris et l'Abwehr étaient chargés, non seulement de découvrir les secrets de l'ennemi, mais encore de protéger contre eux les secrets de l'Allemagne. Or, jusqu'à l'hiver 1941-1942, Hitler avait eu en fait peu de sujets de plainte. Pourtant un nouvel élément intervenait désormais dans la guerre secrète : les commandos. Ces troupes d'élite en uniforme, utilisant tous les arts du corps à corps hérités des Boers, des Iroquois et des gangsters de Chicago, faisaient en effet depuis un certain temps des raids sur les avant-postes allemands — de préférence les plus isolés — avec une audace et une efficacité croissante. Et si le soldat allemand moyen, sentinelle de l'empire de Hitler, redoutait ces attaques dans lesquelles le couteau et le garrot jouaient un rôle des plus mortels, elles mettaient Hitler en fureur. C'est pourquoi, même lors de la mise au point des grands plans de bataille engageant des millions d'hommes dans les steppes russes, il consacrait souvent la fin de matinée à discuter de la guerre secrète avec l'OKW, car très curieusement, ces attaques de commando produisaient sur lui un effet disproportionné au nombre d'hommes et de pertes impliqués. Il lui arrivait par suite d'accepter la disparition de 10 000 hommes en Russie avec sérénité, mais une manifestation des commandos le jetait dans une colère indescriptible.

C'est alors qu'intervint dans la nuit du 27 au 28 février 1942, une expédition de parachutistes britanniques sur le poste isolé de Bruneval, petit cap abrupt surmonté d'un phare et situé non loin du Havre. C'était en fait plus qu'un raid de harcèlement car Bruneval abritait une importante installation allemande de radar de Würzbourg et, depuis la chute de la France, les chercheurs anglais étudiaient les performances des radars allemands afin de mettre au point une riposte basée sur la radio ou l'électronique. Cette nouvelle dimension de la guerre des « intelligences » visait à protéger les flottes de bombardiers britanniques pendant leurs raids sur l'Europe, et ce qui était aussi important, à neutraliser ou à égarer les défenses radar de Hitler lorsque arriverait le moment de l'invasion. La reconnaissance aérienne ayant localisé l'installation au sommet d'une falaise de 20,50 m à Bruneval, les parachutistes atterrirent par l'arrière et réussirent à démanteler les points d'attache de l'équipement. Puis, malgré un feu très nourri, ils parvinrent, en emportant le précieux matériel, à dévaler la falaise jusqu'à la plage où des bateaux les attendaient pour leur faire vivement retraverser la Manche.

Les sphères gouvernementales en Angleterre éprouvèrent un grand sentiment de triomphe, les Allemands venant de perdre la clé de leur défense électronique en Europe. La réaction en Allemagne fut, on s'en doute, très différente. Hitler exigea de savoir pourquoi le service secret britannique arrivait à effectuer ces raids, et non l'Abwehr. Canaris n'avait-il pas formé une unité spéciale de troupes de choc, la division Brandenburg précisément pour des raids de ce type ? Où était-elle ? Pourquoi n'organisait-elle pas immédiatement un raid de représailles ? La Manche n'était qu'un fossé, tonnait le Führer et pourtant, en voyant le peu de renseignements que l'Abwehr réussissait à tirer de l'Angleterre, c'était à croire qu'elle était grande comme l'Asie ! Il était temps de retirer le renseignement des mains de ces officiers d'état-major et de le confier à une organisation du parti qui avait fait ses preuves, comme le SD. Que savait exactement Canaris du radar britannique ? Hitler exigea de voir sur-le-champ le dossier mais quand il apprit que l'Abwehr ne connaissait rien ou presque rien sur ces problèmes techniques, fou de rage, il envoya chercher Himmler et ordonna de confier dorénavant l'espionnage scientifique au SD.

C'était le commencement de la fin de l'autonomie complète de Canaris dans le domaine du renseignement militaire à l'étranger. C'était aussi — comme le souligna le Brigadeführer SS Walter Schellenberg — le commencement de la fin pour Canaris lui-même. Heydrich, stimulé par l'affaire Thummel, pouvait désormais concevoir un plan pour unifier l'Abwehr et le SD. Hitler lui prêterait une oreille attentive. Nul doute qu'il aurait certainement vu le jour sans l'assassinat de son auteur.

La mission Anthropoïdes était, à tous points de vue, extrêmement risquée. Mais son objectif, l'assassinat de Heydrich, satisferait les Tchèques, car en tant que Reichsprotektor de Bohême et Moravie, Heydrich jouissait d'une réputation de brutalité et de cruauté qui éclipsait même celle de Hitler. Les Britanniques aussi le considéraient comme un ennemi particulièrement malveillant, le SD étant devenu dans sa main une arme de terreur bien trop efficace dans la guerre secrète. Cependant l'assassinat d'un des hommes les plus puissants du Troisième Reich susciterait certainement des représailles massives contre la population, et Menzies se devait d'en tenir compte. Le MI-6, jouant le jeu du renseignement en Tchécoslovaquie, en subirait aussi les conséquences. Un élément pesait lourd : Heydrich éliminé, Canaris et les conspirateurs de la Schwarze Kapelle auraient plus de liberté de mouvement. Or Menzies était allé très loin pour faire échouer certains plans britanniques prévoyant l'assassinat de Canaris car, disait-il, il était beaucoup plus précieux vivant que mort. Il n'éprouva, par contre, aucun scrupule à signer l'arrêt de mort de Heydrich en permettant aux Anthropoïdes de reprendre leur mission. Le temps des hésitations devant l'assassinat politique était bien fini.

Les Anthropoïdes étaient des Tchèques, Jan Kubis et Joseph Gabcik, tous deux enrôlés dans l'armée britannique. Accompagnés d'une équipe radio et de spécialistes du chiffre, conduits par le lieutenant Bartos, ils avaient été parachutés d'un Halifax de la RAF dans les montagnes de Bohême près d'un village appelé Lidice, une nuit de lune de décembre 1941 comme nous l'avons dit tout à l'heure. Tous s'étaient bien reçus et avaient rapidement disparu dans la clandestinité. Ils y restèrent six mois, attendant l'occasion d'agir. Il leur avait été impossible de sauver Thummel, mais patiemment et furtivement, avec l'aide de l'UVOD, et par l'observation directe des faits et gestes d'Heydrich, ils dressaient méthodiquement un tableau exact des activités journalières de leur « cible ».

Puis, par un coup de chance, ils apprirent le lieu exact où se trouverait Heydrich le 27 mai 1942. Quatre jours avant, une pendule ancienne du bureau de Heydrich s'étant trouvée dérangée, son secrétaire appela un horloger tchèque pour la réparer. Josef Novotny posa la pendule sur le bureau de Heydrich et tout en la démontant, aperçut un papier portant l'itinéraire de Heydrich pour le 27. Il s'en saisit, le roula en boule et le lança dans la corbeille à papier. Puis ayant réparé la pendule, il s'en alla tranquillement. Mais quelques instants plus tard, une des femmes de ménage, Marie Rasnerova, venait vider la corbeille à papier dans son sac. En quelques heures l'itinéraire était entre les mains de Kubis et de Gabcik, qui furent consternés d'apprendre que Heydrich quittait définitivement Prague le 27. Cela ne leur laissait que peu de temps pour mettre leur plan au point. Mais ils savaient où serait Heydrich ce jour-là et connaissaient en détail les routes qu'il emprunterait. Ils décidèrent alors d'attaquer dans la banlieue de Holesovice, où la route Dresde-Prague fait une épingle à cheveu jusqu'au pont Toja. C'était la route que Heydrich emprunterait de sa villa à Panenske-Breschen, jusqu'au château Hradcany. Sa voiture, qui était rarement escortée, serait obligée de ralentir à cet endroit pour négocier le virage.

A 9 h 30, le matin du 27, Kubis et Gabcik se tenaient en position avec des mitraillettes sous leur manteau et quelques grenades. Deux autres tireurs étaient avec eux. Ils se répartirent près du tournant. Il était prévu que Rela Fafek, l'amie de Gabcik, précéderait en voiture celle de Heydrich et porterait un chapeau s'il n'avait pas d'escorte. Un cinquième homme, posté dans une haie près du tournant ferait des signaux avec un miroir à l'approche de la Mercedes de Heydrich. Lorsque ce dernier aborderait le virage, Gabcik avec sa mitraillette le tuerait ainsi que son chauffeur, tandis que Kubis arracherait la serviette du protecteur.

A 10 h 31 précises, Rela Fafek prenait le tournant : elle portait un chapeau. Quelques secondes plus tard, parvinrent les signaux du miroir. Gabcik avança alors sur la route et visa le tournant. La Mercedes apparut et Gabcik appuya sur la gâchette. Mais la mitraillette s'enraya : une herbe s'était glissée dans la culasse. Au moment où Heydrich et son chauffeur se levaient et tiraient sur Gabcik, Kubis lança une bombe sur la voiture qui pulvérisa, en tombant juste à côté, une portière. Heydrich lâcha son revolver. Quant à Kubis, blessé par des éclats au visage et aux yeux, il réussit à monter sur le vélo de son amie et à s'enfuir, avec ses deux autres camarades.

Heydrich, lui, fit quelques pas hors de la voiture en chancelant, puis s'écroula. Transporté à l'hôpital, ses blessures semblèrent, au premier abord, peu sérieuses, une radio ayant révélé une côte cassée et quelque fragments d'étoffe et de métal dans l'estomac. Des morceaux de cuir brûlé et de tissu d'uniforme s'étaient enfoncés près de la rate et d'autres dans la plèvre. Mais le 4 juin, Heydrich mourait, non de ses blessures, mais de la gangrène. Le sombre rituel du deuil se mit alors en branle. Son corps fut revêtu de l'uniforme de cérémonie noir et argent de la SS, placé dans un cercueil de métal à canon et d'argent, puis emmené sur une prolonge d'artillerie dans l'avant-cour du château de Hradcany. Là, il fut veillé par la SS jusqu'au départ de la dépouille du seigneur de la terreur allemande dans un train garni de crêpe noir à destination de Berlin.

Les Anthropoïdes avaient réussi leur mission, mais les Allemands se vengèrent sauvagement. On lança à Prague des opérations de ratissage. Plus de 10 000 personnes furent arrêtées et, au moins 1 300 exécutées. Mais les plus lourdes représailles s'exercèrent à Lidice, petit village minier de grès et de tuiles rouges, niché sur une colline autour d'une vieille église baroque, la Gestapo croyant à tort que ses habitants avaient abrité les Anthropoïdes. Les SS et l'armée firent une descente de nuit sur le village et à la lumière rougeoyante des haut-fourneaux voisins, rassemblèrent toute la population sur la place du village. Tous les hommes entre 16 et 70 ans furent emmenés dans un champ et fusillés de façon sommaire. Quant aux femmes et aux enfants ils furent transportés en camions vers une destination inconnue, et à de rares exceptions près, on n'entendit plus jamais parler d'eux. Le village lui, fut rayé de la carte par le feu et par la poudre.

Les Anthropoïdes étaient parvenus à se cacher dans la crypte de l'église orthodoxe grecque de Karel Borromaeus, rue Ressl dans la vieille ville de Prague. Utilisant comme cache les niches étroites des murs de pierre conçues pour contenir les cadavres des moines, ils attendirent là le temps que des membres de la résistance tchèque établissent un plan pour leur fuite dans les montagnes de Moravie, d'où ils seraient évacués sur l'Angleterre. Ce plan consistait à organiser dans l'église des funérailles en masse pour les victimes de la Gestapo, et à faire passer les Anthropoïdes dans des cercueils. L'équipe radio-chiffre, Bartos et son assistant Potuchek, restaient toujours en liaison avec Londres. On choisit le

19 juin 1942 pour évacuer les Anthropoïdes de l'église et les conduire en montagne. Mais un traître tchèque, alléché par l'énorme récompense promise par la Gestapo (10 millions de couronnes, soit 125 000 livres ou 600 000 dollars), Karel Curda, mena la Gestapo jusqu'au refuge de Bartos à Pardubice. Bartos était absent, mais on trouva son journal de guerre, avec la copie de toutes ses communications avec Londres. La piste les conduisit jusqu'à un assistant de Bartos, Alya Moravek. Affreusement torturé, ce malheureux garçon de 19 ans ne céda qu'à la vue de la tête coupée de sa mère : il s'effondra alors et révéla la cachette des Anthropoïdes.

Aussi quand le prétendu cortège funèbre arriva sur la place Charles, les porteurs du cordon trouvèrent le secteur verrouillé par la Gestapo et la SS. Il fallait rebrousser chemin. Dans l'heure, les troupes de choc de la SS étaient sur les lieux. Elles s'emparèrent du sacristain et l'obligèrent à les faire entrer dans l'église par une porte latérale. Mais elles furent accueillies à l'intérieur par une grêle de balles venant de la tribune où s'étaient réfugiés Kubis et ses amis. Kubis, tué par une grenade à main, Bartos absorba du poison et se tira une balle dans la tempe. Les SS essayèrent alors de pénétrer dans la crypte, soulevèrent une dalle et reçurent une nouvelle pluie de balles. La Gestapo appela alors les pompiers pour inonder la crypte. Il ne restait plus aux survivants que de tirer jusqu'à épuisement de leurs munitions, en réservant pour eux-mêmes leurs dernières cartouches. Ce qu'ils firent. La bataille des catacombes était terminée. Mais non les représailles hélas ! : 115 personnes furent encore massacrées ce jour-là. Au nombre des victimes se trouvait l'ex-Premier ministre de Tchécoslovaquie. Seul Potuchek, l'opérateur radio, survivait encore, se cachant dans le village de Lezhaky. Il envoya un message à Londres le 26 juin pour annoncer le désastre et convint d'une nouvelle transmission pour le 28, à 23 heures. Mais elle n'eut jamais lieu. Capturé à son tour et abattu, sa mort mettait un point final et sanglant à la mission des Anthropoïdes.

A Berlin, quand le cercueil de Heydrich arriva, c'est la Leibstandarte SS Adolf Hitler — garde personnelle du Führer — qui fit escorte au bloc de culasse de canon qui transportait le corps jusqu'à la Reichskanzlei sur la Wilhelmstrasse, pour les obsèques nationales. Hitler portait un crêpe sur son uniforme gris tourterelle, et, déposant une couronne d'orchidées près du corps, déclara que Heydrich « était l'un des plus grands défenseurs de l'idéal de notre grande Allemagne... un homme au cœur de fer ». Himmler réunit les chevaliers de l'ordre — les Obergruppenführer SS — auprès du catafalque et prononça un discours sur les obligations des leaders SS à l'égard du « chef assassiné ». Cet événement allait les inciter, dit Himmler, à donner le meilleur d'eux-mêmes, notamment en ce qui concernait les opérations d'espionnage à l'étranger. Il ajouta néanmoins que les résultats obtenus ne pouvaient se comparer à ceux du service secret britannique. « Le cadavre de Heydrich en était une preuve flagrante. » Himmler exprima ensuite quelques remarques sur le Brigadeführer SS Walter Schellenberg, dont les pouvoirs devaient s'étendre désormais à la tête de la section renseignement étranger. Himmler présenta ensuite Schellenberg comme « le benjamin de notre corps d'officiers », exhortant les Obergruppenführer à le soutenir malgré sa jeunesse. Schellenberg, on s'en souvient, fils d'un fabricant de pianos de la Sarre, était l'homme qui avait monté l'affaire de Venlo. Il n'avait que trente-deux ans et avait aujourd'hui pour mission de reprendre la tâche de Heydrich, là où il l'avait laissée.

Le cortège fit route vers le cimetière. Sur la bière drapée du svastika, reposait, comme un cardinal de la Renaissance, le masque mortuaire de Heydrich « offrant toutes les apparences trompeuses d'une mystérieuse spiritualité et d'une beauté entièrement pervertie ». Parmi les nombreux potentats du Reich présents autour de la tombe, se tenait Canaris. Ses yeux bleus expressifs étaient pleins de larmes, et la voix « brisée par l'émotion » il dit à Schellenberg : « Après tout, c'était un grand homme. Avec lui, j'ai perdu un ami. »

Le service secret allemand n'allait jamais se remettre de cet assassinat. Ce « coup de main », il est vrai, avait des conséquences à très long terme, car si Heydrich avait vécu et avait réussi à éliminer Canaris, l'histoire du renseignement concernant l'invasion alliée en France eût sans doute été très différente. Heydrich, rappelons-le, était sur le point de partir à Paris en tant que chef de la SS en France. En outre, Schellenberg dont « la sensibilité presque féminine le rendait aussi capricieux qu'une star de cinéma qui commence à douter de son succès », devait s'avérer un ennemi beaucoup moins dangereux à la fois pour les Alliés et pour Canaris qui, pour le moment, était un homme en sursis.

Heydrich fut peut-être la plus notoire victime de la guerre des services secrets allemand et britannique, mais certainement pas la seule. En Grande-Bretagne, une trentaine d'agents furent pendus. D'autres moururent mystérieusement, comme Ulrich von der Osten, un des plus anciens agents de l'Abwehr. Il était arrivé à Los Angeles en mars 1941 avec de faux papiers sous le nom de Don Julio Lopez Lido. On le retrouvait au Taft Hotel de New York. Puis le 16 du même mois, son cadavre était à l'hôpital Bellevue. Il avait été suivi par le FBI et par la Coordination de la Sûreté britannique, organisation du MI-6 en Amérique du Nord qui avait son quartier général au Rockefeller Center. Après avoir quitté son hôtel pour dîner chez Child's dans Times Square, il avait été renversé et mortellement blessé par un taxi. Une autre mort, très mystérieuse aussi, concernait Jan Villen Ter Braak dont on ne put jamais établir la véritable identité. On le découvrit tué d'un coup de revolver sur le triste sol de béton d'un abri antiaérien à Cambridge en Angleterre, sa valise-radio près de lui. Suicide ou meurtre ? On ne put jamais le savoir.

Rien de mystérieux en tout cas ne subsistait à propos de la mort de Heydrich, assassinat politique caractérisé, et si plusieurs projets avaient été envisagés pour assassiner Hitler, puis écartés pour un certain nombre de raisons, Heydrich, lui, avait été un homme marqué dès le jour où il avait assumé la direction du SD. Trop dangereux pour Menzies, pour la cause alliée, et pour Canaris, on ne pouvait le laisser vivre.

Chapitre XI

OPERATION FLASH

Dès le début, Canaris s'était opposé à Barbarossa, l'invasion de la Russie. Les plans de campagne avaient été dressés au quartier général du Führer dans la forêt de Görlitz près de Rastenburg en Prusse-Orientale, lieu boisé, silencieux et isolé qui ressemblait au décor de quelque drame teutonique mystique. Le général Ulrich Liss se souvient que Hitler se montra alors perspicace, lucide, infatigable et confiant dans le succès. Canaris, au contraire, ne partageait pas son assurance, évoquant les grands impondérables d'une attaque contre cet immense pays. La défense russe pouvait être relativement médiocre aux frontières, elle était peut-être encore plus faible à l'intérieur. Mais dans la vaste équation stratégique : espace-temps, les ressources soviétiques étaient inépuisables. Personne ne savait exactement combien l'URSS pourrait lever de troupes, personne n'avait pu vérifier exactement sa puissance industrielle.

Canaris n'était pas encore un homme discrédité : le raid sur Bruneval et l'affaire Franta n'avaient pas encore eu lieu et les chefs du grand quartier général étaient toujours disposés à l'écouter. Et ils l'écoutèrent quand il remit en question la théorie de Hitler. Celui-ci exigeait une campagne-éclair pour écraser immédiatement la Russie. « Blitzkrieg » n'était pas impossible admit Canaris, mais qu'adviendrait-il si la campagne était moins rapide que prévu ? si elle se prolongeait en hiver, le terrible hiver russe ? Pour une fois, Canaris ne critiqua pas indirectement le Führer, et parla ouvertement à l'homme qui allait devenir son premier rival, Walter Schellenberg. Se souvenant que Canaris avait condamné Barbarossa de la façon la plus catégorique, accusant les chefs de la Wehrmacht d'être « irresponsables et stupides » en imaginant que la Russie pouvait être vaincue en trois mois, Schellenberg écrivit plus tard :

> Canaris ne pouvait adhérer à ce projet et ne pouvait comprendre comment les généraux von Brauchitsch, Halder, Keitel et Jodl montraient tant de complaisance, d'irréalisme et d'optimisme. Mais toute tentative d'opposition était inutile : il s'était déjà rendu impopulaire par des avertissements répétés... Keitel lui avait même dit un jour : « Mon cher Canaris, vous avez peut-être des lumières sur l'Abwehr, mais vous appartenez à la marine et vous devriez cesser de nous donner des leçons d'organisation politique et stratégique. » Rappelant ces critiques Canaris (...) me regardait en ouvrant de grands yeux et disait très sérieusement : « Ne trouveriez-vous pas ceci du plus haut comique si ce n'était si désespérément dramatique ?

Il ne put cependant arrêter Hitler dans son grand dessein et le 22 juin 1941 à l'aube, la Wehrmacht attaquait sur toute la frontière russe, de la Finlande à la mer Noire. Les défenses soviétiques s'effondrèrent comme des châteaux de cartes et dans la première phase de Barbarossa, l'Armée Rouge perdit trois millions d'hommes, 22 000 canons, 18 000 chars et 14 000 avions. Mais, retardée par la diversion du coup d'Etat de Menzies en Yougoslavie, la campagne n'allait pas marquer de victoire décisive avant que les grands et mystérieux nuages de glace de l'hiver russe ne se soient regroupés derrière la mer d'Aral, et n'aient balayé la steppe avec une violence croissante. Au moment même où les armées allemandes approchaient de Moscou et Léningrad et s'enfonçaient profondément en Ukraine, les généraux de Hitler réalisèrent que la conquête ne s'achèverait pas cette année. Ils commencèrent alors à discuter et même à plaider, avec l'OKW, demandant que leurs armées puissent prendre leurs quartiers d'hiver, n'étant pas équipées comme les Soviétiques pour des opérations dans l'obscurité, la neige et la boue. Ils allèrent jusqu'à rappeler à l'OKW le destin de Napoléon en 1812. Mais leurs protestations restèrent aussi inutiles que leurs recommandations. Tout comme Napoléon, Hitler, hésitant entre l'optimisme et le pessimisme, laissa passer les journées dorées de l'automne avant d'ordonner la prise de la capitale russe. A plus d'un siècle de distance, mêmes prodiges de courage, mêmes conséquences. Mais là s'arrêtent les similitudes. L'hiver qui avait défait Napoléon avait été précoce et doux, celui qui attendait Hitler allait être à la fois précoce et violent.

Au grand quartier général du Führer, les anciennes querelles reprirent entre Hitler et ses généraux. Les démissions ou les renvois de tous les chefs de groupes d'armées en Union soviétique — y compris von Rundstedt et Stuelpnagel — se succédèrent. Mais avec le maréchal Guenther von Kluge, chef d'une armée sur le front de Moscou, il sembla d'abord que la marche sur la capitale allait se terminer par une victoire, quand durant les brèves heures de lumière de l'après-midi du 2 décembre 1941, un officier de la 258e division d'infanterie transmit par radio qu'il « pouvait apercevoir les tours du Kremlin refléter le soleil couchant ». Ses hommes étaient en train de se battre pour la dernière station du métro de Moscou. Ce serait le point le plus extrême atteint par les Feldgrau.

Le 6 décembre, par un blizzard impénétrable, une centaine de nouvelles divisions russes attaquèrent l'armée allemande avec une force impressionnante et à la fin de la journée, l'Armée Rouge contre-attaquait sur tous les fronts. Mais en dépit de cet assaut massif, pendant les 100 jours qui suivirent, les Feldgrau à moitié ivres du schnapps qu'on leur avait distribué pour lutter contre le froid, souffrant d'innombrables gelures, motivés par leur seule croyance fanatique dans le Führer, allaient combattre comme peu d'armées au monde.

De son quartier général de Rastenburg, Hitler prit personnellement la direction des opérations, transmettant ses ordres et sa voix par radio. Avec une volonté touchant à la démence, il ordonna à ses armées de s'accrocher là où elles étaient et de s'enrouler comme des hérissons sur leurs positions défensives. Obéissant sans discuter, les troupes allemandes se groupèrent autour des villages et des petites villes et même quand la température tombait à 50° au-dessous de zéro et que la culasse de leur fusil gelait, continuèrent à se battre aveuglément. L'habitude et la discipline seules les maintenaient en vie. Parvenant à émousser l'attaque ennemie, leur fidélité au Führer avait empêché le désastre. Hitler allait en retirer sur ses généraux un ascendant moral qu'il ne devait jamais perdre.

Puis soudainement, aussi soudainement que l'hiver était venu, le printemps arriva, et la fonte des neiges paralysa tout mouvement, du côté russe comme du côté allemand. Epuisées, les deux armées restaient face à face de part et d'autre de la steppe inondée de soleil et balayée par le vent. Cependant au quartier général du Führer, Hitler commençait à humilier les généraux qui, répétait-il, l'avaient tous trahi. Quatre maréchaux furent relevés de leur commandement, deux chefs d'armée et trente-cinq généraux renvoyés. Il incendia von Brauchitsch (le commandant en chef) en lui criant qu'il en avait par-dessus la tête de ces généraux « vaniteux et poltrons ». En conséquence c'est lui qui assumerait désormais le commandement suprême, en fait aussi bien qu'en titre. Le processus qui avait commencé avec l'assassinat de Schleicher et Bredow était maintenant achevé. C'était la consécration de la victoire du Führer sur ses généraux et sur le corps des officiers. Il n'y avait pas eu de purge plus dévastatrice dans l'armée depuis l'affaire Fritsch-Blomberg. Wheeler-Bennett devait écrire dans ce sens : « Enfuis étaient les jours de privilège et de sécurité dont avaient joui les généraux, enfui le respect automatiquement rendu à ceux qui portaient la bande rouge de l'état-major général sur leur pantalon d'officier. Le prix de la prostitution, qui est si souvent le pouvoir sans la responsabilité, était maintenant pour eux la dégradation, la servilité sans espoir et le dédain de leur maître. »

L'humiliation de l'état-major général et du corps des officiers réveilla des pensées de trahison et de rébellion parmi certains des généraux et la Schwarze Kapelle sortait ses plans de la poussière, lorsque le 7 juin 1942, comme un coup de tonnerre, Hitler lança son offensive d'été. Les armées allemandes remises sur pied et fourbies à neuf se déployèrent à travers l'herbe de la steppe et le chaume des champs de blé, dans la direction du Caucase et des précieux champs de pétrole. Le général Friedrich von Paulus menait la 6e armée vers Stalingrad, au milieu d'un énorme nuage de fumée, qui avec les flammes des villages et des champs de blé en feu, se voyait à 65 kilomètres de distance.

L'Axe triomphait partout et les chances des Alliés semblaient cet été-là au plus bas. Le dernier entré dans l'Alliance, les Etats-Unis, chancelait encore sous l'attaque surprise de Pearl Harbor, le Japon amputait sérieusement les flottes américaine et britannique dans le Pacifique, l'Afrika Korps de Rommel pourchassait la 8e armée britannique jusqu'à El-Alamein. Mais même dans la victoire, le Führer n'était pas satisfait. Il déplaça son quartier général de Rastenburg à Vinnitsa, à 1 600 km à l'est de l'ancienne frontière russo-polonaise ; et là, l'animosité qui couvait depuis longtemps entre lui et Halder, éclata. Comme Halder conseillait une fois de plus la prudence sur le front russe, Hitler se tourna lentement vers son chef d'état-major général et déclara : « Je vous dois la moitié de mon épuisement nerveux ! Inutile de continuer ! » Puis le radiant de l'OKW et de l'armée, il donnait à Himmler des instructions pour l'envoyer à Dachau, agréable et paisible ville située près de Munich devenue l'un des plus horribles camps de concentration nazis.

En remplacement de Halder, Hitler nomma le général Kurt Zeitzler, ex-chef d'état-major du maréchal von Rundstedt au commandement en chef de l'Ouest, qui avait joué un rôle appréciable dans la riposte allemande victorieuse au raid de Dieppe. Mais Hitler ne lui confia que la seule responsabilité des opérations sur le front de l'est, se réservant pour lui-même et l'OKW le pouvoir de décision suprême aussi bien en URSS que sur tous les autres fronts, y compris ceux des Balkans, de la Sicile, de l'Italie, de l'Afrique du Nord, et le moment venu, de la France. Ce changement dans la répartition des responsabilités allait peser lourd, car l'OKW ne disposait de moyens suffisants ni en force ni en nombre pour assumer des commandements aussi diversifiés. Et il n'était pas au pouvoir d'un seul homme de relever tous les défis d'un conflit qui serait mené sur plusieurs fronts avec l'implacabilité d'une guerre totale. On n'allait pas tarder à en avoir une confirmation éclatante.

C'est grâce à la poigne de fer et à la mystique personnelle de Hitler que l'Allemagne s'était affirmée comme une force géographique et politique s'étendant du cap de la Hague près de Cherbourg, jusqu'à Stalingrad sur la Volga, du cap Nord en Scandinavie jusqu'aux montagnes de l'Elburg aux frontières de la Perse, et de Hendaye à la frontière franco-espagnole jusqu'à El-Alamein à la frontière égypto-libyenne. Pourtant l'automne 1942 marqua les limites de l'empire nazi. La gigantesque guerre de mouvement allait prendre fin. Hitler, habitué à penser en kilomètres, se battrait dorénavant pour chaque pouce de terrain. En effet, si la 6e armée de

Paulus avait balayé l'Ukraine et était entrée dans Stalingrad, les Allemands n'avaient réussi à prendre que la partie de la ville située sur la rive gauche de la Volga. Rommel lui, avait été arrêté à El-Alamein quand, soudain, le 23 octobre 1942, Montgomery lança la contre-offensive Pied Léger qui prit les Allemands complètement par surprise. Puis, le dernier jour du mois, la Kriegsmarine signala de grands convois de troupes alliés en route sur l'Atlantique. Quelle était leur destination ? Personne ne le savait au quartier général de Hitler. Mais ce rapport marquait la fin de la période de chance pour Hitler car Torch venait de s'allumer. Une semaine plus tard, Hitler montait dans son train personnel et roulait à travers les collines de Franconie vers Munich pour le 19e anniversaire du putsch de la brasserie de 1923. C'était le 7 novembre 1942 et depuis l'aube, les messages des téléscripteurs ne cessaient de parvenir, signalant qu'une puissante armada alliée de transports de troupes et de cuirassés, franchissait le détroit de Gibraltar et entrait en Méditerranée. Mais on n'en connaissait toujours pas la destination. Jodl annonçait bien que « sur la base de rapports assez vagues, il semblait que les Anglo-Saxons projetaient plusieurs débarquements en Afrique occidentale française. » Tout désignait Dakar. D'après Jodl les bateaux qui avaient passé le détroit allaient vraisemblablement sur Malte, mais rien n'était certain, ni leur destination, ni leurs intentions.

Or le soir-même tandis que Hitler se couchait dans son wagon sous le Beerberg, la flotte d'invasion de Torch débarquait des troupes à l'intérieur d'un vaste arc de cercle entre Casablanca et Bougie. Ce ne fut seulement que vers deux heures du matin, le 8 novembre qu'il apprit de façon certaine l'intention des Alliés. Ses seuls mots à l'annonce du débarquement allié en Afrique du Nord française, furent les suivants : « Jamais nous n'aurions imaginé cela. »

Il était tout simplement stupéfait. Torch avait bénéficié de toute la surprise voulue en dépit de quelques fuites. En effet, si l'ennemi avait pu obtenir des renseignements dignes de foi, aucune expédition n'aurait été plus aisément repérable. Le capitaine de corvette Donald MacLachlan, officier du renseignement de la Marine en liaison avec le LCS rappelle ainsi la situation :

> Débarquer d'abord 90 000 hommes, et plus tard 200 000, avec tout le matériel et l'armement, sur un territoire plutôt hostile, à 1 500 milles marins de la Grande-Bretagne et 3 000 milles de l'Amérique, à portée de la reconnaissance aérienne allemande et italienne partant de la Sicile, les convois se formant, la flotte aérienne se rassemblant sous les yeux des Espagnols à Gibraltar, cela n'était possible que si l'ennemi doutait jusqu'à la dernière minute de la destination ultime de ces forces. Ni leur situation ni leur destination ne pouvaient passer inaperçues, mais alors quel était l'objectif ?

Quel était l'objectif en vérité ? Hitler savait seulement qu'il s'agissait d'une expédition et, à cet effet, il avait posté une quarantaine de U-boote entre Gibraltar et Dakar. Mais, mystérieusement les convois alliés avaient réussi à échapper aux sous-marins allemands et à pénétrer en Méditerranée et, entre toutes les destinations possibles : Malte, la Sicile, la Sardaigne, le centre de l'Italie et le sud de la France, l'Afrique du Nord française, semblait la moins vraisemblable. Comment Hitler s'était-il donc laissé tromper aussi radicalement ?

Les Alliés, pour leur part, avaient retenu les leçons des campagnes dans le désert et celles du désastre de Dieppe. Ainsi Torch se dissimulait sous une couverture de stratagèmes particulièrement habiles, qui lui assuraient une sécurité totale. Le LCS et ses associés, dont le comité XX, avaient ouvert leur offensive de mystification par le plan baptisé Solo I tendant à faire croire que les forces rassemblées en Grande-Bretagne étaient destinées soit à la Norvège, soit selon le plan Overthrow, à une invasion de la France. Mais ces deux ruses ne pouvant avoir qu'un temps, Solo II avait pris le relais pour persuader l'ennemi que les convois alliés rassemblés dans l'Atlantique allaient se diriger sur Dakar. Comme devait l'écrire Masterman : « Dans le cas de Torch, notre véritable victoire n'est pas d'avoir réussi à convaincre les Allemands de notre feinte, mais plutôt d'avoir si bien gardé le secret que notre plan réel n'a jamais été dévoilé. En d'autres mots, c'était une réussite de notre système de sécurité. »

Toutefois, les Allemands auraient pu découvrir la vérité, si d'autres facteurs n'étaient intervenus en faveur des Alliés. Tout d'abord, la dislocation progressive de l'Abwehr : Canaris et son service n'avaient pas trouvé le moindre renseignement pour infirmer les inventions du LCS et Jodl devait s'exclamer un jour, avant même le début de l'expédition Torch : « Une fois de plus, Canaris nous a fait défaut par son irrationalité et son instabilité. » Mais le B-Dienst non plus (l'équivalent allemand de Bletchley) n'avait pu fournir de renseignements valables. La raison en était fort simple : les Britanniques chargés de l'organisation navale de l'opération Torch, avaient imposé des consignes de sécurité drastiques et parfaitement efficaces sur les communications radio concernant l'expédition. Mais par-dessus tout, il y avait eu Ultra. Enfin devenue opérationnelle, elle avait permis aux Alliés de « voir » les secrets des Allemands et la manière dont ils obtenaient leurs informations. Ainsi avait-elle révélé que l'ennemi ignorait tout de l'opération.

Qu'en était-il de cet « élément de prestidigitation, de cette touche originale et inquiétante qui laisse l'adversaire intrigué aussi bien que battu » ? Y avait-on eu recours pour Torch ? Toujours est-il que la « meute » de sous-marins patrouillant aux abords de la Méditerranée avait soudainement quitté ces eaux pour escorter un convoi de bateaux vides, de retour de la Sierra Leone vers l'Angleterre, à la grande surprise de leur chef, le contre-amiral C.N. Reyne. Les U-boote étant tombés dans le panneau l'avaient vite repéré au large de Madère et lui avaient coulé 13 bateaux en une semaine. Et l'historien officiel de la Marine britannique de noter à ce propos : « Si l'ennemi n'avait pas été détourné de la sorte, il aurait certainement détecté le grand mouvement de troupes et de bateaux ravitailleurs de Torch, les aurait attaqués ou deviné leur but et leur destination. Ainsi aurait-on privé nos forces de débarquement de l'avantage capital de la surprise. »

Le sort du convoi SL 125 fut-il donc un accident heureux provoqué ou un sacrifice stratégique ? On ne connaîtra jamais l'exacte vérité, bien que l'Amirauté ait pris la peine de déclarer par la suite que « la malchance de ce convoi semblait avoir favorisé la cause alliée, de façon tout à fait inattendue. »

Quoi qu'il en soit les Allemands, trop occupés à couler des bateaux vides, les grands convois de Torch (il y avait plus de 1 500 bateaux encombrant les abords de la Méditerranée) avaient pu atteindre leur destination en n'essuyant qu'un torpillage et sans perte de vies humaines. Torch était effectivement une réussite et les ressources inventives de la feinte combinées à un système de sécurité parfaitement au point, allaient en faire un modèle pour la future attaque alliée en Normandie.

Si le Führer avait été privé de renseignements précis au sujet de Torch, il semble néanmoins que certains membres du système d'espionnage allemand aient été mieux informés que lui. On découvrit en effet après la guerre que le capitaine Herbert Wichmann, chef local de l'Abwehr à Hambourg, d'où Canaris menait ses principales opérations contre les Etats-Unis et la Grande-Bretagne, avait obtenu un rapport exact et détaillé d'une source A 1, montrant que l'Afrique du Nord était bien « la » cible. Il avait envoyé le rapport à l'OKW en priorité absolue et dans les conditions de sécurité les plus strictes, ce qui aurait dû lui assurer d'être lu au moins par Keitel. Qu'était devenu le rapport ? Personne ne le sut jamais, Canaris étant certainement resté silencieux comme chaque fois qu'il était mis au défi.

Le Haut Commandement d'ailleurs commençait à le soupçonner de servir bien mal et si l'OKW ne décelait pas encore qu'il travaillait, en fait, contre Hitler, certains du côté allié n'en doutaient plus. Le témoignage de sympathie à son égard le plus évident venu de Londres se manifesta au moment de Torch, lorsque Canaris arriva à Algésiras, près de Gibraltar, où l'Abwehr avait une de ses bases les plus importantes. Le MI-6 à Gibraltar ayant eu vent de sa présence, avait mis sur pied un plan pour le kidnapper et l'emmener à Londres, avec l'approbation du gouverneur de Gibraltar, le général Mason MacFarlane, ex-attaché militaire britannique à Berlin, dont la suggestion d'assassiner Hitler en 1938 avait été repoussée par le Foreign Office. Ian Colvin, le journaliste londonien, qui le premier s'interrogea sur le loyalisme de Canaris, en apporte la confirmation : « Gibraltar reçut un message de Londres annulant l'opération. » L'informateur de Colvin ajoutait que le message ne disait pas exactement : « Laissez notre homme tranquille », mais « que Canaris rendait plus de service là où il se trouvait ».

Pour en revenir à Torch, Hitler, bien que pris au dépourvu, réagit avec beaucoup de rapidité. Le maréchal Albert Kesselring à Rome, reçut l'ordre d'envoyer d'urgence les meilleures troupes disponibles pour créer une tête de pont en Tunisie. Kesselring obéit (il y avait parmi les troupes un jeune colonel de l'état-major, le comte von Stauffenberg) et ses forces retardèrent la victoire alliée en Afrique du Nord pendant de nombreux mois. Mais très rapidement Hitler se sentit de moins en moins concerné par les événements d'Afrique du Nord. Stalingrad où la lutte avait pris des proportions à la fois gigantesques et très localisées, retenait toute son attention. La Luftwaffe avait brûlé et rasé la ville et des poignées de soldats se battaient au corps à corps dans l'immense forêt pétrifiée des cheminées. Ils se battaient pour quelques mètres de terrain dans des usines, des bureaux, des égouts et jusque dans les escaliers des maisons. Pendant 80 jours et 80 nuits la bataille fit rage et un officier de la 24e division Panzer devait écrire : « Stalingrad n'est plus une ville. Le jour c'est un énorme nuage de fumée aveuglante... Et quand la nuit arrive, une de ces nuits de glace, de fureur et de sang, les chiens plongent dans la Volga et nagent désespérément pour atteindre l'autre rive... Les animaux fuient cet enfer, les pierres les plus dures ne peuvent le supporter longtemps, seuls les hommes résistent. »

Pour Hitler, Stalingrad était devenue une obsession. Tout comme Léningrad, la ville était devenue pour lui un objectif non seulement militaire, mais psychologique, persuadé qu'il était que la chute des deux cités, portant le nom des deux héros de la Révolution, entraînerait la ruine du régime politique de la Russie. Mais Staline, de son côté, qui avait donné son nom à la grande ville industrielle, était déterminé à garder Stalingrad. La bataille prenait donc valeur de symbole pour les deux dictateurs.

Cependant les batailles en cours en Afrique du Nord et sur le front russe annonçaient les Iéna et les Auerstadt du Troisième Reich. Maintenant, il apparaissait évident que les Alliés reprenaient le dessus ; le sombre voile de la défaite commençait à s'étendre au-dessus du Reich. C'est dans ce contexte psychologique qu'au début de 1943, alors que la grande stratégie de Hitler se trouvait menacée ou mise en échec sur tous les fronts, Beck avertit Canaris que l'heure décisive était venue pour la Schwarze Kapelle. L'état-major général allemand ne renverserait jamais Hitler en période de victoire. La défaite seule pousserait généraux et colonels du front à soutenir une conspiration. Et il avait raison. A chaque nouvelle défaite, la Schwarze Kapelle faisait de nouvelles recrues et devenait beaucoup plus qu'une poignée de moralistes à cheveux blancs, attachés à la restauration d'une ère révolue. Les questions de conscience, c'est-à-dire l'allégeance : (Fahneneid), l'assassinat, le renversement du chef de l'Etat alors que la nation est en péril, tout cela ne troublait plus les conspirateurs comme par le passé. Chacun était désormais persuadé que si on ne voulait pas voir sombrer l'Allemagne, la seule façon de l'éviter était d'éliminer Hitler.

Révolu était le temps où les membres de la Schwarze Kapelle ne constituaient que quelques foyers de mécontentement, éparpillés, soucieux avant tout de survivre aux purges de la Gestapo et du SD. Certes, les conspirateurs risquaient encore leur vie, mais il existait maintenant un commandement central dont les antennes étaient en contact avec tous les autres quartiers généraux de quelque importance entre Paris et Smolensk.

De plus, un plan pour assassiner Hitler — l'opération Flash — ainsi qu'un plan pour prendre le pouvoir en cas de réussite de l'assassinat existaient. Il ne restait plus qu'à décider *où* et *quand* la tentative aurait lieu, la question du *si* n'intervenant plus du tout.

L'instrument prévu pour la prise du pouvoir allait être le plan Walkyrie : à la fin du printemps 1942, Canaris fit remarquer au Führer qu'il y avait 4 millions de travailleurs étrangers en Allemagne et qu'il y en aurait 8 en 1944. Il attira par suite son attention sur les dangers pour le Reich d'une telle concentration d'étrangers à l'intérieur de ses frontières, et lui conseilla de faire étudier un plan pour les neutraliser en cas de révolte. Hitler acquiesça et s'adressa au commandant en chef des forces de l'intérieur, le général Friedrich Fromm. Mais finalement, c'est le chef d'état-major, le général Friedrich Olbricht, qui fut désigné. Le 13 octobre 1942, un projet était rédigé et envoyé à titre de document ultra-secret à tous les chefs de districts militaires. Olbricht, homme affable, précis, attentif et perspicace, s'affirmant comme un des membres les plus résolus de la Schwarze Kapelle, réalisa très vite en préparant l'opération Walkyrie, qu'on pouvait parfaitement l'utiliser pour la prise du pouvoir et la neutralisation du parti nazi, de la SS et du SD.

Le plan envisageait un état de désordre soudain parmi la population étrangère en un temps où le Führer, dans un quartier général éloigné, serait occupé à mener ses campagnes et par conséquent dans l'incapacité de prendre personnellement la situation en main. Il remettait en conséquence le pouvoir exécutif à l'armée en la personne du général Fromm, officier dont l'allégeance politique au Führer était pour le moins ambiguë. Mais les conspirateurs et particulièrement son chef d'état-major, considéraient Fromm comme un homme droit et honnête qui soutiendrait la conspiration en cas de mort de Hitler. En outre, l'homme était négligent, ne pensant qu'à la chasse et déléguait son autorité à Olbricht pour signer en son nom les documents d'Etat les plus importants.

Fort de ce pouvoir, Olbricht ajouta au plan Walkyrie, au nom de Fromm, des clauses et des appendices qui n'avaient rien à voir avec l'élimination de désordres internes. Ils se rapportaient en fait directement à la prise du pouvoir et à la neutralisation de la base du parti sur lequel reposait l'autorité de Hitler, non seulement à Berlin, mais à travers le Reich tout entier. Qu'Olbricht prononçât le mot de passe Walkyrie ! et toutes les unités de l'armée du Reich bondiraient pour « protéger » le gouvernement, les bureaux et fonctionnaires du parti, les services de transmissions et des postes, le siège des journaux et de la radio, les chemins de fer et les transports publics. Olbricht avait ainsi la possibilité d'imposer la loi martiale et le couvre-feu, de suspendre voyages et communications privés, d'ordonner la création de tribunaux d'exception et des exécutions immédiates sans appel. Le plan Walkyrie dotait enfin l'armée d'une autorité absolue sur toutes les troupes, y compris la SS et prévoyait, dans tous les grands centres, l'envoi d'officiers de liaison spéciaux chargés de faire exécuter les ordres de Walkyrie sans délai ni question. Bref, il donnait à la Schwarze Kapelle la possibilité de contrôler tous les aspects de la vie allemande et les moyens d'en assurer le contrôle, car le plan d'Olbricht amenait la création d'unités de combat de l'importance d'un régiment à chaque point clé du Reich. Ces unités armées et entraînées étaient mises en place de façon à faire face à n'importe quel adversaire, y compris la SS.

Cette fois, la Schwarze Kapelle était tout à fait prête pour tenter un coup d'Etat et les conspirateurs pensant avoir établi des moyens de communications avec les Alliés afin de négocier un règlement politique de la guerre, croyaient également s'être assuré la sympathie et la coopération d'un homme à la fois favori du Führer et héros de la nation allemande. Cet homme était le maréchal von Kluge.

Kluge, commandant en chef, sur le front de Moscou, n'aimait pas le Führer. Il n'était pas non plus aveuglé par le Fahnenheid, du moins pas autant que les autres maréchaux, ses confrères. Sa dévotion allait tout entière à l'Allemagne et à lui-même et lorsqu'il sentit l'une ou l'autre menacée, n'hésita pas à entrer dans le jeu de la trahison. Soldat courageux, homme de décision, général compétent, Kluge se soumettait à l'éthique du soldat prussien qui lui avait été inculquée quand il était cadet. « Messieurs, disait son instructeur, votre idéal est le plus beau. Nous sommes là pour vous aider à l'atteindre. Vous êtes là pour apprendre ce qui donne à votre vie tout son sens. Vous êtes là pour apprendre à mourir. » L'héroïsme de cette doctrine dominait toute la vie de Kluge : on le surprenait constamment à voler en rase-mottes au-dessus du champ de bataille dans son Fieseler Storch, dirigeant les Panzer, et on raconte qu'il exultait en observant la puissance et la majesté des chars et des canons se déplaçant en masse à travers la steppe russe. Ayant juste passé la soixantaine, il était né à Posen, en Pologne de l'ouest, en 1882, fils d'un canonnier du Kaiser, Kluge avait toujours été, dans chacun de ses commandements, le fer de lance des armées du Führer dans toutes les campagnes importantes de la guerre. En 1939, son armée avait occupé le pays des Sudètes en Tchécoslovaquie, aidé à la destruction de l'armée polonaise et à la prise de Varsovie. En 1940, c'est lui qui obligea l'armée belge à se rendre, encercla le corps expéditionnaire britannique à Dunkerque, brisa la dernière résistance de l'armée française à Rouen, enleva Cherbourg et la Bretagne, descendit jusqu'à la baie de Biscaye. En Russie, sa 4e armée avait capturé corps d'armée sur corps d'armée, dans la lancée des Panzer vers Moscou et encerclé un groupe d'armée de 600 000 hommes à Briansk. Ce sont enfin les troupes de Kluge qui atteignirent les limites extrêmes métropolitaines de Moscou en décembre 1941 et ôtèrent alors son mordant à la contre-offensive russe.

En conséquence, il avait acquis un tel ascendant sur Hitler, qu'il était seul à avoir osé lui répondre à maintes reprises, quand Hitler lui téléphonait avec quelque nouvelle idée de tactique : « Mais, mon cher Führer, ce que vous suggérez est irréalisable ; il vous faut redescendre du Wolkenkucksheim (pays des nuages) ! »

Mais sa faiblesse était son incertitude politique. Ce n'était pas un général nazi ; il était l'homme du Kaiser, et tout en n'ayant rien fait pour arrêter Hitler et les nazis quand ils s'étaient emparés du pouvoir, il n'avait jamais accepté le nouveau système révolutionnaire. Certes, il reconnaissait le régime comme le gouvernement légal de l'Allemagne et avait prêté le serment du Fahneneid au chef de ce gouvernement, mais quand l'opportunité d'un tel serment fut contestée par son chef d'état-major, le général Henning von Treskow, qui exerçait sur lui une influence personnelle considérable, il commença à jouer avec sa croix de fer en déclarant : « Je suis un soldat et non un politicien. » D'où cette absence d'engagement réel le destinant tout naturellement aux attentions du Führer aussi bien qu'à celles de la Schwarze Kapelle.

Beck, quant à lui, demeurait donc persuadé que les origines royalistes de Kluge et son sens de l'honneur prussien l'amèneraient — quand la politique militaire de Hitler aboutirait au désastre — à devenir l'allié le plus puissant de la Schwarze Kapelle parmi les généraux actifs, alors que Hitler croyait de son côté que le bâton de commandement, les médailles et les cadeaux d'argent achetaient le loyalisme de ses chefs d'armées. Aussi, le jour du soixantième anniversaire de Kluge, offrit-il au maréchal sur sa cassette privée 250 000 Reichsmarks, une petite fortune pour un officier avec des moyens limités, et un salaire de 60 000 Reichsmarks par an. Ayant accepté le présent, Kluge avait acheté une propriété à Rathenow, au mépris de tous les impératifs de sa formation qui exigeaient de la part d'un officier la nécessité de rester indépendant vis-à-vis du pouvoir civil. Il accepta également un permis de construire et un déblocage de matériaux de construction à une époque où chaque brique était nécessaire pour réparer les dommages des bombardements. Ce faisant, il se compromettait irrémédiablement aux yeux des membres de sa propre « famille officielle », et se livrait aux mains de Tresckow, l'un des membres les plus actifs de la jeune génération de la Schwarze Kapelle.

Alors âgé de 41 ans, Tresckow était né à Wartenburg dans une propriété de la belle campagne du Harz. Etant passé par le 1er régiment de gardes à pied de Prusse, il était entré en 1932 à l'Académie militaire où ses bulletins le décrivaient comme « un homme nettement au-dessus de la moyenne » et « un soldat d'une envergure exceptionnelle ». Grand seigneur né, Tresckow considérait Hitler comme un amateur au plan militaire et craignait que ses illusions et son obstination n'enfouissent l'armée allemande en Russie pour toujours. Aussi était-il parti à la guerre avec la ferme intention de renverser Hitler dès que l'occasion s'en présenterait et il croyait ce moment venu.

Avec le don de susciter chez les autres hommes l'admiration et le désir de le suivre, Tresckow s'entoura d'autres conspirateurs, dont le major Fabian von Schlabrendorff, jeune officier plein d'allant et de détermination qui était resté longtemps un homme de Canaris.

Depuis des mois les deux hommes discutaient de plans pour se saisir de Hitler, le faire passer en jugement et l'exécuter sur le front russe, mais ils n'avaient jamais abouti en raison des dispositions extraordinaires que le Führer prenait pour se protéger et pour dissimuler ses déplacements. Une tentative d'assassinat n'avait par suite de chance de succès que dans la mesure où on pourrait y intéresser un homme proche de Hitler. Cet homme était Kluge.

Tresckow et Schlabrendorff qui appartenaient à son état-major dans son quartier général de la forêt de Smolensk pendant l'été de 1942, firent alors pression sur le maréchal pour le convaincre d'entrer dans leur complot d'assassinat. Utilisant le cadeau de Hitler comme moyen de chantage, Tresckow persuada Kluge de recevoir Karl-Friedrich Goerdeler, l'ex-Oberbürgermeister (maire) de Leipzig et futur chancelier, en cas d'une éventuelle régence de Beck.

En octobre 1942, le vieil économiste grand et maigre, émergeait des forêts épaisses et obscures, vêtu comme un pasteur itinérant venu porter la bonne parole aux Feldgrau. Il se faisait appeler pasteur Pfaff et en fait, répandait l'évangile de la révolution. Ce qu'il dit à Kluge, dans une conversation qui se prolongea pendant plusieurs heures, présentait un intérêt exceptionnel. Il raconta comment en avril 1942, il s'était rendu à Stockholm (avec des visas de sortie procurés par Canaris et Oster) pour expliquer les objectifs de la Schwarze Kapelle à Jacob et Marcus Wallenberg, les banquiers internationaux suédois, qui fréquentèrent aussi bien l'Allemagne que l'Angleterre pour affaires. En Angleterre, ils connaissaient Churchill et Menzies. Goerdeler avait rencontré Marcus Wallenberg secrètement, dans une vieille maison pleine de courants d'air, à Styrmans Gatan, délibérément choisie pour permettre à Goerdeler de semer d'éventuels suiveurs dans la brume froide et épaisse qui ensevelissait cette zone de docks et de logements ouvriers. Goerdeler avait expliqué à Marcus Wallenberg les plans de la Schwarze Kapelle pour assassiner Hitler, et demandé quels seraient, en cas de succès, les termes d'armistice jugés acceptables par les Anglais et les Américains. Wallenberg, qui arrivait de Londres, où il avait parlé avec Churchill, n'avait pas été encourageant : à sa connaissance, avait-il répondu, ni les Anglais ni les Américains ne feraient de promesses anticipées, susceptibles d'engager leur politique future envers l'Allemagne. Si les conspirateurs arrivaient à débarrasser leur pays des nazis, c'était parfait ; mais ils devaient d'abord agir, ensuite on envisagerait les termes d'un armistice. Wallenberg s'était montré cependant compréhensif et désireux de collaborer. Il avait assuré enfin Goerdeler que sitôt le sort de Hitler réglé, il se mettrait en rapport avec Churchill. Sur cette promesse, la rencontre s'était terminée et Goerdeler était rentré à Berlin pour faire son rapport à Oster.

Goerdeler révéla tout ceci à Kluge tandis que les deux hommes marchaient dans les bois sombres, entourant le quartier général du maréchal à Smolensk. Kluge accorderait-il le poids de son autorité à la conspiration ? Le maréchal hésitait. Pourtant, dès l'instant où son armée avait failli s'effondrer devant Moscou durant l'hiver 1941-1942, il avait compris que la stratégie de Hitler menait le Reich à la catastrophe. Mais le maréchal était un homme compliqué. Tout en reconnaissant combien il était souhaitable de mettre fin à la guerre, il ne se résignait pas à intervenir avant la mort de Hitler. Mais s'il y avait quelqu'un pour appuyer sur la gâchette, il agirait dès que Beck lui ferait signe. Cet accord était capital.

Le Schwarze Kapelle avait donc, ou croyait avoir un allié de poids avec Kluge, et une base de pouvoir importante sur le front russe. Ce qui restait à trouver maintenant était le moment opportun pour assassiner le Führer. Ce moment se présenta le 2 février 1943 quand la Wehrmacht essuya le désastre de Stalingrad. Paulus, que Hitler avait fait maréchal, venait de livrer la 6ᵉ armée avec vingt-quatre généraux, deux mille officiers et quatre-vingt-dix milles hommes barbus et en haillons à l'Armée Rouge. Cette bataille énorme avait coûté aux Allemands cent soixante-quinze mille morts et blessés. Seul le Führer en était responsable et il réagit comme on pouvait s'y attendre. Il blâma Paulus et déclara qu'il aurait dû se tuer plutôt que d'être pris vivant par l'ennemi. Ce désastre en tout cas provoquait une nouvelle crise dans le Haut Commandement. Conscient de la colère des généraux, Beck alluma la fusée de l'opération Flash, une fusée qui menait droit au quartier général de Kluge à Smolensk. Sur l'inspiration de Tresckow et Schlabrendorff, Kluge invita Hitler à visiter son quartier général et à la surprise de tous, Hitler accepta. C'était l'occasion tant souhaitée. Canaris et Oster, prétextant avoir affaire au quartier général de Kluge, s'y envolèrent immédiatement pour prévoir les ultimes détails de l'opération. Le plan était très simple. Une bombe à retardement, placée dans l'avion personnel du Führer, serait réglée pour éclater dans le trajet de retour de Smolensk. A cet effet, Oster avait obtenu du plastic et des détonateurs britanniques provenant de stocks SOE saisis par l'Abwehr dans les barraques de Satory à Versailles.

Tresckow et Schlabrendorff ayant fabriqué la bombe, s'arrangèrent pour que le paquet ressemblât à l'emballage de deux bouteilles de Cointreau, la seule liqueur vendue dans des flacons carrés. C'était si bien agencé qu'on pouvait déclencher le mécanisme de l'extérieur sans avoir à défaire l'emballage : il suffisait d'appuyer sur un ressort qui brisait une bouteille d'acide corrosif sur le câble retenant le détonateur. Pendant ce temps, tout se mettait en place à Berlin pour la prise de pouvoir : Olbricht se tenait prêt à transmettre les ordres de Walkyrie dès la réception du simple mot : Flash, venant du quartier général de Kluge, tandis que les agents de la Schwarze Kapelle dans les capitales des pays neutres se préparaient à ouvrir des pourparlers avec les Alliés.

Le 13 mars 1943, à midi, le Focke-Wulf 200 du Führer sortit des nuages au-dessus de Smolensk, accompagné d'une escorte de chasseurs Messerschmidt 109, et se posa sur le terrain d'atterrissage du quartier général. Hitler en descendit, suivi d'une trentaine d'officiers d'état-major, de son médecin, de son cuisinier personnel avec ses propres provisions. Kluge et Tresckow l'accueillirent. Ils se saluèrent à la romaine puis se rendirent aux quartiers de Kluge où ils débattirent de la situation sur le front russe. Puis Kluge emmena le Führer déjeuner. Schlabrendorff raconte la scène :

Comme d'habitude on servit à Hitler un repas spécial, préparé par le cuisinier qu'il avait amené, et goûté en sa présence par son médecin. Voir Hitler manger était un spectacle peu agréable. Il enfournait de la main droite sa nourriture composée de légumes assortis, ne portait pas la main à sa bouche, mais gardait la tête penchée sur l'assiette. Sur son ordre, on ne fumait pas après les repas.

Pendant le déjeuner, Tresckow s'approcha du colonel Heinz Brandt, membre de l'entourage de Hitler, et lui demanda d'un air détaché s'il aurait la bonté de se charger d'un petit paquet contenant deux bouteilles de liqueur pour le général Helmuth Stieff à Berlin. Brandt accepta très volontiers. Schlabrendorff téléphona alors en urgence au capitaine Ludwig Gehre au quartier général de l'Abwehr à Berlin. Au cours de la conversation, Schlabrendorff mentionna que le Führer semblait satisfait de sa visite, et qu'il aimait les abricots qui lui avaient été servis (mots de code convenus). La communication terminée, Gehre se rendit au bureau d'Oster, qui téléphona à Olbricht afin qu'il pût passer les ordres d'alerte préliminaire pour Walkyrie. Lesquels, en une demi-heure, étaient transmis à tous les commandements, tous les états-majors se trouvant ainsi en état d'alerte provisoire.

A Smolensk, cependant, le Führer ayant conversé avec Kluge pendant une heure après le repas, se préparait à regagner Rastenburg. Au moment où il montait dans l'avion, Schlabrendorff déclencha le mécanisme de la bombe afin de la faire exploser trente minutes plus tard, quand le FW 200 serait à 2 600 m d'altitude, près de Minsk. Il tendit ensuite le paquet à Brandt, qui le prit et alla le placer dans la soute à bagages. Un dernier geste de la main du Führer, et l'avion dans un grondement, s'élança sur la piste puis décolla, accompagné de l'escorte de chasse. Schlabrendorff retourna aussitôt au quartier général pour téléphoner à Gehre que l'avion de Hitler volait vers Rastenburg. Mais trois heures plus tard, un télétype parvenait à Kluge annonçant la bonne arrivée de Hitler ! Que s'était-il passé ? Abasourdi, Schlabrendorff fonça vers Rastenburg et parvint à faire retirer son paquet avant qu'on ne le découvre. L'ayant récupéré il le défit et comprit ce qui n'avait pas fonctionné. L'acide avait bien commencé à ronger le câble du détonateur, mais avant que le percuteur ne fût dégagé, l'acide avait gelé. Le pilote de Hitler devait d'ailleurs expliquer plus tard que pour éviter des nuages et des turbulences il avait été obligé de s'élever en altitude afin d'épargner tout désagrément au Führer. La température avait par conséquent rapidement baissé dans la soute à bagages de l'avion où se trouvait l'engin et l'acide s'était solidifié.

L'échec de Flash et de Walkyrie portèrent un coup sévère à la Schwarze Kapelle et particulièrement à Canaris, tout à fait conscient qu'à chacune de ces tentatives manquées, les conspirateurs perdaient un peu plus leur crédibilité dans le camp allié. Mais la mise en question de cette crédibilité n'était pas tout, le temps demeurait leur plus grand ennemi. Le temps n'avait pas attendu leur décision pour agir et après l'échec de

Flash, il n'attendrait pas qu'ils aient imaginé de nouvelles machinations. Les chefs suprêmes de la Grande-Bretagne et des Etats-Unis venaient de se rencontrer à Casablanca pour élaborer leur propre stratégie. Il n'était plus question pour eux de règlement politique de la guerre, mais de la destruction totale ou de la reddition sans conditions du Troisième Reich.

HAUTE STRATÉGIE ET BASSES TACTIQUES 1943

La « couverture » fut portée à des raffinements remarquables tandis que nous devenions plus expérimentés et plus rusés.

Winston Churchill.

Chapitre Premier

CASABLANCA

L'acte central de la guerre entre la Grande Alliance et le Troisième Reich débuta le 13 janvier 1943 quand le président Roosevelt et le Premier ministre Churchill se retrouvèrent à Casablanca avec leurs états-majors, pour décider de la suite des opérations dans l'année à venir. Durant leurs entretiens à l'hôtel Anfa, dominant le bleu étincelant de l'Atlantique, il semblait que le vent de l'Histoire tournait en faveur des Alliés, mais bien timidement. La 6ᵉ armée de Hitler était prise sous le hachoir géant de Stalingrad, et les Alliés italiens, roumains et hongrois se révélaient peu sûrs. Le maréchal Rommel se retirait en Tunisie pour rejoindre l'armée du général Jurgen von Arnim et la bataille se trouvait dans une impasse. Comme à l'Est se refermait l'étau de la 8ᵉ armée de Montgomery, et à l'Ouest celui de l'armée anglo-américaine d'Eisenhower, personne ou presque ne doutait de voir l'Axe chassé d'Afrique par la campagne de printemps. En Angleterre, des flottes aériennes de puissance croissante commençaient l'offensive interalliée de bombardement des villes et de l'industrie allemandes. En mer, cependant, le désastre se poursuivait. Grâce aux opérations combinées des marines de l'Axe en 1942, les Alliés avaient perdu 1 665 bateaux totalisant presque sept à huit millions de tonnes ; la plupart de ces bateaux étaient coulés dans l'Atlantique-Nord, ligne de ravitaillement de la Grande Alliance. Hitler semblait arrêté sur le terrain, mais la bataille pour la suprématie navale restait encore à livrer.

La conférence de Casablanca se proposait d'établir une stratégie commune pour la défaite de l'Allemagne dans un premier temps, puis celle du Japon ensuite. Mais alors que les perspectives de victoire semblaient se dessiner, Britanniques et Américains restaient en désaccord sur la forme et la date d'une opération sur la Manche. Le « bain de sang » de Dieppe avait profondément ébranlé certains des organisateurs militaires du général Marshall, et celui-ci prenait place à la table de conférence, résolu à obtenir un accord sur l'invasion de l'Europe en 1943 par la France du Nord-Ouest. De son côté, le général Brooke était fermement décidé à empêcher une telle aventure avant que ne soient remplies certaines conditions préalables. Pour mieux appuyer ses arguments, il avait obtenu de se servir de l'ancien paquebot de 6 000 tonnes, le *Bulolo,* utilisé depuis comme bateau de liaison pour les opérations interalliées et y avait abrité les principaux documents du quartier général de guerre de Churchill de Storey's Gate, près de Westminster. Marshall et son équipe n'arrivaient qu'avec des documents essentiels à leurs propositions, mais lui avait un plan prévu pour chaque éventualité, des experts, et les rapports de ses services secrets. De plus, le *Bulolo,* qui apportait à la conférence tous les Ultra obtenus jusqu'alors, était à l'ancre sous une forte surveillance, dans le port. Sa présence impressionnait beaucoup les Américains et le général Albert C. Wedmeyer, chef du groupe Stratégie et Politique à l'état-major de Marshall, devait écrire à ce propos :

> Ils tombèrent sur nous tel un nuage de sauterelles, avec une réserve abondante d'organisateurs et de nombreux autres assistants munis de plans tout prêts, afin d'atteindre leur but rapidement, tout en gardant un rôle directeur dans la conduite de la guerre... Si j'étais Anglais, je me sentirais très fier. Cependant, en tant qu'Américain, j'aimerais que nous ayons plus de doigté et une meilleure organisation pour nous trouver à égalité avec ces super-négociateurs. En regardant par le petit bout de la lorgnette, il est certain que nous nous trouvions confrontés à des générations et des générations connaissant à fond le travail de commission et la rationalisation des points de vue. Ils nous ont mis sur la défensive pratiquement tout le temps.

Ce n'était pas le seul avantage dont disposaient les Anglais à cette conférence. Ralf Ingersoll, officier de renseignement, accompagnant la délégation américaine, notait de son côté : « En ce qui concernait le théâtre d'opérations européen, les Britanniques détenaient un monopole à cent pour cent hermétique dans le domaine du renseignement... Ils étaient la seule autorité incontestée, car nous ne disposions pas sur le continent d'espionnage militaire digne de ce nom, et eux en avaient un excellent. » Ultra était au cœur de leur système, et Ingersoll ajoutait qu'ils cachaient beaucoup de choses aux Américains, ou plus exactement, ne révélaient que les renseignements étayant leurs arguments stratégiques.

Brooke exposa donc ses propositions le 16 janvier 1943. Ce fut, au dire de tous, une démonstration à la fois captivante et autoritaire. Dans un langage rapide, bref, qui irritait Marshall, il demanda d'abord la destruction des U-boote pour permettre aux Alliés de constituer en Angleterre, la force nécessaire à une invasion, puis des opérations offensives en Méditerranée pour obliger Hitler à concentrer des troupes sur les fronts Sud et Sud-Est, aux dépens de ses garnisons en France. Ses arguments étaient circonstanciés et détaillés et, grâce à la documentation sur place du *Bulolo,* irréfutables. C'est pourquoi Marshall, bien que persuadé que la Méditerranée était « une espèce de trou sombre, dans lequel on ne pénétrait qu'à ses risques et périls », céda. Il consentit à soutenir des opérations contre le Sud de l'Europe, mais avertit Brooke qu'il était « plus opposé que jamais à des opérations prolongées en Méditerranée ». Il ajouta de façon très claire, que les chefs d'état-major US n'accepteraient de nouvelles opérations dans cette zone que « comme expédient dicté par les circonstances du moment ».

Les conclusions militaires de la conférence furent en fait conformes au plaidoyer de Brooke :

1. Vaincre la flotte des U-boote, menace principale contre les ressources des puissances occidentales.
2. Attaquer la Sicile après la destruction des forces de l'Axe en Afrique.
3. Créer pour les Alliés, en Méditerranée, une position de force telle, qu'elle saperait celle de l'Axe dans les Balkans, écarterait l'Italie de la guerre, et ferait entrer la Turquie, avec ses quarante-quatre divisions dans la Grande Alliance.
4. Développer et soutenir la plus forte campagne de bombardement aérien contre les villes allemandes.
5. Rassembler sans délai le maximum de troupes américaines en Angleterre pour une invasion à grande échelle de l'Europe occidentale à la fin du printemps 1944.
6. Continuer et intensifier la campagne de guerre politique, subversive et économique, pour miner la volonté et la combativité allemandes et clouer au sol les forces ennemies où qu'elles se trouvent.

On dit que la haute stratégie et la basse tactique vont de pair. De la dernière de ces conclusions militaires devait naître une série d'opérations qui ne dépareraient pas la longue et sombre collection des annales du subterfuge.

La conférence de Casablanca prit fin. Mais avant le départ des hommes d'Etat et des chefs militaires, Roosevelt et Churchill tinrent une conférence de presse, où Roosevelt fit une déclaration qui eut un écho international. Il annonça en effet sa résolution et celle du Premier ministre britannique de n'accepter que la reddition inconditionnelle de l'Allemagne, du Japon et de l'Italie. Churchill, très surpris devait expliquer plus tard à Robert E. Sherwood :

J'entendis les mots — reddition inconditionnelle — pour la première fois dans la bouche du président, à la conférence. Il faut se souvenir qu'à ce moment, personne n'osait encore affirmer que la victoire était assurée. Mais le défi était de rigueur. Moi-même je n'aurais pas utilisé ces mots, mais je me rangeai immédiatement aux côtés du président et défendis fréquemment cette décision par la suite.

Roosevelt raconta plus tard qu'il n'avait pas eu le temps de préparer la conférence de presse et, dit-il, « la pensée surgit dans mon esprit qu'on avait appelé Grant le *vieux « reddition inconditionnelle »*, de sorte qu'immédiatement je le déclarai ». Mais une fois prononcée et défendue, la formule devait provoquer la consternation générale. De nombreux généraux alliés protestèrent : cette prise de position ne laissait aux Allemands que le choix de combattre. Eisenhower se serait écrié : « Si on vous donnait le choix entre l'échafaud ou charger à la baïonnette, il est fort probable que vous choisiriez cette dernière solution. » Le maréchal de la Royal Air Force, Sir John Slessor, convint de son côté que « l'effet produit était (...) regrettable ». Quant à Menzies il avertit le Premier ministre qu'à moins d'en atténuer les termes, l'armée allemande n'avait désormais d'autre alternative que de combattre avec la « férocité des rats acculés au désespoir ».

Il y avait d'autres raisons à la désapprobation de Menzies. La proclamation éliminait en effet toute possibilité de règlement politique pour mettre fin à la guerre. Sans espoir d'obtenir d'autres conditions, quelle raison auraient les conspirateurs de la Schwarze Kapelle, de maintenir leurs contacts clandestins avec les agents alliés, contacts indispensables pour obtenir les secrets de l'Allemagne et pour diffuser de fausses informations au sein du Haut Commandement allemand ? Et si les Alliés refusaient un règlement politique, quelle raison aurait la Schwarze Kapelle de tuer Hitler et de renverser le parti nazi ? Par une adroite tentative pour tourner cette politique de reddition inconditionnelle et garder ouvertes ses voies de communication avec les conspirateurs, Menzies invita Dusko Popov, l'agent double yougoslave, rebaptisé Tricycle par le comité XX, à passer un week-end dans sa résidence campagnarde. En réalité, Tricycle servait deux maîtres, le comité XX et le MI-6, car il avait des liens privilégiés avec l'Abwehr ; aussi au cours d'une rencontre précédente avec Menzies, avait-il reçu mission de glaner tout ce qu'il pouvait sur les hommes qui formaient le noyau de la conspiration anti-hitlérienne dans le service secret allemand, Canaris, Oster et Dohnanyi.

Popov accepta l'invitation, et rapporta par la suite ces déclarations de Menzies :

On parle beaucoup — vous l'avez probablement entendu — de reddition inconditionnelle. Je n'aime pas cela. C'est une phrase qui ne veut rien dire... Mais c'est la politique officielle des Alliés et je n'y puis rien changer. Nous pouvons cependant faire autre chose. Il serait... souhaitable de pouvoir laisser entendre à certaines personnalités bien placées en Allemagne, la véritable signification de cette phrase... Il faudrait assurer les Allemands bien-pensants — et je pense qu'ils comprendront — que nous ne désirons pas rayer l'Allemagne de la carte. Ce serait contraire à l'idéal de liberté que nous défendons.

Menzies qui n'agissait ainsi qu'avec l'accord de Churchill, révéla alors qu'il avait demandé à un agent de faire office de boîte aux lettres et de conseiller auprès de Popov pour ses contacts avec la hiérarchie de l'Abwehr. Cet agent « serait d'un grand secours à tous ceux qui veulent éliminer Hitler et commencer à parler de paix ». Popov écrivit encore à ce propos :

> Menzies ne montrait plus le même optimisme qu'avant, quant à la possibilité d'arriver à la paix en circonvenant Hitler. J'avais l'impression qu'il pensait qu'une telle paix était réalisable, en particulier depuis que le sort semblait se retourner contre l'Allemagne, mais que cet argument de reddition inconditionnelle compromettait tout. Pourtant l'idée de terminer la guerre quelques années plus tôt était si séduisante pour lui qu'il ne pouvait l'abandonner même avec des chances de succès les plus infimes.

A Berlin, après avoir entendu la proclamation de reddition inconditionnelle, Canaris confia au général Erwin Lahousen, l'un de ses adjoints et confidents :

> Vous savez, mon cher Lahousen, les étudiants en histoire n'auront pas besoin de se casser la tête après cette guerre, comme après la dernière, pour savoir qui en portait la responsabilité. Mais le cas est différent si nous considérons la responsabilité dans la prolongation de ce conflit. Je crois que les gens d'en face nous ont enlevé maintenant la dernière arme qui permettait d'en finir. Reddition inconditionnelle, non, nos généraux n'avaleront point cela. Je ne vois plus de solution.

Les autres conspirateurs de la Schwarze Kapelle la reçurent en effet comme un coup de tonnerre. Après les défaites parallèles d'El-Alamein et de Stalingrad, l'Allemagne était mûre pour la révolution, mais comme le déclarait Witzleben : « Maintenant, aucun homme d'honneur ne conduira le peuple allemand à une telle issue. » Après l'échec de l'opération Flash, tout espoir de renverser les nazis et d'aboutir à un règlement politique de la guerre semblait désormais exclu.

Seuls, les nazis se réjouirent. Six jours après la conférence de Casablanca, Hitler et le Dr Joseph Goebbels, ministre de la Propagande, clamèrent leur détermination en proclamant « la guerre totale ». Le 30 janvier, dans un discours, Geobbels invita le peuple allemand à se rassembler pour « faire face aux dangers exceptionnels de la situation militaire », et ajouta : « Puisque les ennemis de l'Allemagne combattent pour réduire la nation allemande en esclavage », la guerre est devenue un impératif pour la sauvegarde de la nation. Aucun sacrifice n'est trop grand pour y parvenir.

Exhortés à se sentir les nouveaux Spartiates au Thermopyles, les Allemands se ruèrent au travail, et les Feldgrau, le « marteau de Dieu », comme le Kaiser avait jadis surnommé son armée, crurent à la victoire finale. Les Alliés aussi entamèrent cette nouvelle phase de la guerre avec une ferme détermination, mais comme le rappelait un historien :

> Contraindre un ennemi puissant à une reddition inconditionnelle exigeait toutes les armes de l'arsenal, car il allait être forcé d'avoir recours aux formes de guerre les plus désespérées pour résister.

Roosevelt n'avait laissé qu'un seul choix à ses généraux et à ceux de la Grande-Bretagne. Celui de s'organiser et de s'embarquer dans la plus redoutée des entreprises militaires : celle du jour J.

Chapitre II

LA BATAILLE DE L'ATLANTIQUE

La décision de donner en 1943 la primauté à la bataille contre les U-boote transforma l'Atlantique en un vaste champ de bataille dont les éléments dominants étaient, d'après Churchill, « la course à tâtons, la noyade, l'embuscade, le stratagème, la science et les qualités de marin ». Une guerre navale d'une ampleur et d'une violence encore jamais atteintes se développa entre le cap Nord et le cap Hatteras, entre le cap Charles et le cap de Bonne-Espérance, entre les rivages de l'Occident et la Terre de feu, au cours de laquelle les marines alliées allaient chercher à purger les mers des redoutables sous-marins allemands, et à rendre ainsi plus sûres les voies maritimes qu'emprunteraient les hommes et le matériel nécessaires à l'invasion.

Au moment même où le Premier ministre et le président se rencontraient à Casablanca, où les routes commerciales de l'Atlantique-Nord étaient secouées par de violentes tempêtes, la bataille pour la suprématie s'engageait. C'était une bataille où entraient en jeu, navires, avions, radars, radio, règles tactiques, qualités de marin et crypto-analyse. Les Allemands déchiffraient les messages codés des convois britanniques, avec des conséquences désastreuses, les Britanniques en faisaient tout autant avec les mêmes conséquences. Pendant les premiers mois de l'année, les deux antagonistes se retrouvèrent à forces égales. Ainsi au début, le combat apparut comme une valse mortelle, où d'un côté les Alliés lançaient leurs convois pour échapper à la horde des sous-marins, et où de l'autre, les Allemands lançaient leurs sous-marins, pour amener les convois à portée de leurs torpilles, aucun des deux adversaires, du moins pendant les trois premiers mois, ne semblant avoir réalisé que l'autre déchiffrait ses communications secrètes. Nul doute cependant que la victoire ne finisse par revenir à celui des deux adversaires qui serait en mesure de poursuivre ce déchiffrage jusqu'au bout et aurait la volonté et la résistance indispensables pour soutenir jusqu'à la fin ce duel sans merci.

La Grande-Bretagne, sévèrement éprouvée par la bataille, était nettement désavantagée sur ce point. En effet, Alfred Dilwyn Knox, son plus grand cryptographe, celui qui, avec Alan Turing, avait pénétré le premier, les mystères d'Enigma se mourait d'un cancer. On avait décelé la maladie juste avant la guerre, lors d'un accident dont il avait été victime, sa motocyclette étant entrée en collision avec un camion de boulanger, sur un chemin de campagne qui menait à Bletchley. On crut le débarrasser de sa tumeur par une opération, mais le mal récidiva en 1941. Bientôt confiné à la chambre, chez lui à Hughenden, dans la vallée de la Tamise, il continua à travailler malgré la douleur et la faiblesse croissantes. L'énorme effort intellectuel exigé pour repérer le cuirassé *Bismarck* en mai 1941, acheva — dit-on — de l'épuiser. C'est en effet l'exploit cryptographique accompli sur son lit de mourant, qui permit à l'Amirauté de localiser et de couler le grand cuirassé, comme l'apprit sa famille après sa mort. Knox, soutenu dans son lit par plusieurs oreillers, utilisa force papier et crayons, pour s'attaquer au code spécial employé par le *Bismarck* dans ses communications avec l'Admiralstab. S'il échoua dans ce cas précis (aucun autre bureau secret ne put faire mieux), il parvint cependant à décoder les ordres de la Luftwaffe et des services diplomatiques, concernant la sortie du cuirassé. Ces mêmes ordres avaient permis de repérer sa position dans la nuit du 26 au 27 mai 1941, quand il avait réussi à échapper à ses poursuivants et que l'Amirauté en était réduite aux conjectures.

Pour sa contribution à cette grande victoire navale, Knox fut fait compagnon de l'Ordre de Saint-Michel et de Saint-George. Trop malade pour aller à Buckingham Palace recevoir cet honneur des mains du roi George VI, celui-ci envoya un émissaire chez lui. Knox, pratiquement mourant, insista pour se lever. Il apparut au balcon dominant son salon, habillé de pied en cap, « terriblement émacié », comme le rappelle son fils, « ses vêtements flottant lamentablement sur son corps amaigri ». Il réussit à descendre l'escalier pour la cérémonie qui rassemblait toute la famille. Le ruban bleu de Saxe et écarlate, portant l'étoile blanche et or, une fois placé autour de son cou, il retourna dans sa chambre.

Le Premier ministre, pleinement conscient de son importance dans cette guerre, fit l'impossible pour tenter de le ramener à la santé. A une époque où le moindre bateau était nécessaire à la Bataille de l'Atlantique — ou sur tout autre océan — il offrit à Mme Knox les services d'un destroyer pour emmener son mari vers la chaleur des Caraïbes. Mais Knox était trop malade pour se déplacer. Churchill lui envoya alors son médecin personnel, Lord Moran, président du Collège royal de Médecine, et obtint de l'ambassade des Etats-Unis à Londres de lui faire envoyer des fruits tropicaux frais, rarissimes à l'époque, et dont Knox raffolait. En vain. Il mourut le 27 février 1943, travaillant presque jusqu'à la dernière minute sur les codes U-boote. Selon les propres paroles de Churchill, sa mort était « une calamité nationale », mais le secret qui devait entourer cet événement était si impératif en temps de guerre, qu'il fut passé sous silence. Un seul hommage public lui fut rendu par les Fellows de King College à Cambridge. Le président fit solennellement son éloge à l'une de leurs réunions périodiques : « Le service qu'il a si généreusement assuré était de ceux que peu d'autres auraient pu remplir. Il s'est révélé d'une importance vitale dans la présente crise. Le travail épuisant de Knox, son sens aigu de la responsabilité qui ne lui laissait aucun repos (...) ont altéré définitivement sa santé. »

Bien qu'Ultra fût devenue, en 1943, une véritable industrie, employant près de 6 000 personnes à décoder deux mille messages par jour, une charge énorme retomba alors sur Turing, Knox ayant pris la peine de le former pour lui succéder. Turing possédait des moyens intellectuels énormes, mais peu de résistance nerveuse à l'époque. Il se sentait à bout de nerfs en sollicitant ses batteries de moteurs à Bletchley, pour déchiffrer les communications des U-boote, codées sur Enigma, et repérer avec précision les mouvements de l'ennemi. Alors que la Bataille de l'Atlantique touchait presque à son paroxysme, il manifesta des signes de fatigue mentale telle que dans un élan de générosité rare, le Foreign Office, son employeur, lui versa deux cents livres, mit à sa disposition une voiture et de l'essence et lui ordonna de partir en vacances. Il accepta l'offre et alla escalader le Snowdon, le plus haut sommet du Pays de Galles. Puis on l'envoya par mer aux Etats-Unis pour des échanges techniques Ultra-Magic. Cependant, à son retour, il n'était pas vraiment rétabli ; son cerveau était capable d'assumer la lutte impitoyable contre les codes perpétuellement changeants des U-boote, mais manifestement, il menait aussi son propre combat intérieur. Il devint alors de plus en plus excentrique, à tel point qu'on le remarquait même dans le monde étrange de Bletchley. Obsédé par l'idée que quelqu'un utilisait sa timbale personnelle, il la munit d'une serrure chiffrée impénétrable qu'il avait passé des heures à mettre au point et réussit à l'attacher par une chaîne au mur de la baraque 3.

Sa logeuse informa par ailleurs les autorités médicales de Bletchley qu'il marmonnait d'un air absent pendant des heures dans sa chambre de l'Auberge de la Couronne à Shenley Brooke End. Il avait en plus laissé pousser ses cheveux, ne les lavait ni ne les coiffait plus jamais. Ses vêtements étaient souvent sales et troués, mais il ne cessa pour autant de remplir sa tâche difficile à la baraque 3.

La bataille qui restait à gagner, durait maintenant depuis quarante-cinq mois, et n'avait jusqu'alors guère été favorable à l'Angleterre. En 1940, la Grande-Bretagne avait perdu quatre millions de tonnes sur mer. En 1941 — alors que le succès d'Ultra permettait de croire à la défaite des sous-marins allemands, ils détruisaient quatre nouveaux millions de tonnes. Puis vint 1942, l'année noire pour la flotte marchande. Les pertes s'élevèrent alors à presque huit millions de tonnes, pour la plupart au large de la côte Est des Etats-Unis. Jusque-là les Allemands coulaient des bateaux marchands sur toutes les mers, au rythme de deux et demi par jour et quand les pertes atteignirent cinq unités par jour, il sembla bien que la guerre elle-même était perdue. Goebbels proclamait : « L'héroïsme allemand conquiert même les plus vastes océans » et le grand amiral Karl Doenitz, commandant en chef de la flotte de sous-marins, déclarait : « Nos sous-marins croisent si près des côtes des Etats-Unis, que les baigneurs et quelquefois des villes entières sont témoins de drames qui se terminent par la vision de pétroliers en flammes. »

L'année 1943 vit s'accroître le nombre de sous-marins dans la flotte de Doenitz. Maintenant, il en disposait de près de quatre cents, dont cent dix dans l'Atlantique en permanence contre cinquante-sept qu'il avait à la déclaration de guerre. En janvier, où de mauvaises conditions atmosphériques entravèrent leur action, les U-boote envoyèrent par le fond trente-sept bateaux de 203 000 tonnes ; mais en février le tribut s'éleva à soixante-trois navires de 360 000 tonnes. Ces pertes s'expliquaient en partie par le fait que les Etats-Unis et la Grande-Bretagne utilisaient tous deux leur service cryptographique Magic-Ultra avec de très grandes précautions, de crainte que l'ennemi ne s'aperçoive que ses codes étaient déchiffrés. Aussi les Alliés étaient-ils contraints à accepter des pertes dans la marine marchande, plutôt que de dérouter les convois et risquer de trahir le secret de leur information.

On prétendit plus tard que les Américains avaient sacrifié trop de bateaux à la sécurité de la crypto-analyse. Si cette allégation était vraie, la faute en revenait aux Britanniques. Les Américains demandèrent en effet l'abandon de nombre de ces précautions afin de pouvoir localiser, couler et détruire les sous-marins qui menaçaient de couper l'Ancien Monde du Nouveau. Mais à maintes reprises, les Britanniques intervinrent pour empêcher les Américains d'attaquer les U-boote sur la seule base de renseignements Ultra, de peur que l'amiral Doenitz n'en vienne à douter de l'inviolabilité d'Enigma. Le maréchal de l'air, Sir John Slessor, qui commanda une grande partie de la force aérienne engagée dans la Bataille de l'Atlantique, le rappelle : « L'ardeur américaine à utiliser Ultra, nous donna presque des crises cardiaques. Nous disposions de si peu de moyens en face des Allemands et des Japonais. Combien pire aurait été notre situation si nous n'avions pas eu Ultra et Magic ! »

En mars, les Alliés subirent les pertes les plus élevées de toute la guerre : cent huit bateaux de 627 000 tonnes. Avec le concours des Canadiens, l'Amirauté était chargée de la sécurité des routes commerciales de l'Atlantique-Nord, ainsi que de bien d'autres théâtres d'opérations des U-boote. L'équilibre des forces tenait à bien peu de chose — et la sécurité d'Ultra pouvait fort bien le mettre en péril. C'est alors qu'au début de 1943, Ultra révéla l'inquiétude croissante de Doenitz quant à la sécurité de ses codes et de ses communications. La teneur de ses messages à ses capitaines de U-boote indiquait clairement qu'il soupçonnait les Britanniques d'avoir connaissance de l'intérieur des plans de guerre sous-marine de l'Admiralstab. A plusieurs reprises, et très soudainement, sans autre raison qu'une bonne source de renseignements, l'Amirauté déroutait, en effet, un convoi de la route des sous-marins et l'Admiralstab, qui déchiffrait certains de ses codes se demandait bien comment elle arrivait à localiser les sous-marins. Mais une fois de plus, l'enquête de l'Admiralstab mit en cause, soit des traîtres au sein des Transmissions de la Kriegsmarine, soit l'habileté des Anglais responsables de la détection sous-marine, soit les deux. Enigma restait donc à l'abri de tous soupçons.

Cependant, assurée par Ultra que les Allemands avaient une fois de plus pénétré ses chiffres, comme ils l'avaient fait en 1940, avec les conséquences dramatiques que l'on sait, l'Amirauté commença à modifier ses systèmes en mars 1943. Mais de tels changements ne pouvant s'opérer en une nuit, étant donné qu'ils intéressaient des bateaux naviguant sur toutes les mers et les océans du globe, ils furent seulement achevés en mai. Entre-temps les victoires allemandes sur mer avaient contraint à des changements dans la stratégie de la guerre sous-marine, y compris un relâchement des restrictions apportées à l'utilisation tactique d'Ultra. Une fois déjà pour intercepter et couler les bateaux ravitailleurs de Rommel en Afrique du Nord, qui représentaient un enjeu élevé, la sécurité d'Ultra s'était trouvée exposée. Plus élevés encore étaient les enjeux de la Bataille de l'Atlantique.

La nécessité d'un changement de stratégie s'accrût devant les lourdes pertes en tonnage de mars, et particulièrement devant le sort réservé aux grands convois HX 229 et SC 122, les Allemands ayant réussi à déchiffrer un message du SS *Abraham Lincoln* selon lequel le commodore du HX 229, convoi de quarante bateaux sous forte escorte, avisait la section commerce de l'Amirauté, qu'il avait quitté l'Amérique pour l'Angleterre le 8 mars 1943. D'autres messages indiquèrent à Doenitz la destination des bateaux : les ports de la Mersey, la Clyde, Belfast, Loch, Ewe. Ils donnaient aussi les noms de l'escorte ; le *Chelsea,* l'*USS Kendwick,* l'*HMCS Frederiction,* l'*Oakville,* le *Volunteer,* l'*Abelia,* le *Pennyworth,* le *Highlander,* le *Sherbrooke,* l'*Anémone,* le *Beverly.* D'autres détails renseignaient sur la nature des cargaisons : bombes, munitions pour la guerre aérienne sur l'Allemagne, pétrole, chars, véhicules blindés, avions, ravitaillement, fusils, mitrailleuses, canons, chaussures, pneus et bandages, chenilles et « corned-beef ». Doenitz savait quand les convois atteindraient les eaux à l'ouest de l'Angleterre, il connaissait leur vitesse, leur trajet et les conditions météorologiques. Cette information pesée et discutée, les décisions tactiques et stratégiques furent retransmises par le grand relais U-boot de Francfort-sur-l'Oder : le Goliath. Les messages crépitèrent alors dans la ionosphère, et loin en mer, aux limites extrêmes des glaces du Groenland, les U-boote du *Stürmer Wolfpack* se mirent en route vers le HX 229.

Mais au même moment, Ultra déchiffrait les messages de l'Admiralstab, et les répercutait sur la salle de dépistage des sous-marins à la Citadelle, forteresse couverte de lierre sous l'arche de l'Amirauté, à l'autre bout du Mall, en face de Buckingham Palace. Là, dans la pièce 39, qui ressemblait à une vaste salle de billard, le capitaine Roger Winn, chef du renseignement, travaillait avec ses assistants. Sur une table illuminée jour et nuit, une carte de l'Atlantique-Nord. Drapeaux, épingles et symboles, localisaient les convois alliés et les hordes de sous-marins ; des arcs rouges partant des défenses côtières et des bases aériennes US dans le Pays de Galles, l'Ecosse, l'Irlande, Terre-Neuve et l'Islande, indiquaient le rayon d'action des avions disponibles. De cette pièce où convergeait l'ensemble des renseignements au plan naval, émanaient les instructions permettant aux chefs de convois d'opérer leurs diversions. Winn jouissait d'une grande liberté dans l'utilisation des Ultra qui avertissaient des mouvements et des plans des U-boote. Mais il se contentait au début de n'utiliser les informations que pour écarter les convois de la route des sous-marins et dans la mesure seulement où cela ne compromettait pas le système — sauf dans les cas extrêmes où les U-boote guettaient des bateaux rapides comme le *Queen Elizabeth* et le *Queen Mary,* transportant quantité de troupes américaines ou des personnalités importantes.

Winn donna donc des instructions pour changer le parcours du HX 229. Mais au même moment, Doenitz eut vent d'un second convoi, le SC 122. C'était un groupe de soixante-six bateaux, sous forte escorte ; Doenitz ordonna au groupe Dränger de lui couper la route. Ultra intercepta le message et Winn modifia en conséquence l'itinéraire du SC 122. Ainsi commençait la guerre des cerveaux, tandis que les deux convois manœuvraient en pleine mer, parfois en plein brouillard ou au clair de lune, bravant tempêtes de neige et icebergs, faisant vapeur vers l'Angleterre à dix nœuds à l'heure, les équipages sondant sans cesse le fond de leurs bateaux pour s'assurer qu'ils n'avaient pas été éperonnés par la glace. Quand le HX 229 et le SC 122 firent leur jonction, ils formèrent peu à peu un rassemblement imposant de bâtiments dans une portion d'océan relativement réduite. Le *Stürmer* et le *Dränger* pouvaient désormais faire mouvement sur leurs cibles.

De l'hôtel Am Steinplatz à Berlin, et de la Citadelle à Londres, Doenitz et Winn observaient sur leurs cartes, les dangereux mouvements du jeu. Winn et son état-major semblaient connaître les capitaines des U-boote presque intimement, sans les avoir jamais rencontrés. Ils connaissaient les performances de chaque bateau, leur rapport journalier les informant aussi bien que Doenitz, de leur état, du moral et de la santé de leur équipage, de leur réserve de carburant et de torpilles, de leur position, de leur itinéraire, de leur vitesse, et de leurs plans d'attaque. Soudain Winn téléphona au commandement des défenses côtières, à Pembroke Dock dans le Pays de Galles, et Oban en Ecosse. Des vedettes s'élancèrent alors pour emmener les équipages jusqu'aux grands Sunderland blancs cachés à l'abri des collines basses, tandis que des bases aériennes US en Islande et au Groenland, d'Halifax et de Rhode Island, les Libérator descendaient lourdement les rampes et prenaient leur envol pour rejoindre l'escorte aérienne du HX 229 et du SC 122, qui piquaient vers l'Est en onze colonnes majestueuses. Accompagnés du sifflement rauque des ventilateurs et des compresseurs, les escorteurs rapides allaient et venaient comme des flèches autour de la colonne, leurs hommes de quart vêtus de cirés, l'écume blanche éclaboussant leur pont découvert. L'aurore boréale rayait le ciel septentrional et la lune baignait les convois d'argent. On était le 17 mars à 2 h 1 exactement. Quand les U-boote attaquèrent, la visibilité était bonne, l'état de la mer 14. Quatre bateaux touchés en même temps, déchirèrent le ciel nocturne de l'explosion de leurs munitions et de leur essence : le *Kingsbury,* le *King Gruffyd,* l'*Aldermine* et le *Fort Cedar Lake.* On pensa, à tort, tout d'abord que c'était le début de la grande attaque. Un U-boot avait sans doute vu, à l'avant du *Losada* la lumière verte restée inexplicablement allumée, et la silhouette des bateaux marchands se profiler à la lueur de la lune et de l'aurore boréale. Les escorteurs entrèrent alors en action, adoptant les tactiques « flocons de neige » et « demi-framboises » — correspondant à diverses formes de recherche et d'attaque, mais le sous-marin s'était déjà réfugié dans les profondeurs silencieuses. A l'aube, l'écoute sous-marine ayant localisé six U-boote à 20 milles du SC 122, les Libérators arrivèrent à leur tour et commencèrent à effectuer des patrouilles cobra. Lorsque soudainement, le *Granville,* touché, explosa et coula, des camions et des chars de sa cargaison de pont furent projetés avec violence, dans le ciel. Les U-boote cependant échappaient toujours à la détection pour faire de nouvelles victimes. Ce jour-là, le SC 122 perdit sept navires, le HX 229 dix unités et quand ils parvinrent en vue des côtes écossaises dans la région des Hébrides, ils en avaient perdu cinq de plus. Un sur cinq des bateaux qui avaient quitté New York avait coulé. C'était un sérieux désastre pour la cause alliée, d'autant plus qu'un seul U-boot avait été détruit.

Dans les premiers vingt jours de mars 1943, les Alliés perdirent en tout, 97 navires et le mois n'était pas achevé ! Ces pertes étaient d'autant plus graves que les bateaux coulés se déplaçaient en convois et que le convoi était considéré à l'époque comme la seule formule valable contre la menace sous-marine... Force était à l'Amirauté de conclure que « les Allemands n'avaient jamais été si près de couper les communications entre le Nouveau Monde et l'Ancien et que le convoi cessait d'être un système de défense efficace ». Mais alors, quelle formule fallait-il adopter ? « Personne ne le savait ni osait avouer qu'on devait désormais envisager la perspective d'une défaite. »

Ultra même, n'avait pu assurer la victoire de l'Amirauté — du moins, pas de la façon dont s'en était servie le dépistage sous-marin. Il était clair en tout cas qu'il ne suffisait pas de localiser les sous-marins ennemis et de se reposer uniquement sur la manœuvre, les escortes et la couverture aérienne des convois pour les écarter. Il fallait les détruire avant de les voir fondre sur leur cible. Si bien qu'en avril, quand Ultra révéla que tel un banc de grands requins, 98 U-boote pénétraient dans l'Atlantique — plus que Doenitz n'en avait jamais envoyé à la fois — un changement impératif de stratégie s'imposa. Les restrictions sur l'utilisation d'Ultra devaient se relâcher prudemment. Les pertes alliées diminuèrent alors quelque peu à mesure que l'Amirauté risquait Ultra pour lancer audacieusement ses convois entre les quatre hordes des sous-marins de Doenitz. Mais cette stratégie ne donna finalement que des résultats partiels : Doenitz perdit bien sept de ses U-boote, mais ceux-ci affichèrent encore à leur tableau de chasse cinquante-six bâtiments de 330 000 tonnes.

Le tournant décisif de la Bataille de l'Atlantique eut lieu en mai ; jusque-là beaucoup d'éléments avaient avantagé les Allemands. Ils déchiffraient le code des convois et possédaient de plus le Metox, un système détectant l'approche des avions par radar, qui permettait à leurs submersibles de plonger en sûreté. Les Alliés, eux, n'avaient pas encore à leur disposition les escortes et la couverture aérienne dont ils disposeraient un jour. Cependant les avantages allemands cédèrent l'un après l'autre. Tout d'abord, les convois reçurent peu à peu une meilleure protection navale et aérienne, puis en mai les Britanniques remplacèrent le code incriminé. Enfin, apparut le H2S, premier radar de 10 cm employant une valve révolutionnaire appelée magnetron. D'une portée et d'une précision exceptionnelles, le fait d'être un radar centrimétrique lui valait de plus d'échapper à la détection du Metox allemand. Mais il y avait surtout Ultra. Les machines de Turing avaient encore amélioré leurs performances et Churchill avait décidé cette fois de risquer Ultra pour obtenir la destruction de la flotte sous-marine de Doenitz. En application de cette décision les commandements, qu'ils fussent britanniques ou américains, venaient de recevoir l'ordre de couler tout sous-marin ennemi quelle que fût la manière dont il avait été localisé. Débarrassés des entraves inhérentes à la protection d'Ultra, les commandants d'avions renseignés par radio depuis la salle de dépistage sous-marin, sur la situation des U-boote, pouvaient enfin agir. Grâce au H2S, ils pouvaient repérer avec une précision parfaite leurs proies et étaient désormais en mesure d'attaquer même de nuit.

Les conséquences furent immédiates et dévastatrices. Pendant les premiers vingt et un jours de mai, Doenitz perdit quarante et un U-boote et les pertes alliées en bateaux marchands s'abaissèrent à 200 000 tonnes. Doenitz ordonna alors à ses sous-marins de quitter l'Atlantique-Nord jusqu'à ce qu'il ait pu déterminer les moyens utilisés par les Alliés pour détecter les U-boote. Mais en juin, dix-sept autres sous-marins étaient coulés sur d'autres théâtres d'opérations, tandis que les Alliés ne perdaient que 22 000 tonnes. Mai 1943, le « mois coup de tonnerre » voyait enfin la défaite des meutes nazies. Pour Doenitz, c'était en plus une tragédie personnelle, car il avait perdu deux fils dans ses submersibles.

Juin, juillet passèrent et en août, il devint clair que la victoire alliée dans l'Atlantique-Nord, était plus qu'un renversement temporaire des hasards de la guerre. Durant ces trois mois, sur l'ensemble des mers, sauf en Méditerranée, les Allemands n'avaient coulé que cinquante-huit bateaux marchands, totalisant 323 000 tonnes, et avaient perdu soixante-douze U-boote. Doenitz ordonna immédiatement une enquête, car cinquante-huit de ces sous-marins avaient été coulés par attaque aérienne. Comment cela s'expliquait-il ? Une nouvelle fois on remit en cause la sécurité d'Enigma, mais d'après un historien officiel britannique : « Après avoir examiné toutes les possibilités, les Allemands conclurent qu'il n'existait aucun indice de trahison et que leurs codes étaient sûrs. » Là encore, la contribution d'Ultra s'affirmait capitale dans la conduite de la guerre. Elle était à l'origine de la victoire dans la Bataille d'Angleterre, des succès en Afrique du Nord, et aujourd'hui dans la Bataille de l'Atlantique.

Les répercussions de cette dernière furent considérables. Le moral des équipages U-boote descendit en flèche, et Doenitz, renonçant à la tactique de la horde, se rabattit sur celle des unités isolées dont les possibilités d'attaque étaient rares. Il en résulta par suite qu'aucune perte en vies humaines pour les soldats américains ne fut à déplorer dans l'Atlantique-Nord pendant tous les préparatifs d'invasion. De plus, en ce qui concernait l'invasion proprement dite, la suprématie alliée sur mer et dans les airs, allait constituer un avantage tactique de taille. Les Allemands avaient eu beau former un véritable écran de sous-marins s'étendant de la Norvège à la frontière espagnole pour prévenir de l'approche de l'armada d'invasion (leurs U-boote, stationnés en Norvège et dans les ports de Bretagne et de Biscaye, armés, pourvus de carburant, pouvaient être en six heures à pied d'œuvre pour faire des ravages au sein des flottes d'invasion et de ravitaillement), ils allaient vite découvrir à leurs dépens qu'il était impossible de se livrer à des opérations de reconnaissance dans les eaux étroites et peu profondes de la Manche. Les Alliés semblaient savoir exactement où ils étaient et attaquaient dès que leur périscope émergeait des vagues.

L'Amirauté, largement responsable de la victoire dans cette Bataille de l'Atlantique ne révéla jamais exactement comment elle avait été obtenue. Officiellement, on la porta au crédit de « l'intuition de certaines personnalités expérimentées alliée aux ressources techniques les plus modernes », et tout en faisant allusion à des informations secrètes, elle n'en spécifia pas la nature. En 1959, Doenitz dans ses mémoires, refusait encore de croire que ses codes avaient été violés, attribuant le malheur de ses U-boote à l'excellence du radar britannique. Or le radar n'était qu'un élément. Pendant le mois « coup de tonnerre », et pendant tout le reste de la guerre, ce sont en fait les renseignements donnés par Ultra qui guidèrent les bâtiments de guerre et les avions sur les sous-marins allemands. Certes, le radar délimitait exactement leur position, en particulier la nuit ou par temps de brouillard, quand ils faisaient surface pour leur provision d'air, mais les tactiques d'attaque et de destruction récemment développées, associées à des armes nouvelles efficaces firent le reste. De nouveau les Alliés dominaient les océans. Ainsi une des conditions préliminaires de Brooke pour le jour J se trouvait remplie, et Hitler lui-même devait admettre que la première ligne de défense de l'Allemagne avait été détruite.

Après l'éclipse des U-boote, l'attention du Haut Commandement allié se tourna vers une autre menace : la puissante escadre de bâtiments de surface, en position sous les montagnes noires et nues de l'Alta Fjord, en

Norvège du Nord. Cette escadre se composait du redoutable cuirassé *Tirpitz,* du croiseur de bataille *Scharnhorst,* du croiseur *Lützow* et d'un groupe de destroyers atteignant souvent dix unités dont l'existence constituait une menace pour les routes commerciales de l'Atlantique-Nord et la traversée de Mourmansk. Les Alliés furent contraints de concentrer d'importantes formations de gros navires de guerre comprenant des porte-avions, sur la base britannique de Scapa Flow dans les îles Orkneys pour empêcher l'escadre allemande de faire irruption dans l'Atlantique-Nord, les convois de matériel de guerre pour Mourmansk étant par ailleurs complètement arrêtés. Tant que cette escadre, et particulièrement le *Tirpitz* pourraient agir, aucun convoi, aucune invasion de l'Europe ne pouvait être envisagée.

Comme le printemps 1943 laissait place à l'été, l'Amirauté intensifia ses recherches pour arriver à neutraliser cette escadre. Cependant, tous les plans s'avéraient impraticables. Il était en effet impossible d'attaquer de la mer, du moins par les moyens traditionnels, car le repaire des bateaux était impénétrable. On ne pouvait non plus attaquer par air, car à l'époque, il se trouvait à 900 miles de la base britannique la plus proche, hors de portée de tout avion disponible. Les Britanniques durent donc recourir à des moyens non conventionnels en l'occurrence un sous-marin de poche appelé le X-Craft.

L'X-Craft, qui jouerait bientôt un rôle des plus importants dans les opérations de renseignement du jour J et aiderait à guider les troupes d'invasion vers les plages, mesurait 15 mètres de long, pesait près de 35 tonnes, pouvait plonger jusqu'à 90 mètres, filait 6,5 nœuds en surface et 5 nœuds en plongée. Son équipage se composait de trois officiers et d'un artificier pour la salle des machines, et son armement de deux mines détachables, contenant chacune deux tonnes d'explosif. Sa mission présente consistait à s'infiltrer à travers les champs de mine, les filets anti-sous-marins, et les chaînes de barrage, qui gardaient le repaire de l'escadre allemande, puis à placer ses mines sous la quille des bateaux, avant de s'éloigner, en laissant aux fusibles des mécanismes d'horlogerie le soin de faire le travail. Pendant tout l'été de 1943, les équipages de six de ces X-Craft, suivirent donc un entraînement approprié à Loch Cairnbawn en Argyllshire et le 10 septembre, ils se tenaient prêts à être remorqués par des sous-marins conventionnels jusqu'à un point distant de 278 km de Scapa Flow. Là ils abandonneraient leur sous-marin remorqueur le temps de remplir leur mission, puis le rejoindraient pour regagner la base. Trois X-Craft devaient attaquer le *Tirpitz,* deux le *Scharnhorst,* et un le *Lützow.*

Les sous-marins de poche quittèrent Loch Cairnbawn entre le 11 et le 12 septembre, mais deux seulement, le *X6* et le *X7,* atteignirent le fjord. Comme le *Scharnhorst* avait levé l'ancre pour partir en exercice, le *X6* et le *X7* attaquèrent le *Tirpitz.* Ils traversèrent sans encombre les champs de mines dans la nuit du 20 au 21 septembre, mais le *X6* eut quelques mésaventures et seul le *X7* fut en mesure de poursuivre sa mission. Malheureusement il se prit dans les filets anti-sous-marins, perdit le contrôle et fit surface à vingt-cinq mètres seulement de la grande coque du

Tirpitz. Ayant réussi à plonger, il heurta la coque, plaça une de ses mines et déposa l'autre à l'arrière sous la quille, avant de s'enfuir. Repris dans les filets, et perdant à nouveau le contrôle, il refit surface sous un feu nourri qui l'envoya par le fond. Des quatre membres de l'équipage, deux survécurent. Mais l'attaque avait réussi. Les mines explosèrent et « soulevèrent le grand bateau tout entier à plusieurs mètres au-dessus de l'eau ». Les trois principales turbines mises hors d'état, le *Tirpitz* était complètement immobilisé et les agents anglais confirmèrent bientôt avec Ultra qu'il ne pourrait plus reprendre la mer. Le coût de l'opération cependant était élevé : aucun des sous-marins de poche n'était rentré à sa base. Il allait cependant s'inscrire dans les annales de la guerre comme « l'un des exploits les plus courageux de tous les temps ».

L'Amirauté décida alors de reprendre les convois vers la Russie, même si le *Scharnhorst* et le *Lützow* rôdaient toujours dans les mers septentrionales ; et l'escadre US de Scapa Flow se rendit vers d'autres tâches urgentes. Tels étaient les avantages opérationnels retirés de cette courageuse attaque des sous-marins de poche.

L'attention de l'Amirauté se tourna ensuite vers le *Scharnhorst* resté seul au large de la Norvège, le *Lützow* ayant regagné sa base sans encombres. Enorme croiseur de bataille de 32 000 tonnes, avec un équipage de deux mille hommes et une escorte de cinq destroyers, son destin se joua le jour de Noël 1943, lorsqu'il se mit en route pour intercepter deux convois, totalisant quarante et un bateaux, se dirigeant vers Mourmansk. Son départ, à environ 7 heures du soir, fut signalé presque immédiatement et une importante escadre britannique, ayant à sa tête le cuirassé *Duc d'York* en fut avisée le 26 décembre à 3 h 39. Un peu plus tard, le matin du même jour, le croiseur *Belfast* l'ayant détecté au radar entre le cap Nord et l'île de l'Ours, la bataille s'engageait dans l'étrange crépuscule de l'hiver arctique. Le croiseur *Norfolk* ayant lancé aussitôt des obus éclairants pour illuminer le magnifique bateau, réussit à le toucher une fois, peut-être deux. Le *Scharnhorst* ayant mis à trente nœuds parvint d'abord à s'enfuir. Mais sa trace perdue quelques instants, il réapparut bientôt sur l'écran radar du *Belfast,* au moment où ses canons endommageaient les croiseurs poursuivants *Norfolk et Sheffield*. Puis il disparut à nouveau, mettant le cap, sans le savoir, sur le *Duc d'York*. Mais les destroyers du *Scharnhorst* ayant reçu l'ordre de rentrer à leur base, le croiseur se retrouvait seul comme un cerf traqué par la meute, et dans l'après-midi, à 16 h 17, le radar du *Duc d'York* le repérait à une distance de 22 milles Nord-Nord-Est.

Le *Duc d'York* le prit alors en chasse dans une tempête de neige et par grosse mer et quand ses obus éclairants illuminèrent l'immense navire à 16 h 50 et qu'un feu roulant le prit à 10 000 m de distance, le commandant allemand fut apparemment pris de cours. Un officier du destroyer *Scorpion* se rappelle que « ses tourelles étaient dans l'axe... et qu'il avait vraiment fière allure lancé ainsi à toute vitesse. La première salve du *Duc d'York* le recouvrit néanmoins d'une véritable muraille liquide ». La Royal Navy, par cette première salve entamait son règlement de compte personnel avec le

Scharnhorst. En effet, le 12 février 1942, avec le cuirassé *Gneisenau* il avait quitté Brest sur l'ordre du Führer, et pendant que la Royal Navy dormait, avait fait une incursion dans les eaux britanniques de la Manche puis avait regagné l'Allemagne. Ce coup audacieux avait soulevé une tempête de protestations autour du Premier ministre, et le *Times* avait écrit à l'époque qu' « aucun épisode plus mortifiant n'était survenu en 300 ans de suprématie anglaise ».

Aujourd'hui le *Scharnhorst* réagissait lentement à l'attaque inattendue du cuirassé anglais, et les obus de 35 du *Duc d'York* le pilonnaient sans merci. Treize coups de canons lourds du *Duc d'York,* au moins 12 des canons plus légers des croiseurs, et onze torpilles des destroyers venaient de le toucher très sérieusement. Les bruits des explosions secouaient le ciel embrasé par la lueur des incendies. A 19 h 45, par 72 degrés 16 minutes nord et 28 degrés 41 minutes est, le *Scharnhorst* sombrait dans les eaux glacées. Avant de couler, son capitaine envoya un dernier message au Führer : « Nous combattrons jusqu'au dernier obus », et tint parole. Aussi quand les vagues se refermèrent inexorablement sur lui, l'on peut dire que l'Atlantique-Nord était désormais un dominion allié. Sur tout l'équipage, seuls trente-six hommes furent sauvés. Il comprenait notamment quarante élèves-officiers effectuant leur premier voyage. Evoquant l'issue de ce duel, l'Amirauté nota avec satisfaction qu' « un renseignement exact rendait tout le reste possible ». Une fois encore c'est à Ultra qu'on le devait.

Tandis que se poursuivait la bataille pour la maîtrise des mers, Ultra apportait une nouvelle contribution de taille à la victoire sur le Troisième Reich : la destruction du système allemand de renseignements météorologiques. Les Alliés et les Allemands reconnaissaient, en effet, chacun de leur côté, que l'attaque aussi bien que la défense le long de la voie d'eau la plus traître d'Europe, la Manche, dépendait en grande partie du temps. La couverture de nuages, la vitesse du vent, les marées, la hauteur des vagues : tout pouvait affecter sérieusement, ou même empêcher les opérations complexes terrestres, navales et aériennes, d'une attaque sur la France.

Se souvenant peut-être du sort de l'Armada espagnole dans cette même Manche en 1588, Eisenhower écrivit un jour : « Si le mauvais temps devait être permanent, les nazis n'auraient besoin de rien d'autre pour défendre la côte normande ! » Des prévisions météorologiques exactes étant un élément vital pour le commandement allié comme pour les Allemands, il était donc impératif d'en priver l'ennemi le plus possible. Ainsi une série de batailles, systématiques et ignorées, s'engagea entre forces adverses dans les latitudes reculées de l'Atlantique-Nord, là où prennent naissance les conditions météorologiques concernant la Manche. Ces batailles aussi violentes que les autres devaient commencer à la déclaration de guerre pour finir avec elle.

La première opération de cette « guerre météorologique » débuta le 10 mai 1940 au moment où le major général Robert Sturges des Royal

Marines, débarqua dans la capitale de l'Islande, Reykjavik, avec un groupe de Marines et des troupes du croiseur *Berwick*. Il arrêta le consul général d'Allemagne, rassembla les équipages de réserve des U-boote qui y étaient stationnés, établit un service de garde-côtes, élimina les stations météo allemandes et prépara d'une façon générale la voie à une occupation britannique. Il remplit sa mission avec beaucoup de diplomatie et de rapidité, et l'Islande devint d'abord une base anglaise, puis américaine, pour les bateaux et les avions engagés dans la Bataille de l'Atlantique.

S'étant ainsi emparés de l'Islande, les Britanniques se tournèrent alors vers d'autres stations météo des mers septentrionales et en premier, loin dans l'océan Arctique, vers Jan Mayen, île norvégienne, solitaire et sauvage, considérée au plan météorologique comme un point clé. Elle fut envahie et occupée par un détachement danois sous commandement britannique dès octobre 1940. Puis les stations norvégiennes et danoises occupées par les Allemands au Groenland furent également détruites et des stations britanniques établies à leur place.

Privée de stations terrestres, la Kriegsmarine essaya bien d'établir un réseau de chalutiers équipés en station météo dans les mers septentrionales. Mais la crypto-analyse et la goniométrie à haute fréquence eurent vite fait de les repérer, et en avril 1941, l'Amirauté ordonna de démanteler le réseau couvrant la zone Groenland-Islande, Jan Mayen-Feroe. Trois croiseurs et quatre destroyers partirent en mission le long d'une ligne au nord-est de l'Islande, à mi-chemin environ des Feroe et de Jan Mayen. Le 22 mai 1941, le chalutier allemand *München,* de 1 200 tonnes, fut intercepté et coulé par le HMS *Edinburgh.* Puis l'escadre se mit à la poursuite du *Lauenburg* que le croiseur *Nigeria* et trois destroyers débusquèrent le 25 juin 1941 sous le mont Beerenburg (2 640 m) dans l'île Jan Mayen. Malgré le brouillard épais, ses émissions radio l'avaient trahi et le radar du *Nigeria* acheva de le localiser. Le *Nigeria* avait pour mission de ne pas laisser le temps à l'équipage du *Lauenburg* de détruire ses équipements radio et Enigma. Mais après avoir étourdi l'équipage avec quelques obus d'exercice de 16, un petit détachement du destroyer *Tartare* montait rapidement à bord, saisissait son Enigma, son équipement radio entier, et ses papiers de bord. Tout était intact.

De leur côté, les commandos et les marins détruisaient successivement les stations météo de Spitzbergen, Vaagö (où on put également s'emparer d'une autre Enigma sur le chalutier armé *Krebs*) et Lofoten. Le Groenland, lui, posait un problème plus délicat, car les Etats-Unis en avaient fait un protectorat américain le 9 avril 1941. Aussi tout en n'étant pas encore en guerre, avaient-ils passé un accord avec les Britanniques et assuraient des patrouilles autour du Groenland pour empêcher les Allemands de revenir sur l'île. Le 13 septembre 1941 cependant, les Etats-Unis accomplissaient leur premier acte de guerre contre le Troisième Reich, quand le canot garde-côte US *Northland* arrêta le chalutier-station *Buskoe* au sud-est du Groenland. Camouflé sous des bâches blanches et bleu, le *Northland* resta silencieux, et presque invisible sous un « storis » — l'un de ces icebergs géants dont la ceinture flotte autour du Groenland — observant le

Buskoe se frayer un chemin à coup de boutoir à travers la glace grondante. Le capitaine du *Northland,* le commandant Edward « Iceberg » Smith, grâce à ses jumelles, vit que le *Buskoe* transportait une véritable batterie d'antennes, indice d'un équipement radio moderne et puissant — que ne possèdent jamais les chalutiers. Il décida donc de l'arraisonner comme virtuellement hostile, et fit tirer un coup de semonce sur son étrave. Les icebergs renvoyèrent la détonation en écho, la répercussion détacha de grands morceaux de glace du « storis » et une gerbe d'eau verte jaillit à l'avant du *Buskoe.* Aussitôt il hissa un pavillon annonçant l'arrêt de ses machines et le *Northland* sortit de l'ombre de l'iceberg pour se ranger à son côté. Une équipe monta à bord : les papiers présentés étaient ceux de « chasseurs » danois et de « trappeurs » norvégiens. Mais leur équipement radio trahissait une opération technique d'espionnage et de renseignement météo. Un membre de l'équipage ayant avoué qu'on avait descendu à terre deux équipes, pourvues de radio, près de l'entrée du fjord Franz Josef, Smith ordonna alors au *Buskoe* de faire route vers la baie de MacKenzie, point situé au pied de la sierra du Groenland. Le bâtiment était prisonnier.

Quand Smith monta sur le *Buskoe* dans la baie de MacKenzie, il constata qu'il n'avait nullement affaire à une expédition de chasse. Sa radio était meilleure que celle du *Northland :* elle comportait un émetteur principal, un émetteur portatif, un récepteur principal, un récepteur portatif, un groupe électrogène portatif, et un tableau de contrôle. Smith informa alors le commandant danois que le *Northland* laissait un de ses équipages à bord. Puis il se dirigea vers le fjord Franz Josef pour appréhender les hommes laissés à terre par le *Buskoe.* Un petit groupe de reconnaissance découvrit une cabane surmontée d'antennes, l'encercla le 14 septembre 1941 vers minuit, brisa la porte et découvrit trois Allemands à l'intérieur qui se rendirent sans combat.

Pendant les vingt mois qui suivirent, les défenses côtières US concentrèrent des forces importantes sur les mers du Groenland pour éloigner les Allemands, pendant qu'à terre, les Danois et les Esquimaux s'employaient à patrouiller sur les moraines et les eskers (collines étroites) de l'île. C'était un étrange champ de bataille, éclairé par les flammes et les rayons de l'aurore boréale. Le froid intense rendait pénible la respiration et quand un homme soufflait, des perles de glace se formaient en grappes épaisses sur sa barbe. Des tempêtes de vent soufflaient constamment à 250 km/heure sur tout le secteur, tandis que les garde-côtes patrouillaient entre le cap de Glace du Groenland et le cap Farewell au sud, le long du détroit de Danemark jusqu'à Scoresbysund, en haut de la sierra de 4 500 m du littoral groenlandais et plus haut encore dans le nord, vers la terre de Peary, endroit que très peu d'êtres humains avaient atteint.

A plusieurs reprises, les garde-côtes arrêtèrent des équipes allemandes essayant d'installer des stations météo. Ce champ de bataille particulièrement inhospitalier vit s'abîmer bien des avions et périr bien des hommes, et même un bateau disparut sans laisser la moindre trace. Le 17 septembre 1942, le chalutier armé USCG *Natsek,* commandé par Thomas S. La

Farge, artiste et petit-fils du peintre renommé John La Farge, partit de Narsarssuak, Groenland, pour Boston, avec un équipage de trente-sept hommes, accompagné du chalutier reconverti *Nanok,* et de l'USS. *Bluebird,* drageur de mines. Le petit convoi entra dans le détroit de Belle-Ile. Comme la neige commençait à tomber, le *Bluebird* perdit le contact. La sonde du *Nanok* étant hors de service, le *Natsek* prit la tête, mais le temps s'obscurcit et tout contact visuel fut bientôt perdu. Comme le convoi passait la pointe Amour Light, le temps s'éclaircit mais le vent se transforma en ouragan. C'est alors que la glace noire se forma, phénomène fatal à maints chalutiers dans l'Arctique. De violentes rafales fouettaient l'écume de mer et l'envoyait sur les superstructures du *Natsek* et du *Nanok* où elle gelait, formant des couches de glace qui se mirent bientôt à peser des tonnes. Menacés de chavirer, les équipages combattirent la glace noire pendant trois jours et trois nuits, attaquant les blocs au pic et au ciseau. Même la vapeur était inutile, car à peine lancée sur la glace, elle gelait. Le *Nanok* s'en sortit miraculeusement, mais il en alla tout autrement pour le *Natsek.* La glace s'était accumulée et le bateau étant devenu trop lourd sur le dessus, il se renversa d'un seul coup et coula on ne sait où. A de telles latitudes, un homme ne pouvait survivre plus de cinq minutes, à moins d'être dans un bateau, et même dans ce cas, il ne pouvait tenir toute une nuit à moins d'être secouru rapidement. Pour le *Natsek,* rentrant à sa base, il n'y avait donc plus aucun espoir.

Les Allemands subirent de leur côté des pertes encore plus sévères dans cette guerre brutale dont les dimensions ne se mesuraient pas en heures ou en kilomètres, mais en mois, en degrés de longitude et latitude, et dont les victoires n'étaient marquées que par de curieux symboles sur des cartes météo. A plusieurs reprises des équipes nazies furent interceptées alors qu'elles débarquaient ou qu'elles se déplaçaient sur les glaces. Souvent leurs avions se perdaient dans les tempêtes de l'Arctique et leurs bateaux restaient pris dans les glaces. Des centaines d'hommes moururent de froid, mais pendant toute l'année 1942 et jusqu'en 1943, les Allemands persistèrent, tellement était vital leur besoin de renseignements météo exacts. Les Américains aussi s'obstinèrent. Avec l'aide de Magic, de briseurs de glace efficaces, de patrouilles sur traîneaux, et de leurs pesants Catalina — quelquefois brisés par les orages de l'Arctique — ils prirent en chasse et détruisirent les uns après les autres les chalutiers allemands et les stations terrestres partout où ils surgissaient jusqu'à ce qu'enfin les Allemands s'avouassent vaincus.

La guerre météorologique ne se cantonna pas seulement aux mers arctiques. Elle s'étendit partout où les Allemands essayaient d'obtenir des données en dehors des frontières des pays de l'Axe. Les armes utilisées n'étaient pas limitées aux canons, bateaux et avions. Celle plus subtile de la radio, servait à déceler, puis à brouiller les stations qui se trouvaient hors de portée. Quand il s'en trouvait en territoire neutre — comme ce fut le cas dans la colonie espagnole d'Ifni au Maroc — les Alliés employaient les arguments brutaux des sanctions économiques et diplomatiques. Ainsi l'OSS lança une opération réduite mais approfondie contre la station d'Ifni et, muni de preuves et d'éléments d'information nécessaires, l'ambassadeur américain à Madrid, Carlton Hayes, alla présenter sa plainte — et ses menaces — au gouvernement espagnol. L'Espagne étant particulièrement dépendante du pétrole américain, accepte la requête et au grand dam des Allemands qui perdaient là une nouvelle station météo.

La destruction de la flotte de l'Etappe et des U-boote dans l'Atlantique-Nord priva également les Allemands de renseignements météo, et c'est à Ultra que revenait une grande part de cette réussite. Sans doute aussi important était le fait que dès les premiers jours de la guerre, la machine de Turing avait permis au service météo anglais de connaître les rapports météo allemands, et ce pour quantité de raisons. Avec ces rapports ultra-secrets, les Alliés savaient d'abord avec précision quand et comment, le temps sur le continent favoriserait une attaque aérienne. Mais connaissant également ce que les Allemands apprenaient des conditions météo sur les Iles Britanniques, ils purent lancer des attaques aériennes quand les Allemands ne s'y attendaient pas, choisissant des conditions atmosphériques défavorables. Ils tirèrent également des conclusions précieuses sur les intentions allemandes en se basant sur l'intérêt qu'ils portaient au temps au-dessus de telle ou telle région. Mais ce qui compta finalement le plus, dans le contexte de l'invasion, fut la possibilité de déchiffrer les rapports météo allemands, permettant ainsi aux états-majors alliés de savoir quand les Allemands s'attendaient à une attaque ou non. Briser leur code météo s'était montré très difficile, mais en 1943, après de nombreux essais et changements, les Allemands standardisèrent leur système crypto-analytique à l'Ouest. Ils ne devaient plus en changer jusqu'après l'invasion.

Dans la guerre météo, on le voit, nombreuses étaient les ruses, car non seulement on pouvait priver les Allemands de renseignements exacts, mais encore pouvait-on leur fournir de fausses prévisions. Cette campagne s'était d'ailleurs ouverte dès la déclaration de guerre, lorsque l'agent double, Snow, avait émis de sa cellule, de faux rapports sur le temps au-dessus de Londres, afin d'égarer Hitler au cas où il déciderait d'engager les hostilités par une attaque de la Luftwaffe sur la capitale britannique. Puis elle continua quand les agents allemands, pris en train d'implanter des stations météo dans les îles de l'Atlantique-Nord, furent arrêtés et « récupérés » pour fournir à Berlin de fausses données météo.

Campagne de mystification, tours de passe-passe technologiques, mini-guerre sauvage à l'intérieur de la grande, obligèrent les Allemands à dépendre uniquement — pour la météo sur les Iles Britanniques, l'Atlantique, et les rivages à l'Est des deux Amériques — d'un procédé statistique basé sur les modèles de temps observés sur la Manche depuis les cinquante dernières années. Ils s'appuyèrent aussi sur les rapports des sous-marins isolés et sur ceux éventuels de la Luftwaffe, sur les éléments fournis par les stations en territoire allemand, sur les interceptions de rapports météo alliés — enfin sur ce qu'ils pouvaient voir au-delà de leur fenêtre de leurs propres yeux... Les Alliés, eux, avaient à leur disposition des renseignements beaucoup plus détaillés ; et de tous les facteurs naturels, de tous les plans élaborés par les hommes, qui permettraient un jour le succès de l'invasion, la connaissance alliée — et l'ignorance allemande — des conditions atmosphériques la veille du jour J, s'avéreraient déterminantes.

Chapitre III

LE LCS ET LE PLAN JAEL

Au printemps de 1943, les différentes branches des services secrets alliés étaient pleinement opérationnelles, et la guerre secrète augmentait en rythme et en violence. La mystification allait bientôt en dominer le déroulement inextricable. Héritiers de cette traditionnelle vertu anglaise qui faisait s'exclamer Jacques Bénigne Bossuet, philosophe de Louis XIV : « Ah ! la perfide Angleterre », les hommes du LCS se mirent à tisser un réseau complexe de stratagèmes sans égal dans toute l'histoire d'Angleterre ou d'Amérique. On ne trouvait de parallèles que dans les préceptes de Sun Tzu, le conquérant de Ch'u, Ch'i, et Ch'in en 600-500 avant Jésus-Christ, qui avait écrit le premier traité du monde de théorie militaire alors que Londres était encore un marécage préhistorique. Sun Tzu avait donné une définition exacte des tâches qui allaient être celles du LCS et de ses associés dans les mois à venir : « Commencez d'abord par miner l'ennemi, et son armée tombera dans vos bras. Usez de subversion, attaquez son moral, frappez son économie, corrompez-le. Semez la discorde intérieure entre ses dirigeants, détruisez-le sans le combattre. »

Il s'agissait dès lors, de laisser Hitler et l'OKW « intrigués aussi bien que battus », à propos d'Overlord, nom de code des intentions stratégiques alliées dans l'Europe du Nord-Ouest pour 1944. La cible principale était Hitler lui-même en tant que cerveau et chef suprême de l'Allemagne. Face à ce brillant autodidacte, se tenaient quelques hommes d'élite à la tête des services de renseignements anglais, descendants de ce clan qui avait créé et gouverné un Empire mondial depuis plus de deux cents ans. Disposant d'une riche somme d'expérience dans l'art du stratagème et des moyens spéciaux, ils se consacraient à leur tâche avec enthousiasme, avec ce désir de nuire, né de la conscience de lutter pour leur propre survie. C'était, ils le sentaient bien, le dernier grand coup de dé de la Grande-Bretagne, et il leur fallait jouer leurs cartes comme Chateaubriand l'avait fait lorsque, sa classe menacée d'extermination par la Révolution française, il avait continué à garder en lui le puissant amour de la liberté, propre à une aristocratie dont la dernière heure a sonné.

A Storey's Gate, le bunker de Churchill sous les pavés de Westminster, « le grand maître de l'intoxication », ainsi nommé à la manière d'un personnage de Kafka, le colonel John Henry Bevan, chef du LCS, incarnait ce type d'aristocrate habile et menacé. Tout à fait inconnu du grand public, cet homme silencieux et secret, se trouvait au cœur du pouvoir financier à Londres. Petit-fils de l'un des plus grands banquiers britanniques et fils d'un des premiers agents de change de la capitale britannique, Bevan, lui-même agent de change influent et renommé, se promettait de reprendre ses fonctions dans la cité après la guerre.

Sa nomination comme « grand-maître de l'intoxication » était donc dans la tradition du poste, le LCS ayant eu à sa tête un fils du comte de Derby, un frère du comte de Scarborough, et maintenant Bevan, qui était par son mariage, membre de la famille du comte de Lucan et apparenté par sa mère aux vicomtes Hampden et aux ducs de Buccleuch.

Bevan était passé par Eton, de même que Menzies, puis par Christ Church, pépinière d'intelligences briguant les emplois les plus élevés au service de l'Etat, véritable monde à l'intérieur d'un monde, où tous les membres se connaissaient intimement.

Son passage à Christ Church fut abrégé par la Première Guerre mondiale. Il partit comme officier d'infanterie dans le régiment du Hertfordshire, obtint la médaille militaire et entra, vers la fin de la guerre, à l'état-major du Lord Maréchal Haig, le commandant en chef britannique en France. En 1939, Bevan rejoignit son corps et devint officier du renseignement au quartier général du commandement ouest à Chester. A la création du LCS son premier chef, le colonel Stanley, en faisait son officier d'état-major, puis lui succédait peu de temps après la démission de ce dernier.

A cette époque l'induction en erreur avait déjà fait ses preuves comme arme de guerre stratégique, mais sous la direction de Bevan, le LCS allait prendre une importance telle dans la hiérarchie militaire qu'il en viendrait à contrôler l'activité d'autres sections secrètes. Les Américains reconnaissant la suprématie britannique dans les secteurs d'opérations Europe, Proche-Orient et océan Indien, des antennes locales furent créées à Washington, Le Caire, Alger, Delhi et finalement à Trincomalee. Ainsi, le champ d'action de Bevan était-il vaste, de même que son autorité, bien que battue en brèche dans le secteur commandé par le général Douglas MacArthur, dont l'antipathie pour tout ce qui était britannique était notoire.

Bevan avait cependant en cas de besoin, autorité sur tous les services gouvernementaux, à Londres, et par le Contrôle interallié de sécurité, à Washington, pour agir en fonction des résultats obtenus par le LCS. Ses pouvoirs étaient donc sans précédent, d'autant plus qu'il arrivait même à Roosevelt et Churchill de subordonner leur attitude et leurs déclarations aux impératifs de l'intoxication. Si bien qu'à Storey's Gate, Bevan en vint à être considéré un peu comme l'exécuteur public, avec curiosité, voire admiration, mais toujours avec prudence et respect.

Pour les gens de l'extérieur, y compris les chefs d'armée, Bevan et les gens du LCS apparaissaient comme des personnalités habiles et mystérieuses dont il ne fallait pas trop chercher à préciser les charges et les activités. Même les socialistes les plus récalcitrants du gouvernement Churchill, notamment Herbert Morrison, le ministre de l'Intérieur, qui n'était pas commode, estimèrent sage de suivre cet exemple. Firent de même, les syndicats, ou des organes d'opinion publique réputés « difficiles » comme le Daily Mirror et le New York Times, ainsi que la BBC et l'Eglise. « Le colonel Bevan menait son jeu avec une adresse consommée », rappelle le général John R. Deane, chef de la mission militaire US à Moscou, « et laissait toujours la main gauche ignorer ce que faisait la main droite. Après un certain temps, je réalisai que même son propre état-major n'était pas au courant de toutes ses activités. » Comme Canaris, Bevan était bien résolu à confondre histoire et mystère. Des années après, dans le confort et l'intimité de son appartement de Saint James's, il se plaisait d'ailleurs à déclarer, parlant un jour de son rôle : « Je ne pense pas qu'il soit bon de dire ce que j'ai fait. Je ne crois pas non plus que les gouvernements seraient prêts à le reconnaître, malgré l'excuse du temps de guerre. »

En tant qu'officier contrôleur du LCS — et bien peu connaissaient ce titre — Bevan avait l'entière confiance de Churchill, et à travers lui, de Roosevelt, car le président prenait autant de plaisir à l'intoxication que le Premier ministre.

« Bevan et Churchill », raconte un officier du LCS, « se stimulaient l'un l'autre et exhumaient tous les vieux trucs d'Eton et Harrow, les fourbissant pour un nouvel usage. » Bevan avait une « annexe » à son club, institution qui, en Grande-Bretagne, illustrait souvent le caractère d'un homme. Il s'agissait de Brook's, selon George Trevelyan, le club politique le plus célèbre qui ait jamais existé à Londres. C'est chez Brook's, au bar, sous le portrait de Spencer Perceval, l'unique Premier ministre britannique jamais assassiné, que Bevan rencontra l'homme qui devint son adjoint au LCS, Wingate. De tous les subordonnés de Bevan, Wingate était seul à connaître la totalité de ses activités.

Le lieutenant-colonel Sir Ronald Evelyn Leslie Wingate était petit et myope, avec des cheveux noirs soigneusement brossés en arrière. On a dit de lui qu'il pouvait penser « de neuf façons différentes à la fois », et il semble bien que sa carrière entière l'ait formé pour cette fonction passagère d'apprenti-sorcier.

Wingate était né le 30 septembre 1889, fils aîné de Wingate Pacha d'Egypte et du Soudan, le général Sir F. Reginald Wingate, farouche victorien et l'un des soldats les plus décorés de la reine impératrice.

Il alla dans une école publique à Bradfield, près de Rugby, puis à Balliol, Oxford, où on se « préoccupait moins d'érudition que de réussite » ce qui donnait l'impression d' « un culte plus que d'un collège ». Il en sortit, parlant admirablement le français, le grec, l'urdu et l'arabe. Il épousa alors la fille du Pr Paul Vinagradov, ex-grand-maître de l'Université de Moscou et devint commissaire assistant à Sialkot dans le Pundjab de l'Inde de Kipling. Pendant la Première Guerre mondiale il avait fait fonction d'officier aux affaires politiques en Mésopotamie. Ses maîtres dans l'art de l'intrigue avaient été Sir Percy Cox, le grand arabisant, G.E. Leachman, l'explorateur et chef de la tribu Anaizeh, E.B. Sloane, l'agent anglais parlant cinq dialectes kurdes et persans, Gertrude Bell enfin, l'extraordinaire Anglaise qui passa sa vie dans les déserts d'Arabie et fut la seule femme officier de l'armée britannique. Il avait ainsi aiguisé ses facultés intellectuelles au cours des années passées en Inde et au Moyen-Orient et acquis une tournure d'esprit presque arménienne quand il arriva au LCS. Ayant pris part à Menace, l'expédition de Gaulle à Dakar en 1940, et à diverses opérations pour soustraire aux Allemands les dépôts d'or belge et hollandais, Wingate avait déjà eu affaire, avec succès, à certains des hommes les plus habiles et les plus rusés du monde sur le plan politique. Jugée selon les critères de l'homme moyen, son expérience de l'intrigue apparaissait infinie et rigoureuse, sachant parfaitement se servir de l'expérience qu'avait acquise Bevan au cours de sa carrière passée dans les hautes sphères de la finance pour concevoir et mettre au point tous les stratagèmes du LCS. Par leurs relations avec de nombreux membres éminents du gouvernement, des hauts fonctionnaires de l'Empire, des soldats, des politiciens, des journalistes en vue, les deux hommes, on le voit, dépassaient aisément le cercle fermé de la bureaucratie ordinaire.

Il y avait aussi autour de Bevan et de Wingate un petit groupe d'hommes ingénieux : le premier membre du LCS, le lieutenant-colonel de l'air, Dennis Wheatly, romancier connu, spécialisé dans le crime et la magie noire, dont les best-sellers étaient L'Eunuque d'Istanbul, Le Richissime Espagnol et l'Obsession de Toby Jugg. Il y avait George Mallaby, plus tard haut commissaire en Nouvelle-Zélande, Harold Peteval, directeur d'une fabrique de savon en temps de paix, et remarquable officier du renseignement en temps de guerre ; Derrick Morley, financier et armateur, James Arbuthnott, un des grands du marché du thé. Le Pr Edward Neville da Costa Andrade, l'un des scientifiques anglais les plus illustres qui collectionnait avec passion « les vieux livres et le savoir inutile » et dont la spécialité était l'utilisation des ruses scientifiques pour tromper l'ennemi. (C'est lui qui avait inventé les petites crécelles utilisées par les parachutistes alliés pour reconnaître l'ami de l'ennemi dans le noir.)

Sir Reginal Hoare, banquier et diplomate qui connaissait les moindres recoins de toutes les capitales de l'Europe centrale et orientale, servait de lien avec le Foreign Office. Le lieutenant-colonel William H. Baumer, originaire d'Omaha, Nebraska, sorti de Creighton à West Point, représentait le Pentagone. Au Caire, l'envoyé du LCS était le brigadier Dudley Clarke, dont le travail sur Bertram avait contribué à la défaite de Rommel à El-Alamein. A Washington, le lieutenant-colonel H.M. O'Connor, bien connu en Irlande comme propriétaire d'une écurie de course, et le major Michael Bratby, l'artiste. En Inde et Asie du Sud, le colonel Peter Fleming, auteur, journaliste, ornithologue et frère de Ian Fleming, le romancier d'espionnage.

De ce petit noyau d'hommes rayonnaient des connexions sur tous les centres militaires, politiques ou d'espionnage du Haut Commandement interallié. Au COSSAC, le nouveau quartier général chargé de plans pour l'invasion, l'intoxication était confiée au comité des moyens spéciaux ou à l'Ops B, sous-section du département des opérations. Les organismes anglais chargés de l'exécution des stratagèmes du LCS étaient, rappelons-le, le MI-6, le MI-5, le comité XX, le PWE (bureau chargé de l'action politique) et les services de renseignement des trois armes. Aux Etats-Unis et dans la sphère d'influence américaine, l'organe le plus utilisé par le LCS et le CSM était le Contrôle de sécurité interallié qui à son tour contrôlait l'OSS, le FBI, les différents bureaux d'information et le Département d'Etat.

Parmi les moyens considérables à la disposition du LCS, les banques et la Cité de Londres jouèrent un rôle certain, bien qu'invisible, tant au niveau du renseignement que de la mystification. Bevan et Menzies étaient tous deux bien placés pour utiliser au maximum les ressources infinies du monde secret de la haute finance, pour le plus grand avantage de la stratégie alliée. Nul doute que les hiérarques du monde financier leur facilitèrent beaucoup l'accès aux coulisses du pouvoir à Berlin.

Le général Sir Hastings Ismay, enfin, chef d'état-major de Churchill et secrétaire militaire du Premier ministre, du cabinet de guerre et des chefs d'état-major, représentait également l'un des pôles d'influence les plus importants du LCS. Ismay était en effet ami de Bevan et de Wingate. Il avait gravi les échelons avec ce dernier, alors qu'ils étaient au service de la Couronne en Inde. Fils du juge principal à Mysore, il était expert en arabe et persan, chasseur de sangliers émérite, vétéran des petites guerres de frontières et diplomate militaire accompli. Aussi quand il était devenu l'un des secrétaires du Comité de défense impériale, donc chef d'état-major de Churchill, il s'était arrangé pour faire entrer Wingate au LCS. Ismay, disait Lord Moran, était le Pepys à la cour de Churchill, le « parfait bidon d'huile ».

Les membres du LCS ne se sentaient concernés ni par la tactique de la guerre, ni même par l'exécution de leurs schémas d'induction en erreur. Ils consacraient leur action à la stratégie et leurs textes de références étaient les classiques de l'Histoire et non ceux de la science militaire. Ils consultaient plus fréquemment Adam Smith que Vegetius ; Procope était leur guide et non Frédéric le Grand, faisant montre d'une certaine arrogance édouardienne.

Dès les premiers mois de 1943, ils consacrèrent le maximum de leur temps à une opération de couverture et de tromperie d'une importance considérable : le plan Jaël. Bevan et Wingate en étaient les principaux auteurs. Leur objectif était le suivant : amener l'ennemi à commettre des erreurs stratégiques, face aux opérations menées par les Nations unies préalablement au jour J. Les deux composantes majeures de ce plan avaient été décidées à Casablanca. La première Cockade devait amener l'ennemi à maintenir le maximum de forces en Europe occidentale et dans le secteur méditerranéen afin d'empêcher une concentration sur le front russe. La seconde Zeppelin devait laisser croire à Hitler qu'à la fin de la campagne tunisienne, les Alliés n'envahiraient ni la Sicile ni l'Italie (ce qui était la suite normale de la stratégie alliée), mais plutôt la Grèce et le Sud de la France. Le Haut Commandement attendait donc de Storey's Gate qu'il dissimulât les mouvements effectifs des armées et des flottes intéressées en simulant en même temps des déplacements de troupes et de flottes inexistantes.

Plusieurs facteurs simplifièrent cette tâche démesurée. Tout d'abord Ultra prouvait que les Allemands n'avaient pas une connaissance exacte de la force et de la disposition des armées de l'Empire britannique tout en étant fort bien renseignés sur celles des Etats-Unis. L'OKW surestimait constamment les forces britanniques d'au moins vingt à trente pour cent, et leur attribuait deux armées, la neuvième et la dixième, au Proche-Orient, alors qu'il ne s'agissait que de deux brigades. Ensuite, à partir de renseignements obtenus par Ultra et le MI-6, de déclarations faites par les émissaires de la Schwarze Kapelle aux gouvernements américain et britannique, et d'estimations réalisées par les Russes sur l'ordre de bataille des forces allemandes, les Alliés connaissaient parfaitement l'orientation et la capacité de la Wehrmacht. Ces mêmes sources révélaient l'hypersensibilité de Hitler aux menaces possibles sur les limites de son empire : la Norvège, les Balkans et les régions auxiliaires, la trouée de Ljubljana à travers les Alpes Juliennes au nord de l'Adriatique, les îles Egée que Hitler considérait comme la ceinture de barbelés d'Europe du Sud-Est et la Turquie, susceptible d'abandonner sa neutralité en faveur des Alliés. Les hommes du LCS constatèrent par suite très vite que la conception de Hitler sur la stratégie militaire le rendait très vulnérable à toutes les feintes en ce domaine. L'impératif territorial gouvernait toute sa pensée. Sitôt qu'il percevait la moindre menace en un point quelconque de la forteresse Europe, sa réaction immédiate était d'y expédier des renforts pris sur ses réserves. Cette faiblesse permit de le leurrer, dans la mesure où il négligeait une loi militaire fondamentale, essayer d'être fort partout équivalant à être faible partout.

Cependant Hitler n'était pas novice sur le plan stratégique. Il détectait la ruse très rapidement, mais le LCS le savait heureusement mal servi par ses propres services secrets. Après ses premiers succès en 1940-1941, aucun potentat de l'Histoire n'eut en effet d' « yeux et d'oreilles » plus faillibles que ceux du Führer. De plus il avait tendance à négliger les informations sérieuses en faveur d'évaluations « dignes de foi », émanant de membres du parti. Les postes diplomatiques allemands ne fonctionnaient pas non plus de manière satisfaisante et toutes les indications qu'ils pouvaient obtenir en Grande-Bretagne et en Amérique étaient sous le contrôle étroit du MI-5 ou du FBI. Enfin et surtout Ultra indiquait toujours les réactions de Hitler à toute feinte en provenance du camp allié.

Mais le LCS possédait encore un autre atout, l'excellence du système de communications commerciales, militaires et diplomatiques, ces réseaux étendus au monde entier lui permettant de transmettre des instructions sur une base rapide, sûre, fiable et synchronisée. Cela signifiait par exemple qu'une histoire lancée dans les cercles diplomatiques de Lisbonne, pouvait se matérialiser par un mouvement diplomatique à Washington, un article de journal à Stockholm, une action militaire sur la frontière de Syrie et de Turquie, une fuite calculée à Madrid, une rumeur au Caire, et la déclaration d'un chef militaire à Delhi. Grâce à ses communications, conçues pour contrôler l'empire entier, Bevan avait les moyens de faire « sonner son carillon à volonté ».

Cependant Bevan et les hommes du LCS n'ignoraient pas que le succès de leurs stratagèmes dépendait d'une sécurité absolue autour des secrets alliés. Les vertus fondamentales de discrétion et de cohérence étaient donc indispensables à tout ce qui était dit ou fait dans ce domaine. Une déclaration un peu vive, un pas de clerc, un chiffre dévoilé, la moindre erreur suffiraient à démasquer la feinte. Auquel cas, les Allemands déduiraient la vérité du mensonge, corrigeraient la disposition de leurs troupes et surprendraient les Alliés. Pour atteindre à une sécurité totale, seul un groupe extrêmement restreint de chefs alliés devait être mis au courant des véritables intentions des Alliés. Bref, il serait parfois nécessaire d'égarer un ami pour mieux tromper l'ennemi.

Le succès d'une ruse exigeait des personnes et des bureaux concernés l'obéissance la plus stricte aux directives du LCS. Ceci était difficile à obtenir, particulièrement des Américains. A plusieurs occasions importantes, les Américains, à qui rien ne pouvait être révélé sur les ordres donnés, les remettaient en cause ou même les ignoraient. Ce problème revint fréquemment avec les agents américains sur le terrain (et spécialement les agents subalternes). Bien que les responsables au sommet fissent l'unité sur le but à atteindre, l'emporter sur les services secrets allemands, il n'en était pas de même aux échelons inférieurs. Il y avait parfois des tensions entre agents des différents gouvernements, et à la limite entre organisations secrètes d'un même gouvernement, et des rivalités si fortes qu'elles aboutissaient à des situations dangereuses. Les agents partaient en effet sur le terrain non seulement pour servir les intérêts communs dans la cause alliée, mais aussi pour promouvoir les intérêts particuliers de leur propre gouvernement. Et très souvent, notamment dans le cas des agents russes et britanniques, leurs intérêts ne coïncidaient pas. Nulle part, ce conflit ne fut plus évident que dans les Balkans et le Moyen-Orient, en Turquie surtout, où les Britanniques et les Russes s'affrontaient depuis des siècles. C'est dans ce secteur qu'intervinrent les principaux stratagèmes de Zeppelin, au moment précis où les agents britanniques luttaient pour préserver l'hégémonie britannique dans cette partie du globe, alors que les agents soviétiques intriguaient pour la supplanter et la détruire. Dans le même temps, des agents britanniques de gauche travaillaient avec les Russes contre les Américains, tandis que des agents américains travaillaient avec les Russes contre les Britanniques... On put même voir un agent britannique (il s'agissait d'un homme solitaire combattant pour la cause perdue de vieille Europe), travailler avec les Allemands contre les Russes *et* les Américains. Evoluant dans un nid de vipères, la politique la plus sûre était encore le secret et le silence.

C'est ainsi que le LCS entra dans le jeu extrêmement dangereux et compliqué appelé plan Jaël, jeu très britannique visant à obtenir de grandes victoires avec le minimum de moyens et le maximum d'astuce. L'enjeu pour le LCS et en particulier pour des hommes comme Bevan et Wingate, était non seulement d'acculer Hitler à la défaite, mais de maintenir l'Empire et la Grande-Bretagne comme puissance mondiale. Qui pouvait prévoir qu'en remportant une grande victoire sur la machine militaire la plus efficace du monde, le LCS et les services secrets anglais allaient être incapables de préserver l'objet même de leur combat : le pouvoir de Londres ? C'était là l'immense ironie de la guerre secrète.

Chapitre IV

OPERATION CHAIR A PATE (MINCEMEAT)

Le 13 mai 1943, Hitler fit étaler une carte des Balkans sur la table des cartes de son quartier général à Rastenburg, et chaussant ses lunettes déclara : « Il nous faut rester sur le qui-vive, telle une araignée dans sa toile. Dieu merci, j'ai toujours eu du flair pour tout, si bien que je peux généralement prévoir les choses avant qu'elle n'arrivent. » Puis il ajouta : « Il est très important pour nous de tenir les Balkans, le cuivre, le bauxite, le chrome, mais plus que tout, de nous assurer que (...) nous n'aboutirons pas à un fiasco complet dans ce secteur. » Montrant la « corne d'or » — l'étroite voie d'eau turque reliant la mer Noire à la Méditerranée, et séparant l'Europe de l'Asie, Hitler dit encore : « C'est là que les événements décisifs auront lieu » et « si nous sommes acculés au pire », l'OKW « soutirera » du front russe, encore plus de divisions pour empêcher le succès d'une invasion alliée dans cette zone.

Pourquoi les Balkans, nom dérivé du mot turc pour désigner « les montagnes », fascinaient-ils Hitler ? Il y avait bien sûr, le vieux rêve allemand toujours insistant du Drang nach Osten : un empire en Arabie, et au-delà, en Afrique et en Inde. Les matières premières de la région étaient primordiales, en particulier le pétrole de Roumanie. Il y avait par ailleurs la stratégie britannique traditionnelle. Le major F.W. Deakin, agent britannique dans les Balkans pendant la Seconde

Guerre mondiale, et plus tard gardien du Collège Saint-Antony à Oxford écrit :

> ... L'ombre des Dardanelles et de la campagne de Macédoine pesait lourdement sur la pensée de Hitler qui trouvait inconcevable que Churchill ne fût pas obsédé par le désir de démontrer en 1943 la validité de sa grande stratégie de 1915 : une attaque décisive menée du Sud-Est contre l'Europe occupé par l'ennemi. C'était en fait la grande peur du Führer, dominant tous ses plans d'organisation contre les Alliés occidentaux, souvent à l'encontre de l'avis de ses experts militaires.

Les stratagèmes alliés n'ignoraient rien de ses appréhensions. Mais au moment où les armées de l'Axe en Tunisie se rendaient aux armées anglo-américaines en 1943, il avait déjà été décidé à Casablanca que l'opération suivante serait la Sicile. Aussi quand les Alliés s'emparèrent le 11 juin 1943 de la petite île de Pantelleria, l'OKW aurait pu discerner que les intentions des Alliés étaient claires comme le cristal. Comme le disait Churchill : « Seul un fieffé imbécile ne s'apercevrait pas qu'il s'agit de la Sicile. » Que fallait-il faire pour égarer Hitler ?... Hitler pensant probablement que la Sicile était une cible *trop* évidente, et que les Alliés projetaient des débarquements importants dans d'autres régions du littoral sud de l'Europe, il n'y avait donc qu'une chose à faire : jouer de cette conviction. Il fallait le persuader, pour couvrir Husky, l'invasion de la Sicile, que les Alliés débarqueraient en deux points : en Grèce pour préparer une poussée à travers les Balkans, et en Sardaigne pour servir de relais à une invasion du Sud de la France. Ainsi, le LCS s'employa-t-il à entamer une campagne d'induction en erreur pour faire croire que la stratégie de Churchill en 1943 serait identique à celle de 1915 : les Alliés allaient lever vraiment leur arme pour la planter dans « le basventre flasque de l'Europe ». Ses plans prêts en juin 1943, le LCS mit alors au point une ruse digne du cheval de Troie dont elle reçut le nom. On baptisa Chair à pâté (Mincemeat), une de ses composantes majeures.

La guerre terminée, Mincemeat serait considérée comme l'un des stratagèmes les plus ingénieux et les plus originaux du conflit. Ingénieux, il l'était, mais l'idée de base n'était qu'une variante d'un vieux truc : placer dans les mains de l'ennemi de faux documents afin de l'amener à travailler contre lui-même. Cette ruse, courante en temps de paix, était utilisée en temps de guerre depuis des siècles et le colonel Richard Meinertzhagen ainsi que le général de brigade Archibald Wavell lui devaient déjà une de leurs grandes réussites pendant la campagne britannique en Arabie contre les Turcs et les Allemands au cours de la Première Guerre mondiale. Ce procédé allait changer la face des choses pendant le second conflit mondial, Churchill lui-même le considérant comme un instrument très valable de la guerre moderne. Wavell, qui allait s'élever au sommet de la hiérarchie militaire britannique, s'en était d'ailleurs inspiré pour écrire son mémorandum à Churchill, lequel serait à l'origine de la création du LCS. Wingate dont le père avait suivi Meinertzhagen allait s'en servir également, et Mincemeat présenterait des similitudes frappantes avec cette ancienne opération. Mais son influence ne s'arrêterait pas là. C'est également avec le type de tromperie utilisé par Wavell en Afrique du Nord, contre les Italiens et pour le plan Bertram, que Montgomery allait obtenir l'effet de surprise d'El-Alamein. C'est cette stratégie enfin, qui dans une certaine mesure servirait de modèle aux opérations de couverture pour le jour J lui-même.

Au moment où le général Sir Edmund Allenby était devenu commandant en chef de l'armée impériale dans le désert du Sinaï en 1917, la guerre se trouvait dans une impasse. L'un après l'autre, les chefs militaires avaient essayé de briser le front germano-turc dans le désert aride et pierreux du Gaza, mais toutes les attaques avaient échoué. Allenby avait donc décidé de tenter ce que le chef des forces allemandes tenait pour impossible : encercler l'ennemi par un mouvement tournant de la cavalerie lancée sur le flanc interne des lignes germano-turques. Le flanc le moins bien défendu de tous se situait à Beersheba, dont la voie d'accès était si impressionnante pour des cavaliers que nul jusqu'alors, ami ou ennemi, ne l'avait tentée. Meinertzhagen était officier du renseignement à l'état-major d'Allenby, Wavell était à l'état-major général d'une brigade de cavalerie, et ils devaient tous deux fournir une couverture à l'opération. Leur premier soin fut de liquider le système d'espionnage allemand dans le désert et d'empêcher toute reconnaissance aérienne du front. Ils y réussirent. Puis pour convaincre le chef allemand, le général Kress von Kressenstein, qu'Allenby attaquerait de nouveau à Gaza, et que tout mouvement dans la zone de Beersheba n'était qu'une feinte, Meinertzhagen échafauda sa « ruse de guerre ». Les tâches se décomposaient en deux temps : faire passer d'abord des documents fabriqués dans les mains de l'ennemi pour soutenir cette fable, puis dans une seconde phase, fournir à la section de décryptage de l'ennemi un témoignage en ce sens.

Meinertzhagen s'attacha lui-même à la confection de ces documents et rédigea un faux carnet de route d'officier d'état-major pour laisser croire que le mouvement de Beersheba n'était qu'une simulation, que le jour d'une attaque sur Gaza serait bien postérieur à la date effectivement choisie. Ce carnet prit place dans une musette avec vingt billets d'une livre, une assez jolie somme pour l'époque, pour donner l'impression que ce n'était pas une perte intentionnelle. Puis afin de rendre le « coup » plus crédible, Meinertzhagen fit faire une lettre de la « femme » de l'officier supposé, annonçant la naissance d'un fils. Une seconde lettre prouvait l'existence d'une correspondance entre deux officiers d'état-major, se plaignant de la grossièreté d'Allenby et de son ambition, et révélant que l'attaque prévue sur Gaza à la fin octobre, date effectivement retenue, était reportée à la mi-novembre. Meinertzhagen falsifia également un agenda de conférence du grand quartier général tendant à confirmer ce bruit et finalement, ajouta au contenu de la musette un code très valable, le tout constituant un ensemble qu'un officier en reconnaissance pouvait facilement transporter avec lui.

Le 10 octobre 1917, Meinertzhagen emportant la musette, partit à cheval dans le no man's land entre les lignes anglaises et allemandes, à la recherche d'une patrouille turque. Il en trouva une très vite, et dès qu'il fut pris sous le feu, lâcha la musette et repartit dans ses lignes. Il lâcha également ses jumelles, sa gourde et son fusil, pour montrer que sa fuite avait été précipitée ; comme dernier raffinement et pour suggérer que sa faiblesse seule l'avait empêché de transporter sa musette, il l'avait préalablement tachée de sang pris à son cheval.

Meinertzhagen alors joua sa seconde carte. Persuadé que l'ennemi serait tenté d'utiliser le code trouvé dans la musette pour décrypter les communications de la station radio britannique au sommet de la pyramide de Guizeh, haute de 135 mètres, il se mit à fournir systématiquement de fausses informations à l'ennemi : il fit d'abord envoyer un message du quartier général ordonnant des recherches urgentes pour retrouver la musette perdue, puis un second message déplorant le manque de soin du porteur, exigeant son passage immédiat en cour martiale. Un troisième message convoquait le « colonel R. Meinertzhagen du corps de cavalerie du désert, au rapport du grand quartier général pour comparaître devant une commission d'enquête. Cet officier serait rendu à son corps en temps voulu, pour participer à l'attaque du *14 novembre 1917* ». D'autres messages confirmaient ainsi qu'aucune offensive n'aurait lieu avant le 14 novembre car Allenby était parti en permission et ne reviendrait pas avant le 7. Pour parachever le but, le commandant en chef et son état-major furent invités à des courses au Caire le 14 novembre, et pour accréditer cette rumeur, des affiches furent placardées dans toute la ville du Caire annonçant ces courses. La *Gazette Egyptienne* en publia même le tableau et on installa de grandes tentes sur l'hippodrome.

Pendant ce temps, le service secret radio britannique ayant révélé que l'ennemi mordait à l'hameçon et prenait de nouvelles dispositions, l'heure était venue pour Meinertzhagen de jeter le dernier atout. Sachant les Turcs extrêmement pauvres en cigarettes, il en fit préparer 120 000 paquets contenant de l'opium. Et pendant qu'Allenby déplaçait sans bruit sa cavalerie, de Gaza à Beersheba, laissant derrière lui 15 000 « chevaux » de paille et de toile et maintenant des communications radio pour laisser croire qu'elle était toujours à Gaza, le Royal Flying Corps (l'aviation du roi) laissa tomber les cigarettes sur les lignes ennemies. Aussi quand le bombardement commença à l'aube du 30 octobre 1917 et que 15 000 cavaliers sortirent de l'oued pour attaquer la ville, les Turcs dormaient profondément, trop drogués pour détruire les puits de Beersheba. La cavalerie impériale contourna leurs lignes et les rejeta à la mer en direction de Gaza. Alors Allenby attaqua à Gaza, les Turcs s'effondrèrent, et le 15 novembre l'armée impériale était dans les collines de Judée, marchant sur Jérusalem. De sorte que le 9 décembre 1917, Allenby entrait dans la ville, comme le rappelle Meinertzhagen « pour chasser à jamais les Turcs des lieux saints de la chrétienté. »

En fait, le stratagème de Meinertzhagen était fort simple. Mais à la génération suivante il fallait l'affiner considérablement pour Mincemeat.

Il s'agissait cette fois de dissimuler une offensive dont le but apparaissait de « façon évidente » et non comme une offensive « impossible », tâche beaucoup plus difficile. D'autre part les moyens utilisés dans la guerre moderne pour déceler le vrai du faux, étaient devenus très compliqués. Toute information fausse devait, pour être accréditée chez l'ennemi, résister à l'enquête la plus poussée. Une musette tachée de sang ne suffirait plus. Les apparences de la tromperie devaient présenter un aspect authentique.

Le capitaine de frégate Ewen Montagu de la section 17 F à l'Amirauté[1], apporta une solution à ce problème. Il était le fils de Lord Swaythling, l'un des grands barons de la banque juive en Angleterre, et était appelé à devenir l'un des plus grands juristes d'Angleterre.

Une discussion entre Montaigu et le chef d'escadrille Sir Archibald Cholmondley, expert en antiquités, homologue de Montaigu au ministère de l'Air, fournit un nouvel élément pour rajeunir le vieux stratagème, élément digne de Meinertzhagen lui-même. Montaigu le proposa au comité XX : « Pourquoi ne pas se procurer un cadavre, le faire passer pour celui d'un officier d'état-major, le munir de papiers importants indiquant clairement que nous allions attaquer quelque part, mais ailleurs qu'en Sicile ? »

Ainsi naissait l'idée de « l'homme qui n'a jamais existé ». Après plusieurs réunions, Churchill, Eisenhower, les chefs interalliés à Washington, et les chefs d'état-major à Londres approuvèrent le plan : une serviette contenant des documents tels que les Allemands en concluraient que la Grèce et la Sardaigne étaient vraiment les terres choisies pour l'invasion, et non la Sicile. Pour accompagner et donner corps à cette information, un cadavre, qu'un sous-marin mettrait à flotter près de Huelva en Espagne, où l'Abwehr avait un agent bien placé auprès des Espagnols... Il y avait d'ailleurs beaucoup d'arguments en faveur de ce plan. En effet, le réseau d'espionnage en Espagne menait ses opérations de façon hâtive et superficielle. Par exemple, les documents trouvés sur le corps de l'officier français Clamorgan avaient été expédiés d'une traite à Berlin après une vérification très sommaire. Mais il y avait aussi des risques très sérieux car les Allemands avaient rejeté les documents Clamorgan comme truqués bien qu'ils aient été vrais, tout aussi vrais que les circonstances de sa mort. N'agiraient-ils pas de manière identique malgré toute l'ingéniosité apportée à l'élaboration du stratagème ? S'ils n'étaient pas dupes, les Allemands pourraient très bien reconstituer la vérité. Et dans ce cas, ils rassembleraient toutes les forces disponibles pour repousser l'attaque contre la Sicile, ou amener le Haut Commandement allié à abandonner complètement Husky. La ruse s'avérait donc une arme à double tranchant.

Le comité XX décida cependant d'assumer le risque et entreprit de se procurer le cadavre d'un homme mort de pneumonie, avec de l'eau dans les poumons, pour faire croire en cas d'autopsie, à la noyade. Bien

1. Le département du renseignement de la Marine responsable de la liaison avec les organismes chargés de l'induction en erreur.

que ce ne fut pas facile à trouver, Monsieur Bentley, coroner londonien, digne de Mr Pickwick, proposa bientôt le corps recherché. Il se trouvait, tout près du quartier général du MI-6 à la morgue de Horse Ferry Road, bâtiment semblable à une chapelle, dans le style néo-byzantin cher aux victoriens, empestant le lysol, les liquides des embaumeurs, et la mort.

Les parents du mort à qui on demanda la permission de l'utiliser à « des fins médicales particulières » acceptèrent de le donner, ignorant les véritables raisons, mais à la seule condition que le nom du cadavre ne fût jamais révélé.

Ceci amena une foule de suppositions sur l'identité de la famille. Wingate prétendit plus tard que le cadavre était celui d'un alcoolique invétéré, trouvé mourant de pneumonie sous les arches du pont de Charing Cross. Brooke penchait pour un jardinier de profession. Une autre rumeur en faisait le frère dévoyé d'un membre du Parlement. Mais Montaigu, responsable du cadavre, se borna à dire que « le corps était celui d'un homme entre trente et quarante ans, qui avait été souffrant quelque temps avant sa mort ». Cette version était plausible car « comme je le faisais remarquer à un officier supérieur qui soulevait l'objection, selon laquelle l'homme en question ne semblait pas apte à la fonction d'officier » : « Il n'a pas besoin de ressembler à un officier, mais seulement à un officier d'état-major. »

Le cadavre enveloppé de glace artificielle et placé dans un cylindre, fut transporté en camion aux bureaux du comité XX, dans Regent Street, situés au-dessus d'un éditeur de musique. Là le comité lui donna un nom : « Capitaine (faisant fonction de commandant) William Martin, 09560, des Royal Marines, officier d'état-major au quartier général des opérations combinées. » Mais un nom seul ne suffisait pas. Il fallait à Martin une identité et une personnalité. Le comité XX fabriqua les deux, utilisant le même moyen que Meinerhatzhagen, des lettres personnelles. Martin ayant un compte en banque à découvert, la Lloyds Bank fournit une lettre de relance très polie qui vint s'ajouter aux autres papiers. Par ailleurs, venant juste de se fiancer il portait sur lui une facture de la bague, achetée à crédit chez S.J. Phillips, le joaillier international de Bond Street. Et pour prouver l'existence de la fiancée, une secrétaire du personnel de Montaigu écrivit deux « lettres d'amour » au cadavre !

Des lettres du père de Martin et des avoués de la famille, toutes soigneusement datées confirmaient des détails mentionnés dans les autres correspondances. Rien ne fut enfin laissé au hasard concernant les objets qu'il porterait sur lui et les dates sur les reçus de factures et les talons de tickets minutieusement contrôlées. Le cadavre devait prendre la mer le 19 avril 1943, et être mis à l'eau le 29-30 avril, Martin étant supposé avoir fait le trajet en avion. Le comité XX voulant faire croire aux Allemands que le corps flottait en mer depuis quatre ou cinq jours pour justifier de son degré de décomposition, les factures et les talons de tickets indiquaient qu'il n'avait pas quitté Londres avant le 24 avril.

Ces petits détails étayaient la crédibilité de l'argument clé du stratagème, à savoir que les Alliés préparaient bien une invasion de la Sicile mais *seulement* pour couvrir les invasions de Sardaigne et de Grèce. Mais le plus important de tous les documents transportés par Martin était une « lettre personnelle » du général Archibald Nye, chef en second de l'état-major général impérial, adressée au général Sir Harold Alexander placé sous les ordres d'Eisenhower pour l'exécution du plan Husky.

Comme à la réflexion, il était apparu que les Allemands s'étonneraient peut-être de voir un simple commandant en possession de papiers aussi importants, il fallait de solides références à Martin. C'est Lord Louis Mountbatten qui les donna. Dans une lettre personnelle au commandant en chef de la Méditerranée, l'amiral de la flotte, Sir Andrew Cunningham, également glissée dans la serviette, Lord Louis déclarait que Martin était un expert dans l'emploi des engins de débarquement : « Il est calme et timide à prime abord, mais il connaît vraiment son affaire. Ses prévisions sur le raid de Dieppe se sont révélées plus exactes que bien des nôtres, et il a participé aux expérimentations faites en Ecosse sur l'équipement et les péniches. Rendez-le moi, je vous en prie, dès que l'attaque sera terminée. » Puis, avec une petite allusion à la fausse destination, la Sardaigne, Mountbatten concluait : « Il pourrait ramener quelques sardines... » (Elles étaient rationnées en Grande-Bretagne, précisait-il.) C'était vraiment dans l'ensemble une jolie ruse, et chaque indice était maintenant soigneusement mis en place. Restait à savoir si les Allemands tomberaient dans le panneau ?

A six heures du soir le 19 avril 1943, l'opération Mincemeat débutait. Le major Martin quittait son pays à bord du sous-marin HMS *Seraph*, et juste avant l'aube du 30 avril, au large de la côte espagnole à Huelva, vieux petit port de pêche mauresque du golfe de Cadix, le *Seraph* faisait surface. Le major Martin toujours dans son cylindre fut alors amené sur le pont tandis qu'une légère houle faisait tanguer le sous-marin. On sortit de son container le cadavre, la serviette, solidement reliée à lui par une chaîne, et un homme d'équipage gonfla la bouée de sauvetage de Martin que l'on mit à la mer avec précaution. Puis, le *Seraph* regagna le large, le remous de ses hélices poussant doucement le corps vers la côte. On coula ensuite le container d'une rafale de mitraillette à bout portant, et le sous-marin plongea.

A l'aube du même jour, un pêcheur découvrit le cadavre du major Martin qui flottait. Il le prit à bord de son petit bateau et le ramena au port. La serviette toujours au bout de sa chaîne, le cadavre fut remis à l'Armada. Quelques instants plus tard, le bureau de la Marine espagnole de la ville informait de l'incident le vice-consul britannique à Huelva qui ignorait le complot. A son tour le consul téléphona la nouvelle au capitaine J.H. Hillgarth, attaché naval britannique à Madrid, demandant des instructions. Hillgarth, lui, au courant du stratagème, demanda au vice-consul de faire en sorte que la serviette lui fût remise non ouverte et intacte. Quand le vice-consul la réclama aux Espagnols, ils lui répondirent qu'elle était gardée aux fins d'enquête. Mais le processus de fuite était déjà en route, car les Espagnols avaient informé l'Abwehr en même temps que les Britanniques et tandis qu'un médecin espagnol examinait le corps et certifiait que c'était celui d'un officier britannique mort de noyade, après une catastrophe aérienne, le représentant de l'Abwehr se hâtait déjà de photocopier tous les documents.

Avec une insistance soigneusement calculée, Hillgarth téléphona alors de Madrid en demandant le retour immédiat de la serviette, communication qui fut rapportée à l'Abwehr. A Londres, cependant, l'Amirauté affichait la liste des tués dans la période du 29 au 30 avril 1943. Le nom du capitaine (faisant fonction de major), William Martin des Royal Marines y était inscrit. Il figurait dans la liste des disparus publiée par le *Times* du 4 juin, liste qui par chance contenait le nom de deux officiers morts en mer après un accident d'avion dans le même secteur.

Pendant ce temps à Huelva, le major Martin était enterré avec les honneurs militaires. Sa « fiancée » envoyait une couronne pour les funérailles, avec une carte exprimant ses regrets éternels, et le vice-consul britannique adressait à la famille du major Martin quelques photographies des marins espagnols tirant une salve en l'honneur du mort, près de sa tombe. Par la suite, le vice-consul fit ériger une pierre tombale de simple marbre blanc portant l'inscription suivante :

> WILLIAM MARTIN
> né le 29 mars 1907
> fils bien aimé de John Glyndwyr Martin et
> de la défunte Antonia Martin de Cardiff, Pays de Galles
> *Dulce et decorum est pro patria mori*
> R.I.P.

De son côté, le représentant de l'Abwehr à Huelva avait avisé Berlin sans tarder de son heureuse trouvaille et avec l'aide de l'Armada, essayé de ruser à son tour. Il fit replacer les lettres et les documents dans la serviette avec le plus grand soin, car si les Britanniques soupçonnaient un instant qu'elle était tombée dans des mains ennemies, ils modifieraient ou remettraient certainement les opérations. La serviette parvint donc aux Britanniques par les soins du ministère espagnol des Affaires étrangères. Mais des photocopies des documents étaient déjà parties pour Berlin pour y être examinées et l'Abwehr demandait à son représentant de lui fournir de plus amples détails. Comme la machine de Turing décryptait la plus grande partie des communications de l'Abwehr, les chefs de l'état-major et le LCS prirent grand plaisir à les lire. Le représentant de l'Abwehr donnait de nombreux détails sur le contenu de la serviette et sur son état, mais pas un instant ne mettait en doute son authenticité. La lecture qu'il avait faite des documents correspondait exactement à celle que souhaitaient les organisateurs de Mincemeat et toutes les pièces lui semblaient s'ajuster parfaitement. Il ajoutait d'ailleurs que l'Armada poursuivait son enquête sur le pilote et les éventuels passagers de l'avion abattu.

Mincemeat prenait un bon départ. C'est le colonel baron von Roenne, chef de la Fremde Heere West qui était chargé d'évaluer les documents trouvés. Il était convaincu de leur authenticité et son appréciation suivait presque à la lettre la fausse information contenue dans la lettre de Nye à Alexander : pour lui, les Alliés préparaient de grandes opérations contre la Sardaigne et le Péloponèse en même temps qu'une fausse attaque contre la Sicile. S'ensuivit une série de rapports et d'évaluations.

Et tandis qu'en haut lieu on se souciait de savoir si la perte des documents ferait changer leurs plans aux Alliés, tous semblaient maintenant s'accorder sur la quasi-certitude de mouvements en force contre des cibles situées à l'Est et à l'Ouest de la Méditerranée, mais en aucun cas contre la Sicile. Le major Martin avait bien travaillé. Mincemeat s'annonçait comme un grand succès.

Les événements ultérieurs allaient le confirmer. Les faux documents qu'il croyait authentiques influencèrent effectivement la conception stratégique de Hitler, à une époque de grande crise entre les partenaires du pacte d'Acier. Les armées anglo-américaines avaient engagé leur offensive finale contre le Heerengruppe (groupe d'armée) Afrika en Tunisie et seraient bientôt prêtes pour de nouvelles batailles. Mais où ? Au moment même où le corps du major Martin flottait vers le rivage, Hitler se préparait à la plus grande bataille de chars de l'Histoire : la bataille de Koursk. Or après la catastrophe de l'hiver 1942-1943, il lui restait juste assez de blindés pour cette offensive, sans avoir à faire face à une nouvelle menace contre les remparts Sud de la forteresse Europe. Il ne pouvait donc soustraire un seul homme ou un seul char du front russe. Cependant, il semblait désormais convaincu par les documents Mincemeat qu'il se trouvait face à une situation périlleuse en Méditerranée et particulièrement dans les Balkans. Il exprimait d'ailleurs cette inquiétude dans une lettre à Mussolini dans laquelle il disait son absence de souci quant à un second front à l'Ouest en 1943, mais sa préoccupation au sujet des Balkans :

> Je considère la situation... avec la plus grande inquiétude. C'est la route traditionnelle de l'invasion jusqu'au cœur de l'Europe... Un débarquement ennemi à cet endroit, soutenu par les nationalistes locaux et par des soulèvements communistes, conduirait au pire des cauchemars, en exposant le flanc sud des forces allemandes de l'est, et en soumettant l'Allemagne elle-même, dans un gigantesque mouvement tournant, à une poussée des Anglais, des Américains et des Russes.

Jusqu'à présent, les Balkans étaient gardés par des forces italiennes. Le Haut Commandement italien consacrait trente-trois divisions à maintenir la Grèce, les îles, la Yougoslavie et l'Alliance sous la tutelle de l'Axe. Au 1er décembre 1942, les troupes allemandes en Grèce et en Yougoslavie ne comptaient qu'un seul corps de six divisions, y compris les groupes d'élite de la division de montagne du 7e SS Prinz Eugen et une division de parachutistes dans la forteresse Crète, l'île dominant la mer Egée. Mais pouvait-on compter sur un allié comme l'Italie ? Le SD venait juste de découvrir à Rome les preuves d'un complot royaliste pour renverser Mussolini et rendre les armes à l'Amérique et à la Grande-Bretagne. Cette découverte venait jeter le doute dans l'esprit de Hitler occupé à mettre en balance, sur le plan stratégique, les besoins de l'offensive de

Koursk et ceux qu'impliquaient les menaces contenues dans les documents Mincemeat. Si l'Italie se rendait, le Führer aurait à trouver de nouvelles forces pour remplacer les trente-trois divisions italiennes des Balkans — sans parler des dix divisions italiennes en Russie.

Pendant que Hitler et l'OKW débattaient du problème, le LCS ajoutait à leur appréhension en usant de nouveaux stratagèmes. Un second cadavre fut rejeté à la côte près de Cagliari, capitale de la Sardaigne. Les documents trouvés sur lui indiquaient que l'homme, vêtu de l'uniforme des commandos britanniques, faisait partie d'une petite unité de reconnaissance sur la côte de Sardaigne. Réalisé à l'aide d'un sous-marin, ce nouveau « coup monté » devait venir renforcer la menace pesant sur la Sardaigne, menace contenue dans les lettres du major Martin.

Mais le LCS ne se contentait pas uniquement des cadavres pour répandre de fausses informations. Depuis quelque temps déjà ses agents communiquaient de faux renseignements sur les plans alliés et les mouvements de troupes à l'ambassadeur espagnol à Londres, Jacobo Maria del Pilar Carlos Manuel Fitz-James Stuart, dixième duc d'Albe. Ce grand d'Espagne, âgé de soixante-cinq ans était anglophile, également membre de la haute société londonienne, intime du Premier ministre et de son entourage. Ce n'était pas le cas pour le ministre des Affaires étrangères d'Espagne, le comte Francisco Gómez Jordaña, qui transmettait régulièrement à l'ambassadeur d'Allemagne à Madrid, les rapports de l'ambassadeur à Londres sur ce qui se passait en Grande-Bretagne. Le MI-5 et le LCS le savaient et n'hésitèrent pas à utiliser ce moyen d'accès au ministère des Affaires étrangères d'Allemagne, pour mieux le duper. C'est ainsi que l'ambassadeur d'Allemagne à Madrid, Hans Heinrich Dieckhoff, avertit Berlin que les Alliés se préparaient à attaquer la Grèce, et non l'Italie. Son information venait d'une source « digne de foi » : Jordaña.

Hitler était donc contraint d'agir et dans une directive datée du 12 mai 1943, il ordonnait des mesures qui étaient en fait un résumé des documents Mincemeat :

> La fin imminente des combats en Tunisie laisse présager que les Anglo-Américains essaieront de continuer les opérations en Méditerranée à un rythme accéléré. Tout laisse à penser que les préparatifs prévus dans ce but sont maintenant terminés. Les points les plus menacés sont : à l'ouest de la Méditerranée, la Sardaigne, la Corse et la Sicile, à l'est de la Méditerranée, le Péloponèse et les îles du Dodécanèse.
>
> Je compte sur le commandement et les services concernés par la défense de la Méditerranée pour coopérer aussi étroitement et aussi rapidement que possible, pour utiliser toutes les forces et l'équipement nécessaires afin de renforcer les défenses de ces zones particulièrement visées pendant le temps très court qui nous est laissé. *Les mesures concernant la Sardaigne et le Péloponèse prennent le pas sur tout le reste.*

L'OKW dépêcha alors en hâte les chefs et les unités nécessaires vers les zones menacées. Le maréchal Rommel partit pour Athènes afin d'y constituer un groupe d'armée. La brigade SS du Führer fit route vers la Sardaigne. Une division blindée détachée de l'armée allemande en France rejoignit la Grèce en sept jours par cent soixante trains. Hitler par ailleurs ayant autorisé le départ de deux divisions blindées du front russe, il leur fallut trois cent vingt trains et neuf jours et demi de voyage pour atteindre la Grèce. Une fois de plus, le Führer était lâché par ses services secrets à un moment décisif de l'Histoire du Troisième Reich. La rivalité entre l'Abwehr et le SD rendait impossible toute appréciation froide et logique, si nécessaire pour gagner les batailles et les guerres. De plus, pour ajouter à la confusion générale créée par les documents de Mincemeat, c'est au moment même où on les découvrait, qu'une catastrophe se produisit au quartier général de l'Abwehr. Longtemps suspectée par le SD, la trahison de l'Abwehr apparut brusquement comme un fait patent. Une partie de la direction se retrouva en prison, laissant cette vaste organisation dans le plus grand désordre, à un moment où Hitler avait tellement besoin de renseignements valables. De plus si l'Abwehr vacillait, le SD de son côté n'était pas encore mûr pour des activités à grande échelle dans le domaine du renseignement étranger, et son appréciation sur les intentions alliées en Méditerranée augmentait encore ses craintes pour les Balkans. Une Abwehr pleinement opérationnelle et plus indifférente aux réactions de la Gestapo, aurait probablement été capable de suspecter, sinon de démasquer Mincemeat et les autres stratagèmes. Ce n'avait pas été le cas.

Tandis que le maréchal Rommel établissait ses quartiers généraux en Grèce, les Alliés débarquaient en Sicile dans la nuit du 9 au 10 juillet 1943. Une fois de plus la surprise était totale au quartier général de Hitler. La Sicile rapidement conquise par les armées de Montgomery et du général George C. Patton, le cauchemar permanent de l'état-major général allemand se concrétisait : l'encerclement du Reich était proche. Personne ne savait en quel point précis les ennemis de l'Allemagne frapperaient maintenant. Les Alliés n'avaient sans doute pas envahi les Balkans... cette fois, mais le feraient-ils un jour ? Il fallait donc exploiter la réaction impulsive de Hitler à Mincemeat et s'attacher à conserver comme pierre d'angle des plans de couverture et de mystification autour du jour J, les menaces les plus concrètes contre le « bas-ventre mou de l'Europe ».

Mincemeat n'était que l'une de ces menaces. Son ingéniosité et sa renommée ultérieure allaient tendre à éclipser des stratagèmes non moins astucieux, conçus pour attirer les troupes allemandes dans les Balkans, stratagèmes qui ne tromperaient pas seulement Hitler mais l'Histoire elle-même.

Chapitre V

QUEBEC

En août 1943, alors que les armées alliées achevaient la conquête de la Sicile, le général Brooke et le général Marshall se rencontrèrent au château Frontenac à Québec pour une nouvelle et importante confrontation. C'était la troisième conférence de l'année. La première avait eu lieu à Casablanca en janvier, la seconde à Washington en mai, mais les Alliés ne s'étaient pas encore mis d'accord sur une stratégie pour l'invasion et la libération de l'Europe. La guerre à l'Ouest cependant se déroulait au mieux pour la grande Alliance depuis que les Allemands s'étaient laissé duper par Mincemeat à propos de la Sicile. Mussolini était en prison, l'Italie semblait prête à demander la paix, les Allemands battaient en retraite en Russie ; l'offensive de bombardement interalliée se faisait plus forte et plus violente tous les jours ; la bataille de l'Atlantique-Nord enfin avait consacré la défaite des U-Boot. Malgré ces victoires satisfaisantes, il restait aux Américains et aux Britanniques — réunis autour de la table de conférence dans le Grand Hôtel néo-gothique dominant le Saint-Laurent — à ajuster leurs points de vue sur leurs conceptions de la guerre.

Brooke persistait dans l'idée que la traversée de la Manche nétait pas rationnelle, avant que ne fût amoindrie la puissance de l'Allemagne par une stratégie et une tactique indirectes : la guerre périphérique, les bombardements, la guerre politique et économique, la subversion, le sabotage, la ruse et la création de foyers révolutionnaires au sein de l'empire nazi. Marshall, au contraire, maintenant comme avant Dieppe, croyait qu'on ne vaincrait l'Allemagne que par une puissante offensive à travers la Manche, par un affrontement direct entre armées alliées et armée allemande dans une grande bataille, qui aboutirait à la destruction radicale de cette armée. Mais au-delà des désaccords stratégiques, s'élevait une controverse politique fondamentale ; il ne s'agissait pas seulement de savoir *comment* mais aussi *pourquoi* faire cette guerre et la gagner.

Dès les tout premiers jours de la guerre, Marshall et ses conseillers avaient essayé de s'expliquer pourquoi Churchill et ses chefs d'état-major, qui avaient d'abord accepté l'idée d'une attaque par la Manche, cherchaient maintenant par une diplomatie habile à entraîner les Américains dans des opérations en Méditerranée, qui ne feraient que retarder cette attaque essentielle, en un temps où le fardeau de la bataille sur terre en Europe reposait sur les épaules des Russes. Parmi les conseillers les plus influents de Marshall, se trouvait le général Stanley D. Embick, ex-chef de la division des plans de guerre et ex-chef d'état-major adjoint de l'armée des Etats-Unis. Homme d'état d'âge mûr, possédant une influence prépondérante dans la hiérarchie militaire américaine, Embick, soutenu par son gendre, le général Albert C. Wedemeyer, pesait sur les choix faits au plan militaire par les Américains. En novembre 1942, il entreprit avec l'aide de Wedemeyer, de « découvrir la vérité » qui se cachait derrière la personnalité et l'éloquence surannées de Churchill. Dans un article à la fois peu courtois et cynique, Embick soutenait que la politique anglaise d'équilibre des pouvoirs en Europe, n'avait pas changé depuis un siècle et qu'elle retardait la défaite allemande dans l'espoir que la guerre d'usure et la famine qui sévirait dans la population civile en Russie, affaibliraient le potentiel de ce pays vers l'Europe. » Des opérations étendues en Méditerranée servaient trois fins : gagner du temps avec une utilisation minimum des ressources britanniques, disperser et détourner les forces allemandes, maintenir la présence britannique en ce secteur dans le monde d'après-guerre. Bref, tout comme Staline, Embick, Wedemeyer et de nombreux Américains pensaient, quoiqu'il dût en coûter à la Grande Alliance, que la Grande-Bretagne combattait d'abord pour la préservation de son Empire.

Il est possible que cette conclusion ait été proche de la réalité. En fait, les responsables politiques américains ne faisaient pas l'unanimité sur les engagements pris en vue d'une défaite rapide de l'Allemagne. Ainsi arrivait-il que des troupes américaines et des cargaisons de matériel fussent détournées vers le Pacifique. Un comité de soutien pour la candidature de MacArthur aux élections présidentielles de 1944 s'était par ailleurs formé, et exigeait des victoires dans le Pacifique pour rendre le général « incontestable » aux yeux de l'électorat américain. Le danger planait de voir par suite l'Amérique décider d'abandonner la politique de l'« Europe d'abord », chère à la Grande Alliance et de viser premièrement à la défaite du Japon, tandis qu'en Europe, la Grande-Bretagne, l'Allemagne et la Russie resteraient livrées à elles-mêmes.

C'est pourquoi durant la conférence Trident à Washington en mai, Brooke et Marshall, représentant chacun deux conceptions opposées, dont on retrouvait l'origine dans les divergences politiques de leurs propres pays, avaient tenté une fois de plus de réduire leurs contradictions. Et ils étaient arrivés à un compromis : l'Amérique renouvelait son engagement de tout mettre en œuvre pour obtenir une défaite rapide de l'Allemagne, l'Angleterre quant à elle renouvelait le sien de soutenir une invasion par la Manche au printemps de 1944. Par contre, la question des opérations à venir en Méditerranée, après l'invasion et la conquête de la Sicile, demeurait en suspens, ainsi que celle du choix du chef suprême — anglais ou américain ? — pour la grande expédition et, par voie de conséquence, la question de la suprématie mondiale dans le monde de l'après-guerre. Brooke, susceptible et vif, professionnel de l'école de guerre, était probablement le plus intelligent des deux, et c'est bien ce qui ulcérait Marshall, qui s'en rendait parfaitement compte. Il avait d'autre part récemment entendu le sénateur Arthur Vandenberg déclarer devant un sous-comité du Sénat « qu'ils étaient quelques sénateurs à être " troublés ", parce que les Américains n'étaient pas aussi " unis " que les Britanniques, et parce qu'habituellement " les Britanniques avaient le dessus " » ; Vandenberg s'inquiétait donc de savoir « *qui* prenait les décisions et *comment* et de quel poids pesait l'autorité britannique ». Il est vrai qu'à ce stade de la guerre, les troupes de la Grande-Bretagne sur les théâtres européen et méditerranéen étaient supérieures en force et en nombre à celles des Etats-Unis, mais peu de temps s'écoulerait avant que la situation ne s'inversât. Et comme, en règle générale, la nation qui fournissait le plus de troupes, disposait du commandement et de la politique, Marshall était bien résolu à mettre fin à la domination britannique tant à la table de conférence que sur le champ de bataille.

Quand Churchill et Brooke arrivèrent à Halifax, en Nouvelle-Ecosse, par le *Queen Mary,* ils amenaient avec eux deux cent cinquante délégués, conseillers, dactylographes et employés, une salle de cartes portative et le Centre spécial d'information dans lequel on trouvait, comme à Casablanca, des documents sur toutes les prises de positions britanniques, des rapports d'espionnage, y compris des messages Ultra, à l'appui de ces documents. Les Britanniques étaient venus, selon leur habitude, fort bien préparés, mais ils eurent la surprise, en arrivant à Château Frontenac de trouver un nombre presque égal d'Américains aussi bien préparés qu'eux. Les Américains avaient-ils maîtrisé la tactique de l'organisation stratégique et l'art de convaincre ? Cela restait à vérifier. L'état d'esprit de la délégation américaine était certainement moins affable, plus sérieux et plus résolu qu'à Casablanca. D'après l'historien officiel américain, Maurice Matloff : « En se préparant à ces réunions avec les Anglais, les organisateurs américains avaient, tout comme leurs chefs, étudié de près les méthodes anglaises d'organisation et de préparation, ainsi que leur technique de négociation aux conférences passées. Ils se trouvaient ainsi à égalité avec eux. »

Les Américains engagés désormais dans l'opération Overlord ne voulaient plus d'aventures en Méditerranée (spécialement en Italie), aventures qui risquaient de surgir d'une défaite à cette table de conférences. La position de Roosevelt sur Overlord restait cependant assez vague et il souhaitait voir s'affirmer la force américaine pour justifier le choix d'un chef américain pour cette opération. Roosevelt était fortement soutenu par un mémorandum présenté par Henri L. Stimson, secrétaire d'Etat à la Guerre, à la veille de la conférence, qui écrivait :

> Nous ne pouvons raisonnablement espérer traverser la Manche et affronter l'ennemi sous un commandement britannique. Le Premier ministre et le chef d'état-major impérial de ce pays s'opposent à une telle proposition. L'ombre de Passchendaele et Dunkerque pèse encore trop lourdement sur les chefs de ce gouvernement.

Les Britanniques, disait encore Stimson, ne « soutenaient Overlord que du bout des lèvres... » et « ... le cœur n'y était pas. Il allait falloir plus d'indépendance, de foi et d'énergie que n'en avait montré jusqu'à présent aucun des chefs britanniques pour surmonter les difficultés naturelles d'une telle entreprise. L'état d'esprit actuel de ce gouvernement ne ferait que les accroître. »

En assénant cette vérité aux Anglais, Stimson accusait la différence entre les deux puissances, « différence de foi vitale ». Il soutenait que seul un rassemblement de toute la jeunesse et de toute l'industrie des deux nations pouvait venir à bout de l'Allemagne. Ce n'était pas à coup de « piqûres d'épingles » qu'on y parviendrait.

Sa lettre, une des plus percutantes de la guerre, poursuivait :

> En conséquence, je crois le temps venu pour votre gouvernement d'assumer la responsabilité du commandement pour le grand assaut final qui nous reste à livrer dans cette guerre européenne... Il y a près de deux ans, les Britanniques nous ont offert le poste de chef suprême allié. Je pense que nous devrions maintenant l'accepter, et si besoin est, insister pour l'obtenir.

Et qui devait être ce chef suprême ? Stimson concluait : le moment est venu de confier « cette opération critique à une heure critique, au plus apte de nos soldats. » Or l'homme de la situation était pour lui : Marshall.

Le président lut et approuva chacun de ces avis et lorsque Churchill arriva à Hyde Park pour une rencontre privée avant de se rendre à la conférence de Québec, son opinion était faite. Il fit part aussitôt à Churchill de sa résolution de consacrer toutes ses forces disponibles à une attaque par la Manche en 1944 à partir du sol anglais. Il désirait par suite abandonner toute autre opération en Méditerranée et souhaitait voir Marshall nommé à la tête d'Overlord. Cette seconde décision d'importance (la première avait mis Eisenhower à la tête de Torch) arrachait définitivement aux Anglais, le commandement stratégique de la guerre. Par voie de conséquences elle achevait aussi de détruire la position prépondérante de la Grande-Bretagne comme première puissance anglo-saxonne dans le monde.

Ayant déjà promis le poste de chef suprême à Brooke, Churchill se trouvait dans une position délicate. Mais habile comme toujours, il adhéra cordialement à la proposition de Roosevelt. Les Américains fournissant la plus grande partie des troupes après l'assaut, pourquoi ne pas leur laisser le commandement ? Mais d'autre part, puisque les opérations en Méditerranée passaient au second plan, le commandement ne devait-il pas en revenir à un Britannique dans ce secteur ? Roosevelt ne s'y opposait pas, pourvu qu'il n'y ait aucun malentendu : la Grande-Bretagne ferait d'Overlord l'objectif primordial. Naturellement, naturellement, bougonna Churchill.

Pendant que les deux hommes s'entretenaient dans la propriété du président près de la rivière Hudson, les délégués militaires commençaient leurs travaux près du Saint-Laurent. Roosevelt et Churchill les rejoindraient quand le travail de routine serait terminé. Les délégués s'installèrent donc à la table de conférence en uniforme neuf et insignes rutilants. Mais tous savaient qu'Overlord donnerait lieu à de sérieux accrochages. Cela ne tarda pas. Tandis que les secrétaires filtraient soigneusement les « bruits et la fureur » des débats, ne se référant qu'occasionnellement à un argument « soutenu avec force », la rencontre des deux états-majors, le 15 août 1943, fut orageuse. L'amiral Ernest J. King, chef des opérations navales employa même, paraît-il, « un langage très peu diplomatique » et c'était un euphémisme ! — en répondant aux arguments de Brooke. Il faisait décidément aussi froid et triste à l'intérieur de la salle de conférence qu'à l'extérieur.

Marshall « ayant pris l'offensive » immédiatement en soulignant avec force qu'il appartenait maintenant aux Britanniques de donner à Overlord la priorité absolue sur toutes les autres opérations en Europe en 1944. Brooke répondit avec la même fermeté, en disant que les chefs d'état-major britanniques étaient d'accord sur ce point, *mais...*, et c'était bien ce mais qui rendait furieux les Américains ! Brooke insista alors sur « la nécessité de remplir les trois conditions indispensables à un succès : 1° affaiblissement de la force de la Luftwaffe ; 2° affaiblissement en France et dans les Pays-Bas de la puissance allemande et de ses possibilités de renfort pendant les deux mois suivant l'invasion ; 3° solution aux problèmes de ravitaillement des armées d'invasion sur les plages du débarquement. » Or comment pouvait-on créer une situation favorable à Overlord ? La solution était d'envahir l'Italie pour retenir le maximum de forces allemandes, et de multiplier les attaques aériennes depuis des bases italiennes pour réduire la puissance de la Luftwaffe.

C'était justement cette conception des choses qui irritait Marshall, à savoir que les Britanniques cherchaient à entraîner l'Amérique « dans ce trou noir » de la Méditerranée, cette pression constante venant du désir de Churchill de contrôler l'Arabie après-guerre, région qu'il avait surnommée « la boucle de la ceinture de l'Empire ». Le premier avait certainement raison, mais l'autonomie de l'Amérique en pétrole et sa quasi-indépendance par rapport au canal de Suez conduisaient les USA, à cette époque, à n'accorder que peu d'importance stratégique au Moyen-Orient. Quoi qu'il en soit Marshall s'attendant à cette prise de position de Brooke, il lui paraissait évident que si Overlord ne recevait pas une priorité absolue, si les Britanniques n'honoraient pas les accords de Casablanca et de Washington, toute la conception stratégique Etats-Unis-Royaume-Uni serait à revoir. » il ne manqua donc pas d'en faire état. C'était une menace à peine voilée qui sous-entendait clairement « une réorientation de l'effort offensif américain en direction du Pacifique. » Dans ce cas, l'armée britannique serait appelée plus ou moins à combattre l'Allemagne sans l'armée américaine. C'était sur leur puissance aérienne, ajouta Marshall, que devraient compter l'Amérique et la Grande-Bretagne pour détruire le Reich, car dans cette hypothèse l'armée des Etats-Unis ne laisserait derrière elle qu'un corps d'armée renforcé pour une éventuelle « occasion favorable » à travers la Manche.

Le soleil descendait sur le Saint-Laurent, lorsque les deux parties se séparèrent. La journée avait été sombre et désagréable, écrivit Brooke dans son journal : « Il est tout à fait impossible de discuter avec Marshall, car il n'essaie pas de comprendre un problème stratégique... Le seul argument réel dont il se soit servi a été une menace... Nous nous sommes séparés à 17 h 30 après une séance de trois heures fort déplaisante. » Au cours de la soirée, le maréchal Sir John Dill, très estimé de Marshall, alla trouver ce dernier dans l'espoir de réconcilier les deux hommes. Mais ce fut en vain. Aux dires de Brooke, Dill trouva Marshall « tout à fait intraitable et irréconciliable, menaçant même de démissionner si nous insistions. » La journée était à marquer d'une pierre noire. Et pourtant le plus dur était encore à venir pour Brooke.

Churchill et Roosevelt étant arrivés à Québec, ils avaient rejoints leurs généraux sur les plaines d'Abraham où Wolfe, en 1759, avait détruit l'armée de Montcalm et ajouté à la Couronne britannique un territoire plus grand que l'Europe. Churchill s'empressa alors de convoquer Brooke. Il l'emmena marcher sur la terrasse du château et l'informa de la décision prise au sujet du commandement suprême. Pour Brooke c'était un coup terrible qui le laissa pantois :

> Je m'en souviens comme si c'était hier, écrivit-il plus tard, nous marchions de long en large sur la terrasse... dominant le panorama magnifique du Saint-Laurent, et le décor impressionnant de la bataille livrée par Wolfe pour les hauteurs de Québec. A mesure que Winston parlait, le paysage entier disparaissait sous un sombre nuage de désespoir... Pas un seul instant il ne réalisa ce que cela signifiait pour moi. Il ne m'exprima aucune sympathie, aucun regret d'avoir dû changer d'avis, et parla de la chose comme si elle était d'une importance minime.

C'était pourtant une pilule amère, et le lendemain la rendrait plus amère encore. On apprit, en effet, qu'un général italien avait contacté le quartier général d'Eisenhower pour discuter de la reddition de l'empire italien et offrir de s'unir immédiatement après cette reddition à la Grande Alliance contre Hitler. C'était une nouvelle merveilleuse, mais il y avait mieux encore. Ultra révélait dans les Alpes une forte concentration de troupes allemandes de l'armée de terre et de l'armée de l'air, prêtes à occuper l'Italie du Nord et les positions italiennes dans les Balkans. Treize divisions allemandes se trouvaient en Italie, alors qu'elles auraient pu partir en France ou en Russie. La dispersion de l'ennemi, stratégie préliminaire de Brooke à l'invasion, devenait une réalité.

Mais l'heure n'était plus aux subtilités. L'Axe s'effondrait rapidement. Brooke se rendit rapidement à la table de conférence et déclara à Marshall que l'Amérique et la Grande-Bretagne devaient prendre avantage de la débâcle italienne et se préparer à une invasion immédiate de la péninsule. « Notre entretien fut plutôt franc, écrivit-il à ce sujet, et je leur dis d'abord que notre manque de confiance réciproque était cause de tous les malentendus. » Il fallait revoir, à la lumière des propositions italiennes, toute la question de sa stratégie en Méditerranée. Il devenait possible d'absorber non seulement des divisions, mais des armées allemandes entières dans les régions précédemment tenues par des garnisons italiennes, armées qui feraient défaut à Hitler en France ou en Russie. Après trois heures d'une conférence houleuse, écrit encore Brooke, « ils acceptèrent nos propositions, à mon grand soulagement... toute notre discussion avait porté ses fruits... ». Marshall consentait donc à l'invasion immédiate de l'Italie. La 8ᵉ armée de Montgomery traverserait le détroit de Messine dans les quinze jours, et l'embryon d'une nouvelle armée américaine, la 5ᵉ, sous les ordres du général Mark Clark débarquerait à Salerne une semaine plus tard pour marcher sur Naples. La possibilité de lancer sur Rome une division aéroportée américaine était également envisagée. Au moment où il désespérait de tout, Brooke l'emportait sur toute la ligne.

Le même soir, on apprit que la conquête de la Sicile avait coûté à l'ennemi 250 000 hommes dont 65 000 Allemands, contre 31 000 hommes pour les pertes alliées. C'était une victoire percutante. Mais que devenait Overlord ? Un compromis fut rapidement adopté, les Britanniques ayant accepté de faire d'Overlord la grande opération de 1944 qui était fixée au 1ᵉʳ mai. La conception globale de l'opération, due au général Frederick Morgan, reçut l'approbation définitive britannique et des ordres partirent pour Londres prévoyant dans les détails l'organisation de cette entreprise considérable. L'invasion aurait lieu sur les plages de Normandie, d'où était parti le duc Guillaume en 1066 pour conquérir l'Angleterre. L'induction en erreur et les attaques aériennes massives détourneraient et retarderaient l'arrivée des Panzer de Hitler, principale menace contre le succès de l'invasion. Pour contribuer au détournement de l'attention allemande, Marshall approuvait l'occupation de Naples, de Rome, de la Sardaigne, de la Corse, et si possible, des îles du Dodécanèse. D'importantes bases de bombardiers installées à Foggia et en Campanie permettraient de bombarder l'Allemagne centrale depuis le sud. Les Alliés s'efforceraient enfin d'alimenter les guérillas dans les Balkans partout où cela serait possible. Et pour apaiser les craintes de Brooke au sujet du ravitaillement des armées sur les places d'invasion, deux ports artificiels appelés Mulberries seraient construits, remorqués à travers la Manche, et ancrés au large de la côte normande. Ils auraient chacun la capacité de Douvres.

Les Alliés venaient de se mettre d'accord sur la plus grande entreprise militaire de l'Histoire. Marshall repartit à Washington pour activer l'effort industriel qui ferait de l'Amérique la première puissance mondiale. Pour Brooke, c'était un triomphe personnel. Cependant il demeurait découragé, déçu, ressentant, selon ses propres paroles « l'inévitable sentiment de vide et de dépression qui submerge après une période de travail continu et de lutte contre les difficultés, les différences d'opinion, l'obstination, la stupidité, la mesquinerie et l'entêtement. » Et Churchill ? S'était-il vraiment converti à Overlord ? Ou avait-il consenti à l'invasion, le temps d'exploiter la situation causée par la reddition italienne ? Il donnerait lui-même la réponse en écrivant plus tard : « Je savais qu'une invasion de la France serait une aventure difficile et hasardeuse. Le prix effrayant en vies humaines des grandes offensives de la Première Guerre mondiale restait gravé dans mon esprit. » Bref, son opinion restait inchangée. Et comme pour rappeler aux Alliés le coût possible du jour J, le débarquement à Salerne de forces amphibies le 9 septembre 1943, en Italie, semblait à deux doigts de se terminer par un désastre.

Juste avant la tombée de la nuit, le 8 septembre 1943, la grande force opérationnelle de Salerne traversait la mer Tyrrhénienne avec tout le déploiement propre aux grandes concentrations de navires de guerre et de bateaux marchands, quand un message parvint au navire-amiral l'*USS Alcon :* « L'Italie vient de se rendre. » Au fur et à mesure que la nouvelle se répandait, de grandes acclamations se firent écho d'un bateau à l'autre, galvanisant les hommes qui allaient débarquer à l'aube. La première invasion alliée du continent européen ne rencontrerait peut-être pas de résistance. Un de ces hommes se souvient encore de cette nuit en ces termes : « Je crois que jamais plus je n'assisterai à des démonstrations de joie plus sincères. Nous allions entrer dans le port de Naples sans opposition, un rameau d'olivier dans une main et un billet d'opéra dans l'autre. » La flotte allait en effet de l'avant. Les équipes d'Ultra scrutaient les spectres radio allemands et rien ne semblait indiquer que l'opération avait été détectée.

A bord de l'*Alcon,* le général Mark Clark, chef de la 5e armée US, attendait, plein d'espoir, dans la salle des opérations. L'armée, un corps américain et un corps britannique, se préparait à aborder 58 kilomètres de plages, dont la configuration représentait un croissant entre les falaises de Sorrente et celles de Pestum. A l'horizon nord, les nuages ouatés étincelaient sous le bombardement naval. Alors les troupes commencèrent à descendre en canard le long des filets jusqu'aux embarcations de débarquement, guidées par des sous-marins de poche, qui lançaient des balises de lumière colorée. Puis les embarcations se formèrent en V et se dirigèrent vers le rivage silencieux. Sur toutes les plages, l'approche se faisait sans encombre. A Pestum, où les colonnes doriques de l'ancien temple grec servaient de point de repère, des formations d'assaut de la 36e division américaine étaient également débarquées dans le ressac avec de l'eau jusqu'à la ceinture. A cet instant précis, sur toutes les plages, des fusées éblouissantes illuminèrent la scène. Simultanément des mitrailleuses se mirent en action, suivies du « whoomp » des canons de 88. Pestum et tous les autres rivages environnants étaient pris dans un pandémonium de feu et de confusion. Clark n'avait pas obtenu l'effet de surprise escompté ; les signaux radio et la reconnaissance aérienne avaient, cette fois, averti les Allemands de son arrivée.

Le soir, dans la zone anglaise, les troupes avaient à peine progressé de trois kilomètres à l'intérieur des terres et aucune des têtes de pont anglo-américaines n'avait fait sa jonction avec d'autres unités. Face à elles se trouvait une division entière de Panzer, appuyée par la Luftwaffe qui livrait de fortes attaques aériennes, utilisant une nouvelle arme : des bombes-radio contrôlées, propulsées par fusée transperçant le blindage, et connues sous le nom de FX 1 400. Le rapport d'Oslo en novembre 1939 en avait révélé l'existence aux Britanniques, mais c'était leur première apparition sur le terrain. Les bombes faisaient des ravages dans la flotte d'invasion, les croiseurs *Philadelphia* et *Savannah* furent les premières victimes. Elles atteignirent ensuite très gravement le croiseur britannique *Ouganda*, coulèrent cinq transports de troupes, un navire hôpital et huit bateaux de débarquement. Le grand cuirassé britannique *Warspite* fut également ébranlé de la poupe à la proue par deux projectiles qui le manquèrent, mais une troisième bombe atterrit dans la salle des machines et le coula en partie. En même temps, le chef allemand, le maréchal Albert Kesselring, contre-attaquait avec six divisions et rejetait presque les Américains à la mer. La situation des Alliés semblait désespérée. Clark ordonna alors d'évacuer les forces américaines sur les têtes de pont britanniques où la situation était moins dramatique. Là ils réussirent à tenir jusqu'à l'arrivée de renforts massifs, soutenue par un tir impressionnant d'artillerie navale et finalement, le 16 septembre 1943, le front allemand s'écroulait. Les forces d'invasion pouvaient commencer à faire mouvement à l'intérieur des terres.

Que l'on ait frôlé le désastre, Churchill en fut très affecté. Il devait écrire plus tard :

> Une lutte prolongée et combien critique se déroulait ; j'étais d'autant plus soucieux que j'avais toujours fortement insisté sur cette opération et me sentais responsable de son succès. La surprise, la violence et la rapidité sont l'essence même de tout débarquement amphibie. Après les premières vingt-quatre heures, l'avantage naval de pouvoir frapper où vous le désirez, peut très bien s'être évanoui. Là où il y avait dix hommes, il y en aura bientôt dix mille. Mon esprit se reportait en arrière. Je pensais au général Stopford, attendant presque trois jours sur la plage de Suvla en 1915, tandis que Mustapha Kemal enlevait deux divisions turques du front de Bulair pour les envoyer sur le champ de bataille jusqu'alors privé de défense.

Or, que s'était-il passé ? Comme Mustapha Kemal, les Allemands avaient dirigé en grande hâte une armée sur la tête de pont pendant que le chef américain, le général E.J. Dawley restait plongé dans ses hésitations. En conséquence, Clark releva le général de son commandement, second cas de ce genre en moins d'un an. L'opération entière démontrait une fois de plus les dangers d'une guerre amphibie et prouvait, en dépit de tous les rapports d'espionnage, que la Wehrmacht demeurait toujours la meilleure armée sur le terrain, la plus efficace, la plus mobile du monde entier. Pour la première fois aussi des armes secrètes allemandes sortaient du domaine de la propagande.

Les leçons à tirer pour le jour J étaient évidentes : nécessité de disperser les forces allemandes au point choisi pour l'attaque, ralentir la mobilité des renforts ennemis, importance des bombardements massifs navals et aériens, réduction du potentiel de la Luftwaffe, et par-dessus tout, impératif restant prioritaire : le secret et la surprise. Le bilan de la présente opération accusait 15 000 tués parmi les troupes d'élite alors qu'on pensait n'en perdre qu'une infime fraction de ce nombre. Les Allemands eux avaient perdu moins de 8 000 hommes et on était loin d'une occupation-éclair de la ville de Naples. On n'y parviendrait que le 2 octobre 1943, vingt-trois jours plus tard. Les appréhensions de Churchill sur l'invasion de la France se voyaient confirmées. Si tel était le prix d'une opération relativement réduite, qu'en serait-il le jour J ?

Chapitre VI

LA SCHWARZE KAPELLE, 1943

L'échec de l'opération Flash en mars 1943, ne servit pas les intérêts de la Schwarze Kapelle. La volonté de se débarrasser de Hitler existait bien chez les conspirateurs, ainsi que les moyens et les hommes. Ce n'était pas non plus l'absence de qualités qui faisait avorter leurs plans. Mais ils jouaient de malchance. C'était presque une gageure que de vouloir renverser un homme à la tête de l'Etat policier, le plus compétent et le plus vigilant qui fût au monde, l'Etat qui maintenait au sein du Reich plus de cent mille agents appartenant à divers organismes de sûreté intérieure occupés notamment à épier les moindres faits et gestes de la Schwarze Kapelle.

L'ombre sinistre du bourreau était omniprésente pour les opposants qui poursuivaient leur tâche dans des conditions de danger atroce sous la menace d'un système de sécurité impitoyable et ingénieux, sans même recevoir contrairement à tout autre mouvement de résistance dans le monde, ni aide ni encouragement de l'Amérique ou de la Grande-Bretagne. A dire vrai, chacune de leurs ouvertures aux Alliés était reçue dans le silence et l'indifférence officielle, personne en haut lieu, n'ayant encore fait un geste pour contester la proclamation messianique de vengeance de la reddition inconditionnelle.

Cependant, à Londres, au milieu de l'été 1943, de nombreux indices laissaient entrevoir la possibilité d'un effondrement imminent du Troisième Reich. Dans cette perspective, et pour parer à toute éventualité, le Haut Commandement allié (COSSAC) prépara une série de plans militaires sous le nom de Rankin, dont le plus important était Rankin, opération C. Opération d'envergure, anglo-américano-canadienne, qui se proposait de débarquer, de maintenir l'ordre et d'assurer la subsistance dans toute l'Europe jusqu'à l'Oder en cas de chute du régime nazi. Bien que n'apportant aucune aide aux hommes qui la préparaient, les Alliés étaient donc prêts à profiter au maximum d'une révolution anti-hitlérienne. Tandis que ces plans reflétaient la confiance accordée à nouveau par les Britanniques à la conspiration, et à son efficacité, même en l'absence d'une aide alliée concrète, Menzies recevait des renseignements qui indiquaient que, non seulement la Schwarze Kapelle survivait à l'échec de Flash, mais qu'une impulsion nouvelle avait surgi de l'état-major général allemand en la personne du colonel Klaus Philip Maria comte von Stauffenberg. Stauffenberg avait — vu de Londres — repris les rênes de la conspiration au moment où, après une série de désastres de la Wehrmacht, les nazis subissaient une éclipse. Réussirait-il là où ses prédécesseurs avaient échoué ?

Stauffenberg n'avait rien perdu de sa haine du Führer, ni de sa résolution de le renverser. Ses plans s'étaient seulement trouvés bouleversés par son transfert de Berlin à la 10e division Panzer en Tunisie, transfert qui l'éloignait effectivement comme leader de la Schwarze Kapelle. Les malheurs de la guerre allaient le rendre à la conspiration. Alors qu'il contrôlait la retraite d'un bataillon du 10e Panzer dans le djebel tunisien, deux chasseurs américains Thunderbolt s'acharnèrent sur lui. Des tirs de mitrailleuse le privèrent de son bras droit et des troisième et quatrième doigts de sa main gauche. Son œil gauche était perdu, son œil droit très endommagé, son buste et l'un de ses genoux étaient criblés d'éclats et les explosions avaient détérioré l'oreille moyenne.

Rendu également temporairement aveugle, il se remit pourtant suffisamment pour être évacué en Allemagne où il confia à son oncle, le comte von Uxkull : « Puisque les généraux n'ont encore rien fait, c'est au tour des colonels d'entrer en action. » Il confirmait un peu plus tard son intention au fils du Pr Sauerbruch, l'éminent chirurgien, également membre de la Schwarze Kapelle, qui l'opérait, en disant : « Je ne pourrais jamais regarder en face les femmes et les enfants des hommes tombés si je ne faisais rien pour arrêter ce massacre dépourvu de sens. »

Le printemps ayant laissé place à l'été, Stauffenberg recouvra peu à peu ses forces. Il réapprit à faire lui-même sa toilette et à s'habiller, à se servir de ses dents, de ses orteils, et des restes de sa main gauche. Quand le Pr Sauerbruch lui conseilla permission et repos dans la fraîcheur des montagnes bavaroises, il répondit qu'il n'avait pas le temps de se reposer, ayant une tâche urgente à remplir. Etant parti pour Berlin se faire poser une main artificielle, il apprit qu'Oster et Dohnanyi, l'aile marchante de la conspiration, étaient accusés de trahison par la Gestapo. Oster était aux arrêts de rigueur et Dohnanyi en prison. De son côté, Beck venait d'être opéré d'un cancer et n'était pas en état de reprendre sa place à la tête du complot. Quant à Canaris il se terrait, essayant de remettre sur pied l'exécutif de l'Abwehr après sa décapitation.

Quelles circonstances avaient conduit à ce nouveau désastre la Schwarze Kapelle et Belinda, nom de code du quartier général de l'Abwehr ? C'était en fait une histoire très compliquée qui avait débuté en avril 1942 lors de l'arrestation et de la fouille d'une famille juive par des gardes-frontière allemands de Cehba, à la frontière tchèque. Une certaine somme en dollars, ayant été découverte dans leurs bagages — les devises étrangères faisant l'objet d'un contrôle strict — la famille interrogée sur l'origine de l'argent avait déclaré la tenir du Dr Wilhelm Schmidhuber, homme d'affaires à Munich, également consul honoraire du Portugal dans la capitale bavaroise, confident et agent de Canaris. Dr Schmidhuber avait participé à l'opération 7, un plan conçu par Canaris et exécuté par Dohnanyi pour faire passer un groupe de juifs d'Allemagne en Suisse, dissimulés sous les apparences d'agents de l'Abwehr. Canaris avait mis Heydrich au courant de l'emploi de juifs comme « agents », et Heydrich en avait conçu quelques soupçons ; pourtant au moment qui précéda son assassinat à Prague en mai 1942, il n'avait pas encore pu convaincre l'Abwehr de conspiration. Le cas avait donc traîné en longueur au quartier général de la Gestapo à la Prinzalbrechtstrasse — jusqu'à l'arrestation des juifs à Cehba. Maintenant la Gestapo avait matière pour réunir des charges capitales contre l'exécutif de l'Abwehr.

Schmidhuber, homme flasque et gourmand, fut arrêté et emmené au quartier général de la Gestapo à Berlin. Mais il avait réussi à faire parvenir un message à Canaris : si Canaris n'invoquait pas pour lui la protection de l'Abwehr pour le faire relâcher, la Gestapo n'ayant pas juridiction sur son personnel, il menaçait de dire à la Gestapo tout ce qu'il savait sur la conspiration contre Hitler. Et il savait beaucoup de choses, même sur les activités du Dr Josef Mueller au Vatican. Oster ayant pris la menace très au sérieux envisagea alors de le faire assassiner. Mais il n'en eut pas le temps. La Gestapo avait en effet agi rapidement pour protéger son prisonnier et pour le soustraire aux entreprises de l'Abwehr, du moins momentanément, l'avait enfermé dans une des cellules du sous-sol du quartier général de la Gestapo. Là, persuadé qu'il avait été trahi par Canaris et Oster, Schmidhuber parla. Il en dit assez sur les négociations du Vatican pour justifier une descente de la Gestapo à l'Abwehr et un entretien forcé avec Oster et Dohnanyi en présence de Canaris. Un tout petit caillou avait causé un glissement de terrain !

Le 5 avril 1943, le Dr Manfred Roeder, enquêteur de l'armée, et le commissaire de la Gestapo, Sonderegger, se présentèrent au quartier général de l'Abwehr. Canaris les reçut seul dans son bureau où ils lui firent une déclaration stupéfiante : Dohnanyi, ainsi que son beau-frère, Dietrich Bonhoeffer, le distingué théologien, étaient des espions complotant avec le service secret britannique pour renverser le régime. Or ces accusations étaient en partie vraies. Dohnanyi avait longtemps travaillé avec la Schwarze Kapelle et Bonhoeffer avait fait plusieurs voyages vers des capitales neutres pour le compte de la conspiration.

Exhibant un mandat, Roeder exigea de Canaris le droit de fouiller le coffre-fort de Dohnanyi. Ce qu'il fit, aidé de Sonderegger, en présence d'Oster et de l'amiral. L'accusation portée contre Dohnanyi soutenait qu'il avait accepté des pots-de-vin pour faire passer en fraude des juifs d'Allemagne en Suisse, écho direct de l'enquête sur l'opération. Une fois le contenu du coffre étalé sur les bureaux, Roeder remarqua des petits bouts de papier, connus au sein de l'Abwehr sous le nom de « cartes à jouer ». Ces cartes contenaient l'information et les instructions nécessaires à certaines missions secrètes, et l'une d'elles suggérait que Bonhoeffer devait partir à Rome avec Mueller pour expliquer au Vatican les raisons de l'échec de l'opération Flash. Dohnanyi la vit avant Roeder, et réalisant qu'elle pouvait tous les faire pendre, la passa à Canaris en observant qu'il s'agissait d'une opération ultra-secrète en cours, qu'on ne pouvait divulguer en aucun cas à des personnes non autorisées. Canaris donna la carte à Oster, qui essaya de la glisser dans la poche de son veston. Mais Sonderegger vit le geste et le fit observer à Roeder. Erreur fatale. Roeder exigea alors qu'Oster lui donnât la carte et Oster nia avoir caché quoi que ce fût. Le sort de la Schwarze Kapelle était suspendu à un tour de passe-passe. Mais finalement contraint de remettre la carte, Oster reçut l'ordre d'aller dans son propre bureau et d'y rester.

Roeder cependant avait trouvé des preuves de la participation de Dohnanyi à l'opération 7 et d'autres documents impliquant Bonhoeffer et Mueller dans une conspiration possible. En dépit des protestations de Canaris, Roeder affirma qu'il avait autorité pour arrêter Dohnanyi. On l'emmena à la prison de la Wehrmacht, 64 Lehrterstrasse à Berlin, où Mueller vint le rejoindre quelques heures plus tard. Oster, lui était mis aux arrêts de rigueur à Dresde, mais Bonhoeffer n'eut pas droit aux mêmes égards. Arrêté, il fut incarcére à la prison Tegel, dans une cellule d'attente où il « ne put s'astreindre à utiliser les couvertures du bat-flanc, ni à supporter l'odeur qui s'en dégageait. » Au matin, le gardien lui lança du pain sec par une fente de la porte, et l'appela Strolch, canaille. Les formalités remplies, on le garda au secret jusqu'au jour où il émergea, menottes aux mains pour comparaître devant le Reichskriegsgericht, le tribunal de guerre du Reich.

Roeder présidait l'audience. Commença alors un drame interminable de dix-huit mois pendant lequel Bonhoeffer essaya de fabriquer une défense plausible pour couvrir ses activités d'agent de l'Abwehr. Mais le principal accusé était Dohnanyi car il s'agissait sur le fond d'une lutte entre l'Abwehr et le SD. A travers lui c'était toute l'Abwehr qui était visée, Canaris essayait de protéger ses services en expliquant à Roeder combien il était choqué de l'éventualité d'une fraude chez un homme comme Dohnanyi et combien il souhaitait que toute la lumière fût faite sur les charges qui pesaient contre son lieutenant.

Hitler lui-même était tenu au courant des interrogatoires ; mais Roeder ne trouvait pas en Dohnanyi une victime docile. Tous deux étaient des juristes accomplis. Dohnanyi cependant devait se révéler le plus fort. Accusé de haute trahison, il soutenait, lui, que ses activités à l'Abwehr n'étaient que des opérations de routine, tout en réussissant à prouver que les voyages de Bonhoeffer étaient uniquement des opérations de contre-espionnage pour sonder l'ennemi. Quant à l'opération 7, Roeder était incapable de prouver les accusations selon lesquelles Dohnanyi avait mis une fausse doublure à ses poches puisque ce n'était pas le cas.

Alors Canaris intervint. Il alla se plaindre à Keitel que Roeder n'avait qu'un désir : salir l'armée en prouvant la trahison de l'Abwehr. Keitel réagit comme prévu : il enleva l'affaire à Roeder et nomma à sa place un fonctionnaire moins vindicatif et moins ambitieux, un certain Kutzner. L'affaire perdit peu à peu de sa virulence, et se termina presque en farce lorsque Roeder, s'étant rendu ridicule en appelant la division Brandenburg, l'armée personnelle de Canaris, « un club d'oisifs », fut souffleté et provoqué en duel par le chef de la division.

Dohnanyi, pour l'instant, semblait sauvé, mais la détention et le procès l'avaient sérieusement ébranlé. Une infection des veines se déclara dans les deux jambes. Les fonctions de la parole et de la vision furent atteintes. La thrombose menaçant, des dispositions furent prises pour transporter le malade à la clinique du Pr Sauerbruch (Beck et Stauffenberg y étaient tous deux en traitement) où il fut admis. Mais Roeder et la Gestapo n'avaient pas dit leur dernier mot. Roeder affronta le professeur et exigea qu'on lui remette Dohnanyi qui échappait maintenant à la juridiction de l'armée. Sauerbruch refusa, déclara que la vie de Dohnanyi était en danger et qu'on ne pouvait le déplacer. Cependant Roeder cessa d'être une menace : il disparut au fin fond du désert juridique, dans le bureau du juge procureur des Balkans. Mais la Gestapo s'acharnait. Quelques semaines plus tard, des officiers de la Gestapo arrivaient à la clinique avec une ambulance ; Sauerbruch refusa encore de leur laisser visiter et, *a fortiori*, emmener son patient. Cet assaut de ruse dura plusieurs mois, mais finalement la Gestapo l'emporta. Le 22 janvier 1944, en l'absence de Sauerbruch, un médecin de la Gestapo parut dans la chambre de Dohnanyi. Enlevé et conduit dans une clinique à Buch, il fut examiné par le Pr Max de Crinis, complice de Schellenberg lors de l'incident de Venlo. Celui-ci déclara que l'état du malade lui permettait de comparaître sous huitaine. Une fois de plus, Canaris et la Schwarze Kapelle se trouvaient dans un danger extrême.

La seule manière pour Dohnanyi d'empêcher la Gestapo de l'interroger était de faire de sa maladie une arme. Dans une lettre qu'il réussit à faire parvenir à sa femme, il exprimait ainsi une demande assez inhabituelle :

> La seule chose à faire est de gagner du temps. Je dois prouver que je suis dans l'incapacité de subir un procès. La meilleur chose pour moi est de justifier d'une sérieuse crise de dysenterie. L'Institut Koch pourrait fournir une culture adéquate. Si tu enveloppes un peu de nourriture dans un morceau de tissu rouge et si tu fais une marque à l'encre sur le verre, je saurais qu'il contient une dose de bacilles qui m'enverra à l'hôpital.

Madame Dohnanyi se procura une culture et la fit passer à son mari, mais elle n'eut aucun effet. Alors Dohnanyi lui demanda une culture de bacilles diphtériques

> Tu ne peux imaginer mon excitation à la vue du verre marqué de rouge... écrivit-il encore. Je ne redoute aucune maladie infectieuse. Je sais très bien que je la subirai avec le sentiment, que non seulement elle sauvera ma vie, mais celle de bien d'autres, dont la situation est liée à la mienne.

> ... Naturellement, j'ai mis la culture dans ma bouche et l'ai consciencieusement mâchée, mais je n'ai pu le faire avant 7 heures et demie du soir... J'ai eu l'impression que le coton avait séché. Maintenant je mange les pastilles aussi vite que possible. J'ai entendu dire que le bacille diphtérique n'est pas très volatil mais ne supporte pas la sécheresse, ayant besoin d'humidité pour rester vivant. La période d'incubation dure de trois à huit jours. Je crains d'être immunisé et de ne rien attraper.

Il lui fallut recommencer une deuxième fois, pour obtenir le résultat désiré.

Il fit alors une grave diphtérie qui le tint éloigné du tribunal et lui permit, pendant la période dangereuse d'échapper à l'interrogatoire de la Gestapo. Mais finalement la Gestapo perdit patience, l'arracha à sa prison et l'abattit à proximité des décombres d'un récent bombardement. Avec lui se trouvait Dietrich Bonhoeffer.

Au moment même où la Gestapo continuait le siège de l'Abwehr, Schellenberg et le SD découvrirent des preuves de la participation indirecte de Canaris à la trahison. « Pendant les années 1941-1942, écrit Schellenberg, la plus grande partie de notre travail consista à faire taire les traîtres informateurs en Italie. » Le SD croyait en effet fermement que c'était la trahison italienne, et non pas la crypto-analyse ennemie, qui avait causé la perte de tant de bateaux ravitailleurs de Rommel, mais Schellenberg avait acquis la conviction que l'Abwehr — chargée des activités de contre-espionnage pour le compte de la Wehrmacht — ne poursuivait pas sa mission avec une énergie suffisante. Plus précisément il suspectait fortement les relations existant entre Canaris et le général Cesare Ame, chef du service d'espionnage et de contre-espionnage de l'armée italienne. Pour percer les véritables intentions de Ame, les agents de Schellenberg à Rome réussirent à faire chanter ses chauffeurs, tous deux homosexuels. Les deux hommes firent des rapports sur ce qu'ils interceptaient des discussions de Ame avec son état-major, rapports impliquant Canaris dans « une sérieuse affaire de sabotage en Italie », selon Schellenberg.

L'affaire débuta en juillet 1943 quand le maréchal Pietro Badoglio, ex-chef de l'état-major général italien, arrêta Mussolini, assuma le pouvoir au nom du roi et ouvrit secrètement des négociations avec le quartier général de Eisenhower. La possibilité d'une défection italienne étant un des soucis majeurs de Hitler, ce dernier annonça sa décision d'occuper l'Italie si Badoglio se rendait. Schellenberg écrit encore à ce sujet : « Tous nos services d'espionnage politique et militaire soulignaient l'imminence d'un tel changement. » Et cependant les rapports de Canaris à Keitel demeuraient « rassurants ». Keitel avait confiance en Canaris, mais Hitler devenait insatisfait. Et Schellenberg de poursuivre : « A la suggestion de Keitel — suggestion probablement due à Canaris — Canaris partit en Italie discuter de la situation avec le général Ame. »

Ils se rencontrèrent à Venise. Ame demanda à Canaris de faire le maximum pour étouffer toute action annonçant le retrait de l'Italie. Canaris acquiesça et les deux hommes, assis au fond de la voiture de Ame, décidèrent de convoquer à une conférence officielle les principaux agents de l'Abwehr, du SD et du SIM en Italie. Le jour de la conférence, Canaris posa les questions présentées par Keitel. Ame, feignant l'indignation — à l'intention des agents du SD présents — déclara avec emphase qu'il n'y avait pas un mot de vrai dans les soupçons de Hitler à l'égard de Badoglio, celui-ci étant résolu à continuer la lutte au côté de l'Allemagne jusqu'à la victoire. Puis la conférence prit fin sur une déclaration inspirée et enthousiaste de Ame, protestant de l'amitié de Badoglio pour Hitler et de sa considération pour l'alliance avec l'Axe.

Dès son retour, Canaris soumit un rapport de la conférence à Keitel, ayant pris soin de le faire signer par un de ses subordonnés. Keitel crut à ce rapport et assura Hitler que l'Italie n'avait pas l'intention d'abandonner la lutte. Mais le Führer demeurait soupçonneux. Il ne put cependant faire plus que d'ordonner l'élaboration de plans de contrôle et de désarmement des forces armées italiennes, et de plans de renforcement des troupes allemandes pour protéger les communications dans les Alpes. N'ayant pas mis à exécution son projet d'occuper l'Italie et d'arrêter Badoglio, celui-ci pouvait donc négocier la reddition italienne aux Alliés, sans l'intervention de Hitler ou de la Wehrmacht. L'acte fut signé secrètement le 3 septembre 1943 et prit effet le 8.

La surprise de Hitler fut totale. Quand la flotte italienne, qui possédait encore six cuirassés modernes, prit le large, il réagit violemment. Tandis qu'elle longeait la côte de Sardaigne, l'aviation allemande l'attaqua avec des bombes planantes téléguidées, les HS 293. Le bateau-amiral *Roma* fut touché, sauta, faisant de nombreuses victimes. Un second cuirassé fut gravement endommagé. Néanmoins, la plus grande partie de ce groupe d'unités, encore puissant et valable, arriva bientôt à Malte, permettant, le matin du 11 septembre, à l'amiral Sir Andrew Cunningham, commandant en chef britannique, d'envoyer ce message précis et enthousiaste aux Lords de l'Amirauté : « Heureux d'informer Leurs Seigneuries que la flotte de bataille italienne est à l'ancre sous les canons de la forteresse de Malte. »

Le rôle de Canaris dans l'intrigue menée autour des intentions italiennes, était l'une de ses plus belles réussites. Grâce à lui, l'Italie s'était rendue et Hitler avait perdu la flotte italienne. Rome, par chance, que Hitler avait menacé de détruire comme il avait détruit Belgrade en guise de châtiment, était épargnée. Mais le temps de Canaris était compté. Schellenberg prétendit cependant plus tard avoir appris par les chauffeurs soudoyés, la vérité sur l'entretien Canaris-Ame : « J'étais en mesure de présenter à Himmler un dossier avec la preuve absolue de la trahison de Canaris. Mais la seule réaction de Himmler avait été de tapoter nerveusement ses dents de son ongle », et de donner ordre à Schellenberg de « laisser le dossier là près de lui. Il le soumettrait à l'attention de Hitler au moment opportun », ce qu'il ne fit jamais. Schellenberg donna l'explication suivante à cette attitude : « Je suis certain qu'à un moment ou à un autre, Canaris a dû entrer en possession de renseignements compromettants sur Himmler. Rien d'autre ne peut justifier son attitude. » Canaris restait en place, après avoir réussi, une fois de plus, à duper Hitler.

Les arrestations au sein de l'état-major de l'Abwehr avaient cependant porté un coup sévère à la Schwarze Kapelle. L'absence de Beck, hospitalisé avec un cancer, et de Witzleben, handicapé par des hémorroïdes, la privait d'une direction effective. Mais tout n'était pas perdu. On pouvait encore tenter d'approcher le maréchal von Kluge à son quartier général du secteur central sur le front russe. C'est donc à lui que Karl Friedrich Goerdeler de retour d'une tournée dans les villes dévastées de la Ruhr adressa un appel éloquent à se joindre derechef à la conspiration. Goerdeler avait déjà réussi on s'en souvient à obtenir le soutien tacite du maréchal pour l'opération Flash, mais l'échec de cette dernière avait gravement ébranlé la confiance de Kluge dans les conspirateurs.

Sa lettre aujourd'hui était émouvante : « Vous seriez aussi bouleversé que moi, (...) le travail d'un millier d'années, réduit à néant... Impossible de rien tirer de ces ruines, ce ne sont que tas de débris de ciment et de fer. Il faudra des générations pour reconstruire. » Il décrivait aussi la fuite de la population des villes allemandes, le grave déclin de la production industrielle, la perte du sentiment de l'honneur et de la moralité chez les civils et chez les militaires.

> En face de ce désastre national, maintenant évident, auquel nous ont conduit des dirigeants insensés et sans Dieu, je prends la liberté de vous adresser un dernier appel, Monsieur le Maréchal... L'heure est maintenant venue de prendre l'ultime décision engageant notre destin personnel... Il est temps que les Allemands honnêtes reprennent en main les intérêts de l'Allemagne...

La lettre parvint à Kluge en un temps propice. La Wehrmacht venait de subir à l'Est une défaite encore plus grave que celle de Stalingrad — Citadelle nom de code de la bataille pour le saillant de Koursk. Les Allemands venaient d'essuyer des pertes encore jamais atteintes : 70 000 hommes, 3 000 chars, 1 000 canons, 5 000 véhicules à moteur et 1 400 avions, le tout en onze jours. Echec déterminant, qui mettait fin aux attaques en masse de la Wehrmacht à l'Est. Les divisions Panzer étaient pratiquement détruites, et la question se posait de savoir si on pourrait les reconstituer à temps pour l'attaque du printemps 1943 contre la Russie ou contre les puissances alliées lors du débarquement.

La réponse de Kluge à la lettre de Goerdeler allait être décisive pour la conspiration. Tresckow, son chef d'état-major, avait vainement essayé de s'assurer le soutien d'autres généraux du front russe ; l'émissaire de Goerdeler au maréchal von Rundstedt s'était vu éconduire à Paris. Restait Kluge. Sa réponse à première vue n'était guère encourageante. Mais il était plus intéressé qu'il ne voulait bien le dire. Ayant appris que Stauffenberg avait suffisamment repris de forces pour devenir la tête agissante de la Schwarze Kapelle, il donnait à Tresckow une permission prolongée pour raison médicale, afin de se rendre à Berlin et d'organiser le futur régime sur les bases sûres, fiables et pratiques de l'état-major général ;

il consentait de plus à rencontrer les nouveaux dirigeants de la Schwarze Kapelle à Berlin.

La rencontre eut lieu en septembre 1943 chez le général Friedrich Olbricht, chef d'état-major de l'armée de l'Intérieur, dont le quartier général de la Bendlerstrasse était devenu le centre du nouveau complot. Beck, Olbricht, Tresckow et Goerdeler discutèrent de la situation avec Kluge. Dans un esprit de confiance et d'optimisme, Goerdeler parla des lignes de communications de la Schwarze Kapelle avec les Américains et les Britanniques. Il apaisa les craintes du maréchal car celui-ci redoutait que les Britanniques n'exigent la destruction totale de la puissance et de l'industrie allemandes. Goerdeler souligna que l'intérêt britannique était de garder une Allemagne puissante comme rempart contre la Russie. Finalement convaincu, Kluge déclara alors qu'il fallait renverser Hitler par la force, si besoin était, pour le bien de la nation. « Il était lui-même prêt pour le coup d'Etat. » Les conspirateurs s'en réjouirent. Enfin, ils avaient un maréchal « du front » pour les conduire. Mais leur joie fut de courte durée. Peu après cette réunion, Kluge était en effet gravement blessé dans un accident, sa voiture ayant heurté un char sur la route Orscha-Minsk. Décidément le destin n'était guère clément pour la Schwarze Kapelle.

Kluge, momentanément immobilisé, c'est Witzleben qui reçut le titre de futur commandant en chef de l'armée pendant la régence escomptée de Beck. Ce contre-temps porta un nouveau coup à la Schwarze Kapelle, mais au niveau du général Friedrich Fromm, commandant en chef de l'armée de l'Intérieur, le centre de décision restait intact. C'est en son nom que les ordres de Walkyrie — car le plan était aussi bien instrument d'Etat que de conspiration — parviendraient aux chefs subalternes. Les nouveaux chefs du complot : Stauffenberg, Olbricht, Tresckow, demeuraient fermes dans leur résolution et dévoués à leur tâche. A la même époque la Schwarze Kapelle recruta de nouveaux adhérents au sein d'un groupe de personnalités importantes à Zossen, parmi lesquelles le colonel Alexis baron von Roenne, chef de la FHW, fort apprécié par Hitler et l'OKW pour son analyse du renseignement. Moins attachés que leurs prédécesseurs à des déclarations de soutien anglo-américaines, les conspirateurs décidèrent alors de deux politiques fondamentales en face des Alliés. En l'absence de déclaration de leur part au jour J — et tous savaient que ce jour viendrait — la Schwarze Kapelle veillerait à ce que les Alliés fussent combattus dès le rivage, dans l'espoir que de lourdes pertes les contraindraient à un armistice. Mais en cas de pourparlers, on prendrait des dispositions pour ouvrir le front de la Manche aux armées d'invasion et faciliter leur marche à travers les pays de l'Europe occidentale et centrale jusqu'à l'Elbe, avant l'arrivée des Russes. C'est dans cet esprit que des émissaires de la Schwarze Kapelle furent envoyés à Stockholm, Berne, Lisbonne et Madrid pour essayer de renouer des négociations par des voies diplomatiques ou secrètes.

La nouvelle série d'approches auprès des gouvernements britannique et américain avait commencé peu de temps après que Stauffenberg eut assumé la direction opérationnelle de la Schwarze Kapelle, et devait se prolonger jusqu'à la veille du jour J. En août 1943, à Berlin, Goerdeler vit à nouveau Jacob Wallenberg, le banquier suédois. C'était leur sixième rencontre depuis le début de la guerre, et Goerdeler dit à Wallenberg, de façon peut-être trop optimiste, que les préparatifs pour un « coup » en septembre étaient au point. Le moment venu, il était prévu d'envoyer à Stockholm, Fabian von Schlabrendorff, le jeune officier qui avait déjà participé à l'opération Flash, pour traiter avec des agents anglo-américains. Goerdeler alors chargea Wallenberg « de persuader les Britanniques d'envoyer un contact valable pour rencontrer Schlabrendorff ». Ce dernier répondit : « Je serai très heureux de le faire dès que le " coup " aura eu lieu et j'informerai les Alliés qu'un Allemand représentant les nouveaux dirigeants sera à Stockholm, non pas pour négocier mais simplement pour recueillir l'avis des Alliés sur la meilleure manière d'obtenir la paix par le nouveau gouvernement. »

Wallenberg transmit ensuite l'information de Goerdeler à son frère, Marcus, qui, à son tour, la retransmit aux Britanniques. Les deux hommes se rencontrèrent une dernière fois à Berlin en septembre. Goerdeler avait préparé, à la demande de Wallenberg, un mémorandum destiné à Churchill, sur les intentions allemandes. Ce document exposait les plans des conspirateurs pour le renversement des nazis et demandait encore une marque de soutien des Britanniques : « ... les dirigeants du groupe souhaitent voir préciser — en accord avec de précédentes assurances de la part du gouvernement britannique — s'il sera alors possible d'ouvrir des négociations en vue d'un traité de paix, immédiatement après la mise sur pied d'un gouvernement allemand qui se serait débarrassé du national-socialisme. » Le mémorandum spécifiait ensuite les conceptions de la Schwarze Kapelle sur les propositions de paix éventuelle, et, chose invraisemblable, les conspirateurs croyaient pouvoir poser leurs propres conditions s'ils acceptaient d'ouvrir le mur de l'Atlantique. Goerdeler bien entendu ne reçut aucune réponse des Anglais.

Cependant, à Berne, Hans Bernd Gisevius, ex-juriste de la Gestapo, qui était, sous couverture diplomatique allemande, l'émissaire de la Schwarze Kapelle auprès d'Allen Dulles, semblait obtenir plus de succès. Gisevius et les Anglais ne se fiaient plus les uns aux autres depuis longtemps, quand Dulles arriva à Berne en tant que chef local de l'OSS en Suisse, avec la mission expresse de prendre contact avec la Schwarze Kapelle. Juriste (Donovan préférait les juristes, comme Menzies les banquiers), Dulles n'était pas le premier venu ni en Suisse ni dans l'espionnage. Il avait travaillé dans ce pays pendant la Première Guerre mondiale en tant qu'agent américain contre les empires allemand et austro-hongrois. Dès lors, il pensa qu'un rapprochement anglo-américano-germanique était le plus sûr garant de la paix. Entre les deux guerres, Dulles avait rencontré l'élite de l'industrie et de la banque allemandes, par l'intermédiaire du bureau berlinois de Sullivan et Cromwell, la firme juridique newyorkaise pour laquelle il travaillait, et grâce à son ami, Hugh Wilson, devenu l'ambassadeur américain à la cour de Hitler, était très bien informé de la situation politique en Allemagne.

Quand l'Amérique déclara la guerre à l'Allemagne, Dulles entra dans l'organisation de Donovan, et forma un comité d'experts pour les affaires allemandes. En automne 1942, comme le colonel David Bruce partait pour Londres afin de diriger l'OSS en Europe, Dulles entra en fonction à Berne. Là, dans ses bureaux, au 23 de la Herrengasse, il établit un réseau d'espionnage américain en Europe, extraordinairement bien financé, qui s'étendait de Londres à Prague. La principale recrue de Dulles, l'homme qui devint son assistant personnel, était Gero von Schulze Gaevernitz, fils d'un éminent et libéral économiste berlinois, que Dulles connaissait depuis la Première Guerre mondiale. Gaevernitz était entré par son mariage dans une famille d'industriels rhénans, les Stinnes, et s'était installé en Suisse au début de la guerre, probablement avec l'aide de Canaris ou d'Oster. C'est par lui que Dulles avait rencontré Gisevius.

Les Britanniques avaient rejeté Gisevius comme agent d'intoxication allemand. Quant à Dulles il n'avait qu'à demi confiance dans l'immense Prussien (il mesurait 1,90 m). Les deux hommes se rencontrèrent d'abord dans l'ombre sur les marches du bâtiment du Conseil mondial des Eglises. Ils mirent au point un moyen de communication échappant à la surveillance de la Gestapo, puis Dulles obtint de Washington un système de distribution spécial pour ses messages secrets concernant la Schwarze Kapelle, qu'il baptisa « les Briseurs » et qui n'étaient réservés qu'à de très rares personnes en haut lieu. Ces messages étaient connus comme « Documents L », exclusivement destinés à la salle des cartes de Roosevelt à la Maison Blanche, au secrétaire d'Etat, Cordell Hull, aux chefs d'état-major du Centre de renseignement et à Fletcher Warren, un Texan au statut d'ambassadeur, assistant du secrétaire d'Etat adjoint. En tout, de mars 1943 à mai 1944, Dulles allait envoyer cent quarante-cinq Briseurs à Washington. Il envoya aussi un certain nombre de lettres, et au moins un gros paquet : le manuscrit de l'histoire de la Schwarze Kapelle par Gisevius, étonnant document de 200 000 mots. Si Washington avait voulu se donner la peine de lire cette correspondance, elle aurait pu en savoir autant sur la Schwarze Kapelle que Churchill par ses propres sources et celles de Menzies.

Cependant Dulles en vint à croire que ses messages Briseurs n'avaient pas été transmis et à s'imaginer qu'un agent russe à Washington les avait bloqués pour empêcher un accord entre la Schwarze Kapelle et les Alliés occidentaux. Mais cette théorie se révéla fausse. Pourtant aucun de ces messages ne devait jamais apparaître dans les comptes rendus des états-majors combinés ou interalliés, et rien dans la correspondance secrète Roosevelt-Churchill ne fit jamais allusion à une ouverture quelconque de la part de la Schwarze Kapelle. L'indifférence, et non la trahison, était à la base de cette attitude de l'Amérique envers la conspiration.

Tel n'était pas le cas dans les cercles britanniques. Les événements d'après-guerre révélèrent que quelqu'un avait soustrait de la circulation les renseignements concernant la Schwarze Kapelle. Cet homme s'appelait Harold « Kim » Philby. Son bureau, au quartier général du MI-6 était proche de celui de Menzies et il était considéré comme l'un des meilleurs officiers de renseignement. S'étant élevé dans la hiérarchie du MI-6, il était devenu en 1943, chef de la sous-section ibérienne de la section V, département d'une importance vitale, chargé de toutes les opérations de contre-espionnage du MI-6, en Espagne et au Portugal. Directement responsable de sa nomination et de ses promotions, Menzies avait en lui une confiance totale. Ce fut l'erreur capitale de sa carrière, erreur qui le tua finalement, car Philby était un agent soviétique particulièrement intelligent et rusé.

Pendant la guerre — comme l'écriraient plus tard les auteurs de la « conspiration Philby » — le travail de Philby, en tant qu'agent soviétique en Grande-Bretagne, avait été parfaitement clair : « empêcher par tous les moyens d'accréditer chez les Anglais l'idée qu'on pouvait en fin de compte avoir affaire aux Allemands sans être habités par l'unique sentiment qu'il fallait les détruire... ». C'est pourquoi non content de trahir au profit de l'Union soviétique tous les secrets du MI-6, aussi bien que les secrets d'Etat anglais ou américains dont il pouvait avoir connaissance, Philby s'ingéniait avant tout à subtiliser ou à discréditer tous rapports suggérant la possibilité de négocier avec la Schwarze Kapelle.

Cependant si Philby fit indiscutablement beaucoup de tort à la conspiration, il ne parvint jamais à bloquer ses propositions au gouvernement de Londres, et ne joua aucun rôle dans l'attitude de Washington qui était parfaitement renseignée par Dulles. Si les messages de ce dernier n'eurent pas l'impact qu'il espérait, ce ne fut pas imputable à une trahison pro-russe dans la capitale américaine, mais à la conviction de la hiérarchie gouvernementale persuadée que si l'on voulait une paix durable en Europe, il fallait d'abord se débarrasser de l'état-major général allemand. N'oublions pas enfin que Gisevius, ex-fonctionnaire de la Gestapo, ne fut jamais considéré comme un interlocuteur digne de foi.

Un tel soupçon ne planait cependant pas sur le contact le plus important de Dulles à Berlin. En effet, le 23 août 1943, un docteur allemand appelé Kochertaler rendit visite au comte Vanden Huyvel, chef local du MI-6 en Suisse. Le comte écouta l'homme et le jeta dehors. Le docteur alla ensuite voir Gerald Mayer, fonctionnaire à l'Office de l'information de guerre, l'équivalent américain du PWE, et dit qu'il représentait un fonctionnaire de la section de liaison de l'armée au ministère des Affaires étrangères. Mayer pouvait-il ménager une entrevue entre ce fonctionnaire et M. Dulles ? Mayer demeura sceptique ; néanmoins il lui obtint une rencontre, et à la nuit tombée, ce même soir, Fritz Kolbe arriva au 23 de la Herrengasse, le bureau de Dulles. Il avait quarante-deux ans, était petit, nerveux, avec des cheveux en couronne autour d'un crâne dégarni. Kolbe se présenta comme l'assistant particulier de l'ambassadeur Karl Ritter, chargé de missions diplomatiques importantes pour la Wehrmacht. Son travail consistait à passer au crible la « matière imprimée » diplomatique, c'est-à-dire toute la correspondance diplomatique et les messages radio, pour en informer Ritter. Peu de choses lui échappaient donc des plans de la Wehrmacht et de sa politique.

Kolbe, homme pratique aussi bien qu'idéaliste, fit à Dulles une offre très tentante. Si celui-ci le désirait, il pourrait fournir régulièrement aux Etats-Unis une sélection de la correspondance la plus secrète de Ritter. Dulles était-il intéressé ? A ce point de l'entretien, Kolbe exhiba devant un Dulles ébahi et assez mal à l'aise cent quatre-vingt-six documents de la diplomatie allemande contemporaine directement extraits de la « matière imprimée » de Ritter. Dulles demanda à Kolbe un peu de temps pour examiner le contenu, convint d'un autre rendez-vous, puis le personnage s'en alla. Les documents, appelés plus tard « le Rapport de Berne » étaient tout à fait étourdissants, car ils représentaient les rapports les plus secrets des missions diplomatiques allemandes dans quelque vingt pays.

Dulles n'eut alors plus de doute sur leur authenticité, et son impression s'avéra juste car lorsque le rapport fut comparé plus tard à des messages interceptés par Ultra dans les mois précédents, on les trouva identiques en substance et en terminologie. « Et la fuite était vraiment de taille ! » devait-il se rappeler plus tard. Devant lui s'étalaient en effet les secrets les plus intimes de la machine de guerre allemande, testament à l'état brut de toute la puissance et de toute la faiblesse du Reich. Dulles câbla aussitôt à Londres, et à Washington l'essentiel de ces révélations en y joignant un résumé. L'un de ses messages à Washington disait notamment :

> Regrette sincèrement que vous ne puissiez voir en ce moment Woods (Kolbe avait reçu de lui le nom de code de George Woods) et sa documentation non condensée. Sur quatre cents pages environ, les manœuvres politiques internationales de la diplomatie allemande des deux derniers mois offrent le tableau d'un dénouement proche et de l'effondrement final. Dans un quartier général inquiet et un ministère des Affaires étrangères moribond, affluent les lamentations d'une douzaine de postes diplomatiques. Des agents secrets et diplomatiques hagards font de leur mieux pour parer au défaitisme et à la désertion de satellites et d'alliés ouvertement rebelles et de puissances neutres récalcitrantes.
>
> Les jours du service secret sous la direction de Canaris (...) sont comptés... Les convulsions ultimes d'une diplomatie nazie pourrie sont nettement visibles dans ces télégrammes. Leur examen porte le lecteur d'un extrême à l'autre de l'émotion ; il est témoin dans cet impitoyable chant du cygne, de la cruauté des Allemands, envers les peuples si irrévocablement et pitoyablement broyés par la Gestapo, après une demi-décade de luttes inutiles...

Mais si Dulles s'attendait à voir son éloquence entendue à Washington, il se trompait. Contrairement à Londres où les rapports, tel celui de Kolbe, donnaient lieu à une nouvelle conception stratégique (tels les plans Rankin), Washington les recevait, selon Dulles, avec des haussements d'épaules. Il est vrai cependant que l'importance du rapport de Berne ne résidait pas dans son propre contenu, car Dulles l'ignorait peut-être, il ne faisait que répéter dans l'ensemble les renseignements déjà donnés par Ultra et Magic. Mais ce qu'il révélait clairement c'était le chemin de la trahison que se préparaient à prendre quelques Allemands en cette heure désespérée pour des raisons purement idéologiques. En fait, l'action de Kolbe s'inscrivait dans la ligne d'une politique inaugurée par Canaris au début de la guerre et concrétisée par les révélations du Rapport d'Oslo, par la trahison d'Oster à propos de l'opération Jaune en 1940, et très probablement par le comportement du chef de l'Abwehr lui-même dans les grandes opérations d'espionnage.

Comme Berne et Stockholm, Lisbonne s'avérait un nœud de jonction dans les voies de communication entre la Schwarze Kapelle et les puissances alliées. En effet à l'instigation de Stauffenberg, Otto John, juriste de la Lufthansa et membre de la conspiration, était parti en juillet et août 1943 pour Madrid et Lisbonne afin d'envisager l'établissement de communications rapides avec Washington et Londres. A Madrid, par l'entremise du chargé d'affaires américain, Willard L. Beaulac, John rencontra le colonel William Hohenthal, attaché militaire américain, auquel il se souvient avoir dit :

> ... la Wehrmacht peut encore combattre sept ans avant d'être totalement épuisée (...) à moins que nous ne parvenions à terminer la guerre plus tôt par un changement de régime (...). Je dis, sans donner de noms, que nous sommes prêts à une tentative en ce sens avant Noël 1943. Le soutien extérieur dont nous avons besoin est une déclaration du Haut Commandement allié promettant à nos maréchaux, pour l'Allemagne, le même traitement qu'à l'Italie... Pouvons-nous en conséquence rester en contact ? Hohenthal y consentit, poursuivit-il. Il me donna son numéro de téléphone secret à l'ambassade américaine et m'assura de la plus grande discrétion.

Muni de cette assurance, John se rendit à Lisbonne, où il espérait parler à un « contact » du MI-6. Mais il lui fallut attendre fin 1943 début 1944 pour obtenir une entrevue dans une rue écartée et sombre de Lisbonne, au fond d'une voiture. Quand John arriva au rendez-vous, il trouva une femme, une certaine Miss Rita Winsor. Tout en déambulant dans les rues de la ville, selon la version de John, « elle me dit alors que des instructions très strictes émanant de Londres, interdisaient tout nouveau contact avec des émissaires de l'opposition allemande. Le sort des armes déciderait maintenant du règlement de la guerre. » Probablement à cause de Philby, la Schwarze Kapelle essuyait une nouvelle rebuffade.

John n'était cependant pas l'unique représentant de la Schwarze Kapelle à Lisbonne. Pendant l'été 1943, le baron Oswald von Hoyningen-Huene, ex-secrétaire de Hindenburg, alors ambassadeur en poste au Portugal, transmit également par un intermédiaire, une invitation de Canaris à Menzies, pour une rencontre en territoire neutre afin d'examiner l'éventualité d'une alliance entre la Schwarze Kapelle et le MI-6. Menzies reçut favorablement l'invitation et aurait probablement rencontré Canaris. Mais, au dire de Menzies, Anthony Eden lui intima l'ordre de n'accepter ni de répondre, prétextant que si les Russes l'apprenaient, ils croiraient peut-être que les Britanniques caressaient l'idée d'une paix séparée avec l'Allemagne.

Presque à la même époque, la Schwarze Kapelle ne perdant toujours pas espoir tenta une autre ouverture en direction du MI-6 à Lisbonne. Un agent de l'Abwehr fit parvenir un dossier appelé depuis le « Rapport de Lisbonne ». Il appuyait la démarche du Rapport de Berne et constituait, d'après une analyse allemande ultérieure, la trahison la plus néfaste de toutes contre le Troisième Reich. Parmi une foule de détails techniques, le Rapport de Lisbonne précisait notamment que la recherche et le programme allemand en matière de missiles s'abritaient à Peenemünde sur une île retirée de la Baltique, à cent douze kilomètres de Stettin. Cette confirmation du Rapport d'Oslo de 1939, ne marquait-elle pas un geste de bonne foi pour encourager Menzies à accepter l'invitation de Canaris ? Toujours est-il qu'il la refusa comme on vient de le voir. Mais onze jours après l'arrivée du Rapport, dans la nuit du 17 au 18 août 1943, la RAF rasait Peenemünde.

Les conspirateurs de la Schwarze Kapelle démontraient ainsi encore une fois, combien ils étaient prêts à trahir les secrets les plus importants du Troisième Reich. Mais tout en se montrant prompts à profiter de leur trahison, les Alliés continuaient à ignorer les motifs qui l'inspiraient. L'attitude américaine envers la conspiration était bien définie et ne changeait pas : il fallait détruire le Troisième Reich par une confrontation directe sur le champ de bataille ; il n'y avait aucune place pour un règlement politique quel qu'il fût. Churchill lui manifesta une attitude quelque peu ambivalente. Redoutant une hécatombe le jour J, il écoutait toutes les suggestions sur la manière de vaincre les Allemands sans les combattre, l'ancien principe de Sun Tzu, croyant alors, et même plus tard, que les opérations militaires pourraient prendre fin si la conspiration réussissait et si Hitler et les nazis étaient renversés. Mais quand Churchill souleva la question de la Schwarze Kapelle à la Maison Blanche en mai 1943 — envisageant peut-être de se servir de la conspiration au même titre que les divers mouvements de résistance européens pour affaiblir ou détruire le nazisme de l'intérieur — le président répondit négativement de façon très sèche, entraînant la remarque suivante de Robert E. Sherwood : « Il ne fait pas de doute que Roosevelt n'a jamais accepté très sérieusement cette éventualité comme solution possible au problème de la victoire totale. »

Cependant Goerdeler, Gisevius, John, les uns après les autres, avaient tous dit la vérité sur la résolution réitérée de la conspiration. Entre septembre et décembre 1943, la Schwarze Kapelle allait opérer au moins quatre tentatives pour assassiner le Führer. Chacune d'elles était soigneusement préparée, les messages préliminaires de Walkyrie envoyés et servant de tests pour un véritable cas d'urgence. Le général Helmuth Stieff, petit et bossu, se chargea du premier essai, au Führerhauptquartier, mais les explosifs éclatèrent prématurément et les mesures de sécurité entourant le Führer rendirent toute poursuite du complot impossible. Un jeune officier d'état-major, qui approchait parfois Hitler au Berghof à Berchtesgaden, prit le relais. Cet officier dont le nom n'a pas été révélé, se proposait de passer un revolver en fraude dans le bureau de Hitler à une réunion d'état-major et de l'abattre à bout portant. Ce plan échoua encore car cet officier subalterne, se trouva finalement placé aux derniers rangs d'une vaste salle, à côté d'un garde du corps SS. Il n'aurait pas eu le temps de sortir un mouchoir, encore moins un revolver.

En novembre 1943, une troisième occasion s'était présentée. Un jeune officier, Axel baron von Dem Bussche, devait porter, pour le présenter au Führer, un nouveau modèle de capote militaire. Son plan était d'un grand courage et d'un grand esprit de sacrifice. Il voulait en effet cacher deux bombes sur lui, et les faire exploser à l'approche de Hitler, dont la mort aurait entraîné automatiquement la sienne. Mais une soudaine attaque aérienne reporta à plus tard la présentation et quand elle prit fin, on découvrit que la capote avait été détruite lors de l'attaque. Stauffenberg entreprit alors une nouvelle tentative. Comment, privé d'un œil, d'un bras, n'ayant plus que trois doigts, pourrait-il encore manipuler une bombe ? Il se porta néanmoins volontaire pour le faire, quand Hitler décida d'une conférence au sommet pour le 26 décembre 1943. Stauffenberg réussit à atteindre l'antichambre de la salle de conférence avec la bombe dans sa serviette. Mais là, on l'informa que la réunion était reportée. L'ange maudit de Hitler — ou peut-être un informateur du SD au sein de la Schwarze Kapelle — faisait bien son travail.

C'est dans ces conditions que les conspirateurs abordèrent la nouvelle année 1944. Leur complot jusque-là se soldait par un échec, et leur malchance se nommait Ultra. Certes à plusieurs reprises, les conjurés allaient tenter de troquer les secrets du Troisième Reich contre un soutien et des concessions favorables à une Allemagne débarrassée de Hitler et des nazis. Mais les Alliés n'avaient nul besoin de ces tractations secrètes et dangereuses. Les conspirateurs avaient en effet peu de choses à leur apprendre qu'Ultra ne leur ait déjà révélé. Si décisive dans la défaite du Troisième Reich, Ultra ne semblait-elle pas, par contre, retarder la disparition personnelle de Hitler ?

Chapitre VII

STARKEY

Afin de préparer le jour J, un quartier général anglo-américain s'établit à Londres au milieu de l'année 1943. Son chef était le général Frederick Morgan, artilleur, tankiste de quarante-neuf ans, réputé pour sa courtoisie joviale, son urbanité, sa sympathie et son admiration pour les Américains. On le connaissait sous le nom de Cossac, initiales de son organisme, l'état-major allié suprême. Son QG était à Norfolk House dans Saint-James's Square, petite oasis en retrait de Piccadilly où George III était né, où Josiah Wedgwood possédait sa célèbre galerie, et où les Norfolk, les premiers ducs et grands échansons d'Angleterre, avaient leur résidence. Norfolk House était très commode comme club de l'Armée et de la Marine, et les conférences préliminaires à la première opération COSSAC — la grande campagne de mystification stratégique appelée Cockade — se tenaient indifféremment à l'un ou à l'autre endroit. « Il y avait un certain piquant, rappelait Wingate, à organiser la mystification autour d'un brandy soda, sous le portrait de Nell Gwynne, un nu qui ornait alors les murs du club. » Mais les conséquences de Cockade allaient être moins agréables.

Cockade — l'une des phases opérationnelles du plan Jael — était né de la conférence de Casablanca. Les chefs d'états-majors combinés s'étaient alors rendu compte qu'il était impossible aux armées américaine et britannique d'envahir l'Europe par la Manche en 1943 : les hommes, les bateaux, les avions indispensables à cette entreprise gigantesque n'étaient et ne seraient pas disponibles en Angleterre. Cependant le Premier ministre avait souligné la nécessité absolue de cacher aux Allemands la faiblesse des Alliés en Angleterre. Pour y parvenir, il fallait simuler des préparatifs d'invasion sur le sol français, et cela dans l'espoir d'empêcher Hitler de transférer des divisions, inutiles en France, vers la Russie et l'Italie, où le besoin s'en faisait cruellement sentir. Le Haut Commandement allié espérait également qu'une nouvelle série de feintes, en particulier dans le Pas-de-Calais, permettrait d'augmenter les préoccupations de Hitler pour la sécurité de ce secteur, aux dépens des fortifications de Normandie où était finalement prévu le débarquement, et l'obligerait ainsi à y établir ses principales défenses.

L'autre objectif essentiel de Cockade était d'acculer la Luftwaffe à une guerre d'usure avec la RAF et l'USAAF (aviation américaine). Une directive en ce sens demandait à Morgan de préparer des plans pour un projet élaboré de camouflage et d'intoxication couvrant tout l'été 1943, dans le but de clouer l'ennemi à l'ouest et de le maintenir dans l'attente d'un débarquement d'envergure à travers la Manche en 1943.

Starkey constituait l'élément majeur de Cockade. Il se définissait comme une opération amphibie créant de toutes pièces une menace de débarquement britannique importante dans le Pas-de-Calais pour forcer ainsi la Luftwaffe à engager un combat intensif sur quinze jours. Le programme Cockade comportait également deux interventions accessoires : Tindall, un débarquement supposé anglo-russe en Norvège, et Wadham, une descente imaginaire de troupes américaines sur la Bretagne.

Le colonel Bevan, contrôleur de l'Intoxication, officier du LCS, le major Derrick Morley représentant les intérêts du LCS auprès des comités d'élaboration supervisaient l'ensemble. Tandis que l'organisation de l'opération était confiée à Morgan en tant que COSSAC, le commandement en revenait au commandant en chef de la chasse aérienne, le maréchal de l'air, Sir Trafford Leigh-Mallory, puisque l'objectif principal de Starkey était d'amener la Luftwaffe à se battre afin de la détruire. Les armes de Cockade seraient multiples : la feinte, la ruse, la menace, un mouvement de troupes ici, un mouvement de navires là, une escadrille aérienne dans le ciel, une rumeur « accidentelle » sur les ondes, une allusion dans la presse, une émission radio, l'envoi d'un espion, un peu d'agitation en France — multitude d'actions éparpillées qui, une fois rassemblées, apparaîtraient aux Allemands du renseignement comme les signes d'une invasion imminente.

D'emblée, les groupes d'organisateurs se trouvèrent confrontés à un problème fondamental. Comment pouvait-on « monter » une menace d'invasion convaincante quand il stationnait dans l'été 1943 en Grande-Bretagne moins de troupes offensives qu'au moment de la « piqûre d'épingle » de Dieppe en 1942 ? Le COSSAC en était conscient : les Allemands devaient savoir — ou deviner — que les vastes forces nécessaires à une invasion n'existaient pas à l'époque dans les Iles britanniques. La seule chose à faire était donc de grossir des effectifs imaginaires, de lancer des rumeurs d'invasion par la presse et la radio, de presser la population civile britannique à réagir comme si de vastes préparatifs militaires se préparaient en son sein, et de lancer une campagne parmi les organisations de résistance en France, en Belgique et en Hollande pour accréditer le bruit d'une invasion en 1943.

Cette dernière décision comportait de graves dangers sur le plan moral et politique. En effet le cabinet de guerre reconnaissait que les résistants, croyant à l'imminence de l'invasion, pourraient par suite être amenés à se soulever, à manifester et finalement à être détruits par les Allemands. Néanmoins, on percevait bien à Londres qu'à moins d'amener les résistants à « contribuer à cette " simulation " par tous les signes d'une activité clandestine (...) que l'ennemi interpréterait comme les prémisses d'une invasion réelle (...), Starkey n'aurait pas les couleurs de l'authenticité. » C'est pourquoi les deux organismes britanniques chargés des opérations de résistance, la Direction des opérations spéciales (SOE) et la Direction de l'action politique (PWE), furent chargés de préparer un plan qu'ils soumirent le 18 juillet 1943 aux chefs d'état-major.

Comment le SOE et le PWE se proposaient-ils de donner à Starkey les « couleurs d'authenticité » ? Voici quels étaient leurs projets (acceptés par les chefs d'état-major) :

> Répéter un certain nombre d'opérations d'agitation politique et de subversion, à plus d'une semaine avant le jour J, de façon suffisamment importante pour inquiéter et égarer l'ennemi, mais assez raisonnable pour ne pas provoquer de soulèvements prématurés ni gaspiller les stratagèmes d'une invasion réelle.

Ces opérations comprenaient des attaques sur des objectifs ferroviaires, des quartiers généraux allemands, des coups de main de tueurs contre des membres des personnels allemands, la destruction des télécommunications et de certaines zones industrielles — toutes destinées à suggérer une invasion imminente et une participation des résistants à cette dernière. Mais les organisateurs espéraient de façon peut-être trop optimiste que les résistants s'en tiendraient là.

Il y avait un autre danger inhérent à cette simulation. Dans une appréciation sévère mais humaine du « problème », le plan SOE — PWE le soulignait :

> Ces opérations qui se dérouleraient à la veille de l'hiver le plus désespéré de la guerre et seraient dirigées sur des territoires où l'espoir d'une libération proche était le principal facteur de résistance, auraient pour effet de porter à leur paroxysme des espérances avant l'hiver, puis à l'entrée de cette même saison de décevoir cruellement les populations d'Europe occidentale.

Cependant, le plan admettait toujours de façon optimiste, que cette déception serait acceptée par la France et l'Europe de l'Ouest, dans la mesure où d'autres opérations — notamment en Sicile et en Italie, dont l'invasion était prévue à la même époque — seraient couronnées de succès. Le plan précisait en outre :

Dans ces circonstances, les peuples occidentaux seraient prêts à accepter Starkey comme une diversion très justifiable, et leur moral serait soutenu par les résultats et les espoirs de succès obtenus ailleurs.

Ces conclusions étaient dangereuses et aléatoires.

Le plan comprenait enfin certaines mesures de sécurité pour empêcher les résistants de se lancer dans la guerre ouverte. Il était prévu :

1. Que des injonctions strictes lancées par radio à ces groupes pendant la période précédant le jour J (pour Starkey), leur demanderaient de marquer le pas en attendant de Londres l'ordre direct de soulèvement ; 2. Que des tracts destinés aux patriotes seraient parachutés la semaine précédant le jour J, leur précisant que les activités à venir n'étaient qu'une répétition.

Ainsi, ces précautions offraient le « double avantage d'égarer l'ennemi sur le temps, et de garder la confiance des patriotes dans le bien-fondé de nos instructions, les persuadant de cette façon, de suivre à la lettre, celles que nous leur donnerions par la suite ». Ces diverses dispositions approuvées, il n'en apparaissait pas moins évident dès le départ, que l'on jouait avec un explosif que l'on connaissait mal, à savoir les mouvements de résistance français.

Tout aussi contestable étaient les moyens spéciaux destinés à manipuler les résistants : la BBC serait utilisée à son insu comme agent d'intoxication, c'est-à-dire qu'elle réagirait aux nouvelles et aux fuites lancées par l'opération à venir d'une façon normale et « innocente » jusqu'au moment où on l'informerait, comme la presse, qu'il s'agissait d'une « répétition ». Or, la BBC occupait une place à part dans le monde des communications. Son auguste réputation reposait totalement sur son attachement à répandre la vérité ; et elle n'était nullement un instrument de propagande au service du gouvernement britannique. Cette réputation en avait fait la station la plus respectée et la plus écoutée en un temps où la radio était le grand moyen de diffusion de l'information. En effet prenant de très grands risques pour eux-mêmes, la plupart des possesseurs de postes de radio en Europe occupée écoutaient chaque soir, émis de Londres, ses bulletins de nouvelles, chargés d'espoir, calmes et objectifs et invariablement se fondaient sur leur totale crédibilité. Or en dépit de cette irréprochable réputation, les organisateurs de Starkey se proposaient d'utiliser la BBC pour créer les symptômes avant-coureurs d'un soulèvement national et soutenir ce qui n'était qu'une énorme manœuvre psychologique. Mais comme il n'y avait apparemment pas de solution de rechange cette proposition fut également acceptée.

Une seconde manière d'utiliser la BBC consistait d'ailleurs à manipuler les patriotes, la BBC ayant entrepris dès les premiers temps de la guerre de servir de voie de communication entre Londres et les forces de résistance en Europe. Un mode de communications vit le jour, sous le nom de « avis ». Ces avis, appelés « idioforms » ou « messages personnels » étaient diffusés dans la langue voulue, en deux parties. La première partie A, ou message d'alerte, avertissait un réseau à se préparer à mener à bien une tâche désignée. La seconde partie B, ou message d'action, donnait l'ordre d'exécuter cette tâche. En théorie, du moins, la signification des deux informations n'était connue que des chefs du réseau destinataire et, naturellement, de la section opérationnelle du SOE. Les messages personnels étaient diffusés par la section européenne de la BBC à Bush House dans le Strand, chaque soir à 19 h 30 et à 21 heures. La première mesure de la Ve symphonie de Beethoven précédait leur annonce. V pour victoire. Ils se poursuivaient pendant quinze à vingt minutes et commençaient par les mots : « Voici quelques messages personnels. » Les messages eux-mêmes suivaient : « Le chat a neuf vies », puis, à la vitesse de dictée : « Le... chat... a... neuf... vies. » Une pause, puis : « Bénédictine est une liqueur douce ; Bén-é-dic-tine... est... une... liqueur... douce. » « La vache saute par-dessus la lune ; La... vache... saute... par-dessus... la... lune. » Pour le reste du monde, ces mots étaient privés de sens, mais pour les initiés, ils signifiaient, par exemple : « Préparez-vous à faire sauter une ligne de chemin de fer dans le Périgord », ou « Tenez-vous prêts à recevoir un agent qui arrive à Angers. » « La lune est pleine d'éléphants rouges », et une centrale thermique sautait à Clermont-Ferrand. Ou bien, « Roméo embrasse Juliette » et un car de personnel de la Luftwaffe à Orly était mitraillé.

Ce système ayant donné toute satisfaction par le passé, il importait de le maintenir dans le futur. Les organisateurs de Starkey proposaient donc maintenant de l'utiliser, non pour les besoins du commandement, mais pour ceux de l'induction en erreur. On enverrait des messages A à tous les groupes de résistants français juste avant le jour J prévu pour Starkey, mais les messages B ne seraient jamais envoyés. Ainsi, un soulèvement prématuré serait évité, si l'on se conformait exactement aux ordres de Londres.

La dernière initiative du plan SOE-PWE était virtuellement tout aussi dangereuse. Depuis la chute de la France, Londres envoyait sans cesse des agents SOE pour organiser les mouvements de résistance français en armée clandestine. Ces hommes, et quelques femmes, munis d'instructions, levaient des armées de patriotes et les entraînaient aux techniques du combat clandestin. Ils manipulaient les postes de radio qui maintenaient le contact avec la capitale anglaise, mettaient sur pied des parachutages d'armes, de munitions, d'explosifs. Ils envoyaient aussi l'argent et de nouveaux agents, et participaient à une foule d'activités clandestines en prenant des risques personnels énormes. Ils avaient fait jusqu'alors un travail remarquable de mise en place des réseaux français éparpillés et parfois désorganisés. Mais pour Starkey les agents déjà en place, tout comme ceux qui étaient envoyés en France pendant les préliminaires de l'opération, ne seraient pas informés cette fois. Utilisés à leur insu, ils mèneraient à bien leur tâche, croyant à une invasion réelle. C'était là, selon les organisateurs, la fameuse et indispensable « couleur d'authenticité » requise. Là encore, ils espéraient avec un certain optimisme, que ces agents ne s'en tiendraient que là. En tout état de cause, Starkey se présentait comme une opération éminemment dangereuse pour le mouvement clandestin français et ses dirigeants anglo-français, puisque les Alliés entendaient pousser les Allemands à réagir à l'invasion et que cette réaction se retournerait inévitablement contre la Résistance. Le général Jacob L. Devers (US Commanding General in England) qui s'en inquiétait fort, fit part de ses craintes au général George V. Strong, chef du renseignement de l'armée à Washington, et protesta en ces termes : « ... le plan PWE pour Starkey... peut fort bien amener un soulèvement général risquant de mettre en péril l'organisation de la Résistance tout entière. » Mais cette mise en garde resta lettre morte car Strong, membre du Contrôle combiné pour la sécurité [1], avait déjà autorisé par le passé une manipulation des mouvements de résistance français — et particulièrement le mouvement gaulliste — également pour les besoins de l'induction en erreur.

Donc en dépit de tous ces risques, le plan reçut l'approbation finale officielle et l'opération mise en route, le jour J, fut fixée au 9 septembre 1943. Déjà des organisateurs du SOE parachutés en France commençaient à préparer l'« invasion » et à la fin de juillet, sur le côté anglais de la Manche, des troupes traversaient la campagne, des colonnes de chars s'ébranlaient vers la côte sud, des stations balnéaires fermaient leurs portes aux visiteurs. Le courrier et les appels téléphoniques en provenance des zones d'invasion étaient interceptés, et des chasseurs de la RAF sillonnaient le ciel de France d'une manière provocante. La presse et la radio enfin étaient encouragées à spéculer sur l'imminence du débarquement.

C'est alors que le scénario accusa quelques fissures : les participants s'agitaient dans la confusion. Morgan lui-même manifestait son mécontentement : « Quelqu'un pourrait-il avoir la bonté de me dire ce que je dois dire, quand je dois le dire et à qui ? » Stimulés par les fuites organisées du PWE, les correspondants de presse, les journalistes de la radio laissaient prévoir de leur côté une invasion de plus en plus proche. L'Agence United Press annonçait même au monde : « Nous apprenons de source officieuse que les Alliés s'apprêteraient à attaquer l'Allemagne à l'automne, et que la course sur Berlin serait ouverte entre les forces anglo-américaines et les Russes. Des signes multiples tendent à montrer que les Alliés pourraient débarquer en Italie et en France dans les six mois à venir. » Des dizaines de milliers d'informations de ce genre furent alors télégraphiées de Londres par les journalistes à leurs rédacteurs en chef à travers le monde. Mais une déclaration faite sur les ondes le 17 août 1943 porta à son comble l'attente des Français déjà sur le qui-vive.

> La libération des pays occupés a commencé. Nous n'allons évidemment pas révéler l'endroit où le coup sera porté. Les populations du pays occupé qui accueilleront les premières armées de libération seront averties à la dernière minute.
>
> En attendant l'heure où nous serons en mesure de vous éclairer sur ce point capital, nous vous adressons aujourd'hui un premier appel. Il est temps pour vous de préparer toutes les actions envisagées et de les mettre au point. Tous les éléments appelés à contribuer d'une manière

1. « Joint Security Control »

ou d'une autre au succès de l'opération sur le territoire métropolitain français, doivent être parfaitement équipés pour mener leur tâche à bien.

Il faut vous entraîner jour après jour, semaine après semaine, au rôle que vous allez avoir à jouer, peut-être à une date proche, dans la libération de votre pays.

L'Agence Reuter et l'Associated Press se saisirent de ce message et en firent une nouvelle de portée mondiale. De son côté, le Comité français de libération nationale avertit tous les patriotes de se tenir prêts à épauler une invasion alliée susceptible dès lors de se concrétiser à tout moment. Et comme si elle voulait encore accroître la tension United Press souffla une nouvelle fois sur le feu en annonçant de Londres : « Les chefs de la Résistance française se montrent aujourd'hui confiants dans l'imminence d'une invasion prochaine de la France. Ce sentiment coïncide avec un bruit largement répandu en Grande-Bretagne que l'heure H pour l'attaque de l'Europe occidentale approche. » Dans le même temps, le secrétaire d'Etat à l'Intérieur, Herbert Morrison, ordonnait de lever d'importants corps de pompiers dans le sud de l'Angleterre ; l'archevêque de Canterbury appelait la nation à prier pour ceux qui étaient sur le point d'envahir le continent européen, et de Québec, dans une adresse au peuple canadien, Churchill promettait que l'Europe serait envahie « avant la chute des feuilles », sans préciser de quel côté.

Pour ajouter encore au sentiment des Français que de grands événements étaient imminents, les Alliés firent plus de trois mille raids aériens en vingt jours dans la région du Pas-de-Calais. Attisés par cette espèce de « fièvre d'invasion », les feux de l'insurrection éclataient dans tout le nord-ouest européen. En une semaine, rapportait le quartier général du général de Gaulle, les Français abattirent plus de 500 feldgrau. Une bombe au plastic tua 23 officiers allemands dans un restaurant de Lille ; des saboteurs firent dérailler un train de troupes à Dijon, tuant et blessant 200 soldats. En Hollande cependant, des tueurs armés par le SOE assassinaient, devant sa maison à La Haye, Hendrik Seyffardt, le seul général hollandais du côté des nazis. En Belgique, des « Brussellois » narguaient les soldats allemands en leur demandant : « Avez-vous déjà fait vos bagages ? Les Alliés arrivent. » Au Danemark, enfin, un officier allemand était piétiné à mort à Odense, la marine danoise se réfugiait en Suède, un train de troupes allemandes explosait près d'Aalborg, le peuple se révoltait et les Allemands proclamaient la loi martiale.

Le 19 août 1943, des deux côtés de la Manche, la tension atteignit son paroxysme quand le *New York Times* proclama à la une en titres énormes : « LES ARMÉES SONT PRÊTES A EMBARQUER, DÉCLARE EISENHOWER » et « LES ALLIÉS INVITENT LES PEUPLES EUROPÉENS A SE PRÉPARER ».

La presse mondiale avançait d'autre part que la conférence de Québec avait pour objet de mettre au point le débarquement. Cependant, des rapports alarmés en provenance de France laissaient craindre une explosion générale de la Résistance si les passions n'étaient pas apaisées. Manifestement on était en train de perdre le contrôle de la guerre psychologique.

En conséquence, le 20 août, Bevan convoqua tous les organismes concernés par cette opération de simulation et, au cours de la réunion, la décision fut prise d'interrompre la campagne « Tenez-vous prêts » de crainte que l'ennemi ne se saisisse de l'occasion pour cerner tous les mouvements de résistance. Ainsi la situation illustrait-elle de façon éloquente le grave danger qu'il y avait à manipuler à leur insu, la radio et la presse en tant que facteurs de mystification. En conséquence, le PWE (Direction de l'action politique) s'empressa d'adresser à tous les rédacteurs en chef les recommandations confidentielles suivantes :

> a) Les conjectures de la presse, sur la probabilité d'une invasion lancée du Royaume-Uni cet été, s'accumulent tous les jours. Elles risquent de porter un grave préjudice à nos projets militaires et d'augmenter prématurément et dangereusement les espoirs de notre peuple et de ceux des territoires occupés.
>
> b) Voici brièvement, et de façon strictement confidentielle, la ligne de conduite à suivre :
>
> 1. Il est d'une importance capitale d'augmenter la pression de tous côtés sur l'ennemi cet été. Notre meilleur moyen d'y parvenir est de le convaincre qu'un débarquement d'envergure est imminent. En échafaudant cette menace, nous devons cependant éviter un soulèvement prématuré en Europe occupée, ainsi que la désillusion et la perte de courage qui en résulteraient. Il est également essentiel de ne pas fortifier, au sein de notre peuple, l'idée qu'une invasion de l'Europe, partie du Royaume-Uni serait réalisable cet été.
>
> 2. Notre plan militaire cet été dans le Royaume-Uni, implique l'utilisation des trois armes dans une très large mesure. Il est cependant indispensable, tout en réalisant les objectifs souhaités par notre plan, de faire tout ce qui est en notre pouvoir, pour ne pas laisser naître chez les peuples alliés l'espoir prématuré d'un véritable débarquement sur le continent. Il importe donc de modérer les commentaires à ce sujet.

Si cette injonction mit un terme brutal aux spéculations de la presse et de la radio en Grande-Bretagne, tel ne fut pas le cas en Amérique. Le 28 août, la situation en France était devenue si grave que le PWE à Londres transmit à l'OWI, par son représentant à Washington, David Bowes-Lyon associé de Menzies, la directive suivante : « Les signes d'attente d'une invasion dans un avenir très proche, s'accumulant en France, des précautions redoublées seraient souhaitables en vue de diminuer cette tension. » L'OWI recevait en outre la recommandation de s'abstenir de tous commentaires avant le jour J.

Londres n'avait manifestement pas apprécié à sa juste valeur le pouvoir des mass media en Amérique, et avait sous-estimé la virulence de la haine des Français pour les Allemands. Mais comment dégonfler les rumeurs d'« invasion », sans révéler aux Allemands que Starkey était une mystification, ni détruire la confiance de la résistance et la crédibilité de la BBC ? Le général Dallas Brooks, des Royal Marines, chargé de la guerre psychologique pour l'opération Cockade, télégraphia la réponse à Bowes-Lyon : « Accusez les Allemands », recommandation qui se traduit par le communiqué suivant, diffusé par tous les moyens à la disposition du PWE et de l'OWI :

> Méfiez-vous des provocations allemandes : de fausses rumeurs circulent, prétendant que nous concentrons des armées sur nos côtes, dans l'intention d'envahir le continent. N'y prêtez pas attention. Ces provocations sont destinées à créer parmi vous une situation piège. Restez calmes ! Soyez prudents ! Ne faites que ce que la BBC vous dira.

Pendant ce temps, le reste de l'opération se mettait laborieusement en place. Une flotte d' « invasion » se rassemblait sur la côte de la Manche, mais malgré la proximité du jour J, les Allemands ne semblaient pas mordre à l'hameçon. Aux 3 215 sorties de chasseurs et de bombardiers de la RAF et de l'USAAF pour soutenir l'invasion, les Allemands ne répondaient que par 362 sorties. La veille de l' « invasion », la Luftwaffe ne fit que 6 vols de reconnaissance aérienne au-dessus de la Manche et de l'Angleterre ; et, au jour J, il ne devait en avoir que 8, encore moins que d'habitude. Aucun bombardement notoire n'avait eu lieu. La nuit du 8 au 9 septembre, seuls 10 bombardiers allemands survolèrent l'Angleterre du sud et du sud-est, éparpillant leur chargement au hasard sur de petits villages comme Shailwell, Thetford, Stanton, Hepworth, East Winch et Palling. Un seul port avait été attaqué par un bombardier : Hastings. Quant à la « flotte d'invasion », seuls quatre appareils allemands l'avaient survolée.

En France, la Luftwaffe avait réagi d'une « manière décevante », selon le rapport qui suivit Starkey. Le 9 septembre, la 8e armée aérienne US avait pourtant lancé 1 208 avions contre des objectifs allemands sur la côte française pour soutenir la fiction. Mais aucune grande bataille ne s'était ensuivie. La Luftwaffe n'avait répondu en force qu'aux attaques sur l'usine de moteurs d'avions Hispano-Suiza, et sur le terrain d'avions de chasse de Beaumont-sur-Oise, tous deux près de Paris, la bataille ayant été laissée aux soins de la défense antiaérienne. Tandis que la 8e Air Force revendiquait 16 chasseurs allemands descendus, les Alliés perdaient 5 bombardiers et 2 chasseurs, tandis que 129 bombardiers étaient endommagés principalement par la flak.

C'était payer cher une simple opération de simulation. Le maréchal von Rundstedt, commandant en chef à l'Ouest, absolument persuadé qu'il ne s'agissait pas d'une réelle invasion, avait ordonné à la Luftwaffe de n'observer que l'état d'alerte secondaire. Le but primordial d'attirer la Luftwaffe dans une bataille aérienne extensive n'avait pas été atteint. Ainsi que les organisateurs de Starkey en convinrent :

> Pendant la période de l'opération, aucune attaque allemande n'a été menée sur un objectif terrestre en liaison quelconque avec elle... Ayant saisi la nature réelle de Starkey... les Allemands en ont conclu qu'attaquer les cibles concernées par cette opération équivaudrait à attaquer à l'endroit choisi par l'ennemi, ce qui était contraire à tout l'enseignement de la tactique allemande (...) politique s'expliquant par mesure d'économie et par refus de se laisser entraîner à combattre selon nos désirs.

Bien plus, l'Amirauté, elle, n'avait enregistré que la réaction la plus minime de la Kriegsmarine. On n'avait remarqué, à cet égard, qu'une concentration de bateaux E (flotte offensive) à Ostende et au Havre, et de bateaux R (flotte défensive) à Dunkerque et à Boulogne ; et encore, cela ne pouvait être que des regroupements de routine. Quant à l'activité de défense côtière des Allemands, elle ne fut perçue que le 7 septembre quand des dragueurs de mines essayèrent de se frayer un passage à travers les champs de mines allemands jusqu'aux « plages d'invasion » de Starkey. Un dragueur de mines fut endommagé. Et si on s'attendait à voir les canons allemands de la côte ouvrir le feu le jour J, la déception fut totale. Tout comme la Luftwaffe, les canons jouèrent au plus fin.

> Leur silence reste difficile à expliquer nota l'un des experts : peut-être les Allemands pensaient-ils que nous ignorions la position de leurs batteries et qu'en ouvrant le feu, ils se trahiraient ? Une autre explication possible est qu'ils ne souhaitaient pas divulguer le rôle opérationnel de ces canons, leur précision de tir et ses effets, ni encourager des bombardements de représailles. Le silence de leurs batteries côtières illustre en tout cas l'une de leurs principales règles : ne pas ouvrir le feu prématurément.

Quant aux mouvements sur le terrain, il en fut de même. Un rapport de conclusion en fait état :

> En dehors de l'activité de la flak, aucune réaction ennemie au plan militaire pendant l'opération, aucun mouvement sur rail ou sur route de quelque importance n'ont été décelés. Les quartiers généraux et les secteurs de défense n'ont pas été particulièrement actifs. Les messages ennemis n'ont rien laissé transparaître d'important et rien indiqué qui ne fût parfaitement normal.

On pouvait en somme résumer l'ensemble de l'opération par ces mots :

> Les Allemands ont rapidement compris la véritable nature de la manœuvre. En conséquence, leur réponse à consisté à éviter de compromettre leurs dispositifs anti-invasion, et à faire ainsi le jeu anglais... ils n'ont pris que les précautions minima pour couvrir l'éventualité d'un raid.

C'était une manière élégante d'admettre que Starkey était un échec total. Rundstedt en donna la raison par la suite : « Les mouvements des Britanniques étaient par trop visibles, il était évident qu'il s'agissait d'une feinte. De fait, Hitler était tellement convaincu de la « simulation » alliée, qu'il devait retirer plus des deux tiers de son armée à l'Ouest. Entre avril et décembre 1943, un total de vingt-sept divisions sur les trente-six du commandement de l'Ouest, furent déplacées de leurs positions, en Bretagne notamment, pour être envoyées en Russie, en Sicile, en Italie et dans les Balkans : c'était une véritable réussite des opérations Zeppelin de A-Force en Méditerranée, aux dépens des opérations Cockade du LCS à Londres. Cet énorme retrait de troupes consistait en cinq divisions blindées, deux divisions motorisées et vingt divisions d'infanterie. Des divisions, dont la valeur combative immédiate était limitée et de qualité bien inférieure, les remplacèrent. La Bretagne, dont les grands ports de l'Atlantique abritaient la majeure partie de la flotte des U-boote, avait compté quatre divisions d'infanterie et deux divisions blindées avant l'opération Cockade, mais pendant que se déroulait Wadham (la partie de l'opération destinée spécialement à la Bretagne), les Allemands se montrèrent si dédaigneux qu'ils transférèrent aux autres fronts l'équivalent d'une division blindée et de deux divisions d'infanterie, et délestèrent les garnisons restantes, en chars, canons et hommes de troupes.

C'est pourquoi Marshall avait soutenu dès 1942, au cours du violent débat anglo-américain sur Roundup et Sledgehammer, que les forces allemandes étaient si réduites, qu'une invasion, ou une opération pour s'assurer une tête de pont comme point de départ d'une grande attaque en 1944, était réalisable dès 1943, argument âprement combattu par Brooke et Churchill. En réalité, les Alliés, même avec leurs ressources limitées en hommes et en matériel lors de l'été 1943, auraient fort bien pu mettre le pied sur une rive bretonne « pratiquement abandonnée » à l'endroit précis où se tenaient auparavant les divisions allemandes, ainsi que l'avoua le rapport final sur Starkey.

Le LCS survécut cependant à l'échec de Cockade et de tous les plans qui la composaient, mais sa réputation fut compromise, particulièrement auprès des organisateurs américains du COSSAC qui devaient annuler le plan original de couverture et de mystification pour l'invasion. L'enquête inévitable admit que Cockade n'était pas un succès ; toutefois un élément important était confirmé : les groupes de patriotes français pouvaient supporter d'être amenés à un point de stimulation extrême sans exploser. Ils avaient fait montre, en général, d'une discipline remarquable et avaient accepté les ordres de Londres. Si on pouvait maintenir leur confiance, les armer, les entraîner, il serait possible de compter sur eux pour jouer un rôle important quand viendrait le temps pour les Alliés de se lancer dans une véritable invasion. Ce résultat n'était cependant pas à porter au crédit du LCS, mais à celui du SOE. Mais, par une ironie du sort, le SOE allait payer le prix de cet échec. Tandis que se déroulait Starkey, Londres reçut des messages qui mentionnaient tous un désastre parmi les principaux « réseaux » du SOE. Si les Allemands étaient restés indifférents aux menaces de Starkey, ils n'avaient pas pris à la légère celles de la Résistance française. Les chefs de la Résistance avaient certes agi pour soutenir Starkey, mais les Allemands avaient eux réagi avec ruse et brutalité en détruisant certains de leurs réseaux clés. Starkey devenait ainsi quelque chose de plus sérieux qu'un simple fiasco comme devait le décrire plus tard Morgan. Opération de simulation qui aurait pu passer pour la répétition plutôt bâclée d'une pièce encore à jouer, Starkey s'était en fait transformée en tragédie.

Chapitre VIII

PROSPER

Le général Colin McVean Gubbins, originaire des Hébrides et portant les couleurs airelle et buis du clan MacBain, scion des MacKintoshes, héla un taxi devant le quartier général du SOE, au 64, Baker Street, près de l'adresse fictive de Sherlock Holmes. Il venait de succéder en septembre 1943 à Sir Charles Hambro, en tant que D — lettre de code désignant le chef du SOE — et se rendait au bunker du Premier ministre à Storey's Gate, pour rendre compte au chef de l'état-major général impérial, le général Brooke, du désastre qui avait frappé ses organisations secrètes en France pendant l'épisode Starkey. En effet, Prosper — le grand ensemble de réseaux que le SOE avait constitué au sein de la Résistance française pour lutter contre la Wehrmacht le jour J — avait été détruit. Savant, autre grand réseau s'étendant de Paris aux Pyrénées, était en train de s'effondrer ; une douzaine d'autres opérations serètes subissaient le même sort sous les coups d'un vaste ratissage des Allemands, couvrant toute l'Europe de l'Ouest. C'était une heure sombre pour le SOE.

Gubbins, âgé de quarante-sept ans, fils d'un diplomate, était sorti de Cheltenham. Né dans l'île d'Obbe, il était de descendance écossaise illustre. Depuis plus de mille ans, quelques-uns des plus grands soldats d'Ecosse venaient de son clan. Ses théories étaient pratiques et brutales : « Les actions de guérilla se déroulent généralement au corps à corps car elles résultent d'une embuscade ou d'un raid... En conséquence, l'arme la plus efficace est la mitraillette. » « La seule chose à faire avec un informateur, conseillait-il encore, est de le tuer rapidement. » L'homme Gubbins alliait le charme et le caractère secret des Celtes au pragmatisme britannique. Il percevait en outre parfaitement la relation étroite entre guerre idéologique et guerre traditionnelle, et savait comment inspirer, mener et contrôler les idéalistes, les excentriques, les têtes brûlées et les psychopathes qui encombraient les théâtres de la guérilla. Tant au sein de sa propre organisation que dans ses rapports avec les hommes et les femmes qui travaillaient pour les Alliés en territoire ennemi, il se montrait officier d'une honnêteté, d'une intelligence, d'une justice et d'une humanité rares. Ses hommes lui étaient fidèles et il le leur rendait bien. Quant à la hiérarchie militaire alliée, elle le tenait en grande estime.

Gubbins ne venait pas seul à Storey's Gate. Trois hommes l'accompagnaient : le responsable de la section F[1], le colonel Maurice Buckmaster, ex-directeur de Ford à Paris, administrateur remarquable, dont le travail consistait à assujettir la turbulente armée des ombres en France à la stratégie générale alliée, son chef des opérations, le major Jerry Morel, ex-courtier d'assurances à Paris, linguiste hors pair, et le major Nicolas Bodington, ex-correspondant de Reuter à Paris, membre important de la section F.

Le désastre Prosper coûtait à la section F, non seulement Prosper lui-même et sa petite équipe d'organisateurs, d'opérateurs radio et de messagers, mais aussi certains des principaux agents de la section, peut-être 1 500 de leurs hommes, et presque toutes les armes, munitions, explosifs qui leur avaient été parachutés dans le nord de la France en vue du jour J. Le bilan était donc sérieux, mais les répercussions encore plus graves : les Français commençaient à perdre confiance dans la section F, leurs soupçons et leur méfiance grandissants pouvaient entraver dangereusement de futures opérations.

Cette tragédie n'était que le dernier revers subi par la section F au cours d'une longue série de malheurs qui avait accablé le SOE, depuis sa fondation par Churchill en 1940, dont le mot d'ordre avait été : « Et maintenant mettez le feu à l'Europe. » Or, de tels désastres étaient imputables, au moins en partie, à la nature même du SOE, qui avait été constitué pour canaliser sur la cause alliée, les forces conjuguées d'idéalisme, de patriotisme et de haine en Europe occupée. « Sa principale mission était par suite, comme l'écrit Foot, l'historien officiel du SOE, de lancer des attaques surprises contre les points faibles de l'armure économique et militaire de l'ennemi (...) en suscitant chez lui un sentiment d'insécurité et en l'affaiblissant sur le plan stratégique, directement par des pertes matérielles, et indirectement en dispersant ses forces sur des tâches policières. » Bref, troubler par tous les moyens l'esprit des chefs ennemis afin qu'ils perdent le contrôle des

1. Branche du SOE chargée des opérations spéciales britanniques contre les Allemands en France et dans les teritoires français (chaque pays où fonctionnait le SOE était représenté au quartier général par une section nationale).

opérations, les batailles et enfin la guerre. La tactique employée était en fait celle de Héra envoyant les taons affoler Io.

Gubbins était parfaitement conscient que la force du SOE était aussi sa faiblesse, la section F ayant recruté tous ceux qui étaient prêts à tuer des Allemands. C'était en fin de compte, une armée clandestine en guenilles, des catholiques, des communistes, des capitalistes, des princes, des protestants, des artisans, des ouvriers, des syndicalistes et des anarchistes. N'échappant pas à la règle le mouvement clandestin français était donc un rassemblement de marginaux à l'image des Sinn Feiners d'Irlande, des rebelles espagnols des guerres napoléoniennes et de la guerre civile, des guérilleros de Mao en Chine, des frontaliers afghans, des colons américains, des révolutionnaires russes. Rares étaient les partisans français possédant ce sens inné de la sécurité qu'exige la guerre clandestine. C'était, dans l'ensemble, des gens simples, sachant à peine se servir d'un pistolet ou placer une charge de plastic, aussi perméables à la pénétration du dehors qu'à la trahison du dedans. Gubbins croyait néanmoins qu'ils pourraient servir aux Alliés le jour J, si on leur donnait le temps de se former, de s'entraîner et d'assimiler les techniques clandestines.

La section F avait donc entrepris d'y parvenir en y mettant le prix, à grands renforts d'agents, d'opérateurs radio, de messagers et de tonnes de matériel. Or, tout le travail de la section F sur la région parisienne venait d'être réduit à néant. A un point que Gubbins et Buckmaster craignaient de voir la plupart des grands réseaux français dans l'incapacité de retrouver à temps leur tonus opérationnel pour le jour J. Qu'était-il arrivé ? Il était trop tôt pour se livrer à une évaluation complète de la situation, mais les dégâts dont on ne mesurerait l'étendue et les véritables raisons, que longtemps après la guerre, étaient considérables. Même alors, une grande partie des faits demeurerait très obscure, à tel point qu'un historien en comparerait les circonstances aux fils d'un « écheveau si emmêlé, d'une histoire si contournée, aux intrigues si byzantines, qu'elles défiaient toute analyse rationnelle. » Cette histoire commençait avec Prosper lui-même.

L'après-midi du premier octobre 1942, le major Francis Suttill, premier agent important de la section F à partir pour la France, se préparait à sa mission dans une baraque militaire, en lisière de l'aérodrome Manston dans le Kent. Il partait le soir même. Le colonel Buckmaster était avec lui. Ils procédèrent à une dernière vérification pour s'assurer que rien sur lui ne révélerait ce que Suttill était vraiment : né à Lille en 1910, de mère française et de père anglais, juriste inscrit au barreau à Lincoln's Inn, élevé à Lille et à Stoneyhurst, officier dans le régiment de l'Est du Surrey, et maintenant agent de la section F avec sept mois d'entraînement derrière lui. Sa mission consistait à mettre en place des réseaux dans le nord, le centre et l'est de la France, et à les contrôler personnellement de Paris. Endossant son identité d'emprunt : François Desprée, représentant en produits agricoles, Belge, né à Lille en 1910 d'un père français et d'une mère belge, il prenait également un nom de guerre : Prosper d'après Prosper d'Aquitaine, écrivain chrétien du ve siècle et disciple de saint Augustin, qui prêcha la grâce et la prédestination.

Sa personnalité, elle, ne changeait pas : « courageux, ambitieux, homme de caractère, doué d'un charme certain, d'un sens marqué du commandement et de l'agilité d'esprit propre aux gens de sa profession. » Il n'avait jamais eu de lien avec aucun service secret, mais les rapports le concernant, parlaient d'un sang-froid peu commun et d'une aptitude naturelle à la clandestinité. Aucune mention de faiblesses, si ce n'est peut-être l'empreinte d'une certaine solitude cachée d'une sorte de « mystique » selon laquelle il était appelé à devenir le ferment d'une révolte française contre les nazis. Mais une vocation politique intelligente et contrôlée n'était-elle pas la première qualité d'un bon clandestin ?

Rien en tout cas sur la personne de Prosper ne montrait qu'il eût jamais vécu en Angleterre. Ses vêtements, ses chaussures, son chapeau, ses cigarettes, son argent, son équipement personnel, ses papiers, sa coupe de cheveux, ses affaires de toilette, tout annonçait un bourgeois de Lille.

Alors que se déroulait cette vérification, un Lysander décollait de la base secrète de la section F à la « ferme de Gibraltar », près de Tempsford dans le comté de Buckingham, à soixante-cinq kilomètres au nord de Londres. L'appareil appartenait aux célèbres « escadrilles de la lune » ainsi nommées parce qu'elles n'opéraient que si la lune favorisait les missions clandestines sur l'Europe. Au jour J, elles totaliseraient 2 562 sorties au-dessus du territoire ennemi, ayant ainsi permis l'entrée en France de 1 000 agents britanniques, la sortie de quelque 2 000 hommes et femmes appelés à Londres en mission secrète, et la livraison de 40 000 containers de matériel de guerre à de multiples organisations clandestines.

Ce soir-là, le Lysander atterrit à Manston et roula jusqu'au petit complexe où la section F préparait ses agents à leur mission. Buckmaster, F, remit alors à Prosper un cadeau d'adieu, comme il avait coutume de le faire chaque fois qu'il mettait ses agents dans l'avion : des boutons de manchette en or pour les hommes, des poudriers en or pour les femmes. Témoignages de sa haute estime à leur égard, ces derniers pouvaient en cas de besoin les mettre en gage ou les vendre. Après un dernier adieu, gêné par son parachute, Prosper tangua péniblement jusqu'à l'avion, se hissa dans la carlingue et disparut à l'intérieur de l'appareil. Quelques minutes plus tard l'avion s'envolait et juste après minuit Prosper atterrissait dans une prairie près de Vendôme, vieille cité fortifiée, à environ 175 kilomètres de Paris, où Richard Cœur de Lion avait vaincu Philippe Auguste. Prosper était arrivé à destination.

Les dangers qui l'attendaient étaient immenses, tant de l'intérieur que de l'extérieur, mais Prosper, sans tarder, se mit au travail. Foot décrit ainsi sa tâche : « Les efforts persévérants de Prosper pour recruter, regrouper, organiser clandestinement les futurs insurgés, étaient une sorte de toile de Pénélope, continuellement défaite par la Gestapo, dont les fils sanglants étaient obstinément renoués soir après soir. » Néanmoins, en très peu de temps, Prosper réussissait à constituer les noyaux des futurs grands réseaux : Docteur, Anier, Maçon, Châtaigne, Sommelier, Polémiste, Cinéma, Orateur,

Arpenteur et Prêtre. Il avait établi des communications, un courrier secret, un service de renseignements, une action, des finances, des services médicaux. Aussi, son organisation, ayant pris de l'ampleur, eut très vite dix mille clandestins travaillant pour lui. Malheureusement, parmi eux, se trouvaient également des agents doubles, et l'ennemi fut bientôt au courant de sa présence en France. Un mortel « pas de deux » commença.

Ce que les Allemands connaissaient de lui n'était pas uniquement dû au travail d'agents doubles. Prosper lui-même en était responsable, son sens de la sécurité ayant été un peu défaillant. Il avait en effet besoin de compagnie et dînait parfois publiquement avec son état-major, pratique peu sage dans un monde où grouillaient les informateurs. N'y avait-il pas aussi dans son comportement un rien de bravade, négligence courante chez les agents qui, pour la première fois, se trouvaient à la tête d'un grand pouvoir ? N'avait-on pas rapporté une fois à F qu'il avait également fait au public d'une boîte de nuit de Montmartre, une démonstration sur le maniement de la mitraillette Sten. N'alla-t-il pas même un jour jusqu'à entamer des négociations avec le SD pour faire relâcher deux femmes de son réseau, négociations qui lui avaient coûté un million de francs pour chacune et qui s'étaient soldées, à sa grande consternation, par la libération de deux vieilles prostituées ?

Sa tâche en tout cas devenait trop importante pour un homme seul. Il avait besoin d'un opérateur radio sur qui vraiment compter, mais il avait besoin aussi d'un ami et d'un confident. Se croyant relativement en sûreté, il réclama donc la présence du major Gilbert Norman, qui fut parachuté près de Tours dans la nuit du 1er au 2 novembre 1942. Norman devenait le numéro deux dans le « scénario » Prosper. Agé de 28 ans, né à Saint-Cloud près de Paris, également d'une mère française et d'un père anglais, il avait été associé majoritaire d'une cabinet international d'experts comptables agréés, et président de la chambre de commerce britannique de Paris. Eduqué en France et en Angleterre, Norman avait été envoyé en stage dans les bureaux londoniens de son père et était entré dans l'armée britannique en 1940. Nommé ensuite officier au régiment d'infanterie légère de Durham, il avait servi comme officier de liaison auprès du quartier général de l'armée du général Sikorski avant d'offrir ses services au SOE dès le début 1942. Il avait pour nom de code Archambault mais il était plus couramment connu sous le nom de Gilbert, nom qui allait être la cause d'une confusion avec un autre Gilbert, le troisième personnage central de la toile, Henri A.E. Dericourt.

De tous les protagonistes de l'étrange équipage, Dericourt était le plus mystérieux. Français d'origine, il avait été pilote d'Air France sur la ligne Paris-Berlin. D'une intelligence et d'un sang-froid exceptionnels, il était aimable, persuasif, beau et apte à créer dès le départ une bonne impression. Accueilli à Londres le 8 septembre 1942 par André Dewavrin, chef du service de renseignement de de Gaulle, le Bureau central de renseignements et d'action (BCRA), il avait été immédiatement emmené pour interrogatoire et contrôle de sécurité au MI-5, centre de Battersea. Là, il avait raconté qu'à la déclaration de guerre, il se trouvait à Alep dans l'aviation militaire française comme capitaine, pilote de transport et d'essai. Pendant l'occupation de la Syrie par les forces impériales britanniques, une compagnie aérienne anglaise avait accepté sa candidature, et il avait travaillé au Moyen-Orient jusqu'au début de 1942. Puis ayant décidé de retourner à Paris, il s'était marié, avait installé sa femme dans un appartement avec une confortable somme d'argent, puis avait organisé son départ pour l'Angleterre par la route d'évasion à travers l'Espagne et le Portugal. C'est à partir de ce moment que Dericourt se mit à mentir. A l'enquêteur qui lui demandait s'il avait jamais été en contact avec un service secret quelconque, il répondit fermement que non. Or le major Bodington, de la section F, avait connu Dericourt à Paris avant la guerre et savait qu'il avait travaillé temporairement pour « au moins un service secret sur le continent ». Etait-il britannique, français ou allemand ? Dericourt affirmait que ce n'était en tout cas pas un service allemand.

Les responsables de la sécurité refusèrent en conséquence de le tenir pour quitte. Sa personnalité était trop floue. De plus, sa femme était toujours en France, ce qui offrait un moyen de pression facile à la Gestapo. L'ennemi pouvait l'avoir « récupérée » au cours de son long voyage vers l'Angleterre ; il semblait enfin avoir trop d'argent, et surtout avait menti au sujet de ses activités d'espionnage d'avant-guerre. Ses interrogateurs de surcroît n'appréciaient guère de le trouver si bien disposé envers le BCRA. Cependant, Dericourt était un pilote hors ligne, avec 4 000 heures de vol, il connaissait tout du maniement d'un avion au sol, et la section F avait grand besoin d'un spécialiste de ce genre. Aussi ses ex-employeurs britanniques ayant témoigné de ses capacités et Bodington ayant fait part de la haute estime qu'il avait à son égard, Dericourt, n'ayant exprimé aucun désir de travailler pour les gaullistes, fut-il finalement engagé par la section F. Et son entraînement sur Lysander et parachute ayant confirmé la bonne impression qu'il avait donnée, dans la nuit du 22 au 23 janvier 1943, il était parachuté en France, près de Pithiviers au nord d'Orléans.

Dericourt rejoignit Paris et vécut ouvertement avec sa femme Janine, au 58, rue Pergolèse, près de l'avenue Foch et de l'avenue de la Grande Armée, territoire de la Gestapo. Il vivait sous son nom, étant trop connu, disait-il, pour en prendre un autre, et avait expliqué son absence à ses amis en racontant qu'il était parti pour affaires à Marseille. Mais, dangereuse coïncidence, le voisin immédiat de Dericourt se trouvait être le redoutable Hugo Bleicher, l'un des plus célèbres officiers de contre-espionnage de l'Abwehr en France. Or, Bleicher savait qui était Dericourt et ce qu'il faisait en France, mais la rivalité entre l'Abwehr et le SD était telle que Bleicher, à ce moment-là, ne fit rien pour le dénoncer. Dericourt aussi savait qui était son voisin, mais il avait, dans la hiérarchie des services secrets allemands, des amis beaucoup plus puissants que lui. En effet, peu de temps après son arrivée en France, Dericourt avait dîné avec Hans Boemelburg, Bavarois, homosexuel et alcoolique, officier supérieur du SD en France, et avec l'expert radio du SD Joseph Goetz. Dericourt avait connu

Boemelburg avant la guerre quand celui-ci était attaché de la police du SD à l'ambassade allemande à Paris. Quelle qu'ait été la nature de leurs rapports pendant la guerre, Dericourt figurait en tout cas sur la liste des agents confidentiels du SD : V mann BOE - 48, le 48ᵉ au service de Boemelburg. En temps voulu, Boemelburg « repasserait » Dericourt au Standartenführer SS Kieffer, chef du service de contre-espionnage du SD en France qui avait donné à l'agent environ quatre millions de francs en espèces, pour acheter une ferme dans le Midi. C'était, évidemment et à tous points de vue, une association peu recommandable pour un agent clé de la section F.

Quoi qu'il en soit la mission de Dericourt s'inscrivait alors comme l'une des plus importantes confiées à un agent britannique ou allié en France. En tant qu'officier chargé des mouvements aériens pour la région de Paris, il recherchait des terrains d'atterrissage clandestins pour les « escadrilles de la lune » de la RAF, balisait le terrain pour les recevoir et s'occupait d'organiser leur décollage. Il recevait les agents à leur arrivée, les aidait à gagner leur destination, prévoyait des caches et des moyens de transport pour ceux qui partaient vers l'Angleterre. Il était en outre, avec son groupe, baptisé Maréchal-ferrant, chargé de veiller sur la sécurité des terrains d'atterrissage et d'en empêcher l'accès à tout bétail ou taureaux indésirables. Egalement responsable de toutes les communications avec Londres concernant les mouvements aériens, il devait, pour ce faire, très bien connaître le monde des services secrets et y avoir ses entrées.

Dericourt était en contact avec Prosper — au moins théoriquement — et chacun des deux en savait long sur le programme et les engagements de l'autre. Cela supposait des relations de confiance réciproques, mais Prosper savait-il que Dericourt dînait et trinquait avec l'ennemi ? Et, si oui, savait-il pourquoi ? La réponse était non. Prosper ignora pendant des mois le lien de Dericourt avec le SD et quand il s'en aperçut, il était trop tard pour lui. Et même à partir de la fin du printemps 1943, lorsque Prosper ressentit une gêne grandissante vis-à-vis de Dericourt, il dut s'en cacher, toute la correspondance secrète passant par les mains de Dericourt.

En effet le service de détection radio allemand était si efficace, qu'il était dangereux pour les opérateurs radio du SOE de rester chaque fois sur les ondes plus de quelques minutes, si bien que les agents de la section F envoyaient souvent à Londres leurs rapports et leurs documents les plus longs par courrier aérien, courrier que Londres, à son tour, utilisait abondamment pour communiquer ses instructions aux agents sur le terrain. Son acheminement avait été donc confié à Dericourt. A la longue, cependant, Prosper en vint à le soupçonner de montrer les lettres au SD. Ses soupçons étaient fondés, car Dericourt avait pris l'habitude de transmettre le courrier à Kieffer, juste assez longtemps pour permettre au SD de le lire ou de le copier. Dericourt n'apporta, beaucoup plus tard, qu'une seule explication à cet acte apparent de trahison, justifiant son attitude par la nécessité d'obtenir un donnant donnant, Kieffer lui permettant en échange d'opérer ses mouvements aériens sans interférence allemande.

Explication ingénieuse et en partie vraie. Les chefs d'état-major ne considéraient d'ailleurs pas, à l'époque, les communications des agents SOE sur le terrain comme source valable de renseignements à propos des Allemands, ce matériau se révélant trop souvent sujet à caution ou trompeur, car il se faisait l'écho des plans de mystification. Il était donc préférable de se fier aux indications du MI-6 et, dans les cas graves, à celles d'Ultra. Le « courrier » cependant contenait quantité d'informations sur la personnalité et la politique des hommes du SOE et des résistants. Il présentait par suite plus d'intérêt pour Berlin que pour Londres et apprenait beaucoup au SD et à l'Abwehr sur la structure des divers réseaux. Quant aux communications de Londres, elles pouvaient se montrer d'un grand prix, à moins que Londres ne s'aperçût que les Allemands lisaient le courrier et n'ait agi en conséquence. Auquel cas, il fallait rechercher ailleurs les raisons qu'avait Dericourt de le leur montrer.

Ce que l'on constata plus tard en tout cas, c'est que Londres connaissait les liens de Dericourt avec le SD, de même que le SD savait qu'il travaillait pour le SOE. Quel jeu exact jouait donc Dericourt ? Etait-il un homme du SD qui s'était infiltré à la section F ou le contraire ? Ou bien travaillait-il, en réalité, pour un autre service secret britannique dont la section F n'aurait été que la couverture ? Et, dans cette éventualité, la section F connaissait-elle et approuvait-elle la part de ses activités qui risquaient de présenter un danger pour ses autres agents en France ? Les hypothèses possibles étaient nombreuses et la possibilité d'intrigue de ce genre était un événement familier pour Prosper. Mais il y avait un autre danger : l'imprudence. A la fin du printemps 1943, le réseau de Prosper était devenu le plus important parmi toutes les organisations étrangères en France. Il s'étendait des anciens champs de bataille de Sedan jusqu'aux plages de Nantes, en passant par Paris et par les magnifiques régions de la Loire. Il était relié, à Paris, à un autre grand circuit : Savant, et, par son action, à quantité d'organismes plus petits. Bref, Prosper en était venu à contrôler et à ravitailler au total une soixantaine de petits et grands réseaux. L'ensemble était trop important pour que la sécurité en fût assurée. Ses chefs, y compris Prosper, avaient acquis une trop grande confiance en eux-mêmes, et les résistants français ne respectaient pas toujours les consignes de mutisme impératives dans la clandestinité, étant naturellement doués davantage pour la conspiration que pour le silence.

Cependant, les résistants continuaient sans relâche leur campagne de violence contre les occupants. Et les Britanniques augmentaient leurs fournitures d'armes, de munitions et d'explosifs. Rien que pour mai 1943, la RAF largua 240 containers pour Prosper. C'étaient là des parachutages importants pour un seul réseau, à cette période de la guerre, car chaque container apportait 6 mitrailleuses légères Bren avec 1 000 bandes par mitrailleuse, 36 fusils avec 150 coups par fusil, 27 mitraillettes Sten avec 300 bandes par mitraillette, 5 pistolets avec 50 coups chacun, 52 grenades, 156 pansements d'urgence, 6 000 cartouches de parabellum de 9 mm, et 3 168 cartouches pour des fusils 303. Or, le miracle, ce n'était pas tant la réussite de ces parachutages, mais le fait que les Allemands mirent très longtemps à les découvrir. Ils avaient lieu au cœur de la nuit, dans le bruit des moteurs, en des espaces éloignés où le son portait pourtant à des kilomètres, régions qui étaient de plus truffées d'agents allemands de toute nature. Quant à leurs récupérations elles s'effectuaient dans une atmosphère de liesse, peu propice à la discrétion.

Toujours est-il que les pertes s'élevèrent soudain brutalement dans les rangs de Prosper, et que ceux qui étaient arrêtés, furent forcés de parler sous les brutalités policières. Contrôlant le moindre aspect de la vie française, depuis l'achat de vin jusqu'à l'enterrement des morts, les Allemands rendaient violence pour violence. Inquiet des désordres croissants et de l'extension de l'espionnage aux marches occidentales de son Empire, Hitler donnait de son côté des ordres personnels pour lancer l'opération Donar (dieu allemand du tonnerre) chargée de détruire toutes les forces de résistance, de sabotage et d'espionnage en France et en Europe de l'Ouest. Les pertes s'aggravèrent encore. L'un après l'autre, les patriotes étaient cernés, et amenés devant un peloton d'exécution du SD. Le sang coulait devant le mur des fusillés au mont Valérien, dans la banlieue de Paris, tachant la terre un peu plus chaque jour. Des résistants de plus en plus nombreux se retrouvaient à l'aube sous le couperet de la guillotine. Les prisons étaient bondées et la jeunesse française commençait à gagner les collines et montagnes, pour former le *maquis*.

Tandis que, des deux côtés, se resserrait l'étau de la vengeance et du châtiment, la section F essaya d'imposer la discipline et l'ordre, en prévision du jour où les patriotes deviendraient une armée à l'arrière des lignes allemandes. Mais tout cela était loin d'être facile, le mouvement clandestin français s'affirmant chaque jour plus indépendant, plus résolu, plus impétueux que jamais. Les Allemands, eux, ne s'étaient jamais montrés aussi méthodiques et aussi impitoyables. C'est dans cette atmosphère explosive que fut allumée la fusée de Cockade et de Starkey. Or, essayer de convaincre les Allemands qu'une invasion de la France était imminente, ne pouvait que renforcer leur détermination d'écraser les forces de résistance partout où elles se manifesteraient. De surcroît sous l'impression que la libération était proche, les résistants eux-mêmes ne faisaient qu'accentuer leur campagne de sabotage et de meurtres, au risque de se faire repérer et prendre. Pour compliquer encore la situation le plan SOE-PWE pour Starkey prévoyait de lancer délibérément de fausses informations sur les agents de la section F. Avant même que le plan n'ait reçu l'approbation des Chefs d'état-major et ne soit devenu pleinement opérationnel à la mi-juillet 1943, certains agents clés de la section F étaient donc envoyés à Londres pour recevoir des instructions sur le « débarquement », et d'autres en France, avec des consignes pour mener à bien des activités de « prédébarquement ». Ils seraient informés le moment venu que Starkey n'était qu'une répétition ; mais alors, pour certains d'entre eux, y compris pour Prosper, il serait trop tard.

Estimait-on que les agents de la section F étaient sacrifiables ? Et qui en décidait ? Il était manifeste dès la période d'organisation de Starkey, que la section F elle-même était mal informée. Une déclaration de Buckmaster faite après la guerre en témoigne : « Au milieu de 1943 (période d'organisation de Starkey) nous reçûmes un message ultra-secret nous annonçant que le jour J pourrait être bien plus proche que nous ne le pensions. Ce message, du ressort de la politique internationale, dépassait de loin notre compétence, mais nous ne pûmes que lui obéir sans discuter. » Dans un mémorandum au Foreign Office, en date du 11 novembre 1964, Buckmaster rappelle les ordres reçus : « accélérer les préparatifs de sa section pour soutenir un débarquement au cas où il s'avérerait possible d'en monter un plus tard dans l'année » et cela, en dépit du fait que les Chefs d'état-major combiné avaient déjà décidé à Casablanca qu'aucun débarquement ne serait lancé d'Angleterre avant 1944. Il se peut donc très bien dans ces conditions que la section F ait agi en parfaite bonne foi, et n'ait servi à son insu, à Londres comme en France, que d'exécutant dans le plan de simulation de Starkey...

Prosper lui-même avait été le premier averti d'une invasion prévue pour l'été. Il arriva à Londres par un des vols de Dericourt, au cours de la troisième semaine de mai 1943 et reçut ordre de tenir prêts ses hommes et ses plans. On lui donna également un signal d' « alerte » pour l'invasion, valable pour le réseau entier. Tout cela naturellement était parfaitement trompeur et nous ne pouvons que croire à la thèse selon laquelle ces fausses informations étaient données de façon délibérée à Prosper, et peut-être à son officier instructeur, dans le but de soutenir Starkey. Mais il recevait en même temps des consignes très strictes de contrôle absolu des résistants, car le gouvernement britannique voulait éviter une hécatombe.

C'est au cours de l'une de ces réunions d'informations londoniennes que Prosper s'ouvrit finalement de ses soupçons au sujet de Dericourt. Emanant du chef de réseau, son opinion aurait dû avoir de la valeur. Mais personne n'en tint compte, ce qui tendrait à prouver que la mission de Dericourt, quelle qu'en fût la nature, paraissait plus importante que le « courrier secret », que la sécurité du réseau Prosper, et que la vie de Prosper lui-même. Avant de repartir en France, Prosper demanda cependant à être récupéré au sol par Pierre Culioli, l'un de ses propres agents en Sologne, plutôt que par Dericourt. Il fut donc reçu par Culioli le 12 juin et échappa à un « ratissage » qui avait été préalablement annoncé à Londres par lui-même par le canal de Dericourt. Elément curieux : aucune trace ne subsiste de cet avertissement et s'il parvint jusqu'à Londres, il resta ignoré. Mais deux autres agents de la section, John Maclister et Franck Pickersgill, parachutés au même endroit trois jours plus tard, eurent moins de chance et tombèrent aux mains de l'ennemi.

Prosper, raconte encore Foot, reprit alors son activité clandestine, convaincu de l'imminence du débarquement. Mais de retour à Paris, il manifesta une anxiété profonde. Il changea de cachette brusquement, sans donner son adresse à qui que ce fût, et alla se terrer dans le dédale des vieilles rues de la porte Saint-Denis, rue Mazagran dans un hôtel vétuste où logeaient des ouvriers. Mais il ne parla jamais des causes de son anxiété. Peut-être se savait-il suivi par le SD ; peut-être pensait-il servir de gage dans un plan de mystification. Quelles que fussent ses appréhensions, il croyait en tout cas fermement à un débarquement allié en France cet été-là. Il agit donc en conséquence, préparant ses lieutenants, ses réseaux, se préparant lui-même à une explosion générale de la guérilla. Tout on le voit, l'avait encouragé à relever la tête à un moment où il aurait dû impérativement la garder baissée.

Dans la nuit du 22 au 23 juin 1943, quinze officiers du SD envahissaient son petit hôtel douteux. Il était absent, mais quand il reparut le jour suivant, il se trouva face à quatre pistolets Walther. Saisi, maîtrisé, les menottes aux mains, il fut embarqué au quartier général du SD, avenue Foch, et se retrouva dans l'heure qui suivit sur le célèbre tapis lavande de Kieffer, sous les lumières d'un grand chandelier. Prosper était sûr d'avoir été trahi, car il avait élu domicile dans cet hôtel depuis deux ou trois jours seulement, et personne n'était censé connaître sa nouvelle adresse. Mais certains prétendirent après la guerre qu'il l'avait communiquée à F alors qu'il était à Londres et que Londres l'avait directement livrée par radio, au quartier général du SD. Aucun indice ne permet cependant de soutenir une telle accusation. D'autres affirmèrent que Kieffer avait obtenu l'adresse par le courrier de Dericourt, mais cette explication semble aussi invraisemblable qu'une trahison de Londres, car Prosper n'avait pas donné son adresse à Dericourt et ne l'avait pas davantage confiée au courrier. Kieffer avait-il fait suivre Prosper jusqu'à l'hôtel, ou bien avait-il obtenu l'adresse par Gilbert Norman, arrêté juste avant Prosper ? Foot avance lui une autre hypothèse : Roger Bardet, assistant principal de Prosper pour le réseau Anier au sud de Paris, avait survécu à un précédent ratissage en acceptant de travailler pour les Allemands. Il avait pu par conséquent « donner » Prosper. Mais dans ce cas comment avait-il découvert son adresse ?

Quelle que fût l'origine de son arrestation, Prosper alors commença à subir son calvaire, n'ayant aucun espoir de se cacher derrière son identité d'emprunt. Kieffer savait exactement qui il était et ce qu'il faisait, mais ce qu'il voulait connaître c'était l'endroit où avaient été parachutés les stocks d'armes et de munitions destinés aux résistants. Le premier interrogatoire de Prosper dura soixante-cinq heures, pendant lesquelles il dut rester au garde à vous, sans prendre ni repos, ni nourriture. Que savait-il des plans de débarquement ? Où et quand les Alliés débarqueraient-ils ? Quel était l'objet de ses réunions à Londres ? Où étaient les dépôts d'armes ? Où se trouvaient ses émetteurs radio ? Les hommes qui l'interrogeaient ne le torturaient pas encore, se contentant de ne lui laisser aucun répit.

Plusieurs de ses lieutenants — Gilbert Norman compris — également arrêtés, subissaient aussi un interrogatoire. Or Kieffer soupçonnait Norman d'être le maillon le plus faible. Il ne se trompait pas. Norman finit par s'effondrer, mais ne se montra pas aussi coopérant que Kieffer l'espérait. Il essaya même d'alerter Londres de son arrestation en glissant un avertissement dans un message radio qu'on le forçait à envoyer. Il essaya aussi de s'évader : mais alors qu'il allait réussir, il fut arrêté d'un coup de feu tiré par un garde. Il avait malheureusement réellement commencé à donner les emplacements de dépôts d'armes. De sorte que Prosper, estimant que les Allemands seraient bientôt en possession de toutes les informations désirées, tenta d'utiliser les éléments qui lui restaient, en contrepartie de la vie de ses hommes.

Kieffer sentit alors le moment venu de proposer un marché à Prosper et à Norman. En échange des renseignements sur les dépôts d'armes, il garantissait à leurs compagnons déjà arrêtés et aux autres, la vie sauve et l'absence de tout mauvais traitement. Sur l'insistance de Prosper, il fit appel à Himmler pour soutenir ce marché de son autorité, et, malgré sa conviction que la garantie n'aurait plus de valeur dès l'instant où il aurait cédé sur ce point, Prosper accepta le marché.

Prosper fut alors dirigé sur le quartier général de la Gestapo, Prinzalbrechtstrasse à Berlin, laissant à Norman le soin de tenir la parole donnée. Munis de cartes et de lettres fournies par Norman lui-même, les hommes du SD n'avaient plus qu'à se lancer aux quatre coins de l'ex-territoire tenu par Prosper, et à mettre la main sur 470 tonnes d'armes et de matériel. Puis les SS entreprirent d'arrêter des centaines de ses hommes. Cependant les Allemands firent honneur à leur accord. Le SD épargna bien des vies, sauf celles des responsables. Prosper et ses lieutenants furent rapidement envoyés à la mort. Norman resta vivant pendant un certain temps, mais les autres lieutenants furent fusillés et passés au four crématoire. De tous les collaborateurs immédiats de Prosper, seul Culioli survivait. Il réapparut après la guerre, tel un spectre, pour se retrouver, de manière assez tragique, devant un tribunal militaire français qui essaya de faire retomber sur lui une partie de la responsabilité du drame, accusation qui fut finalement repoussée.

L'effondrement du réseau Prosper ayant provoqué une onde de choc au-delà de ses limites, la section F sut presque immédiatement que ses avant-postes en France venaient d'être frappés par un cyclone. Elle conçut également des soupçons sur la responsabilité de Dericourt en cette affaire, mais ne fit rien pour le ramener en Angleterre ou pour le liquider ; au contraire, elle lui confia Bodington, chargé d'enquêter sur l'étendue du désastre. Ayant reçu l'autorisation de s'envoler vers la France Bodington y fut accueilli par Dericourt, signe évident qu'en dépit de toutes les allégations, la section F lui gardait sa confiance.

Cette confiance était bien placée, car lorsque Kieffer apprit sa venue, il demanda son adresse à Dericourt qui répondit l'ignorer. Bodington fit donc le mort pendant que sa tête était mise à prix dix mille livres, ce qui était un tribut rendu à sa valeur par le SD, car le tarif habituel pour un officier de la section F vivant, étant de cinq mille livres ! Puis il fut finalement ramené sans incident, pas avant cependant que le SOE ne se fût trouvé confronté avec un nouveau drame : le sinistre de Savant, le grand réseau de la section F qui s'étendait des Pyrénées à la Vendée, en passant par la côte de Biscaye, et rejoignait vers l'est celui de Prosper à Paris. Les flammes de ce bûcher étaient à peine moins violentes que celles de Prosper. Les unes comme les autres avaient pour origine une seule et même cause qui menait directement à Londres et à Starkey.

Savant, c'était Claude de Baissac, officier originaire de l'île Maurice, formé par la section F à Londres. Trente-cinq ans, « personnalité exceptionnelle », et « mérites exceptionnels ». Parachuté près de Nîmes, il avait sauté au jugé, avec un opérateur radio, le 30 juillet 1942. Il monta son réseau avec une telle efficacité que F lui envoya bientôt des renforts, notamment sa sœur Lise, également formée à Londres et qui devint son agent de liaison avec Prosper. Baissac et Prosper étaient des amis proches. Les activités de Savant étaient extrêmement complexes et, comme Prosper, le réseau devint bientôt trop important pour rester sûr. Mais F avait une telle estime pour Savant, que la RAF reçut mission de lui envoyer en un mois par avions de transport 120 cargaisons de matériel de guerre soit plus de 2 000 containers, plus que Prosper n'en avait jamais reçu.

Cependant l'admiration seule n'expliquait pas la générosité excessive de Londres. Il y avait autre chose. « Quelque événement très important se préparait », écrit R.A. Bourne-Patterson, l'Ecossais, assistant de F. C'était vrai, et les Allemands en étaient conscients. D'ailleurs tout était mis en œuvre pour le leur faire connaître. Le LCS et A-Force travaillaient de concert sur l'opération combinée de mystification stratégique : Cockade et Zeppelin, la plus spectaculaire jusqu'alors. Il s'agissait de distraire l'attention de l'OKW de l'invasion alliée en Italie à Salerne le 9 septembre 1943, la date même du jour J pour Starkey. Il fallait donc convaincre l'OKW que les Alliés ne débarqueraient pas seulement dans le Pas-de-Calais pour Starkey, mais aussi dans la région de Bordeaux, ceci pour les besoins de Savant. Or, l'OKW était très sensibilisée à l'idée que les Alliés pourraient s'emparer du grand port de Bordeaux. C'est pourquoi des unités de Panzer et plusieurs excellentes divisions d'infanterie étaient stationnées dans la région pour répondre à une telle éventualité. Le LCS espérait amener Hitler à laisser ces divisions là où elles étaient, et comptait, pour y parvenir, sur l'indiscrétion bien connue des agents subalternes de Savant.

A cet effet, Londres déversait des tonnes d'armes et de matériel dans les circuits de Savant pour simuler des préparatifs d'invasion ; et, par deux fois cet été-là, le réseau qui contrôlait plus de dix mille hommes armés reçut l'ordre de se tenir prêt à toute éventualité par le service d'avis de la BBC. Ainsi que le souhaitait le LCS, les agents subalternes de Savant ébruitèrent la nouvelle qui parvint jusqu'au SD de l'endroit ; mais le SD, qui jusqu'alors menait l'opération Donar de façon beaucoup plus décontractée que Kieffer à Paris, réagit avec vigueur. Inévitablement les Allemands auraient frappé ; mais, de même que Starkey avait stimulé le SD de la région parisienne, de même la menace de débarquement accéléra les mesures prises dans la région de Bordeaux pour écraser les forces de la Résistance. Arrestations, déportations, exécutions s'ensuivirent frappant quelques trois cents des principaux membres de Savant.

L'écroulement de Prosper et de Savant s'expliquait donc, en partie, par l'imprudence et l'absence de mesures de sécurité chez les résistants eux-mêmes, mais aussi, par la diligence des autorités allemandes de contre-espionnage. Mais de nombreux Français impliqués dans cette affaire estimèrent que les réseaux avaient été délibérément sacrifiés par les Anglais dans l'unique perspective de la « simulation ». Les accusations portées contre les services secrets britanniques, longtemps après la fin de la guerre, étaient graves et de nature diverse. Elles prétendaient que non seulement les résistants avaient été encouragés à entreprendre des actions clandestines pour soutenir un débarquement qui n'aurait pas lieu — actions qui devaient coûter la vie à certains d'entre eux — mais que Prosper et d'autres chefs de la Résistance avaient reçu de fausses informations sur le prétendu débarquement, tandis que les Anglais calculaient froidement qu'ils seraient pris, qu'ils « craqueraient » à l'interrogatoire et diraient aux Allemands ce qu'ils croyaient être la vérité : l'imminence du débarquement. Les activités de Dericourt, n'en furent pas moins l'objet de graves soupçons, car il semblait bien qu'en montrant aux Allemands le « courrier » secret — soit avec l'accord des Anglais, soit parce qu'il travaillait en fait pour les Allemands — il avait directement contribué à l'arrestation de Prosper et à l'effondrement de son circuit.

Ces accusations restèrent sans réponse assez longtemps, en dépit des questions insistantes soulevées au Parlement, dans la presse et dans diverses publications historiques britanniques et françaises. La traditionnelle « omerta » — conspiration du silence qui recouvrait la plupart des activités secrètes du temps de guerre de la Grande-Bretagne — ensevelissait toute l'affaire. Mais il devenait difficile de refouler plus longtemps certains spectres.

Harold MacMillan — dont le nom apparaissait sur les listes de répartition de nombreux documents opérationnels A-Force — conscient du courant de méfiance qui obscurcissait ses rapports avec les dirigeants français, dont beaucoup avaient fait partie de la Résistance et pouvaient maintenant empêcher ou permettre l'entrée de la Grande-Bretagne dans le Marché commun, fit en définitive, ce qu'aucun Premier ministre n'avait fait avant lui et au début de 1960, demandait la rédaction d'une histoire officielle des opérations d'un service secret britannique. Le livre de Foot, « Le SOE en France » parut : il était admirable, inestimable, mais incomplet. Foot lui-même expliquait qu'il avait été considérablement gêné dans sa recherche, du fait de l'incendie qui avait consumé une grande partie des archives du SOE juste après la guerre, et que, ce qui en restait, se trouvait dans un état d' « authentique confusion ». Certains papiers avaient été — d'après Foot — probablement falsifiés et d'autres, délibérément détruits. Tous les messages radio de la section F avaient notamment disparu. Ils auraient expliqué trop de choses ! De plus, Foot n'avait eu accès à aucun document concernant les opérations d'induction en erreur à grande échelle. Il essaya néanmoins de laver le SOE des accusations portées contre lui dans les affaires Prosper et Savant, et rejeta avec mépris l'idée que les Britanniques avaient délibérément livré Prosper : « Une assertion aussi absurde que celle-là vous rappelle la réponse du duc de Wellington à l'homme qui l'appelait capitaine Jones : « Monsieur, si vous croyez cela, vous pouvez croire n'importe quoi. » Il démentit également le fait que Prosper et d'autres organisateurs de la section F aient reçu de fausses informations dans l'espoir qu'ils les révélassent aux Allemands, une fois arrêtés et interrogés. Et citant Mincemeat (Chair à pâté) comme exemple de la manière particulièrement astucieuse dont était pratiquée l'intoxication, il conclut en ces termes :

> ... envoyer en France une poignée d'agents du SOE dûment informés que la France serait envahie en 1943, avec l'espoir que certains d'entre eux tomberaient aux mains des Allemands et repasseraient l'information, eût été un projet dépourvu de mordant, mal élaboré et irréaliste. Par ailleurs, il est certain que le travail du SOE en France n'avait pas servi à des fins d'intoxication à ce moment-là, ou même plus tard : personne ne pouvait confier aux agents une tâche aussi délicate.

Telle était donc la version officielle en ce qui concerne les allégations selon lesquelles Prosper et Savant avaient été utilisés comme gages dans ce jeu de simulation. Mais rappelons-le à l'époque où Foot faisait ses recherches et écrivait son livre, le LCS et l'induction en erreur restaient encore un domaine réservé. Foot ne fit donc pas état du rôle dominant tenu par cette tactique dans les opérations militaires britanniques de l'été 1943, soit parce qu'il n'avait pas connaissance des documents s'y rapportant, soit parce qu'il avait décidé d'adopter prudemment l'attitude officielle selon laquelle la « feinte » (la guerre froide l'utilisait alors à plein) n'existait tout simplement pas. Foot ne mentionne en effet ni Cockarde, ni Starkey et, cependant, se contredisant lui-même, confirme le rôle que la simulation a joué dans l'effondrement du réseau Savant, et celui de la BBC dans le plan de mystification destiné à couvrir la reddition de l'Italie et l'attaque de Salerne lorsqu'elle avait alerté par deux fois tous les réseaux SOE en activité en France sur l'imminence d'une invasion. Il termine enfin avec ce commentaire significatif : « L'état-major chargé de la mystification comptant sur des fuites, aurait pu veiller un peu plus à la sécurité des personnes. »

Vint le jour, en 1969, où il fut impossible au LCS de cacher plus longtemps son existence, Sir Ronald Wingate eut alors l'autorisation de parler en faveur de Bevan et de ses collègues. Mais lui aussi déclara qu'il n'y avait aucun lien entre le LCS et le SOE. Maniant le vocabulaire avec l'habileté d'un politique, il souligna volontairement, à l'attention de la Résistance française en particulier : « Nous n'avons jamais utilisé les SOE pour les besoins de la mystification. Ils étaient bien trop amateurs et nous n'utilisions que des professionnels. » Qui étaient donc ces « professionnels » ? Naturellement ceux du MI-6 et, à un degré moindre, le Foreign Office, et la Direction pour l'action politique (PWE). Wingate se refusa enfin à parler des rapports existant entre les sections opérationnelles du LCS, du SOE et des mouvements de résistance. Cette subtile distinction devint d'ailleurs rapidement inutile car à partir de 1972 les Archives nationales de Washington ayant autorisé l'accès à certains documents la preuve se trouvait établie de façon irréfutable que le SOE lui-même avait activement préparé et exécuté des plans à l'appui des projets du LCS, et généralement avec l'aide du PWE.

Le premier de ces documents était le plan SOE-PWE pour Cockade et Starkey. Le second était une note en date du 3 septembre 1943 — six jours avant le jour J pour Starkey — ce qui prouvait de façon concluante que le SOE avait été impliqué jusqu'au bout (9 septembre) dans cette « simulation ». Elle dévoilait aussi que les agents de la section F sur le terrain avaient été intentionnellement trompés sur la véritable nature de l'opération. La note, portant les initiales CAB, émanait de la section de renseignements et était adressée à la section des opérations du COSSAC, chargée de la mise en place des mouvements de troupes, de tableaux et d'avions nécessaires à Starkey. Elle disait en substance :

> Le plan Starkey prévoit que le SOE communiquera avec ses contacts en territoire occupé de J-9 à J-7 (de neuf à sept jours avant le jour J) pour les informer que Starkey est une répétition. Le SOE a reçu l'ordre d'attendre jusqu'à samedi matin... Quoique tout soit calme à présent, le colonel Rowlandson (du SOE) n'a pu donner aucune garantie, et il aimerait avertir ses hommes le plus tôt possible.

C'était là un lien évident et indéniable entre le LCS et le COSSAC, le SOE et la section F. Les Français avaient raison de croire que la feinte stratégique avait contribué à la chute de Prosper. Les instructions reçues par Prosper à Londres parlaient d'un débarquement réel, et Prosper, de retour en France, avait obéi aux ordres reçus. Il avait assumé ainsi des risques qu'il n'aurait jamais pris s'il avait su que Starkey était une ruse. Les Allemands par suite ne l'auraient pas abattu avec tous les éléments clandestins français qui leur tombèrent sous la main.

Starkey avait donc joué un rôle essentiel dans le drame. Mais à quel moment intervenait Dericourt ? Travaillait-il réellement pour les Allemands ? Avait-il trahi Prosper auprès de ses contacts allemands du SD ? Si quelqu'un à Londres avait autorisé ces contacts, les Anglais étaient-ils partie prenante dans la trahison de Prosper ? Quel jeu jouait Dericourt ? Qui servait-il vraiment ? L'explication de Foot reste curieusement incomplète :

> En vérité, sa seule fidélité inébranlable était envers lui-même. Par suite des circonstances, il s'est trouvé pris entre les intérêts supérieurs de sa fidélité à ses compagnons du SOE et les intérêts mineurs de ses engagements inextricables avec la Gestapo. Il a fait ce qu'il pouvait pour servir les deux côtés à la fois.

La vérité — ou du moins ce qu'on en connaîtra jamais — demeure infiniment plus compliquée.

En dépit du fait que Prosper et d'innombrables résistants tombèrent sous le coup du ratissage allemand, Dericourt lui, survécut. Il continua d'opérer comme officier chargé des mouvements aériens de la région de Paris, quoique le SD n'ignorât rien de lui et que la section F fût avertie de son rôle ambigu. Cependant la persistance de ces allégations mena à certaines investigations. L'opération Equarisseur — homme qui achète et abat les chevaux devenus inutiles, pour récupérer leur viande et leurs os — devait ramener Dericourt de France. Ses chefs lui ordonnèrent d'attendre un Hudson près d'Angers dans la nuit du 3 au 4 février 1944, sans préciser que le major Morel serait à bord de l'avion avec l'ordre de l'accompagner à Londres à la pointe de son pistolet, si besoin était.

Dericourt fut exact au rendez-vous, accompagné de six agents tous recherchés par la police. Pendant que ceux-ci montaient dans l'avion,

Morel annonça à Dericourt que Londres l'attendait lui aussi. Dericourt répondit que c'était absolument impossible, qu'il fallait débarrasser le terrain d'atterrissage de toutes les bicyclettes avant l'aube si on ne voulait pas le voir découvert. Morel accepta cette explication et Dericourt ayant promis de se tenir prêt à partir de Tours pour Londres, dans la nuit du 8 au 9 février, l'avion repartit sans lui.

Si Dericourt avait été un agent allemand, il aurait pu alors se réfugier auprès du SD. Mais il ne le fit pas, sachant parfaitement que Londres se méfiait de lui — l'attitude de Morel en disait long — et qu'on ne lui permettrait pas de revenir sur le terrain. Et dans ce cas il ne voulait pas quitter la France sans sa femme. Il l'adorait et s'il la laissait derrière lui, Kieffer l'arrêterait certainement. Il n'empêche que Dericourt vit Kieffer et Goetz avant de quitter Paris. Leur demanda-t-il ce qu'il pouvait faire pour le SD une fois à Londres, et s'il fallait chercher à découvrir la date et le lieu du débarquement ? Il est également possible que Kieffer ou Goetz lui donnèrent même certains moyens pour communiquer avec eux. Ce qui est certain en tout cas c'est que Kieffer avait sûrement la certitude que Dericourt pourrait encore lui être utile à Londres. Sinon il ne l'aurait jamais laissé sortir de France.

Quand Dericourt et sa femme arrivèrent en Grande-Bretagne, la section F les traita avec courtoisie et respect. Loin d'incarcérer Dericourt, elle le logea d'abord à l'hôtel du Cygne à Stratford-on-Avon, puis le ramena à Londres avec son épouse où il disposa d'une chambre au Savoy. Qui aurait pu se plaindre du confort de ces deux hôtels alors que la section F payait les notes ? Or la section F se montrait rarement aussi généreuse, et cette générosité supposait des soutiens particulièrement puissants pour le suspect Dericourt...

Un tribunal secret se réunit cependant le 11 février 1944, à Northumberland avenue, près du ministère de la Guerre, avec un accès commode aux cellules de Scotland Yard. L'interrogatoire était mené par l'Air Commodore Archibald Boyle, chef du renseignement et de la sécurité de SOE, et par H.N. Sporborg, chef adjoint du SOE. Il débuta par les états de service de Dericourt, lesquels étaient impressionnants. Entre sa première opération le 17/18 mars 1943 et la dernière le 8/9 février 1944, il avait assuré l'arrivée et le départ de 17 Lysander et de 8 Hudson, empruntés par 43 agents débarquant en France et 67 repartant pour Londres. Il avait supervisé, sans accident pour les avions ni pour les équipages une fois au sol, environ un cinquième de tout le traffic aérien secret britannique vers la France pendant cette période — y compris une partie de celui du MI-6. Ces faits incontestables devaient lui gagner les faveurs de Sporborg qui voyait très mal dans ces conditions comment Dericourt avait pu trahir des agents auprès du SD et passer à l'ennemi. Le commodore Boyle, cependant, émit une opinion équivoque soutenant que « le fait qu'il n'y ait pas eu de pertes ne prouvait pas nécessairement qu'il n'y ait pas eu trahison ».

Comme le tribunal savait très bien que Dericourt avait des contacts avec le SD, Dericourt entreprit d'en donner l'explication. Peu de temps après son retour à Paris au début de 1943, deux pilotes de la Lufthansa, qu'il avait connus avant la guerre, lui avaient rendu visite à son appartement. Ils l'avaient invité ensuite à aller prendre un verre, et avaient retrouvé dehors, assis dans une voiture, un troisième homme, Joseph Goetz, qui après avoir brossé un tableau détaillé de la carrière de Dericourt, lui avait offert de travailler pour le SD. Dericourt avait senti alors qu'il ne fallait pas refuser et avait décidé de collaborer. Mais dès son arrivée à Londres à Pâques, il s'était empressé d'avertir son contact, et on lui avait donné l'ordre de continuer.

Qui à Londres lui avait donné cet ordre, et pourquoi ? A ce point précis, le seul rapport existant sur l'interrogatoire (l'histoire officielle de Foot) se fait tout à coup muet, de façon discrète et inattendue... Bodington témoigna cependant plus tard que cette déclaration était vraie et avait porté au crayon de sa main sur la fiche personnelle de l'agent, de manière très visible, cette mention : « Nous savons qu'il est en contact avec les Allemands, et aussi comment et pourquoi. »

L'interrogatoire se poursuivit avec la question du « courrier » secret. Quand Dericourt eut à y répondre, il « fit une réponse évasive : même s'il avait communiqué cette correspondance à la Gestapo, cela en avait valu la peine puisqu'il avait pu ainsi mener ses opérations aériennes sans entraves. »

Buckmaster, Morel et Bodington vinrent tous d'ailleurs témoigner de sa fidélité, de son courage et de ses aptitudes exceptionnelles au service de la cause alliée. Ils furent soutenus dans cette démarche par le général de brigade Eric Mockler-Ferryman, vétéran du renseignement, qui avait été le G 2 d'Eisenhower en Tunisie, et qui occupait maintenant l'ancien poste de Gubbins au SOE : chef de la section de Londres. Pour appuyer ses dires, Buckmaster ajouta même ces quelques mots : « ... Je suis prêt à parier gros que nous le découvrirons totalement innocent de tout commerce volontaire avec l'ennemi quand — plus tard — les nuages auront été dissipés. » Seul, le MI-5, le service du contre-espionnage qui participait à l'interrogatoire, émit finalement une réserve, qui pouvait difficilement passer pour une accusation de trahison. Cette restriction était la suivante : « ... quant à nous, si la décision nous appartenait, nous considérerions le cas comme assez sérieux pour empêcher Dericourt de reprendre du service dans le renseignement, hors de ce pays. »

Et le MI-5 eut le dernier mot. Dericourt effectivement ne retourna pas sur le terrain. Mais il ne fut ni inculpé, ni emprisonné, ni mis en quarantaine. Il retourna au Savoy pendant un certain temps, puis s'installa dans un appartement avec sa femme, peut-être pour communiquer avec ses contacts allemands selon les directives du comité XX... Quelles que fussent ses activités, il disparut de la circulation jusqu'après l'invasion.

La section F cependant prit très mal l'ordonnance du tribunal et Buckmaster écrivit une série de notes irritées à propos d'« une ingérence inadmissible dans un de ses meilleurs réseaux par des gens qui ne connaissaient rien aux conditions d'action sur le terrain. » Morel protesta également qu'il était « absolument révolté par la décision ». D'ailleurs, les plus importants et les plus influents officiers de renseignement à Londres conservaient toute leur estime à Dericourt. Mockler-Ferryman le proposa même pour le Distinguished Service Order (DSO), évoquant ses « qualités exceptionnelles et son mépris du danger ». Faisant une allusion discrète au fait que Dericourt avait été pour le SOE bien plus qu'un officier chargé des mouvements aériens, il précisait qu'il avait opéré dans des « circonstances particulièrement difficiles qui impliquaient la nécessité de conserver nombre d'accointances dangereuses, en particulier avec des pilotes de la Luftwaffe et de la Lufthansa. » Cette proposition pour le DSO était significative, car c'était une distinction que Menzies demandait pour les agents les plus hauts placés ayant rendu d'éclatants services au MI-6 ; cette décoration, quelqu'un convaincu de crime, ne pouvait ni la recevoir ni la conserver.

Dericourt réapparut en septembre 1944, en tant que pilote de Spitfire, fait lui aussi très significatif. S'il avait été agent du SD, s'il avait trahi Prosper et tous les autres, s'il avait desservi la cause alliée, comment aurait-il eu l'autorisation de voler à nouveau, surtout aux commandes d'un avion de haute performance ? Il lui aurait été vraiment trop facile de déserter ce qu'il ne tenta jamais. Mieux, il se conduisit avec un grand courage ; abattu en combat aérien dans le ciel de France, il fut grièvement brûlé et récompensé de ses exploits de pilote de chasse par la croix de guerre. Puis à la fin de la guerre, il retourna vivre à Paris avec sa femme et reprit du service comme pilote d'Air France.

Cependant, le climat de méfiance qui l'entourait ne pouvait se dissiper. Héros ou traître ? Personne ne savait. Pendant la période de règlements de comptes qui suivit la guerre en France, alors que des milliers de personnes étaient jugées et exécutées, toutes les tentatives pour le faire inculper échouèrent. Si Dericourt avait des ennemis en France, il avait aussi de puissants amis en Grande-Bretagne. Ils le lui prouvèrent une nouvelle fois lors de sa comparution devant un tribunal anglais, pour ce qui était à l'évidence une inculpation majeure.

L'affaire commença par un incident le 11 avril 1946, au moment où il allait s'envoler pour Paris sur son Dakota de ligne, un vol commercial de routine. Interpellé par un officier des Douanes dans le vieil aéroport international de Croydon, l'officier fouilla sa valise et découvrit qu'il transportait du platine pour une valeur de 3 158 livres, de l'or pour 1 500 livres et 1 320 livres en billets de banque. Il avait également sur lui 100 livres en billets. Accusé de contrebande, passible de plusieurs amendes dont le total s'élevait à 18 000 livres, il risquait cinq ans de prison. Il comparut alors sur la requête des magistrats de Croydon, le 12 avril, mais de manière inattendue, son cas fut ajourné sur l'assurance qu'il donna de revenir plaider sa cause le 23 avril, car il devait ramener son avion à Paris.

Fidèle à sa parole, Dericourt revint en Angleterre. Mais, quand il se présenta devant les magistrats, sa défense était assurée par Derek Curtis Bennett, éminent conseiller du roi [1], et deux de ses associés. Une équipe si

1. Titre conféré à des membres exceptionnels d barreau de Londres.

prestigieuse ne pouvait être rassemblée que par quelqu'un usant d'influence et de moyens que Dericourt ne possédait pas. Bennett déclara au tribunal que Dericourt transportait ce dépôt de platine, d'or et de billets pour « le service secret britannique en France ». Puis il décrivit avec éloquence les états de service de l'accusé pendant la guerre. Le jury ayant été très impressionné, Dericourt, déclaré coupable, se vit infliger une amende de cinq cents livres, somme qui fut payée par une relation inconnue. La cour avait bien arrangé les choses, c'était clair et personne n'avait cherché à savoir ce que pouvait bien faire le service secret britannique dans une France en paix. Quoi qu'il en soit Dericourt n'alla pas en prison, et repartit en France où, bientôt, ses puissantes relations durent à nouveau manifester leur amitié, car cette fois il s'agissait de défendre sa vie devant un tribunal.

En 1947, les services secrets britannique et américain avaient en effet mis le point final à leur enquête sur les activités des responsables du SD en France, y compris Helmuth Knochen, son chef. En conséquence ils la remirent aux autorités françaises. C'est alors que grâce à différents recoupements, les Français parvinrent à réunir un dossier impressionnant contre Dericourt, faisant peser sur lui de très lourdes charges : le principal chef d'accusation spécifiait qu'il avait prélevé sur le courrier quelque deux cent cinquante messages personnels et les avait communiqués au SD. Arrêté, Dericourt passa presque dix-huit mois à Fresnes pendant l'instruction. Le procès s'ouvrit le 7 juin 1948.

Selon la coutume, Dericourt eut à choisir entre deux juridictions. Un tribunal civil lui laissait le droit de faire appel en cas de condamnation, mais le jugement du Tribunal militaire permanent de Paris — réunissant un cartel d'officiers, parmi lesquels des spécialistes du renseignement — serait sans appel. Si Dericourt était reconnu coupable, il n'aurait par conséquent aucun recours. Apparemment confiant dans l'issue du jugement, Dericourt choisit d'affronter le Tribunal militaire de Paris. Il fit son apparition à dix heures, ce matin-là, dans la salle des Casernes de Reuilly, comme le notait un chroniqueur : « vêtu d'un costume bleu marine à discrètes rayures blanches... et avait eu le bon goût de retirer sa Légion d'honneur. Son regard était direct et toute sa personne inspirait une sympathie immédiate... »

Il ne nia pas un instant avoir eu des contacts avec les Allemands et répéta à M. Dejean de la Batie, président du tribunal, ce qu'il en avait dit à l'enquête du SOE à Londres, déclarant également qu'il en avait informé les Britanniques et avait reçu d'eux l'ordre de les poursuivre ; en conséquence, il avait feint de « travailler pour les Allemands afin de garder ces contacts et les exploiter par la suite ». Dericourt admit enfin qu'il avait été agent double, et pour la première et dernière fois, décrivit son modus operandi :

> Afin de ne pas éveiller les soupçons des Allemands sur mon double jeu, je leur livrai l'emplacement de huit terrains d'atterrissage en Touraine, huit sur quatorze. L'information que je leur donnai là était sans importance. C'était de la poudre aux yeux. Les huit terrains que je leur indiquais avaient été en principe acceptés par Londres mais je savais qu'aucun avion n'y atterrirait. La Résistance n'en a donc pas souffert.

Et comme M. de la Batie s'exclamait : « Quel jeu dangereux ! » Dericourt répliqua : « Je n'en avais que plus de mérite ! »

La cour appela alors les témoins allemands, qui parurent tous montrer une réticence certaine à dire quoi que ce fût qui entraînât la condamnation de Dericourt — réticence interprétée par la presse française comme un signe qu'il y avait eu des pressions de la part de l'Intelligence Service pour leur faire garder le silence. Au contre-interrogatoire de l'avocat célèbre mais ruineux de Dericourt, maître Moro-Giafferri, les Allemands furent unanimes dans leurs déclarations : Dericourt n'avait fait que feindre de travailler pour eux. Il ne leur avait finalement donné aucun renseignement de valeur, et il ne les avait intéressés que dans la mesure où ils espéraient connaître par lui, la date et le lieu de l'invasion. Et les deux cent cinquante « messages personnels ? » Dericourt les avait-il communiqués ? Oui, reconnut Knochen, il les a communiqués, mais ils se sont avérés sans intérêt. Ils n'auraient pu servir qu'en cas de débarquement dans le Pas-de-Calais.

Puis vinrent les témoins à décharge. Sortant de l'ombre, surgit Bodington, que les journaux décrivirent comme le « très mystérieux » membre de l'Intelligence Service. A la question de savoir s'il utiliserait encore les services de Dericourt dans les mêmes circonstances, Bodington répondit catégoriquement : oui. S'il avait à recommencer avec la section F, il le ferait avec Dericourt, et sans aucune hésitation.

C'était un témoignage de poids et les juges en furent profondément impressionnés. Non moins impressionnante fut la succession de Français de haut rang venus appuyer Dericourt et Bodington. Tous affirmèrent avoir été convoyés sans encombre par Dericourt lors de ses fonctions d'officier chargé des mouvements aériens. Parmi eux, le général Henri Zeller, important personnage de la Résistance, qui traversa la salle d'audience pour venir serrer la main de Dericourt ; M. Roualt, chef de la préfecture de police, et M. Livry-Level, député de Normandie. Une vingtaine de personnes en tout vinrent une nouvelle fois témoigner du courage de Dericourt, et une autre vingtaine envoya des témoignages écrits à la cour. C'est dans cette ambiance qu'à la fin de l'audience, Moro-Giafferi se leva et s'écria : « S'il est coupable de trahison, il y a encore la mort et le peloton d'exécution pour les traîtres. S'il est innocent, rendez-lui son honneur ! »

Les juges se retirèrent pendant deux minutes, puis revinrent avec un verdict unanime d'acquittement sur tous les chefs d'accusation. Il y eut un tonnerre d'applaudissements, et le commissaire du gouvernement libéra le prisonnier dans les règles. Dericourt était à nouveau autorisé à porter la rosette de la Légion d'honneur, ses médailles et son uniforme, il pouvait quitter les lieux en homme libre.

Qu'en était-il au juste ?

Le procès ajoutait quelque lumière sur la mission de Dericourt pendant la guerre ; sous la couverture d'un agent du SOE, il avait été effectivement autorisé à pénétrer le SD. Il restait qu'en remplissant cette mission il avait trahi d'autres agents de la section F sur le terrain et avait mis en danger la vie et la sécurité d'innombrables résistants français. Dans ce cas, qui le lui avait permis ? C'est pourquoi de nombreux Français eurent l'impression que ce procès était un coup monté. Qui protégeait Dericourt, et pourquoi ? Les amis de Dericourt désiraient-ils simplement le récompenser pour services rendus à la cause alliée ? Ou bien essayaient-ils de couvrir une opération qui avait — peut-être par inadvertance — causé la perte d'un nombre important d'agents britanniques et de leurs camarades de la Résistance française ?

Personne n'était plus intéressé à découvrir la réponse à ces questions qu'un écrivain, Miss Jean Overton Fuller, qui faisait campagne pour connaître la vérité sur les circonstances mystérieuses de la mort de son amie, la princesse Noor Inayat Khan. Agent du SOE, envoyée en France pendant l'été 1943 pour y être reçue par Dericourt, elle avait été arrêtée et tuée dans des conditions directement liée, d'après Miss Overton Fuller, à la chute du réseau Prosper, et aux contacts ambigus de Dericourt avec le SD. Elle désirait par conséquent savoir qui avait autorisé ces contacts, et pourquoi. Forçant Dericourt dans ses retranchements, elle lui arracha une série de déclarations qui précisaient un peu mieux la nature de sa mission passée. Dericourt reconnut que non seulement il avait été autorisé à maintenir le contact avec le SD, mais que les ordres spéciaux qu'il avait reçus exigeaient un « sacrifice stratégique ». Prosper, pensait-il, avait été la victime de ce sacrifice. Miss Overton Fuller demanda alors : « Estimez-vous que tout le réseau Prosper devait être sacrifié ? » Ce à quoi Dericourt répondit : « Ma théorie — et je ne vous la donnerai pas — n'est pas aussi brutale que la vôtre. Je savais, et je l'ai dit à Londres à Pâques 1943, que Prosper était repéré depuis très longtemps... Les chefs de Prosper le savaient aussi et résolurent le problème à leur manière. » Ajoutant que Buckmaster ignorait tout de ses « autres engagements », Dericourt ajouta : « J'avais affaire à un officier de rang beaucoup plus élevé. » Toujours selon Miss Overton Fuller, Dericourt se demandait encore si la manœuvre qui lui semblait avoir été employée avait été décidée par le SOE. Les officiers dont il recevait les ordres étaient, dit-il, « animés des meilleures intentions » et c'étaient « eux » qui avaient contribué à le défendre à Croydon comme à Paris. Mais il refusa de dire à Miss Overton Fuller qui étaient ces hommes, ainsi que les noms de ceux qui lui avaient donné ces ordres spéciaux, et en quoi ils consistaient. « Il ne pouvait rien dire de plus de ces instructions, écrit-elle encore, si ce n'est qu'elles avaient toutes trait à l'espionnage. » Insatisfaite, Miss Overton Fuller revint à la charge. Mais il n'accepta pas de répondre à de nouvelles questions, se bornant à rédiger une courte déclaration personnelle :

> ... Je peux dormir en paix parce que je sais que je ne suis pas responsable de l'arrestation de Prosper... ou de qui que ce soit. Mais voyant maintenant les choses avec les yeux de personnes différentes et dans une perspective différente, je me rends très bien compte quelles peuvent apparaître tout autres que ce qu'elles ne furent en réalité.
>
> Il est possible que nous ayons été abusés comme pourrait le reconnaître n'importe quel agent britannique, allemand ou français. Nous combattions dans l'ombre comme des aveugles. Pour réussir dans les missions qui nous étaient confiées, il nous fallait souvent écarter de notre chemin les causes possibles d'insuccès. Nous risquions nos vies chaque jour, trois

fois par jour, sans repos ni encouragement. Nous étions riches de ce que nous avions dans le cœur et dans la tête. Aujourd'hui je suis riche de l'amitié des gens qui savent ce que j'ai fait. Je ne peux ni ne veux rien dire de plus.

Là aurait pu se terminer l'affaire Dericourt. Eh, bien non ! Juste après la guerre, les gaullistes entreprirent eux aussi leur propre enquête. Ils soupçonnaient ceux de Londres, qui avaient permis la mission de Dericourt, d'être responsables de l'effondrement des réseaux Prosper et Savant, des réseaux mineurs qui leur étaient reliés, en même temps que de l'interruption de fait des opérations dans la région de Paris pendant la seconde moitié de 1943. Ils en étaient par suite arrivés à la conclusoin que le MI-6 avait donné ordre à Dericourt de maintenir son contact avec le SD et que pour rester dans ses bonnes grâces, il avait été autorisé à leur montrer le « courrier ». Le but d'un tel stratagème était relativement simple. Dès que Dericourt aurait gagné la confiance de ses contacts allemands, il pénétrerait d'une façon directe certains secrets du SD mais encore et surtout il continuerait à transmettre des renseignements erronés à l'ennemi.

A la lumière des propres remarques de Dericourt sur les gens « haut placés » et sur « l'aspect espionnage » de l'affaire, il semble n'y avoir aucune raison de douter de l'exactitude des conclusions françaises. A la lumière des événements d'après-guerre, il apparut en effet que Dericourt avait rendu un service de grande valeur au SOE, au MI-6, et à la cause alliée en général. Comment expliquer autrement l'intercession d'amis puissants aux procès de Croydon et de Paris ? Par ailleurs, il avait été possible de constater que sa mission avait trait, non seulement à Cockade et Starkey, mais également aux plans de couverture et d'intoxication du jour J car, retiré du service actif en février 1944, il ne reçut la permission d'y retourner qu'en septembre. L'enquête française conclut donc que la méfiance britannique n'était pour rien dans le départ de France de Dericourt, mais plutôt due au fait que ses camarades français n'avaient plus confiance en lui ; le danger devenait si grand pour lui du côté de la Résistance qu'il aurait même pu être forcé de chercher refuge chez les Allemands. Auquel cas, Dericourt aurait été amené à dévoiler au SD la vérité sur sa mission — ce qui aurait alors sérieusement mis en péril les plans de couverture et d'intoxication pour le jour J.

Une fois encore, les affirmations de l'enquête semblent avoir été généralement correctes. Mais quelle était la nature exacte de la « feinte » que Dericourt devait faire accepter aux Allemands ? Le rapport estimait qu'il avait eu sa source dans les deux cent cinquante messages personnels communiqués au SD. Ces messages personnels étaient pour Londres le moyen de donner ses instructions aux mouvements de résistance européenne, et ils se révéleraient d'une extrême importance le jour J, quand les résistants français recevraient l'ordre d'agir pour soutenir le débarquement. Si les Allemands découvraient ce que signifiaient ces messages et à qui ils étaient destinés, ils en déduiraient la date et le lieu du débarquement, le renseignement capital de toute la guerre. Or depuis la décision de débarquer en

Normandie, les services secrets alliés essayaient de persuader les Allemands que leurs armées débarqueraient partout, sauf là, en insistant sur la région Pas-de-Calais. Cockade et Starkey étaient par suite les deux premières tentatives faites pour attirer l'attention des Allemands sur le Pas-de-Calais. Le stratagème Dericourt en était un autre. Londres estimait que si les Allemands pouvaient intercepter des communications alliées avec les réseaux du Pas-de-Calais, ils concluraient que le débarquement aurait lieu dans cette région et prendraient des mesures de défense dans ce secteur, aux dépens de la Normandie.

Pour faire fonctionner un tel stratagème, il fallait inventer un ensemble de faux messages personnels et les faire passer aux Allemands, pendant que les vrais arrivaient en France par des voies ignorées de l'ennemi. Voilà où intervenaient Dericourt et le « courrier » secret. Perdus dans le « courrier » et d'une manière telle que les Allemands ne les découvriraient que l'un après l'autre, se trouvaient des messages personnels adressés aux réseaux du Pas-de-Calais, réseaux qui, bien souvent, n'existaient pas. Ainsi espérait-on que les Allemands les rassembleraient petit à petit et, quand ils les entendraient diffuser par radio pendant la période du jour J, en concluraient que les armées alliées faisaient appel au soutien de la Résistance, non pas en Normandie, mais dans la région Nord. Telle était la nature du stratagème. Les Britanniques réussirent ainsi à faire passer aux Allemands un ensemble de faux « messages personnels », communications que le grand quartier général allié baptiserait messages « creux », par l'entremise de Dericourt et du « courrier » secret. C'était une ruse complexe, dont les conséquences seraient d'une importance historique pour l'issue du jour J.

L'interrogation cependant subsiste toujours. Dericourt est-il allé jusqu'à trahir Prosper pour asseoir son crédit auprès du SD ? La réponse est non. L'enquête française d'ailleurs n'a découvert aucun indice : le SD n'obtint par le « courrier » aucune information sur Prosper et ses lieutenants qu'il n'eût déjà recueillie par ailleurs. Du reste, il semble évident que Dericourt ne montra aux Allemands que ce que lui ou ses supérieurs britanniques voulaient bien leur montrer. Il convient donc de rechercher ailleurs les raisons de la chute de Prosper. Au printemps de 1943, Londres savait que son réseau se trouvait sérieusement infiltré, en grande partie à cause de l'imprudence des résistants eux-mêmes. Le SOE n'avait donc d'autre choix que de renvoyer Prosper sur le terrain après la réunion d'information et d'instructions de juin 1943. Sa participation à Starkey était essentielle et Prosper lui-même insistait pour repartir. Le SOE avait risqué le jeu, avait perdu. En fait ni Londres ni Dericourt n'ont trahi Prosper et ses lieutenants. Seule l'absence de mesures de sécurité autour de leurs activités — activités dont certaines leur avaient été commandées pour soutenir Starkey — et l'efficacité propre au SD, permirent leur capture.

Rien ne pouvant empêcher la tragédie Prosper, était-il possible d'en retirer un avantage stratégique important ? Peut-être alors conviendrait-il de rechercher dans cette direction l'origine des ordres spéciaux de Dericourt qui entraînèrent un tel « sacrifice stratégique ». Dericourt lui-même reconnaissant qu'ils étaient de nature à impliquer Prosper, il n'est pas exclu d'imaginer que Dericourt ait reçu la consigne d'amener les Allemands à croire à sa responsabilité dans la capture de Prosper, pour mieux s'insinuer dans les bonnes grâces du SD. Une telle supposition reste cependant du domaine de l'hypothèse, car Dericourt refusa toujours de s'expliquer davantage sur sa mission. Après son acquittement par le tribunal français, il reprit du service dans l'aviation et mourut, d'après la presse française, dans un accident aérien au-dessus du Laos, le 20 novembre 1962. On ne connaîtra donc jamais les dessous compliqués de son rôle d'agent double, ni les hommes qui étaient derrière. Ce double jeu avait-il réellement porté ses fruits ? Quand il repartit pour Londres en février 1944, il était encore trop tôt pour le savoir. Seuls les événements du jour J et des jours qui suivraient, pourraient apporter la preuve du succès ou de l'échec de sa mission. Il n'en demeure pas moins vrai que cette machination devait rester l'un des stratagèmes les plus ingénieux et les plus dangereux de la guerre, l'un des plus machiavéliques selon les termes mêmes de l'homme à l'origine de cette redoutable stratégie :

> Quoique la tromperie soit détestable en d'autres domaines, elle est louable et glorieuse dans la conduite de la guerre, et celui qui triomphe de son ennemi par tromperie est aussi digne d'éloge que celui qui le fait par la force.

Chapitre IX

L'OFFENSIVE DU RENSEIGNEMENT

Le 3 novembre 1943, Hitler avait lancé sa seconde grande directive pour la guerre à l'Ouest. Elle portait le numéro 51 et donnait au commandant en chef de l'Ouest, von Rundstedt, les plans pour repousser une invasion. Ne redoutant alors aucun débarquement important, il s'était contenté, avec son état-major, de mépriser ouvertement la mystification Cockade et Starkey, et avait dégarni ses bastions de la Manche pour parer à des menaces plus pressantes sur les fronts russe et méditerranéen. Mais il en était tout autrement pour 1944, et il écrivait notamment :

> Tout semble indiquer qu'une offensive se prépare contre le front de l'ouest en Europe, pour le printemps et peut-être même avant. Il ne me sera donc plus longtemps possible de maintenir l'affaiblissement de ces régions en faveur des autres théâtres d'opérations. En conséquence j'ai décidé de renforcer les défenses dans ce secteur, en particulier sur les points d'où partira notre attaque à longue distance contre l'Angleterre. Car ce sont les points mêmes que l'ennemi doit attaquer et qu'il attaquera. C'est là — si nos informations ne sont pas erronées — que se livrera la bataille décisive pour l'invasion.

Les zones citées par Hitler se situaient presque toutes dans le Pas-de-Calais, dont les côtes se trouvaient être les plus proches de celles de l'Angleterre. La route la plus courte à travers la Manche et par suite la voie logique pour une invasion se trouvait donc là et le rythme accéléré des reconnaissances et opérations aériennes alliées indiquait que c'était bien la région choisie pour le débarquement. Par « attaque à longue distance », Hitler entendait les V 1, engins sans pilote, propulsés par pulso-réacteur et transportant une tonne et demie de puissants explosifs jusqu'à leur cible, à une vitesse plus grande que celle des chasseurs alors en service, et les fusées V 2, pratiquement impossibles à détecter et à intercepter, dont la charge explosive était d'une tonne.

La directive 51 mettait également en garde les chefs militaires contre des attaques de diversion possibles sur d'autres fronts ; et ordonnait la mise en œuvre d'un programme de renforcement massif du mur de l'Atlantique. S'intéressant particulièrement aux détails stratégiques de la bataille, Hitler écrivait par ailleurs : « Si l'ennemi parvenait à débarquer en concentrant toute sa puissance armée, il aurait à se heurter à toute la furie de notre contre-attaque. » Von Rundstedt devait tout d'abord stopper l'invasion sur les plages mêmes de débarquement, mais s'il n'y parvenait pas, il disposerait « de réserves générales de premier ordre, très mobiles », pour « empêcher l'élargissement de la tête de pont et pour rejeter l'ennemi à la mer ». Hitler précisait que toute attaque alliée navale ou aérienne serait impitoyablement contrée par la Luftwaffe et la Kriegsmarine « avec toutes leurs ressources disponibles ». Il exigea alors le renforcement immédiat de toutes les armes de la Wehrmacht à l'Ouest, ordonnant de prélever, si besoin était, d'autres unités dans des zones moins exposées. Enfin, il demanda de fortes concentrations de U-boote dans le sud de la Norvège, prêtes à frapper les flottes de débarquement. Hitler réclamait, on le voit, une lutte sans limites et sans merci.

Bien que la directive 51 n'ait comporté que vingt-sept exemplaires, son contenu parvint sur le bureau de Menzies à Broadway dans les trois semaines, en provenance de deux sources crypto-analytiques différentes. Ultra en fournit un digest, comme c'était souvent le cas avec les directives de Hitler, mais les Américains en donnèrent une version plus complète. Le message intercepté émanait d'Asmara en Ethiopie, où le service de transmissions du renseignement américain avait une antenne. L'origine de cette information était extrêmement importante pour les Martiens, nom de code de la vaste industrie du renseignement créée par les Britanniques pour renseigner les chefs alliés sur la Wehrmacht, et dont le quartier général occupait un grand magasin réquisitionné dans Oxford Street.

Quand Hitler avait déclaré la guerre aux Etats-Unis, il avait signé un traité d'assistance mutuelle avec le Japon, qui prévoyait un large échange d'information entre les deux nations. Les importantes missions japonaises en Allemagne et dans d'autres pays européens, recevaient ainsi des informations régulières sur les opérations, la politique, l'économie, l'industrie et l'armement allemands, et les bureaux de l'ambassadeur du Japon à Berlin, le général Hiroschi baron Oshima, étaient devenus un vaste centre de triage du renseignement dans l'Europe occupée. Les renseignements les plus intéressants étaient retransmis de Berlin au quartier général à Tokyo par télex, radio ultra-rapide et code Enigma. Aussi lorsque les Alliés détectèrent ce flux d'informations, les Américains montèrent à Asmara, en vertu du partage de l'hémisphère en zones crypto-analytiques, une station d'interception qu'ils pourvurent d'un effectif de trois cents hommes.

Enregistrés à Asmara, les messages bruts de Berlin étaient codés et transmis sur un radio télex en ligne au Bureau de la sécurité des transmissions (SSA) à Arlington Hall, une grande maison à cinq kilomètres du centre de Washington et à Vint Hill Farms, une ancienne propriété dans le pays des chevaux en Virginie, à quatre-vingts kilomètres de la capitale. Une fois décodés par le SSA, les messages étaient retransmis à travers l'Atlantique au centre d'informations américain à trente mètres sous la station de métro de Goodge Street, près du British Museum. De là, ils étaient mis en circulation suivant une procédure très stricte, certifiant que pas plus de vingt personnes dans tout Londres ne connaissaient la nature de l'information ni comment elle avait été obtenue. Pour des raisons liées à Overlord, ces messages parvenaient ensuite à la section opérationnelle du renseignement du COSSAC, à Norfolk House, qui se composait d'une petite équipe d'officiers sûrs, entourée de mesures de sécurité très strictes et rassemblée autour d'un Britannique, le général de brigade E.J. Foord, et d'un Américain, le colonel James O. Curtis Junior. A partir des messages interceptés d'Asmara et de toutes les autres sources de renseignement, y compris Ultra, ils rédigeaient un bulletin quotidien de renseignement intitulé Bulletin de contrôle Neptune, un hebdomadaire plus complet et plus circonstancié appelé Bulletin de renseignement sur les théâtres d'opérations, des bulletins de dernière heure quand survenait un événement notable, et des articles de fond sur les dernières innovations allemandes, tant au plan militaire et technique qu'au plan effectif. On les transmettait ensuite avec prudence au COSSAC et à tous ceux qui étaient directement intéressés par l'organisation d'Overlord.

La version d'Asmara de la directive 51 contenait des observations importantes faites par le baron Oshima, aussi habile soldat que bon diplomate. En septembre 1943, il avait fait le tour du mur de l'Atlantique du Skaggerak jusqu'à la frontière espagnole, et rédigé des rapports, par radiogrammes de 1 000 à 2 000 mots, deux fois par semaine, sur l'état des défenses. Puis il avait eu une longue séance d'informations avec von Rundstedt qui lui avait répété ce qu'il avait déjà dit à Hitler, à savoir que la ligne de défenses côtières face à l'Angleterre était très mince, comparée à celle du front russe, que presque toutes ses divisions étaient en dessous de leur effectif normal, que leur armement, particulièrement en armes anti-chars, avait grand besoin de modernisation et d'accroissement de puissance et que l'absence de transports motorisés et sa trop grande dépendance vis-à-vis des véhicules à cheval, le gênaient considérablement.

Oshima rapportait en conscience, de façon fort compétente et dans la meilleure tradition de platitude du langage d'état-major, toute cette information à Tokyo. Interceptée à Asmara, elle parvenait à Washington et à Londres, presque en même temps qu'à la capitale japonaise.

Les messages d'Asmara furent confirmés par les Martiens (en effet qui pouvait dire que von Rundstedt ne trompait pas Oshima ?) grâce à Ultra, dont la production était considérable au milieu de l'année 1943 :

deux mille, trois mille, quelquefois quatre mille messages allemands ultra-secrets, chaque jour ! Parmi ces messages se trouvaient ceux de von Rundstedt et les comptes rendus journaliers et hebdomadaires des autres commandements de l'Ouest qui consistaient en rapports sur l'état des effectifs et de l'équipement de toutes les unités, voire de toutes les compagnies. Matériau ennuyeux à dépouiller, mais sans prix, car il situait chaque division allemande et donnait ses capacités combatives, permettant aux Martiens de dresser petit à petit un tableau complet de l'ordre de bataille allemand à l'Ouest. Rarement dans l'Histoire n'avait existé un état-major mieux informé sur son ennemi. Ultra révélait également que von Rundstedt, comme Hitler, croyait que les Alliés envahiraient le Pas-de-Calais. Des stratagèmes de fond allaient ainsi pouvoir être imaginés pour le débarquement et appuyer cette conviction erronée. En cette fin d'année 1943, Ultra, non seulement dictait ou mettait en forme la stratégie et la tactique du débarquement, mais pesait sur les opérations de mystification qui seraient utilisées pour la couvrir.

Les messages interceptés par Ultra et Asmara n'étaient pas les seules sources de renseignements de valeur ouvertes au COSSAC, la machine n'avait pas encore remplacé l'espion. Depuis sa création en mars 1942, le mur de l'Atlantique était un objectif essentiel pour le MI-6 et ses organismes associés, particulièrement le SOE. N'étant pas chargé de collecter le renseignement, le SOE fournissait une grande quantité d'informations sur la Wehrmacht. La plupart de ces informations étaient données par des réseaux français notamment, sur la côte de la Manche par l'organisation de droite Siècle. Le commandant Wilfred Dunderdale centralisait et utilisait l'énorme quantité de matériau recueilli par Siècle. Officier de carrière du MI-6, né à Nikolaïev, port russe de la mer Noire, il était riche, de petite taille, puissamment bâti, parlait couramment le russe, le français, l'allemand, et possédait de bonnes connaissances en grec et en turc. Après avoir servi pendant la Première Guerre mondiale avec une escadre de croiseurs britanniques dans la mer Noire et la Méditerranée, il entama sa carrière au MI-6 à la légation britannique d'Istanbul. Là, il noua une amitié, qui eut d'importantes conséquences, avec un négociant d'opium pharmaceutique nommé Georges Keun, un juif sefardi possédant un passeport danois. En 1926, Dunderdale envoyé à Paris y resta comme officier de liaison auprès des services secrets français jusqu'à la capitulation de la France en 1940. C'est sous la direction de Dunderdale que Richard Lewinski avait reconstitué l'Enigma de la Wehrmacht.

Peu de temps après l'arrivée de Dunderdale à Paris, son ami Keun construisit une villa, la « Taneh Merah » au cap d'Antibes, où Dunderdale fut fréquemment invité. Keun était un des personnages marquants de cette curieuse société d'entre les deux guerres que Scott Fitzgerald a décrite. Il avait épousé une parente de Sarah Bernhardt et de Georges Feydau. Mais épouvanté par la violence et les troubles de l'époque du Front populaire, le jeune Keun quitta Paris pour travailler comme manœuvre en Turquie. Linguiste habile, il traduisit des extraits de Shakespeare en turc. A la déclaration de la Seconde Guerre mondiale, il retourna en France et combattit dans l'armée française à Sedan. Fait prisonnier, il s'évada et rejoignit Bordeaux où il rencontra, grâce à ses relations catholiques, un jésuite qui avait appartenu au service secret français contre les Britanniques et servait maintenant les Britanniques contre les Allemands. Cet homme était le redoutable « colonel Claude Ollivier », dont le vrai nom était Arnould. Il se faisait passer pour un négociant en charbon. Ollivier était en train de fonder un réseau MI-6 qui s'appellerait par la suite Jade Amicol, organisation d'espionnage fortement reliée aux jésuites et aux cheminots. Quand Ollivier demanda à Londres la permission de prendre Keun comme assistant, Dunderdale accepta.

Les réseaux du MI-6 tenaient leurs noms de pierres précieuses, combinés aux noms de code de leurs chefs. Ollivier étant connu comme le Colonel et Keun comme l'Amiral, les premières syllabes réunies donnèrent Amicol. En 1943 Jade Amicol était le plus grand réseau MI-6 à Paris et dans le nord de la France. Il groupait plus de 1 500 agents subalternes dont beaucoup étaient des jésuites, des cheminots et d'ex-officiers français. Attaqué de façon sauvage par ses ennemis, il eut à déplorer de nombreuses pertes, mais il réussit à survivre. Pendant le ratissage Donar, Ollivier échappa de justesse à la mort. Pris en embuscade par des hommes du SD, dans l'escalier d'un immeuble près de l'Etoile, il fut grièvement blessé. Les balles lui brisèrent le bras droit et coupèrent l'artère brachiale. Perdant pratiquement tout son sang, il parvint cependant à s'échapper par l'escalier en colimaçon jusque dans la rue. La chance était avec lui, un fiacre passait, il sauta dedans, demanda au cocher de l'emmener aux Champs-Elysées et tandis que le vieil équipage brinquebalait dans un bruit de tonnerre, il trouva sous le siège un morceau de fil de fer. Il se fabriqua un garrot et sauva ainsi sa vie. Puis il sauta du fiacre, et se perdit dans la foule aux alentours du Fouquet's.

Même si Ollivier était un homme de ressource et de courage, cela ne suffisait pas. Son réseau survécut parce que les Allemands ne parvinrent jamais à localiser son principal abri. Jade Amicol l'avait installé dans le couvent des sœurs de la Sainte Agonie, groupe des lazaristes, ordre religieux et militaire fondé à Jérusalem au milieu du XIIe siècle. Ce couvent se trouvait au 127, rue de la Santé. C'était un vieux bâtiment en ruine, situé sous les murs de l'asile de fous de Sainte-Anne. Les neuf sœurs et la mère supérieure, Mme Henriette Frede, faisaient office de courriers. Le couvent devint par suite le principal centre radio de Menzies à Paris et le centre de ramassage de la correspondance secrète du MI-6 pour Londres. Un émetteur-récepteur fut caché dans un petit grenier au-dessus de la sacristie, des stations périphériques se dissimulant dans différents points de Paris, par exemple dans le grenier de l'hôtel Scribe.

Ollivier et Keun glanèrent alors des renseignements sur la Wehrmacht et sur son ordre de bataille, ainsi que des informations sur les mouvements de trains militaires. Keun passa maître dans l'art du déguisement et devint un agent habile et sûr. Lorsqu'il ne faisait pas d'espionnage, il montait souvent dans le grenier de la sacristie et y traduisait Shakespeare en bulgare. C'est grâce à Keun que le MI-6 établit un nouveau contact avec la Schwarze

Kapelle, qui était rassemblée à Paris autour du général Karl Heinrich von Stuelpnagel, l'élégant et cultivé gouverneur militaire de la France, dont le bureau était installé à l'hôtel Meurice. Une fois de plus, le MI-6 se préoccupait surtout d'utiliser la conspiration comme source de renseignement, et le principal canal d'information de Keun passait par un fonctionnaire catholique autrichien sur la touche, dans l'état-major de Stuelpnagel, ce que n'ignorait certainement pas le général. Le fonctionnaire avait accès au coffre-fort du gouverneur militaire et faisait passer dans l'ombre de Notre-Dame des copies de maints documents de valeur à l'une ou l'autre des sœurs lazaristes. Mais la mission première de Keun en mai 1943 était de découvrir tout ce qu'il pouvait au sujet du mur de l'Atlantique.

L'opération lancée pour se procurer les secrets de la ligne fortifiée débuta par un coup de chance. Au début de mai 1943, apparut sur le mur de la « mairie » de Caen, une annonce cherchant des recrues pour de petits travaux d'intérieur au quartier général de l'organisation Todt, l'organisation para-militaire allemande du génie, chargée de construire les fortifications. René Duchez, un peintre, membre de Siècle (qui avait des liens avec Jade Amicol par un groupe clandestin d'ex-officiers français connus sous le nom de Sosies) lut l'annonce et décida d'offrir ses services. Ainsi aurait-il la possibilité de pénétrer dans le quartier général de Todt et d'observer autour de lui, puisque l'une des tâches requises était de poser un nouveau papier peint dans le bureau du Bauleiter, au quartier général des services techniques, avenue Bagatelle à Caen. Il s'y rendit, demanda à voir le chef, le Bauleiter Schnedderer. Ce dernier, qui portait l'uniforme incrusté d'argent des employés de Todt, s'étendit longuement sur ses préférences en matière de papier peint. De petits vikings bleus brandissant des bannières, sur fond jaune clair, seraient très beaux, mais il avait aussi un faible pour des canons argent sur fond bleu de nuit. Les deux hommes regardèrent longuement le catalogue d'échantillons de Duchez ; puis Schnedderer demanda au peintre de revenir le jour suivant, le temps de prendre une décision. Quand Duchez revint, il trouva le Bauleiter à son bureau recouvert de cartes. Duchez vit que la carte de dessus était celle de la côte normande entre Le Havre et Cherbourg. Imprimée grâce au système de reproduction diazo sur papier bleu cartographique elle portait un tampon avec les mots *Sonderzeichnungen-Streng geheim* (photocalque, secret absolu). Quand l'offre de Duchez fut acceptée, au prix volontairement bas de douze mille francs, et quand le Bauleiter eut choisi son papier, l'Allemand dit qu'il devait aller à une réunion et laissa Duchez prendre les mesures. Duchez se pencha sur le bureau pour regarder la carte ; des mot comme Blockhaus et Sofortprogramm (construction en première priorité) lui sautèrent aux yeux. En un éclair il comprit ce dont il s'agissait : le calque des fortifications entre Le Havre et Cherbourg. Il prit la carte, la plia soigneusement et la cacha derrière un miroir dans le bureau du Bauleiter. Il était temps. Presque immédiatement après, Schnedderer revint et lui demanda de commencer son travail dès le lendemain.

Le lundi, Duchez revint avec son papier, ses seaux, ses brosses et sa colle. Schnedderer était absent. Personne n'était au courant de ce changement de papier peint dans son bureau et on lui refusa la permission de commencer son travail ; il devrait revenir dans une semaine. Duchez protesta d'une voix forte. Un autre Bauleiter, Adalbert Keller, attiré par ce brouhaha, sortit d'un bureau pour en connaître la raison. Duchez expliqua que Schnedderer l'avait choisi pour tapisser son bureau et qui si Keller l'autorisait à y travailler, il tapisserait le sien pour rien. Ravi à l'idée de rendre plus agréable son bureau sordide, Keller accepta, et le 13 mai 1943 à 8 heures, Duchez s'installait et se mettait au travail. A la fin de la journée, il retira la carte toujours cachée derrière le miroir, la dissimula sous un rouleau de papier peint, et franchit sans encombres les différents postes de garde. A la fin de la semaine, la carte était au quartier général de Sosies à Paris, qui en fit un double ; puis par l'intermédiaire d'une sœur lazariste à Notre-Dame, l'original se retrouva au couvent. Aussitôt des dispositions furent prises pour le faire emmener par Keun en avion à Londres, plutôt que de le confier au « courrier » secret. Le double conservé en France, devenait ainsi la base d'une grande opération cartographique de Siècle, couvrant tout le « mur » de Cherbourg à Trouville, la zone qui serait, même si Siècle et Sosies l'ignoraient, celle du débarquement.

C'est de cette manière étrange et hardie que les Martiens commencèrent à entrer en possession des plans les plus secrets du mur de l'Atlantique qui, malgré toutes ses faiblesses et ses défauts, restait cependant la barrière la plus redoutable que rencontreraient les armées alliées. En décembre 1943, grâce à la reconnaissance aérienne, les organisations alliées disposaient d'une documentation si importante et si détaillée qu'ils étaient aussi bien informés sur les fortifications ennemies que sur son ordre de bataille. Des lacunes subsistaient cependant dans cette connaissance, et elles seraient presque la cause d'un désastre le jour J. Les Allemands étaient — les événements allaient le prouver — capables eux aussi de feindre avec habileté.

Cette offensive concertée du renseignement avait un autre but : elle concernait le maréchal Rommel, envoyé par Hitler, d'abord pour inspecter le mur de l'Atlantique, puis pour prendre, le 31 décembre 1943, le commandement de deux armées allemandes — la 15ᵉ dans le Pas-de-Calais et la 7ᵉ dans la zone du débarquement — sur la Manche. Cette réapparition était lourde de signification, car partout où allait Rommel, le maréchal provoquait un tourbillon de préparatifs de défense ; aussi était-il impératif de savoir où il concentrerait ses efforts. Si les études des Martiens montraient que le Pas-de-Calais passait en priorité, il était facile d'en déduire que l'OKW y attendait les débarquements les plus importants. Mais s'il apparaissait que Rommel portait l'effort sur la Normandie, il était possible que l'OKW ait percé les intentions alliées. Dans ce cas l'avantage de la surprise le jour J était perdu. Aussi la moindre source de renseignement était-elle analysée avec le plus grand soin — particulièrement les photos de la reconnaissance aérienne — pour y détecter les moindres intentions de Rommel. Mais quand les Martiens constatèrent pendant l'hiver 1943-1944 que tous les efforts du maréchal se concentraient sur le Pas-de-Calais, le Haut Commandement allié envisagea l'avenir avec un certain soulagement.

C'est alors, qu'avec une frappante soudaineté, intervint un nouvel élément dans les préparatifs du jour J. Malgré l'excellence du renseignement allié, le « Rivage lointain » — ainsi appelait-on en conférence, et pour des raisons de sécurité les plages de débarquement — restait un mystère pour les organisateurs d'Overlord. Il était là, de l'autre côté de la Manche, comme une Lorelei attirante mais menaçante ; cependant la plupart des Martiens étaient convaincus que les Allemands gardaient une arme secrète en réserve pour le jour J, arme qui mettrait en miettes les flottes navale et aérienne et réduirait les envahisseurs à des monceaux de cadavres. Personne ne savait ce que serait cette arme, mais presque tout le monde y croyait et les carrés des officiers de l'Europe entière se renvoyaient les échos d'interminables débats sur sa nature hypothétique : tout y passait, depuis les fusées à longue portée jusqu'aux rayons de la mort et à la « poussière radioactive ». Les conjectures allaient croissant jusqu'à devenir une véritable névrose. Hitler alimentait habilement cette névrose par toutes sortes de rumeurs et de manœuvres de bluff, jusqu'à ce que ses armes secrètes rivalisassent avec l'épouvantail du serpent de mer ou de l'Armada espagnole.

Les craintes alliées augmentèrent quand Hitler utilisa une volée de bombes propulsées par fusée et contrôlées par radio, contre la flotte de débarquement alliée à Salerne. Ses nouvelles bombes planantes HS-293 radio-contrôlées avaient commencé à prélever un lourd tribut de tonnage sur la flotte marchande alliée en Méditerranée. Mais encore plus troublante était l'apparition d'énormes installations en béton dans de nombreux villages de la côte de la Manche dans le Pas-de-Calais. Apparemment elles étaient destinées à abriter une forme quelconque d'artillerie à longue portée, capable de ravager, non seulement les villes anglaises, mais encore les concentrations massives de matériel rassemblées dans le sud de l'Angleterre pour le jour J. Mais que transporteraient ces obus ? Des bombes explosives, planantes ou à fusée, un instrument de guerre chimique ou bactériologique, la bombe atomique ? Sans trêve, le MI-6 et le SOE passaient au peigne fin la moindre information pour découvrir la teneur de ces armes secrètes. Où étaient-elles fabriquées et entreposées, et comment allait-on pouvoir les détruire ?

Le MI-6 et les grands chefs alliés possédaient déjà des éléments sur deux de ces engins : les fusées V1 et V2. L'offensive d'espionnage du MI-6 sur le programme de missiles allemands avait démarré le 22 mars 1943, quand deux généraux de l'Afrika Korps, Thoma et Cruewell, se rencontrèrent pour la première fois depuis leur arrestation dans la « cage de Londres », un hôtel particulier dans les jardins du palais de Kensington, où les Britanniques interrogeaient les prisonniers allemands de haut rang. Jusqu'alors, le MI-6 soupçonnait seulement la Wehrmacht de mettre au point ces armes, soupçons que le Rapport d'Oslo avait contribué à faire naître. Certaines révélations du Rapport s'étaient confirmées, mais Broadway avait une fâcheuse tendance à le considérer ainsi que d'autres rapports sur la recherche et le développement des missiles comme des incitations allemandes à envoyer les services de renseignements et de reconnaissances sur des pistes folles, dévoreuses de temps et d'argent. Mais quand les deux généraux s'entretinrent dans une pièce truffée de micros, cette conviction vola en éclats.

Toma en effet « exprima sa grande surprise de constater que Londres n'était pas encore en ruines après un bombardement par fusées », et par ailleurs décrivit ce qu'il avait vu en visitant une rampe de lancement en Allemagne, où se déroulaient des essais de fusées géantes. Aussi quand cette information parvint au Dr R.V. Jones et à son collègue le Dr F.C. Frank, au MI-6, ils rattachèrent la déclaration de Thoma à d'autres données et conclurent que les rapports sur les engins allemands n'étaient pas un simple épouvantail de propagande ; ils existaient réellement.

Le 11 avril 1943, Menzies présenta au chef adjoint de l'état-major général impérial, le général Sir Archibal Nye, un mémorandum faisant la somme de tous les rapports reçus par le MI-6 sur les missiles ennemis, depuis décembre 1942. Le mémorandum fut remis à Churchill le 15 avril 1943, sous forme d'un procès-verbal du général Ismay, dans lequel ce dernier écrivait : « Les chefs d'état-major pensent que vous devriez prendre connaissance des rapports concernant les expériences allemandes sur les fusées à longue portée. Le fait que nous ayons reçu cinq rapports depuis la fin de 1942 accrédite cette information de fait, même si les détails sont flous. » Les chefs d'état-major recommandaient que l'investigation fût menée par un seul homme. Cet homme devrait avoir autorité pour s'adresser aux responsables scientifiques comme à ceux du renseignement. Churchill accepta et nomma à cette fonction son gendre, Duncan Sandys, secrétaire parlementaire du ministre du Ravitaillement, qui avait commandé le 1er régiment anglais de fusées antiaériennes.

Sous la direction de Sandys, l'enquête s'intensifia, particulièrement sur le plan de la reconnaissance aérienne. L'information sur le programme allemand de fusées traitait surtout des activités de Peenemünde, petite île de la Baltique. On détermina alors l'envoi d'agents dans la région et la prise de photos aériennes... mais l'idée d'une mystification persistait encore, jusqu'au moment où une habile déduction scientifique — et Ultra — permirent de réviser ce jugement. Un fonctionnaire de l'Air allemand envoya une « modification aux instructions pour les demandes de bons d'essence », destinée à toutes les stations expérimentales allemandes inscrites sur cette circulaire par ordre d'importance. Peenemünde était en tête de liste. Aussi lorsque la circulaire tomba dans les mains de R.V. Jones, il n'hésita pas à écrire : « Pour moi, ces instructions sur le carburant réglaient la question. Elles indiquaient clairement que Peenemünde était une affaire authentique. »

Ultra fournit une confirmation à ce témoignage. Jones croyait que les Allemands utiliseraient le radar pour programmer les vols expérimentaux de leurs fusées-test. En conséquence il alerta les crypto-analystes de Bletchley, et leur demanda de surveiller tout message susceptible d'indiquer que des compagnies de radar allemandes étaient déplacées vers la côte de la Baltique. Ce message arriva bientôt. De plus, la compagnie qui suivait les missiles, retransmettait ses diagrammes dans un code simple qui fut également intercepté. Jones eut alors la possibilité de repérer très précisément le départ des rampes de lancement, et obtint par suite des indications détaillées sur les performances des missiles eux-mêmes.

Des éléments provenant d'autres sources permirent de situer les points de fabrication des missiles et de préciser la destination des installations spéciales dans le Pas-de-Calais. C'est alors que le Rapport de Lisbonne arriva. Toutes les pièces du puzzle s'ajustaient. Sans doute est-ce le capitaine Ludwig Gehre, officier de l'Abwehr et membre éminent de la Schwarze Kapelle qui le transmit au chef de la station MI-6 de Lisbonne. Ce document, d'une valeur inestimable pour les Alliés, livrait des détails sur le programme des V1 et V2 et signalait les faits suivants :

> Hitler et les membres de son cabinet ont récemment inspecté Peenemünde. Vers le 10 juin, Hitler a déclaré à ses chefs militaires rassemblés, qu'il suffisait aux Allemands de tenir, car vers la fin de 1943, Londres serait complètement rasée et l'Angleterre forcée de capituler. Hitler a ordonné la fabrication de 30 000 projectiles A4 (premier nom des V1 et V2). Ce qui dépasse nettement les possibilités actuelles. La production des deux armes passe en priorité absolue et mille cinq cents travailleurs qualifiés ont été enlevés à la production d'artillerie et d'armes antiaériennes.

Le rapport confirmait également les éléments fournis par les agents sur le terrain, la reconnaissance aérienne et Ultra. Son contenu était si alarmant qu'on décida de lancer aussitôt une offensive générale contre tous les sites connus, reliés d'une façon ou d'une autre au programme des V1 et V2. C'est pourquoi pendant tout l'été et l'automne 1943, les aviations anglaise et américaine allaient pilonner sans relâche chaque usine, chaque installation de béton, chaque rampe de lancement, chaque train suspect. Mais le raid le plus spectaculaire, et de loin, devait avoir lieu dans la nuit du 17 au 18 août. L'opération monté par la RAF était astucieuse et impitoyable. Elle s'appelait Hydra.

En Europe s'achevait une journée au cours de laquelle la Luftwaffe et la 8e US Air Force s'étaient livré la bataille aérienne la plus violente de toute la guerre, au-dessus des usines Messerschmitt à Regensburg et des grands ateliers de roulements à billes de Schweinfurt. Tandis que les derniers bombardiers américains atterrissaient en Angleterre, les premiers bombardiers de la RAF décollaient, pour prendre part à la campagne de jour et de nuit décidée à Casablanca, afin d'amener la Luftwaffe à se battre et de la détruire. Certes l'augmentation de l'activité aérienne était en relation étroite avec l'opération trompeuse Cockade qui se déroulait alors, mais, cette nuit-là, la RAF avait une destination précise : Peenemünde.

Les Allemands avaient eu connaissance du raid. Les crypto-analystes de la Luftwaffe avaient en effet réussi à percer un code mineur du groupe de bombardiers quelque temps auparavant, avertissant ce jour-là les défenses côtières de l'est de l'Angleterre que de grandes formations d'appareils quittaient leurs bases et entraient dans les zones de défense. Les experts crypto-analystes de la Luftwaffe décodèrent le message et furent en mesure de prévenir le quartier général du groupe de défense aérienne du Reich, qu'une formation importante de bombardiers de la RAF étaient en route pour attaquer, la nuit même, une cible en Allemagne du Nord. Dès le début de la soirée, les défenses allemandes étaient donc en état d'alerte sur tout le territoire, malgré l'épuisement de la totalité de la Luftwaffe, après les dures batailles aériennes de la journée. Mais l'avantage que devait retirer la Luftwaffe de cette prévision fut neutralisé par la stratégie prévue dans l'opération Hydra.

Depuis de nombreuses nuits, le commandant en chef du groupe de bombardiers, le maréchal de l'air Sir Arthur Harris, envoyait des appareils rapides volant en haute altitude pour bombarder Berlin. Et chaque nuit, les bombardiers — des Mosquitos, les meilleurs et les plus rapides des avions de ce type, peut-être parce qu'ils étaient faits de bois spécialement durci — prenaient le même couloir aérien au nord, vers la capitale, lâchaient quelques bombes, puis repartaient. Or ce couloir aérien passait près de Peenemünde ; aussi les sirènes envoyaient-elles régulièrement les savants et leurs équipes de travail aux abris. Mais au bout d'un certain temps, les défenses de Peenemünde se relâchèrent. Le responsable allemand de la défense aérienne considérait, lui aussi, Peenemünde comme une cible peu vraisemblable, et pensait que ces attaques de harcèlement n'étaient que le prélude d'un raid important sur la capitale. Mais le groupe de bombardiers avait bien d'autres plans. Pour empêcher le système de radar allemand de donner trop tôt l'alerte dans la région de Jutland, il fallait traverser la mer du Nord à très basse altitude, se glisser sous la ligne d'horizon de l'écran radar allemand, puis s'élever en masse à deux mille mètres pour bombarder par vagues. Juste avant que la formation principale ne traversât la mer du Nord, l'habituel petit groupe de Mosquitos attaquerait Whitebait (Friture), nom de code donné à Berlin par la RAF, et lâcherait des fusées traçantes, comme pour délimiter l'objectif pour le gros de la troupe. Puis, ayant persuadé la défense aérienne du Reich que Berlin était bien l'objectif principalement visé, les Mosquitos brancheraient leur équipement radar-piège pour tromper les Allemands un peu plus par une fausse piste électronique. A ce moment-là, estimait Harris, la Luftwaffe se serait rassemblée en force au-dessus de Berlin, tandis que le groupe de bombardiers dévasterait Peenemünde au cours d'un raid qui ne durerait que quarante-cinq minutes.

Le plan de couverture de l'opération prévoyait en outre que les quatre mille hommes du raid ignoreraient les raisons du choix de cette cible éloignée. Il leur fut seulement expliqué au briefing qu'on les lançait sur la piste d'une nouvelle forme de localisation par radio (c'est-à-dire radar), équipement « destiné à améliorer considérablement l'organisation de la chasse de nuit allemande ». Comme le précisait l'officier de renseignement d'une des escadrilles : « Afin de retarder la production de cet équipement, et aider par là à conserver son efficacité à l'offensive du groupe de bombardiers, il était nécessaire de détruire la station expérimentale et les grands ateliers, et de tuer ou de mettre hors d'état de travailler les experts scientifiques et techniques qui y étaient employés. »

La nuit était très belle sur la Baltique. Le secrétaire privé du Pr von Braun, le savant responsable du programme de V2 à Peenemünde, en rappelle les circonstances :

Ce soir il n'y a personne dans le bloc. Silence absolu autour de moi. Peu avant 11 heures, je ferme le coffre-fort en acier et je sors. Dehors, le paysage est d'un blanc laiteux sous la pleine lune. Plongé dans mes pensées, je parcours le petit sentier entre les hauts pins d'Ecosse et la plantation, longe le tennis jusqu'au bureau de construction de Schlemp. A ce moment les sirènes résonnent... Inutile de se hâter, une fois de plus ce n'est qu'un avertissement... Je rentre, ramasse un livre, drape un peignoir de bain autour de mes épaules, au cas où le froid se ferait sentir. Le bunker en face du bloc 4 est presque vide, quelques personnes sont rassemblées devant. La plupart sont en train de retourner au lit. Je trouve une place sur le banc, et me mets à lire. Je me laisse complètement absorber et ne lève même pas les yeux quand un grondement sourd, un martèlement se font entendre au loin.

Si ce n'est sa défense antiaérienne et ses projecteurs de défense, Peenemünde était pratiquement une cible ouverte quand les éclaireurs de la RAF trouèrent la nuit de leurs fusées rouges. Aiguillonnée par les Mosquitos, la chasse de nuit allemande qui aurait pu se ruer à la défense de Peenemünde, tournait au-dessus de Berlin, attendant une attaque qui ne vint jamais.

Un autre facteur mystérieux ajouta au secret et à la surprise qui entourèrent le raid. Le commandement allemand était assuré par le général Joseph Kammhuber, commandant en chef du 12ᵉ corps d'armée aérienne, et expert de la défense aérienne du Reich. Il avait son quartier général en Hollande et transmettait ses ordres à ses divisions aériennes par un teleprinter qui émettait à partir du centre de transmissions de la Luftwaffe à Arnhem-Deelen. Au moment où commença le raid sur Peenemünde, ce câble fut coupé et Kammhuber se trouva privé de contact avec tous ses postes de commandement et ses contrôles au sol. A l'enquête qui suivit, Goering et Kammhuber déclarèrent que le câble avait certainement été coupé par des agents du service secret britannique dans le cadre du plan de couverture et de mystification de l'opération Hydra. L'historien britannique David Irving, spécialiste des V1 et V2, écrit d'ailleurs à ce propos :

> Il sembla particulièrement regrettable à Kammhuber que les communications par Deelen aient été coupées précisément cette nuit-là, où le groupe de bombardiers de la RAF avait tout à perdre. Après la guerre, Kammhuber apprit par des officiers britanniques que deux Allemands, employés dans la salle d'opérations d'Arnhem-Deelen, étaient en fait des agents britanniques, et qu'il est très possible qu'ils aient reçu l'ordre de saboter l'effort de défense, cette nuit-là entre toutes les nuits.

Les agents britanniques étaient-ils vraiment responsables ? Ce n'est pas impossible. Le MI-6 avait déjà utilisé une tactique de ce genre et l'utiliserait encore, chaque fois qu'il voudrait forcer les Allemands à employer la radio pour obtenir un message Ultra. C'était une opération courante de la guerre clandestine et embrouillée qui se livrait dans les coulisses de la véritable bataille. Mais quelle que fût la vérité, Kammhuber se trouva en tout cas coupé du raid de Peenemünde toute cette nuit-là et ne découvrit ce qui s'était passé que le lendemain.

Alarmé et abusé par le silence de Kammhuber, et certain que la RAF faisait route vers Berlin, le général Joachim Junck, chef de la Luftwaffe à Metz en France, prit le commandement de la bataille aérienne. Il ordonna à tous les chasseurs de foncer sur Berlin, confondant apparemment le piège radar utilisé par les Mosquitos avec le flot des bombardiers de la RAF. Cinquante-cinq chasseurs monoplace de jour et cent cinquante-huit biplace de nuit partirent pour la capitale. Mais les chasseurs de jour n'étaient pas habitués à la tactique des combats de nuit et attaquèrent tous les avions à double palonnier, croyant qu'ils étaient britanniques, alors qu'ils étaient allemands. Entendant la bataille aérienne se dérouler au-dessus de leurs têtes, les quatre-vingt-neuf batteries antiaériennes de la capitale ouvrirent le feu par un barrage de douze mille obus contre les chasseurs. Juste au moment où les chasseurs allemands aperçurent les fusées et les incendies éclatant à cent soixante kilomètres au nord, l'attaque Hydra sur Peenemünde, ils commencèrent à manquer d'essence, mais en dépit de cette information visuelle, le contrôle au sol de Berlin refusa aux avions encore pourvus d'essence de quitter le ciel de la capitale, car Berlin, coupée de Kammhuber, par suite de la rupture du câble, ne pouvait se rendre compte si l'attaque de Peenemünde était le raid principal ou une simple diversion. Cette confusion dura suffisamment longtemps pour permettre à la seconde vague de bombardiers de la RAF d'entrer en action.

Le commandement allemand dépêcha alors de nouvelles escadrilles sur Peenemünde, mais là encore, elles furent induites en erreur. Elles s'attendaient à trouver la formation principale de la RAF à son altitude opérationnelle — cinq à six mille mètres par une nuit de ce genre. Or, les bombardiers se trouvaient à 2 000 mètres d'altitude. Tandis que les chasseurs de la Luftwaffe essayaient de s'y retrouver, la seconde vague de la RAF avait donc quitté les lieux et la troisième arrivait : cinquante-quatre Halifax et cent vingt-six Lancaster. Au-dessous, le spectacle était terrifiant : la station semblait brûler d'un bout à l'autre. Les douze mille savants, techniciens et travailleurs recroquevillés les uns contre les autres, tandis que pleuvait sur eux le reste des 1 593 tonnes d'explosifs lourds et de 281 tonnes de bombes incendiaires. Puis ce fut le silence, coupé seulement par les sirènes de fin d'alerte, les ambulances et les brigades de pompiers.

Le raid qui venait d'avoir lieu allait s'avérer l'une des opérations aériennes les plus décisives de la guerre. Plus de sept cent trente personnes attachées aux divers programmes d'armes secrètes, avaient été tuées, et parmi elles, deux savants, Thiel et Walther, qui faisaient partie du personnel-clé. Mais parmi les morts se trouvaient également plusieurs agents du MI-6 qui s'étaient infiltrés à Peenemünde comme travailleurs venus du Luxembourg. La RAF avait perdu en tout quarante et un bombardiers. La stratégie de Harris avait finalement évité des pertes bien plus considérables, puisque le plan d'induction en erreur avait écarté de la bataille deux cent trois chasseurs allemands. La Luftwaffe avait perdu neuf chasseurs dans les airs et plus de trente au sol, qui s'écrasèrent sur le terrain d'atterrissage de Brandenburg.

Le raid produisit sur Hitler et Goering un effet tel, que tout le poids de leur fureur retomba sur le général Hans Jesschonnek, chef de l'état-major de l'air. Ne pouvant survivre à ces reproches, il se tuait dans son bureau le lendemain matin du bombardement.

Hitler ordonna alors l'évacuation de toute la production et des activités importantes de Peenemünde. Le principal terrain d'essai fut établi sur une ancienne rampe de lancement à Blizna, entre Cracovie et Lvov — au cœur d'un territoire littéralement quadrillé par des agents secrets polonais, contrôlés par Londres. Pour échapper aux raids dévastateurs sur les zones industrielles allemandes, la fabrication des missiles était transférée sous les montagnes du Harz, dans une usine baptisée les Ateliers du Centre — nom de code de la plus vaste usine souterraine au monde, sous la montagne Kohnstein : deux tunnels de 2 kilomètres de long, séparés par 1 200 m, et reliés par 46 galeries. Là, 16 000 travailleurs esclaves, 2 000 techniciens allemands — et quelques agents MI-6 — recommencèrent à travailler sur les engins avec lesquels Hitler espérait détruire Londres et terroriser les Alliés, en les amenant à un débarquement désastreux dans le Pas-de-Calais.

Mais Hitler disposait d'une autre arme secrète qui constituait une menace imprécise et terrifiante pour les Alliés : le « canon de Londres », un étrange appareil que le Führer appelait V3, peut-être l'arme la plus extraordinaire de la Seconde Guerre mondiale, si on exclut la bombe atomique. Le nombre de ces canons devait s'élever à cinquante, tous pourvus d'un tube de 125 mètres de long. La mise à feu de charges explosives placées à intervalles dans le canon, permettait de tirer des obus transportant 25 kilos d'explosifs lourds à des portées de 160 kilomètres. Le rythme de tir était de 600 obus par heure, et leur portée telle, qu'ils pouvaient facilement noyer Londres sous un déluge d'obus incendiaires.

Hitler ayant donné le feu vert à la fabrication de cette arme, après le grand raid sur Hambourg en juillet 1943, le travail avait commencé immédiatement, pour la fabrication et les essais, sur trois de ces canons. Près de cinq mille cinq cents ingénieurs, techniciens et mineurs avaient pris la direction d'un petit hameau français appelé Mimoyecques, juste derrière Calais, à cent cinquante kilomètres de Londres. Là, on construisait sous terre deux batteries de vingt-cinq canons chacune, protégées par un toit de béton de plus de cinq mètres d'épaisseur. Les tubes des canons devaient être enterrés dans la pente, et seules devaient en émerger les gueules. Des portes d'acier coulissantes, de vingt centimètres d'épaisseur, devaient se fermer pendant les raids aériens. A trente mètres de profondeur se trouvaient un dédale de galeries utilisées comme entrepôts, des quartiers pour les servants de pièce, une ligne de chemin de fer, et des quais de chargement pour les munitions. Les culasses étaient situées cent cinq mètres plus bas. Chaque canon enfin avait ses propres monte-charge et treuils électriques et des pourparlers étaient en cours avec la Société électrique du Nord-Ouest afin de fournir aux batteries une énergie suffisante pour alimenter une ville de cinquante mille personnes.

Les premières expérimentations avaient convaincu Speer, responsable de l'Armement de Hitler, que le canon marchait. Cela justifiait pour lui priorité absolue en main-d'œuvre, béton, acier et explosifs. Le 19 octobre 1943, des essais de tir commencèrent à Hillersleben sur la Baltique, tandis qu'on fabriquait un second canon à Miedzyzdroje, une île de cette mer. Là aussi, les essais s'avéraient relativement satisfaisants : la vitesse acquise par le projectile était telle, qu'elle l'amenait jusqu'aux deux tiers de sa course vers Londres.

Pendant ce temps, le travail se poursuivait à Mimoyecques. Même si le gros de la construction s'effectuait sous terre, elle se manifestait à l'air libre par deux énormes taupinières. A la fin mai, début juin, le MI-6 eut vent des négociations ouvertes avec la Société électrique du Nord-Ouest, et de la construction de lignes électriques dans la campagne. Cela éveilla des soupçons, mais, comme Mimoyecques était très proche de Watten, où les Allemands montaient les rampes de lancement de leurs missiles, les Alliés pensèrent tout d'abord que les taupinières avaient un rapport avec les fusées. Mais un vol de reconnaissance photographique fit apparaître que tous les puits s'alignaient dans l'axe du centre de Londres. Si bien qu'en novembre 1943, des Boston et des Baltimore de la 9ᵉ armée aérienne US, bombardèrent les emplacements et causèrent des dommages sérieux. En conséquence les Allemands décidèrent d'abandonner le travail sur l'une des batteries de vingt-cinq canons. Ils allaient dorénavant concentrer hommes et matériaux pour l'achèvement de l'autre, qui, à elle seule, pouvait envoyer un obus sur Londres toutes les 12 secondes...

A la fin de l'année, le programme des V1 et V2 se trouvait donc sérieusement retardé, mais n'était pas arrêté. La fabrication de missiles et la construction de rampes de lancement continuaient. Ces armes ne seraient sans doute pas opérationnelles dans un avenir proche, mais le jour J n'était prévu que dans six mois, ce qui laissait amplement le temps aux Allemands pour les perfectionner. Morgan, du COSSAC, qui s'occupait de l'organisation détaillée d'Overlord, fut chargé d'évaluer l'effet de ces armes sur le débarquement prévu. Il le fit le 20 décembre 1943, et avertit l'état-major combiné que si ce dernier estimait nécessaire de déplacer les grandes concentrations de troupes et de matériel dans l'ouest de l'Angleterre — où elles seraient plus ou moins à l'abri de telles armes — la décision était à prendre immédiatement. Mais les chefs d'état-major s'y opposèrent. C'était une tâche trop vaste, impliquant non seulement le déplacement de millions d'hommes et de tonnes d'équipement, mais la révision de toute la stratégie du débarquement, y compris les plans de couverture et de mystification. Il était évident qu'un tel changement de stratégie et un tel déplacement équivalaient à accorder à ces armes un crédit immérité, et pouvaient avoir de graves conséquences sur le moral des combattants.

Aucune arme secrète n'avait encore été utilisée, et pourtant la campagne d'intimidation de Hitler portait déjà ses fruits. Tandis que l'offensive du renseignement contre les V1 et V2 avait connu un grand succès, les attaques aériennes massives contre les lieux de fabrication et de lancement des missiles détournaient l'attention des cibles plus directement concernées par le jour J, et l'anxiété des Alliés au sujet des véritables possibilités de ces armes, subistait. Mais cette campagne d'intimidation avait un curieux corollaire, car le Führer en était venu à croire lui-même à sa propre propagande. Il était désormais convaincu que la simple menace de l'existence d'armes secrètes dans le Pas-de-Calais avait une profonde influence sur la stratégie alliée. Si un débarquement avait lieu en Europe, ce serait sans aucun doute là. Or c'était précisément ce que les services secrets alliés s'étaient donné tant de mal à lui faire croire.

En dépit du souci que leur procuraient les V1 et les V2, les Alliés n'excluaient pas la possibilité que les Allemands pouvaient posséder l'unique arme décisive de la guerre : la bombe atomique. Hitler parviendrait-il à se servir de l'une de ces armes le jour J, où même avant ? Personne à Londres ou à Washington n'était en mesure de le dire. Théoriquement, c'était possible puisque les Allemands étaient réputés avoir progressé dans le domaine de la fission nucléaire. En 1939, n'avaient-ils pas inauguré un programme de recherches fort ambitieux ? Il est vrai qu'en même temps l'espionnage britannique avait mis sur pied un programme tout aussi hardi, pour découvrir la nature et l'importance de la recherche allemande et parvenir à la neutraliser. Une fois de plus cette tâche extrêmement urgente incombait au MI-6 et sa réalisation devait rester l'un des exploits les plus remarquables de la guerre.

Pour le MI-6 la première « brèche » s'offrit en 1939, quand le Rapport d'Oslo révéla que les Allemands étaient engagés dans une recherche atomique très active. Puis il apparut que cette recherche dépendait de l'utilisation de l'eau lourde : l'oxyde de deuterium, qui exigeait pour sa fabrication des quantités considérables d'énergie électrique. L'usine Vemork, la seule au monde capable de produire de l'eau lourde, se trouvait à Rjukan, petite ville sous le plateau de Hardanger au sud de la Norvège. Or grâce à leur conquête de la Norvège, les Allemands s'étaient rendus maîtres des installations et pouvaient ainsi avoir accès à sa production.

Menzies et son service possédaient très peu de connaissances techniques sur l'étrange physique de l'atome. Ils savaient seulement que cela pouvait mener à l'arme la plus meurtrière que le monde ait jamais connu. Donc, s'il existait un point vulnérable dans le programme allemand de recherche et de développement, il se trouvait en Norvège. Menzies confia l'offensive d'espionnage au capitaine de corvette Eric Welsh, chef de la section nationale du MI-6 en Norvège. Pour un profane, Welsh avait une très grande compétence scientifique. Il était de plus un familier de la Norvège, où il avait dirigé une usine de produits chimiques et de peintures pendant des années. Il avait épousé une Norvégienne et connaissait la géographie de Rjukan et une grande partie des personnalités de la ville. Aussi imaginait-il très bien, en raison de son souvenir précis des lieux, comment on pouvait introduire des hommes dans la place et tout faire sauter.

En octobre 1941, la nécessité d'une attaque se fit encore plus aiguë au reçu d'un télégramme des Princes — le service secret clandestin au Danemark. Ce dernier avertissait le MI-6 que Niels Bohr, le physicien danois, l'une des consciences de la fraternité scientifique internationale engagée dans la recherche atomique, avait reçu une visite d'Allemagne. Le professeur Werner Heisenberg, membre éminent du groupe de recherches allemand, était en effet venu poser à Bohr une question très difficile : était-il moralement souhaitable, pour un physicien, de s'engager dans la construction d'une arme absolue, même en temps de guerre ? Bohr avait répondu par une autre question : Heisenberg laissait-il entendre que les Allemands croyaient à la réalisation d'une telle arme ? Heisenberg avoua avec tristesse que tel était le cas. Cette conversation ayant laissé Bohr atterré, il avisa les Princes qui avertirent Londres. Bohr était convaincu que l'Allemagne était sur le point d'obtenir la bombe atomique. Cette certitude était suffisante pour amener Londres à tenter une action positive.

Le MI-6 fit alors appel au Pr. Lief Tronstad, chimiste proche de la quarantaine qui avait contribué à monter l'usine d'eau lourde à Rjukan. Tronstad était devenu chef de la section IV — le service secret — du gouvernement norvégien en exil. Il avait sous ses ordres un agent natif de Rjukan, Einer Skinnerland. Donc le 29 mars 1942, Skinnerland fut parachuté sur le plateau sauvage et désolé au-dessus de Rjukan, pour établir un centre d'espionnage. Il entra bientôt en contact avec l'ingénieur en chef de l'usine de Vemork, Jomar Brun. Brun lui ayant confié que les Allemands augmentaient la production d'eau lourde à l'usine, Skinnerland transmit aussitôt cette information à Londres par courrier secret via Stockholm. Il reçut alors l'ordre d'obtenir des schémas détaillés, des photos de l'usine et de la campagne environnante. Avec l'aide de Brun, il recueillit l'information nécessaire, la microphotographia, et la fit passer dans un tube de pâte dentifrice à Stockholm. Le MI-6 l'étudia avec le plus grand soin, et Menzies proposa au comité d'espionnage interallié (JIC) de détruire d'urgence l'usine de Vemork. Le JIC accepta et dressa les plans d'une opération baptisée Freshman.

C'était une opération téméraire. Deux groupes de parachutistes — quarante hommes en tout — débarqueraient par planeurs sur le plateau de Hardanger, et, partant de la base de Skinnerland, donneraient l'assaut à l'usine de Rjukan par un « coup de main » rapide et violent. L'avant-garde de Freshman arriva comme prévu le 18 octobre 1942, juste au moment où Brun atterrissait en Grande-Bretagne après s'être sauvé de Rjukan via Stockholm. Il donna aux groupes de Freshman des informations personnelles sur le temps, les gardes allemands, la position des postes de mitrailleuses, et les meilleures routes descendant du plateau vers la gorge où l'usine de Vemork se dressait sur un affleurement, au-dessus d'un torrent puissant et profond. Mais les groupes de Freshman n'atteignirent jamais l'usine. Leurs planeurs, à cause du mauvais temps, s'écrasèrent au sol au-dessus de la Norvège. Des patrouilles allemandes à ski encerclèrent rapidement les survivants, achevèrent les blessés et abattirent les autres après l'interrogatoire, bien qu'ils fussent sous l'uniforme de l'armée anglaise. Les Allemands réalisèrent que l'objectif des parachutistes était l'usine d'eau lourde à Rjukan et immédiatement les défenses furent renforcées autour de l'usine.

L'annonce de cet échec causa une grande déception à Londres. Mais il était impossible d'en rester là. La destruction de l'usine devenait impérative, et le colonel Jack Wilson, chef de la section norvégienne du SOE, reçut l'autorisation de monter une seconde attaque : Gunnerside. L'opération fut remarquablement organisée. Les données de Brun permirent de construire une grande maquette de l'usine et du terrain environnant. Puis Wilson sélectionna ses hommes parmi des volontaires de l'armée royale norvégienne. Ils subirent un entraînement prolongé et intensif, et pour s'assurer que personne, sauf les responsables, n'apprendrait rien sur Gunnerside, les hommes furent formés à la station 17, école spéciale d'entraînement en Ecosse, vidée préalablement de tous les autres agents. Leur objectif principal était les 18 cellules à haute concentration, en acier inoxydable, à l'usine de Vemork, et le plan prévoyait de faire accueillir les hommes de Gunnerside par les Swallows (hirondelles), nouveau nom de code de l'avant-garde qui avait précédé Freshman. Mais les Swallows étaient dans une situation presque désespérée. Depuis le fiasco de Freshman, ils se terraient sur le plateau de Hardanger — en terrain inaccessible fait de pics montagneux, de glaciers écrasants, de précipices, de marais et marécages, de torrents infranchissables. Ces hommes avaient depuis longtemps épuisé toutes leurs réserves, des orages sévères rendaient impossible le parachutage par la RAF de ravitaillement, et la neige épaisse empêchait pratiquement de tirer une quelconque subistance de la terre. Cependant Gunnerside ne pouvait réussir sans les Swallows.

Gunnerside démarra cependant le 16 février 1943, malgré l'incertitude qui pesait sur le sort des hommes à leur arrivée, près de Skrykenvann, à environ quarante-cinq kilomètres de la cachette des Swallows. Ils débarquèrent sans encombre et trouvèrent d'abord un temps favorable ; les rafales, capables de soulever un homme et de le projeter contre la neige gelée, s'étaient calmées. Mais le blizzard se leva et ralentit leur progression, et en approchant du lac Kalungsja, ils aperçurent deux des Swallows qui ressemblaient aux hommes de la célèbre peinture de la dernière marche de Scott dans l'Antarctique. Leur condition était la même à peu de chose près. Des glaçons pendaient à leurs longues barbes hirsutes, le froid avait creusé de profonds sillons dans leur peau. Ils marchaient à grand-peine à cause de leurs gelures, mais ils étaient vivants.

Les hommes se cachèrent dans la « planque » des Swallows et le 26 février en fin d'après-midi — un vendredi — les hommes de Gunnerside prirent position dans deux huttes de bûcherons sur une colline juste au nord de Rjukan. De là, ils mirent au point leur attaque. Le seul moyen de s'introduirent dans l'usine sans alerter les gardes, était de descendre dans la gorge sous le rebord du plateau, de traverser le torrent grossi, à demi-gelé dans son lit, puis de grimper les 152 mètres de l'affleurement rocheux sur lequel était construite l'usine : un véritable exploit physique.

Le lendemain soir, les attaquants partirent à skis jusqu'au bord du plateau et commencèrent à descendre dans la gorge. Le bourdonnement des turbines de l'usine emplissait la nuit, et, se mêlant au vent qui se levait, étouffait le bruit des paquets de neige et des chutes de pierres que les hommes déplaçaient dans leur descente. Ils traversèrent le torrent, entamèrent la difficile escalade de l'autre versant et atteignirent finalement une corniche, à 365 mètres de l'usine. Se frayant un chemin à travers un champ de mines et se dérobant à la vue des sentinelles allemandes, ils trouvèrent une porte de sous-sol ; deux hommes entrèrent alors dans l'usine par un conduit de câble que Brun avait décrit, déverrouillèrent la porte et firent entrer leurs camarades. Ils retinrent le seul ouvrier présent dans l'usine ce dimanche matin, un Norvégien. Puis placèrent les charges d'explosif sur les dix-huit cellules qui produisaient l'eau lourde.

A une heure du matin, l'expédition Gunnerside avait accompli sa mission, les détonateurs étaient posés et mis à feu. Les hommes conseillèrent à l'ouvrier norvégien de se trouver un refuge dans les étages supérieurs ; puis ils se retirèrent en hâte, redescendirent tant bien que mal dans la gorge et retraversèrent le torrent. Les charges explosèrent au moment où ils abordaient l'escalade de l'autre versant. Les Allemands s'éveillèrent au bruit de l'explosion et au hurlement de la sirène d'alerte. Tout s'était passé sans un seul coup de fusil. Les Allemands n'aperçurent même pas les attaquants qui se fondirent dans l'obscurité et réussirent à s'échapper dans une marche de quatre cents kilomètres à travers le plateau de Hardanger jusqu'en Suède. Toutes les cellules avaient sauté et près d'une tonne d'eau lourde était détruite.

A Londres, on en conclut que la production allemande d'eau lourde était arrêtée pour deux ans. Cependant, en avril de la même année, l'usine était réparée et vers la fin de 1943 les Allemands étaient à nouveau en mesure de produire de l'eau lourde. Niels Bohr avait enfin pu s'enfuir à Londres, le MI-6 l'ayant fait disparaître de Copenhague comme par enchantement, avec l'aide des Princes. Le savant ayant renouvelé ses avertissements sur les dangers d'une bombe atomique allemande, le 16 novembre 1943, le Haut Commandement américain ordonna à la 8ᵉ armée aérienne d'organiser un nouveau raid sur l'usine de Rjukan. Plus de 700 bombes de 225 kilos furent lancées sur la cible. L'usine en réchappa, mais la source d'énergie, assez gravement touchée, rendit impossible la production d'eau lourde pour un certain temps. C'est alors que Goering, à l'époque ministre responsable du programme atomique, décida qu'il était temps d'évacuer les installations de Vemork en Allemagne.

La nouvelle de cette décision parvint très vite à Londres. Le 30 novembre 1943, Einar Skinnerland, le principal agent SOE en Norvège, annonça par radio, de sa base de Telemark, que Vemork allait être évacuée en Allemagne. Après avoir examiné cette information, Londres estima que les réserves d'énergie hydro-électrique de l'Allemagne étaient si limitées et si coûteuses que l'évacuation de l'usine ne présentait pas une menace immédiate pour les Alliés. Le danger n'existerait que si les Allemands réussissaient à évacuer les stocks existants d'eau lourde. Dès cet instant, Skinnerland reçut la consigne de faire de Vemork sa préoccupation essentielle.

A la fin de janvier 1944, Skinnerland signala par radio que le chargement d'eau lourde était prêt à être embarqué pour l'Allemagne. Il consistait en quatorze tonnes d'eau lourde fluide, et 613 kilos d'eau lourde à différents degrés de concentration. Les Allemands avaient extrait le tout et l'avaient mis en réserve dans 39 tonneaux portant l'inscription Potash Lye. Des brigades spéciales de Feldgrau surveilleraient le chargement et la route qu'il emprunterait. Le service secret de Londres demanda par retour quelles étaient les possibilités d'empêcher cet embarquement. Skinnerland répondit que si les Britanniques voulaient tenter une action au plan militaire, il leur fallait agir rapidement. Il avait en effet appris que l'eau lourde partait de Rjukan dans une semaine. Le SOE réagit en hâte ; Knut Haukelid, ex-membre de l'équipe Gunnerside, qui était resté en Norvège, et Skinnerland, étaient chargés d'attaquer et de détruire le chargement.

A la date du 9 février, les deux hommes étaient persuadés qu'une attaque directe sur l'usine de Vemork était hors de question. La seule façon de supprimer l'eau lourde était d'intervenir pendant son transport. Mais cela risquait de provoquer des représailles ; et Skinnerland demanda l'autorisation du gouvernement norvégien en exil à Londres. Elle fut accordée, quoique avec réticence, parce que le bombardement américain sur Rjukan avait fait de nombreuses victimes dans la population et le ressentiment était grand dans l'ensemble de la Norvège. Haukelid rendit alors visite à l'ingénieur en chef Alf Larsen, successeur de Brun, à la tête de l'usine de Rjukan. Comment pouvait-on détruire l'eau lourde ? Larsen trouvait dangereux d'attaquer en un seul point. Les Allemands avaient l'intention de transporter le liquide dans des wagons de chemin de fer, de l'usine jusqu'au bac transbordeur, qui traversait le lac Tinnsjö en direction de Tinnoset. De là, le convoi continuerait par le rail et la route jusqu'à Heröya, pour être chargé dans le bateau en partance vers l'Allemagne. Le lac était particulièrement profond (390 mètres en un point) et si le bac était coulé, la cargaison ne pourrait jamais être sauvée. En conséquence Larsen promit de retarder le départ de l'eau lourde jusqu'au moment où le seul bac qu'elle pourrait prendre serait celui du dimanche matin 20 février, jour qui donnerait moins prise à des victimes civiles. De son côté, Haukelid promit d'aider Larsen à fuir afin d'échapper à une exécution certaine s'il était pris.

Au cours de leurs reconnaissances préliminaires, Haukelid et ses hommes découvrirent que le bac chargé d'effectuer le voyage du dimanche matin s'appelait l'Hydro. Haukelid fit une traversée-test à son bord et remarqua que le bac entrait en eau profonde environ trente minutes après avoir levé l'ancre. Il en conclut que si une explosion l'atteignait par le fond, 45 minutes après le départ — en tenant compte d'un raid possible — il coulerait au bon endroit. Il décida donc de placer les charges à l'avant, désirant que le bac coulât par la proue, ce qui projetterait hélices et gouvernail en l'air, et réduirait le bateau à l'impuissance. Ainsi le capitaine n'aurait aucune chance de l'amener à terre et de sauver la cargaison. Il fallait que l'explosion fût assez forte pour couler le bateau, mais pas trop, pour éviter de faire des victimes parmi les passagers et l'équipage. Haukelid calcula, qu'il lui faudrait 16 livres de plastic modelé en forme de saucisse qu'il enroula dans un sac. Il fabriqua également deux détonateurs avec de vulgaires réveils, en essaya un, constata qu'il fonctionnait ; puis lui et ses hommes se retirèrent dans leur cachette.

Pendant ce temps, Londres et Berlin prenaient toutes deux des mesures exceptionnelles ; l'une pour s'assurer que l'eau lourde ne puisse parvenir en Allemagne, l'autre pour s'assurer du contraire. Le SOE contacta par radio un autre groupe en Norvège, Pinson (Chaffinch), en lui donnant l'ordre d'attaquer le chargement si jamais il atteignait Heröya. Quant à la RAF elle devait se préparer à bombarder le bateau transportant la précieuse cargaison en Allemagne, s'il arrivait jusque-là. Dans le même temps, une compagnie de policiers SS était mutée à Rjukan, une escadrille de Fieseler Storch (avions de reconnaissance) était détachée du groupe aérien spécial de Himmler pour assurer les patrouilles anti-embuscades, et un important détachement de l'armée était commis à la garde du convoi pendant son voyage. Des agents SS eurent bien vent d'un coup monté contre le chargement, mais sans aucune certitude sur la nature et le lieu de l'attaque. En conséquence, les Allemands décidèrent de se montrer spécialement vigilants, de Vemork jusqu'au lac, et une fois l'Hydro sur l'autre rive, de scinder le chargement en deux parties qu'on enverrait par des routes et selon des méthodes différentes. Mais chose étrange, ils ne prirent aucune précaution particulière à bord de l'Hydro lui-même !

A 11 heures du soir, le 19 février, la veille de l'arrivée du chargement, Haukelid et deux de ses hommes descendirent sur le quai et montèrent à bord de l'Hydro. Le bateau était à quai pour la nuit, et son équipage faisait la fête. Aucun Allemand n'était à bord, seulement des sentinelles norvégiennes. L'une d'elles arrêta Haukelid et ses compagnons alors qu'ils entraient dans le salon des passagers, mais Haukelid expliqua qu'ils cherchaient à échapper à la Gestapo et demandaient aide. L'homme leur montra la porte de la cale. Haukelid descendit avec l'un de ses hommes, laissant l'autre garde à la porte. Une fois dans la cale, ils traversèrent le fond plat jusqu'à l'avant et là, immergés dans l'eau sale, ils placèrent la charge avec un détonateur électrique et remontèrent la minuterie. A 4 heures du matin, le travail terminé, Haukelid et ses hommes quittaient l'Hydro. Si tout allait bien, à 10 h 45, le lendemain matin, le navire et sa cargaison seraient au fond du lac.

Haukelid recueillit Larsen au passage, et les deux hommes prirent immédiatement la fuite, en voiture et à skis, jusqu'à Kongsberg, où ils voulaient prendre le train pour la Suède. Au moment même où ils achetaient leurs billets, arrivait le train d'Oslo. Le chef de la police SS de Rjukan, un certain Muggenthaler en descendit, rappelé d'un week-end dans la capitale pour superviser le déplacement de l'eau lourde.

A 8 heures du matin, ce dimanche-là — 20 février 1944 — le train-bateau quitta les voies de chargement de Rjukan, avec deux wagons chargés des fameaux tonneaux. Des sentinelles étaient placées tous les 10 mètres, le long de la voie ferrée et les Fieseler Storch patrouillaient au-dessus des voies. Le train lui-même était étroitement surveillé par des SS et Muggenthaler se tenait dans la locomotive. A 10 heures du matin, les wagons étaient amarrés sur le pont de l'Hydro, et le bac partit à l'heure précise, avec 53 personnes à bord. A 10 h 45 exactement, il était ébranlé par une violente secousse. L'explosion du plastic provoqua aussitôt une avarie, et l'Hydro commença de s'enfoncer par l'avant. Quelques secondes plus tard, les wagons se détachaient et plongeaient dans les profondeurs du lac. En cinq minutes l'Hydro avait coulé, avec l'équipage et 26 passagers. Tous périrent. Trois seulement des précieux tonneaux furent sauvés.

Cet exploit mettait un terme définitif aux espérances allemandes de construire, à temps, une bombe atomique. C'était un succès retentissant pour le service secret de la Grande-Bretagne. Le Dr Kurt Diebner, membre éminent du programme allemand de recherche et de développement atomique, le reconnut après la guerre : « L'élimination de la production d'eau lourde allemande en Norvège fut l'une des causes principales de l'impossibilité où nous nous trouvâmes d'achever la mise au point d'un réacteur atomique avant la fin de la guerre. » Ainsi les Alliés avaient réussi à réduire à néant une menace en puissance pour le succès du jour J, et pour l'issue finale de la guerre. En renforçant par ailleurs la conviction de Hitler que la Norvège était une zone particulièrement dangereuse pour le Reich, ils le poussaient aussi à acheminer vers ce pays, plus d'hommes, de canons, de béton et d'acier qu'en Normandie.

Chapitre X

TEHERAN

A Washington, sur l'emplacement de l'ancienne ferme expérimentale du gouvernement au bord du Potomac, avait surgi, en une nuit, semblait-il, un énorme bâtiment de cinq étages disposés en cinq cercles concentriques. C'était le Pentagone d'où le général Marshall, chef d'état-major de l'armée des Etats-Unis, dirigeait le puissant effort de guerre américain qui serait lancé contre l'Allemagne, le jour J. A la veille des conférences du Caire et de Téhéran, en novembre 1943, Marshall touchait presque au sommet de son pouvoir et de son influence. Aidé de son état-major il avait, en moins de deux ans, construit la machine militaire la plus puissante, la mieux alimentée, la mieux parée, la mieux équipée qui fût au monde. Ses réserves inépuisables de blindés, de transports, d'avions et de bateaux faisaient envie et ravitaillaient les forces américaines, mais aussi celles des Alliés. Bien plus qu'une machinerie qui se mettait en place, c'était un nouvel ordre du monde qui se créait où le Pentagone devenait temple des réalisations de Marshall et de l'effort militaire et industriel consenti en vue du jour J.

Le bâtiment était une merveille moderne comparable à Big Ben quand son carillon retentit pour la première fois. Il n'avait rien de l'atmosphère humide et monacale du quartier général de Hitler ni de l'aspect « carré des officiers » de celui de Churchill. Là, tout se passait sous air conditionné, dans un style impersonnel et aseptisé, affairé et réfléchi, image de l'Amérique future. Cependant les services de Marshall donnant sur les pelouses et les rives du Potomac gardaient le souvenir du passé. Son bureau était celui du général Philip Sheridan, héros nordiste de la guerre civile, vainqueur aux batailles de Yellow Tavern et Dinwiddie Courthouse. La grande table de conférence datait de la même époque de Sheridan. Sur l'un des murs, une peinture d'une scène de champ de bataille sur la Meuse et l'Argonne, l'offensive américaine qui rendit inévitable la défaite allemande en 1918 ; sur un autre mur, un tableau représentant une poignée de soldats américains chantant des hymnes autour d'un orgue dans une église française bombardée. Dominant toute la pièce, un grand et morne portrait de John J. Pershing, le général en chef du corps expéditionnaire américain en France, et grand héros américain de la Première Guerre mondiale.

Marshall allait-il être appelé à devenir le chef suprême du corps expéditionnaire allié de la Seconde Guerre mondiale ? Tout en préparant son départ avec le président pour Le Caire et Téhéran, il avait bien l'impression qu'il obtiendrait ce poste. Mme Marshall faisait déjà ses bagages pour Londres et le général avait même donné des instructions pour y faire envoyer son bureau favori au quartier général US. Toutefois le président n'avait encore rien décidé. Quant à Eisenhower, il était si convaincu de sa nomination qu'il lui avait écrit pour obtenir le commandement d'un groupe d'armée dans Overlord. Néanmoins un bruit circulait déjà selon lequel Eisenhower allait succéder à Marshall comme chef d'état-major, en dépit de sa propre opinion à ce sujet : « Je ne pense pas que je pourrais réussir à votre place, disait-il. Je comprends si peu de choses à la politique et je la déteste tant. »

Le 11 novembre 1943, en grand secret, Marshall et les chefs d'état-major US embarquèrent sur le nouveau cuirassé américain *Iowa* pour se rendre à la dernière des grandes conférences, sur la stratégie d'ensemble de la Seconde Guerre mondiale. Les Américains étaient décidés à en terminer avec la confrontation stratégique qui les opposait aux Anglais. Car en dépit de l'engagement solennel pris par Churchill et Brooke sur Overlord à la conférence de Québec, les Britanniques continuaient à se montrer réticents une fois de plus à préparer ce qui allait devenir l'action décisive de cette guerre. Mais Marshall et son état-major n'étaient plus disposés à accepter de délai. Morgan après sa visite à Washington s'en était bien rendu compte et avait averti Brooke que la lutte serait dure au Caire et à Téhéran ; en comparaison avec ce qui les attendait, Québec n'avait été qu'un jeu d'enfant.

Roosevelt et son conseiller Harry Hopkins étaient donc montés à bord de l'*Iowa* et désormais les pavillons de l'escadre flottaient sous la forte brise. Le cuirassé fendait les lames de l'Atlantique en direction de Gibraltar, tandis que presque en même temps, Churchill et Brooke se trouvaient au large de Trafalgar à bord du cuirassé anglais *Renown*. Des amateurs de symboles auraient pu observer en contemplant ces majestueux bâtiments de guerre, l'image future des deux puissances : l'*Iowa* tout neuf, étincelant de peinture fraîche, d'acier, de cuivre et de bois, avec ses jeunes marins tout juste prêts pour le premier grand voyage et n'étant jamais passés par l'épreuve du feu. Le *Renown,* lui, vieux, mutilé par la bataille, rongé de sel, orgueilleux mais fatigué.

Les relations entre Marshall et Brooke, apparemment courtoises, ne s'étaient pas améliorées tant s'en faut, au moment où les deux hommes se rendaient à cette conférence. Ils n'avaient aucune confiance l'un dans l'autre ; et Brooke écrivait dans son journal : « Je voudrais que notre conférence fût terminée. Je désespère d'amener nos amis américains à une vision stratégique des choses. » A l'origine de cette constatation se trouvait la conviction qu'Anvil (Enclume), le débarquement sur la Riviera, proposé par les Américains pour couper en deux les armées allemandes le jour J, était totalement inutile. Gardant — malgré le fiasco de Cockade — une confiance inébranlée dans l'habileté du LCS, Brooke était en effet persuadé que l'armée allemande du Midi de la France pouvait être retenue par la menace et la feinte. Une vaste expédition militaire, telle que l'envisageaient les Américains, ne s'imposait pas, et les forces qu'ils se proposaient d'y engager seraient plus utiles pour renforcer la campagne d'Italie et soutenir des opérations de diversion dans les Balkans. De plus, ces forces maintiendraient après la guerre une présence militaire alliée dans l'Europe du Sud-Est et au Moyen-Orient.

Mais Marshall ne voyait pas du tout ainsi la stratégie de la guerre. Il soutenait que la puissance américaine ne pourrait se déployer en France qu'avec la possession du port de Marseille, persuadé que les Allemands détruiraient Cherbourg avant qu'il ne fût pris. Il refusait de croire aux arguments de Brooke et se plaignait que celui-ci agissait de la manière la plus détournée pour amener, croyait-il, les Etats-Unis à une campagne coûteuse et incertaine dans les Balkans et en Méditerranée orientale. Aussi jurait-il de démissionner plutôt que d'entraîner l'Amérique dans des opérations terrestres en cette région. On le voit, une nouvelle confrontation anglo-américaine était donc à prévoir, mais cette fois avec une inconnue supplémentaire : l'entrée en scène directe de Joseph Staline. C'est lui qui ferait pencher la balance, mais dans quelle direction ?

C'est alors que le général John R. Deane, chef de la mission militaire US à Moscou, fit parvenir un message radio à l'*Iowa* selon lequel les Britanniques et les Russes se ligueraient sur le dos « des Américains pour les forcer à s'engager dans des opérations en Italie et dans les Balkans. » Or les chefs d'état-major US n'avaient pas prévu cette éventualité. Leur dossier principal consistait en un document de 38 pages destiné à fournir des réponses à « des propositions spécifiques conçues pour mener à bien notre stratégie en Europe. » Ce document illustrait les opinions notoirement différentes de l'Angleterre et de l'Amérique, sur la situation générale en Allemagne à ce stade de la guerre. Au dire des Américains, les Britanniques pensaient que l'Allemagne s'affaiblissait si rapidement qu'elle allait s'effondrer, et que par conséquent Overlord s'avérerait inutile. Les Alliés devaient donc attendre cette débâcle, entrer sans opposition dans les ports français, et occuper ensuite l'Europe jusqu'à l'Oder. Pour aboutir, il suffisait — toujours selon le point de vue américain sur la position britannique — d'augmenter la pression sur le Troisième Reich par des bombardements continuels, le blocus, la subversion, le sabotage et la guerre psychologique. Cependant les Américains ne partageaient pas cette analyse. Admettant qu'une telle débâcle était possible « même dans les trois mois à venir » le rapport soulignait néanmoins :

> Nous estimons que les probabilités sont vraiment contre une telle éventualité en ce moment, il est encore trop tôt... Les Britanniques ont — ou sont prêts à avoir — une vue plus optimiste des choses. Nous ignorons les informations qui les amènent à leurs conclusions. Si toutefois ils sont en mesure de fournir des données précises et convaincantes, nous sommes tout prêts à réviser notre point de vue.

Les Américains n'étaient-ils réellement pas au courant des informations dont les Britanniques tiraient leurs conclusions ? Ou n'avaient-ils pas prêté une attention suffisante à leurs propres conclusions ? Le point de départ du désaccord était une divergence d'opinion sur l'efficacité de la Schwarze Kapelle. Les Américains auraient dû être aussi bien informés que les Anglais sur la conspiration, par Dulles à Berne. Ce qui est certain c'est que Churchill et les responsables britanniques accordaient une telle importance à la tactique indirecte, qu'ils en venaient à considérer la conspiration comme l'un des moyens potentiels de destruction de Hitler, moyen beaucoup moins coûteux qu'Overlord en vies humaines et en ressources. Mais Roosevelt et ses responsables restaient fermement décidés à déployer la puissance américaine. Et cela c'était la grandeur et la tragédie même de la guerre : le potentiel militaire, industriel et intellectuel tout entier, du monde anglo-saxon, se mobilisant pour abattre un gouvernement et une idéologie, alors qu'un simple coup de feu aurait peut-être suffi.

Quoi qu'il en soit au cours de sessions préludant à la conférence à bord de l'*Iowa* les responsables américains dressèrent leur plan de bataille, non pas contre les Allemands, mais contre les Anglais. Marshall recommanda à Roosevelt d'adopter une position d'extrême prudence sur toute proposition britannique relative à des opérations dans les Balkans — recommandation à laquelle le président souscrivait totalement. Il fallait obliger les Britanniques, ajouta Marshall, à honorer leurs accords de Washington et de Québec sur Overlord, et la seule opération de diversion en Méditerranée serait Anvil. Les conseillers de Roosevelt le pressèrent alors de nommer Marshall chef suprême. Le président cependant souhaitait savoir si les Américains possédaient maintenant une puissance suffisante pour leur permettre de prendre les rênes d'une façon si impérative ? Marshall, lui, l'affirmait : le 1er janvier 1944, les forces américaines d'outre-mer comprendraient 10.700.000 hommes et 12.500 avions contre 4.400.000 hommes et 9.000 avions pour les Anglais. Ces chiffres étaient si impressionnants qu'ils achevèrent de décider Roosevelt : « Le général Marshall, dit-il en sa présence, doit être le commandant en chef contre l'Allemagne et commander l'ensemble des troupes britanniques, françaises, italiennes et US, impliquées dans cet effort. »

En tout état de cause, Marshall se trompait sérieusement en croyant que Churchill et Brooke allaient essayer de « noyer » Overlord et de pousser à des opérations étendues en Méditerranée. Peut-être avait-il également mal compris l'argumentation britannique. Les Anglais se méfiaient, il est vrai, d'une attaque à travers la Manche, et avaient insisté de façon réitérée sur certaines conditions préliminaires indispensables avant un débarquement. Mais, jamais, l'Angleterre n'avait rejeté l'idée d'envahir l'Europe par cette voie, ni prétendu abandonner Overlord pour les Balkans.

Leur seule intention était de drainer les forces allemandes vers ces montagnes désertiques par des opérations de diversion, une tactique indirecte, et des moyens spéciaux afin d'affaiblir la Wehrmacht en Normandie le jour J et les semaines suivantes. C'était en un mot la raison du plan Jael. Marshall lui-même se serait-il mépris sur ce plan ? Ce n'est pas impossible car il était parfois difficile, à partir des déclarations de Churchill notamment, de distinguer la stratégie du leurre de la véritable stratégie militaire chez les Anglais.

Le 22 novembre 1943, ayant quitté l'*Iowa* à Oran, le président et Marshall atterrirent à l'aéroport du Caire dans l'avion personnel du président, le Sacred Cow (la vache sacrée). Un escadron de Buick les conduisit à leur résidence, un groupe de villas au milieu des tamaris et des eucalyptus, sous la grande Pyramide de Chéops. Churchill les accueillit sous les regards scrutateurs de Brooke et du grand sphinx. Portant un costume de toile blanche, un panama blanc, des chaussures blanches, une petite canne d'ébène à pommeau d'or à la main, il ressemblait à un chasseur de papillons. Mais sous cette bonhomie apparente, Churchill paraissait très soucieux. Lord Moran, qui une fois de plus accompagnait le Premier ministre, ne cachait pas que les événements de Salerne l'avaient beaucoup troublé et qu'ils confirmaient ses pressentiments pour le jour J : « Pendant le voyage jusqu'au Caire, disait-il, il était évident qu'il tournait et retournait dans sa tête les difficultés énormes de cette prodigieuse entreprise. Et, avec le temps, il avait acquis progressivement la certitude qu'une invasion de la France telle qu'elle était prévue serait vouée à l'échec. »

Quand s'ouvrit la conférence, les Britanniques comprirent immédiatement les intentions des Américains qui avaient attendu la conférence de Téhéran pour connaître la position des Russes sur Overlord et les Balkans, avant de dévoiler leur jeu. Les parties en présence avaient pris place, et s'observaient mutuellement autour de la table de conférence du bel hôtel. Mena Palace. Des deux côtés la rencontre avait été minutieusement préparée ; mais, surprise, au lieu de parler d'Overlord, les Américains, prenant l'initiative du débat, annoncèrent d'emblée qu'ils souhaitaient examiner les problèmes de la guerre en Extrême-Orient. Sur ces entrefaites le général Tchang-Kaï-Chek — « un redoutable spadassin à la mâchoire carrée, mal rasé, habillé d'une robe noire comme un moine » — et Madame, invités à la conférence, reçurent l'autorisation d'assister à certaines sessions clés, au grand déplaisir de Churchill.

Les Américains proposèrent alors une opération conçue pour aider

Tchang Kaï-Chek, en débarquant des troupes anglaises et américaines sur les îles Andaman dans la baie du Bengale. Churchill et Brooke, eux, attendant avec impatience de pouvoir discuter d'opérations similaires dans la mer Egée, le sang-froid des uns et des autres vacilla lorsque Marshall insista sur la nécessité de réaliser l'opération Andaman, et lorsque Brooke déclara que c'était une perte de temps et d'efforts. L'explosion était inévitable et elle se produisit. Ce fut en fait l'une des plus graves altercations qui opposa Anglais et Américains. Le général Joseph W. Stilwell, le chef américain dans le Sud-Est asiatique, rappelle cette scène en remarquant que « Brooke se montra courtois et méchant et King (l'amiral Ernest J. King) courtois et ulcéré. King faillit sauter sur Brooke par-dessus la table. Dieu, il était furieux et j'aurais bien aimé qu'il lui tape dessus ! »

Les réunions suivantes se poursuivirent cahin-caha, dans une atmosphère de déception et d'opposition marquées des deux côtés et quand la conférence prit fin et que les préparatifs de départ commencèrent pour le long voyage d'avion vers Téhéran, les signes d'orage étaient évidents.

« J'ai remarqué récemment un réel durcissement de la position américaine, écrit Moran dans son journal... Le ton acerbe des Américains ne laisse présager rien de bon quand ils disent qu'ils ne vont pas laisser les choses se gâcher ainsi indéfiniment. » Et citant également la remarque très franche de Harry Hopkins, il ajoute : « C'est vrai que nous nous préparons à une bataille à Téhéran et que nous allons trouver en face de nous les Russes. » Commentant cette remarque, il conclut : « Ce que je trouve si choquant, c'est que pour les Américains le Premier ministre est le « vilain » de la pièce ! ils se méfient beaucoup plus de lui que de Staline. »

Roosevelt et Churchill arrivaient tous deux à Téhéran en solliciteurs, l'objet de leurs attentions étant l'insaisissable Staline. Le président était dans une position de force pour exposer son cas : si la Russie le soutenait pour exiger de Churchill un engagement sans équivoque sur Overlord, alors Staline bénéficiait de l'impact tout entier de la puissance américaine sur le second front si attendu. Mais la position de Churchill était beaucoup plus délicate car il connaissait bien les difficultés de la Russie. La mission militaire britannique à Moscou avait établi qu'en vingt-neuf mois de guerre, les pertes russes accusaient environ sept millions de soldats tués, plus de dix millions de civils morts et environ douze millions de blessés. Une grande partie de l'industrie et de l'agriculture soviétiques était en ruines. L'Armée Rouge était si lasse de la guerre, si exsangue qu'elle pouvait fort bien se trouver dans le même état d'esprit que celle du tsar Nicolas après l'offensive Brusilov en juillet 1916, quand la Russie lança son attaque contre le Kaiser, et rendit la révolution bolchévique inévitable. Le brave et stoïque « moujik » russe ne pouvait-il se dresser et se révolter contre Staline ? Peut-être dans ces circonstances, pensait Churchill, Staline serait-il disposé à conclure un accord ? En échange d'un engagement britannique sur Overlord, il essaierait en tout cas d'obtenir le soutien russe pour des opérations étendues en Méditerranée orientale et dans les Balkans.

Mais Staline n'était pas d'humeur à conclure des accords. Il venait à Téhéran non pas pour être choisi mais pour choisir. Or, l'objet de ses attentions était Roosevelt. Il était évident que l'enjeu dépassait de loin la simple question d'Overlord. Le débarquement était inévitable ; le problème n'était pas de savoir comment la guerre serait menée, mais comment elle serait gagnée — et quel visage aurait le monde à venir. Roosevelt souhaitait une victoire rapide et décisive à présenter à l'électorat américain l'année suivante, victoire qui assurerait l'hégémonie commerciale américaine dans le monde d'après guerre. La Grande-Bretagne, elle, faisait obstacle à ces deux objectifs, et en dépit de la longue antipathie entre capitalisme et communisme, Roosevelt était prêt à faire cause commune avec la Russie. Churchill aussi cherchait la victoire, mais une victoire qui ne saperait pas les dernières forces de la Grande-Bretagne, la laissant au second rang des puissances mondiales. Sa préoccupation en Méditerranée était non seulement d'assurer le succès d'Overlord, mais de maintenir l'influence britannique dans ce secteur et de préserver ses communications vitales avec son Empire en Orient et en Extrême-Orient. Et Staline ? Son choix était simple, persuadé qu'il était que Churchill ne souhaitait qu'une chose : voir Allemands et Russes se battre jusqu'à épuisement de leurs forces pour que l'alliance anglo-américaine reste maîtresse du terrain quand les canons se seraient tus. S'il arrivait donc à introduire une faille dans cette alliance, c'était tout bénéfice : la guerre froide avait commencé. Par ailleurs Staline avait ses propres intérêts en Méditerranée orientale et il ferait tout en son pouvoir pour empêcher toute interférence dans les Balkans et pour miner l'influence britannique au Moyen-Orient.

C'est pourquoi Staline entreprit de flatter Roosevelt dès l'instant où les Américains débarquèrent. La légation US dans la capitale était à deux kilomètres environ du centre de la ville où les ambassades russe et britannique se trouvaient côte à côte. Il en résultait que Roosevelt aurait à traverser chaque jour les bazars et les rues encombrées qui, au dire de Staline, étaient dangereuses. Il annonça en effet à Roosevelt peu de temps après son arrivée, que le service secret russe avait appris que le SD se proposait de l'assassiner. Un agent russe du nom de Nicolas Kuznetsov avait découvert qu'une opération baptisée Long Pounce (grand bond) avait été montée par le Brigadeführer SS Otto Skorzeny, l'homme des brigades d'assaut qui venait juste de tirer Mussolini des mains de ses geôliers au Gran Sasso dans les montagnes des Abruzzes en Italie. Six agents avaient, paraît-il, atterri dans les contreforts des montagnes Elburz près de Téhéran. C'était, dit Staline, l'avant-garde de Long Pounce. Ne serait-il pas plus sage pour Roosevelt de prendre une des confortables villas dans l'enceinte de l'ambassade russe ? En dépit des avertissements britanniques selon lesquels Long Pounce cachait peut-être une ruse des Soviétiques pour mettre Roosevelt à la merci de Staline — c'était les propres termes de Brooke — le président accepta l'invitation de Staline. Or à peine venait-il de s'installer dans la villa russe, que Staline lui rendait visite et s'entretenait en tête à tête longuement avec lui. « La conférence, note encore Brooke, était terminée à peine commencée. »

La première session plénière de la rencontre s'ouvrit à l'ambassade russe. L'éloquence fleurie et calculatrice de Churchill offrait un contraste saisissant avec la franchise rude, un peu fruste, mais tout aussi calculatrice du maréchal de Géorgie. A la question posée sur ce que la Russie attendait des Alliés occidentaux, Staline n'eut besoin d'aucun dossier pour répondre. Malgré la résistance désespérée qu'offriraient très probablement les Allemands, le point logique pour le débarquement était le nord ou le nord-ouest de la France. Churchill en convint, mais plaida en faveur d'opérations de diversion, lancées soit de la trouée de Ljoubljana, soit des Balkans. Staline répondit en parlant d'Anvil. C'était là, dit le maréchal — n'oubliant pas que cela retenait les troupes anglo-américaines loin d'Europe orientale — la seule opération raisonnable. Overlord serait en 1944 l'offensive principale, et Anvil l'attaque de diversion.

Cette déclaration de Staline, qui mettait en joie les Américains, ne faisait pas du tout l'affaire des Anglais. C'est à ce moment que Marshall expliqua, en dépit de sa conviction profonde qu'Overlord réussirait, qu'il était, lui aussi, très inquiet des problèmes posés par ce débarquement. « La différence entre la traversée d'une rivière et un débarquement par mer, lança-t-il par-dessus la table de conférence au maréchal Vorochilov, est que l'échec de la première opération est une défaite, l'échec de la seconde une catastrophe », et reconnut également son manque de compétence en la matière, par ces mots : « Avant la présente guerre je n'avais jamais entendu parler d'engin de débarquement, sauf de canot de caoutchouc. Maintenant je ne pense plus qu'à cela. » Aveu révélateur de la part d'un homme appelé à devenir — comme le croyaient les puissances occidentales — le chef suprême d'une opération prévue à travers des voies d'eaux les plus capricieuses du monde et qu'il serait impossible de renouveler !

Le jour suivant, Churchill, qui avait eu vent de l'entretien de Roosevelt et de Staline, envoya un billet au président. Accepterait-il de déjeuner avec lui ? Mais Roosevelt répondit qu'il était déjà pris avec son état-major. En fait, il déjeuna rapidement avec les membres de sa suite, puis rencontra une nouvelle fois Staline, seul à seul pendant un quart d'heure, avant de se rendre avec lui dans le hall central de l'ambassade russe pour assister à une cérémonie au cours de laquelle Churchill devait remettre au chef de l'état soviétique — en tant que représentant le peuple russe — une épée d'honneur pour célébrer l'héroïsme des défenseurs de Stalingrad.

Cette épée était une arme d'une exceptionnelle beauté, faite de bronze doré, avec un pommeau d'argent et de cristal très pur, glissée dans un fourreau écarlate et or. Une garde d'honneur de soldats britanniques l'apporta à Churchill sur un coussin d'agneau de Perse et de velours rouge. Sous une immense tapisserie représentant la retraite de Napoléon sur la Berezina, Churchill sortit alors aux yeux de tous l'épée de son fourreau : elle scintillait dans le faible rayon de soleil d'un jour d'hiver persan.

J'ai reçu mission de Sa majesté le roi George VI, dit-il, de vous présenter, afin de la remettre à la ville de Stalingrad, cette épée d'honneur, dont Sa Majesté a choisi et approuvé le dessin. L'épée a été réalisée par des artisans anglais dont les ancêtres se sont spécialisés depuis des siècles dans la fabrication des armes. La lame de l'épée porte cette inscription : « Pour les citoyens de Stalingrad au cœur d'acier, un présent du roi George VI, en marque d'hommage du peuple britannique. »

Visiblement ému, Staline répondit brièvement :

Au nom des citoyens de Stalingrad, je tiens à exprimer ma profonde gratitude pour le cadeau du roi George VI. Les citoyens de Stalingrad apprécieront hautement. Je vous demande, Monsieur le Premier ministre, de transmettre leurs remerciements à Sa Majesté le roi.

Staline posa ses lèvres sur la poignée de l'épée, puis la tendit à Roosevelt afin qu'il l'admirât. Ses cent vingt-cinq centimètres d'acier trempé étincelaient à nouveau, et les mains du président semblaient petites sur la poignée. « Ils avaient vraiment des cœurs d'acier », murmura-t-il encore. Puis après avoir fait le tour de l'assemblée, l'épée fut remise dans son fourreau, et Staline la tendit au maréchal Vorochilov. Mais à la consternation générale, Vorochilov eut un geste maladroit et l'épée glissa du fourreau sur le sol de marbre avec un grand fracas. Un soldat russe se précipitait pour la ramasser. Les yeux de Staline n'avaient pas quitté le visage de Churchill. L'incident était-il intentionnel ? il semblait symboliser l'indifférence de Staline à tout stratagème venant des Britanniques. La seule chose qui lui importait était de gagner la guerre, et ensuite la paix.

La cérémonie terminée, les triumvirs et leurs états-majors retournèrent à leur grand débat. Une fois de plus Staline entama la position de Churchill. « Les Russes, dit-il, ont besoin d'aide, une aide urgente, et dans ce contexte, trois choses seulement intéressent l'Armée Rouge : la date d'Overlord, qui doit avoir lieu en mai et non plus tard, Anvil, et la nomination d'un chef suprême. » Roosevelt et Churchill l'assurèrent alors que la nomination serait effective dans une quinzaine de jours. Mais, soucieux de la sécurité — car si les Russes avaient des espions haut placés à Berlin, pourquoi les Allemands n'en auraient-ils pas à Moscou ? — ils restèrent évasifs sur la date d'Overlord. Churchill tenta bien une fois encore de prôner des opérations de diversion dans les Balkans, mais Staline paraissant s'irriter de ces discussions embrouillées, lui posa enfin ce qu'il appelait une question « très directe » : « Le Premier ministre et l'état-major britannique croient-ils réellement à Overlord ? » La réponse de Churchill ne se fit pas attendre : « Dans la mesure où les conditions préalablement posées pour Overlord seront remplies le moment venu, nous considérons comme notre devoir le plus strict de lancer contre les Allemands à travers la Manche chaque fibre de notre puissance. » Sur ces paroles la réunion prit fin pour permettre aux personnes présentes de se préparer au dîner offert par Staline. Churchill était de sinistre humeur. Tandis qu'il s'habillait pour la soirée, il grommela à l'adresse de Moran, venu lui faire des pulvérisations dans la gorge : « Il n'y a plus rien à faire ici. » Puis il partit clopin-clopant après avoir marmonné un ou deux jurons au sujet de la situation, laissant Moran aller dîner en compagnie des chefs d'état-major britannique qu'il trouva de tout aussi massacrante humeur. Le voyant venir Brooke s'approcha de lui et déclara : « Je viendrai vous voir pour me faire envoyer dans un asile de fous. Je ne peux plus supporter cette comédie. Sept heures de conférence aujourd'hui, et nous ne sommes pas plus avancés. » Tout l'état-major se sentait proche de la révolte, non pas à cause d'Overlord, mais à cause de l'incapacité où il s'était trouvé de persuader les Américains que Staline rejetait des opérations de diversion en Méditerranée orientale, par arrière-pensée politique plutôt que par stratégie militaire. Puis on évoqua l'éventuel effondrement de l'Allemagne. « La fissure, selon Moran, apparaîtrait peut-être bientôt au sommet. » A l'inverse des Anglais, qui espéraient tirer un avantage de la désaffection des généraux de Hitler, le chef de la Russie soviétique proposait une tout autre manière de procéder avec l'état-major général allemand !

Le dîner était une interminable succession « d'amuse-gueule » et de sandwiches qui se termina par une glace géante moulée d'après une lampe persane ancienne et ouvragée, véritable chef-d'œuvre d'art culinaire. Elle commençait déjà à fondre lorsqu'on l'apporta et se renversa en partie sur l'interprète de Staline, qui continua à traduire sans sourciller le moins du monde. Les effets de la vodka commençant à se faire sentir, Staline et Roosevelt se mirent à taquiner rudement Churchill. Gêné, le Premier ministre parait les coups avec humour et retenue jusqu'au moment où Staline, devenant sérieux, envoya dans son lent parler grondant de Géorgien, qu'après la guerre il faudrait liquider l'état-major général allemand tout entier. « Les armées de Hitler reposent sur environ cinquante mille officiers et techniciens, ne pourrait-on les « rassembler et les fusiller ? (...) la force militaire allemande se trouverait ainsi anéantie. » L'esprit à peine embrumé par le champagne, Churchill réagit vivement. Il se leva de table et arpentant la pièce, répliqua : « Le Parlement britannique et l'opinion publique n'accepteront jamais des exécutions en masse. Même si dans la passion du moment, ils les toléraient au début, ils se retourneraient avec violence contre les responsables dès le premier massacre. Les Soviétiques ne doivent se faire aucune illusion à ce sujet. » Et comme Staline, nullement ébranlé, répétait : « Il faut en fusiller cinquante mille », Churchill, le visage écarlate, rétorqua : « J'aimerais mieux être traîné maintenant dans le jardin et être fusillé sur place, que de souiller mon honneur et celui de mon pays par une pareille infamie. » Roosevelt crut bon alors d'ironiser en ajoutant : « N'en fusillons pas cinquante mille, mais quarante-neuf mille seulement. »

Le fils du président, le colonel Elliot Roosevelt qui était venu à la soirée sans y être invité, se leva alors en titubant. Il annonça qu'il était d'accord avec la proposition de Staline et qu'il était sûr de l'approbation de l'armée américaine. Cette fois, c'en était trop pour Churchill qui détestait le jeune Roosevelt. Il quitta sa place une seconde fois et sortit. Il trouva une antichambre déserte et s'assit en ruminant. Staline qui l'avait suivi sans faire de bruit entra dans la pièce et vint poser sa main sur son épaule. Ce n'était que plaisanterie, expliqua-t-il en lui demandant de revenir à sa table. Churchill accepta et tous deux retournèrent dans la salle à manger. Tout sourire, Staline dit alors à Churchill : « Vous êtes germanophile. Le diable est communiste, et mon ami Dieu est conservateur. » L'altercation ayant pris fin par une joyeuse accolade, Churchill écrivit cependant par la suite : « Je n'étais pas alors (...) pleinement convaincu que tout n'était que raillerie et qu'aucune intention sérieuse ne se cachait là-dessous... » Plaisanterie ou non, ces propos étaient significatifs. Qu'il eût envie ou non de s'entendre avec la Schwarze Kapelle, un accord de ce genre n'obtiendrait pas plus l'approbation de ses alliés russes que de ses alliés américains.

La conférence se réunit une dernière fois le 30 novembre 1943, le jour du 69ᵉ anniversaire de Churchill. Celui-ci commença sa journée en cherchant à se ménager un entretien seul à seul avec Staline, sans Roosevelt ni les états-majors du triumvirat. Churchill en donna la raison plus tard : « Je sentais que le chef de l'Etat russe se forgeait une fausse idée de l'attitude britannique. Staline devait penser que Churchill et les états-majors anglais voulaient empêcher Overlord et préféraient envahir les Balkans. » En d'autres termes, Staline, comme Roosevelt et Marshall, en était venu à croire que les activités accompagnant le plan Jael étaient la véritable politique britannique, et non une « simulation ». Il était de son devoir, ajoutait le Premier ministre, de redresser ces erreurs. Les deux hommes se rencontrèrent donc et Churchill exposa longuement la position britannique. Staline se montra amical mais demeura ferme : seules l'intéressaient les opérations Overlord et Anvil. Dans ces conditions une issue restait à Churchill. S'il persistait à vouloir employer la tactique indirecte et les moyens spéciaux afin de limiter les pertes de la Grande-Bretagne le jour J, sur le « Rivage lointain », son seul espoir était d'amener tous les intéressés à accepter le plan Jael, et à travailler ensemble sur ce plan.

Cet après-midi, à la troisième et dernière session plénière de la conférence, il en fut justement question, et Churchill se trouva devant une décision difficile à enlever. Jael ne pouvait réussir sans le soutien russe, or les services secrets britannique et russe qui seraient responsables de son exécution, étaient des ennemis de toujours. Avant, pendant, et depuis la révolution russe, les deux services s'étaient âprement combattus : les Russes pour supplanter l'Empire britannique, les Britanniques pour abattre la révolution bolchévique et restaurer en Russie un gouvernement qui leur conviendrait mieux. Dans cette lutte sourde et clandestine, ni les uns ni les autres n'avaient manifesté de scrupules devant le meurtre, l'enlèvement et le chantage, et leur rivalité ne s'était momentanément apaisée que devant la commune nécessité pour Westminster et le Kremlin de vaincre Hitler. Tout laissait présager une reprise du combat à la fin de la guerre, avec la même férocité et la même détermination, comme ce fut le cas. La « feinte » stratégique allait être une arme importante, voire décisive dans la lutte présente, et si Churchill révélait aux Russes la manière dont il se proposait de faire fonctionner Jael, les Russes adapteraient sûrement ces nouvelles conceptions à leurs propres besoins quand reprendrait la guerre secrète avec la Grande-Bretagne.

En dépit de ce danger Churchill ne tergiversa pas. Seul pour le moment comptait le succès d'Overlord. C'est dans cet esprit qu'il exposa dans ses grandes lignes le plan Jael et, jusqu'à un certain point, les méthodes anglaises d'induction en erreur. Afin de détourner les armées de Hitler de Normandie, il expliqua qu'il était indispensable pour la Grande-Bretagne, les Etats-Unis et la Russie réunis, de mettre en œuvre une grande variété de simulations diplomatiques et militaires pour accréditer l'idée que les trois puissances projetaient d'envahir la Scandinavie et les Balkans. La Russie devrait également répandre le bruit, au sein des services secrets allemands, qu'après accord à Téhéran, les puissances occidentales n'envahiraient pas la France avant que l'Armée Rouge n'ait lancé sa grande offensive de 1944, offensive dont il fallait persuader les Allemands qu'elle ne commencerait pas avant juillet. On pouvait espérer, dit Churchill, que grâce à cette présentation erronée — parmi d'autres — de la stratégie alliée, les Allemands maintiendraient leurs armées en place le temps suffisant pour permettre au gros des troupes alliées de prendre pied en France. Churchill, en conclusion, proposa alors un voyage à Moscou des représentants des services secrets anglo-américains pour discuter de leurs plans et les intégrer à ceux de l'état-major général russe, afin de placer les Allemands devant un front commun impénétrable d'induction en erreur, couvrant les intentions militaires réelles de la Grande Alliance. En l'absence d'un tel front, précisait Churchill, les Alliés ne bénéficieraient pas de l'effet de surprise et l'opération Overlord elle-même risquait d'échouer.

Staline, lui-même maître dans l'art du stratagème, et pleinement conscient de la valeur de la feinte en matière de guerre et de politique, écouta avec la plus grande attention. Mais les méthodes pratiquées par l'Armée Rouge en ce domaine — tanks et avions en carton, faux aérodromes et trompeuse activité radio — ne sortaient pas des limites de l'orthodoxie. Staline avait encore beaucoup à apprendre sur la stratégie globale de l'induction en erreur. Parfaitement conscient de ce qui pourrait advenir à l'Armée Rouge si Overlord échouait, le maréchal accepta donc immédiatement la proposition de Churchill. « Il faut utiliser la diplomatie militaire à des fins militaires, aurait-il déclaré, et je traiterais avec le diable lui-même et sa grand-mère, si cela m'aidait à vaincre Hitler. »

C'est alors qu'avec une pointe de malice, Churchill remarqua : « En temps de guerre, la vérité est si précieuse qu'elle devrait toujours être protégée par un rempart de mensonges. » La remarque fut traduite à Staline, qui rit sous cape. Ces mots scellaient en fait une alliance unique : les services secrets britannique, américain, russe, et dans une certaine mesure, allemand, s'unissait pour débarrasser le monde de Hitler. Décision majeure qui fut inscrite dans les conclusions militaires de la grande conférence de la manière suivante :

> Les états-majors des trois Puissances resteront dorénavant en rapport étroit pour tout ce qui touche aux opérations en cours en Europe. Il a été convenu en particulier qu'un plan de couverture pour mystifier et égarer

l'ennemi sur ces opérations, serait mis au point de concert par les états-majors intéressés.

Puis les trois chefs d'Etats apposèrent leur signature au bas du document. Le plan Jael devenait un acte officiel.

La conférence était terminée, et le jour suivant, Churchill et Roosevelt reprenaient l'avion pour Le Caire. Dans la solitude, Roosevelt médita une nouvelle fois sur le choix d'un chef suprême pour Overlord, choix qui ne souffrait plus aucun retard. Il finit par prendre une décision « contre l'avis impartial d'Hopkins et de Stimson, contre la préférence reconnue de Staline et de Churchill, contre son inclination personnelle, publiquement affirmée, de donner à George Marshall l'occasion historique qu'il avait tant désirée et si largement méritée. » Le dimanche matin 5 décembre 1943, alors qu'ils roulaient vers les Pyramides qu'ils allaient visiter, Roosevelt confia à Churchill que Marshall lui était si précieux, pour la conduite victorieuse de la guerre, qu'il ne pouvait l'imaginer en dehors de Washington. En conséquence les Britanniques accepteraient-ils Eisenhower ? Churchill répondit que seul le président pouvait en décider. Il ajouta cependant pour éviter toute équivoque : « Nous avons la plus chaleureuse estime pour le général Eisenhower et nous lui confierons notre sort sans hésiter. »

Certains affirmèrent par la suite que les Britanniques avaient fait pression sur Roosevelt pour nommer Eisenhower au commandement suprême. Ils cherchaient, affirme Ingersoll, un « homme de façade » pour satisfaire aux exigences de l'opinion publique américaine, un homme pour tenir « les tisonniers brûlants de la politique » et prendre « la direction du navire », pendant que les chefs militaires britanniques mèneraient effectivement le bal. Ils avaient trouvé cet homme en Eisenhower, prétendait Ingersoll, et Londres attendait avec confiance de le voir rééditer son exploit de la Méditerranée, abandonnant la direction réelle de la guerre aux hommes d'expérience. Bien entendu, les récompenses et les honneurs officiels lui reviendraient.

Ces allégations contenaient peut-être une certaine part de vérité, mais on ne put trouver où, quand et par qui s'était exercée une telle pression sur Roosevelt. En tout état de cause, la Grande Alliance s'était mise d'accord sur une stratégie commune : une offensive directe par air, terre et mer, contre une ligne côtière âprement fortifiée et défendue. La cause américaine avait prévalu, et c'est un Américain qui allait commander la plus élaborée et la plus dangereuse de toutes les opérations militaires jamais engagées. C'était une stratégie audacieuse, voire téméraire. Personne, en tout cas, ne doutait plus que gagné ou perdu, le jour J allait être le moment déterminant de la guerre.

Chapitre XI

CICERON

A la fin de 1943 et au début de 1944, la Turquie neutre devenait le centre de la guerre secrète contre le Troisième Reich. Dans les deux grandes cités jumelles, Istanbul et la capitale Ankara, véritable chaudron de sorcières, sévissaient complots et contre-complots en tout genre, tandis qu'ambassadeurs et agents de chaque pays, de chaque cause, de chaque idéologie intriguaient près de la corne d'Or ou le long du boulevard Ataturk, artère centrale d'Ankara, longue de cinq kilomètres et bordée d'acacias. Britanniques, Allemands, Américains, Russes, représentants d'une foule de nations, jouaient des coudes, s'espionnaient, se débusquaient, se récupéraient, s'achetaient, se trompaient les uns les autres, chez Serge, au Phaia, au Restaurant de la Gare, chez Papa Karpic's. Tant et si bien qu'on avait fini par surnommer le Boulevard « la course des rats ». Chacun recherchait des alliances, des pactes, et tous, amis ou ennemis, se traitaient sans ménagements, souvent sans remords, dans le seul intérêt de leur cause. Hobbes se serait bien reconnu dans cette guerre où l'homme devenait un loup pour l'homme.

A ce stade de la guerre, le grand jeu de l'Angleterre en Turquie demeurait le plan Jael et sa composante méditerranéenne Zeppelin. Il s'agissait donc de laisser croire que la prochaine attaque alliée contre le Troisième Reich se produirait quelque part sur le bord du grand croissant entre Trieste et Istanbul. Le Comité d'espionnage interallié en faisait l'analyse suivante dans la préface du plan Jael :

> ... l'ennemi fera le maximum pour garder l'Europe du Sud-Est, tout en procédant peut-être à des retraits limités dans les îles de la mer Egée et en Grèce du Sud. Si nous arrivions à persuader l'ennemi que des troupes considérables et une flotte de débarquement se rassemblent en Méditerranée de l'Est, nous parviendrions à fixer des forces allemandes dans les Balkans. Nos chances de succès augmenteraient si la Turquie rejoignait le camp allié, mais même si elle refusait, nous pourrions encore amener l'ennemi à craindre les conséquences de notre infiltration continue.

Telle était l'intention qui présidait à cette phase du plan Jael, et pour mener à bien leur stratagème, les Britanniques étaient prêts à consentir à de lourdes pertes en hommes et en matériel. Pour donner corps à cette simulation, ils se lancèrent d'abord dans une série d'opérations de commando, d'espionnage et d'actions militaires sur le terrain dans le Dodécanèse, ce groupe d'îles de la mer Egée qui garde la Turquie et le Levant. Ce déploiement de forces voulait en fait inciter les Turcs à se joindre à la Grande Alliance. Au moment de la reddition italienne, Churchill envoya ce message au commandant en chef britannique au Caire, le général Sir Henry Maitland Wilson : « Le temps est venu d'élever la mise. Improvisez, osez... Pensez à Clive, à Marlborough, et aux hommes de Rooke s'emparant de Gibraltar. »

Et les Britanniques osèrent en risquant une brigade de 6 000 hommes pour prendre le Dodécanèse. Mais le prix à payer allait être élevé. Entre septembre et novembre 1943, Wilson avait en effet débarqué des troupes sur les îles de Cos, Samos et Seros. Mais la Wehrmacht ayant réagi avec la violence d'une puissance dont les intérêts vitaux sont gravement menacés, et les Américains ayant refusé d'envoyer des avions au secours de la Grande-Bretagne, rappelant qu'ils s'étaient opposés à des aventures en Méditerranée orientale, les forces britanniques des îles étaient contraintes à la reddition. Les pertes étaient importantes : 5 000 hommes, 6 destroyers endommagés, 100 appareils détruits.

L'addition était lourde et pourtant la Grande-Bretagne consentait à payer pour le succès de Jael. Cette défaite cependant — la première depuis Tobrouk en juin 1942 — entamait sérieusement le prestige britannique et venait redonner confiance aux Allemands. Les Américains, eux, se sentaient confirmés dans la sagesse de leur refus. Quant aux Turcs, sur le point d'entrer dans l'Alliance, se prenant à considérer les ravages causés par l'aviation et la marine allemande dans les îles, ils n'imaginaient que trop ce que ferait la Wehrmacht à Istanbul s'ils se rangeaient au côté des Alliés. Modifiant leurs dispositions ils se réinstallèrent donc dans leur bastion. Mais en même temps, la violence avec laquelle les Allemands avaient réagi apportait la preuve de leur intérêt pour cette région : à l'OKW, les cartes dessinaient le raz de marée des troupes impériales se rapprochant chaque jour de la mer Egée, et des rives du Sud-Est de l'Europe.

Le grand scénario de Jael se déployait à Ankara, et le personnage central en était l'ambassadeur extraordinaire et plénipotentiaire de Sa Majesté britannique, Sir Hughe Montgomery Knatchbull-Hugessen, chevalier et commandeur de l'ordre très distingué de Saint-Michel et Saint-George. « Vestige » du monde majestueux de la puissance impériale britannique, Sir Hughe vivait dans une splendeur quasi royale à l'ambassade britannique d'Ankara, résidence calme et fraîche au milieu des vertes pelouses et des frangipaniers. C'est en ce lieu que Snatch — comme on l'appelait au Foreign Office — caressait le rêve d'annihiler la puissance allemande en Turquie et de faire entrer ce pays au sein de la Grande Alliance. Ancien d'Eton et de Balliol, fils d'un théologien renommé qui avait épousé la fille d'un général célèbre, il était délicat, princier et habile. Avant d'arriver à à ce poste, il avait occupé ces précédentes fonctions en Chine et représenté son pays auprès des pays baltes et de Téhéran. Ses passe-temps étaient le piano dont il jouait fort mal, dit-on, et les rimes impertinentes sur les procédés du Foreign Office. Il affichait des prétentions littéraires, avait déjà écrit un élégant petit livre sur les Knatchbulls de Mersham Hatch, et travaillait à un mémoire intitulé : Diplomate dans la paix et dans la guerre. Sir Hughe cultivait en outre une sympathie affichée et un amour curieux pour le monde douillettement confortable du vieil Empire ottoman, avec son musc et sa politesse. Comme son ami Anthony Eden lui faisait grande confiance, il le tenait soigneusement informé de la plupart (sinon de toutes) les décisions importantes de politique étrangère britannique et alliée — en particulier, de toutes les grandes conférences de 1943 — occasion rêvée pour un agent secret, mais combien dangereuse pour les Anglais.

Parmi les autres résidents de l'ambassade se trouvait un homme tout aussi singulier : Elysée Bazna, le valet de Sir Hughe. Un amour commun pour les lieder allemands avait créé un rapprochement assez inhabituel entre maître et serviteur. Bazna avait même pris des leçons pour devenir chanteur d'opéra et, chaque jour après le déjeuner, Sir Hughe se mettait au piano dans son salon pour l'accompagner. Celui-ci joignait alors ses mains grassouillettes, chantait ces tristes ballades d'une puissante voix de ténor qui résonnait dans toute la demeure. Sir Hughe l'avait si bien pris en faveur qu'il l'avait libéré des tâches purement serviles et lui avait donné une position d'un certain rang dans l'ambassade. Revêtu d'un costume bleu solennel, et coiffé d'une casquette à visière, Bazna en revanche montait la garde devant la porte du bureau de son maître et écartait tout visiteur susceptible de venir troubler son repos ou ses méditations. Les jours de réception, Sir Hughe l'habillait de brocard richement brodé, de chaussures à pointes retournées, d'un fez à pompon, et, lui donnant un immense cimeterre, le plaçait devant la porte principale. Il le payait enfin plus que les cent lira turques habituellement versées à un valet, et se refusait à voir les aventures sentimentales de son protégé avec une servante de Lady Knatchbull-Hugessen dans le quartier des femmes. Curieuse atmosphère en un mot dans laquelle devait naître une des plus étranges affaires d'espionnage de la Seconde Guerre mondiale. De graves questions allaient en dépendre, et l'affaire allait prendre un caractère beaucoup plus sérieux que ne voudrait jamais l'admettre le gouvernement britannique et Sir Hughe.

Personnage basané, nanti d'une bonne dose de ruse paysanne, Bazna était né en 1904 à Pristina, près de Belgrade, à une époque où la Yougoslavie faisait partie de l'Empire turc.

Après une vie mouvementée, au cours de laquelle il exerça tous les métiers et pénétra dans certaines ambassades comme serviteur, Bazna arriva chez Sir Hughe en 1943. A cette époque, les Anglais s'activaient à séduire la Turquie et il découvrit très vite que l'ambassadeur avait l'habitude d'apporter ses télégrammes et ses documents — la plupart confidentiels — à la résidence, pour les parcourir l'après-midi et le soir. Avec une habileté qui trahissait l'espion exercé plutôt que l'amateur, Bazna prit un moulage en cire de la clé dont se servait Sir Hughe pour fermer les boîtes de dépêches rouges et noires qui apportaient les documents depuis la chancellerie et se fit faire une clé. Aux alentours du 20 octobre 1943, il retira un soir certains de ces documents, les emporta dans sa chambre sous les escaliers, les photographia avec un vieux Leica de 35 mm, puis les remit en place. Puis le 26 octobre, croit-on, il se rendit à la nuit tombée chez le ministre d'Allemagne, Albert Jenke, chez qui il avait fait fonction de kavass et offrit de vendre les photos.

Jenke, beau-frère du ministre allemand des Affaires étrangères, Joachim von Ribbentrop, se montra d'abord incrédule et suspecta Bazna — qu'il n'avait jamais beaucoup aimé ni estimé digne de confiance — d'être un agent provocateur envoyé par l'ennemi pour le compromettre dans ses fonctions diplomatiques. Pensant également que Bazna avait suivi un entraînement professionnel, il l'interrogea néanmoins sur son prix. Bazna en voulait 20 000 livres (80.000 dollars) pour le premier rouleau de cinquante-deux photos et 15 000 livres (60 000 dollars) pour chaque rouleau suivant. Stupéfait par ces exigences, Jenke déclara n'avoir pas autorité pour opérer de telles transactions, mais poursuivit cependant le dialogue, Bazna ayant manifesté l'intention d'aller porter son offre chez les Russes si les Allemands n'en voulaient pas. Jenke pria alors Bazna de l'attendre quelques minutes ; il quitta la pièce et revint avec le chef du SD en Turquie, Ludwig Moyzisch. Racontant plus tard cette rencontre avec Bazna, Moyzisch, intrigué tout comme Jenke par l'ampleur de sa demande financière et par son attitude devait préciser : « Son regard inquiet allait de moi à la porte dans un va-et-vient incessant. » Or si les prétentions de Bazna étaient telles, c'est parce qu'il avait évidemment accès à la « matière imprimée », comme on dit au Foreign Office à propos des messages entrant et sortant dans les ambassades britanniques. Moyzisch proposa donc une transaction : Bazna remettrait le premier rouleau de film à dix heures du soir le 3 octobre, dans le hangar à outils du jardin de l'ambassade. Il attendrait que le film fût examiné et si Moyzisch était satisfait, il recevrait les vingt mille livres. Ces conditions acceptées Bazna se retira et quitta la résidence de Jenke.

Le lendemain matin Moyzisch rencontra l'ambassadeur de Hitler à Ankara, Franz von Papen, le plus rusé des renards allemands. L'ambassadeur parut très embarrassé par cette affaire mais autorisa toutefois Moyzisch à poursuivre. Mais comme Moyzisch pensait également qu'il pouvait s'agir d'une ruse, Jenke et lui-même décidèrent d'envoyer à Berlin sous la signature de Papen, ce télégramme à Ribbentrop :

> Au ministère des Affaires étrangères du Reich. Personnel et confidentiel. Avons reçu offre d'un employé de l'ambassade britannique, soidisant valet de l'ambassadeur, concernant photos de documents originaux ultra-secrets. Il exige pour la première livraison le 30 octobre, 20 000 livres sterling et 15 000 livres pour chaque rouleau suivant. Le prétendu valet a été au service du premier secrétaire, il y a plusieurs années, mais on ne sait rien d'autre ici.

Ribbentrop communiqua le message à Schellenberg et à l'ambassadeur Ritter, le diplomate chargé des Affaires de la Wehrmacht, et dont l'assistant Fritz Kolbe était l'espion de Dulles au ministère des Affaires étrangères du Reich. Schellenberg aussi envisagea d'abord l'hypothèse d'un coup monté, et s'en expliqua dans ces termes : « Au premier coup d'œil toute l'affaire semblait parfaitement ahurissante... Mais au cours de ma carrière dans les services secrets je m'étais souvent trouvé en face de décisions risquées à prendre et avais eu tout loisir de développer une certaine intuition. » Il suggéra donc finalement, avec le consentement de Ribbentrop, d'accepter l'offre de Bazna. Papen en fut informé par télégramme :

> A l'ambassadeur von Papen. Personnel. Ultra-secret. Accepter offre valet britannique en prenant toutes précautions. Courrier spécial arrivera à Ankara le 30 avant midi. Attends rapport immédiat après remise documents.

A l'heure et au jour convenus Moyzisch et Bazna se rencontrèrent dans le hangar à outils du jardin de l'ambassade, et là Bazna livra un premier rouleau de film de 35 mm. Moyzisch descendit alors dans une cave où se trouvait une chambre noire et projeta le film. Un examen rapide confirma que les photos étaient bien celles de documents et télégrammes diplomatiques britanniques ultra-secrets. Moyzisch remonta donc dans la pièce où Bazna l'attendait et lui remit les vingt mille livres, enveloppées dans un numéro du journal français La République.

Moyzisch lui ayant posé encore quelques questions techniques sur la méthode qu'il avait utilisée pour photographier les documents, Bazna répondit qu'il avait construit un trépied et avait pris les photos à la lumière d'une lampe de cent watts. Selon lui, l'opération tout entière — depuis l'instant où il avait subtilisé les documents dans la chambre de l'ambassadeur, jusqu'au moment où il les avait replacés — n'avait duré que trois minutes ; il affirmait en outre avoir travaillé absolument seul. Ces déclarations mirent Moyzisch mal à l'aise, car Bazna lui avait expliqué qu'une certaine distance séparait les appartements de l'ambassadeur de sa propre chambre là où il avait fait les photos. Etait-ce donc une erreur, une fanfaronnade ou bien les deux ? Mais il semblait impossible que Bazna ait pris les documents, les ait emportés deux cents mètres plus loin, après avoir monté et descendu des escaliers, les ait photographiés, puis replacés, le tout en trois minutes !

Moyzisch cependant se sentit très rassuré après examen approfondi des photos et rappelle de la manière suivante ses impressions :

> Ma stupéfaction allait grandissant. Cela dépassait de loin les limites du possible. Là, sur mon bureau, se trouvaient les secrets politiques et militaires les plus soigneusement protégés de l'ennemi, et d'une valeur inestimable. Ces documents n'avaient rien de suspect. Ce n'était pas un coup monté. Aucun doute, c'était bien là des pièces authentiques. Du ciel nous tombait le genre d'informations dont un agent secret rêve sa vie durant, sans espoir de s'en emparer. Même au premier coup d'œil, je pouvais voir que le service rendu au Troisième Reich par ce valet, était d'une importance incroyable. Son prix n'avait rien d'exorbitant !

Toujours selon Moyzisch, les documents étaient des messages échangés entre le Foreign Office à Londres et l'ambassade britannique en Turquie à Ankara, datant tous de moins de quinze jours, et tous marqués ultra-secret ou très secret. Leur lecture d'ailleurs était éloquente et sans ambiguïté.

> Révélant clairement la détermination et la possibilité qu'avaient les Alliés de détruire le Troisième Reich... le hasard, combiné avec les motivations obscures d'un Bazna, nous apportait la preuve évidente que l'Allemagne nazie et ses chefs étaient voués à une destruction totale... Ce n'était pas là de la propagande... Le pouvoir des Alliés était si considérable qu'il aurait fallu à l'Allemagne bien plus que des miracles pour gagner la guerre.

Comme l'aube se levait sur l'ambassade d'Allemagne, Moyzisch tout en poursuivant l'examen des pièces, « en vint soudain à se demander si les chefs de l'Allemagne dans la lointaine capitale ou au quartier général du Führer allaient saisir la pleine signification des révélations qui s'étalaient sous ses yeux. Auquel cas, il ne leur restait naturellement qu'un seul parti à prendre. »

Puis il alla porter les documents à Papen qui exprima la même stupéfaction en en prenant connaissance. Donnant alors à Bazna le nom de code de Cicéron, Papen expédia les documents par courrier spécial à Berlin pour les faire évaluer. Dans le même temps, il envoyait une série de messages, à ce propos, messages qui une fois de plus, allaient aboutir sur le bureau de Kolbe. A Berlin, la première réaction de Schellenberg fut l'incrédulité ; c'était vraiment trop beau pour être vrai. Pensant de nouveau à un coup monté il convoqua aussitôt Moyzisch pour rapport et ordonna cependant de soumettre les documents à Hitler par le canal de Himmler.

Moyzisch arriva à Berlin « la première semaine de novembre 1943 », et après avoir conféré avec lui, Schellenberg écrivit dans son journal :

> ... nous cherchions à analyser les motivations possibles de Cicéron. A cette époque, on ne pouvait encore se prononcer définitivement sur l'authenticité des photographies, mais j'étais persuadé comme Moyzisch que l'énorme dépense était justifiée : même si ces matériaux se révélaient plus tard être une ruse du service secret ennemi, une telle connaissance avait en soi une valeur considérable, car il était essentiel de savoir par quel moyen l'ennemi essayait de nous égarer.

Schellenberg et Moyzisch s'inquiétaient tous deux des antécédents de Bazna et de sa méthode de travail, disposant encore de peu de moyens pour contrôler l'un ou l'autre. Mais bientôt Moyzisch étant retourné à Ankara avec l'autorisation de poursuivre ses relations avec Cicéron, découvrit parmi d'autres contradictions de Bazna quand il parlait de lui-même, qu'il mentait sur ses connaissances en anglais. Schellenberg, Himmler et par suite Hitler tenus au courant de ces constatations allaient-ils considérer toute cette affaire comme un coup monté par les Anglais ? On ne sut en fait jamais si ce dernier considérait les documents comme indiscutables. Ce qui est certain c'est que Schellenberg, qui croyait lui à leur authenticité, se demandait ce qu'ils pouvaient bien cacher, et si Bazna travaillait seul ou non. Ses doutes augmentèrent à la fin de novembre, quand il sembla prouvé que Bazna ne travaillait pas seul. Sur l'une des photos qu'il passa à Moyzisch, apparaissaient en effet deux de ses doigts et, de façon très distincte, la chevalière qu'il portait toujours. A la suite de cette découverte tentant à démontrer qu'il ne pouvait à la fois tenir les documents et en prendre des clichés, Schellenberg envoya à Ankara un photographe expert du SD pour essayer d'établir de façon certaine la manière dont travaillait l'agent.

Puis Moyzisch convoqua Bazna à son bureau. L'expert caché derrière un rideau, enregistra alors à son insu ce qu'il voulut bien dire de sa méthode, et fort de ses déclarations, déclara ensuite : « Il est peu probable que Bazna travaille seul, je dirais même que les chances sont de mille contre un. » De plus, il avait découvert dans les photos elles-mêmes des preuves supplémentaires de ce qu'il avançait. Elles étaient prises en effet à très petite ouverture, pour obtenir une grande précision, et au moyen d'une grosse lentille, à environ 3,50 m. Pour ce faire, le photographe utilisait donc vraisemblablement des projecteurs apparemment montés sur un réflecteur portatif, et non une ampoule de cent watts comme il le prétendait. En outre bien qu'un peu sous-exposés, les négatifs étaient parfaitement mis au point, chose impossible à réaliser en tenant l'appareil d'une main et en appuyant sur l'obturateur avec un seul doigt ou même en utilisant un trépied improvisé, quoi qu'ait pu dire Bazna. L'expert en conclut donc que le photographe avait travaillé en hâte, mais qu'il était beaucoup plus habile qu'il ne voulait le laisser entendre. Par ailleurs, les documents eux-mêmes avaient été choisis avec soin et précision : or il apparaissait peu vraisemblable que Bazna — dont l'anglais était limité et qui connaissait mal la langue diplomatique, les procédés, et les arcanes de la politique de la Grande Alliance — ait pu opérer une telle sélection.

Le SD, en déduisit par suite que Bazna ne disait pas la vérité. Il était soit un agent bien formé, soit l'auxiliaire d'un agent très compétent. Mais quant à l'authenticité et à l'importance des documents elles ne pouvaient être mises en doute : il s'agissait bien de papiers de très haute valeur. Le SD continua à traiter par conséquent sur ces bases avec Bazna jusqu'au début mars 1944, mais à aucun moment ne se renouvela la riche moisson contenue dans le premier envoi de Cicéron, après la conférence de Téhéran. Sir Hughe recevait toujours communication détaillée de ces rencontres, et Ciceron en informait régulièrement les Allemands. Ces services à leurs yeux valaient bien les 300.000 livres (1,2 million de dollars) versées.

Aux alentours du 20 avril 1944, à sa demande, Bazna quitta son poste de « kavass » et l'ambassade britannique. Riche désormais, il fonda une société immobilière pour construire un hôtel de luxe en Turquie et prospéra jusqu'au moment où les banques commencèrent à s'inquiéter de la grande quantité de livres sterling qui envahissait le marché. L'étude d'un certain nombre de billets permit de remonter jusqu'à Bazna et une enquête de police révéla que presque tout son argent était faux. Ce n'était là cependant qu'une partie de l'énorme quantité de billets lancés par le SD pour financer ses activités d'espionnage et pour ébranler la livre sterling. Pour Bazna c'était la catastrophe et il dirait à leur propos : « Ces billets... ne valaient même pas le prix de la toile turque qui avait servi à les fabriquer. » Ayant évité la prison de justesse, il ne put cependant éviter la faillite et vécut ses dernières années dans le besoin, habitant un minuscule appartement en haut d'une impasse, revendant des voitures d'occasion et donnant des leçons de chant pour payer ses créanciers. Quelques années après la guerre, il alla jusqu'à intenter un procès contre le gouvernement ouest-allemand, exigeant son dû ! Les Allemands bien entendu se divertirent de sa prétention et Bazna mourut en 1971 à Istanbul, pratiquement dans la misère, se répandant jusqu'au bout en plaintes amères contre l'iniquité des gouvernements. Ainsi finissait Cicéron ! Mais ce n'était pas pour autant la fin de l'histoire.

En effet plusieurs années après la guerre, différentes personnes, dont von Papen, Moyzisch et Bazna lui-même — qui publia un livre sur ses activités — prétendirent avoir trouvé dans les classeurs de Sir Hughe, suffisamment d'informations qui auraient pu mettre gravement en danger la sécurité d'Overlord : grâce aux papiers de Cicéron, les Allemands avaient obtenu sur la stratégie de la Grande Alliance, des indications suffisantes pour l'anéantir. C'était assez pour accuser en tout cas Sir Hughe et les Britanniques de négligence coupable dans la protection de secrets d'une importance vitale et ce qui les sauva finalement fut la conviction de Hitler qu'il s'agissait d'un coup monté, une information d'une telle valeur ne pouvant être selon lui qu'une feinte grossière. Mais au moment de la guerre froide avec ses ex-alliés, Staline donna une autre explication allant jusqu'à accuser les Anglais d'avoir monté toute l'affaire Cicéron pour saboter Overlord en révélant l'intention, sinon la substance du plan. Il faut noter qu'en dépit de la gravité de ces accusations, le gouvernement britannique garda un silence officiel, à l'exception d'une unique et brève réponse peu concluante à une question posée à la Chambre des Communes. Ce silence passa donc à l'époque pour un signe de cruel embarras. Y avait-il sous l'affaire Cicéron plus que ne voulait en dire le gouvernement ? Bazna avait-il vraiment fait ce qu'il prétendait ? Les Britanniques l'avaient-ils vraiment utilisé pour saboter Overlord, opération à laquelle ils étaient opposés ? ou bien y avait-il encore une autre explication à cette étrange affaire ?

Pour atteindre la vérité derrière Cicéron, il faut d'abord examiner trois importantes questions : Bazna avait-il travaillé seul ou sous contrôle britannique ? Quelle était la nature des documents remis aux Allemands, et quelle avait été la réaction allemande à ces documents ? Enfin avaient-ils fait, à long terme le jeu des Allemands ou celui du plan Jael ? Premièrement, il était impossible techniquement et physiquement que Bazna ait travaillé seul sans avoir donné l'éveil, au moins pendant longtemps. Malgré son goût des grandeurs, Sir Hughe n'était pas dans les nuages. Il savait très bien que son poste était un véritable pôle sensible et était conscient de l'importance des documents qui lui passaient entre les mains. Cependant, même si l'ambassadeur s'était momentanément relâché, il y avait dans le personnel de l'ambassade un homme dont c'était la tâche de garder les yeux et les oreilles ouverts. Et cet homme était le lieutenant-colonel Montaigue Reaney Chidson, ex-chef du MI-6 sur le continent — poste occupé par le major Best quand il fut enlevé à Venlo — grand responsable à l'époque du service secret britannique en Turquie, et travaillant à l'ambassade comme assistant de l'attaché militaire.

A cinquante et un ans, Chidson était l'un des officiers les plus expérimentés du MI-6, dans lequel il servait depuis la fin de la Première Guerre mondiale, et avait occupé plusieurs postes clés : Gibraltar, Vienne, Bucarest, Budapest et La Haye. Pendant la bataille de Hollande en 1940, il s'était introduit dans les souterrains de la salle de vente des diamants d'Amsterdam, centre du commerce mondial du diamant. Après avoir passé vingt-quatre heures à interroger la combinaison du grand coffre, il était parvenu à l'ouvrir, et comme les Allemands pénétraient dans l'immeuble, il s'était enfui avec toute la réserve de diamants synthétiques hollandais. Ayant emporté à Londres ces diamants — qui étaient d'une très grande valeur pour une puissance industrielle en guerre — il était retourné ensuite organiser la fuite de la reine Wilhelmine, de sa famille, du prince Bernhard et des membres de son gouvernement vers l'Angleterre, et avait reçu pour cet exploit, à l'instigation de Menzies, le Distinguished Service Order.

A Ankara ses attributions comportaient le contrôle et l'observation du personnel de l'ambassade et un homme tel que Bazna n'aurait pu échapper à son attention. Or, quand Bazna était entré au service de Sir Hughe, Chidson s'était livré à un contrôle de sécurité sur le nouveau kavass et avait découvert certains faits troublants. Non seulement Bazna avait travaillé jadis pour les Allemands, mais il avait probablement été formé par le service secret italien, le SIM. Ceci expliquait bien des choses, car selon Dunderdale : « Nous avions toujours pensé que Cicéron était un agent italien d'après sa façon de procéder, les instructeurs du SIM apprennent toujours à leurs agents la serrurerie et la manière de s'infiltrer dans le personnel des maisons de diplomates. » Bref, Chidson avait flairé là une piste connue, celle d'un homme qui, s'il n'était pas déjà agent secret, avait tout ce qu'il fallait pour en devenir un. Qu'avait donc fait Chidson ? Il est permis de penser que Bazna opéra sans être découvert pendant un temps très court. Mais il est très possible qu'ensuite et à son insu, Chidson l'ait gardé sous contrôle indirect lui laissant photographier seulement les documents qui correspondaient aux instructions reçues de ses supérieurs. Cependant l'ombre des doigts de Bazna sur l'un des clichés, permet de penser que Chidson avait pu le confondre, puis l'avait placé sous contrôle direct. Mais rien ne permet de l'affirmer, Chidson s'étant refusé à la moindre révélation sur cette affaire jusqu'à sa mort qui intervint en 1957.

Cette explication cependant ne rencontra que scepticisme chez le général Sir Colin Gubbins du SOE et chez Sir Lomax, ex-agent secret, spécialiste de la guerre économique en Turquie, l'un des rares survivants du régime instauré par Sir Hughe à Ankara. Gubbins ne connaissait pourtant pas toutes les activités du MI-6., et Sir John n'avait certainement pas eu accès aux plans de mystification de Jael. Mais tous deux pensaient qu'il s'agissait en fait d'une tentative de Menzies pour « couvrir la stupidité de son service à Istanbul et Ankara. » Sir John, en particulier déclara qu'un de ses propres agents, un Turc de l'entourage proche du président Ismet Inonu, avait averti qu'un espion nommé Cicéron travaillait à l'ambassade britannique, et fournissait à von Papen les papiers les plus secrets de Sir Hughe. Or il s'avéra que cet avertissement n'avait été donné que juste avant la démission de Bazna, et après bien d'autres, émanant de sources différentes, qui présentaient Cicéron comme un espion. Quoi qu'il en soit il ressort de tout cela que Bazna se trouvait réellement sous contrôle britannique peu de temps après avoir commencé à photographier les documents.

Un autre témoignage concernant cette affaire ne nous semble pas négligeable : au début de décembre 1943, alors que Bazna travaillait pour les Allemands depuis un peu plus d'un mois, Moyzisch fut privé des services de sa secrétaire, celle-ci s'étant blessée gravement au doigt en refermant son coffre-fort. Elle se rendit alors en Allemagne pour se faire soigner. Une Allemande, Cornelia Kapp, la remplaça. Mlle Kapp était la fille d'un diplomate allemand. Alors qu'elle travaillait à Sofia, elle était tombée amoureuse d'un jeune Américain du personnel de George Earle, ex-gouverneur de Pennsylvanie, alors émissaire du président Roosevelt auprès du tsar Boris III. La mission d'Earle ayant pris fin quand la Bulgarie était entrée en guerre aux côtés de l'Allemagne, il avait été envoyé à Ankara comme attaché militaire, accompagné de son assistant, un agent de l'OSS. Mlle Kapp avait renoué alors avec son amoureux et l'avait épousé faisant par suite cette confidence intéressante :

> J'étais au courant de l'affaire Cicéron avant même d'être chargée d'ouvrir le courrier qui arrivait chaque soir de Berlin à l'ambassade d'Allemagne et j'avais tout le temps de copier les documents de Berlin indiquant

clairement que Cicéron se trouvait dans l'ambassade britannique elle-même... Je remettais ensuite les copies aux Américains tous les soirs... qui savaient depuis un certain temps qu'un homme connu sous le nom de Cicéron existait réellement... J'étais chargée d'établir son identité.

Voilà une preuve que les Américains n'ignoraient rien des activités de Bazna et de meilleures preuves encore semblent indiquer que les Anglais étaient au courant bien avant eux. Tout d'abord, par le Dr Erich Vermehren, fonctionnaire de l'Abwehr à Istanbul, qui était passé chez les Anglais avec sa femme, ex-comtesse von Plettenberg, en février 1944. Or, Vermehren appartenait à la Schwarze Kapelle et avait eu des contacts avec Tricycle (du comité XX) plusieurs semaines avant sa défection. Tricycle devait d'ailleurs reconnaître plus tard que la mère de Vermehren l'avait prévenu de l'existence de Cicéron par l'intermédiaire d'un collègue rencontré au Portugal pendant les dernières semaines de 1943 et qu'il en avait avisé immédiatement les Britanniques. Ensuite il y avait Ultra, alors en plein rendement, ne décryptant pas seulement les communications courantes de l'Abwehr, mais aussi une partie des messages diplomatiques allemands. Enfin, il est certain qu'un membre de l'entourage de von Papen transmettait à l'époque à l'OSS les informations les plus secrètes, car le dossier OSS sur la Turquie aux Archives Nationales ferait état de façon précise des sommes dépensées par Papen, leur destination et tous les détails de ses échanges avec l'étranger en lettres de change ou en espèces.

Mais il revient à Allen Dulles d'apporter la confirmation irréfutable que non seulement Bazna était connu des Anglais, mais qu'il était sous contrôle britannique. Dans ses mémoires « Reddition secrète », Dulles relate en effet comment la seconde semaine de décembre, Fritz Kolbe, son informateur au ministère des Affaires étrangères allemand, arriva avec les derniers télégrammes reçus au ministère, déclarant que les Allemands avaient deux espions dans l'appareil de commandement britannique. Joséphine à Stockholm, et Cicéron en Turquie. Dulles écrit à ce sujet :

> Entre autres documents, Kolbe en apportait un du plus grand intérêt pratique, car c'était le double d'un câble de l'ambassadeur d'Allemagne en Turquie signalant à Berlin avec satisfaction (en novembre 1943) l'acquisition de documents ultra-secrets de l'ambassade britannique à Ankara, grâce « à un important agent allemand ». C'était naturellement le célèbre Cicéron...

Kolbe communiqua trois télégrammes à Dulles, deux en date du 3 novembre 1943 et le troisième daté du 4 novembre 1943 : « Etant donné qu'une fuite de plan de la sécurité diplomatique anglaise, à un poste tel que celui d'Ankara, risquait d'être préjudiciable à la cause alliée partout ailleurs, remarqua Dulles dans une interview, je donnai à mon collègue britannique, le comte Vanden Huyvel, un double des télégrammes de Kolbe. » Les deux hommes se rencontrèrent dans une petite auberge à Bollingen à l'entrée de Berne et tous deux s'accordèrent sur la nécessité d'informer Londres afin d'arrêter la fuite. Mais trois jours plus tard, poursuit Dulles, « un Vanden Huyvel hors d'haleine arriva à mon bureau, me suppliant littéralement d'oublier tout ce qui touchait à ces câbles, et de n'engager aucune action relative à cette affaire, en particulier avec Kolbe. Le comte Vanden Huyvel ajouta que Londres « était au courant » et même s'il n'en dit rien, il m'apparut nettement que les Britanniques jouaient certaines cartes avec Cicéron. »

Quelle sorte de jeu jouaient-ils donc avec Cicéron ? Et pourquoi ? Les faits semblent indiquer que Cicéron était « un piège extrêmement habile », ainsi que le craignait von Papen lui-même, une ruse inscrite dans l'ensemble du plan Jael. Fait significatif, ne l'oublions pas, Bazna avait quitté l'ambassade britannique en homme libre. Mais encore plus significative était la nature des documents « vendus » aux Allemands. Après avoir rendu Bazna crédible à leurs yeux grâce aux documents de Sir Hughe — tactique courante de feinte qui rappelle le rôle du « courrier » dans le cas Dericourt — il devenait ainsi possible d'alimenter les Allemands en informations valables pour eux mais plus encore pour les Britanniques et pour les besoins du plan Jael.

En ce qui concerne la guerre psychologique et l'action politique, les documents Cicéron se révélèrent d'une valeur inestimable. En donnant aux Allemands des preuves indéniables de la puissance et de la détermination de la Grande Alliance, en montrant qu'il y avait peu d'espoir de la voir se briser, les documents ébranlèrent la hiérarchie nazie en leur laissant entrevoir une fin certaine. Au point que Himmler par exemple, autorisa Schellenberg à rouvrir des négociations avec l'OSS à Stockholm en vue d'obtenir un règlement de paix basé sur la destitution de Hitler. Il est donc certain que les documents Cicéron eurent une influence déterminante sur l'attitude des nazis face à la guerre, ainsi que sur leurs décisions tactiques. Tout en révélant à Hitler que les Alliés envahiraient l'Europe nord-ouest en 1944 depuis l'Angleterre — probabilité dont le Führer avait fait état dans sa directive 51 en novembre — ils n'excluaient pas une action alliée dans les Balkans. De sorte que les Allemands ne réduiraient pas à la fin de l'année leur puissante garnison du Sud-Est européen. Dans le cas contraire, le vol des documents aurait eu des conséquences désastreuses pour la cause alliée. Mais, telles que les choses se passèrent, Cicéron contribua à maintenir intacte cette garnison, et même à la *renforcer* — objectif précis du plan Jael.

Pour déterminer le succès réel de cette opération de mystification, il est nécessaire d'établir ce qu'en retirèrent les Allemands. Il est évident qu'ils obtinrent grâce à Cicéron le nom code d'Overlord. Mais à la fin de l'année, ce mot avait perdu de son importance. Jusqu'en septembre 1943 Overlord désignait en effet le plan des opérations d'invasion ; mais après septembre, et sur l'insistance des Britanniques, pour des « raisons de sécurité », il était devenu le nom de code général de la stratégie anglo-américaine dans l'Europe du Nord-Ouest, celui du débarquement — nom d'une importance vitale — se changeant en Neptune. Ainsi la possession du nom Overlord n'apportait rien aux Allemands sur le maître-secret du jour J : le lieu et le jour du débarquement en France. Ce qui prouverait que l'accusation de trahison de Staline contre les Anglais était fallacieuse. Il est également sûr que les papiers Cicéron donnaient des comptes rendus extrêmement détaillés de la grande conférence politique de 1943. Mais si ces comptes rendus étaient d'un immense intérêt pour les Allemands, ils n'avaient pas une réelle importance, puisqu'ils révélaient seulement que les Alliés voulaient détruire le Troisième Reich, mais nullement la manière dont ils entendaient procéder.

Pour en finir, il est exact que ces documents donnèrent à l'OKW quelque indication sur certaines opérations militaires alliées de second ordre. Par exemple le bombardement prévu sur Sofia le 15 janvier 1944, à propos duquel les Allemands ne prirent d'ailleurs aucune mesure préventive. Faut-il en conclure que les Anglais étaient prêts à laisser filtrer de telles informations, même à leurs dépens ? La réponse est oui. Ils l'étaient et le prouvèrent. Il fallait dans certains cas savoir abandonner des informations secondaires pour mieux tromper Hitler sur d'autres projets importants. Le principe était bien établi, seuls différaient les détails : une serviette tachée de sang pour la troisième bataille de Gaza, un cadavre flottant pour Mincemeat, le stratagème Dericourt et maintenant un kavass turc. Les Britanniques acceptaient les pertes — voire des pertes très sérieuses — qui résultaient de telles « ruses de guerre ». Masterman abonde dans ce sens en remarquant de son côté, à propos d'opérations similaires du comité XX : « Plus grand est l'avantage, plus grand est le prix à payer. » Or le prix à payer pour Cicéron n'était que fictif, les Britanniques n'ayant finalement donné aux Allemands aucun renseignement majeur. Bref, pour ceux qui persistaient à prétendre que Cicéron était une gigantesque erreur des Britanniques, Menzies devait avoir le dernier mot, quand il lança d'un ton sec, longtemps après que l'affaire Bazna ait perdu de son importance : « Bien entendu Cicéron était sous notre contrôle. »

Si telle est la vérité Cicéron a été le suprême triomphe de Jael. Voyant dans ces documents une menace alliée manifeste pour les Balkans, désireux d'entraîner les Britanniques aux abords de ses bastions méridionaux, Hitler se mit grâce à eux à y déverser des renforts qui devaient atteindre, le jour J, un total de vingt-cinq divisions comprenant des SS, des divisions aéroportées, des troupes de montagne et deux divisions blindées. Elles demeurèrent là, éloignées des batailles capitales, rivées sur place par la feinte, la menace, et les activités de harcèlement des partisans locaux accessoirement fomentées par les Britanniques. Avec les dix-huit divisions d'infanterie, de SS, de parachutistes et les sept divisions de blindés clouées en Italie, Hitler se voyait en fait privé au total des services de cinquante divisions dont neuf unités de Panzer si redoutées. On mesure mieux encore l'ampleur de cette dispersion de forces quand on la compare au nombre de divisions allemandes stationnées en France le jour J. Hitler ne disposait là que de cinquante divisions d'infanterie et de parachutistes, et de dix divisions blindées. Les forces qu'il était contraint d'engager sur les théâtres d'opérations des Balkans et de l'Italie représentaient un sixième de l'ensemble de ses troupes. Or n'importe laquelle de ces divisions, si elle avait été disponible en France, le jour J, eût suffi à retourner la situation !

N'était-ce pas là une preuve de l'efficacité du plan Jael et de la stratégie Churchill-Brooke ? A la fin de l'année 1943, l'empire de l'Axe se rétrécissait et se découvrait vulnérable de tous côtés. Après des mois de manœuvres et de contre-manœuvres, l'attaque principale contre la Normandie était décidée. Hitler avait eu beau déduire, comme aurait pu le faire n'importe quel stratège intelligent, que le Nord de la France serait le théâtre de la bataille la plus décisive de la guerre, et par conséquent décider de fortifier le secteur, le plan Jael réussissait sur deux points essentiels : il empêchait l'OKW de situer l'attaque sur un point précis de la côte de la Manche ; il empêchait aussi de dégarnir les Balkans pour renforcer les défenses à l'Ouest. Le Reich se trouvait acculé à défendre toutes les frontières des territoires occupés et son dilemme trouvait un réel écho dans cette interrogation exprimée par Jodl dans son journal, le jour de l'an :

> Intentions de l'ennemi pour 1944 :
> Le mur de l'Atlantique ou les Balkans ?

ON TROUVERA LES SOURCES, NOTES ET INDEX A LA FIN DU SECOND VOLUME : LA GUERRE SECRÈTE (LE JOUR J ET LA FIN DU IIIe REICH)

Glossaire

ABWEHR : Service de renseignement et de contre-espionnage de l'état-major général allemand.

ADMIRALSTAB : Etat-major naval allemand.

ADORATION : nom de code pour les opérations radio « silence » et « deception » (induction en erreur) de Fortitude Sud (Fortitude South).

A-FORCE : Organisation « deception » en Méditerranée et au Moyen-Orient.

AMT-MIL : Section d'acquisition du renseignement de l'état-major général allemand, succédant à l'Abwehr.

ANKARA COMMITTEE : Organisation anglo-américaine responsable du renseignement pour le Moyen-Orient, les Balkans et la Méditerranée orientale.

ANVIL : nom de code pour l'opération anglo-américaine dans le sud de la France en août 1944 (plus tard, « Dragoon »).

AVIS : voir « Messages personnels ».

BARBAROSSA : nom de code pour l'invasion allemande de la Russie en 1941.

BATAILLON DU CIEL (BATTALION OF HEAVEN) : 4e régiment SAS (chasseurs parachutistes), force française entraînée pour la guérilla, lâchée derrière les lignes allemandes à partir du jour J.

BCRA : Bureau central de renseignement et d'action, service secret de renseignement créé par de Gaulle.

BERNE REPORT : Fuite de documents diplomatiques allemands en 1943-1944 au profit d'Allen W. Dulles, chef de l'OSS à Berne.

BERTRAM : nom de code pour les opérations anglaises de couverture et de ruse, destinées à masquer l'offensive « Lightfoot » (Pied léger) de Montgomery en Afrique du Nord (1942).

BIGOT : nom de code du SHAEF indiquant qu'un document contient une information relative à Neptune et exige un traitement de haute sécurité. Désigne aussi la personne habilitée à connaître Neptune.

BODYGUARD : nom de code pour les opérations stratégiques de couverture et d'induction en erreur (« deception »), ayant pour but de dissimuler les intentions alliées pour le Nord-Ouest Europe en 1944 (primitivement « plan Jael »).

« THE BOMB » : (jargon des ingénieurs) désigne la machine à décoder les messages chiffrés Enigma.

BRISSEX : équipes britanniques de renseignement secret parachutées en France avant le jour J.

CASE GREEN : nom de code des opérations allemandes en vue d'occuper la Tchécoslovaquie.

CASE WHITE : nom de code des opérations allemandes en vue d'envahir la Pologne.

CASE YELLOW : nom de code des opérations allemandes en vue d'envahir les Pays-Bas, la Belgique et la France.

COBRA : nom de code de l'offensive Bradley pour briser les lignes allemandes à Saint-Lô en juillet 1944.

COCKADE : nom de code pour le grand projet d'induction en erreur du LCS, conçu en vue de dégager des forces allemandes des théâtres d'opérations russe et italien par la menace d'une invasion de l'Europe occidentale.

COMBINED CHIEFS OF STAFF (CCS) : Commandement suprême anglo-américain à Washington DC.

COMBINED INTELLIGENCE COMMITTEE (CIC) : Organisation d'évaluation du renseignement du CCS à Washington DC.

COMMANDO SUPREMO : Commandement suprême italien.

COONEYS : Equipes de Forces spéciales entraînées à disloquer les communications allemandes en Bretagne lors de Neptune.

COSSAC : Chef d'état-major, commandant allié suprême, quartiers généraux du CCS à Londres créés en 1943 pour réaliser Cockade et concevoir les plans d'Overlord et Neptune.

CROSSBOW : nom de code pour la campagne aérienne alliée contre les emplacements de départ des V 1.

CSM (Committee of Special Means) : département du SHAEF responsable de l'exécution des plans de couverture et d'induction en erreur. Appelé aussi « Ops-B ».

DIADEM : nom de code pour les opérations alliées en Italie en liaison avec Neptune et Overlord.

DOSSIERS VERT, BLANC, JAUNE : voir à CASE GREEN, WHITE, YELLOW.

ENIGMA : nom de la machine à coder utilisée généralement dans toute la Wehrmacht, par l'Abwehr et par les pays de l'Axe.

ETAPPE : « Etappendienst », organisation secrète de ravitaillement et de renseignement de la marine allemande.

ETAT-MAJOR GÉNÉRAL ALLEMAND : oligarchie militaire d'élite qui fabriquait les plans de l'armée allemande, sous la direction de l'OKW.

FAHNENEID : serment d'allégeance prêté par les services armés allemands à Hitler.

FELDGRAU : le soldat allemand. Appellation venant de la couleur vert-de-gris de son uniforme.

FH : Fremde Heere. Bureau d'évaluation de l'état-major général allemand.

FHO : Fremde Heere Ost. Section du Bureau d'évaluation chargée d'analyser le renseignement pour la Russie et les autres nations à l'est de l'Allemagne.

FHW : Fremde Heere West. Section du Bureau d'évaluation chargée d'analyser le renseignement en ce qui concerne les Alliés occidentaux.

FLASH : nom de code de l'opération manquée pour assassiner Hitler en 1943 en introduisant une bombe dans son avion.

FORSCHUNGSAMT : Service de renseignement pour les Communications, appartenant à la Luftwaffe, et, plus tard, annexe des services de renseignement du parti nazi.

FORTITUDE : nom de code des opérations de couverture et d'induction en erreur, en vue de dissimuler les secrets de Neptune.

FORTITUDE NORTH : nom de code des opérations de couverture et d'induction en erreur prévues pour les pays scandinaves.

FORTITUDE SOUTH : nom de code des opérations de couverture et d'induction en erreur prévues sur les côtes françaises et belges de la Manche.

FORTITUDE SOUTH II : nom de code des opérations de couverture et d'induction en erreur poursuivies après le jour J, appelées aussi « Rosebud ».

F SECTION : Section du SOE chargée des opérations spéciales contre les Allemands en France et dans les territoires occupés.

FÜHRERHAUPTQUARTIER : Quartier général du Führer.

FUSAG : 1er groupe d'armée des Etats-Unis, la force alliée presque totalement imaginaire supposée réunie dans le sud-est de l'Angleterre pour envahir le Pas-de-Calais en 1944.

GAFF : nom de code pour l'opération spéciale visant à tuer ou à enlever Rommel en France, en 1944.

GC & CS : Code du gouvernement et école du chiffre, nom de couverture pour la principale organisation de crypto-analyse britannique, dépendant du Foreign Office, située à Bletchley.

GERMAN GENERAL STAFF : voir à « Etat-major Général Allemand ».

GLIMMER : nom de code pour l'opération « deception » qui simulait la présence d'une flotte d'invasion au large de Boulogne le jour J.

GOODWOOD : nom de code de l'offensive Montgomery pour briser les lignes allemandes à Caen en juillet 1944.

HALCYON : nom de code pour le jour Y, lorsque tous les préparatifs de l'invasion en Normandie furent achevés.

HUFF-DUFF : Procédé de recherche haute fréquence permettant de repérer l'emplacement des navires ennemis et des stations d'émission en « faisant le point » du trafic radio.

HUSKY : nom de code pour l'invasion de la Sicile en 1943.

INTERALLIÉ : premier réseau MI-6 à Paris en 1940-41.

IRONSIDE : nom de code de l'opération « couverture et deception » en direction de Bordeaux et de la côte basque, une composante de Fortitude South.

JADE AMICOL : le principal réseau MI-6 pour Paris et le nord de la France en 1943-1944.

JAEL : nom de code des opérations « couverture et deception » en vue de cacher les intentions alliées en Europe en 1943 ; plus tard « plan Bodyguard ».

JEDBURGHS : Equipes de forces spéciales, constituées d'un Américain, d'un Britannique et d'un Français, entraînées pour organiser et diriger le « maquis » français.

JOINT CHIEFS OF STAFF (JCS) : Haut Commandement américain à Washington, DC.

JOINT INTELLIGENCE COMMITTEE (JIC) : nom donné aux plus hautes instances d'évaluation à Londres et à Washington.

JOINT PLANNING STAFF (JPS) : Organisation de « planning » militaire britannique, dont le LCS était un élément.

JOINT SECURITY CONTROL (JSC) : Organisation US dépendant du JCS (cf. ci-dessus), chargée de la sécurité militaire et des opérations de cryptoanalyse, ainsi que de la coordination des opérations « deception » ; homologue américain du LCS.

JUBILEE : nom de code du raid allié sur Dieppe en août 1942.

JUPITER : nom de code pour le projet Churchill d'invasion de la Norvège septentrionale.

KONDOR (Mission) : Réseau de renseignement allemand au Caire.

KRIEGSMARINE : marine de guerre allemande.

LCS : LONDON CONTROLLING SECTION : Organisation à l'intérieur du JPS (cf. ci-dessus), au QG de Churchill, chargée de concevoir et de coordonner les plans stratégiques « couverture et deception » pour tous les théâtres de guerre.

LIGHTFOOT (« Pied Léger ») : nom de code de l'offensive Montgomery à El-Alamein en octobre 1942.

LISBON REPORT : Documents relatifs aux fusées et aux missiles allemands, tombés entre les mains des Anglais au Portugal en 1943.

LONDON GROUP : Section du SOE chargée des opérations spéciales en Europe occidentale.

LUFTWAFFE : aviation militaire allemande.

LÜTTICH : nom de code de la contre-offensive allemande en Normandie en août 1944.

MAGIC : nom de code américain appliqué au décryptage du trafic radio japonais chiffré Enigma.

MARTIANS : nom de code de l'organisation d'évaluation COSSAC-SHAEF à Londres.

MENACE : nom de code de l'opération manquée anglo-française pour occuper Dakar en 1940.

MESSAGES PERSONNELS : Système anglais de communication avec les réseaux de résistance européens, généralement par messages parlés à la BBC, appelés aussi « Avis ».

MI-5 : Service de contre-espionnage et de sécurité britannique.

MI-6 : Service secret de renseignement anglais.

MI-9 : Section du War Office chargée de créer des filières d'évasion en Europe.

MINCEMEAT (« Chair à pâté ») : nom de code d'une opération « deception » en 1943, utilisant un cadavre portant des documents fictifs incitant les Allemands à croire que les Alliés débarqueraient plutôt en Grèce et dans le Midi de la France qu'en Sicile ; appelée aussi « Cheval de Troie » (Trojan Horse).

MOONSHINE : « gadget » électronique mis au point pour amplifier et refléter les impulsions des radars allemands et créer ainsi l'illusion d'approche d'un grand nombre de navires ou d'avions.

MULBERRY : nom de code des deux ports artificiels ancrés au large des côtes normandes, permettant de ravitailler les forces alliées.

NEPTUNE : nom de code de la pénétration en Normandie, phase d'assaut de l'opération Overlord.

OKW : Oberkommando der Wehrmacht. Le Haut Commandement allemand.

ORGANISATION TODT : l'Organisation Todt. Organisation paramilitaire allemande, formée d'ingénieurs et de travailleurs, chargée de la construction (ouvrages civils et militaires).

Oslo Report : Documents décrivant les programmes de développement de l'armement allemand, délivrés anonymement à l'ambassade britannique à Oslo en 1939.

OSS : Office of Strategic Services. Le service secret US de renseignement et d'opérations spéciales.

OSS (SI) : Branche de l'OSS « secret et renseignement ».

OSS (SO) : Branche de l'OSS « opérations spéciales » ; homologue américain du SOE.

OSSEX : équipes secrètes de renseignement parachutés en France avant le jour J.

Overlord : nom de code des plans et des opérations stratégiques alliées dans le nord-ouest Europe en 1944-1945.

Overthrow : nom de code d'opérations « deception » suggérant que les Alliés envahiraient l'Europe en 1942.

OWI : Office of War Information. L'agence US de la guerre politique.

Pointblank : nom de code de l'offensive combinée alliée de bombardement contre les industries et les villes allemandes avant le jour J.

Princes : Le Service secret (clandestin) de renseignement au Danemark.

PWE : Political Warfare Executive. L'agence anglaise de guerre politique.

Quicksilver : nom de code des opérations « couverture et deception » concernant « FUSAG », menaçant d'envahir le Pas-de-Calais.

Rankin : nom de code des plans alliés dans l'éventualité d'un effondrement de l'Allemagne.

Rapport de Berne : v. Berne Report.

Rapport de Lisbonne : v. Lisbon Report.

Rapport d'Oslo : v. Oslo Report.

Ratissage : Jargon du service secret désignant la chasse à l'homme dans le contre-espionnage.

Reichskanzlei : Chancellerie du Reich. Quartiers généraux de Hitler à Berlin.

Réseau : nom désignant l'organisation clandestine d'espionnage et de renseignement dans les territoires occupés par les Allemands.

R-Force : Organisation « deception » au QG de Montgomery.

Roundup : nom de code pour les opérations proposées par les Américains en France en 1942-1943 (projets stratégiques et tactiques) ; voir aussi « Sledgehammer ».

Rutter : nom de code du raid projeté sur Dieppe en juillet 1942 ; retardé, puis finalement exécuté (« Operation Jubilee »).

SAS : Special Air Service. Organisation militaire anglaise entraînée à poursuivre des missions spéciales derrière les lignes allemandes.

SCHWARZE KAPELLE : nom sous lequel les nazis désignaient les conspirateurs de l'armée allemande et de l'Abwehr.

SD : Sicherheitsdienst. Le Service de sécurité de renseignement et de contre-espionnage des SS.

SEALION : nom de code du plan allemand d'invasion de la Grande-Bretagne en 1940-1941.

SHAEF : Supreme Headquarters Allied Expeditionary Force. Commandement anglo-américain créé pour concevoir et exécuter Overlord et Neptune sous le CCS (v. supra) à Washington.

SIM : Servizio Informazione Segreto. Le Service secret italien.

SKYE : nom de code des opérations « couverture et deception », création d'une force anglo-américaine fictive en Ecosse qui « envahirait » la Norvège ; une composante de Fortitude North.

SLEDGEHAMMER : nom de code pour le projet américain d'invasion de la France en 1942.

SLU's : Unités Spéciales de Liaison (du MI-6) auprès de chaque Haut Commandement allié, chargées de distribuer et de protéger l'information provenant d'Ultra.

SOE : Special Operations Executive. Organisation anglaise secrète créée en 1940 pour soulever, armer, entraîner et financer des armées de patriotes dans les territoires occupés par les Allemands et les Japonais, ainsi que dans les pays faisant partie de l'Axe.

SPECIAL PLANS BRANCH : Organisation « deception » au QG de Bradley.

SS : Schutzstaffel. L'organisme politique et militaire du parti nazi à travers lequel Hitler gouverna l'Allemagne et les territoires occupés.

STARKEY : nom de code d'une opération « deception » ayant pour but d'inciter la Luftwaffe à sortir, et de faire craindre une invasion du Pas-de-Calais au cours de l'été 1943.

SUSSEX : nom de code d'opérations de parachutage d'équipes de renseignement américaines et anglaises en France avant le jour J (*cf* « Brissex », « Ossex »).

TAXABLE : nom de code pour une opération « deception » qui simulait la présence d'une flotte de débarquement au large du cap d'Antifer le jour J.

TELECOMMUNICATIONS RESEARCH ESTABLISHMENT (TRE) : Organisation anglaise pour la recherche et le développement radio et radar.

TINDALL : nom de code d'opérations « deception » suggérant une invasion anglo-américaine de la Norvège en 1943 ; un élément de Cockade.

TITANIC : nom de code d'une opération « deception » aéroportée le jour J créant l'illusion d'un parachutage massif de troupes en France, dans le secteur Neptune.

TORCH : nom de code désignant l'information issue du décryptage du trafic radio allemand chiffré Enigma.

Vendetta : Opération « deception » faisant croire à une attaque contre le sud de la France, en liaison avec Fortitude South.

Wadham : Opération « deception » suggérant une invasion anglo-américaine de la Bretagne en 1943 ; une composante de Cockade.

Walkyrie : Plan allemand de maintien de l'ordre intérieur dans le cas d'une réussite du complot de la Schwarze Kapelle, et instrument de la prise de pouvoir.

Wehrmacht : l'armée allemande.

Window : Feuilles et rubans métalliques lâchés d'avion pour brouiller la réception radar allemande.

X2 : Contre-espionnage et manipulation d'agents (une branche de l'OSS).

XX-Committee : Organisation du MI-5 pour le contrôle et la manipulation des agents doubles.

X-Gerät : Procédé de radio-navigation utilisé par les bombardiers allemands pour les bombardements sans visibilité en 1940.

Y Service : Services techniques de communication de l'information dans les armées anglaise et allemande.

Zeppelin : Opérations « deception » dirigées sur les pays du sud et du sud-est européen en 1943-1944.

Abréviations

AFHQ	Air Force Headquarters. *QG Air Force.*
BAOR	British Army of the Rhine. *Armée britannique du Rhin.*
CCS	Combined Chiefs of Staff. *Chefs d'état-major combiné.*
CIAP	Copy in Author's Possession. *Exemplaire en possession de l'auteur.*
COS	Chiefs of Staff. *Chefs d'état-major.*
COSSAC	Chief-of-Staff Supreme Allied Command. *Chef d'état-major du Commandement allié Suprême.*
CSDIC	Combined Services Detailed Interrogation Center. *Services combinés du Centre d'interrogation détaillée.*
DRB	Diplomatic Records Branch. *Section des dossiers diplomatiques.*
ED	Eisenhower Diary, Eisenhower Library, Abilene, Kansas. *Journal d'Eisenhower, bibliothèque Eisenhower, Abilene, Kansas.*
EDS	Enemy Documents Section. *Section des documents ennemis.*

EPF	Eisenhower Personal File, Eisenhower Library Abilene, Kansas. *Dossier personnel d'Eisenhower, biblioth. Eisenhower, Abilene.*
ETOUSA	European Theater of Operations, United States Army. *Théâtre européen des opérations, Armée des Etats-Unis d'Amérique.*
FBIS	Foreign Broadcasting Intelligence Service. *Emissions (radio) étrangères, Service du Renseignement.*
FC	Fraenkel Collection, Thaxted, England. *Collection Fraenkel, Thaxted, Angleterre.*
FCC	Federal Communications Commission. *Commission fédérale des communications.*
HI	Hoover Institution on War, Revolution and Peace, Stanford, California. *Fondation Hoover pour la guerre, la révolution et la paix, Stanford, Californie.*
IWM	Imperial War Museum, London. *Musée impérial de la guerre, Londres.*
JCS	Joint Chiefs of Staff. *Chefs d'état-major réunis.*
JSC	Joint Security Control. *Contrôle commun de la sécurité.*
KC	Karlsruhe Collection, US Air Force Historical Branch Maxwell Air Force, Montgomery, Alabama. *Collection Karlsruhe, département historique de l'US Air Force, Base Air Force Maxwell, Montgomery, Alabama.*
MAAFHQ	Mediterranean Allied Air Forces Headquarters. *QG des forces aériennes alliées en Méditerranée.*
MAFB	Maxwell Air Force Base, Montgomery, Alabama. *Base Air Force Maxwell, Montgomery, Alabama.*
MID	Military Intelligence Division. *Division du Renseignement militaire.*
MMR	Modern Military Records. *Documents militaires modernes.*
NA	National Archives, Washington, D.C. *Archives nationales, Washington, D.C.*
OAB	Operational Archives Branch, US Navy, Washington, D.C. *Département des archives opérationnelles, US Navy, Washington, D.C.*
OCMH	Office of the Chief of Military History, US Army, Washington, D.C. *Bureau du Chef de l'Histoire militaire, Armée des Etats-Unis.*

OMR	Old Military Records. *Documents militaires anciens.*
ONI	Office of Naval Intelligence. *Bureau du Renseignement naval.*
OPD	Operations and Plans Division. *Division des opérations et des plans.*
OSS	Office of Strategic Services. *Bureau des services stratégiques.*
OUP	Of Unknown Provenance. *d'origine inconnue.*
PRO	Public Records Office, London. *Bureau des documents publics, Londres.*
R&A	Research and Analysis. *Recherche et analyse.*
RUSI	Royal United Services Institute. *Institut Royal Uni des services.*
SAS	Special Air Service. *Services aériens spéciaux.*
SC	Shuster Collection, Modern Military Records. National Archives Washington, D.C. *Collection Shuster, Documents militaires modernes, Archives Nationales, Washington, D.C.*
SDA	State Department Archives. *Archives du Département d'Etat.*
SDDLRS	State Department Division of Libraries and Reference Services Washington, D.C. *Département d'Etat, Division des bibliothèques et des services de livres de référence. Washington, D.C.*
SGS	Secretary, General Staff. *Secrétaire, état-major général.*
SHAEF	Supreme Headquarters Allied Expeditionary Force. *Quartier Général Suprême des forces expéditionnaires alliées.*
USDA	United States Department of the Army. *Etats-Unis, Département de l'Armée.*
USFET	United States Forces European Theater. *Forces armées des Etats-Unis, théâtre européen.*
USJCS	United States Joint Chiefs of Staff. *Chefs d'état-major réunis US.*
WDGS	War Department General Staff. *Département à la Guerre, état-major général.*

WDGSS	War Department General and Special Staffs. *Département à la Guerre, état-major général et état-major spécial.*
WNRC	Washington National Records Center, Suitland, Maryland. *Centre Washington de documents nationaux, Suitland, Maryland.*

Bibliographie

Alanbrooke, Viscount. *Diaries*. Edited by Sir Arthur Bryant. 2 vols. London: Collins, 1957–59.

Alexander of Tunis, Earl. *Memoirs, 1940–45*. Edited by J. North. London: Cassell, 1962.

Alsop, Stewart, and Braden, Thomas. *Sub Rosa: The OSS and American Espionage*. New York: Harcourt, Brace & World, 1964.

Ambrose, Stephen E. *The Supreme Commander: The War Years of General Dwight D. Eisenhower*. New York: Doubleday, 1970.

Amort, C., and Jedlicka, M. *The Canaris File*. Translated by M. Parker and R. Gheysens. London: Wingate, 1970.

Armstrong, Anne. *Unconditional Surrender*. New Brunswick, N.J.: Rutgers Univ. Press, 1961.

Aron, Robert. *De Gaulle Before Paris: The Liberation of France, June–August 1944*. Translated by Humphrey Hare. New York: Putnam, 1962.

———. *France Reborn: The History of the Liberation, June 1944–May 1945*. Translated by Humphrey Hare. New York: Scribners, 1964.

Aster, Sidney. *1939: The Making of the Second World War*. New York: Simon & Schuster, 1974.

Astley, Joan Bright. *The Inner Circle*. London: Hutchinson, 1971.

Attlee, Clement R. *As It Happened*. London: Heinemann, 1954.

Avon, The Earl of. *The Eden Memoirs*. London: Cassell, 1960–1965. Vol. 3, *The Reckoning*, 1965.

Barkas, G. *The Camouflage Story*. London: Cassell, 1952.

Bartz, K. *The Downfall of the German Secret Service*. Translated by E. Fitzgerald. London: Kimber, 1956.

Bazna, Elyesa. *I Was Cicero*. Translated by Eric Mosbacher. New York: Harper & Row, 1962.

Bekker, Cajus. *The Luftwaffe War Diaries*. New York: Doubleday, 1968.

Belgium, The Official Account of What Happened, 1939–40. Published for the Belgium Ministry of Foreign Affairs, New York, 1941.

Bernstein, Jeremy. *The Analytical Engine: Computers—Past, Present and Future*. New York: Random House, 1963.

Bertrand, G. *Enigma ou le Plus Grande Enigme de la Guerre 1939–1945*. Paris: Librairie Plon, 1973.

Best, S. P. *The Venlo Incident*. London: Hutchinson, 1950.
Bethge, Eberhard. *Dietrich Bonhoeffer*. London: Collins, 1970.
Birse, Arthur H. *Memoirs of an Interpreter*. New York: Coward, McCann, 1967.
Bleicher, Hugo. *Colonel Henri's Story*. Translated by Ian Colvin. London: Kimber, 1954.
Blumenson, Martin. *Breakout and Pursuit*. Washington, D.C.: Department of the Army, 1961.
———. *Anzio: The Gamble That Failed*. Philadelphia: Lippincott, 1963.
———. *The Patton Papers 1940–1945*. Boston: Houghton Mifflin, 1974.
Bonhoeffer, Dietrich. *Letters and Papers from Prison*. Rev. ed. Edited by Eberhard Bethge. New York: Macmillan, 1967.
Boveri, Margaret. *Treason in the 20th Century*. Translated by Jonathan Steinberg. New York: Putnam, 1963.
Bradley, Omar N. *A Soldier's Story*. New York: Henry Holt, 1951.
Brickhill, P. *The Dam Busters*. War Classics Series. London: Evans, 1966.
Buckley, Christopher. *Norway; The Commandos; Dieppe*. Popular Military History series. London: HMSO, 1951.
Buckmaster, Maurice J. *Specially Employed*. London: Batchworth, 1952.
Bulloch, John. *M.I. 5*. London: Barker, 1963.
Bullock, Alan. *Hitler—A Study in Tyranny*. Rev. ed. New York: Harper & Row, 1963.
Butcher, Harry. *My Three Years with Eisenhower*. New York: Simon & Schuster, 1946.
Campbell, James. *The Bombing of Nuremberg*. New York: Doubleday, 1974.
Carré, M.-L. *I Was The "Cat."* Translated by M. Savill. London: Four Square Books, 1961.
Carroll, Wallace. *Persuade or Perish*. New York: Houghton Mifflin, 1948.
Catton, Bruce. *The War Lords of Washington*. New York: Harcourt Brace, 1948.
Churchill, Right Hon. Winston S. *The Great War*. 3 vols. London: George Newnes, 1933.
———. *The Second World War*. 6 vols. London: Cassell, 1948–54.
Ciano, Galeazzo. *The Ciano Diaries, 1939–1943*. New York: H. Fertig, 1973.
Clark, Alan. *Barbarossa: The Russian-German Conflict, 1941–1945*. New York: Morrow, 1965.
Clark, Mark W. *Calculated Risk*. New York: Harper & Bros., 1950.
Cline, Ray S. *Washington Command Post: The Operations Division*. Washington, D.C.: Department of the Army, 1951.
Collier, Basil. *The Defence of the United Kingdom*. London: HMSO, 1957.
Collier, Richard. *Ten Thousand Eyes*. New York: Dutton, 1958.
Collins, Larry, and Lapierre, Dominique. *Is Paris Burning?* London: Gollancz, 1965.
Colvin, Ian. *Master Spy*. New York: McGraw-Hill, 1951.
———. *Vansittart in Office: The Origins of World War II*. London: Gollancz, 1965.
Combined Operations Command. *Combined Operations. Great Britain*. New York: Macmillan, 1943.
Connell, J. *Auchinleck: A Critical Biography*. London: Cassell, 1959.
———. *Wavell*. Edited by M. Roberts. 2 vols. London: Collins, 1969.
Cookridge, E. H. *Inside S.O.E.* London: Barker, 1966.
Cookson, John, and Nottingham, Judith. *A Survey of Chemical and Biochemical Warfare*. London: Sheed & Ward, 1969.

Craig, Gordon A., and Gilbert, Felix, eds. *The Diplomats 1919–1939.* 2 vols. Princeton, N.J.: Princeton Univ. Press, 1953.

Craven, Wesley F., and Cate, James L., eds. *The Army Air Forces in World War II.* 6 vols. Chicago: Univ. of Chicago Press, 1949–58. Vol. 3, *Europe: Argument to VE Day, January 1944 to May 1945,* 1951.

Cretzianu, A. *The Lost Opportunity.* London: Cape, 1957.

Cunningham, Andrew B. *A Sailor's Odyssey.* New York: Dutton, 1951.

Dalton, Hugh. *Memoirs.* London: Muller, 1953–62. Vol. 2, *The Fateful Years,* 1957.

Dansette, A. *Histoire de la Liberation de Paris.* Paris: Fayard, 1959.

Deacon, R. *A History of the British Secret Service.* London: Muller, 1969.

Deakin, F. W. *The Brutal Friendship: Mussolini's Last Years.* London: Weidenfeld & Nicolson, 1962.

Deane, John R. *The Strange Alliance: The Story of Our Efforts at Wartime Cooperation with Russia.* New York: Viking, 1947.

De Gaulle, Charles. *Appels et Discours, 1940–1944.* Published clandestinely, 1944.

———. *War Memoirs.* 3 vols. New York: Simon & Schuster, 1958–1960.

De Guingand, Sir Francis W. *Operation Victory.* New York: Scribners, 1947.

———. *Generals at War.* London: Hodder & Stoughton, 1964.

De Launay, J., ed. *European Resistance Movements, 1939–1945: In English, French and German.* 2 vols. London: Pergamon, 1960–64.

Delmer, Sefton. *Black Boomerang.* New York: Viking, 1962.

———. *The Counterfeit Spy.* New York: Harper & Row, 1971.

Dennett, Raymond, and Johnson, J. E., eds. *Negotiating with the Russians.* Boston: World Peace Foundation, 1951.

Deutsch, Harold C. *The Conspiracy Against Hitler in the Twilight War.* Bloomington, Minn.: Univ. of Minnesota Press, 1968.

Dewavrin, André. *Souvenirs.* Paris: Librairie Plon, 1951.

Dilks, David, ed. *The Diaries of Sir Alexander Cadogan 1938–1945.* New York: Putnam, 1972.

Doenitz, Karl. *Memoirs.* London: Weidenfeld & Nicolson, 1959.

Dourlein, Peter. *Inside North Pole.* London: Kimber, 1953.

Dulles, Allen W. *The Craft of Intelligence.* New York: Harper & Row, 1963.

———. *Germany's Underground.* London: Macmillan, 1947.

———. *The Secret Surrender.* New York: Harper & Row, 1966.

Dupuy, Richard E., and Dupuy, Trevor N. *The Encyclopedia of Military History.* London: Macdonald, 1970.

———. *The Military Heritage of America.* New York: McGraw-Hill, 1956.

Ehrlich, B. *The French Resistance.* London: Chapman and Hall, 1966.

Ehrman, J. *Grand Strategy, August 1943–September 1944.* London: HSMO, 1956.

Eisenhower, Dwight D. *Crusade in Europe.* New York: Avon, 1968.

———. *General Eisenhower on the Military Churchill: A Conversation with Alastair Cooke.* New York: Norton, 1970.

———. *The Papers of Dwight David Eisenhower: The War Years.* Edited by Alfred D. Chandler, Jr. 5 vols. Baltimore: Johns Hopkins Press, 1970.

Ellis, L. F., and Warhurst, A. E. *Victory in the West.* Vol. 1. United Kingdom Military History series. London: HMSO, 1962.

Ellsberg, Edward. *The Far Shore.* New York: Dodd, Mead, 1960.

Essame, Hubert, and Belfield, E. M. G. *Normandy Bridgehead.* New York: Ballantine, 1970.

Farago, Ladislas. *The Broken Seal: "Operation Magic" and the Secret Road to Pearl Harbor*. New York: Random House, 1967.
———. *The Game of the Foxes: The Untold Story of German Espionage in the United States and Great Britain during World War II*. New York: McKay, 1971.
———. *Patton—Ordeal and Triumph*. New York: Obolensky, 1964.
Farran, R. *Winged Dagger: Adventures on Special Service*. London: Collins, 1948.
Feis, H. *Churchill, Roosevelt, Stalin: The War They Waged and the Peace They Sought*. Princeton, N.J.: Princeton Univ. Press, 1957.
Fergusson, Bernard. *The Watery Maze: The Story of Combined Operations*. New York: Holt, Rinehart and Winston, 1961.
First Infantry Division, U.S. Army. *Danger Forward, A History with Introduction by Hanson W. Baldwin*. U.S.: Albert Love Enterprises, 1947.
Fitzgibbon, Constantine. *The Shirt of Nessus*. New York: Norton, 1957.
Fleming, Peter. *Operation Sea Lion*. New York: Simon & Schuster, 1957.
Flicke, W. F. *Rote Kapelle*. Düsseldorf: Hilden, 1949.
———. *War Secrets in the Ether*. 2 vols. Washington, D.C.: National Security Agency, 1954.
Flower, Desmond, and Reeves, James, eds. *The Taste of Courage: The War 1939–45*. New York: Harper & Bros., 1960.
Foot, M. R. D. *S.O.E. In France*. London: HMSO, 1966.
Foote, Alexander [pseud.]. *Handbook for Spies*. New York: Doubleday, 1949.
Ford Corey. *Donovan of OSS*. Boston: Little, Brown, 1970.
Ford, Corey, and McBain, Alastair. *Cloak and Dagger: The Secret Story of OSS*. New York: Random House, 1946.
Forrestal, James. *Diaries*. Edited by Walter Millis. New York: Viking, 1951.
Frank, Owen. *The Eddie Chapman Story*. London: Wingate, 1953.
Frank, Wolfgang. *The Sea Wolves*. Translated by R. O. B. Long. New York: Rinehart, 1955.
Freidin, Seymour, and Richardson, William, eds. *The Fatal Decisions*. Translated by Constantine Fitzgibbon. New York: Sloane, 1956.
Fuller, J. F. C. *The Second World War, 1939–1945: A Strategical and Tactical History*. New York: Duell, Sloane & Pearce, 1949.
Fuller, Jean Overton. *Born for Sacrifice*. London: Pan, 1957.
———. *Double Webs*. New York: Putnam, 1958.
———. *Madeleine*. London: Gollancz, 1952.
———. *The Starr Affair*. London: Gollancz, 1954.
Funk, Arthur L. *Charles de Gaulle: The Crucial Years, 1943–44*. Norman, Okla.: Univ. of Oklahoma Press, 1959.
Galland, Adolf. *The First and the Last: The German Fighter Force in World War II*. Translated by M. Savill. London: Methuen, 1955.
Garby-Czerniawski, Roman. *The Big Network*. London: Ronald, 1961.
Garlinski, J. *Poland, S.O.E. and the Allies*. Translated by P. Stevenson. London: Allen & Unwin, 1969.
Gehlen, Reinhard. *The Service: The Memoirs of General Reinhard Gehlen*. Translated by David Irving. New York: World, 1972.
Gilbert, Felix. *Hitler Directs His War*. New York: Oxford Univ. Press, 1950.
Gisevius, H. B. *To the Bitter End*. Translated by R. and C. Winston. London: Cape, 1948.
Giskes, H. J. *London Calling North Pole*. London: Kimber, 1953.

Goebbels, Joseph. *Diaries, 1942–1943*. Edited and translated by Louis P. Lochner. New York: Doubleday, 1948.

Goerlitz, Walter. *History of the German General Staff, 1657–1945*. Translated by Brian Battershaw. New York: Praeger, 1953.

Gordon, David L., and Dangerfield, R. J. *The Hidden Weapon: The Story of Economic Warfare*. New York: Harper & Bros., 1947.

Grunberger, Richard. *The Twelve-Year Reich: A Social History of Nazi Germany, 1933–1945*. New York: Holt, Rinehart and Winston, 1971.

Guderian, Heinz. *Panzer Leader*. New York: Ballantine, 1972.

Guillaume, P. *La Sologne au Temps de l'Heroisme et de la Traison*. Orleans: Imprimerie Nouvelle, 1950.

Hagen, Louis. *The Secret War for Europe*. New York: Stein & Day, 1969.

Halder, H. *Hitler as Warlord*. Translated by P. Findlay. London: Putnam & Co., 1950.

Harris, L. H. *Signal Venture*. Aldershot, U. K.: Gale and Polden, 1951.

Harrison, Gordon A. *Cross-Channel Attack*. Washington, D.C.: Department of the Army, 1951.

Hassell, Ulrich von. *The Von Hassell Diaries, 1938–1944*. 1947. Reprint. Westport, Conn.: Greenwood Press, 1971.

Hassett, William D. *Off the Record with F.D.R., 1942–1945*. New Brunswick, N.J.: Rutgers University Press, 1958.

Haukelid, Knut. *Skis Against the Atom*. Translated by Lyon. London: Kimber, 1954.

Hayn, F. *Die Invasion*. Heidelberg: Vowinckel, 1954.

Henderson, Sir N. *Failure of a Mission*. London: Hodder & Stoughton, 1940.

Herington, John. *Air Power Over Europe, 1944–1945*. Canberra: Australian War Memorial, 1963.

Hislop, J. *Anything But A Soldier*. London: Michael Joseph, 1965.

Hitler, Adolph. *Hitler's Secret Conversations, 1941–1944*. New York: Farrar, Straus and Young, 1953.

Hoegner, W. *Der Schwierige Aussenseiter*. Munich: Isar Verlag, 1959.

Hoettl, Wilhelm. *The Secret Front: The Story of Nazi Political Espionage*. Translated by R. H. Stevens. New York: Praeger, 1954.

Höhne, H. *The Order of the Death's Head: The Story of Hitler's SS*. Translated by R. Barry. London: Secker & Warburg, 1969.

Höhne, Heinz, and Zolling, Hermann. *The General Was A Spy: The Truth about General Gehlen and His Spy Ring*. New York: Coward, McCann & Geoghegan, 1972.

Howarth, P., ed. *Special Operations*. London: Routledge, 1955.

Hull, Cordell. *Memoirs*. New York: Macmillan, 1948.

Hunt, Sir. David. *A Don at War*. London: Kimber, 1966.

Hyde, H. M. *Cynthia*. London: Hamish Hamilton, 1966.

———. *Room 3603: The Story of the British Intelligence Center in New York During World War II*. New York: Farrar, Straus, 1952.

Ingersoll, R. *Top Secret*. New York: Harcourt Brace, 1946.

International Military Tribunal. *The Trial of the Major War Criminals before the International Military Tribunal, Nuremberg, 14 November 1945–1 October 1946*. London: HMSO, 1947–49.

Irving, David. *The German Atomic Bomb*. New York: Simon & Schuster, 1968.

———. *The Mare's Nest*. Boston: Little, Brown, 1965.

Jackson, W. G. F. *The Battle for Italy*. British Battles series. London: Batsford, 1967.
James, Clifton. *I Was Monty's Double*. London: Rider, 1954.
John, Otto. *Twice Through the Lines*. Translated by R. H. Barry. Harper & Row, 1973.
Joslen, H. F. ed. *Orders of Battle: 1939–1945*. Vol. 1. United Kingdom Military History series. London: HMSO, 1960.
Kahn, David. *The Codebreakers*. New York: Macmillan, 1967.
Kallay, Miklos. *Hungarian Premier: A Personal Account of a Nation's Struggle in the Second World War*. New York: Columbia Univ. Press, 1954.
Kennedy, Sir John. *The Business of War*. London: Hutchinson, 1957.
Kimche, J. *Spying for Peace*. London: Weidenfeld & Nicolson, 1961.
King, Ernest Joseph, and Whitehill, W. M. *Fleet Admiral King*. New York: Norton, 1952.
Kirkpatrick, Lyman B. *The Real CIA*. New York: Macmillan, 1968.
Knatchbull-Hugessen, Sir H. *Diplomat in Peace and War*. London: John Murray, 1949.
Kramarz, J. *Stauffenberg—The Life and Death of an Officer*. Translated by R. H. Barry. London: Deutsch, 1967.
Langelaan, G. *Knights of the Floating Silk*. London: Hutchinson, 1959.
Leahy, W. *I Was There*. New York: Whittlesey, 1950.
Leasor, J. *War at the Top*. London: Michael Joseph, 1959.
Lee, Asher. *Blitz on Britain*. London: Four Square, 1960.
Lerner, Daniel. *Psychological Warfare Against Nazi Germany: The Skywar Campaign D-Day to VE-Day*. Cambridge, Mass.: MIT Press, 1971.
Leverkuehn, P. *German Military Intelligence*. Translated by R. H. Stevens and Constantine Fitzgibbon. London: Weidenfeld & Nicolson, 1954.
Lewin, Ronald. *Rommel as Military Commander*. Military Commanders series. London: Batsford, 1969.
Liddell Hart, B. H. "The Military Strategist," in A. J. P. Taylor, *Churchill Revised*. New York: Dial Press, 1969.
———. *The German Generals Talk*. New York: Morrow, 1948.
———. *History of the Second World War*. 2 vols. New York: Putnam, 1972.
Livry-Level, P. *Missions dans la RAF*. Caen: Ozanne, 1951.
Loewenheim, Francis W., *et al. Roosevelt and Churchill: Their Secret Wartime Correspondence*. New York: Saturday Review Press, 1975.
Lomax, Sir John. *The Diplomatic Smuggler*. London: Barker, 1965.
Longmate, Norman. *If Britain Had Failed*. New York: Stein & Day, 1974.
MacCloskey, Monro. *Secret Air Missions*. New York: Richards Rosen, 1966.
MacDonald, Charles B. *The Mighty Endeavor: American Armed Forces in the European Theater in World War 2*. New York: Oxford Univ. Press, 1969.
McKee, Alexander. *Last Round Against Rommel: Battle of the Normandy Beachhead*. New York: New American Library, 1964.
McLachlan, Donald. *Room 39: A Study in Naval Intelligence*. New York: Atheneum, 1968.
Macmillan, Harold. *The Blast of War, 1939–1945*. New York: Harper & Row, 1967.
Maiskii, Ivan. *Memoirs of a Soviet Ambassador; The War: 1939–1943*. Translated by Andrew Rothstein. New York: Scribners, 1968.
Majdalany, Frederick. *The Battle of El Alamein: Fortress in the Sand*. New York: Lippincott, 1965.

———. *The Fall of Fortress Europe*. Crossroads of World History series. New York: Doubleday, 1968.
Manvell, Roger. *Conspirators*. New York: Ballantine, 1971.
Manvell, Roger, and Fraenkel, Heinrich. *The Canaris Conspiracy*. London: Heinemann, 1969.
———. *Himmler*. New York: Paperback Library, 1972.
Marshall, George C. *Reports to the Secretary of War*. Washington, D.C.: Government Printing Office, 1943, 1945.
Marshall, Samuel L. A. *Night Drop: The American Airborne Invasion of Normandy*. Boston: Little, Brown, 1962.
Martienssen, A. *Hitler and His Admirals*. London: Secker & Warburg, 1948.
Maser, Werner. *Hitler's Letters and Notes*. Translated by Arnold Pomerance. New York: Harper & Row, 1974.
Mason, David. *U-Boat: The Secret Menace*. New York: Ballantine, 1968.
Masterman, J. C. *The Double-Cross System in the War of 1939–1945*. New Haven: Yale Univ. Press, 1972.
Matloff, Maurice, and Snell, Edwin M. *Strategic Planning for Coalition Warfare, 1941–1942*. Washington, D.C.: Department of the Army, 1953.
———. *Strategic Planning for Coalition Warfare, 1943–1944*. Washington, D.C.: Department of the Army, 1959.
Medlicott, William Norton. *The Economic Blockade*. 2 vols. History of the Second World War: United Kingdom Civil series. London: HMSO, 1952.
Michel, Henri. *Jean Moulin l'Unificateur*. Paris: Hachette, 1964.
———. *The Shadow War: European Resistance, 1939–1945*. New York: Harper & Row, 1973.
Middlebrook, Martin. *The Nuremberg Raid*. New York: Morrow, 1974.
Millar, George. *Horned Pigeon*. London: Heinemann, 1946.
Moll, Otto E. *Die deutschen Generalfeldmarschälle, 1939–1945*. Rostatt/Baden: Pabel Verlag, 1961.
Montagu, Ewen. *The Man Who Never Was*. War Classics series. London: Evans, 1966.
Montgomery, Viscount. *Normandy to the Baltic*. London: Hutchinson,1947.
———. *The Memoirs of Field Marshal Lord Montgomery*. Cleveland: World, 1958.
Moran, Lord. *Churchill: Taken from the Diaries of Lord Moran*. New York: Houghton Mifflin, 1966.
Morgan, Sir F. *Overture to Overlord*. London: Hodder & Stoughton, 1950.
Morison, Samuel E. *The History of United States Naval Operations in World War II*. 14 vols. Boston: Little, Brown, 1947–1962. Vol. 11, *The Invasion of France and Germany, 1944–1945*, 1957.
Mosley, Leonard. *The Cat and the Mice*. New York: Harper & Bros., 1959.
Moyzisch, L. C. *Operation Cicero*. Translated by H. Fraenkel and Constantine Fitzgibbon. London: Wingate, 1950.
Munro, Ross. *Gauntlet to Overlord: The Story of the Canadian Army*. Toronto: Macmillan, 1946.
Neave, Airey. *Saturday at M.I.9: A History of Underground Escape Lines in Northwest Europe in 1940–1945*. London: Hodder & Stoughton, 1969.
Nelson, O. L. "National Security and the General Staff." Washington, D.C. *Infantry Journal*, 1946.
Nicholas, E. *Death Be Not Proud*. London: Cresset, 1958.
Norman, Albert. *Operation Overlord, The Design and Reality: The Allied In-*

vasion of Western Europe. Harrisburg, Pennsylvania: The Military Service Publishing Co., 1952.
O'Connor, Raymond G. *Diplomacy for Victory: FDR and Unconditional Surrender*. Norton Essays in American History series. New York: Norton, 1971.
Olden, Rudolf. *Hitler*. Translated by Walter Ettinghausen. New York: Covici-Friede, 1936.
O'Neill, Robert J. *The German Army and the Nazi Party, 1933–1939*. London: Cassell, 1966.
Page, Bruce, *et al*. *The Philby Conspiracy*. New York: Doubleday, 1968.
Papen, Franz von. *Memoirs*. Translated by Brian Connell. New York: Dutton, 1952.
Parker, T. W., and Thompson, W. J. "Conquer. The Story of the Ninth Army, 1944–1945," Washington, D.C. *Infantry Journal*, 1947.
Parkinson, Roger. *A Day's March Nearer Home*. New York: McKay, 1974.
Pash, Boris. *The Alsos Mission*. New York: Award, 1969.
Patton, George S., Jr. *War As I Knew It*. Boston: Houghton Mifflin, 1947.
Payne, Robert. *The Life and Death of Adolf Hitler*. New York: Praeger, 1973.
Pendar, Kenneth. *Adventure in Diplomacy: Our French Dilemma*. New York: Dodd, Mead, 1945.
Philby, Kim. *My Silent War*. New York: Grove, 1968.
Phillips, William. *Ventures in Diplomacy*. Boston: Beacon, 1953.
Pinto, Oreste. *Friend or Foe?* New York: Putnam, 1954.
Piquet-Wicks, E. *Four in the Shadows*. London: Jarrolds, 1957.
Playfair, I. S. O. *et al*. *The Mediterranean and the Middle East*. 3 vols. London: HMSO, 1954–1960.
Pogue, Forrest C. *George C. Marshall*. 3 vols. [to date]. New York: Viking, 1963–.
———. *The Supreme Command*. Washington, D.C.: Department of the Army, 1954.
Popov, Dusko. *Spy-Counterspy*. New York: Grosset & Dunlap, 1974.
Price, Alfred. *Instruments of Darkness*. London: Kimber, 1967.
Robertson, Terence. *Dieppe: The Shame and the Glory*. London: Hutchinson, 1963.
Roosevelt, Elliott. *As He Saw It*. New York: Duell, Sloane & Pearce, 1946.
Rommel, Erwin. *The Rommel Papers*. Edited by B. H. Liddell Hart. Translated by Paul Findlay. New York: Harcourt, 1953.
Root, Waverly. *Secret History of the War*. 3 vols. New York: Scribners, 1945–46.
Roskill, S. W. *The War at Sea, 1939–1945*. 3 vols. London: HMSO, 1954–56.
Rothfels, Hans. *The German Opposition to Hitler*. Translated by L. Wilson. London: Wolff, 1961.
Rowan, Richard W., and Deindorfer, Robert G. *The Secret Service: Thirty-three Centuries of Espionage*. New York: Hawthorn, 1967.
Royal Air Force, 1939–1945. 3 vols. London: HMSO, 1953–54.
Royal Institute of International Affairs. *Chronology of the Second World War*. London: Royal Institute of International Affairs, 1947.
Rozek, Edward J. *Allied Wartime Diplomacy: A Pattern in Poland*. New York: Wiley, 1958.
Ruge, F. *Sea Warfare, 1939–1945: A German Viewpoint*. Translated by M. D. Saunders. London: Cassell, 1957.
Ryan, Cornelius. *The Longest Day*. London: Gollancz, 1960.

Sampson, Anthony. *Anatomy of Britain.* New York: Harper & Row, 1962.
Saunders, H. St. George. *The Red Beret.* London: Michael Joseph, 1950.
Schellenberg, Walter. *The Schellenberg Memoirs.* London: Deutsch, 1956.
Schlabrendorff, Fabian von. *The Secret War Against Hitler.* Translated by H. Simon. London: Hodder & Stoughton, 1966.
Schramm Percy. *Hitler: The Man and the Military Leader.* Translated by Donald S. Detwiler. Chicago: Watts, 1971.
Schramm, Ritter von. *Conspiracy Among Generals.* Translated by R. T. Clark. London: Allen & Unwin, 1956.
Schulze-Gaevernitz, Gero von, ed. *They Almost Killed Hitler; Based on the Personal Account of Fabian von Schlabrendorff.* New York: Macmillan, 1947.
Sherwood, Robert E. *Roosevelt and Hopkins: An Intimate History.* New York: Harper & Bros., 1948.
Shirer, William L. *Collapse of the Third Republic: An Inquiry into the Fall of France in 1940.* New York: Pocket Books, 1971.
———. *The Rise and Fall of the Third Reich: A History of Nazi Germany.* London: Secker & Warburg, 1960.
Shulman, Milton. *Defeat in the West.* London: Secker & Warburg, 1947.
Smith, Gaddis. *American Diplomacy During the Second World War, 1941–1945.* New York: Wiley, 1965.
Smith, R. Harris. *OSS: The Secret History of America's First Central Intelligence Agency.* Berkeley: Univ. of California Press, 1972.
Smyth, Howard M., and Garland, Albert N. *Sicily and the Surrender of Italy.* Washington, D.C.: Department of the Army, 1965.
Snell, John L. *Illusion and Necessity: The Diplomacy of Global War, 1939–1945.* Boston: Houghton Mifflin, 1963.
Soustelle, Jacques. *Envers et Contre Tout.* 2 vols. Paris: Laffont, 1947–50.
Soviet Commission on Foreign Diplomatic Documents, Correspondence Between the Chairman of the Council of Ministers of the USSR and the Presidents of the USA and the Prime Minister of Great Britain During the Great Patriotic War of 1941–1945. Moscow: Foreign Languages Publishing House, 1957.
Spears, Edward. *Assignment to Catastrophe.* 2 vols. London: Heinemann, 1954.
Speer, Albert. *Inside the Third Reich: Memoirs of Albert Speer.* New York: Avon, 1970.
Stacey, C. P. *Canada's Battle in Normandy: The Canadian Army's Share in the Operations 6 June–1 September 1944.* Ottawa: The King's Printer, 1946.
———. *Official History of the Canadian Army in World War II.* Ottawa: The Queen's Printer. Vol. 3, *The Victory Campaign Operations in North-West Europe, 1944–45,* 1960.
Stagg, J. M. *Forecast for Overlord.* New York: Norton, 1972.
Stanford, Alfred Boller. *Force Mulberry.* New York: Morrow, 1951.
Stettinius, Edward R. *Roosevelt and the Russians: The Yalta Conference.* Edited by Walter Johnson. New York: Doubleday, 1949.
Stimson, Henry L., and Bundy, McGeorge. *On Active Service in Peace and War.* New York: Harper & Bros., 1948.
Strawson, John. *Hitler as Military Commander.* Military Commander series. London: Batsford, 1971.
Strong, Sir Kenneth W. D. *Intelligence at the Top: Recollections of an Intelligence Officer.* New York: Doubleday, 1969.

Strutton, B., and Pearson, M. *The Secret Invaders.* London: Hodder & Stoughton, 1958.
Sweet-Escott, B. *Baker Street Irregular.* London: Methuen, 1965.
Sykes, Christopher. *Troubled Loyalty.* London: Collins, 1968.
Taylor, Telford. *Sword and Swastika: Generals and Nazis in the Third Reich.* New York: Simon & Schuster, 1952.
Templewood, Viscount. *Ambassador on Special Mission.* London: Collins, 1946.
Thompson, G. R., and Harris, D. R. *The Signal Corps: The Outcome.* Washington, D.C.: Department of the Army, 1966.
Thompson, R. W. *D-Day: Spearhead of Invasion.* London: Purnell's, 1968.
Tickell, J. *Moon Squadron.* London: Wingate, 1956.
Tompkins, Peter. *Italy Betrayed.* New York: Simon & Schuster, 1966.
Toynbee, Arnold, ed. *Hitler's Europe: Survey of International Affairs, 1939–1946.* Oxford: Oxford Univ. Press, 1954.
Toynbee, A. J., and Toynbee, V. M., eds. *The War and the Neutrals.* Oxford: Oxford Univ. Press, 1956.
Trevor-Roper, Hugh R., ed. *Hitler's War Directives, 1939–1945.* New York: Holt, Rinehart and Winston, 1965.
Truman, Harry S. *Memoirs.* 2 vols. New York: Doubleday, 1958.
Turing, S. *Alan M. Turing.* Cambridge: Heffer, 1959.
U.S., Chief of Counsel for Prosecution of Axis Criminality. *Nazi Conspiracy and Aggression.* 8 vols. Washington, D.C.: Government Printing Office, 1946–47. Supplements A and B. 2 vols. 1947–48.
U.S., Department of the Army, Army Forces, Far East. *Operational History of Naval Communications: December 1941–August 1945.* Washington, D.C.: Office of the Chief of Military History, no date.
U.S., Department of the Army, Seventh Army. *The Seventh Army in France and Germany, 1944–1945.* 3 vols. Heidelberg: Seventh Army, 1946.
U.S., Department of State. *Foreign Relations of the United States, 1943, Europe.* Washington, D.C.: Government Printing Office, 1964.
Verrier, Anthony. *The Bomber Offensive.* New York: Macmillan, 1968.
Vomecourt, Phillipe de. *Who Lived to See the Day.* London: Hutchinson, 1961.
Walker, David E. *Lunch With A Stranger.* London: Wingate, 1957.
Ward, Irene. *F.A.N.Y. Invicta.* London: Hutchinson, 1955.
Warlimont, Walter. *Inside Hitler's Headquarters, 1939–45.* Translated by R. H. Barry. New York: Praeger, 1966.
Watson-Watt, Sir Robert. *The Pulse of Radar.* New York: Dial, 1959.
Webb, A. M., ed. *The Natzweiter Trial.* War Crimes Trials series. London: Hodge, 1949.
Webster, Sir Charles. *The Strategic Air Offensive Against Germany, 1939–1945.* 4 vols. London: HMSO, 1961.
Weizsäcker, E. *Memoirs.* London: Gollancz, 1951.
Werth, A. *Russia at War, 1941–45.* London: Barrie and Rockcliff, 1964.
Westphal, S. *The German Army in the West.* London: Cassell, 1952.
Wheeler-Bennett, John W. *Munich, Prologue to Tragedy.* New York: Duell, Sloan & Pearce, 1948.
———. *The Nemesis of Power: The German Army in Politics, 1918–1945.* London: Macmillan, 1953.
———, ed. *Action This Day.* London: Macmillan, 1968.
Whitehead, Donald. *The FBI Story: A Report to the People.* New York: Random House, 1956.

Whiting, Charles. *Patton*. New York: Ballantine, 1971.
Wiener, Jan G. *The Assassination of Heydrich*. New York: Pyramid, 1969.
Wighton, C. *Pinstripe Saboteur*. London: Collins, 1952.
Williams, Mary H. *Chronology, 1941–1945*. Washington, D.C.: Department of the Army, 1960.
Wilmot, Chester. *The Struggle for Europe*. London: Collins, 1952.
Wilson, Field Marshal Lord. *Reports by the Supreme Allied Commander, Mediterranean, to the Combined Chiefs of Staff, Washington, D.C.* London: HMSO, 1946–48.
Wingate, Sir Ronald. *Not In The Limelight*. London: Hutchinson, 1959.
Winterbotham, Frederick W. *Secret and Personal*. London: Kimber, 1969.
———. *The Ultra Secret*. New York: Harper & Row, 1974.
Wiskemann, Elizabeth. *The Rome-Berlin Axis*. London: Collins, 1969.
Woollcombe, R. *The Campaigns of Wavell, 1939–1943*. London: Cassell, 1959.
Woodward, E. L. *British Foreign Policy in the Second World War*. United Kingdom Military History series. London: HMSO, 1962.
Wright, Robert. *Dowding and the Battle of Britain*. London: Macdonald, 1969.
Wrinch, P. N. *The Military Strategy of Winston Churchill*. Brookline, Mass.: Boston University Press, 1961.
Young, Desmond. *Rommel, the Desert Fox*. New York: Harper & Bros., 1950.
Young, Gordon. *Cat With Two Faces*. New York: Putnam, 1957.
Young, Kenneth. *Churchill and Beaverbrook: A Study in Friendship and Politics*. London: Eyre & Spottiswoode, 1966.
Zeller, Eberhard. *The Flame of Freedom: The German Struggle Against Hitler*. Translated by R. P. Heller and D. R. Masters. London: Wolff, 1967.
Ziemke, Earl F. *Stalingrad to Berlin: The German Defeat in the East*. Washington, D.C.: Department of the Army, 1968.

Illustrations

TABLE

L'ORIGINE DES MOYENS SPECIAUX

LES RACINES DE LA CONSPIRATION

HAUTE STRATEGIE ET BASSES TACTIQUES 1943

Achevé d'imprimer
sur les Presses Bretoliennes
27160 Breteuil-sur-Iton

Dépôt légal : Novembre 1983 — N° d'impression : 149